엘라스틱서치 실무 가이드
한글 검색 시스템 구축부터
대용량 클러스터 운영까지

엘라스틱서치 실무 가이드

한글 검색 시스템 구축부터 대용량 클러스터 운영까지

지은이 권택환, 김동우, 김흥래, 박진현, 최용호, 황희정

펴낸이 박찬규 엮은이 이대엽 디자인 북누리 표지디자인 Arowa & Arowana

펴낸곳 위키북스 전화 031-955-3658, 3659 팩스 031-955-3660

주소 경기도 파주시 문발로 115, 311호 (파주출판도시, 세종출판벤처타운)

가격 38,000 페이지 708 책규격 188 x 240mm

1쇄 발행 2019년 04월 18일
2쇄 발행 2020년 02월 20일
3쇄 발행 2021년 01월 20일
4쇄 발행 2022년 08월 24일
ISBN 979-11-5839-148-5 (93000)

등록번호 제406-2006-000036호 등록일자 2006년 05월 19일
홈페이지 wikibook.co.kr 전자우편 wikibook@wikibook.co.kr

이 도서의 국립중앙도서관 출판시도서목록(CIP)은
서지정보유통지원시스템 홈페이지(http://seoji.nl.go.kr)와
국가자료공동목록시스템(http://www.nl.go.kr/kolisnet)에서 이용하실 수 있습니다.
CIP제어번호 CIP2019013283

엘라스틱서치
실무 가이드

**한글 검색 시스템
구축부터
대용량 클러스터
운영까지**

권택환, 김동우,
김흥래, 박진현,
최용호, 황희정 지음

위키북스

저자 소개

권택환 kth0804@gmail.com

네이버 쇼핑 플랫폼에서 백엔드와 서버 개발을 맡고 있다. 자바카페 커뮤니티 운영진이기도 하다. 배우는 것을 좋아해 하루하루 성장함을 느낄 때가 가장 행복한 천상 개발자다.

김동우 nobaksan@gmail.com

검색엔진 컨설팅 회사의 컨설턴트이자 자바카페 커뮤니티의 운영진이다. 쇼핑몰, 음악 추천 앱, 도서관 검색 시스템, 마케팅 검색, 맛집 추천, 브랜드에 따른 감성동향 통계 등 검색엔진과 머신러닝 알고리즘을 활용한 콘텐츠 개인화 추천 서비스 개발을 담당하고 있다.

김흥래 hrkim3468@gmail.com

네이버 비즈니스 플랫폼에서 클라우드 서비스를 개발하고 있다. 자바카페 커뮤니티의 운영진으로 활동하고 있으며 대용량 처리 플랫폼과 검색 시스템에 관심이 많다.

박진현 pjh0410@gmail.com

군 복무 시절 SW 개발 장교로 임관한 것이 계기가 돼 현재 국방 자원관리 전문 SI 업체를 운영하고 있다. 자바카페 커뮤니티의 운영진이며, 백엔드뿐 아니라 임베디드, 컴퓨팅, 사물인터넷 등 다양한 IT 분야에 많은 관심을 가지고 있다.

최용호 yongho1037@gmail.com

넥슨 코리아 게임클라우드개발팀에서 애플리케이션 배포 및 운영 자동화 솔루션 개발 업무를 하고 있다. 자바카페 커뮤니티의 운영진으로 활동하고 있으며 다양한 기술을 배우고 공유하는 것을 좋아한다.

황희정 gyahoo617@gmail.com

SK엔카닷컴에서 근무했었으며, 외국계 IT 회사에서의 개발 경험이 있다. 다양한 IT 기술들을 공부하며 검토하는 것을 좋아하며, 자바카페 커뮤니티 운영진으로 개발자와 소통하며 기술 공유하기를 좋아한다.

03

데이터
모델링

04

**데이터
검색**

05

**데이터
집계**

06

고급
검색

09

**엘라스틱서치와
루씬 이야기**

10

대용량 처리를 위한
시스템 최적화

13

클러스터 성능 측정

전 세계적으로 엘라스틱서치에 대한 관심이 뜨겁습니다. 오픈소스 검색엔진의 양대산맥이라고 불리던 솔라와 비교해봐도 추천사를 쓰고 있는 2019년 3월말을 기준으로 구글의 검색 빈도수는 99 대 23으로 4배가 넘는 차이를 보이고 있고, 지난 한 달간의 오픈소스 활동을 보면 Pull request(862 대 30), authors(99 대 31), master로의 commits(538 대 115) 등에서도 현격한 차이를 보입니다. 삼성SDS, 이베이(지마켓, G9, 옥션), 마이크로소프트, 깃허브, 시스코, 페이스북 등의 대기업을 비롯한 수많은 기업에서 엘라스틱서치를 서비스에 활용하고 있습니다. 이처럼 수많은 데이터에서 고객이 필요로 하는 정보를 예측하고 선별하고 빠르게 제공할 수 있는 검색 기능과 그것을 가능케 하는 검색엔진의 중요성은 날이 갈수록 증가하고 있습니다.

이 책은 먼저 검색엔진인 엘라스틱서치를 이해하고 사용하는 데 필요한 모든 사항을 구성요소부터 시작해서 데이터의 모델링, 데이터의 검색 방법과 효율성 제고, 데이터를 그룹화하고 통계치를 얻는 집계(aggregation), 엘라스틱서치의 기반 기술인 루씬까지, 개념 설명과 함께 핵심을 잘 보여주고 바로 실행해 볼 수 있는 실무 예제를 제공합니다. 여기에 더해 실제 서비스 도입 및 운영에 필요한 한글의 언어적 특성과 국가적인 연구의 부족으로 다소 까다로울 수 있는 한글 형태소 분석기, 대용량 처리를 위한 시스템 최적화, 장애 방지를 위한 실시간 모니터링, 안정적인 클러스터의 운영 노하우와 성능 측정에 대한 내용을 저자들의 다년간에 걸친 실무 경험과 노하우를 담아서 설명합니다. 바로 이 지점에서 기존 엘라스틱서처 도서와 구별되는 이 책의 가치가 드러납니다.

이미 시중에 엘라스틱서치 도서는 많이 있습니다. 하지만 이 책이 또 한 권의 엘라스틱서치 도서가 아니라 독자에게 의미 있는 책이 되는 이유는 이 책이 엘라스틱서치를 이해하고 사용하기 위한 모든 세부사항과 고급사항을 담고 있다는 것 외에도, 언어가 다르고 환경이 다른 우리가 겪게 되는 문제상황들을 해결하기 위한 다년간의 실무 노하우가 담겨 있기 때문일 것입니다.

이 책을 집필하기까지 저자들이 수년간 자료조사를 하고, 모여서 스터디하고, 강의를 열고 피드백을 통해 설명과 예제를 다듬고, 집필과 교정과 정제가 무한반복되는 모든 과정을 옆에서 지켜보며 그분들이 이 책에 쏟은 열정과 노력과 시간을 알기에 이 책이 드디어 세상에 빛을 보게 되어 기쁩니다. 이 책이 엘라스틱서치를 처음 접하는 분들의 학습 시간을 줄여줄뿐만 아니라 실제 서비스의 적용과 운영 및 확장을 준비 중인 실무자 분들께도 불필요한 시행착오를 줄이고 귀중한 시간을 아껴주리라 확신합니다.

이영범
자바카페 회장

예전에 어떤 세미나에서 엘라스틱서치 운영 노하우에 대해 이야기할 때 사람들이 많이 몰렸고, 심지어 질문도 줄을 서서 하는 광경도 목격했습니다. 질문의 내용은 주로 운영할 때 발생하는 문제점에 대한 내용이었습니다. 엘라스틱서치가 개발자 사이에서 가장 많이 사용하는 검색엔진이지만 실제 현업에서는 생각한 대로 잘 활용하기가 쉽지 않습니다. 그런 점에서 이 책의 가장 큰 장점은 안정적인 클러스터 운영 노하우를 녹여낸 점이라고 할 수 있습니다.

오늘날의 소프트웨어 엔지니어에게는 단순히 '이 기술이 어떤 것이다'라는 것보다는 그 기술들을 자신의 시스템에 적절하게 잘 적용해서 사용하고, 문제가 발생했을 때 잘 대처해 나아갈 수 있느냐가 중요하다고 생각합니다. 그러기 위해서는 그 기술을 적용하기에 앞서 시스템에 이 기술을 적용하는 것이 맞는지 판단하기 위해 기술에 대해 파악해야 합니다.

이 책이 엘라스틱서치가 어떤 기술인지 파악하고, 실제 시스템에 적합한지 판단하며, 운영할 때도 문제점이 없을지 가늠하는 데 도움이 될 거라 확신합니다.

유현석

前 한국자바개발자 협의회(JCO) 7대 회장

前 자바카페 커뮤니티 8대 회장

어느 순간부터 엘라스틱서치는 이제 검색을 넘어 통계나 로그 분석 등의 다양한 환경에 적합한 도구가 됐습니다. 기존 방식으로는 쉽게 풀 수 없는 복잡한 문제를 엘라스틱서치를 활용하면 짧은 쿼리를 통해 빠르게, 마법처럼 결과를 뽑아내는 것이 가능해졌습니다. 엘라스틱서치의 설치까지는 결코 어렵지 않습니다. 하지만 설치 후 어떻게 활용해야 하느냐에 대해서는 방대한 지식과 "삽질"을 통한 노하우가 그 어느 도구보다 많이 필요합니다.

고가용성을 확보하기 위한 설정 방법, 특히 한국어 서비스의 경우 한글 처리 문제는 스택오버플로 같은 질의응답 사이트를 통해서도 해결할 수 없는 지점입니다. 이 책은 실무에서 겪은 경험과 그 해결책에 대해서도 꼼꼼하게 설명함으로써 더욱 좋은 서비스를 만들어나가는 데 큰 도움이 될 것입니다.

저는 이 책을 만들어나가는 근 2년간의 과정을 옆에서 지켜봤습니다. 루씬 코드를 한 줄씩 따라가면서 분석하고, 용어의 번역을 어떻게 할지 이야기하고, 정리한 내용을 공유하고 얻은 피드백을 책과 예제 코드로 녹여내는 과정이었습니다. 그 시간 동안 업데이트된 내용을 다시금 수정이라는 담금질을 반복한 결과물이 드디어 이 책으로 나온 것입니다.

박세종

배민주문서버개발팀

요즘 회사에서 EKL 스택(엘라스틱서치, 키바나, 로그스태시)을 활용하려는 시도를 많이 하고 있습니다. 하지만 관련 자료(특히 한글)가 많지 않아서 EKL 스택을 제대로 활용하려면 많은 시간과 노력이 필요합니다.

이 책은 엘라스틱서치에 대한 기본적인 설명뿐 아니라 기반 엔진이 되는 루씬과의 비교, 그리고 스터디를 진행하는 과정에서 발생한 많은 삽질과 경험들이 녹아 있어서 EKL 스택을 활용하는 데 들인 시간과 노력을 많이 줄일 수 있습니다. 함께 자바카페 활동을 하면서 해당 스터디 팀을 2년 동안 지켜봤고, 그간의 고생을 잘 알고 있기에 EKL을 처음 적용해보고 싶은 분이나 좀 더 활용해보고 싶은 분들께 이 책이 훌륭한 참고서가 될 것이라 확신합니다.

서동우

이스트게임즈 웹개발팀 팀장

요즘 인공지능이나 빅데이터가 큰 관심사로 손꼽히고 있고, 빅데이터를 처리하기 위해 RDBMS보다는 NoSQL이 많이 활용되고 있는 상황입니다. NoSQL의 데이터를 효과적으로 활용하기 위해 뛰어난 검색 기능과 대규모 분산 시스템 구성이 가능한 엘라스틱서치의 필요성도 그만큼 커지고 있습니다.

네이버에서도 부서 및 사원검색 자동완성과 같이 크지 않은 데이터부터 대용량 로그 분석 등의 분야에도 엘라스틱서치를 다양하게 활용하고 있으며, 활용 범위는 점차 확대될 예정입니다. 이 책은 구성이 잘 짜여 있고, 쉽게 설명하고 있어서 엘라스틱서치에 관심이 많은 초보자분들께 기본서로 활용되면 좋을 듯합니다.

박명식

네이버 비즈니스 플랫폼 Cloud Workplace Service 개발리더

빅데이터 기술에서는 비정형 데이터를 다루는 것이 중요합니다. 많은 의미 있는 정보가 비정형 데이터에 포함돼 있기 때문입니다. 엘라스틱서치는 비정형 데이터를 다룰 수 있는 검색엔진의 기능뿐 아니라 로그 분석, 시각화 등의 기능을 제공하는 등 데이터 분석 도구로도 거듭나고 있습니다. 하지만 막상 엘라스틱서치 같은 기술을 실무에 적용하려면 어디서부터 접근해야 할지 막막하기 마련입니다.

이 책의 특장점은 엘라스틱서치를 이론으로만 다루는 것이 아니라 실무 경험을 바탕으로 설명하고 있다는 것입니다. 이 책을 통해 엘라스틱서치에 대한 진입장벽이 한층 낮아질 것으로 기대합니다.

안귀정

《안드로이드 with Kotlin 앱 프로그래밍 가이드》 저자

우리는 다양한 오픈소스 기술을 손쉽게 접할 수 있는 세상을 살고 있지만 이를 활용하면서 자세한 설명이나 여러 경험담을 듣기란 쉽지 않습니다. 엘라스틱서치의 경우 그나마 나름의 역사와 전통을 가지고 있기 때문에 다른 오픈소스 기술에 비해 상황이 좀 더 나은 편이지만 한국에 출판된 도서가 몇 권 없는 것이 현실입니다. 이런 시장에서 이 책은 엘라스틱서치에 관심이 있는 분들께 감히 한줄기 빛과 같다고 할 수 있습니다.

이 책은 엘라스틱서치의 아키텍처를 기반으로 어떻게 효과적으로 데이터를 관리해 나가야 하는지부터 나중에 데이터가 쌓여 대용량 시스템이 되어 갈 때 어떻게 대응해야 하는지, 모니터링은 어떻게 해야 하는지 등을 운영 관점까지 포함해서 잘 설명하고 있습니다. 또한 엘라스틱서치가 제공하는 API를 통해 다양한 데이터 조회 방식을 설명하는 데 그치지 않고 한글 검색과 관련된 내용을 설명하는 데도 많은 분량을 할애했습니다. 외국 문서에서는 보기 힘든 한글 검색 자동완성, 한글 초성검색 등을 실제로 어떤 방식으로 구현하는지 예시와 함께 설명하고 있어서 실무에 큰 도움이 될 것이라 생각합니다.

이 한 권의 책을 통해 엘라스틱서치의 모든 내용을 이해하기는 어렵겠지만 엘라스틱서치의 핵심적인 기능을 이해하고 전반적인 운영을 위해서는 이 책보다 더 나은 책을 보기는 힘들 거라고 생각하며, 분명 엘라스틱서치를 사용하고자 하는 많은 분들께 큰 도움이 되는 책이 될 것이라 생각합니다.

하만철
넥슨 게임인프라실 게임DB팀 팀장

사실 몇 년 전만 해도 검색엔진을 오픈소스로 사용한다는 것은 상상하기 어려운 일이었습니다. 일반적으로 검색엔진은 형태소 분석기를 가진 업체들이 자신들의 노하우를 이용해 사이트별로 커스터마이징해 구축하는 형태가 대부분이었습니다. 그러나 아파치 루씬 라이브러리가 등장하고 이를 활용한 검색엔진인 솔라, 그리고 뒤를 이어 엘라스틱서치가 오픈소스 검색엔진이라는 새로운 영역을 개척했다고 생각합니다.

저자들이 실무에서 경험한 내용을 바탕으로 책을 저술한 것이 이 책의 가장 큰 특징이자 장점이라 생각합니다. 특히 검색 시스템의 개념부터 시작해서 환경 구축 경험이 없는 사용자라도 쉽게 예제를 따라 할 수 있게 친절하게 안내했고, 엘라스틱서치를 효율적으로 사용하기 위한 데이터 모델링 방법과 데이터를 검색하고 집계하는 실무 기술 등 검색엔진 분야의 전반적인 내용이 알차게 구성돼 있습니다.

엘라스틱서치를 시작으로 우리나라 IT 분야에서 다양한 오픈소스들이 좀 더 많이 실무에 활용되고, 이를 기반으로 여러 오픈소스 커뮤니티들도 조금 더 활성화되기를 기대해봅니다.

정만영

큐브리드 기술본부

단숨에 읽었습니다. 물론 저는 엘라스틱서치에 대해 기본적인 사항들을 이해하고 있긴 하지만 독자의 눈높이에 맞는 이해하기 쉬운 설명, 그러면서도 중요한 부분을 빠트리지 않는 점이 인상적이었습니다. 엘라스틱서치에 대한 기본 설명에 충실하면서 엘라스틱서치 레퍼런스 문서에는 언급되지 않은 유용한 정보가 담겨 있고, 특히 기존의 번역서에서는 잘 다루지 않았던 한글 형태소 분석기나 오타 교정 및 자동완성 등과 관련된 한글 처리 방법 등이 잘 설명돼 있어 독자들에게 큰 도움이 될 것이라 생각합니다.

또한 놓치기 쉬운 부분은 검색 서비스 구축 이후의 성능 문제이고, 엘라스틱서치의 성능을 튜닝하는 방법은 현재 검색엔진 구축 업무를 수행하는 저도 계속 다뤄야 하는 과제인데 이 책을 통해 많은 도움을 받았습니다.

김지훈

검색엔진 컨설팅 회사 쿼리젯 대표

저자 서문

모든 것은 루씬(Lucene)으로부터 시작됐습니다. 더그 커팅(Doug Cutting)이 고안한 역색인(Inverted Index) 구조는 빠른 검색 결과를 제공하는 데 최적의 성능과 가능성을 보여줬고, 아파치 루씬이라는 걸출한 오픈소스로 세상에 모습을 드러냈습니다. 그리고 얼마 지나지 않아 루씬을 기반으로 분산 처리가 가능하도록 고안된 아파치 솔라(Solr)가 세상에 공개됐습니다.

개인적으로 한글 형태소 분석기를 업무에 적용하기 위해 선택한 것이 루씬이었습니다. 루씬에 대한 관심은 자연스럽게 솔라로 이어졌고, 커뮤니티 활동을 통해 만난 다양한 분야의 개발자들과 함께 스터디팀을 만들어 본격적으로 루씬과 솔라를 학습하기 시작했습니다. 학습한 내용들을 실무에 하나씩 적용해 보면서 다양한 경험과 노하우들이 조금씩 쌓였습니다. 또한 스터디를 진행하면서 각자의 경험과 노하우를 공유하는 과정을 통해 빠르게 성장하는 데 많은 도움이 됐습니다.

시간이 흘러 오픈소스 검색엔진이라면 솔라로 대변되던 시기가 어느덧 지나고 엘라스틱서치가 혜성처럼 등장했습니다. 화려하게 등장한 만큼 엘라스틱서치는 빠른 속도로 검색엔진 시장을 장악해 나가기 시작했습니다. 솔라에 익숙하던 저에게 처음 접한 엘라스틱서치는 큰 충격으로 다가왔습니다. 전통적으로 사용되던 URI 검색 방식을 과감하게 버리고 새롭게 도입한 Request Body 방식의 QueryDSL은 순식간에 솔라를 구닥다리로 보이게 하는 데 충분했습니다. 특히 QueryDSL과 결합이 가능한 강력한 집계 기술인 Aggregation API는 솔라의 집계 기술인 Facet API와 비교조차 되지 않을 정도로 매력적이었습니다.

솔라의 운영 경험은 엘라스틱서치를 학습하는 데도 많은 도움이 됐습니다. 두 검색엔진 모두 근간에는 루씬이 있었기 때문에 때로는 비슷하면서도 때로는 다르게 자신만의 독특한 아이덴티티를 가지고 있다는 생각이 많이 들었습니다. 지금 와서 돌이켜보면 엘라스틱서치와 솔라는 어떤 면에서는 경쟁자이면서 또 어떤 면에서는 서로의 단점을 보완하고 있는 독특한 관계가 아닌가 하는 생각이 듭니다.

이 책은 자바카페 커뮤니티에서 수년간 검색 스터디를 진행했던 개발자분들과 함께 엮은 책입니다. 오랜 기간 스터디를 진행하면서 개인적으로도 가까워졌고 기술적으로도 성숙해지면서 언제부터인가 자연스럽게 함께 책을 써보자는 생각을 모두 갖게 됐습니다. 그리고 그 후 2년여간의 집필 과정을 통해 드디어 이 책이 세상에 나오게 됐습니다.

엘라스틱서치 2.x에서 처음 시작했던 집필 과정 동안 엘라스틱서치는 성장에 성장을 거듭하며 어느덧 7.x 릴리스까지 이뤄졌습니다. 그동안 정말 많은 기능이 추가되고 때로는 제거되면서 원고의 내용도 여러번에 걸쳐 대폭 수정됐습니다. 그때마다 함께했던 저자분들의 노고를 가까이에서 지켜보며 한 권의 책이 세상에 나오기까지 얼마나 많은 인내의 시간이 필요한지도 다시 한번 깨닫는 계기가 됐습니다.

이 책을 통해 저자들이 수년간 엘라스틱서치로 검색 시스템을 구축하고 운영하면서 얻은 각종 노하우와 한글 처리 기법을 최대한 쉽게 전하기 위해 노력했습니다. 이 책을 읽는 독자분들이 엘라스틱서치를 접하는 데 조금이나마 도움이 되기를 바랍니다.

끝으로 이 책이 세상에 나올 수 있도록 도와주신 위키북스 대표님을 비롯해 편집과 감수에 참여해 주신 모든 분들께 지면을 빌려 깊은 감사의 말씀을 전합니다.

2019년 4월 공동 저자분들을 대표해서

김흥래

검색 시스템
이해하기

이번 장에서는 검색 시스템과 검색엔진의 정의를 간략히 살펴보고 대표적인 검색엔진인 엘라스틱서치와 데이터베이스의 차이를 알아본다. 또한 엘라스틱서치가 다른 검색엔진에 비해 가지는 강점을 살펴본다. 먼저 엘라스틱서치를 알아보기에 앞서 검색 시스템과 관련된 기본적인 개념을 알아보자.

이번 장에서 다룰 내용

1.1 검색 시스템의 이해

이번 절에서는 검색엔진과 데이터베이스를 비교해본다. 먼저 검색 시스템의 등장 배경을 살펴보고 검색 시스템의 특징과 필요성을 함께 생각해보자.

1.1.1 검색 시스템이란?

네이버나 구글에서 제공하는 다양한 서비스는 일상에서 빼놓을 수 없는 서비스로 자리매김했다. 그중에서도 사용자가 원하는 검색어에 대한 결과를 제공하는 검색 서비스가 가장 많이 사용되고 있다. 그리고 이러한 검색 서비스를 부르는 용어도 다양하다. 검색엔진, 검색 시스템, 검색 서비스 등의 용어가 대표적인데 무언가 비슷하면서도 다른 듯한 알쏭달쏭한 느낌이 든다. 아마 대다수의 독자들은 이 세 가지 용어가 모두 비슷하다고 생각할 것이다. 엘라스틱서치에 대해 본격적으로 알아보기에 앞서 이 세 가지 용어의 정의부터 살펴보자.

먼저 검색엔진(search engine)은 광활한 웹에서 정보를 수집해 검색 결과를 제공하는 프로그램이다. 검색엔진은 검색 결과로 제공되는 데이터의 특성에 따라 구현 형태가 각각 달라진다. 검색 역사에 한 획을 그은 야후(Yahoo)는 디렉터리 기반의 검색 결과를 세계 최초로 제공했다. 이를 바탕으로 요즘에는 뉴스, 블로그, 카페 등 대범주에 따른 카테고리별 검색 결과를 대부분의 검색 업체에서 제공하고 있다.

검색 시스템(search system)은 대용량 데이터를 기반으로 신뢰성 있는 검색 결과를 제공하기 위해 검색엔진을 기반으로 구축된 시스템을 통칭하는 용어다. 수집기를 이용해 방대한 데이터를 수집하고 이를 다수의 검색엔진을 이용해 색인하고 검색 결과를 UI로 제공한다. 시스템 내부의 정책에 따라 관련도가 높은 문서를 검색 결과의 상위에 배치할 수 있을뿐더러 특정 필드나 문서에 가중치를 둬서 검색의 정확도를 높일 수도 있다.

검색 서비스(search service)는 검색엔진을 기반으로 구축한 검색 시스템을 활용해 검색 결과를 서비스로 제공한다.

검색 서비스 〉 검색 시스템 〉 검색엔진

앞으로 살펴볼 엘라스틱서치는 엄밀히 말하자면 검색엔진이며, 이 책에서는 검색 서비스를 제공하기 위해 엘라스틱서치를 이용해 검색 시스템을 구축할 것이다.

1.1.2 검색 시스템의 구성 요소

검색 시스템의 기본 구조는 개발사에 따라 서로 조금씩 다르지만 기본 구조는 같다. 일반적으로 정보를 수집하는 수집기, 수집한 데이터를 저장하는 스토리지, 수집한 데이터를 검색에 적절한 형태로 변환하는 색인기, 색인된 데이터에서 일치하는 문서를 찾는 검색기로 구성된다.

수집기

수집기는 웹사이트, 블로그, 카페 등 웹에서 필요한 정보를 수집하는 프로그램이다. 크롤러[Crawler], 스파이더[Spider], 웜[Worms], 웹 로봇[Web Robot] 등으로도 불린다. 파일, 데이터베이스, 웹페이지 등 웹상의 대부분의 정보가 수집 대상이다. 파일의 경우 수집기가 파일명, 파일 내용, 파일 경로 등의 정보를 수집하고 저장하면 검색엔진이 저장된 정보를 검색하고, 사용자 질의에 답한다.

스토리지

데이터베이스에서 데이터를 저장하는 물리적인 저장소다. 검색엔진은 색인한 데이터를 스토리지에 보관한다.

색인기

검색엔진이 수집한 정보에서 사용자 질의와 일치하는 정보를 찾으려면 수집된 데이터를 검색 가능한 구조로 가공하고 저장해야 한다. 그 역할을 하는 것이 색인기다. 색인기는 다양한 형태소 분석기를 조합해 정보에서 의미가 있는 용어를 추출하고 검색에 유리한 역색인 구조로 데이터를 저장한다.

검색기

검색기는 사용자 질의를 입력받아 색인기에서 저장한 역색인 구조에서 일치하는 문서를 찾아 결과로 반환한다. 질의와 문서가 일치하는지는 유사도 기반의 검색 순위 알고리즘으로 판단한다. 검색기 또한 색인기와 마찬가지로 형태소 분석기를 이용해 사용자 질의에서 유의미한 용어를 추출해 검색한다. 따라서 사용하는 형태소 분석기에 따라 검색 품질이 달라진다.

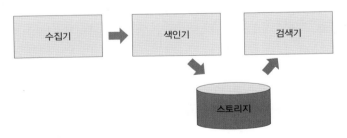

그림 1.1 검색 시스템의 구성

1.1.3 관계형 데이터베이스와의 차이점

검색엔진을 설명할 때 항상 비교되는 것이 관계형 데이터베이스(RDBMS)다. 두 가지 모두 질의와 일치하는 데이터를 찾아 사용자에게 제공한다는 점에서 유사점이 많기 때문이다. 하지만 관계형 데이터베이스로 검색 기능을 제공하는 데는 많은 문제점이 있다. 관계형 데이터베이스의 어떠한 한계 때문에 검색 엔진이 등장하게 됐는지, 그리고 이 둘은 어떤 점에서 차이점이 있는지 살펴보자.

데이터베이스는 데이터를 통합 관리하는 데이터의 집합이다. 저장 방식에 따라 크게 관계형 또는 계층형 데이터베이스로 나뉜다. 모든 데이터는 중복을 제거하고 정형 데이터로 구조화해 행과 열로 구성된 테이블에 저장된다. SQL 문을 이용해 원하는 정보의 검색이 가능한데 텍스트 매칭을 통한 단순한 검색만 가능하다. 텍스트를 여러 단어로 변형하거나 여러 개의 동의어나 유의어를 활용한 검색은 불가능하다.

반면 검색엔진은 데이터베이스에서는 불가능한 비정형 데이터를 색인하고 검색할 수 있다. 형태소 분석을 통해 사람이 구사하는 자연어의 처리가 가능해지고 역색인 구조를 바탕으로 빠른 검색 속도를 보장한다.

표 1.1 엘라스틱서치와 관계형 데이터베이스 비교

엘라스틱서치	관계형 데이터베이스
인덱스^{Index}	데이터베이스^{Database}
샤드^{Shard}	파티션^{Partition}
타입^{Type}	테이블^{Table}
문서^{Document}	행^{Row}
필드^{Field}	열^{Column}
매핑^{Mapping}	스키마^{Schema}
Query DSL	SQL

표 1.1은 검색엔진의 대표 주자격인 엘라스틱서치와 관계형 데이터베이스의 주요 개념을 비교해 보여준다. 엘라스틱서치의 인덱스는 관계형 데이터베이스의 데이터베이스와 비슷한 문서의 모음을 뜻한다. 엘라스틱서치의 타입은 데이베이스의 테이블과 같은 역할을 한다. 6.0 이하 버전에서는 하나의 인덱스 내부에 기능에 따라 데이터를 분류하고 여러 개의 타입을 만들어 사용했지만 현재는 하나의 인덱스에 하나의 타입만을 구성하도록 바뀌었다.

엘라스틱서치는 하나의 행을 문서라고 부르며, 해당 문서는 데이터베이스 테이블의 한 행을 의미한다. 또한 엘라스틱서치의 매핑은 필드의 구조와 제약조건에 대한 명세를 말하며 이에 대응하는 관계형 데이터베이스의 개념을 스키마라 한다.

관계형 데이터베이스와 엘라스틱서치는 인덱스라는 개념을 다르게 사용한다. 엘라스틱서치의 인덱스는 앞에서 설명했지만 관계형 데이터베이스에서의 인덱스는 WHERE 절의 쿼리와 JOIN을 빠르게 만드는 보조 데이터 도구로 사용된다.

엘라스틱서치와 데이터베이스는 데이터의 추가, 수정, 삭제 방식에도 차이가 있다. 표 1.2처럼 엘라스틱서치는 기본적으로 HTTP를 통해 JSON 형식의 RESTful API를 이용한다. 엘라스틱서치는 자바로 개발됐지만 여러 가지 프로그래밍 언어를 통해 활용할 수도 있다.

표 1.2 추가, 검색, 삭제, 수정 기능 비교

엘라스틱서치에서 사용하는 HTTP 메서드	기능	데이터베이스 질의 문법
GET	데이터 조회	SELECT
PUT	데이터 생성	INSERT
POST	인덱스 업데이트, 데이터 조회	UPDATE, SELECT
DELETE	데이터 삭제	DELETE
HEAD	인덱스의 정보 확인	-

먼저 쉽게 이용 가능한 RESTful API부터 살펴보자. RESTful API는 HTTP 헤더(header)와 URL만 사용해 다양한 형태의 요청을 할 수 있는 HTTP 프로토콜을 최대한 활용하도록 고안된 아키텍처다 (RESTful API에 대한 자세한 정보는 이 책의 범위를 벗어나므로 다른 도서를 참고하자).

다음은 엘라스틱서치를 사용하기 위한 간단한 API 요청 구조다.

```
curl -X(메서드) http://host:port/(인덱스)/(타입)/(문서 id) -d '{json 데이터}'
```

처음에 나오는 curl은 리눅스 기본 명령어다. 이를 이용하면 터미널의 커맨드 라인에서 간단하게 HTTP 요청을 보낼 수 있다. curl에서 제공하는 -X 옵션을 사용하면 GET, POST, PUT, DELETE, HEAD 같은 HTTP 메서드를 설정할 수 있다. GET 메서드로는 문서의 현재 상태 정보를 얻을 수 있고, POST 메서드로는 특정 상태를 생성하거나 문서를 조회할 수 있다. 문서 업데이트에는 PUT 메서드를, 문서 삭제에는 DELETE 메서드를 이용한다. 마지막으로 HEAD 메서드를 이용해 특정 문서의 정보 유무를 확인할 수 있다.

리눅스에서는 엘라스틱서치 서버의 정보를 다음 명령으로 확인할 수 있다.

```
curl -XGET http://localhost:9200
```

이 명령을 실행한 결과는 다음과 같다.

```
{
    "name": "BkFaEpU",
    "cluster_name": "elasticsearch",
    "cluster_uuid": "j1RcukW2TTS1p_2R1vX4sw",
    "version": {
        "number": "6.4.3",
        "build_flavor": "default",
        "build_type": "zip",
        "build_hash": "fe40335",
        "build_date": "2018-10-30T23:17:19.084789Z",
        "build_snapshot": false,
        "lucene_version": "7.4.0",
        "minimum_wire_compatibility_version": "5.6.0",
        "minimum_index_compatibility_version": "5.0.0"
    },
    "tagline": "You Know, for Search"
}
```

그럼 지금부터 엘라스틱서치와 관계형 데이터베이스의 쿼리^{Query}를 비교해보자. 표 1.3과 같은 가상의 데이터가 있다고 가정해보자.

표 1.3 사용자 정보 데이터

ID	Name	Location	Gender	Date
1	가마돈	서울	남	2018-05-12
2	로이드	도쿄	여	2018-05-11

데이터베이스에서 '가마돈'이라는 사용자의 데이터를 조회하려면 다음과 같이 Like 문법을 이용해 SQL 문을 작성해야 한다.

```
SELECT * FROM USER WHERE Name like '%가마돈%'
```

SQL 문으로 검색하면 다음과 같이 행^{ROW}이 출력된다.

ID	Name	Location	Gender	Date
1	가마돈	서울	남	2018-05-12

엘라스틱서치에서 같은 내용을 검색하려면 검색엔진이 제공하는 Search API를 사용해야 한다.

```
GET http://localhost:9200/user/_search?q=Name:가마돈
```

다음은 엘라스틱서치의 검색 결과다. 검색 결과가 JSON 문서 형태로 출력된다.

```
{
  "ID": 1,
  "Name": "가마돈",
  "Location": "서울",
  "Gender": "남",
  "Date": "2018-05-12"
}
```

두 가지 방식 모두 '가마돈'이라는 사용자의 정보를 잘 찾아냈다. 데이터베이스의 경우 SQL 문으로 작성하고 하나의 행으로 결과를 얻었다. 엘라스틱서치의 경우 JSON 형태의 문서로 결과가 출력되는 것을 확인했다.

만약 이름이 영문으로 저장돼 있었다면 어떻게 됐을까? 아마도 서로 다른 결과가 나올 수도 있었을 것이다. '가마돈'이란 이름이 'Garmadon'으로 돼 있었을 경우 SQL 문은 WHERE 절에 Name like '%Garmadon%'이라고 대소문자를 명확하게 입력해야 검색이 가능할 것이다. 만약 모든 문자열이 소문자이거나 대문자인 경우에는 해당하는 데이터를 찾을 수 없을 것이다.

하지만 엘라스틱서치는 좀 더 유연하다. 역색인되는 문자열 전체를 정책에 따라 소문자 혹은 대문자로 생성하고 쿼리가 들어오는 필터를 색인 시간과 검색 시간에 동일하게 지정한다면 해당하는 쿼리에 어떠한 문자열(GARMADON, garmadon, GarMadon)이 들어와도 검색이 가능해진다.

또한 엘라스틱서치가 관계형 데이터베이스에 비해 강점을 띤 부분 중 하나는 구조화되지 않은 비정형 데이터도 검색이 가능해진다는 점이다. 데이터베이스는 스키마를 미리 정의해야만 데이터 저장과 조회가 가능한 반면 엘라스틱서치는 구조화되지 않은 데이터까지 스스로 분석해 자동으로 필드를 생성하고 저장한다.

1.2 검색 시스템과 엘라스틱서치

요즘에는 대량의 데이터를 빠르게 검색하기 위해 NoSQL^{No Structured Query Language}을 많이 사용한다. 엘라스틱서치도 NoSQL의 일종으로서 분류가 가능하고 분산 처리를 통해 실시간에 준하는 빠른 검색이 가능하다. 기존 데이터베이스로는 처리하기 어려운 대량의 비정형 데이터도 검색할 수 있으며, 전문 검색^{Full Text}과 구조 검색 모두를 지원한다. 기본적으로는 검색엔진이지만 MongoDB나 Hbase처럼 대용량 스토리지로도 활용할 수 있다.

1.2.1 엘라스틱서치가 강력한 이유

엘라스틱서치는 많은 장점을 가지고 있다. 지금부터 엘라스틱서치가 제공하는 대표적인 장점들을 살펴보자.

오픈소스 검색엔진

엘라스틱서치는 아파치 재단의 루씬(Lucene)을 기반으로 개발된 오픈소스 검색엔진이다. 따라서 전 세계에서 수많은 사람들이 사용하고 있으며, 버그가 발생할 경우에도 대부분 빠르게 해결된다. 현재 약 2억 5천만 번 이상 다운로드됐는데, 이 수치만 보더라도 얼마나 많은 사람들이 사용하고 있는지 알 수 있다. 다운로드가 많이 일어난다는 것은 프로젝트가 많이 활성화돼 있다는 것을 의미한다.

전문 검색

PostgreSQL, MongoDB 같은 대부분의 데이터베이스는 기본 쿼리 및 색인 구조의 한계로 인해 기본적인 텍스트 검색 기능만 제공한다. 하지만 엘라스틱서치는 좀 더 고차원적인 전문 검색(Full Text)이 가능하다. 전문 검색이란 내용 전체를 색인해서 특정 단어가 포함된 문서를 검색하는 것을 말한다. 기존 관계형 데이터베이스는 전문 검색에 적합하지 않지만 엘라스틱서치는 다양한 기능별, 언어별 플러그인을 조합해 빠르게 검색할 수 있다.

통계 분석

비정형 로그 데이터를 수집하고 한곳에 모아 통계 분석을 할 수 있다. 엘라스틱서치와 키바나^{Kibana}를 연결하면 실시간으로 쌓이는 로그를 시각화하고 분석할 수 있다.

스키마리스^{Schemaless}

데이터베이스는 스키마라는 구조에 따라 데이터를 적합한 형태로 변경해서 저장하고 관리한다. 반면 엘라스틱서치는 정형화되지 않은 다양한 형태의 문서도 자동으로 색인하고 검색할 수 있다.

RESTful API

엘라스틱서치는 HTTP 기반의 RESTful API를 지원하고 요청뿐 아니라 응답에도 JSON 형식을 사용해 개발 언어, 운영체제, 시스템에 관계없이 이기종 플랫폼에서도 이용 가능하다.

멀티테넌시^{Multi-tenancy}

서로 상이한 인덱스일지라도 검색할 필드명만 같으면 여러 개의 인덱스를 한번에 조회할 수 있다. 이를 이용해 멀티테넌시 기능을 제공할 수 있다.

Document-Oriented

여러 계층의 데이터를 JSON 형식의 구조화된 문서로 인덱스에 저장할 수 있다. 계층 구조로 문서도 한 번의 쿼리로 쉽게 조회할 수 있다.

역색인^{Inverted Index}

앞서 언급했듯이 엘라스틱서치는 루씬 기반의 검색엔진이다. 따라서 엘라스틱서치 또한 역색인을 지원한다. 반면 MongoDB, 카산드라^{Cassandra} 같은 일반적인 NoSQL은 역색인을 지원하지 않는다. 이는 다른 NoSQL 대비 엘라스틱서치의 매우 큰 장점이라 할 수 있다.

앞으로 좀 더 자세히 설명하겠지만 역색인이란 종이책의 마지막 페이지에서 제공하는 색인 페이지와 비슷하게 제공되는 특수한 데이터 구조다(표 1.5 참고).

표 1.5 역색인된 단어와 문서 번호와의 관계

단어	문서 번호
엘라스틱서치	1
검색엔진	1, 2
역색인	2, 3
데이터베이스	3

'검색엔진'이란 단어가 포함된 모든 문서를 찾아야 한다고 하자. 일반적으로는 처음부터 끝까지 모든 문서를 읽어야만 원하는 결과를 얻을 수 있을 것이다. 하지만 역색인 구조는 해당 단어만 찾으면 단어가 포함된 모든 문서의 위치를 알 수 있기 때문에 빠르게 찾을 수 있다.

확장성과 가용성

10억 개의 문서를 색인한다고 가정해보자. 모든 문서를 색인하는 데 막대한 비용과 시간이 드는 것은 불 보듯 뻔하다. 하지만 엘라스틱서치를 분산 구성해서 확장한다면 대량의 문서를 좀 더 효율적으로 처리할 수 있다. 분산 환경에서 데이터는 샤드^{Shard}라는 작은 단위로 나뉘어 제공되며, 인덱스를 만들 때마다 샤드의 수를 조절할 수 있다. 이를 통해 데이터의 종류와 성격에 따라 데이터를 분산해서 빠르게 처리할 수 있다.

1.2.2 엘라스틱서치의 약점

물론 장점만 있는 것은 아니다. 엘라스틱서치에도 약점은 있다.

첫째, '실시간'이 아니다. 일반적으로 색인된 데이터는 통상적으로 1초 뒤에나 검색이 가능해진다. 색인된 데이터는 내부적으로 커밋^{Commit}과 플러시^{Flush} 같은 복잡한 과정을 거치기 때문에 실시간이 아니다. 엄밀히 따지자면 준 실시간(Near Realtime)이라고 할 수 있다.

둘째, 트랜잭션과 롤백 기능을 제공하지 않는다. 엘라스틱서치는 기본적으로 분산 시스템으로 구성된다. 전체적인 클러스터의 성능 향상을 위해 시스템적으로 비용 소모가 큰 롤백(Rollback)과 트랜잭션(Transaction)을 지원하지 않기 때문에 최악의 경우 데이터 손실의 위험이 있다.

셋째, 데이터의 업데이트를 제공하지 않는다. 엄밀히 말하자면 엘라스틱서치는 업데이트 명령이 요청될 경우 기존 문서를 삭제하고 변경된 내용으로 새로운 문서를 생성하는 방식을 사용한다. 이러한 이유로 단순 업데이트에 비해서는 상대적으로 많은 비용이 발생한다. 하지만 이것은 큰 단점은 아니다. 뒤에서 좀 더 자세히 설명하겠지만 이를 통해 불변적(Immutable)이라는 이점을 취할 수 있기 때문이다.

1.3 실습 환경 구축

엘라스틱서치 노드 하나만으로 구성된 클러스터를 싱글 모드(Single Mode) 또는 테스트 모드(Test Mode)라고 부른다. 이러한 방식은 서비스 목적이라기보다는 테스트 목적이라고 볼 수 있기 때문에 실무에서 사용해서는 안 된다. 엘라스틱서치로 실제 서비스를 운영할 때는 최소 3개 이상의 물리적인 노드로 클러스터를 구축하는 것이 좋다. 하지만 이 책에서는 실습을 위해 가장 간단한 형태인 싱글 모드로 클러스터를 구축해 예제를 테스트하겠다.

1.3.1 엘라스틱서치 설치

엘라스틱서치는 자바 언어로 개발된 프로그램이다. 엘라스틱서치를 동작시키기 위해서는 자바 런타임이 필요하다는 의미다. 이번에는 엘라스틱서치를 실행하기 위한 환경을 직접 구축해보고 제공되는 환경설정에는 어떠한 옵션이 있는지도 간단히 알아보자.

자바 설치

엘라스틱서치는 자바로 개발됐기 때문에 실행 시 자바 런타임이 반드시 필요하다. JRE^{Java Runtime Environment}만 설치해도 무방하지만 JDK^{Java Development Kit}를 설치하는 것이 여러모로 좋다. 이 책에서는 최신 버전의 엘라스틱서치를 설치할 것이기 때문에 JDK 1.8 이상을 설치할 것을 권장한다.

자바 JDK 1.8 버전은 오라클^{Oracle} 홈페이지[1]에서 내려받는다. 운영체제에 맞춰 알맞은 JDK를 다운로드하자.

---

1 http://www.oracle.com/technetwork/java/javase/downloads/jdk8-downloads-2133151.html

Java SE Development Kit 8u172

You must accept the Oracle Binary Code License Agreement for Java SE to download this software.

○ Accept License Agreement   ○ Decline License Agreement

Product / File Description	File Size	Download
Linux ARM 32 Hard Float ABI	77.99 MB	⬇jdk-8u172-linux-arm32-vfp-hflt.tar.gz
Linux ARM 64 Hard Float ABI	74.9 MB	⬇jdk-8u172-linux-arm64-vfp-hflt.tar.gz
Linux x86	170.07 MB	⬇jdk-8u172-linux-i586.rpm
Linux x86	184.91 MB	⬇jdk-8u172-linux-i586.tar.gz
Linux x64	167.15 MB	⬇jdk-8u172-linux-x64.rpm
Linux x64	182.08 MB	⬇jdk-8u172-linux-x64.tar.gz
Mac OS X x64	247.87 MB	⬇jdk-8u172-macosx-x64.dmg
Solaris SPARC 64-bit (SVR4 package)	140.05 MB	⬇jdk-8u172-solaris-sparcv9.tar.Z
Solaris SPARC 64-bit	99.35 MB	⬇jdk-8u172-solaris-sparcv9.tar.gz
Solaris x64 (SVR4 package)	140.63 MB	⬇jdk-8u172-solaris-x64.tar.Z
Solaris x64	97.06 MB	⬇jdk-8u172-solaris-x64.tar.gz
Windows x86	199.11 MB	⬇jdk-8u172-windows-i586.exe
Windows x64	207.3 MB	⬇jdk-8u172-windows-x64.exe

그림 1.2 오라클 홈페이지의 JDK 다운로드 페이지

자세한 JDK 설치 방법은 오라클의 공식 설치 가이드 문서[2]를 참고한다. 가능한 한 최신 버전을 설치하고, 커맨드 라인에서 java -version 명령어를 이용해 설치한 자바 버전을 확인한다.

엘라스틱서치 설치

이제 엘라스틱서치를 내려받을 차례다. 최신 버전은 엘라스틱 홈페이지[3]에서 내려받을 수 있다. 리눅스의 경우 root 계정으로는 엘라스틱서치를 설치하는 것을 권장하지 않는다. 따라서 별도의 사용자 계정을 만든 후 설치해야 한다. 다운로드 파일의 형식은 ZIP, TAR, DEB, RPM, MSI 등 다양하다. 여기서 현재 사용 중인 운영체제에 해당하는 파일을 내려받는다.

엘라스틱서치 실행과 중지

내려받은 파일의 압축을 풀면 bin 폴더에 elasticsearch와 elasticsearch.bat 파일이 있다. 윈도우 운영체제에서는 elasticsearch.bat 파일을, macOS와 리눅스에서는 elasticsearch 파일을 다음과 같이 실행한다.

---

macOS와 리눅스에서 실행

```
./elasticsearch
```

---

2 https://docs.oracle.com/javase/8/docs/technotes/guides/install/install_overview.html
3 https://www.elastic.co/downloads/elasticsearch

윈도우에서 실행

① 시작 버튼 + R로 [실행] 창을 열고 cmd를 입력한다.

② 명령 프롬프트에서 cd 명령으로 압축을 푼 엘라스틱서치 경로로 이동한다.

③ cd bin 명령으로 bin 폴더에 들어간 후 elasticsearch.bat로 엘라스틱서치를 실행한다.

엘라스틱서치가 정상적으로 실행되면 로그에 다음과 같이 started란 문구와 함께 포트 번호가 출력된다. 참고로 이 책의 실습 환경에서는 127.0.0.1:9200으로 엘라스틱서치가 실행됐다.

```
[2018-07-18T10:08:45,179][INFO ][o.e.x.s.t.n.SecurityNetty4HttpServerTransport] [R_XAHyL]
publish_address {127.0.0.1:9200}, bound_addresses {[::1]:9200}, {127.0.0.1:9200}
[2018-07-18T10:08:45,179][INFO ][o.e.n.Node                ] [R_XAHyL] started
```

웹 브라우저의 주소창에 해당 주소를 입력해 엘라스틱서치에 접속해보자. 다음과 같이 엘라스틱서치의 클러스터 이름과 버전 정보가 나타날 것이다.

```
{
    "name": "BkFaEpU",
    "cluster_name": "elasticsearch",
    "cluster_uuid": "j1RcukW2TTS1p_2R1vX4sw",
    "version": {
        "number": "6.4.3",
        "build_flavor": "default",
        "build_type": "zip",
        "build_hash": "fe40335",
        "build_date": "2018-10-30T23:17:19.084789Z",
        "build_snapshot": false,
        "lucene_version": "7.4.0",
        "minimum_wire_compatibility_version": "5.6.0",
        "minimum_index_compatibility_version": "5.0.0"
    },
    "tagline": "You Know, for Search"
}
```

cluster_name은 엘라스틱서치 클러스터를 구분하는 중요한 속성이다. 아무런 설정을 하지 않을 경우 "elasticsearch"로 자동 설정된다. 이 경우 다른 엘라스틱서치 클러스터와 충돌할 수 있으므로 반드시 수정해야 한다.

엘라스틱서치는 콘솔 또는 명령 프롬프트 창에서 Ctrl+C를 눌러 프로세스를 종료할 수 있다. 종료 시 다음과 같이 엘라스틱서치 노드가 종료됐다는 메시지가 출력될 것이다.

```
[2018-07-18T10:15:08,566][INFO ][o.e.x.w.WatcherService    ] [R_XAHyL] stopping watch
service, reason [shutdown initiated]
[2018-07-18T10:15:08,607][INFO ][o.e.n.Node                ] [R_XAHyL] stopped
[2018-07-18T10:15:08,607][INFO ][o.e.n.Node                ] [R_XAHyL] closing ...
[2018-07-18T10:15:08,614][INFO ][o.e.n.Node                ] [R_XAHyL] closed
```

실습을 위한 엘라스틱서치 준비

이 책에 나오는 대부분의 예제는 최신 엘라스틱서치에서 동작하는 데 문제가 없다. 하지만 7장에서 제공되는 한글 검색 확장 기능을 실습하려면 별도로 제공되는 커스텀 플러그인을 반드시 설치해야만 한다. 커스텀 플러그인을 설치하기 위해서는 엘라스틱서치 보안 정책에 의해 사용하는 버전마다 빌드해야 하지만 플러그인 개발 방식에 익숙하지 않은 경우 빌드하는 데 어려움을 겪을 수도 있다.

독자 여러분의 원활한 실습을 위해 책에서는 엘라스틱서치 6.4.3으로 빌드한 커스텀 플러그인을 제공한다. 플러그인을 빌드하는 데 어려움이 있을 경우 제공되는 플러그인을 그대로 사용할 수 있도록 엘라스틱서치 6.4.3을 설치하는 것을 권장한다(자세한 플러그인 설치 방법은 7장에서 설명한다).

이 책에서 제공하는 커스텀 플러그인 소스코드는 모두 공개돼 있기 때문에 원하는 엘라스틱서치 버전에 맞춰 직접 빌드해서 사용할 수도 있다.

엘라스틱서치 6.4.3 다운로드 URL

https://www.elastic.co/downloads/past-releases/elasticsearch-6-4-3

엘라스틱서치 6.4.3으로 빌드된 커스텀 플러그인 다운로드 URL

https://github.com/javacafe-project/elastic-book-etc/raw/master/plugin/javacafe-analyzer-6.4.3.zip

커스텀 플러그인 소스코드

https://github.com/javacafe-project/elasticsearch-plugin

4장 '데이터 검색'에서는 영화 정보를 가지고 있는 movie_search 인덱스, 5장 '데이터 집계'에서는 웹서버 접속 로그가 담긴 apache-web-log 인덱스를 이용해 각각 예제를 설명한다. 독자들이 로컬에 설치한 엘라스틱서치에는 별도의 인덱스가 없기 때문에 원활한 실습을 위해 별도로 백업한 스냅숏을 제공한다. 제공되는 스냅숏을 이용하면 백업된 데이터를 로컬에 설치된 엘라스틱서치로 손쉽게 복구할 수 있다.

다음 URL에서 압축파일을 내려받아 적절한 위치에서 압축을 푼다. 압축을 풀면 2개의 디렉터리가 있음을 확인할 수 있다. search_example 디렉터리는 4장 '데이터 검색'의 예제 인덱스이고 agg_example 디렉터리는 5장 '데이터 집계'의 예제 인덱스다.

예제 인덱스 스냅숏

https://github.com/javacafe-project/elastic-book-snapshot/raw/master/book_backup.zip

이 책에서 설명하는 쿼리와 그 결과를 지면상으로 모두 제공할 수 없기 때문에 독자들이 참고할 수 있도록 예제 프로젝트를 별도로 제공한다. 예제 프로젝트를 내려받으면 document 디렉터리가 있는데 이곳에서 예제에 사용된 쿼리와 결과를 확인할 수 있다. 특히 8장 '엘라스틱서치 클라이언트'에서는 예제가 자바 코드로 개발됐기 때문에 예제 프로젝트를 빌드해서 직접 실행해 볼 수도 있다.

예제 프로젝트

https://github.com/javacafe-project/elastic-book

엘라스틱서치를 설치하고 나면 원활한 실습을 위해 몇 가지 설정 정보를 변경해야 한다. 엘라스틱서치 설정 정보는 설치 디렉터리의 config 디렉터리 아래의 elasticsearch.yml 파일을 수정해 변경할 수 있다. config 디렉터리는 기본 설정 정보를 변경하는 것 외에도 사전 등의 정보를 설정할 때도 사용된다. elasticsearch.yml 파일에서는 클러스터 이름, 노드 이름, 로그 경로, 데이터 경로 등 다양한 설정을 지정할 수 있다.

다음은 관심 가져야 할 주요 설정 항목이다.

cluster.name
클러스터로 여러 노드를 하나로 묶을 수 있는데, 여기서 클러스터명을 지정할 수 있다. 여기서는 클러스터명으로 javacafe-cluster를 지정하자.

node.name

엘라스틱서치 노드명을 설정한다. 노드명을 지정하지 않으면 엘라스틱서치가 임의의 이름을 자동으로 부여한다. 여기서는 `javacafe-node1`로 지정하자.

path.data

엘라스틱서치의 인덱스 경로를 지정한다. 설정하지 않으면 기본적으로 엘라스틱서치 하위의 `data` 디렉터리에 인덱스가 생성된다.

path.logs

엘라스틱서치의 노드와 클러스터에서 생성되는 로그를 저장할 경로를 지정한다. 기본 경로는 `/path/to/logs`다.

path.repo

엘라스틱서치 인덱스를 백업하기 위한 스냅숏의 경로를 지정한다. 예제로 제공되는 스냅숏의 경로를 지정하자. 만약 기준 경로가 `/es/book_backup` 디렉터리라면 다음과 같이 설정한다.

(1) 리눅스 환경

```
path.repo: ["/es/book_backup/search_example", "/es/book_backup/agg_example"]
```

(2) 윈도우 환경

```
path.repo: ["C:\\es\\book_backup\\search_example", "C:\\es\\book_backup\\agg_example"]
```

network.host

특정 IP만 엘라스틱서치에 접근하도록 허용할 수 있다. 선택적으로 IP를 허용해야 할 경우 `[1.1.1.1, 2.2.2.2]`와 같이 지정하고, 모든 IP를 허용한다면 `0.0.0.0`을 지정하면 된다. IP 값으로 `127.0.0.1`을 설정하면 개발(Develop) 모드에서 프로덕트(Product) 모드로 자동으로 변경된다. 여기서는 IP로 `0.0.0.0`을 지정하자.

http.port

엘라스틱서치 서버에 접근할 수 있는 HTTP API 호출을 위한 포트 번호를 지정한다. 여기서는 기본값인 9200을 사용하자.

transport.tcp.port

엘라스틱서치 클라이언트가 접근할 수 있는 TCP 포트다. 기본값은 9300이다. 여기서는 기본값인 9300을 사용하자.

discovery.zen.ping.unicast.hosts

노드가 여러 개인 경우 유니캐스트(Unicast)로 활성화된 다른 서버를 찾는다. 클러스터로 묶인 노드(서버)의 IP를 지정하면 된다. 예컨대 노드가 2개인 경우 `[1.1.1.1, 2.2.2.2]`처럼 지정하면 된다. 실습 환경은 단일 노드이기 때문에 따로 설정할 내용은 없다.

discovery.zen.minimum_master_nodes

마스터 노드의 선출 기준이 되는 노드의 수를 지정한다. 실습 환경은 단일 노드이므로 따로 설정하지 않아도 된다.

> **node.master**
>
> 마스터 노드로 동작 여부를 지정한다. 예제에서는 마스터 노드와 데이터 노드의 역할을 함께 수행하도록 true로 설정한다.
>
> **node.data**
>
> 데이터 노드로 동작 여부를 지정한다. 예제에서는 마스터 노드와 데이터 노드의 역할을 함께 수행하도록 true로 설정한다.

지금까지 설명한 elasticsearch.yml 설정을 정리하면 다음과 같다.

```
cluster.name: javacafe-cluster
node.name: javacafe-node1
network.host: 0.0.0.0
http.port: 9200
transport.tcp.port: 9300
node.master: true
node.data: true
path.repo: ["/es/book_backup/search_example", "/es/book_backup/agg_example"]
```

모든 설정이 완료되면 엘라스틱서치를 시작해보자(만약 실행 중이라면 중단 후 다시 실행한다). 실행할 때 앞서 지정한 설정이 반영되면서 엘라스틱서치 접속 주소가 [::]:9200으로 제공되고 모든 IP에 대해 접속이 허용된 것을 로그로 확인할 수 있다.

```
[2019-03-18T10:43:07,734][INFO ][o.e.x.s.t.n.SecurityNetty4HttpServerTransport] [javacafe-node1]
publish_address {172.16.247.1:9200}, bound_addresses {[::]:9200}
[2019-03-18T10:43:07,735][INFO ][o.e.n.Node ] [javacafe-node1] started
```

엘라스틱서치가 정상적으로 시작되면 path.repo에서 설정한 물리적인 스냅숏 데이터를 엘라스틱서치로 인식시켜야 한다. path.repo에 설정한 두 개의 디렉터리 중에서 먼저 search_example 디렉터리의 데이터를 활성화해 보자. 다음과 같은 명령어를 실행하면 search_example 데이터가 javacafe라는 이름의 논리적인 스냅숏으로 생성된다.

```
curl -XPUT 'http://localhost:9200/_snapshot/javacafe' -d '{
    "type": "fs",
    "settings": {
        "location": "/es/book_backup/search_example",
```

```
        "compress": true
    }
}'
```

생성된 논리적인 javacafe 스냅숏을 확인해보자.

```
curl - XGET 'http://localhost:9200/_snapshot/javacafe/_all'
```

결과로 movie_search 인덱스가 있음을 확인할 수 있다.

```
{
    "snapshots": [
        {
            "snapshot": "movie-search",
            "uuid": "Kz5k4fusS7KBZy55wLeZ0Q",
            "version_id": 6040399,
            "version": "6.4.3",
            "indices": [
                "movie_search"
            ],
            (... 생략 ...)
        }
    ]
}
```

두번째로 agg_example 디렉터리의 데이터를 활성화해 보자. 다음과 같은 명령어를 실행하면 agg_example 데이터가 apache-web-log라는 이름의 논리적인 스냅숏으로 생성된다.

```
curl -XPUT 'http://localhost:9200/_snapshot/apache-web-log' - d '{
    "type": "fs",
    "settings": {
        "location": "/es/book_backup/agg_example",
        "compress": true
    }
}'
```

생성된 논리적인 apache-web-log 스냅숏을 확인해보자.

```
curl -XGET 'http://localhost:9200/_snapshot/apache-web-log/_all'
```

결과로 apache-web-log 인덱스와 apache-web-log-applied-mapping 인덱스가 있음을 확인할 수 있다.

```
{
    "snapshots": [
        {
            "snapshot": "default",
            "uuid": "yzmzEx6uSMS55j60z4buBA",
            "version_id": 6040399,
            "version": "6.4.3",
            "indices": [
                "apache-web-log"
            ],
            (... 생략 ...)
        }, {
            "snapshot": "applied-mapping",
            "uuid": "SgXhqApiSHiauC6fbjSHMw",
            "version_id": 6040399,
            "version": "6.4.3",
            "indices": [
                "apache-web-log-applied-mapping"
            ],
            (... 생략 ...)
        }
    ]
}
```

이로써 파일로 제공한 인덱스 스냅숏을 사용할 모든 준비까지 모두 끝났다. 하지만 당장 스냅숏을 사용할 필요는 없다. 나중에 필요한 곳에서 스냅숏을 이용해 인덱스를 복구해 사용하면 된다.

1.3.2 키바나 설치

키바나는 엘라스틱에서 제공하는 데이터 시각화 프로그램이다. 당장은 시각화 기능이 필요하지는 않지만 키바나를 이용하면 엘라스틱서치에 색인된 데이터를 검색하거나 문서를 추가하거나 삭제하는 등의 기능을 손쉽게 구현할 수 있다(키바나에서 제공하는 UI가 매우 유용하다).

키바나 설치와 실행

키바나는 32비트 및 64비트 아키텍처에서 여러 가지 형태로 제공된다. 사용 중인 플랫폼에 해당하는 zip 또는 tar.gz 파일로 내려받으면 된다.

키바나 다운로드 페이지[4]에서 최신 버전을 내려받는다. 내려받은 파일의 압축을 풀고 config 디렉터리를 연다. 그런 다음 kibana.yml에 다음 내용을 추가하거나 주석을 해제한다.

```
elasticsearch.url: "http://localhost:9200"
```

기본적으로 localhost에 있는 9200번 포트를 엘라스틱서치가 사용하고 있다면 상관없지만 그렇지 않다면 실제 엘라스틱서치가 설치된 장비의 IP 주소와 포트 번호로 변경해야 한다. 변경이 완료되면 bin 폴더에 있는 kibana 혹은 kibana.bat 파일을 실행한다. 이때 엘라스틱서치는 이미 실행 중이어야 한다. 웹 브라우저에서 http://localhost:5601 또는 http://127.0.0.1:5601에 접속한다. 키바나가 엘라스틱서치와 정상적으로 연결된 경우에는 다음과 같은 기본 페이지가 출력된다(만일 다음과 같은 화면이 출력되지 않는다면 엘라스틱서치 구동 여부를 확인해보자).

---

4 https://www.elastic.co/kr/downloads/kibana

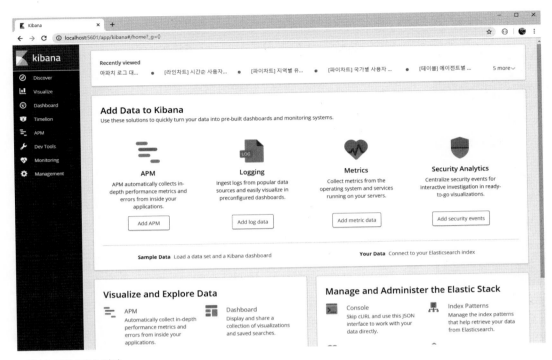

그림 1.3 키바나 접속 화면

여기서는 키바나에서 제공되는 메뉴 중에서 [Dev Tool] 메뉴를 사용하겠다. 키바나의 [Dev Tool] 메뉴에서는 문서와 매핑의 추가, 삭제 등의 작업을 JSON 포맷으로 엘라스틱서치에 요청할 수 있다.

왼쪽 목록의 [Dev Tool] 메뉴를 클릭하거나 다음 URL로 이동한다.

```
http://localhost:5601/app/kibana#/dev_tools
```

[Dev Tools] 메뉴를 선택하면 현재 키바나와 연결돼 있는 엘라스틱서치로 간편하게 요청을 전달할 수 있다. 또한 사용한 요청들이 캐시되어 [Dev Tools] 메뉴에 그대로 남아있기 때문에 재사용할 수 있어서 무척 편리하다.

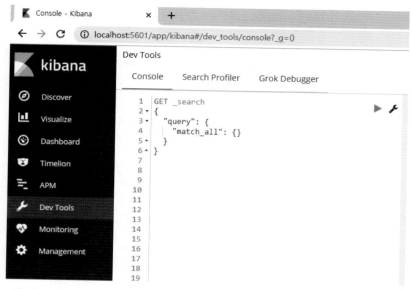

그림 1.4 JSON 형식의 데이터를 엘라스틱서치로 전달하는 Dev Tool 메뉴

위 그림에서 보면 기본값으로 현재 엘라스틱서치에 색인된 모든 데이터를 검색하는 쿼리문이 작성돼 있다. curl 명령과 유사하지만 더 간편하게 요청을 전달할 수 있음을 알 수 있다. 먼저 사용할 HTTP 메서드와 인덱스명, API 종류를 적고 바로 아래에 JSON 형태의 문장을 입력한다.

이때 작성하는 요청 내용은 다음과 같은 규칙을 따른다.

```
GET --- ❶    _search --- ❷
{      --- ❸
  "query": {
    "match_all": {}
  }
}
```

❶ 요청 전달 방식이다. GET, POST, PUT, DELETE를 지정할 수 있다. GET은 어떠한 변경 없이 쿼리에 대한 결과를 반환받는 용도로 사용하고, POST는 변경, PUT은 삽입, DELETE는 삭제 용도로 사용된다. 이는 일반적인 RESTful 방식에 해당하므로 쉽게 이해할 수 있다. 이전 curl 명령에서 -X 옵션에 해당한다.

❷ _search는 검색 쿼리를 의미한다. _search 앞부분에 인덱스를 명시해서 해당 인덱스로만 범위를 한정해서 검색을 수행할 수도 있다. 여기서는 어떠한 인덱스도 지정하지 않았기 때문에 전체 인덱스를 대상으로 검색이 수행된다.

size가 기본값 10으로 설정돼 있기 때문에 검색 결과로 10개의 문서만 반환하므로 많은 양의 문서가 색인돼 있더라도 결과가 빠르게 반환된다. curl 명령에서는 -X 옵션 다음으로 지정했던 도메인 부분에 해당한다. 키바나를 통해 전달되는 쿼리는 무조건 설정에 지정된 엘라스틱서치로 전달되기 때문에 이 부분은 생략할 수 있다.

❸ 쿼리 본문에 해당하며 여기서는 모든 문서를 검색한다. curl 명령에서는 -d 옵션에 해당한다.

실제로 엘라스틱서치로 데이터를 전송해보자. 먼저 movie_kibana_execute 인덱스를 생성해서 문서를 하나 색인해보자. HTTP 메서드는 PUT으로 설정하고 movie_kibana_execute/_doc/1을 입력한다. 다음 라인에 JSON 본문으로 다음과 같은 코드를 입력한다.

```
PUT movie_kibana_execute/_doc/1
{
    "message":"helloworld"
}
```

키바나의 입력 화면에는 최종적으로 다음과 같이 등록될 것이다.

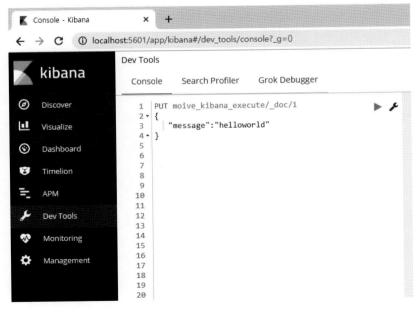

그림 1.5 키바나를 이용한 엘라스틱서치 문서 색인

화면상의 ▶ 버튼을 클릭해보자. 그럼 다음 그림과 같이 1번 문서가 정상적으로 생성됐다는 결과가 출력된다.

그림 1.6 엘라스틱서치에 생성된 1번 문서

이번에는 생성된 문서를 검색해보자. 하단에 다음과 같이 검색 명령어를 추가로 입력한다.

```
GET movie_kibana_execute/_search
{
  "query" : {
    "match_all": {}
  }
}
```

[Dev Tools]에서는 실행할 명령어를 선택할 수도 있다. 방금 작성한 검색 명령어를 클릭하고 화면상의 ▶ 버튼을 클릭해보자. 다음과 같이 검색 결과가 우측에 표시된다.

그림 1.7 엘라스틱서치에서 문서 검색하기

지금까지 키바나를 통해 엘라스틱서치에 색인된 데이터를 검색하는 방법을 간략히 알아봤다. 앞으로 나올 예제를 실습하는 데 키바나의 [Dev Tool]을 사용할 것이므로 사용법을 잘 알아두자.

> **참고**
>
> 일부 최신 버전의 키바나에서는 [Dev Tool]을 사용할 때 한글 입력 버그가 발생할 수 있다. 만약 자신이 설치한 버전의 키바나에서 한글 입력에 문제가 있을 경우 대안으로 Postman 프로그램을 사용하는 것을 추천한다.
>
> **Postman 공식 홈페이지**
>
> https://www.getpostman.com/

1.3.3 환경 구축 관련 트러블슈팅

테스트를 위해 엘라스틱서치를 설치 후 실행하는 과정에서 다양한 오류가 발생할 수 있다. 그중 가장 흔히 발생하는 상황에 대해 설명하겠다.

① "system call filters failed to install"

이 에러는 엘라스틱서치를 실행할 때 부트스트랩(bootstrap) 과정을 거치게 되는데 이 과정에 실패했기 때문에 발생하는 문제다. 즉, 테스트가 수행될 장비에 시스템콜 필터가 설치되지 않은 경우에 발생한다. 이 문제는 elasticsearch.yml 파일에 bootstrap을 사용하지 않도록 옵션을 추가해 해결할 수 있다.

```
ERROR: [1] bootstrap checks failed
[1]: system call filters failed to install; check the logs and fix your configuration or disable
system call filters at your own risk
```

추가할 항목은 다음과 같다.

```
bootstrap.system_call_filter: false
```

② "max file descriptors [4096] for elasticsearch process likely too low…"

①번 문제와 마찬가지로 부트스트랩에 실패해서 발생하는 에러다. 이 에러는 리눅스의 파일 오픈 개수를 늘려 해결할 수 있다.

```
ERROR: bootstrap checks failed
max file descriptors [4096] for elasticsearch process likely too low, increase to at least [65536]
max number of threads [1024] for user [space_home] likely too low, increase to at least [2048]
```

파일 오픈 개수를 늘리는 작업은 리눅스의 root 계정으로 수행해야 한다. root 계정으로 다음 명령을 실행해 열 수 있는 파일의 최대 개수를 확인하자.

```
ulimit -a
```

아마 최대 1024개의 파일을 동시에 열 수 있을 것이다.

```
…
max locked memory (kbytes, -l) 64
max memory size (kbytes, -m) unlimited
open files (-n) 1024
…
```

다음 명령으로 리눅스에서 동시에 열 수 있는 최대 파일 개수를 늘리자.

```
echo 262144 > /proc/sys/vm/max_map_count
```

엘라스틱서치에서도 작업이 필요하다. /etc/security/limits.conf에 다음 코드를 추가해 엘라스틱서치를 실행할 계정의 파일 개수를 최대로 설정한다. 다음은 elastic이란 이름의 계정으로 엘라스틱서치를 실행하는 예다.

```
elastic hard nofile 65536
elastic soft nofile 65536
elastic hard nproc 65536
elastic soft nproc 65536
```

③ "\Common은(는) 예상되지 않았습니다."

이 오류는 엘라스틱서치에서 자바의 경로를 찾지 못해서 생기는 오류다. bin 폴더의 elasticsearch.bat 혹은 elasticsearch 파일을 열어 맨 위에 자바 경로를 설정하면 된다.

```
set "JAVA_HOME=C:\Program Files\Java\jdk1.8.0_181"
```

02

엘라스틱서치
살펴보기

엘라스틱서치가 화두가 되기 시작한 것은 불과 수년 전이다. 빅데이터와 분산 시스템이라는 패러다임 변화에 따라 엘라스틱서치가 아파치 재단의 솔라^{Solr}, 루씬의 자리를 대체하며 최근에 많은 사랑을 받고 있다. 엘라스틱서치는 루씬 기반의 검색엔진으로서 실시간에 가까운 전문 검색, 멀티테넌시 지원이라는 특징을 자랑하며 NoSQL 저장소의 역할까지 담당한다. 단순한 검색엔진을 넘어 데이터 수집부터 저장, 분석, 시각화에 이르는 다양한 분야의 데이터 분석 도구로서 주목받고 있는 것이다.

이번 장에서는 이러한 엘라스틱서치에서 사용하는 기본 용어를 알아보고 주요 API에는 어떤 것들이 있는지도 간단하게 살펴보겠다.

이번 장에서 다룰 내용

2.1 엘라스틱서치를 구성하는 개념

2.2 엘라스틱서치에서 제공하는 주요 API

2.1 엘라스틱서치를 구성하는 개념

엘라스틱서치가 기본적으로 분산 시스템을 지향하다 보니 생소한 용어가 많이 사용되고 있다. 새롭게 접한 시스템을 분석하기 위해서는 내부에서 사용되는 용어가 무엇인지부터 파악하는 것이 중요하다. 이를 통해 전체적인 아키텍처를 이해하는 데 많은 도움이 된다. 엘라스틱서치를 구성하는 주요 구성요소로 어떤 것이 있는지 다양한 개념들을 먼저 알아보자.

2.1.1 기본 용어

엘라스틱서치의 데이터는 다음 그림과 같이 인덱스, 타입, 문서, 필드 구조로 구성된다.

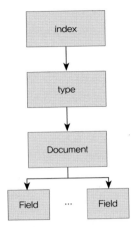

그림 2.1 데이터의 구조

인덱스

인덱스(Index)는 데이터 저장 공간이다. 하나의 인덱스는 하나의 타입만 가지며 하나의 물리적인 노드에 여러 개의 논리적인 인덱스를 생성할 수 있다. 검색 시 인덱스 이름으로 문서 데이터를 검색하며, 여러 개의 인덱스를 동시에 검색하는 것도 가능하다.

엘라스틱서치를 분산 환경으로 구성하면 하나의 인덱스가 여러 노드에 분산 저장되어 관리된다. 따라서 분산 처리에 따른 여러 이점을 누릴 수 있다. 엘라스틱서치는 인덱스 생성 시 기본적으로 5개의 프라이머리[Primary] 샤드와 1개의 레플리카[Replica] 샤드 세트를 생성한다. 각각의 샤드 수는 인덱스를 생성할 때 옵션을 이용해 변경할 수 있다.

인덱스의 이름은 모두 소문자여야 하며 추가, 수정, 삭제, 검색은 RESTful API로 수행할 수 있다. 만약 인덱스가 없는 상태에서 데이터가 추가된다면 데이터를 이용해 인덱스가 자동으로 생성된다.

샤드

색인된 문서는 하나의 인덱스에 담긴다. 인덱스 내부에 색인된 데이터는 물리적인 공간에 여러 개의 파티션으로 나뉘어 구성되는데, 이 파티션을 엘라스틱서치에서는 샤드[Shard]라고 부른다. 엘라스틱서치는 다수의 샤드로 문서를 분산 저장하고 있어 데이터 손실 위험을 최소화할 수 있다.

타입

타입(Type)은 인덱스의 논리적 구조를 의미하며, 인덱스 속성에 따라 분류하기도 한다. 엘라스틱서치 6.0 버전 이하에서는 하나의 인덱스에 여러 타입을 설정 가능했지만 6.1 버전부터는 인덱스당 하나의 타입만 사용할 수 있다.

엘라스틱서치 6.0 이하 버전에서는 특정 카테고리를 분류하는 목적으로 타입이 많이 사용됐다. 예를 들어 music이라는 인덱스가 존재한다면 장르별(Rock, K-pop, Classic)로 분리해 사용했다. 하지만 현재는 타입을 사용하는 것을 권장하지 않기 때문에 장르별로 별도의 인덱스를 각각 생성해서 사용해야 한다.

문서

문서(Document)는 엘라스틱서치에서 데이터가 저장되는 최소 단위다. 기본적으로 JSON 포맷으로 데이터가 저장된다. 데이터베이스와 비교하자면 테이블의 행이 엘라스틱서치의 문서에 해당한다고 볼 수 있다. 하나의 문서는 다수의 필드로 구성돼 있는데 각 필드는 데이터의 형태에 따라 용도에 맞는 데이터 타입(Data Type)을 정의해야 한다. 또한 문서는 중첩 구조를 지원하기 때문에 이를 이용해 문서 안에 문서를 지정하는 것도 가능하다.

필드

필드(Field)는 문서를 구성하기 위한 속성이라고 할 수 있다. 일반적으로 데이터베이스의 칼럼(Column)과 비교할 수 있으나 칼럼이 정적(static)인 데이터 타입인 데 반해 필드는 좀 더 동적(dynamic)인 데이터 타입이라고 할 수 있다.

하나의 필드는 목적에 따라 다수의 데이터 타입을 가질 수 있다. 영화 정보를 담아둔 문서에 제목 필드가 있다고 가정해보자. 영화 제목을 검색할 때 매칭 검색을 하거나 초성을 이용한 검색이 모두 지원되도록 제목 필드는 2개의 데이터 타입을 가져야 한다.

매핑

매핑(Mapping)은 문서의 필드와 필드의 속성을 정의하고 그에 따른 색인 방법을 정의하는 프로세스다. 인덱스의 매핑 정보에는 여러 가지 데이터 타입을 지정할 수 있지만 필드명은 중복해서 사용할 수 없다.

2.1.2 노드의 종류

클러스터는 물리적인 노드 인스턴스들의 모임이라 할 수 있다. 클러스터는 모든 노드의 검색과 색인 작업을 관장하는 논리적인 개념이라 할 수 있다. 관계형 데이터베이스의 경우 모든 요청을 서버 하나에서 처리해서 결과를 제공하지만 엘라스틱서치의 경우에는 다수의 서버로 분산해서 처리하는 것이 가능하기 때문에 대용량 데이터를 처리할 수 있다.

분산 처리를 위해서는 다양한 형태의 노드들을 조합해서 클러스터를 구성해야 한다. 기본적으로 마스터 노드가 전체적인 클러스터를 관리하고 데이터 노드가 실제 데이터를 관리한다. 엘라스틱서치는 각 설정에 따라 4가지 유형의 노드를 제공한다.

마스터 노드(Master Node)

– 클러스터를 관리한다.

– 노드 추가와 제거 같은 클러스터의 전반적인 관리를 담당한다.

데이터 노드(Data Node)

– 실질적인 데이터를 저장한다.

– 검색과 통계 같은 데이터 관련 작업을 수행한다.

코디네이팅 노드(Coordinating Node)

– 사용자의 요청만 받아서 처리한다.

– 클러스터 관련 요청은 마스터 노드에 전달하고 데이터 관련 요청은 데이터 노드에 전달한다.

인제스트 노드(Ingest Node)

– 문서의 전처리 작업을 담당한다.

– 인덱스 생성 전 문서의 형식을 다양하게 변경할 수 있다.

설정에 따라 각 노드는 한 가지 유형으로 동작할 수도 있고 여러 개의 유형을 겸해서 동작할 수도 있다.

마스터 노드

마스터 노드는 인덱스를 생성, 삭제하는 등 클러스터와 관련된 전반적인 작업을 담당한다. 따라서 네트워크 속도가 빠르고 지연이 없는 노드를 마스터 노드로 선정해야 한다. 다수의 노드를 마스터 노드로 설정할 수 있지만 결과적으로 하나의 노드만이 마스터 노드로 선출되어 동작한다.

만약 노드를 마스터 노드 전용으로 설정하고자 한다면 엘라스틱서치 서버의 conf 폴더 안의 elasticsearch.yml 파일을 열고 다음과 같이 설정하면 된다.

```
node.master: true
node.data: false
node.ingest: false
search.remote.connect: false
```

데이터 노드

데이터 노드는 문서가 실제로 저장되는 노드다. 데이터가 실제로 분산 저장되는 물리적 공간인 샤드가 배치되는 노드이기도 하다. 색인 작업은 CPU, 메모리, 스토리지 같은 컴퓨팅 리소스를 많이 소모하기 때문에 리소스 모니터링이 필요하다.

데이터 노드는 가능한 한 마스터 노드와 분리해서 구성하는 게 좋다. 단, 색인할 문서의 수가 적으면 함께 구성해도 상관은 없다. elasticsearch.yml 파일을 다음과 같이 수정하면 데이터 노드 전용으로 설정할 수 있다.

```
node.master: false
node.data: true
node.ingest: false
search.remote.connect: false
```

코디네이팅 노드

데이터 노드, 마스터 노드, 인제스트 노드의 역할을 하지 않고, 들어온 요청을 단순히 라운드로빈 방식으로 분산시켜 주는 노드다. 구성 방법은 아래와 같다.

```
node.master: false
node.data: false
node.ingest: false
search.remote.connect: false
```

인제스트 노드

색인에 앞서 데이터를 전처리하기 위한 노드다. 데이터의 포맷을 변경하기 위해 스크립트로 전처리 파이프라인을 구성하고 실행할 수 있다. 구성 방법은 다음과 같다.

```
node.master: false
node.data: false
node.ingest: true
search.remote.connect: false
```

2.1.3 클러스터, 노드, 샤드

클러스터와 노드의 관계는 어떻게 될까? 먼저 클러스터와 노드가 서로 어떻게 묶여있는지 그림을 통해 살펴보자.

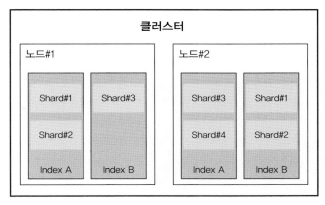

그림 2.2 클러스터와 노드

하나의 엘라스틱서치 클러스터에 노드#1, 노드#2로 총 2개의 물리적 노드가 존재한다. 엘라스틱서치 클러스터는 인덱스의 문서를 조회할 때 마스터 노드를 통해 2개의 노드를 모두 조회해서 각 데이터를 취합한 후 결과를 하나로 합쳐서 제공한다.

현재는 하나의 클러스터만 만들어져 있지만 여러 개의 클러스터를 연결해서 구성할 수도 있으며, 이때는 클러스터의 이름으로 각각을 구분한다. 만약 클러스터의 이름이 명시적으로 설정되지 않았다면 엘라스틱서치는 클러스터의 이름을 임의의 문자열로 지정한다. 또한 클러스터에 있는 노드는 실시간으로 추가, 제거가 가능하기 때문에 가용성이나 확장성 측면에서 매우 유연하다.

클러스터의 동작 방식을 이해하기 위해 간단하게 테스트해보자. 테스트해 볼 클러스터는 3개의 노드로 구성했다고 가정해보자. 이때 프라이머리 샤드와 레플리카 샤드의 수를 조정해가며 인덱스 생성 시 클러스터가 어떻게 동작하는지 살펴보겠다.

프라이머리 샤드 3개, 레플리카 샤드 0세트 구성

첫 구성은 프라이머리 샤드 3개, 레플리카 샤드 0개다.

```
{
    "settings" : {
        "index" : {
            "number_of_shards" : 3,
            "number_of_replicas" : 0
        }
    }
}
```

인덱스의 이름은 starwars이며, 노드는 data-node-01, data-node-02, data-node-03으로 총 3개다.

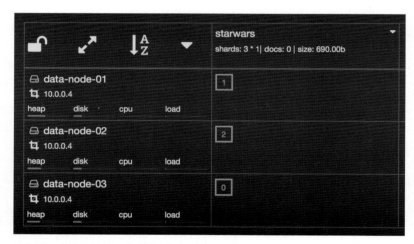

그림 2.3 프라이머리 샤드 3개, 레플리카 샤드 0개로 구성

이 그림에서 우측의 숫자 박스가 의미하는 것이 샤드다. 샤드는 분산된 데이터에 따라 순차적인 번호를 가진다. 일반적으로 프라이머리 샤드는 안정성을 위해 하나의 노드에 하나씩 분산 저장된다. 인덱스에 다수의 문서를 색인하게 되면 문서는 3개의 샤드로 골고루 분산 저장된다.

프라이머리 샤드 6개, 레플리카 샤드 0세트 구성

다음은 프라이머리 샤드 6개로 구성한 예다.

```
{
    "settings" : {
        "index" : {
            "number_of_shards" : 6,
            "number_of_replicas" : 0
        }
    }
}
```

테스트를 위해 starwars 인덱스를 삭제한 후 재생성했다.

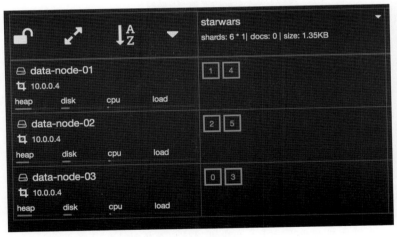

그림 2.4 프라이머리 샤드 6개, 레플리카 샤드 0개로 구성

3개의 노드에 프라이머리 샤드 6개가 노드당 2개씩 배치됐다. 색인 시 6개의 샤드에 데이터가 분산된다. 앞선 구성보다 프라이머리 샤드의 수가 2배 많기 때문에 데이터가 더 잘게 쪼개져서 저장된다.

프라이머리 샤드 3개, 레플리카 샤드 1세트 구성

레플리카 샤드는 프라이머리 샤드의 복제본이다. 예제에서는 레플리카 샤드 1세트를 설정했으므로 3개의 레플리카 샤드가 생성된다.

```
{
    "settings" : {
        "index" : {
            "number_of_shards" : 3,
            "number_of_replicas" : 1
        }
    }
}
```

엘라스틱서치는 장애 시 레플리카 샤드를 이용해 샤드를 복구한다. 따라서 다음 그림처럼 번호가 같은 프라이머리 샤드와 레플리카 샤드가 서로 다른 노드에 배치된다.

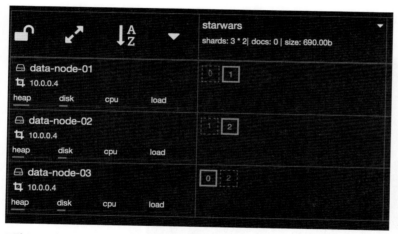

그림 2.5 프라이머리 샤드 3개, 레플리카 샤드 3개로 구성

프라이머리 샤드만 3개로 구성한 첫 번째 예제와 달리 각 노드에 점선 박스가 하나씩 더 존재한다. 이 박스가 바로 레플리카 샤드를 의미한다. 프라이머리 샤드의 복제본이 존재하기 때문에 물리적인 노드 하나가 죽더라도 나머지 노드 2개가 전체 데이터를 복구할 수 있다.

장애가 발생하면 마스터 노드는 데이터를 재분배하거나 레플리카 샤드를 프라이머리 샤드로 승격시켜 서비스 중단 없는 복구가 가능해진다. 따라서 장애극복[Failover] 상황을 염두에 두고 노드와 샤드의 수를 적절히 구성해야 한다.

2.2 엘라스틱서치에서 제공하는 주요 API

지금부터 데이터를 저장, 수정, 삭제, 검색하는 엘라스틱서치의 주요 API를 살펴보겠다. 다음 장에서 좀 더 자세히 설명하겠지만 본격적인 설명에 앞서 간단하게 어떠한 API가 있는지 알아보자.

API의 종류

엘라스틱서치는 RESTful 방식의 API를 제공하며, 이를 통해 JSON 기반으로 통신한다. 엘라스틱서치 는 기본적으로 HTTP 통신을 위해 9200번 포트를 사용한다.

엘라스틱서치에서는 다음과 같은 주요 API를 제공한다.

- 인덱스 관리 API(Indices API): 인덱스 관리
- 문서 관리 API(Document API): 문서의 추가/수정/삭제
- 검색 API(Search API): 문서 조회
- 집계 API(Aggregation API): 문서 통계

문서를 색인하기 위해서는 기본적으로 인덱스라는 그릇을 생성해야 한다. 인덱스를 통해 입력되는 문서 의 필드를 정의하고 각 필드에 알맞은 데이터 타입을 지정할 수 있다. 이러한 과정을 통해 좀 더 효율적 인 색인이 가능해진다.

Index vs. Indices

엘라스틱서치를 공부하다 보면 용어가 아리송한 경우가 종종 있다. 대표적인 용어가 "색인"이라는 용어다. 색인은 데이터가 토 큰화되어 저장된 자료구조를 의미하며, Index라는 단어를 번역한 것이다. 하지만 엘라스틱서치에서는 인덱스라는 용어를 색인 과는 다른 의미로 사용한다.

- Index: 색인 데이터
- Indexing: 색인하는 과정
- Indices: 매핑 정보를 저장하는 논리적인 데이터 공간

엘라스틱서치에서는 용어에 따른 혼란을 방지하기 위해 색인을 의미할 경우 "Index"라는 단어를 사용하고, 매핑 정의 공간을 의미할 경우 "Indices"라는 단어로 표현한다. 이 책에서는 한글로 "인덱스"라는 용어를 사용하고 있는데 이는 "Indices"라는 용 어를 번역한 것이라 이해하면 된다.

엘라스틱서치는 사용 편의성을 위해 스키마리스(Schemaless)라는 기능을 제공한다. 문서를 색인하기 위해서는 기본적으로 인덱스를 생성하는 과정이 필요한데 인덱스를 생성하는 과정 없이 문서를 추가하더라도 문서가 색인되도록 지원하는 일종의 편의 기능이다. 엘라스틱서치는 최초 문서가 색인될 때 인덱스의 존재 여부를 확인하고 만약 인덱스가 존재하지 않는다면 문서를 분석해서 문서가 색인될 수 있게 인덱스를 자동으로 생성한다.

스키마리스 기능은 가급적이면 사용하지 말자

앞서 설명했듯이 엘라스틱서치는 스키마리스라는 강력한 기능을 제공하며, 이를 이용하면 다양한 형태의 비정형 데이터를 하나의 인덱스로 구성할 수 있다. 하지만 이는 성능과 밀접한 연관이 있기 때문에 특수한 상황에서만 사용해야 한다. 만약 스키마리스를 사용해야 한다면 데이터 구조 및 검색 방식을 확실히 이해해야 한다.

테스트를 위해 인덱스를 생성하지 않고 바로 데이터를 색인해보자. 다음은 데이터 추가와 동시에 인덱스가 생성되는 스키마리스 예제다. 인덱스 매핑 정보가 정의되지 않았기 때문에 JSON 형식의 키-값을 분석해서 필드명과 각종 속성 정보를 자동으로 생성한다.

다음 명령어를 실행한다.

```
PUT /movie/_doc/1
{
  "movieCd": "1",
  "movieNm": "살아남은 아이",
  "movieNmEn": "Last Child",
  "prdtYear": "2017",
  "openDt": "",
  "typeNm": "장편",
  "prdtStatNm": "기타",
  "nationAlt": "한국",
  "genreAlt": "드라마,가족",
  "repNationNm": "한국",
  "repGenreNm": "드라마"
}
```

실행 결과는 다음과 같다.

```
{
  "_index" : "movie",
  "_type" : "_doc",
  "_id" : "1",
  "_version" : 1,
  "result" : "created",
  "_shards" : {
    "total" : 5,
    "successful" : 5,
    "failed" : 0
  },
  "_seq_no" : 0,
  "_primary_term" : 1
}
```

실행 결과를 보면 어떠한 작업이 이뤄졌는지 한눈에 확인할 수 있다. 결과를 살펴보면 5개의 샤드로 구성된 movie 인덱스가 생성됐고 _id가 1인 문서가 추가됐음을 알 수 있다. 그런데 여기에는 한 가지 문제점이 있다. 인덱스가 자동으로 생성되어 세부적인 필드 정보가 매핑되지 않은 것이다. 이런 식으로 인덱스를 자동 생성할 경우 특정 단어를 검색할 때 검색 결과에서 누락되는 등 문제가 발생할 가능성이 높아진다.

생성된 인덱스의 구성 정보를 조회해보자.

```
GET /movie
```

결과는 다음과 같다.

```
{
    "movie": {
        "aliases": {},
        "mappings": {
            "_doc": {
                "properties": {
                    "genreAlt": {
```

```
        "type": "text",
        "fields": {
            "keyword": {
                "type": "keyword",
                "ignore_above": 256
            }
        }
    },
    "movieCd": {
        "type": "text",
        "fields": {
            "keyword": {
                "type": "keyword",
                "ignore_above": 256
            }
        }
    },
    "movieNm": {
        "type": "text",
        "fields": {
            "keyword": {
                "type": "keyword",
                "ignore_above": 256
            }
        }
    },

    (… 생략 …)

    "typeNm": {
        "type": "text",
        "fields": {
            "keyword": {
                "type": "keyword",
                "ignore_above": 256
            }
        }
    }
}
```

```
                }
            }
        },
        "settings": {
            "index": {
                "creation_date": "1545699886797",
                "number_of_shards": "5",
                "number_of_replicas": "1",
                "uuid": "wih0hbsZRzuUvmXJY0X3Ag",
                "version": {
                    "created": "6040399"
                },
                "provided_name": "movie"
            }
        }
    }
}
```

기본적으로 모든 필드가 text 타입과 keyword 타입을 동시에 제공하는 멀티필드 기능으로 구성된다. 하지만 특정 필드는 text 타입만 필요할 수도 있고 keyword 타입만 필요할 수도 있을 것이다. 이러한 경우 데이터 공간의 낭비를 초래한다.

엘라스틱서치는 스키마리스라는 특성에 따라 데이터에 대한 매핑을 자동으로 생성하는 편리한 기능을 제공한다. 하지만 이 기능은 특수한 상황에서만 제한적으로 사용해야 한다. 사실상 실무에서는 대부분 사용하지 않는다. 실무에서는 데이터가 대부분 복잡한 구조를 갖기 때문에 자칫 검색 품질이 떨어지거나 성능상 문제가 발생할 가능성이 커지기 때문이다.

예를 들어, 다음과 같은 문장을 색인한다고 가정해보자.

원문

"아버지가 방에 들어 가신다"

스키마리스를 이용해 색인한다면 기본적으로 text 타입의 Standard Analyzer를 사용하는 데이터 타입이 정의될 것이다. 이러한 경우 해당 분석기는 "아버지가", "방에", "들어", "가신다"라는 토큰으로 분리되어 텀(Term)이 생성되고 검색 시 "아버지"라는 키워드가 입력되더라도 해당 문서는 검색되지 않을 것

이다. 검색을 위해서는 Standard Analyzer가 분리한 토큰 그대로 "아버지가"라는 키워드를 입력해야만 한다(이는 우리가 원하는 결과가 아닐 것이다).

Standard Analyzer로 분리된 토큰

"아버지가", "방에", "들어", "가신다"

원하는 결과를 얻기 위해서는 한글 형태소를 분석하는 분석기를 사용하도록 데이터 타입을 직접 정의해야 한다. 따라서 원하는 결과를 얻기 위해서라도 스키마리스 방식의 사용을 지양하고 반드시 인덱스를 직접 정의해서 사용하는 습관을 들이는 것이 좋다.

> **참고**
>
> 스키마리스 기능을 사용하고 싶지 않더라도 인덱스를 설정하지 않고 실수로 데이터를 색인하면 엘라스틱서치는 인덱스를 자동 생성한다. 이는 자칫 시스템의 안정성을 해칠 수도 있다. 이러한 실수를 방지하기 위해 스키마리스 기능을 명시적으로 사용하지 않도록 설정하는 것이 가능하다.
>
> 노드 설정 파일에서 `action.auto_create_index`를 false로 설정할 경우 자동으로 인덱스가 생성되지 않는다. 또한 인덱스 별로 제공되는 `index.mapper.dynamic` 설정을 false로 설정하면 특정 칼럼의 자동 매핑 생성을 비활성화할 수 있다.

2.2.1 인덱스 관리 API

인덱스 관리 API는 인덱스를 관리하기 위한 API다. 이를 이용해 인덱스를 추가하거나 삭제할 수 있다. 인덱스 관리 API는 HTTP 메서드를 지정하는 방식을 통해 사용할 수 있다.

인덱스 생성

인덱스를 한번 생성해 보자. 인덱스를 생성할 때는 매핑이라는 세부 설정을 이용할 수 있는데 매핑은 문서와 문서에 포함된 필드, 필드 타입 등을 세세하게 지정하는 것이 가능한 설정 방식이다. 인덱스 생성 시 이러한 매핑 정보를 추가할 수 있다.

한 가지 주의할 점은 한번 생성된 매핑 정보는 변경할 수 없다는 점이다. 만약 잘못 생성했거나 변경해야 하는 경우에는 데이터를 삭제하고 다시 색인하는 수밖에 없다.

다음은 `movie` 인덱스를 생성하고 매핑 정보를 추가한 예다.

```
PUT /movie
{
  "settings": {
    "number_of_shards": 3,
    "number_of_replicas": 2
  },
  "mappings": {
    "_doc": {
      "properties": {
        "movieCd": { "type" : "integer" },
        "movieNm": { "type" : "text" },
        "movieNmEn": { "type" : "text" },
        "prdtYear": { "type" : "integer" },
        "openDt": { "type" : "date" },
        "typeNm": { "type" : "keyword" },
        "prdtStatNm": { "type" : "keyword" },
        "nationAlt":{ "type" : "keyword" },
        "genreAlt": { "type" : "keyword" },
        "repNationNm": { "type" : "keyword" },
        "repGenreNm": { "type" : "keyword" }
      }
    }
  }
}
```

실행 결과는 다음과 같다.

```
{
  "acknowledged": true,
  "shards_acknowledged": true,
  "index": "movie"
}
```

엘라스틱서치에서는 다양한 형태의 데이터 타입을 제공한다. 단순히 문자열로 저장하고 싶을 경우
keyword 타입을 사용하면 되고 형태소 분석을 원할 경우 text 타입을 사용한다. 매핑 설정으로 정의된 필
드 중 한글 영화 이름(movieNm)과 영문 영화 이름(movieNmEn)은 검색에 사용되기 때문에 형태소 분석이 가

능하도록 text로 타입을 지정했다. 영화 코드(movieCd)와 제작연도(prdtYear)는 숫자 데이터 타입, 개봉일(openDt)은 날짜 타입으로 지정했다. 그 밖의 필드 타입은 모두 keyword 타입이다.

인덱스 삭제

이번에는 인덱스를 삭제하고 다시 생성한다. 앞서 생성한 movie 인덱스를 DELETE 메서드로 삭제하겠다.

다음 명령을 실행한다.

```
DELETE /movie
```

실행 결과는 다음과 같다.

```
{
    "acknowledged": false
}
```

만약 인덱스 이름이 잘못됐거나 없는 인덱스를 삭제하려고 하면 다음과 같은 메시지가 출력된다.

```
{
  "error": {
    "root_cause": [
      {
        "type": "index_not_found_exception",
        "reason": "no such index",
        "index_uuid": "RO2VDL88Q9WnQx14NXEnLA",
        "index": "movie"
      }
    ],
    "type": "index_not_found_exception",
    "reason": "no such index",
    "index_uuid": "RO2VDL88Q9WnQx14NXEnLA",
    "index": "movie"
  },
  "status": 404
}
```

이때 주의할 점이 있다. 인덱스를 한번 삭제하면 다시는 복구할 수 없기 때문에 인덱스 삭제는 신중하게 해야 한다는 점이다. 인덱스를 삭제할 때는 반드시 한번 더 확인하는 습관을 들이자.

2.2.2 문서 관리 API

문서 관리 API는 실제 문서를 색인하고 조회, 수정, 삭제를 지원하는 API다. 이를 이용해 문서를 색인하고 내용을 수정하거나 삭제할 수 있다. 엘라스틱서치는 기본적으로 검색엔진이기 때문에 검색을 위해 다양한 검색 패턴을 지원하는 Search API를 별도로 제공한다. 하지만 색인된 문서의 ID를 기준으로 한 건의 문서를 다뤄야 하는 경우 문서 관리 API를 사용한다.

문서 관리 API는 다음과 같은 세부 기능을 제공한다.

- Index API: 한 건의 문서를 색인한다.

- Get API: 한 건의 문서를 조회한다.

- Delete API: 한 건의 문서를 삭제한다.

- Update API: 한 건의 문서를 업데이트한다.

문서 관리 API는 기본적으로 한 건의 문서를 처리하기 위한 기능을 제공하며 Single document API라고도 부른다. 하지만 클러스터를 운영하다 보면 다수의 문서를 처리해야 하는 경우도 종종 발생할 것이다. 이러한 경우에 대비해 Multi-document API도 제공한다.

- Multi Get API: 다수의 문서를 조회한다.

- Bulk API: 대량의 문서를 색인한다.

- Delete By Query API: 다수의 문서를 삭제한다.

- Update By Query API: 다수의 문서를 업데이트한다.

- Reindex API: 인덱스의 문서를 다시 색인한다.

이번 장에서는 이러한 기능이 있다는 정도만 이해하고 넘어가자. 다음 장에서 좀 더 자세히 설명하겠다. 그럼 예제를 통해 문서 관리 API에 대해 간단히 살펴보자.

문서 생성

앞서 생성한 movie 인덱스에 문서를 추가해보자. 문서를 생성하기 위해서는 POST 메서드를 이용해 요청해야 한다. 이때 문서의 Id로 1을 지정했다.

```
POST /movie/_doc/1
{
  "movieCd": "1",
  "movieNm": "살아남은 아이",
  "movieNmEn": "Last Child",
  "prdtYear": "2017",
  "openDt": "2017-10-20",
  "typeNm": "장편",
  "prdtStatNm": "기타",
  "nationAlt": "한국",
  "genreAlt": "드라마,가족",
  "repNationNm": "한국",
  "repGenreNm": "드라마"
}
```

실행 결과는 아래와 같다.

```
{
  "_index": "movie",
  "_type": "_doc",
  "_id": "1",
  "_version": 1,
  "result": "created",
  "_shards": {
    "total": 2,
    "successful": 2,
    "failed": 0
  },
  "_seq_no": 0,
  "_primary_term": 1
}
```

결과로 리턴된 JSON 항목 중에서 result 항목을 확인해보면 "created"라는 값을 확인할 수 있다. 앞에서 생성 요청한 문서가 정상적으로 색인된 것이다.

문서 조회

이번에는 생성한 문서를 조회해 보자. 문서를 조회할 때는 GET 메서드를 이용하면 된다. 앞에서 문서의 Id를 1로 지정해서 생성했기 때문에 1을 지정해서 조회하면 된다.

```
GET /movie/_doc/1
```

실행 결과는 다음과 같다.

```
{
  "_index": "movie",
  "_type": "_doc",
  "_id": 1,
  "_version": 1,
  "found": true,
  "_source": {
    "movieCd": "1",
    "movieNm": "살아남은 아이",
    "movieNmEn": "Last Child",
    "prdtYear": "2017",
    "openDt": "2017-10-20",
    "typeNm": "장편",
    "prdtStatNm": "기타",
    "nationAlt": "한국",
    "genreAlt": "드라마,가족",
    "repNationNm": "한국",
    "repGenreNm": "드라마"
  }
}
```

문서 삭제

이번에는 생성된 문서를 삭제해보자. 생성된 문서의 Id를 지정하고 DELETE 메서드를 이용해 삭제한다.

다음 명령을 실행한다.

```
DELETE /movie/_doc/1
```

실행 결과는 다음과 같다.

```
{
  "_index": "movie",
  "_type": "_doc",
  "_id": "1",
  "_version": 1,
  "result": "deleted",
  "_shards": {
    "total": 2,
    "successful": 2,
    "failed": 0
  }
}
```

실행 결과, result 항목이 "deleted"로 표시돼 있다. 이를 통해 문서가 정상적으로 삭제됐음을 알 수 있다.

Id를 지정하지 않고 문서를 생성

문서를 추가할 때 Id를 지정하지 않는다면 어떻게 될까? Id를 지정하지 않고 movie 인덱스에 새롭게 문서를 추가해보자.

```
POST /movie/_doc
{
  "movieCd": "1",
  "movieNm": "살아남은 아이",
  "movieNmEn": "Last Child",
  "prdtYear": "2017",
  "openDt": "2017-10-20",
  "typeNm": "장편",
  "prdtStatNm": "기타",
```

```
  "nationAlt": "한국",
  "genreAlt": "드라마,가족",
  "repNationNm": "한국",
  "repGenreNm": "드라마"
}
```

실행 결과는 다음과 같다.

```
{
  "_index": "movie",
  "_type": "_doc",
  "_id": "HZuX6mEB06UMLL9exnak",
  "_version": 1,
  "result": "created",
  "_shards": {
    "total": 2,
    "successful": 2,
    "failed": 0
  },
  "_seq_no": 0,
  "_primary_term": 1}
```

결과를 살펴보면 movie 인덱스에 _id 값이 HZuX6mEB06UMLL9exnak인 데이터 1건이 성공적으로 생성됐음을
알 수 있다. 여기서는 _id 값을 직접 지정하지 않고 URI에 인덱스명과 타입만 지정했기 때문에 엘라스틱
서치가 자동으로 _id 값을 생성했다. 이때 _id 값은 UUID를 통해 무작위로 생성된다.

이러한 방식이 자칫 편리해 보일 수도 있다. 하지만 무작위로 생성된 Id 값 때문에 해당 문서를 업데이트
할 때 애로 사항이 생긴다. 예를 들어 엘라스틱서치와 동기화된 데이터베이스의 데이터가 변경됐다고 가
정해보자. 검색엔진은 해당 데이터베이스와 주기적으로 동기화해야 하기 때문에 변경된 내용을 따라 동
기화돼야 할 것이다. 이를 위해서는 엘라스틱서치에 색인된 _id 값을 데이터베이스의 PK(Primary Key)
혹은 식별이 되는 키 값과 매칭한 정보가 어딘가에는 저장되어 관리돼야 한다. 하지만 1천만 건이나 1억
건 정도 되는 데이터에 해당 식별 값을 어딘가에 별도로 저장한다는 것은 거의 불가능할 것이다. 그래서
색인된 문서의 _id 값은 업데이트를 고려해서 데이터베이스 테이블의 식별 값과 맞춰 주는 것이 중요
하다.

2.2.3 검색 API

지금부터 앞서 생성한 인덱스의 문서를 검색해보자. 그에 앞서 검색과 관련된 여러 API를 살펴보고 엘라스틱서치의 검색 API에 어떤 것이 있는지 알아보자.

엘라스틱서치 검색 API의 사용 방식은 다음과 같이 크게 두 가지로 나뉜다.

① HTTP URI^{Uniform Resource Identifier} 형태의 파라미터를 URI에 추가해 검색하는 방법
② RESTful API 방식인 QueryDSL을 사용해 요청 본문(Request Body)에 질의 내용을 추가해 검색하는 방법

Request Body 방식(②)은 URI 방식(①)보다 제약사항이 적기 때문에 현업에서는 Request Body 방식을 선호한다. URI 방식은 간단한 쿼리 검색을 하거나 디버깅할 때 간편하게 사용하는 경우에 종종 이용된다.

간단한 표현식이라면 두 가지 형식을 섞어서 사용하는 것도 가능하다. 예를 들어, Query를 URI 방식으로 사용하고 나머지 기능을 JSON 형태로 사용해도 된다. 다음 예제는 2017년에 개봉된 영화를 영화 제목을 기준으로 정렬해서 보여준다.

```
GET /movie/_doc/_search?q=prdtYear:2017&pretty=true
{
    "sort" : {
        "movieCd" : {
            "order" : "asc"
        }
    }
}
```

QueryDSL을 사용하면 가독성이 높고, JSON 형식으로 다양한 표현이 가능해진다. Query의 조건을 여러 개 만들거나, 통계를 위한 집계(Aggregation) 쿼리 등 복잡한 쿼리를 작성하려면 QueryDSL을 사용하는 것이 좋다. URI로 여러 단계의 구조를 가지는 중첩된 형태 표현하는 것은 불가능하기 때문이다.

URI 방식의 검색 질의

먼저 살펴볼 URI 방식의 검색 질의는 문서 ID인 _id 값을 사용해 문서를 조회하는 방식이다. 결국 URL 에 파라미터를 붙여 조회하는 식이다. 예컨대 HZuX6mEB06UMLL9exnak라는 키를 가진 문서를 질의하려면 GET 메서드를 사용해 다음과 같이 검색할 수 있다.

```
GET /movie/_doc/HZuX6mEB06UMLL9exnak?pretty=true
```

조회 결과는 다음과 같다.

```
{
  "_index": "movie",
  "_type": "_doc",
  "_id": "HZuX6mEB06UMLL9exnak",
  "_version": 4,
  "found": true,
  "_source": {
    "movieCd": "1",
    "movieNm": "살아남은 아이",
    "movieNmEn": "Last Child",
    "prdtYear": "2017",
    "openDt": "2017-10-20",
    "typeNm": "장편",
    "prdtStatNm": "기타",
    "nationAlt": "한국",
    "genreAlt": "드라마,가족",
    "repNationNm": "한국",
    "repGenreNm": "드라마"
  }
}
```

만약 해당 키 값과 일치하는 문서가 없으면 다음과 같은 결과를 반환한다.

```
{
  "_index": "movie",
  "_type": "_doc",
  "_id": "1",
  "found": false
}
```

다음 예제는 q 파라미터를 사용해 해당 용어와 일치하는 문서만 조회한다. 사용하는 HTTP 메서드는 POST다.

```
POST /movie/_search?q=장편
```

다음은 실행 결과다.

```
{
  "took": 1403,
  "timed_out": false,
  "_shards": {
    "total": 3,
    "successful": 3,
    "skipped": 0,
    "failed": 0
  },
  "hits": {
    "total": 1,
    "max_score": 0.18232156,
    "hits": [
      {
        "_index": "movie",
        "_type": "_doc",
        "_id": "HZuX6mEB06UMLL9exnak",
        "_score": 0.18232156,
        "_source": {
          "movieCd": "1",
          "movieNm": "살아남은 아이",
          "movieNmEn": "Last Child",
          "prdtYear": "2017",
          "openDt": "2017-10-20",
          "typeNm": "장편",
          "prdtStatNm": "기타",
          "nationAlt": "한국",
          "genreAlt": "드라마,가족",
          "repNationNm": "한국",
          "repGenreNm": "드라마"
```

```
            }
        }
    ]
  }
}
```

JSON 포맷 헤더에는 쿼리가 실행된 총 시간(time_out)과 결과를 보여준다. _shards에서는 성공적으로 반환한 샤드의 수와 실패한 샤드의 수를 알 수 있다. hits에서는 일치하는 문서의 수와 함께 점수(_score)가 가장 높은 상위 10개의 문서를 보여준다. 검색에 실패한 샤드의 수는 검색 시 설정된 time_out에 따라 결정된다. time_out 시간이 초과되면 그때까지 검색된 내용까지만 검색 결과로 반환된다. 따라서 실패한 샤드의 수가 지나치게 많다면 time_out 시간을 적절히 조정해야 한다.

q 파라미터를 사용할 때 별도의 필드명을 지정하지 않으면 존재하는 모든 필드를 대상으로 검색을 수행한다. 특정 필드만 조회하고 싶다면 다음 코드와 같이 필드명을 포함해서 요청하면 된다. 다음은 typeNm 필드의 값이 "장편"인 문자열만 검색한 예다.

```
POST /movie/_search?q=typeNm:장편
```

실행 결과는 다음과 같다.

```
{
    … 생략 …
    "hits": [
        {
            "_index": "movie",
            "_type": "_doc",
            "_id": "HZuX6mEB06UMLL9exnak",
            "_score": 0.18232156,
            "_source": {
                "movieCd": "1",
                "movieNm": "살아남은 아이",
                "movieNmEn": "Last Child",
                "prdtYear": "2017",
                "openDt": "2017-10-20",
                "typeNm": "장편",
```

```
                "prdtStatNm": "기타",
                "nationAlt": "한국",
                "genreAlt": "드라마,가족",
                "repNationNm": "한국",
                "repGenreNm": "드라마"
            }
        }
    ]
    }
}
}
```

Request Body 방식의 검색 질의

URI 검색 질의는 여러 필드를 각기 다른 검색어로 질의하는 것이 어렵다. 쿼리의 조건이 복잡하고 길어지기 때문이다. 이럴 때는 JSON 방식으로 질의하는 게 좋다. JSON 포맷을 이용해 RESTful 방식으로 질의하면 매우 복잡한 쿼리도 쉽게 표현할 수 있고 여러 조건을 한 번에 처리할 수 있다. 사용법은 간단하다. 앞서 만든 URI 쿼리의 파라미터를 JSON 포맷으로 옮기기만 하면 된다.

기본 구문은 아래와 같다.

```
POST /{index명}/_search
{
JSON 쿼리 구문
}
```

movie 인덱스의 typeNm 필드를 검색하는 예는 다음과 같다.

```
POST movie/_search
{
    "query" : {
        "term" : { "typeNm": "장편" }
    }
}
```

쿼리 구문은 다음과 같이 여러 개의 키를 조합해 객체의 키 값으로 사용할 수 있다.

```
{
    size: # 몇 개의 결과를 반환할지 결정한다(기본값은 10).

    from: # 어느 위치부터 반환할지를 결정한다.
        # 0부터 시작하면 상위 0~10건의 데이터를 반환한다(기본값은 0).
    _source: # 특정 필드만 결과로 반환하고 싶을 때 사용한다.

    sort: # 특정 필드를 기준으로 정렬한다.
        # asc, desc로 오름차순, 내림차순 정렬을 지정할 수도 있다.

    query: {
        # 검색될 조건을 정의한다.
    }

    filter: {
        # 검색 결과 중 특정한 값을 다시 보여준다.
        # 결과 내에서 재검색할 때 사용하는 기능 중 하나다.
        # 다만 필터를 사용하게 되면 자동으로 score 값이 정렬되지 않는다.
    }
}
```

2.2.4 집계 API

과거에는 통계 작업을 위해 루씬이 제공하는 패싯(Facets) 기능을 많이 활용했다. 하지만 패싯 기능은 기본적으로 디스크 기반으로 동작했고, 분산 환경에는 최적화되지 않았기 때문에 대용량 데이터의 통계 작업에는 적합하지 않았다. 이로 인해 많은 장애가 발생했기 때문이다.

엘라스틱서치에서는 5.0 이후에 패싯 방식의 통계 기능을 과감히 제거하고 독자적인 집계(Aggregation) API를 내놓았다. 집계 API는 기본적으로 메모리 기반으로 동작하기 때문에 대용량의 데이터 통계 작업이 가능해졌다.

이후에 좀 더 자세히 설명하겠지만 엘라스틱서치는 집계 API를 통해 기존의 패싯 API로는 하기 어려운 작업을 처리하는 것이 가능해졌다. 쿼리에 사용되는 집계에 따라 수치를 계산하고 동적으로 카운팅하거나 히스토그램 같은 작업 등도 할 수 있게 바뀐 것이다. 엘라스틱서치의 집계 API는 각종 통계 데이터를 실시간으로 제공할 수 있는 강력한 기능이다.

> **루씬의 패싯 API**
>
> 패싯은 같은 항목의 총 개수를 표시하는 기능으로 특정 용어를 필터로 카테고리화해 총 개수를 취합해 데이터를 정렬해서 제공
> 한다. 패싯 API로 인기 게시물이나 카테고리별 시간당 총 페이지 뷰 등을 반환받을 수 있었지만 이를 시간순으로는 정렬할 수
> 없다는 큰 단점이 있다. 과거에는 엘라스틱서치도 루씬의 패싯 API를 기반으로 통계를 제공했지만 현재는 집계 API로 대체된
> 상태다.

데이터 집계

movie 인덱스의 문서를 장르별로 집계해 보자. _search API를 사용해 집계 쿼리를 만들고 terms 키워드를
이용해 genreAlt라는 필드의 데이터를 그룹화한다.

```
POST /movie/_search?size=0
{
    "aggs":{
        "genre":{
            "terms":{
                "field":"genreAlt"
            }
        }
    }
}
```

실행 결과는 다음과 같다.

```
{
  "took": 10,
  "timed_out": false,
  "_shards": {
    "total": 5,
    "successful": 5,
    "skipped": 0,
    "failed": 0
  },
  "hits": {
    "total": 63069,
    "max_score": 0,
```

```
  "hits": [

  ]
},
"aggregations": {
  "genre": {
    "doc_count_error_upper_bound": 291,
    "sum_other_doc_count": 21317,
    "buckets": [
      {
        "key": "드라마",
        "doc_count": 19856
      },
      {
        "key": "장르없음",
        "doc_count": 16426
      },
      {
        "key": "코미디",
        "doc_count": 6590
      },


          (… 생략 …)


      {
        "key": "다큐멘터리",
        "doc_count": 4568
      },
      {
        "key": "스릴러",
        "doc_count": 4438
      }
    ]
  }
}
}
```

집계 결과를 살펴보면 버킷Buckets이라는 구조 안에 그룹화된 데이터가 포함돼 있다. 엘라스틱서치의 집계가 강력한 이유 중 하나는 버킷 안에 다른 버킷의 결과를 추가할 수 있다는 점이다. 이러한 특성을 이용해 다양한 집계 유형을 결합하거나 중첩, 조합하는 것이 가능해진다.

다음은 장르별 국가 형태를 중첩해서 보여주는 집계의 예다.

```
POST movie/_search?size=0
{
 "aggs": {
  "genre": {
   "terms": {
    "field": "genreAlt"
   },
   "aggs": {
    "nation": {
     "terms": {
      "field": "nationAlt"
     }
    }
   }
  }
 }
}
```

실행 결과는 다음과 같다.

```
{
  "took": 154,
  "timed_out": false,
  "_shards": {
    "total": 10,
    "successful": 10,
    "skipped": 0,
    "failed": 0
  },
  "hits": {
    "total": 63069,
```

```
    "max_score": 0,
    "hits": [

    ]
  },
  "aggregations": {
    "genre": {
      "doc_count_error_upper_bound": 136,
      "sum_other_doc_count": 11220,
      "buckets": [
        {
          "key": "드라마",
          "doc_count": 10579,
          "nation": {
            "doc_count_error_upper_bound": 32,
            "sum_other_doc_count": 2513,
            "buckets": [
              {
                "key": "한국",
                "doc_count": 3848
              },
              {
                "key": "미국",
                "doc_count": 1817
              }
              … 중략
            ]
          }
        }
```

… 이하 생략

데이터 집계 타입

집계 기능은 현재 4가지 API로 제공된다. 집계 기능은 서로 조합해 사용할 수 있으며 이를 조합해서 매우 강력한 기능을 제공할 수 있다.

버킷 집계 Bucket Aggregation

집계 중 가장 많이 사용한다. 문서의 필드를 기준으로 버킷을 집계한다.

메트릭 집계 Metric Aggregation

문서에서 추출된 값을 가지고 Sum, Max, Min, Avg를 계산한다.

매트릭스 집계 Matrix Aggregation

행렬의 값을 합하거나 곱한다.

파이프라인 집계 Pipeline Aggregation

버킷에서 도출된 결과 문서를 다른 필드 값으로 재분류한다. 즉, 다른 집계에 의해 생성된 출력 결과를 다시 한번 집계한다. 집계가 패싯보다 강력한 이유가 여기에 있다.

03

데이터
모델링

엘라스틱서치에서는 색인할 때 문서의 데이터 유형에 따라 필드에 적절한 데이터 타입을 지정해야 한다. 이러한 과정을 매핑이라고 하며, 매핑은 색인될 문서의 데이터 모델링이라고도 할 수 있다. 사전에 매핑을 설정하면 지정된 데이터 타입으로 색인되지만 매핑을 설정해 두지 않으면 엘라스틱서치가 자동으로 필드를 생성하고 필드 타입까지 결정한다. 필드 데이터 타입이 자동으로 지정될 경우 실제 운영환경에서 예기치 않은 문제를 일으킬 수도 있기 때문에 매핑 과정은 매우 중요한 과정이라 할 수있다.

이번 장에서는 엘라스틱서치에서 제공하는 데이터 모델링 방법에 대해 알아보자.

이번 장에서 다룰 내용

3.1 매핑 API 이해하기

매핑은 색인 시 데이터가 어디에 어떻게 저장될지를 결정하는 설정이다. 데이터베이스의 스키마에 대응하는 개념이라고도 할 수 있는데 인덱스에 추가되는 각 데이터 타입을 구체적으로 정의하는 일이다. 문서에 존재하는 필드의 속성을 정의할 때 각 필드 속성에는 데이터 타입과 메타데이터가 포함된다. 이를 통해 색인 과정에서 문서가 어떻게 역색인$^{Inverted Index}$으로 변환되는지를 상세하게 정의할 수 있다.

데이터베이스에서 테이블의 칼럼 정보를 정의하는 것이 중요하듯 엘라스틱서치에서도 데이터의 타입을 정의하는 것은 매우 중요하다. 엘라스틱서치는 기본적으로 스키마리스이기 때문에 명시적으로 필드를 정의하지 않아도 데이터 유형에 따라 필드 데이터 타입에 대한 매핑 정보가 자동으로 생성된다. 이러한 자동 매핑 방식은 언뜻 편리해 보이지만 실수로 잘못된 타입이 지정될 경우 수정할 방법이 없기 때문에 주의해야 한다.

예제를 통해 매핑을 어떻게 정의하는지부터 살펴보자. 다음과 같은 2개의 문서가 있다고 가정해보자.

```
# 문서1
{
  "movieCd": "20173732",
  "movieNm": "캡틴 아메리카",
}

# 문서2
{
  "movieCd": "XT001",
  "movieNm": "아이언맨",
}
```

첫 번째 문서를 매핑 설정 없이 색인하면 movieCd 필드는 숫자 타입으로 매핑되고, movieNm은 문자 타입으로 매핑된다. 바로 두 번째 문서를 색인해보자. 아마도 색인에 실패할 것이다. movieCd 필드가 이미 숫자 타입으로 매핑됐기 때문에 문자열 형태인 두 번째 문서의 movieCd 값은 색인이 불가능하기 때문이다. 동적 매핑을 하면 문서에 새로운 필드가 추가될 때마다 인덱스가 자동으로 업데이트되기 때문에 매우 쉽고 편리하지만 한번 정의된 필드에 서로 다른 타입의 데이터가 입력된다면 뒤에 입력된 데이터의 색인 생성에 실패한다.

문자와 숫자가 무작위로 들어있는 필드가 있다고 가정해보자. 최초 색인 시 문자가 들어왔다면 나중에 문자나 숫자 모두 색인이 가능할 것이다. 하지만 맨 처음 색인할 때 숫자가 들어왔다면 해당 필드는 숫자 타입으로 매핑될 것이고 나중에 문자가 들어올 경우 색인에 실패할 것이다. 다시 한 번 강조하지만 한 번 생성된 매핑의 타입은 변경할 수 없다. 타입을 변경하려면 인덱스를 삭제한 후 다시 생성하거나 매핑을 다시 정의해야 한다.

매핑 정보를 설정할 때는 다음과 같은 사항을 고민해야 한다.

- 문자열을 분석할 것인가?
- _source에 어떤 필드를 정의할 것인가?
- 날짜 필드를 가지는 필드는 무엇인가?
- 매핑에 정의되지 않고 유입되는 필드는 어떻게 처리할 것인가?

실무에서는 다양한 이유로 동적 매핑을 거의 사용하지 않는다. 앞서 동적 매핑의 문제점을 충분히 설명했기 때문에 이해했으리라 생각한다. 따라서 앞으로는 인덱스를 생성할 때 항상 명시적인 매핑 설정을 사용하자.

3.1.1 매핑 인덱스 만들기

아직은 잘 이해되지 않겠지만 일단은 다음과 같이 정의된 목록을 보고 매핑을 한번 만들어보자. 생성할 인덱스명은 movie_search로서 개봉 영화의 세부 정보를 제공하는 인덱스다.

인덱스 매핑의 목록은 아래와 같다.

표 3.1 영화 정보 문서의 구조

매핑명	필드명	필드 타입
인덱스 키	movieCd	keyword
영화제목_국문	movieNm	text
영화제목_영문	movieNmEn	text
제작연도	prdtYear	integer
개봉연도	openDt	integer
영화유형	typeNm	keyword
제작상태	prdtStatNm	keyword
제작국가(전체)	nationAlt	keyword
장르(전체)	genreAlt	keyword

매핑명	필드명	필드 타입
대표 제작국가	repNationNm	keyword
대표 장르	repGenreNm	keyword
영화감독명	directors.peopleNm	object → keyword
제작사코드	companies.companyCd	object → keyword
제작사명	companies.companyNm	object → keyword

색인할 실제 데이터는 다음과 같은 정보로 구성돼 있다.

```
{
    "movieCd": "20173732",
    "movieNm": "살아남은 아이",
    "movieNmEn": "Last Child",
    "prdtYear": "2017",
    "openDt": "",
    "typeNm": "장편",
    "prdtStatNm": "기타",
    "nationAlt": "한국",
    "genreAlt": "드라마,가족",
    "repNationNm": "한국",
    "repGenreNm": "드라마",
    "directors": [{
        "peopleNm": "신동석"
    }],
    "companies": [
        "companyCd": "",
        "companyNm": ""
    ]
}
```

실제 검색 대상이 되는 필드는 "영화제목" 필드이므로 분석 가능하도록 text 타입으로 정의한다. 나머지 필드는 해당 정보를 그대로 보여주기만 할 것이기 때문에 특성에 따라 integer 타입, keyword 타입으로 설정했다. 감독 정보를 나타내는 directors 필드와 제작사 정보를 나타내는 companies 필드는 내부적으로 또 다른 문서 구조를 가지게 되므로 이를 고려해서 계층 구조로 설정해야 한다.

다음과 같이 인덱스를 생성한다.

```
PUT movie_search
{
  "settings": {
    "number_of_shards": 5,
    "number_of_replicas": 1
  },
  "mappings": {
    "_doc": {
      "properties": {
        "movieCd": {
          "type": "keyword"
        },
        "movieNm": {
          "type": "text",
          "analyzer": "standard"
        },
        "movieNmEn": {
          "type": "text",
          "analyzer": "standard"
        },
        "prdtYear": {
          "type": "integer"
        },
        "openDt": {
          "type": "integer"
        },
        "typeNm": {
          "type": "keyword"
        },
        "prdtStatNm": {
          "type": "keyword"
        },
        "nationAlt": {
          "type": "keyword"
        },
        "genreAlt": {
```

```
          "type": "keyword"
        },
        "repNationNm": {
          "type": "keyword"
        },
        "repGenreNm": {
          "type": "keyword"
        },
        "companies": {
          "properties": {
            "companyCd": {
              "type": "keyword"
            },
            "companyNm": {
              "type": "keyword"
            }
          }
        },
        "directors": {
          "properties": {
            "peopleNm": {
              "type": "keyword"
            }
          }
        }
      }
    }
  }
}
```

정상적으로 인덱스가 생성되면 다음과 같은 결과를 출력한다.

```
{
  "acknowledged": true,
  "shards_acknowledged": true,
  "index": "movie_search"
}
```

3.1.2 매핑 확인

이미 만들어진 매핑을 확인하려면 엘라스틱서치에서 제공하는 _mapping API를 사용할 수 있다. GET 메서드를 사용해 앞에서 만든 movie_search 인덱스의 매핑 정보를 확인해보자.

```
GET movie_search/_mapping
```

위와 같이 조회하면 앞에서 만든 인덱스의 매핑 정보를 확인할 수 있다.

```
{
  "movie_search": {
    "mappings": {
      "_doc": {
        "properties": {
          "companys": {
            "properties": {
              "companyCd": {
                "type": "keyword"
              },
              "companyNm": {
                "type": "keyword"
              }
            }
          },
          "directors": {
            "properties": {
              "peopleNm": {
                "type": "keyword"
              }
            }
          },
          "genreAlt": {
            "type": "keyword"
          },
          "movieCd": {
            "type": "keyword"
          },
```

```
        "movieNm": {
          "type": "text",
          "analyzer": "standard"
        },
        "movieNmEn": {
          "type": "text",
          "analyzer": "standard"
        },
        "nationAlt": {
          "type": "keyword"
        },
        "openDt": {
          "type": "integer"
        },
        "prdtStatNm": {
          "type": "keyword"
        },
        "prdtYear": {
          "type": "integer"
        },
        "repGenreNm": {
          "type": "keyword"
        },
        "repNationNm": {
          "type": "keyword"
        },
        "typeNm": {
          "type": "keyword"
        }
      }
    }
  }
}
```

3.1.3 매핑 파라미터

매핑 파라미터는 색인할 필드의 데이터를 어떻게 저장할지에 대한 다양한 옵션을 제공한다. 이러한 옵션은 필드에 매핑 정보를 설정할 때 유용하게 사용할 수 있다.

analyzer

해당 필드의 데이터를 형태소 분석하겠다는 의미의 파라미터다. 색인과 검색 시 지정한 분석기로 형태소 분석을 수행한다. text 데이터 타입의 필드는 analyzer 매핑 파라미터를 기본적으로 사용해야 한다. 별도의 분석기를 지정하지 않으면 Standard Analyzer로 형태소 분석을 수행한다.

normalizer

normalizer 매핑 파라미터는 term query에 분석기를 사용하기 위해 사용된다. 예를 들어 keyword 데이터 타입의 경우 원문을 기준으로 문서가 색인되기 때문에 cafe, Cafe, Café는 서로 다른 문서로 인식된다. 하지만 해당 유형을 normalizer를 통해 분석기에 asciifolding과 같은 필터를 사용하면 같은 데이터로 인식되게 할 수 있다.

boost

필드에 가중치^{Weight}를 부여한다. 가중치에 따라 유사도 점수(_score)가 달라지기 때문에 boost 설정 시 검색 결과의 노출 순서에 영향을 준다. 만약 색인 시점에 boost 설정을 하게 된다면 재색인하지 않는 이상 가중치 변경을 할 수 없기 때문에 주의해서 사용해야 한다. 가급적이면 검색 시점에만 사용하는 것을 권장한다.

> **참고**
> 최신 엘라스틱서치는 색인 시 boost 설정을 할 수 없도록 바뀌었다. 내부적으로 사용하는 루씬에서 기능이 제거됐기 때문이다. 참고로 루씬 7.0 버전부터 색인 시 boost 설정 기능이 제거됐다(https://stackoverflow.com/questions/45822066/indextime-field-level-boosting-in-lucene-6-6-0).

coerce

색인 시 자동 변환을 허용할지 여부를 설정하는 파라미터다. 예를 들어 "10"과 같은 숫자 형태의 문자열이 integer 타입의 필드에 들어온다면 엘라스틱서치는 자동으로 형변환을 수행해서 정상적으로 처리한다. 하지만 coerce 설정을 미사용으로 변경한다면 색인에 실패할 것이다.

copy_to

매핑 파라미터를 추가한 필드의 값을 지정한 필드로 복사한다. 예컨대 keyword 타입의 필드에 copy_to 매핑 파라미터를 사용해 다른 필드로 값을 복사하면 복사된 필드에서는 text 타입을 지정해 형태소 분석을 할 수도 있다.

또한 여러 개의 필드 데이터를 하나의 필드에 모아서 전체 검색 용도로 사용하기도 한다. 이를 통해 과거에 존재하던 _all 칼럼과 동일한 기능을 제공할 수 있다.

예를 들어, 다음과 같은 문서가 색인됐다고 가정해보자.

```
{
  "movieCd": "20173732",
  "movieNm": "살아남은 아이",
  "movieNmEn": "Last Child"
}
```

copy_to 파라미터를 이용하면 movieNm과 movieNmEn의 결과를 합해서 "살아남은 아이 Last Child"라는 데이터를 저장하는 필드를 생성할 수 있다.

fielddata

fielddata는 엘라스틱서치가 힙 공간에 생성하는 메모리 캐시다. 과거에는 fielddata를 많이 사용했지만 반복적인 메모리 부족 현상과 잦은 GC로 현재는 거의 사용되지 않는다. 최신 버전의 엘라스틱서치는 doc_values라는 새로운 형태의 캐시를 제공하고 있으며, text 타입의 필드를 제외한 모든 필드는 기본적으로 doc_values 캐시를 사용한다.

fielddata를 사용해야만 하는 경우도 있다. text 타입의 필드는 기본적으로 분석기에 의해 형태소 분석이 되기 때문에 집계나 정렬 등의 기능을 수행할 수 없다. 하지만 부득이하게 text 타입의 필드에서 집계나 정렬을 수행하는 경우도 있을 것이다. 이러한 경우에 한해 fielddata를 사용할 수 있다. 하지만 fielddata는 메모리에 생성되는 캐시이기 때문에 최소한으로만 사용해야 한다는 사실에 주의해야 한다.

fielddata는 메모리 소모가 크기 때문에 기본적으로 비활성화돼 있다. 사용법은 다음과 같다.

```
PUT movie_search_mapping/_mapping/_doc
{
  "properties": {
    "nationAltEn": {
      "type":      "text",
      "fielddata": true
    }
  }
}
```

doc_values

엘라스틱서치에서 사용하는 기본 캐시다. text 타입을 제외한 모든 타입에서 기본적으로 doc_values 캐시를 사용한다. doc_values는 루씬을 기반으로 하는 캐시 방식이다. 과거에는 캐시를 모두 메모리에 올려 사용했으나 현재는 doc_values를 사용함으로써 힙 사용에 대한 부담을 없애고 운영체제의 파일 시스템 캐시를 통해 디스크에 있는 데이터에 빠르게 접근할 수 있다. 이로 인해 GC의 비용이 들지 않으면서도 메모리 연산과 비슷한 성능을 보여준다.

필드를 정렬, 집계할 필요가 없고 스크립트에서 필드 값에 액세스할 필요가 없다면 디스크 공간을 절약하기 위해 doc_values를 비활성화할 수도 있다. 한 번 비활성화된 필드는 인덱스를 재색인하지 않는 한 변경이 불가능하다.

dynamic

매핑에 필드를 추가할 때 동적으로 생성할지, 생성하지 않을지를 결정한다. 동적 생성 필드의 처리 방법으로 다음의 세 가지 설정 중 하나를 지정할 수 있다.

표 3.2 동적 생성 필드 처리 옵션

인자	설명
true	새로 추가되는 필드를 매핑에 추가한다.
false	새로 추가되는 필드를 무시한다. 해당 필드는 색인되지 않아 검색할 수 없지만 _source에는 표시된다.
strict	새로운 필드가 감지되면 예외가 발생하고 문서 자체가 색인되지 않는다. 새로 유입되는 필드는 사용자가 매핑에 명시적으로 추가해야 한다.

enabled

검색 결과에는 포함하지만 색인은 하고 싶지 않은 경우도 있다. 메타 성격의 데이터가 그렇다. 예컨대 일반적인 게시판이라면 제목과 요약 글만 색인하고 날짜와 사용자 ID는 색인하지 않는 경우다. 색인을 원치 않는 날짜와 사용자 ID의 매핑 파라미터 중 enabled를 false로 설정하면 _source에는 검색이 되지만 색인은 하지 않는다.

format

엘라스틱서치는 날짜/시간을 문자열로 표시한다. 이때 날짜/시간을 문자열로 변경할 때 미리 구성된 포맷을 사용할 수 있다. 다음은 엘라스틱서치에서 지원하는 대표적인 날짜/시간 포맷이다.

표 3.3 날짜/시간 데이터 타입의 날짜 형식

포맷	날짜 형식	비고
basic_date	yyyyMMdd	년도/월/일
basic_date_time	yyyyMMdd'T'HHmmss.SSSZ	년도/월/일/T/시/분/초/밀리초/Z
basic_time	HHmmss.SSS	시/분/초/밀리초/Z
date/strict_date	yyyy-MM-dd	년도/시/분
date_hour_minute_second/ strict_date_hour_minute_second	yyyy-MM-dd'T' HH:mm:ss.	년도/시/분/T/시/분/초
date_hour_minute_second_millis/ strict_date_hour_minute_second_millis	yyyy-MM-dd'T' HH:mm:ss.SSS.	년도/시/분/T/시/분/초/밀리초
date_time/strict_date_time	yyyy-MM-dd'T' HH:mm:ss.SSSZZ	년도/시/분/T/시/분/초/밀리초/ZZ

ignore_above

필드에 저장되는 문자열이 지정한 크기를 넘어서면 빈 값으로 색인한다. 지정한 크기만큼만 색인되는 것이 아니라 빈 값으로 저장되므로 주의해야 한다.

ignore_malformed

엘라스틱서치에서는 잘못된 데이터 타입을 색인하려고 하면 예외가 발생하고 해당 문서 전체가 색인되지 않는다. 이 매핑 파라미터를 사용하면 해당 필드만 무시하고 문서는 색인할 수 있다.

index

index 매핑 파라미터는 필드값을 색인할지를 결정한다. 기본값은 true이며, false로 변경하면 해당 필드를 색인하지 않는다.

fields

다중 필드(multi_field)를 설정할 수 있는 옵션이다. 필드 안에 또 다른 필드의 정보를 추가할 수 있어 같은 string 값을 각각 다른 분석기로 처리하도록 설정할 수 있다. 다음과 같이 기본 필드는 전문 검색을 하고 필드 안의 추가 필드는 집계용으로 사용할 수 있다.

```
PUT movie_search_mapping
{
  "mappings": {
    "_doc": {
      "properties": {
        "awards": {
          "type": "text",
          "fields": {
            "name": {
              "type":  "keyword"
            }
          }
        }
      }
    }
  }
}
```

norms

문서의 _score 값 계산에 필요한 정규화 인수를 사용할지 여부를 설정한다. 기본값은 true다. _score 계산이 필요없거나 단순 필터링 용도로 사용하는 필드는 비활성화해서 디스크 공간을 절약할 수 있다.

null_value

엘라스틱서치는 색인 시 문서에 필드가 없거나 필드의 값이 null이면 색인 시 필드를 생성하지 않는다. 이 경우 null_value를 설정하면 문서의 값이 null이더라도 필드를 생성하고 그에 해당하는 값으로 저장한다.

```
PUT movie_search_mapping/_mapping/_doc
{
  "properties": {
    "audiCnt": {
        "type": "integer",
        "null_value": "0"
    }
  }
}
```

position_increment_gap

배열(Array) 형태의 데이터를 색인할 때 검색의 정확도를 높이기 위해 제공하는 옵션이다. 필드 데이터 중 단어와 단어 사이의 간격(slop)을 허용할지를 설정한다. 검색 시 단어와 단어 사이의 간격을 기준으로 일치하는 문서를 찾는 데 필요하다. 예를 들어, 데이터가 ["John Abraham", "Lincon Smith"]일 때 "Abraham Lincon"으로 검색하더라도 검색이 가능하다.

properties

오브젝트(Object) 타입이나 중첩(Nested) 타입의 스키마를 정의할 때 사용되는 옵션으로 필드의 타입을 매핑한다. 오브젝트 필드 및 중첩 필드에는 properties라는 서브 필드가 있다. 이 properties는 object나 nested를 포함한 모든 데이터 타입이 될 수 있다.

search_analyzer

일반적으로는 색인과 검색 시 같은 분석기를 사용한다. 만약 다른 분석기를 사용하고 싶은 경우 search_analyzer를 설정해서 검색 시 사용할 분석기를 별도로 지정할 수 있다.

similarity

유사도 측정 알고리즘을 지정한다. 유사도 측정 방식을 기본 알고리즘인 BM25에서 다른 알고리즘으로 변경할 수 있다.

표 3.4 미리 정의돼 있는 유사도 측정 알고리즘

알고리즘	설명
BM25	Okapi BM25 알고리즘이다. 엘라스틱서치의 기본 유사도 측정 알고리즘이다.
classic	TF/IDF 알고리즘이다. 문서 내 용어의 개수와 전체 용어의 개수를 이용해 유사도를 계산한다.
boolean	복잡한 수학적 모델을 사용하지 않고 단순히 boolean 연산으로 유사도를 측정한다. score는 검색어 일치 여부에 따라 결정되며, 검색 결과의 일치 여부에 따라 쿼리의 가중치[boost]에 사용된 점수로만 유사도를 계산한다.

store

필드의 값을 저장해 검색 결과에 값을 포함하기 위한 매핑 파라미터다. 기본적으로 엘라스틱서치에서는 _source에 색인된 문서가 저장된다. 하지만 store 매핑 파라미터를 사용하면 해당 필드를 자체적으로 저장할 수 있다. 예를 들어 10개의 필드가 존재하고 해당 필드에 데이터를 매핑한 상태라면 _source를 로드해서 해당 필드를 찾는 것보다 사용할 각 필드만 로드해서 사용하는 편이 효율적이다. 하지만 해당 매핑 파라미터를 사용하면 디스크를 더 많이 사용한다.

term_vector

루씬에서 분석된 용어의 정보를 포함할지 여부를 결정하는 매핑 파라미터다. 설정 가능한 인자는 다음과 같다.

표 3.5 term_vector 매핑 파라미터의 인자

인자	설명
no	텀벡터를 저장하지 않는다.
yes	필드와 용어만 저장한다.
with_positions	용어, 용어의 시작과 끝 위치를 저장한다.
with_offsets	용어, 문자 오프셋을 저장한다.
with_positions_offsets	용어, 용어의 시작과 끝 위치, 문자 오프셋을 모두 저장한다.

3.2 메타 필드

메타 필드(Meta Fields)는 엘라스틱서치에서 생성한 문서에서 제공하는 특별한 필드다. 이것은 메타데이터를 저장하는 특수 목적의 필드로서 이를 이용하면 검색 시 문서를 다양한 형태로 제어하는 것이 가능해진다.

다음은 색인된 문서를 조회한 예다.

```
{
    "_index": "movie_search",
    "_type": "_doc",
    "_id": "8",
    "_score": 1,
    "_source": {
        "movieCd": "20178401",
        "movieNm": "검객",
        "movieNmEn": "",
        "prdtYear": "2017",
        "openDt": "",
        "typeNm": "장편",
        "prdtStatNm": "후반작업",
        "nationAlt": "한국",
        "genreAlt": "사극,액션",
    }
}
```

여기서 제공되는 항목 중 실제 문서의 정보를 담고 있는 항목은 _source 항목이다. 그 밖에 _index, _type, _id, __score 항목은 엘라스틱서치가 직접 생성한 메타 필드다. 이번 장에서는 엘라스틱서치가 제공하는 메타 필드에 대해 알아보자.

3.2.1 _index 메타 필드

_index 메타 필드는 해당 문서가 속한 인덱스의 이름을 담고 있다. 이를 이용해 검색된 문서의 인덱스명을 알 수 있으며, 해당 인덱스에 몇 개의 문서가 있는지 확인할 수 있다.

집계 API를 이용해 다음과 같이 실행해보자.

```
POST movie_search/_search
{
 "size":0,
  "aggs": {
    "indices": {
      "terms": {
        "field": "_index",
        "size": 10
      }
    }
  }
}
```

그 결과, 인덱스별 카운트 정보를 확인할 수 있다.

```
{

(... 생략 ...)

  "aggregations": {
    "indices": {
      "doc_count_error_upper_bound": 0,
      "sum_other_doc_count": 0,
      "buckets": [
        {
          "key": "movie_search",
          "doc_count": 29507
        }
      ]
    }
  }
}
```

3.2.2 _type 메타 필드

_type 메타 필드는 해당 문서가 속한 매핑의 타입 정보를 담고 있다. 이를 이용해 해당 인덱스 내부에서 타입별로 몇 개의 문서가 있는지 확인할 수 있다.

집계 API를 이용해 다음과 같이 실행해보자.

```
POST movie_search/_search
{
 "size":0,
  "aggs": {
    "indices": {
      "terms": {
        "field": "_type",
        "size": 10
      }
    }
  }
}
```

결과로 타입별 카운트 정보를 확인할 수 있다.

```
{
... 생략 ...

  "aggregations": {
    "indices": {
      "doc_count_error_upper_bound": 0,
      "sum_other_doc_count": 0,
      "buckets": [
        {
          "key": "_doc",
          "doc_count": 29507
        }
      ]
    }
  }
}
```

3.2.3 _id 메타 필드

_id 메타 필드는 문서를 식별하는 유일한 키 값이다. 한 인덱스에서 색인된 문서마다 서로 다른 키 값을 가진다. 집계 API를 이용해 다음과 같이 검색 질의를 하면 키 값에 대응하는 모든 문서가 출력된다.

```
POST movie_search/_search
{
 "size":0,
  "aggs": {
    "indices": {
      "terms": {
        "field": "_id",
        "size": 10
      }
    }
  }
}
```

결과로 Id별 카운트 정보를 확인할 수 있다.

```
{

(... 생략 ...)

  "aggregations": {
    "indices": {
      "doc_count_error_upper_bound": 5,
      "sum_other_doc_count": 29497,
      "buckets": [
        {
          "key": "20173732",
          "doc_count": 1
        }, {
          "key": "20173733",
          "doc_count": 1
        }
```

```
        ... 중략 ...

    ]
  }
 }
}
```

3.2.4 _uid 메타 필드

_uid 메타 필드는 특수한 목적의 식별키다. "#" 태그를 사용해 _type과 _id 값을 조합해 사용한다. 하지만 내부적으로만 사용되기 때문에 검색 시 조회되는 값은 아니다.

```
POST movie_search/_search
{
 "size":0,
  "aggs": {
    "indices": {
      "terms": {
        "field": "_uid",
        "size": 10
      }
    }
  }
}
```

```
{

... 생략 ...

  "aggregations": {
    "indices": {
      "doc_count_error_upper_bound": 5,
      "sum_other_doc_count": 29497,
      "buckets": [
        {
          "key": "_doc#20173732",
```

```
      "doc_count": 1
    }, {
      "key": "_doc#20173733",
      "doc_count": 1
    }

... 중략 ...
      ]
    }
  }
}
```

3.2.5 _source 메타 필드

_source 메타 필드는 문서의 원본 데이터를 제공한다. 내부에는 색인 시 전달된 원본 JSON 문서의 본문이 저장돼 있다. 일반적으로 원본 JSON 문서를 검색 결과로 표시할 때 사용한다.

_reindex API나 스크립트 사용해 해당 값을 계산할 때 해당 메타 필드를 활용할 수 있다. 예제를 하나 살펴보자. movie_search 인덱스에 있는 문서 중 movieCd 값이 "20173732"인 값만 조회해서 재색인한다고 가정했을 때 재색인되는 인덱스에서 prdtYear 값을 변경해 보겠다.

먼저 재색인을 위해 다음과 같이 reindex_movie 인덱스를 생성한다.

```
PUT /reindex_movie
```

재색인할 인덱스가 생성되면 reIndex API를 이용해 재색인을 수행한다. prdtYear 값을 변경하기 위해 필드에 접근할 표기법이 필요한데, 이때 스크립트를 이용해 ctx._source.prdtYear 형태로 prdtYear 필드에 접근할 수 있다.

```
POST /_reindex
{
  "source": {
    "index": "movie_search",
    "query": {
      "match": {
```

```
            "movieCd": "20173732"
        }
      }
    },
    "dest": {
      "index": "reindex_movie"
    },
    "script": {
      "source": "ctx._source.prdtYear++"
    }
}
```

재색인할 때 스크립트로 prdtYear 필드에 1을 더했다. 재색인되는 인덱스의 필드 데이터 타입이 keyword로 자동 생성되므로 문자열 형태로 1이 더해질 것이다.

다음 두 문서를 비교해보면 prdtYear 값의 차이점을 확인할 수 있다.

```
POST movie_search/_search
{
  "query": {
    "term": {
      "movieCd": "20173732"
    }
  }
}
```

```
POST reindex_movie/_search
{
  "query": {
    "term": {
      "movieCd": "20173732"
    }
  }
}
```

```
#결과
{

... 생략 ...

  "hits": {
    "total": 1,
    "max_score": 8.28736,
    "hits": [
      {
        "movieCd": "20173732",
```

```
#결과
{

... 생략 ...

  "hits": {
    "total": 1,
    "max_score": 8.28736,
    "hits": [
      {
        "movieCd": "20173732",
```

```
        "movieNm": "살아남은 아이",              "movieNm": "살아남은 아이",
        "movieNmEn": "Last Child",          "movieNmEn": "Last Child",
        "prdtYear": "2017",                 "prdtYear": "20171",
        "openDt": "",                       "openDt": "",
        "typeNm": "장편",                    "typeNm": "장편",
        "prdtStatNm": "기타",                "prdtStatNm": "기타",
        "nationAlt": "한국",                 "nationAlt": "한국",
        "genreAlt": "드라마,가족",            "genreAlt": "드라마,가족",
        "repNationNm": "한국",               "repNationNm": "한국",
        "repGenreNm": "드라마",              "repGenreNm": "드라마",
        "audiCnt": 0,                       "audiCnt": 0,
        "directors": [                      "directors": [
          {                                   {
            "peopleNm": "신동석"                  "peopleNm": "신동석"
          }                                   }
        ],                                  ],
        "companys": []                      "companys": []
      }                                   }
    ]                                   ]
  }                                   }
}                                   }
```

3.2.6 _all 메타 필드

_all 메타 필드는 색인에 사용된 모든 필드의 정보를 가진 메타 필드다. 모든 필드의 내용이 하나의 텍스트로 합쳐져서 제공된다. 특정 필드가 아닌 문서 전체 필드에서 특정 키워드를 검색한다면 _all 메타 필드를 사용하면 된다.

예를 들어, 다음과 같은 문서가 색인됐다고 가정해보자.

```
PUT movie_index_meta_fields_all/_doc/20173732
{
  "movieCd": "20173732",
  "movieNm": "살아남은 아이",
  "movieNmEn": "Last Child",
  "prdtYear": "2017"
}
```

_all 메타 필드에는 4개 필드의 값이 모두 합쳐져서 하나의 문자열("20173732 살아남은 아이 Last Child 2017")이 생성되어 저장된다. 그래서 이를 이용하면 통합 검색을 구현할 때 유리할 수 있다.

하지만 _all 메타 필드는 데이터 크기를 너무 많이 차지하는 문제가 있어 엘라스틱서치 6.0 이상부터는 폐기(deprecated) 됐다. 그래서 필드 복사가 필요할 경우 copy_to 파라미터를 사용해야 한다. copy_to를 이용하면 _all과 동일한 효과를 낼 수 있다.

3.2.7 _routing 메타 필드

_routing 메타 필드는 특정 문서를 특정 샤드에 저장하기 위해 사용자가 지정하는 메타 필드다. 기본적으로 색인을 하면 해당 문서는 다음 수식에 따라 문서 id를 이용해 문서가 색인될 샤드를 결정한다. 별도의 설정 없이 문서를 색인하면 문서는 샤드에 골고루 분산되어 저장된다.

```
Hash (document_id) % num_of_shards
```

어떤 경우에는 특정 문서들을 하나의 샤드에 저장하고 싶을 수 있다. 이때 _routing 메타 필드를 사용할 수 있다. 색인할 때 해당 문서들은 동일한 라우팅 ID를 지정한다. 문서 ID를 사용하는 대신 파라미터로 입력한 _routing 값이 샤드를 결정하는 데 사용된다.

```
Hash (_routing) % num_of_shards
```

예를 들어 보자. 다음 문서의 _routing 값을 ko로 지정해 문서를 색인한다.

```
PUT movie_routing/_doc/1?routing=ko
{
"repGenreNm": "한국어",
"movieNm": "살아남은 아이"
}
```

색인된 문서의 정보를 확인해보자. 검색할 때도 색인할 때와 마찬가지로 _routing 값을 지정해야 한다.

```
POST movie_routing/_doc/_search?routing=ko
```

검색 결과를 살펴보면 _routing의 값이 ko로 지정된 것을 확인할 수 있다.

```
#결과
"hits" : {
    "total" : 3,
    "max_score" : 1.0,
    "hits" : [
        {
        "_index" : "movie_routing",
        "_type" : "_doc",
        "_id" : "1",
        "_score" : 1.0,
        "_routing" : "ko",
        "_source" : {
            "repGenreNm" : "한국어",
            "movieNm" : "살아남은 아이"
        }
        }
    ]
}
```

3.3 필드 데이터 타입

매핑 설정을 위해서는 엘라스틱서치에서 제공하는 데이터 타입으로 어떠한 종류가 있는지 정확하게 이해하는 것이 중요하다. 이를 바탕으로 데이터의 종류와 형태에 따라 데이터 타입을 선택적으로 사용해야 한다.

필드에는 다음과 같은 데이터 타입을 지정할 수 있다.

- keyword, text 같은 문자열 데이터 타입
- date, long, double, integer, boolean, ip 같은 일반적인 데이터 타입
- 객체 또는 중첩문과 같은 JSON 계층의 특성의 데이터 타입
- geo_point, geo_shape 같은 특수한 데이터 타입

3.3.1 Keyword 데이터 타입

Keyword 데이터 타입은 말 그대로 키워드 형태로 사용할 데이터에 적합한 데이터 타입이다. Keyword 타입을 사용할 경우 별도의 분석기를 거치지 않고 원문 그대로 색인하기 때문에 특정 코드나 키워드 등 정형화된 콘텐츠에 주로 사용된다. 엘라스틱서치의 일부 기능은 형태소 분석을 하지 않아야만 사용이 가능한데 이 경우에도 Keyword 데이터 타입이 사용된다.

다음은 칼럼에 Keyword 데이터 타입을 사용하는 예다.

```
PUT movie_search_datatype/_mapping/_doc
{
  "properties": {
    "multiMovieYn": {
      "type": "keyword"
    }
  }
}
```

Keyword 데이터 타입은 아래에 해당하는 항목에 많이 사용된다.

- 검색 시 필터링되는 항목
- 정렬이 필요한 항목
- 집계[Aggregation]해야 하는 항목

이 세 가지 경우에는 반드시 Keyword 타입을 사용해야 한다. 만약 'elastic search'라는 문자열이 Keyword 타입으로 설정되면 'elastic'이나 'search'라는 질의로는 절대 검색되지 않는다. 정확히 'elastic search'라고 질의해야만 검색된다.

Keyword 타입에서 설정 가능한 주요 파라미터는 아래와 같다.

표 3.6 Keyword 데이터 타입의 주요 파라미터

boost	필드의 가중치로, 검색 결과 정렬에 영향을 준다. 기본값은 1.0으로서 1보다 크면 점수[Score]가 높게 오르고, 적으면 점수가 낮게 오른다. 이를 이용해 검색에 사용된 키워드와 문서 간의 유사도 스코어 값을 계산할 때 필드의 가중치 값을 얼마나 더 줄 것인지를 판단한다.
doc_values	필드를 메모리에 로드해 캐시로 사용한다. 기본값은 true다.

index	해당 필드를 검색에 사용할지를 설정한다. 기본값은 `true`다.
null_value	기본적으로 엘라스틱서치는 데이터의 값이 없으면 필드를 생성하지 않는다. 데이터의 값이 없는 경우 `null`로 필드의 값을 대체할지를 설정한다.
store	필드 값을 필드와 별도로 _source에 저장하고 검색 가능하게 할지를 설정한다. 기본값은 `false`다.

3.3.2 Text 데이터 타입

Text 데이터 타입을 이용하면 색인 시 지정된 분석기가 칼럼의 데이터를 문자열 데이터로 인식하고 이를 분석한다. 만약 별도의 분석기를 정의하지 않았다면 기본적으로 Standard Analyzer를 사용한다. 영화의 제목이나 영화의 설명글과 같이 문장 형태의 데이터에 사용하기 적합한 데이터 타입이다.

Text 데이터 타입은 전문 검색이 가능하다는 점이 가장 큰 특징이다. Text 타입으로 데이터를 색인하면 전체 텍스트가 토큰화되어 생성되며 특정 단어를 검색하는 것이 가능해진다.

다음은 칼럼에 Text 데이터 타입을 사용하는 예다.

```
PUT movie_text/_mapping/_doc
{
  "properties": {
    "movieComment": {
      "type": "text"
    }
  }
}
```

Text 데이터 타입을 사용할 경우 필드에 검색뿐 아니라 정렬Sorting이나 집계Aggregation 연산을 사용해야 할 때가 있다. 이러한 경우 Text 타입과 Keyword 타입을 동시에 갖도록 멀티 필드로 설정할 수 있다.

다음 코드에서 `movieComment` 필드는 Text 타입으로 지정됐으나 필드 하위에 `movieComment_keyword`라는 Keyword 타입의 필드를 하나 더 가지고 있다. 이를 통해 하나의 필드를 용도에 맞게 각기 다른 형태로 활용할 수 있다.

```
PUT movie_search/_mapping/_doc
{
  "properties": {
    "movieComment": {
      "type": "text",
      "fields": {
        "movieComment_keyword" : {
          "type" : "keyword"
        }
      }
    }
  }
}
```

Text 타입에서 설정 가능한 주요 파라미터는 아래와 같다.

표 3.7 Text 데이터 타입의 주요 파라미터

analyzer	인덱스와 검색에 사용할 형태소 분석기를 선택한다. 기본값은 Standard Analyzer다.
boost	필드의 가중치로, 검색 결과 정렬에 영향을 준다. 기본값은 1.0으로 1보다 크면 점수가 높게 오르고, 적으면 점수가 낮게 오른다.
fielddata	정렬, 집계, 스크립트 등에서 메모리에 저장된 필드 데이터를 사용할지를 설정한다. 기본값은 false다.
index	해당 필드를 검색에 사용할지를 설정한다. 기본값은 true다.
norms	유사도 점수를 산정할 때 필드 길이를 고려할지를 결정한다. 기본값은 true다.
store	필드 값을 필드와 별도로 _source에 저장하고 검색 가능하게 할지를 설정한다. 기본값은 false다.
search_analyzer	검색에 사용할 형태소 분석기를 선택한다.
similarity	유사도 점수를 구하는 알고리즘을 선택한다. 기본값은 BM25다.
term_vector	Analyzed 필드에 텀벡터를 저장할지를 결정한다. 기본값은 no다.

3.3.3 Array 데이터 타입

데이터는 대부분 1차원(하나의 필드에 하나의 값이 매핑)으로 표현되지만 2차원(하나의 필드에 여러 개의 값이 매핑)으로 존재하는 경우도 있을 것이다. 예를 들어, 영화 데이터에 subtitleLang 필드가 있고 해당 필드에는 개봉 영화의 언어 코드 데이터가 들어있다고 가정해 보자. 언어의 값으로 영어(en)와 한국어(ko)라는 두 개의 데이터를 입력하고 싶을 경우 Array 데이터 타입을 사용해야 한다.

Array 타입은 문자열이나 숫자처럼 일반적인 값을 지정할 수도 있지만 객체 형태로도 정의할 수 있다. 한 가지 주의할 점은 Array 타입에 저장되는 값은 모두 같은 타입으로만 구성해야 한다는 점이다.

- 문자열 배열: ["one", "two"]

- 정수 배열: [1,2]

- 객체 배열: [{ "name": "Mary", "age": 12 }, { "name": "John", "age": 10 }]

엘라스틱서치에서는 매핑 설정 시 Array 타입을 명시적으로 정의하지 않는다. 모든 필드가 기본적으로 다수의 값을 가질 수 있기 때문이다. 정의된 인덱스 필드에 단순히 배열 값을 입력하면 자동으로 Array 형태로 저장된다. 만약 필드가 동적으로 추가된다면 배열의 첫 번째 값이 필드의 데이터 타입을 결정하며, 이후의 데이터는 모두 같은 타입이어야 색인할 때 오류가 발생하지 않는다.

다음은 칼럼에 Array 데이터 타입을 사용하는 예다.

```
PUT movie_search_datatype/_doc/1
{
  "title" : "해리포터와 마법사의 돌",
  "subtitleLang" : ["ko","en"]
}
```

3.3.4 Numeric 데이터 타입

엘라스틱서치에서 숫자 데이터 타입은 여러 가지 종류가 제공된다. 숫자 데이터 타입이 여러 개 제공되는 이유는 데이터의 크기에 알맞은 타입을 제공함으로써 색인과 검색을 효율적으로 처리하기 위해서다.

표 3.8 Numeric 데이터 타입

long	최솟값과 최댓값을 가지는 부호 있는 64비트 정수. 범위는 $[-2^{63} \sim 2^{63}-1]$
integer	최솟값과 최댓값을 가지는 부호 있는 32비트 정수. 범위는 $[-2^{31} \sim 2^{31}-1]$
short	최솟값과 최댓값을 가지는 부호 있는 16비트 정수. 범위는 $[-32,768 \sim 32,767]$
byte	최솟값과 최댓값을 가지는 부호 있는 8비트 정수. 범위는 $[-128 \sim 127]$
double	64비트 부동 소수점을 갖는 수
float	32비트 부동 소수점을 갖는 수
half_float	16비트 부동 소수점을 갖는 수

다음은 칼럼에 Integer 데이터 타입을 사용하는 예다.

```
PUT movie_text/_mapping/_doc
{
  "properties": {
    "year": {
      "type": "integer"
    }
  }
}
```

3.3.5 Date 데이터 타입

Date 타입은 JSON 포맷에서 문자열로 처리된다. 날짜는 다양하게 표현될 수 있기 때문에 올바르게 구문 분석될 수 있게 날짜 문자열 형식을 명시적으로 설정해야 한다. 만약 별도의 형식을 지정하지 않을 경우 기본 형식인 "yyyy-MM-ddTHH:mm:ssZ"로 지정된다.

Date 타입은 다음과 같이 크게 세 가지 형태를 제공한다. 세 가지 중 어느 것을 사용해도 내부적으로 UTC의 밀리초 단위로 변환해 저장한다.

- 문자열이 포함된 날짜 형식: "2018-04-20", "2018/04.20", "2018-04-20 10:50:00", "2018/04/20 10:50:00"

- ISO_INSTANT 포맷의 날짜 형식: "2018-04-10T10:50:00Z"

- 밀리초: 1524449145579

다음은 칼럼에 Date 데이터 타입을 사용하는 예다.

```
PUT movie_text/_mapping/_doc
{
    "properties": {
        "date": {
            "type": "date","format": "yyyy-MM-dd HH:mm:ss"
        }
    }
}
```

3.3.6 Range 데이터 타입

Range 데이터 타입은 범위가 있는 데이터를 저장할 때 사용하는 데이터 타입이다. 만약 데이터의 범위가 10~20의 정수라면 10, 11, 12 … 20까지의 숫자를 일일이 지정하는 것이 아니라 데이터의 시작과 끝만 정의하면 된다.

다음과 같이 숫자뿐 아니라 IP에 대한 범위도 Range 데이터 타입으로 정의할 수 있다.

표 3.9 Range 데이터 타입

integer_range	최솟값과 최댓값을 갖는 부호 있는 32비트 정수 범위
float_range	부동 소수점 값을 갖는 32비트 실수 범위
long_range	최솟값과 최댓값을 갖는 부호 있는 64비트 정수의 범위
double_range	부동 소수점 값을 갖는 64비트 실수 범위
date_range	64비트 정수 형태의 밀리초로 표시되는 날짜값의 범위
ip_range	IPv4, IPv6 주소를 지원하는 IP 값

Range 데이터 타입을 사용해 개봉일부터 종료일까지를 표시해 보자. 다음과 같이 필드를 date_range 타입으로 정의한다.

```
PUT movie_search_datatype/_mapping/_doc
{
  "properties": {
    "showRange": {
      "type": "date_range"
    }
  }
}
```

데이터를 입력할 때 showRange 칼럼에 다음과 같이 시작값과 종료값의 범위를 지정해 줄 수 있다.

```
PUT movie_search_datatype/_doc/2
{
  "showRange": {
      "gte": "2001-01-01",
      "lte": "2001-12-31"
  }
}
```

3.3.7 Boolean 데이터 타입

Boolean 데이터 타입은 참과 거짓이라는 두 논리값을 가지는 데이터 타입이다. 참과 거짓 값을 문자열로 표현하는 것도 가능하다.

표 3.10 Boolean 데이터 타입

참	true, "true"
거짓	false, "false"

다음은 칼럼에 Boolean 데이터 타입을 사용하는 예다.

```
PUT movie_text/_mapping/_doc
{
  "properties": {
    "check": {
      "type": "boolean"
    }
  }
}
```

3.3.8 Geo-Point 데이터 타입

위도, 경도 등 위치 정보를 담은 데이터를 저장할 때 Geo-Point 데이터 타입을 사용할 수 있다. 위치 기반 쿼리를 이용해 반경 내 쿼리, 위치 기반 집계, 위치별 정렬 등을 사용할 수 있기 때문에 위치 기반 데이터를 색인하고 검색하는 데 매우 유용하다.

다음은 영화 촬영장소 정보를 저장하기 위해 Geo-Point 데이터 타입을 사용한 예다.

```
PUT movie_search_datatype/_mapping/_doc
{
  "properties": {
    "filmLocation": {
      "type": "geo_point"
    }
  }
}
```

데이터를 색인할 때 위도와 경도값을 직접 지정하면 된다.

```
PUT movie_search_datatype/_doc/3
{
  "title" : "해리포터와 마법사의 돌",
  "filmLocation": {
    "lat" : 55.4155828,
    "lon" : -1.7081091
  }
}
```

3.3.9 IP 데이터 타입

IP 주소와 같은 데이터를 저장하는 데 사용한다. IPv4나 IPv6를 모두 지정할 수 있다.

```
PUT movie_search_datatype/_mapping/_doc
{
  "properties": {
    "ipAddr": {
      "type": "ip"
    }
  }
}
```

데이터를 저장할 때 실제 IP 주소를 지정한다.

```
PUT movie_search_datatype/_doc/4
{
  "ipAddr" : "127.0.0.1"
}
```

3.3.10 Object 데이터 타입

JSON 포맷의 문서는 내부 객체를 계층적으로 포함할 수 있다. 문서의 필드는 단순히 값을 가질 수도 있지만 복잡한 형태의 또 다른 문서를 포함하는 것도 가능하다. 이처럼 값으로 문서를 가지는 필드의 데이터 타입을 Object 데이터 타입이라고 한다. Object 데이터 타입을 정의할 때는 다른 데이터 타입과 같이 특정 키워드를 이용하지 않는다. 단지 필드값으로 다른 문서의 구조를 입력하면 된다.

예제를 살펴보자. 다음은 Object 데이터 타입을 정의한 예다. companies라는 칼럼은 또 다른 문서 정의를 값으로 가진다.

```
PUT movie_search_datatype/_mapping/_doc
{
  "properties": {
    "companies": {
      "properties": {
        "companyName": {
          "type": "text"
        }
      }
    }
  }
}
```

데이터를 입력할 때는 문서의 계층 구조에 따라 데이터를 입력해야 한다.

```
PUT movie_search_datatype/_doc/5
{
  "title": "해리포터와 마법사의 돌",
  "companies": {
    "companyName": "워너브라더스"
  }
}
```

3.3.11 Nested 데이터 타입

Nested 데이터 타입은 Object 객체 배열을 독립적으로 색인하고 질의하는 형태의 데이터 타입이다. 앞서 살펴본 바와 같이 특정 필드 내에 Object 형식으로 JSON 포맷을 표현할 수 있다. 그리고 필드에 객체가 배열 형태로도 저장될 수 있다.

```
PUT movie_search_datatype/_doc/6
{
  "title": "해리포터와 마법사의 돌",
  "companies": [
    {
      "companyName": "워너브라더스"
    }, {
      "companyName": "Heyday Films"
    }
  ]
}
```

데이터가 배열 형태로 저장되면 한 필드 내의 검색은 기본적으로 OR 조건으로 검색된다. 이러한 특성 탓에 저장되는 데이터의 구조가 조금만 복잡해지면 모호한 상황이 일어날 수 있다.

예를 들어, 다음과 같은 문서를 생각해보자. companies 칼럼에 2건의 영화사 정보가 배열로 저장된다.

```
PUT movie_search_datatype/_doc/7
{
  "title": "해리포터와 마법사의 돌",
  "companies": [
    {
      "companyCd": "1",
      "companyName": "워너브라더스"
    }, {
      "companyCd": "2",
      "companyName": "Heyday Films"
    }
  ]
}
```

검색 시 companyName이 "워너브라더스"이고 companyCd가 "1"인 조건에서는 이 문서가 잘 검색된다. 그런데 companyName이 "워너브라더스"이고 companyCd가 "2"인 조건으로 검색하게 되면 어떻게 될까? 아마도 이 문서가 검색 결과로 나오지 않길 바랄 것이다. 그 이유는 배열 내부에 2개의 조건을 모두 만족하는 데이터가 존재하지 않기 때문이다. 하지만 우리의 의도와는 달리 위 조건으로 검색하면 이 문서가 검색 결과로 출력된다. 그 이유는 companies 필드의 데이터 타입이 Array이기 때문이다. 앞에서 설명한 것처럼 Array 데이터 타입 내부에서의 검색은 모든 데이터를 기준으로 OR 연산이 이뤄진다.

이런 문제를 해결하기 위해 nested 데이터 타입이 고안됐다. 이 데이터 타입은 Array 데이터 타입과 어떠한 차이가 있는지 예제로 확인해보자. 먼저 다음과 같이 Nested 데이터 타입을 정의한다.

```
PUT movie_search_datatype/_mapping/_doc
{
  "properties": {
    "companies_nested": {
      "type": "nested"
    }
  }
}
```

생성된 인덱스에 데이터를 색인한다.

```
PUT movie_search_datatype/_doc/8
{
  "title": "해리포터와 마법사의 돌",
  "companies_nested": [
    {
      "companyCd": "1",
      "companyName": "워너브라더스"
    }, {
      "companyCd": "2",
      "companyName": "Heyday Films"
    }
  ]
}
```

이전에 문제가 됐던 쿼리를 다시 실행해 보자.

```
POST movie_search_datatype/_search
{
  "query": {
```

```
  "nested": {
    "path": "companies_nested",
    "query": {
      "bool": {
        "must": [
          {
            "match": { "companies_nested.companyName": "워너브라더스" }
          }, {
            "match": { "companies_nested.companyCd": "2" }
          }
        ]
      }
    }
  }
}
```

이처럼 Nested 데이터 데이터 타입을 이용하면 검색할 때 일치하는 문서만 정확하게 출력할 수 있다.

3.4 엘라스틱서치 분석기

엘라스틱서치의 분석기는 검색엔진을 처음 접하는 사용자에게는 조금 이해하기 어려운 부분이다. 특정 단어를 검색했을 때 결과가 없거나 예기치 않은 결과가 나오는 경우가 종종 생기는데, 이 경우 실제 인덱스의 정보가 어떻게 저장돼 있는지 이해하지 못하고 분석기를 구성했을 확률이 높다. 이번 절에서는 분석기를 어떻게 구성해야 하고 어떻게 사용해야 하는지 다루겠다.

3.4.1 텍스트 분석 개요

엘라스틱서치는 루씬을 기반으로 구축된 텍스트 기반 검색엔진이다. 루씬은 내부적으로 다양한 분석기를 제공하는데, 엘라스틱서치는 루씬이 제공하는 분석기를 그대로 활용한다. 텍스트 분석을 이해하려면 루씬이 제공하는 분석기가 어떻게 동작하는지를 먼저 이해하는 것이 중요하다.

다음과 같이 문장이 있다고 해보자.

```
"우리나라가 좋은나라, 대한민국 화이팅"
```

일반적으로는 특정 단어가 포함된 문서를 찾으려면 검색어로 찾을 단어를 입력하면 될 것이라 생각할 것이다. 하지만 엘라스틱서치는 텍스트를 처리하기 위해 기본적으로 분석기를 사용하기 때문에 생각하는대로 동작하지 않는다.

예를 들어, 위 문장을 검색하기 위해 "우리나라"라고 입력한다면 검색이 될까? 결론부터 이야기하자면검색되지 않는다. 분석기를 이용해 해당 텍스트를 분석해보면 알겠지만 "우리나라"라는 단어가 존재하지않기 때문에 해당 문서는 검색되지 않는다.

엘라스틱서치는 문서를 색인하기 전에 해당 문서의 필드 타입이 무엇인지 확인하고 텍스트 타입이면 분석기를 이용해 이를 분석한다. 텍스트가 분석되면 개별 텀으로 나뉘어 형태소 형태로 분석된다. 해당 형태소는 특정 원칙에 의해 필터링되어 단어가 삭제되거나 추가, 수정되고 최종적으로 역색인된다.

이러한 방식의 텍스트 분석은 언어별로 조금씩 다르게 동작한다. 이러한 이유로 엘라스틱서치는 각각 다른 언어의 형태소를 분석할 수 있도록 언어별로 분석기를 제공한다. 만약 원하는 언어의 분석기가 없다면 직접 개발하거나 커뮤니티에서 개발한 Custom Analyzer를 설치해서 사용할 수도 있다.

그럼 위 문장이 실제로 어떻게 분석되는지 살펴보자. 엘라스틱서치에서 제공하는 Analyze API를 이용해 손쉽게 분석 결과를 확인할 수 있다.

```
POST _analyze
{
  "analyzer" : "standard",
  "text" : "우리나라가 좋은나라, 대한민국 화이팅"
}
```

분석 결과는 다음과 같이 token의 값으로 표시된다.

```
{
  "tokens": [
    {
      "token": "우리나라가",
      "start_offset": 0,
      "end_offset": 5,
      "type": "<HANGUL>",
      "position": 0
    },
```

```
    {
      "token": "좋은나라",
      "start_offset": 6,
      "end_offset": 10,
      "type": "<HANGUL>",
      "position": 1
    },
    {
      "token": "대한민국",
      "start_offset": 12,
      "end_offset": 16,
      "type": "<HANGUL>",
      "position": 2
    },
    {
      "token": "화이팅",
      "start_offset": 17,
      "end_offset": 20,
      "type": "<HANGUL>",
      "position": 3
    }
  ]
}
```

Token은 총 4부분으로 나뉜다. 즉, "우리나라가", "좋은나라", "대한민국", "화이팅"으로 분리된다. 예제에서는 Standard Analyzer를 사용했기 때문에 별도의 형태소 분석은 이뤄지지 않았다. 이후에 좀 더 자세히 설명하겠지만 분석기의 종류가 다양하기 때문에 어떠한 분석기를 사용하느냐에 따라 분리되는 결과도 달라진다.

텍스트를 분석할 때 별도의 분석기를 지정하지 않으면 기본적으로 Standard Analyzer가 사용된다. Analyzer API를 사용해 각 분석기의 작동 방식을 확인해 보자. 여기서는 전반적인 분석기의 특징 및 파라미터의 사용법에 대해 알아볼 것이며 루씬의 동작 방식도 일부 살펴보겠다.

3.4.2 역색인 구조

어떤 책을 읽을 때 특정한 단어를 알고 있지만 해당 단어가 등장하는 페이지를 알지 못할 때 책의 마지막 부분에 나열된 목록을 보게 된다. 이 페이지에는 단어와 페이지가 열거돼 있어서 단어가 등장하는 페이지를 펼쳐 내용을 확인할 수 있다. 이러한 방식으로 특정 단어가 등장하는 페이지를 쉽게 찾아갈 수 있다. 루씬도 이와 비슷하게 동작한다. 루씬의 색인은 역색인이라는 특수한 방식으로 구조화돼 있다.

역색인 구조를 간단하게 정리하자면 다음과 같다.

- 모든 문서가 가지는 단어의 고유 단어 목록

- 해당 단어가 어떤 문서에 속해 있는지에 대한 정보

- 전체 문서에 각 단어가 몇 개 들어있는지에 대한 정보

- 하나의 문서에 단어가 몇 번씩 출현했는지에 대한 빈도

예를 들어, 다음과 같은 텍스트를 가진 2개의 문서가 있다고 해보자.

문서1

elasticsearch is cool

문서2

Elasticsearch is great

일단 문서의 역색인을 만들기 위해 각 문서를 토큰화해야 한다. 토큰화된 단어에 대해 문서 상의 위치와 출현 빈도 등의 정보를 체크한다. 따라서 결과물은 대략 다음과 같다(이 내용은 예시일 뿐이며 실제로 저장되는 데이터는 훨씬 많은 정보를 저장한다).

표 3.11 토큰 정보

토큰	문서번호	텀의 위치 (Position)	텀의 빈도 (Term Frequency)
elasticsearch	문서1	1	1
Elasticsearch	문서2	1	1
is	문서1,문서2	2,2	2
cool	문서1	3	1
great	문서2	3	1

위 내용을 살펴보면 토큰이 어떤 문서의 어디에 위치하고, 몇 번 나왔는지(빈도)에 대한 정보를 알 수 있다. 이 표를 참고하면 검색어가 존재하는 문서를 찾기 위해 검색어와 동일한 토큰을 찾아 해당 토큰이 존재하는 문서 번호를 찾아가면 된다. 만약 "cool"을 검색어로 지정하면 문서1의 내용이 검색 결과로 나오는 식이다.

하지만 "elasticsearch"를 검색어로 지정하면 어떻게 될까? 예상으로는 문서1과 문서2에 해당하는 내용이 다 나와야 할 것이다. 하지만 토큰의 정보가 정확하게 일치하는 데이터만 출력하기 때문에 문서1만 출력되고 문서2는 출력되지 않을 것이다. 이러한 문제를 해결하기 위해서는 어떻게 해야 할까? 먼저 어떻게 하면 해당 토큰들을 하나로 볼 것인가를 고민해야 한다. 사람이 인지하기에는 둘 다 동일한 단어인 것처럼 보여도 컴퓨터 입장에서는 두 단어(Elasticsearch, elasticsearch)는 서로 다른 단어다.

일단 이 문제의 해결책을 생각해보자. 가장 간단한 방법은 색인 전에 텍스트 전체를 소문자로 변환한 다음 색인하는 것이다. 그렇게 되면 두 개의 문서가 "elasticsearch"라는 토큰으로 나올 것이다.

표 3.12 변경된 토큰 정보

토큰	문서번호	텀의 위치 (Position)	텀의 빈도 (Term Frequency)
elasticsearch	문서1,문서2	1,1	2
is	문서1,문서2	2,2	2
cool	문서1	3	1
great	문서2	3	1

색인한다는 것은 역색인 파일을 만든다는 것이다. 그렇다고 원문 자체를 변경한다는 의미는 아니다. 따라서 색인 파일에 들어갈 토큰만 변경되어 저장되고 실제 문서의 내용은 변함없이 저장된다. 색인할 때 특정한 규칙과 흐름에 의해 텍스트를 변경하는 과정을 분석(Analyze)이라고 하고 해당 처리는 분석기(Analyzer)라는 모듈을 조합해서 이뤄진다.

3.4.3 분석기의 구조

앞서 언급한 것처럼 분석기는 기본적으로 다음과 같은 프로세스로 동작한다.

1. 문장을 특정한 규칙에 의해 수정한다.
2. 수정한 문장을 개별 토큰으로 분리한다.
3. 개별 토큰을 특정한 규칙에 의해 변경한다.

장황하게 설명했지만 사실 이 세 가지 동작이 분석기의 전부라 할 수 있다. 이 세 가지 동작은 특성에 의해 각각 다음과 같은 용어로 불린다.

CHARACTER FILTER

문장을 분석하기 전에 입력 텍스트에 대해 특정한 단어를 변경하거나 HTML과 같은 태그를 제거하는 역할을 하는 필터다. 해당 내용은 텍스트를 개별 토큰화하기 전의 전처리 과정이며, ReplaceAll() 함수처럼 패턴으로 텍스트를 변경하거나 사용자가 정의한 필터를 적용할 수 있다.

TOKENIZER FILTER

Tokenizer Filter는 분석기를 구성할 때 하나만 사용할 수 있으며 텍스트를 어떻게 나눌 것인지를 정의한다. 한글을 분해할 때는 한글 형태소 분석기의 Tokenizer를 사용하고, 영문을 분석할 때는 영문 형태소 분석기의 Tokenizer를 사용하는 등 상황에 맞게 적절한 Tokenizer를 사용하면 된다.

TOKEN FILTER

토큰화된 단어를 하나씩 필터링해서 사용자가 원하는 토큰으로 변환한다. 예를 들어, 불필요한 단어를 제거하거나 동의어 사전을 만들어 단어를 추가하거나 영문 단어를 소문자로 변환하는 등의 작업을 수행할 수 있다. Token Filter는 여러 단계가 순차적으로 이뤄지며 순서를 어떻게 지정하느냐에 따라 검색의 질이 달라질 수 있다.

전체 분석 프로세스는 다음과 같이 진행된다.

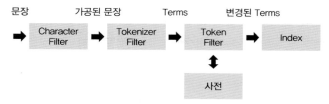

그림 3.1 형태소 분석 프로세스

분석기는 데이터의 특성에 따라 원하는 분석 결과를 미리 예상해보고 해당 결과를 얻기 의한 옵션을 적용해 설정해야 한다. 분석 결과를 미리 예상할 수 있다는 것은 내부적인 동작 과정을 모두 이해하고 있다는 의미와 같다. 이러한 과정은 많은 경험이 필요하기 때문에 다양한 경우를 대상으로 직접 테스트해 보고 특성을 파악해야 한다.

예를 들어, 다음과 같은 문서가 있다고 해보자.

```
<B>Elasticsearch</B> is cool
```

이 문서에서 불필요한 HTML 태그를 제거하고 문장의 대문자를 모두 소문자로 변형해서 인덱스를 저장하는 프로세스를 구성해야 할 것이다. 먼저 인덱스 생성 과정을 통해 간단한 분석기를 정의해 보자.

```
PUT /movie_analyzer
{
  "settings": {
    "index" : {
      "number_of_shards": 5,
      "number_of_replicas" : 1
    }
  },
  "analysis": {
    "analyzer": {
      "custom_movie_analyzer": {
        "type": "custom",
        "char_filter": [
          "html_strip"
        ],
        "tokenizer": "standard",
        "filter": [
          "lowercase"
        ]
      }
    }
  }
}
```

custom_movie_analyzer라는 이름으로 분석기를 설정했으며 해당 분석기는 다음과 같은 구성요소를 가지고 있다.

- [char_filter] html_strip

  Character Filter를 정의했다.

  전체 텍스트 문장에서 HTML 태그를 제거한다.

- [tokenizer] standard

  Tokenizer Filter를 정의했다.

  특수문자 혹은 공백을 기준으로 텍스트를 분할한다.

- [filter] lowercase

  Token Filter를 정의했다.

  모든 토큰을 소문자로 변환한다.

위에 정의된 순서대로 텍스트가 처리된다. 각 단계를 거쳐서 토큰을 정제하면 다음과 같은 결과를 얻을 수 있다.

그림 3.2 토큰 정제 흐름

지금까지 분석기를 구성하는 요소들을 살펴보고 간단한 분석기를 직접 정의했다. 이제부터 본격적으로 분석기를 사용하는 방법을 알아보자.

3.4.3.1 분석기 사용법

엘라스틱서치는 루씬에 존재하는 기본 분석기를 별도의 정의 없이 사용할 수 있게 미리 정의해서 제공한다. 앞서 사용해 본 "standard"라는 키워드는 루씬의 Standard Analyzer를 의미한다. 이러한 분석기를 사용하기 위해 엘라스틱서치에서는 _analyze API를 제공한다.

분석기를 이용한 분석

엘라스틱서치에서는 형태소가 어떻게 분석되는지를 확인할 수 있는 _analyze API를 제공한다. 미리 정의된 분석기의 경우 이를 이용해 쉽게 테스트해볼 수 있다. 다음과 같이 설정하면 지정한 분석기를 적용했을 때 어떻게 토큰이 분리되는지 확인할 수 있다.

```
POST _analyze
{
  "analyzer": "standard",
  "text": "캐리비안의 해적 "
}
```

필드를 이용한 분석

인덱스를 설정할 때 분석기를 직접 설정할 수 있다. 이때 다양한 옵션과 필터를 적용해 분석기를 설정할 수 있는데 이렇게 설정한 분석기를 매핑 설정을 통해 칼럼에 지정할 수 있다. 앞서 설정한 custom_movie_analyzer를 title이라는 필드에 매핑했다면 다음과 같이 필드를 직접 지정해 _analyzer API를 사용할 수 있다.

```
POST movie_analyzer/_analyze
{
  "field": "title",
  "text": "캐리비안의 해적"
}
```

색인과 검색 시 분석기를 각각 설정

또한 분석기는 색인할 때 사용되는 Index Analyzer와 검색할 때 사용되는 Search Analyzer로 구분해서 구성할 수도 있다. 인덱스를 생성할 때 색인용과 검색용 분석기를 각각 정의하고 적용하고자 하는 필드에 원하는 분석기를 지정하면 된다. 다음 예제를 보자.

```
PUT movie_analyzer
{
    "settings":{
        "index": {
            "number_of_shards": 5,
            "number_of_replicas": 1
        },
        "analysis":{
            "analyzer":{
                "movie_lower_test_analyzer":{
                    "type":"custom",
                    "tokenizer":"standard",
                    "filter":[
                        "lowercase"
                    ]
                },
                "movie_stop_test_analyzer":{
                    "type":"custom",
                    "tokenizer":"standard",
                    "filter":[
                        "lowercase",
                        "english_stop"
                    ]
                }
            },
            "filter":{
                "english_stop":{
                    "type":"stop",
                    "stopwords":"_english_"
                }
            }
        }
```

```
        },
    "mappings":{
        "_doc":{
            "properties":{
                "title": {
                    "type":"text",
                    "analyzer":"movie_stop_test_analyzer",
                    "search_analyzer":"movie_lower_test_analyzer"
                }
            }
        }
    }
}
```

이 예제에서는 movie_lower_test_analyzer라는 분석기와 movie_stop_test_analyzer라는 분석기를 정의했다. 두 분석기 모두 기본적으로 Standard Tokenizer를 사용하며, 분리된 토큰을 소문자로 변경한다. movie_stop_test_analyzer의 경우 추가적으로 불용어(Stopword)를 처리한다는 점만 다르다.

매핑 시 title 필드는 Text 데이터 타입으로 설정했다. 그리고 분석기를 색인 시점과 검색 시점으로 나눠 색인할 때는 movie_stop_test_analyzer 분석기가 동작하게 하고, 검색할 때는 movie_lower_test_analyzer 분석기가 동작하도록 설정했다. 분석기를 매핑할 때 기본적으로 "analyzer"라는 항목을 이용해 설정하게 되는데, 이는 색인 시점과 검색 시점에 모두 동일한 분석기를 사용한다는 의미다. 만약 각 시점에 서로 다른 분석기를 사용하려면 "search_anayzer" 항목을 이용해 검색 시점의 분석기를 재정의해야 한다.

인덱스 생성이 완료되면 다음 문서를 색인해보자.

```
PUT movie_analyzer/_doc/1
{
    "title": "Harry Potter and the Chamber of Secrets"
}
```

이 문서는 색인 시점에 movie_lower_test_analyzer 분석기를 사용하도록 설정했기 때문에 다음과 같이 불용어가 제거되어 토큰화될 것이다.

[harry], [potter], [chamber], [secrets]

색인이 완료됐으니 검색해보자.

```
POST movie_analyzer/_search
{
  "query": {
    "query_string": {
      "default_operator": "AND",
      "query": "Chamber of Secrets"
    }
  }
}
```

검색할 때는 불용어 처리가 되지 않는다. 그러므로 검색어가 다음과 같이 토큰화될 것이다.

[chamber], [of], [secrets]

이처럼 같은 필드를 대상으로 색인 시점과 검색 시점에 각각 다른 기능을 하도록 설정하는 것이 가능하다.

3.4.3.2 대표적인 분석기

엘라스틱서치에서는 루씬에 존재하는 대부분의 분석기를 기본 분석기로 제공한다. 이 가운데 많이 사용되는 대표적인 분석기를 살펴보자.

Standard Analyzer

인덱스를 생성할 때 settings에 analyzer를 정의하게 된다. 하지만 아무런 정의를 하지 않고 필드의 데이터 타입을 Text 데이터 타입으로 사용한다면 기본적으로 Standard Analyzer를 사용한다. 이 분석기는 공백 혹은 특수 기호를 기준으로 토큰을 분리하고 모든 문자를 소문자로 변경하는 토큰 필터를 사용한다.

표 3.13 Standard Analyzer의 구성 요소

Tokenizer	Token Filter
Standard Tokenizer	Standard Token Filter
	Lower Case Token Filter

표 3.14 Standard Analyzer 옵션

파라미터	설명
max_token_length	최대 토큰 길이를 초과하는 토큰이 보일 경우 해당 length 간격으로 분할한다. 기본값은 255자.
stopwords	사전 정의된 불용어 사전을 사용한다. 기본값은 사용하지 않는다.
stopwords_path	불용어가 포함된 파일을 사용할 경우의 서버의 경로로 사용한다.

다음은 Standard Analyzer를 이용해 문장을 분석한 예다.

```
POST movie_analyzer/_analyze
{
  "analyzer": "standard",
  "text": "Harry Potter and the Chamber of Secrets"
}
```

분석 결과는 다음과 같다.

```
[harry, potter, and, the, chamber, of, secrets]
```

Whitespace 분석기

이 분석기는 공백 문자열을 기준으로 토큰을 분리하는 간단한 분석기다.

표 3.15 Whitespace 분석기의 구성 요소

Tokenizer	Token Filter
Whitespace Tokenizer	없음

다음은 Whitespace 분석기를 이용해 문장을 분석한 예다.

```
POST movie_analyzer/_analyze
{
    "analyzer": "whitespace",
    "text": "Harry Potter and the Chamber of Secrets"
}
```

분석 결과는 다음과 같다.

```
[Harry, Potter, and, the, Chamber, of, Secrets]
```

Keyword 분석기

전체 입력 문자열을 하나의 키워드처럼 처리한다. 토큰화 작업을 하지 않는다.

표 3.16 분석기의 구성 요소

Tokenizer	Token Filter
Keyword Tokenizer	없음

다음은 Keyword 분석기를 이용해 문장을 분석한 예다.

```
POST movie_analyzer/_analyze
{
    "analyzer": "keyword",
    "text": "Harry Potter and the Chamber of Secrets"
}
```

분석 결과는 다음과 같다.

```
[Harry Potter and the Chamber of Secrets]
```

3.4.4 전처리 필터

이전 장에서 분석기의 구조와 사용법을 알아봤다. 엘라스틱서치에서 제공하는 분석기는 전처리 필터 (Character Filter)를 이용한 데이터 정제 후 토크나이저를 이용해 본격적인 토큰 분리 작업을 수행한다. 그런 다음, 생성된 토큰 리스트를 토큰 필터를 통해 재가공하는 3단계 방식으로 동작한다. 하지만 토크나이저 내부에서도 일종의 전처리가 가능하기 때문에 전처리 필터는 상대적으로 활용도가 많이 떨어진다.

전처리 필터의 활용도가 높지 않기 때문에 엘라스틱서치에서 공식적으로 제공하는 전처리 필터의 종류도 그리 많지 않다. 이 가운데 HTML 문서의 전처리를 위해 제공하는 전처리 필터를 소개하겠다.

Html strip char 필터

문장에서 HTML을 제거하는 전처리 필터다.

표 3.17 Html strip char 필터 옵션

파라미터	설명
escaped_tags	특정 태그만 삭제한다. 기본값으로 HTML 태그를 전부 삭제한다.

전처리 필터를 테스트하기 위해 다음과 같이 movie_html_analyzer라는 인덱스를 하나 생성한다.

```
PUT movie_html_analyzer
{
  "settings": {
    "analysis": {
      "analyzer": {
        "html_strip_analyzer": {
          "tokenizer": "keyword",
          "char_filter": [
            "html_strip_char_filter"
          ]
        }
      },
      "char_filter": {
        "html_strip_char_filter": {
```

```
            "type": "html_strip",
            "escaped_tags": [
              "b"
            ]
          }
        }
      }
    }
  }
}
```

생성한 인덱스에 HTML이 포함된 문장을 입력해서 HTML 태그가 잘 제거되는지 확인해보자. 다음과
같이 〈span〉 태그와 〈b〉 태그가 포함된 문장을 분석해 보자.

```
POST movie_html_analyzer/_analyze
{
  "analyzer": "html_strip_analyzer",
  "text": "<span>Harry Potter</span> and the <b>Chamber</b> of Secrets"
}
```

분석 결과는 다음과 같다.

```
[Harry Potter and the ⟨b⟩Chamber⟨/b⟩ of Secrets]
```

전처리 필터를 활성화하고 테스트 문장을 분석하면 span 태그는 제거되고 b 태그는 유지된다. escaped_
tags 옵션을 사용하지 않으면 기본적으로 모든 HTML 태그가 제거되지만 해당 옵션을 사용해서 제거되
는 태그의 종류를 선택적으로 선택할 수 있다.

3.4.5 토크나이저 필터

토크나이저 필터는 분석기를 구성하는 가장 핵심 구성요소다. 전처리 필터를 거쳐 토크나이저 필터로 문
서가 넘어오면 해당 텍스트는 Tokenizer의 특성에 맞게 적절히 분해된다. 분석기에서 어떠한 토크나이
저를 사용하느냐에 따라 분석기의 전체적인 성격이 결정된다.

분석기를 구성하는 데 가장 중요한 구성요소인 만큼 엘라스틱서치에서도 다양한 특성의 토크나이저를
제공한다. 엘라스틱서치에서 제공하는 대표적인 토크나이저로 어떤 것이 있는지 알아보자.

Standard 토크나이저

엘라스틱서치에서 일반적으로 사용하는 토크나이저로서 대부분의 기호를 만나면 토큰으로 나눈다.

표 3.18 Standard 토크나이저 옵션

파라미터	설명
max_token_length	최대 토큰 길이를 초과하는 경우 해당 간격으로 토큰을 분할한다. 기본값은 255

다음은 Standard 토크나이저를 이용해 문장을 분리한 예다.

```
POST movie_analyzer/_analyze
{
    "tokenizer": "standard",
    "text": "Harry Potter and the Chamber of Secrets"
}
```

결과는 다음과 같다.

```
[Harry, Potter, and, the, Chamber, of, Secrets]
```

WHITESPACE TOKENIZER

공백을 만나면 텍스트를 토큰화한다.

표 3.18 Whitespace 토크나이저 옵션

파라미터	설명
max_token_length	최대 토큰 길이를 초과하는 경우 해당 간격으로 토큰을 분할한다. 기본값은 255

다음은 Whitespace 토크나이저를 이용해 문장을 분리한 예다.

```
POST movie_analyzer/_analyze
{
  "tokenizer": "whitespace",
  "text": "Harry Potter and the Chamber of Secrets"
}
```

결과는 다음과 같다.

```
[Harry, Potter, and, the, Chamber, of, Secrets]
```

Ngram 토크나이저

Ngram은 기본적으로 한 글자씩 토큰화한다. Ngram에 특정 문자를 지정할 수도 있으며, 이 경우 지정된 문자의 목록 중 하나를 만날 때마다 단어를 자른다. 그 밖에도 다양한 옵션을 조합해서 자동완성을 만들 때 유용하게 활용할 수 있다.

표 3.19 Ngram 토크나이저 옵션

파라미터	설명
min_gram	Ngram을 적용할 문자의 최소 길이를 나타낸다. 기본값은 1
max_gram	Ngram을 적용할 문자의 최대 길이를 나타낸다. 기본값은 2
token_chars	토큰에 포함할 문자열을 지정한다. 다음과 같은 다양한 옵션을 제공한다. ■ letter(문자) ■ digit(숫자) ■ whitespace(공백) ■ punctuation(구두점) ■ symbol(특수기호)

Ngram 토크나이저를 테스트하기 위해 다음과 같이 movie_ngram_analyzer라는 인덱스를 하나 생성한다.

```
PUT movie_ngram_analyzer
{
  "settings": {
    "analysis": {
      "analyzer": {
        "ngram_analyzer": {
          "tokenizer": "ngram_tokenizer"
        }
      },
      "tokenizer": {
        "ngram_tokenizer": {
          "type": "ngram",
          "min_gram": 3,
          "max_gram": 3,
```

```
        "token_chars": [
          "letter"
        ]
      }
    }
  }
 }
}
```

다음은 Ngram 토크나이저를 이용해 문장을 분리한 예다.

```
POST movie_ngram_analyzer/_analyze
{
  "tokenizer": "ngram_tokenizer",
  "text": "Harry Potter and the Chamber of Secrets"
}
```

결과는 다음과 같다.

```
[Har, arr, rry, Pot, ott, tte, ter, and, the, Cha, ham, amb, mbe, ber, Sec, ecr, cre, ret, ets]
```

Edge Ngram 토크나이저

지정된 문자의 목록 중 하나를 만날 때마다 시작 부분을 고정시켜 단어를 자르는 방식으로 사용하는 토크나이저다. 해당 Tokenizer 역시 자동 완성을 구현할 때 유용하게 활용할 수 있다.

표 3.20 Edge Ngram 토크나이저 옵션

파라미터	설명
min_gram	Ngram을 적용할 문자의 최소 길이를 나타낸다. 기본값은 1
max_gram	Ngram을 적용할 문자의 최대 길이를 나타낸다. 기본값은 2
token_chars	토큰에 포함할 문자열을 지정한다. 다음과 같은 다양한 옵션을 제공한다. ▪ letter(문자) ▪ digit(숫자) ▪ whitespace(공백) ▪ punctuation(구두점) ▪ symbol(특수기호)

Edge Ngram 토크나이저를 테스트하기 위해 다음과 같이 movie_engram_analyzer라는 인덱스를 하나 생성한다.

```
PUT movie_engram_analyzer
{
  "settings": {
    "analysis": {
      "analyzer": {
        "edge_ngram_analyzer": {
          "tokenizer": "edge_ngram_tokenizer"
        }
      },
      "tokenizer": {
        "edge_ngram_tokenizer": {
          "type": "edge_ngram",
          "min_gram": 2,
          "max_gram": 10,
          "token_chars": [
            "letter"
          ]
        }
      }
    }
  }
}
```

다음은 Edge Ngram 토크나이저를 이용해 문장을 분리한 예다.

```
POST movie_engram_analyzer/_analyze
{
  "tokenizer": "edge_ngram_tokenizer",
  "text": "Harry Potter and the Chamber of Secrets"
}
```

결과는 다음과 같다.

```
[Ha, Har, Harr, Harry, Po, Pot, Pott, Potte, Potter, an, and, th, the, Ch, Cha, Cham, Chamb,
Chambe, Chamber, of, Se, Sec, Secr, Secre, Secret, Secrets]
```

Keyword 토크나이저

텍스트를 하나의 토큰으로 만든다.

표 3.20 Keyword 토크나이저 옵션

파라미터	설명
buffer_size	텀을 버퍼로 읽어 들일 문자 수를 지정한다. 기본값은 256

다음은 Keyword 토크나이저를 이용해 문장을 분리한 예다.

```
POST movie_analyzer/_analyze
{
  "tokenizer": "keyword",
    "text": "Harry Potter and the Chamber of Secrets"
}
```

결과는 다음과 같다.

```
[Harry Potter and the Chamber of Secrets]
```

3.4.6 토큰 필터

토큰 필터(Token Filter)는 토크나이저에서 분리된 토큰들을 변형하거나 추가, 삭제할 때 사용하는 필터다. 토크나이저에 의해 토큰이 모두 분리되면 분리된 토큰은 배열 형태로 토큰 필터로 전달된다. 토크나이저에 의해 토큰이 모두 분리돼야 비로소 동작하기 때문에 독립적으로는 사용할 수 없다.

여기서는 예제를 위해 가장 간단한 형태의 Standard Analyzer를 이용해 토큰을 분리하고 토큰 필터의 특성을 알아보자.

Ascii Folding 토큰 필터

아스키 코드에 해당하는 127개의 알파벳, 숫자, 기호에 해당하지 않는 경우 문자를 ASCII 요소로 변경한다. 예제에서는 아스키 코드가 아닌 "javacáfe"라는 단어가 어떻게 변경되는지 확인해보자.

Ascii Folding 토큰 필터를 테스트하기 위해 다음과 같이 movie_af_analyzer라는 인덱스를 하나 생성한다.

```
PUT movie_af_analyzer
{
  "settings": {
    "analysis": {
      "analyzer": {
        "asciifolding_analyzer": {
          "tokenizer": "standard",
          "filter": [
            "standard",
            "asciifolding"
          ]
        }
      }
    }
  }
}
```

다음은 Ascii Folding 토큰 필터를 이용해 토큰을 변경한 예다.

```
POST movie_af_analyzer/_analyze
{
  "analyzer": "asciifolding_analyzer",
  "text": "hello javacáfe"
}
```

결과는 다음과 같다.

```
[hello, javacafe]
```

Lowercase 토큰 필터

이 토큰 필터는 토큰을 구성하는 전체 문자열을 소문자로 변환한다.

Lowercase 토큰 필터를 테스트하기 위해 다음과 같이 movie_lower_analyzer라는 인덱스를 하나 생성한다.

```
PUT movie_lower_analyzer
{
  "settings": {
    "analysis": {
      "analyzer": {
        "lowercase_analyzer": {
          "tokenizer": "standard",
          "filter": [
            "lowercase"
          ]
        }
      }
    }
  }
}
```

다음은 Lowercase 토큰 필터를 이용해 토큰을 변경한 예다.

```
POST movie_lower_analyzer/_analyze
{
  "analyzer": "lowercase_analyzer",
    "text": "Harry Potter and the Chamber of Secrets"
}
```

결과는 다음과 같다.

```
[harry, potter, and, the, chamber, of, secrets]
```

Uppercase 토큰 필터

Lowercase 토큰 필터와는 반대로 전체 문자열을 대문자로 변환한다.

Uppercase 토큰 필터를 테스트하기 위해 다음과 같이 `movie_upper_analyzer`라는 인덱스를 하나 생성한다.

```
PUT movie_upper_analyzer
{
  "settings": {
    "analysis": {
      "analyzer": {
        "uppercase_analyzer": {
          "tokenizer": "standard",
          "filter": [
            "uppercase"
          ]
        }
      }
    }
  }
}
```

다음은 Uppercase 토큰 필터를 이용해 토큰을 변경한 예다.

```
POST movie_upper_analyzer/_analyze
{
  "analyzer": "uppercase_analyzer",
  "text": "Harry Potter and the Chamber of Secrets"
}
```

결과는 다음과 같다.

```
[HARRY, POTTER, AND, THE, CHAMBER, OF, SECRETS]
```

Stop 토큰 필터

불용어로 등록할 사전을 구축해서 사용하는 필터를 의미한다. 인덱스로 만들고 싶지 않거나 검색되지 않게 하고 싶은 단어를 등록해서 해당 단어에 대한 불용어 사전을 구축한다.

표 3.21 Stop 토큰 필터 옵션

파라미터	설명
stopwords	불용어를 매핑에 직접 등록해서 사용한다.
stopwords_path	불용어 사전이 존재하는 경로를 지정한다. 해당 경로는 엘라스틱서치 서버가 있는 config 폴더 안에 생성한다.
ignore_case	true로 지정할 경우 모든 단어를 소문자로 변경해서 저장한다. 기본값은 false

Stop 토큰 필터를 테스트하기 위해 다음과 같이 movie_stop_analyzer라는 인덱스를 하나 생성한다.

```
PUT movie_stop_analyzer
{
  "settings": {
    "analysis": {
      "analyzer": {
        "stop_filter_analyzer": {
          "tokenizer": "standard",
          "filter": [
            "standard",
            "stop_filter"
          ]
        }
      },
      "filter": {
        "stop_filter": {
          "type": "stop",
          "stopwords": [
            "and",
            "is",
            "the"
          ]
        }
```

```
      }
    }
  }
}
```

다음은 Stop 토큰 필터를 이용해 토큰을 변경한 예다.

```
POST movie_stop_analyzer/_analyze
{
  "analyzer": "stop_filter_analyzer",
  "text": "Harry Potter and the Chamber of Secrets"
}
```

결과는 다음과 같다.

```
[Harry, Potter, Chamber, of, Secrets]
```

Stemmer 토큰 필터

Stemming 알고리즘을 사용해 토큰을 변형하는 필터다. 예제에서는 영어 문장을 토큰으로 분리하고 분리된 토큰이 영단어 원형으로 변환되는지 확인한다.

표 3.22 Stemmer 토큰 필터 옵션

파라미터	설명
name	english, light_english, minimal_english, possessive_english, porter2, lovins 등 다른 나라의 언어도 사용 가능하다. 하지만 아쉽게도 한글은 지원하지 않는다.

Stemmer 토큰 필터를 테스트하기 위해 다음과 같이 movie_stem_analyzer라는 인덱스를 하나 생성한다.

```
PUT movie_stem_analyzer
{
  "settings": {
    "analysis": {
      "analyzer": {
```

```
        "stemmer_eng_analyzer": {
          "tokenizer": "standard",
          "filter": [
            "standard",
            "lowercase",
            "stemmer_eng_filter"
          ]
        }
      },
      "filter": {
        "stemmer_eng_filter": {
          "type": "stemmer",
          "name": "english"
        }
      }
    }
  }
}
```

다음은 Stemmer 토큰 필터를 이용해 토큰을 변경한 예다.

```
POST movie_stem_analyzer/_analyze
{
  "analyzer": "stemmer_eng_analyzer",
    "text": "Harry Potter and the Chamber of Secrets"
}
```

결과는 다음과 같다.

```
[harri, potter, and, the, chmber, of, secret]
```

Synonym 토큰 필터

동의어를 처리할 수 있는 필터다. 동의어에 대한 설명은 뒤에서 자세히 설명하겠다. 여기서는 Synonym 토큰 필터가 어떻게 사용되는지 위주로 알아보겠다. 예제에서는 "Harry"라는 단어를 "해리"로 변환한다.

표 3.23 Synonym 토큰 필터 옵션

파라미터	설명
synonyms	동의어로 사용할 단어를 등록한다.
synonyms_path	파일로 관리할 경우 엘라스틱서치 서버의 `config` 폴더 아래에 생성한다.

Synonym 토큰 필터를 테스트하기 위해 다음과 같이 movie_syno_analyzer라는 인덱스를 하나 생성한다.

```
PUT movie_syno_analyzer
{
  "settings": {
    "analysis": {
      "analyzer": {
        "synonym_analyzer": {
          "tokenizer": "whitespace",
          "filter": [
            "synonym_filter"
          ]
        }
      },
      "filter": {
        "synonym_filter": {
          "type": "synonym",
          "synonyms": [
            "Harry => 해리"
          ]
        }
      }
    }
  }
}
```

다음은 Synonym 토큰 필터를 이용해 토큰을 변경한 예다.

```
POST movie_syno_analyzer/_analyze
{
  "analyzer": "synonym_analyzer",
    "text": "Harry Potter and the Chamber of Secrets"
}
```

결과는 다음과 같다.

[해리, Potter, and, the Chamber, of, Secrets]

Trim 토큰 필터

앞뒤 공백을 제거하는 토큰 필터다.

Trim 토큰 필터를 테스트하기 위해 다음과 같이 movie_trim_analyzer라는 인덱스를 하나 생성한다.

```
PUT movie_trim_analyzer
{
  "settings": {
    "analysis": {
      "analyzer": {
        "trim_analyzer": {
          "tokenizer": "keyword",
          "filter": [
            "lowercase",
            "trim"
          ]
        }
      }
    }
  }
}
```

다음은 Trim 토큰 필터를 이용해 토큰을 변경한 예다.

```
POST movie_trim_analyzer/_analyze
{
  "analyzer": "trim_analyzer",
  "text": "    Harry Potter and the Chamber of Secrets    "
}
```

결과는 다음과 같다.

```
[harry potter and the chamber of secrets]
```

3.4.7 동의어 사전

토크나이저에 의해 토큰이 모두 분리되면 다양한 토큰 필터를 적용해 토큰을 가공할 수 있다. 토큰 필터를 이용하면 토큰을 변경하는 것은 물론이고 토큰을 추가하거나 삭제하는 것도 가능해진다. 엘라스틱서치에서 제공하는 토큰 필터 중 Synonym 필터를 사용하면 동의어 처리가 가능해진다. 앞서 Synonym 필터를 소개하면서 이 필터를 어떻게 사용하지에 대해서는 이미 간단히 알아봤다.

동의어는 검색 기능을 풍부하게 할 수 있게 도와주는 도구 중 하나다. 원문에 특정 단어가 존재하지 않더라도 색인 데이터를 토큰화해서 저장할 때 동의어나 유의어에 해당하는 단어를 함께 저장해서 검색이 가능해지게 하는 기술이다. 예를 들어, "Elasticsearch"라는 단어가 포함된 원문이 필터를 통해 인덱스에 저장된다면 "엘라스틱서치"라고 검색했을 때 검색되지 않을 것이다. 하지만 동의어 기능을 이용해 색인할 때 "엘라스틱서치"도 함께 저장한다면 "Elasticsearch"로도 검색이 가능하고 "엘라스틱서치"로도 검색이 가능해질 것이다.

동의어를 추가하는 방식에는 크게 두 가지가 있다. 첫 번째는 동의어를 매핑 설정 정보에 미리 파라미터로 등록하는 방식이고 두 번째는 특정 파일을 별도로 생성해서 관리하는 방식이다. 앞서 살펴본 예제가 첫 번째 방식이었는데 사실 이러한 방식은 실무에서 잘 사용되지 않는다. 매핑 정보에서 동의어를 관리할 경우 운영 중에는 동의어를 변경하기가 사실상 어렵기 때문이다.

엘라스틱서치에서 가장 까다로운 부분 중 하나가 바로 동의어를 관리하는 것이다. 검색엔진에서 다루는 분야가 많아지면 많아질수록 동의어의 수도 늘어난다. 분야별로 파일도 늘어날 것이고 그 안의 동의어 변환 규칙도 많아질 것이다. 실무에서는 이러한 동의어를 모아둔 파일들을 칭할 때 일반적으로 "동의어 사전"이라는 용어를 사용한다.

이번 절에서는 특정 파일로 동의어를 등록하고 사용하는 방법을 알아보겠다.

동의어 사전 만들기

동의어 파일은 엘라스틱서치가 설치된 서버 아래의 config 디렉터리에 생성해야 한다. 예제로 쓸 동의어 파일을 생성해보자. config 디렉터리 아래에 analysis라는 디렉터리를 만들고 synonym.txt라는 파일을 생성하자.

```
<엘라스틱서치 설치 디렉터리>/config/analysis/synonym.txt
```

여기서는 synonym.txt라는 동의어 사전을 생성했다. 이곳에는 다음의 두 가지 방법으로 데이터를 추가하겠다.

- 동의어 추가
- 동의어 치환

동의어 추가

동의어를 추가할 때 단어를 쉼표(,)로 분리해 등록하는 방법이다. 예를 들어, "Elasticsearch"와 "엘라스틱서치"를 동의어로 지정하고 싶다면 동의어 사전 파일에 "Elasticsearch,엘라스틱서치"라고 등록하면 된다.

```
Elasticsearch, 엘라스틱서치
```

여기서 주의해야 할 부분이 하나 있다. 동의어 처리 기준은 앞서 동작한 토큰 필터의 종류가 무엇이고, 어떤 작업을 했느냐에 따라 달라질 수 있다는 점이다. 예를 들어, "Elasticsearch"라는 토큰이 분리된 후 lowercase 필터를 실행했다면 "Elasticsearch"라는 토큰은 "elasticsearch"라는 토큰으로 변경될 것이다. 이 경우 동의어로 등록한 "Elasticsearch"와 일치하지 않기 때문에 다른 토큰으로 인식해서 동의어가 적용되지 않을 것이다.

> **참고**
>
> 최신 버전의 엘라스틱서치에서는 동의어를 처리할 때 영문 대소문자가 사전에 등록된 단어와 일치하지 않더라도 자동으로 인식해서 동의어 처리를 한다. 앞서 설명한 예와 같이 동의어 사전에 [Elasticsearch, 엘라스틱서치]라고 등록돼 있을 경우 원문이 "Elasticsearch"든 "elasticsearch"든 모두 "엘라스틱서치"로 처리된다.

동의어 치환하기

특정 단어를 어떤 단어로 변경하고 싶다면 동의어 치환 기능을 이용하면 된다. 동의어를 치환하면 원본 토큰이 제거되고 변경될 새로운 토큰이 추가된다. 동의어 치환은 동의어 추가와 구분하기 위해 화살표 (=>)로 표시한다. 예를 들어, "Harry => 해리"라고 한다면 "Harry"를 "해리"로 변경해서 색인하겠다는 의미다.

Elasticsearch, 엘라스틱서치

Harry => 해리

동의어 사전은 실시간으로 적용되지 않는다. 수정된 동의어를 적용하고 싶다면 해당 동의어 사전을 사용하고 있는 인덱스를 Reload해야 한다. 이때 한 가지 주의해야 할 점이 있다. 동의어 사전은 색인 시점에도 사용될 수 있고 검색 시점에도 사용될 수 있다는 점이다. 검색 시점에는 사전의 내용이 변경되더라도 해당 내용이 반영된다. 하지만 색인 시점에 동의어 사전이 사용됐다면 사전의 내용이 변경되더라도 색인이 변경되지는 않는다. 이 경우에는 기존 색인을 모두 삭제하고 색인을 다시 생성해야만 변경된 사전의 내용이 적용된다. 이러한 문제점 때문에 동의어 사전이 빈번하게 수정되는 인덱스의 경우 색인 시점에는 적용하지 않고 검색 시점에만 적용하는 방식으로 이러한 문제점을 해결하기도 한다.

이번에는 예제를 통해 알아보자. 인덱스를 생성할 때 매핑 정보에 동의어 사전을 등록하는 설정을 했다.

```
PUT movie_analyzer
{
  "settings": {
    "index": {
      "analysis": {
        "analyzer": {
          "synonym_analyzer": {
            "tokenizer": "standard",
            "filter": [
              "lowercase",
              "synonym_filter"
            ]
          }
        },
        "filter": {
```

```
        "synonym_filter": {
          "type": "synonym",
          "ignore_case": true,
          "synonyms_path": "analysis/synonym.txt"
        }
      }
    }
  }
}
}
```

이어서 다음 문장을 테스트해 보자.

```
POST movie_analyzer/_analyze
{
  "analyzer": "synonym_analyzer",
  "text": "Elasticsearch Harry Potter"
}
```

결과는 다음과 같다. "Elasticsearch" 토큰과 일치하는 동의어로 "엘라스틱서치"가 새롭게 토큰으로 추가됐고 "Harry" 토큰은 "해리"로 바뀌었다.

```
{
  "tokens": [
    {
      "token": "elasticsearch",
      "start_offset": 0,
      "end_offset": 13,
      "type": "<ALPHANUM>",
      "position": 0
    },
    {
      "token": "엘라스틱서치",
      "start_offset": 0,
      "end_offset": 13,
      "type": "SYNONYM",
      "position": 0
```

```
        },
        {
            "token": "해리",
            "start_offset": 14,
            "end_offset": 19,
            "type": "SYNONYM",
            "position": 1
        },
        {
            "token": "potter",
            "start_offset": 20,
            "end_offset": 26,
            "type": "<ALPHANUM>",
            "position": 2
        }
    ]
}
```

이번에는 동의어 사전을 추가해보자. "potter"를 "포터"로 치환하도록 규칙을 추가했다.

```
Elasticsearch, 엘라스틱서치
Harry => 해리
Potter => 포터
```

위의 분석 쿼리를 다시 실행해보자. 하지만 방금 추가한 규칙이 적용되지 않는다. 앞에서 잠깐 언급했지만 동의어 사전이 변경될 경우 이를 인식시키기 위해서는 인덱스를 Reload해야 한다. 인덱스에 설정된 동의어 사전의 모든 데이터는 Config 형태로 메모리에서 관리되는데 인덱스를 Reload해야만 이 정보가 갱신되기 때문이다.

먼저 인덱스를 Close한다. 인덱스가 Close 상태가 되면 검색도 불가능해진다.

```
POST movie_analyzer/_close
```

인덱스를 Open한다.

```
POST movie_analyzer/_open
```

이로써 인덱스 Reload가 완료됐다. 다시 한번 분석 쿼리를 실행해보자.

```
{
    "tokens": [
        {
            "token": "elasticsearch",
            "start_offset": 0,
            "end_offset": 13,
            "type": "<ALPHANUM>",
            "position": 0
        },
        {
            "token": "엘라스틱서치",
            "start_offset": 0,
            "end_offset": 13,
            "type": "SYNONYM",
            "position": 0
        },
        {
            "token": "해리",
            "start_offset": 14,
            "end_offset": 19,
            "type": "SYNONYM",
            "position": 1
        },
        {
            "token": "포터",
            "start_offset": 20,
            "end_offset": 26,
            "type": "SYNONYM",
            "position": 2
        }
    ]
}
```

3.5 Document API 이해하기

이전 절에서 매핑을 이용해 인덱스를 생성하는 방법을 알아봤다. 이번에는 생성된 인덱스를 활용하는 방법을 알아보겠다. 엘라스틱서치에서는 인덱스 관리를 목적으로 Document API를 제공하는데, 이를 이용해 문서를 조회하거나 추가, 수정, 삭제 등의 작업을 할 수 있다.

엘라스틱서치에서 제공하는 대표적인 Document API

- Index API: 문서를 생성
- Get API: 문서를 조회
- Delete API: 문서를 삭제
- Update API: 문서를 수정
- Bulk API: 대량의 문서를 처리
- Reindex API: 문서를 복사

3.5.1 문서 파라미터

Document API에서는 다양한 파라미터를 지원한다. 이러한 파라미터는 앞으로 소개할 Document API에서 공통적으로 사용할 수 있으므로 미리 어떤 것이 있는지 이해해둘 필요가 있다.

문서 ID 자동 생성

문서를 생성할 때는 기본적으로 ID가 반드시 필요하다. 각 문서를 ID로 구분하기 때문이다. 만약 문서를 추가할 때 ID를 지정하지 않으면 엘라스틱서치가 자동으로 ID를 부여한다. 자동으로 생성되는 ID는 UUID 형태의 값으로 생성된다. 예제를 통해 살펴보자.

```
POST movie_dynamic/_doc/
{
  "movieCd": "20173732",
  "movieNm": "살아남은 아이",
  "movieNmEn": "Last Child",
  "typeNm": "장편"
}
```

요청 결과를 살펴보면 _id 필드에 UUID 값이 생성된 것을 확인할 수 있다.

```
{
  "_index" : "movie_dynamic",
  "_type" : "_doc",
  "_id" : "KnP982AB3p58iynujoto",
  "_version" : 1,
  "result" : "created",
  "_shards" : {
    "total" : 2,
    "successful" : 2,
    "failed" : 0
  },
  "_seq_no" : 0,
  "_primary_term" : 1
}
```

버전 관리

색인된 모든 문서는 버전 값을 가지고 있다. 버전 정보는 색인할 때 결과에 포함되어 나타난다. 최초 1을 갖게 되고 문서에 변경이 일어날 때마다 버전 값이 증가한다. Update API를 이용할 경우 내부적으로 스냅숏을 생성해서 문서를 수정하고 인덱스에 다시 재색인하게 되는데, 이때 버전 정보를 이용한다. 스냅숏이 생성된 사이에 버전 값이 달라졌다면 실패로 처리한다.

문서를 하나 생성해보자.

```
PUT movie_dynamic/_doc/1
{
  "nationAlt": "한국"
}
```

처음 생성됐기 때문에 결과로 _version 값이 1이 된다.

```
{
    "_index": "movie_dynamic",
    "_type": "_doc",
```

```
    "_id": "201",
    "_version": 1,
    "result": "created",
    "_shards": {
        "total": 2,
        "successful": 1,
        "failed": 0
    },
    "_seq_no": 2,
    "_primary_term": 1
}
```

같은 ID로 다시 색인하면 _version 값이 2로 변경된다.

```
{
    "_index": "movie_dynamic",
    "_type": "_doc",
    "_id": "201",
    "_version": 2,
    "result": "updated",
    "_shards": {
        "total": 2,
        "successful": 1,
        "failed": 0
    },
    "_seq_no": 2,
    "_primary_term": 1
}
```

현재 버전은 2가 됐다. 존재하지 않는 과거의 버전 값 1을 불러보자.

```
POST movie_dynamic/_doc/1?version=1
{
    "nationAlt": "한국"
}
```

그럼 엘라스틱서치가 다음과 같이 버전 정보가 일치하지 않는다는 에러를 반환한다.

```
{
    "error": {
        "root_cause": [
            {
                "type": "version_conflict_engine_exception",
                "reason": "[_doc][201]: version conflict, current version [2] is different than
the one provided [1]",
                "index_uuid": "enPxVUFGQ-2BGXAcoKTWSg",
                "shard": "3",
                "index": "movie_dynamic"
            }
        ],
        "type": "version_conflict_engine_exception",
        "reason": "[_doc][201]: version conflict, current version [2] is different than the one
provided [1]",
        "index_uuid": "enPxVUFGQ-2BGXAcoKTWSg",
        "shard": "3",
        "index": "movie_dynamic"
    },
    "status": 409
}
```

기본적으로 버전은 1부터 시작해서 도큐먼트가 갱신/삭제될 때마다 증가한다. 엘라스틱서치에서 제공되는 버전 값이 아닌 데이터베이스 등 문서를 생성하는 측에서 직접 버전 값을 입력할 수도 있다. 이때 입력되는 버전 값은 반드시 정숫값이어야 한다.

오퍼레이션 타입

일반적으로 ID가 이미 존재하는 경우에는 update 작업이 일어나고, ID가 없을 경우에는 create 작업이 일어난다. 만약 같은 ID로 색인이 반복적으로 이뤄질 경우에는 매번 update 작업이 일어나게 된다. 이때 데이터가 존재할 경우 update하지 않고 색인이 실패하길 원한다면 어떻게 해야 할까? 이럴 때 op_type을 이용하면 된다. Index API를 호출할 때 op_type 파라미터를 이용하면 수행되는 작업의 유형을 강제로 지정할 수 있다.

다음은 op_type 파라미터를 이용해 유형을 create로 강제하는 예다.

```
PUT movie_dynamic/_doc/1?op_type=create
{
  "movieCd": "20173732",
  "movieNm": "살아남은 아이",
  "movieNmEn": "Last Child",
  "typeNm": "단편"
}
```

처음 색인할 때는 정상적으로 색인될 것이다. 이후 2번째도 동일하게 색인 요청을 한다면 다음과 같이
이미 문서가 존재한다는 에러가 발생하면서 색인에 실패한다.

```
{
  "error": {
    "root_cause": [
      {
        "type": "version_conflict_engine_exception",
        "reason": "[_doc][1]: version conflict, document already exists (current version [1])",
        "index_uuid": "J94eLiPOTb6qUI9fftvHfw",
        "shard": "3",
        "index": "movie_dynamic"
      }
    ],
    "type": "version_conflict_engine_exception",
    "reason": "[_doc][1]: version conflict, document already exists (current version [1])",
    "index_uuid": "J94eLiPOTb6qUI9fftvHfw",
    "shard": "3",
    "index": "movie_dynamic"
  },
  "status": 409
}
```

타임아웃 설정

일반적으로 색인을 요청할 때 대부분은 즉시 처리된다. 하지만 이미 색인 작업이 진행 중인 동안 추가적
으로 색인 API가 호출될 경우에는 즉시 처리되지 못하고 일정 기간 대기하게 된다. 기본적으로 1분간 대

기하게 되는데, 1분이 지날 경우에는 요청 자체가 실패한다. 이때 timeout 파라미터를 설정해서 대기 시간을 조절할 수 있다. 다음은 명시적으로 최대 5분간 다른 색인 API가 완료되기를 기다리는 예다.

```
PUT movie_dynamic/_doc/1?timeout=5m
{
  "movieCd": "20173732",
  "movieNm": "살아남은 아이",
  "movieNmEn": "Last Child",
  "typeNm": "장편"
}
```

인덱스 매핑 정보 자동 생성

Index API로 문서를 색인할 때 기존에 정의되지 않은 필드의 정보가 존재할 경우 어떻게 해야 할지 결정해야 한다. 기본적으로는 동적 매핑을 허용하기 때문에 색인 즉시 새로운 필드가 생성된다. 동적 매핑을 허용할 경우 원하지 않는 오류가 발생할 수도 있기 때문에 상황에 따라서는 기능을 비활성화해야 한다. 동적 매핑과 관련된 설정은 아래와 같다.

action.auto_create_index
인덱스의 자동 생성 여부를 설정한다. 기본값은 true

index.mapper.dynamic
동적 매핑 사용 여부를 설정한다. 기본값은 true

해당 옵션은 elasticsearch.yml에서 설정하면 된다.

3.5.2 Index API

Index API는 문서를 특정 인덱스에 추가하는 데 사용된다. 참고로 새로 추가된 문서는 버전 값으로 1이 부여되며, 문서가 업데이트될 때마다 버전 값이 1씩 증가한다.

예제를 통해 살펴보자. 다음과 같이 문서를 하나 추가한다.

```
PUT movie_dynamic/_doc/1
{
  "movieCd": "20173732",
  "movieNm": "살아남은 아이",
  "movieNmEn": "Last Child",
  "typeNm": "장편"
}
```

결과는 다음과 같다.

```
{
  "_index": "movie_dynamic",
  "_type": "_doc",
  "_id": "1",
  "_version": 1,
  "result": "created",
  "_shards": {
    "total": 2,
    "successful": 1,
    "failed": 0
  },
  "_seq_no": 0,
  "_primary_term": 1
}
```

_shards 항목은 몇 개의 샤드에서 명령이 수행됐는지에 대한 정보를 나타낸다. 여기서 total 항목은 복제돼야 하는 전체 샤드 개수를 나타내며, successful은 성공적으로 복제된 샤드 개수를 나타낸다. failed는 복제에 실패한 샤드 건수를 나타낸다. Index API는 최소 한 개 이상의 successful 항목이 있어야 성공한 것으로 간주한다.

3.5.3 Get API

Get API는 특정 문서를 인덱스에서 조회할 때 사용하는 API다. 조회하고자 하는 문서의 ID를 명시적으로 지정해서 사용한다. 일반적으로 조회되는 문서의 내용은 _source 항목으로 확인할 수 있다.

먼저 다음과 같이 인덱스를 생성한다.

```
PUT movie_dynamic
{
  "mappings": {
    "_doc": {
      "properties": {
        "movieCd": {
          "type": "text"
        },
        "movieNm": {
          "type": "text"
        },
        "movieNmEn": {
          "type": "text"
        }
      }
    }
  }
}
```

ID가 1인 문서를 추가한다.

```
PUT movie_dynamic/_doc/1
{
  "movieCd": "20173732",
  "movieNm": "살아남은 아이",
  "movieNmEn": "Last Child"
}
```

Get API를 이용해 문서를 조회한다. 문서의 ID로 1을 지정했다.

```
GET movie_dynamic/_doc/1
```

조회 결과는 다음과 같다.

```json
{
    "_index": "movie_dynamic",
    "_type": "_doc",
    "_id": "1",
    "_version": 1,
    "found": true,
    "_source": {
        "movieCd": "20173732",
        "movieNm": "살아남은 아이",
        "movieNmEn": "Last Child"
    }
}
```

일반적인 상황에서는 모든 필드가 _source 필드의 일부분으로 저장된다. 필드의 데이터가 작을 때는 상 관없지만 데이터가 한 권의 책 혹은 보고서처럼 매우 방대한 크기의 텍스트일 경우에는 문제가 될 수 있 다. 이 경우 특정 필드를 _source 항목으로 제공되지 않도록 설정할 수 있는데, _source_exclude 옵션을 이용해 제외할 필드명을 지정할 수 있다.

```
GET movie_dynamic/_doc/1?_source_exclude=movieNm
```

조회 결과는 다음과 같다.

```json
{
    "_index": "movie_dynamic",
    "_type": "_doc",
    "_id": "1",
    "_version": 1,
    "found": true,
    "_source": {
        "movieCd": "20173732",
        "movieNmEn": "Last Child"
    }
}
```

3.5.4 Delete API

Delete API를 이용하면 문서를 삭제할 수 있다. 그 결과, result 항목에 "deleted"라는 값이 반환되며, _version 값이 1만큼 증가한 것을 확인할 수 있다.

예제를 통해 알아보자. 앞서 생성한 1번 문서를 삭제한다.

```
DELETE movie_dynamic/_doc/1
```

결과는 다음과 같다.

```
{
  "_index" : "movie_dynamic",
  "_type" : "_doc",
  "_id" : "1",
  "_version" : 2,
  "result" : "deleted",
  "_shards" : {
    "total" : 2,
    "successful" : 1,
    "failed" : 0
  },
  "_seq_no" : 1,
  "_primary_term" : 1
}
```

특정 문서가 아니라 인덱스 전체를 삭제하고 싶을 때는 인덱스명을 입력하면 된다. 단, 인덱스가 삭제되면 포함된 모든 문서가 삭제되고 다시는 복구할 수 없으므로 주의해야 한다.

```
DELETE movie_dynamic
```

3.5.5 Delete By Query API

특정 인덱스에서 검색을 수행한 후 그 결과에 해당하는 문서만 삭제하고 싶을 경우 Delete By Query API를 사용하면 된다.

다음과 같이 movieCd가 "20173732"인 문서를 하나 생성한다.

```
PUT movie_dynamic/_doc/1
{
    "movieCd": "20173732",
    "movieNm": "살아남은 아이",
    "movieNmEn": "Last Child"
}
```

Delete By Query API를 이용해 movieCd가 "20173732"인 문서를 검색한 후 검색된 문서를 삭제한다.

```
POST movie_dynamic/_delete_by_query
{
    "query": {
        "term": {
            "movieCd": "20173732"
        }
    }
}
```

결과로 다음과 같이 몇 건이 조회됐고, 몇 건의 데이터가 삭제됐는지 등의 정보를 자세히 보여준다.

```
{
    "took" : 17,
    "timed_out" : false,
    "total" : 1,
    "deleted" : 1,
    "batches" : 1,
    "version_conflicts" : 0,
    "noops" : 0,
    "retries" : {
        "bulk" : 0,
        "search" : 0
    },
    "throttled_millis" : 0,
    "requests_per_second" : -1.0,
    "throttled_until_millis" : 0,
    "failures" : [ ]
}
```

Delete By Query API를 호출하면 해당 인덱스의 스냅숏을 불러와 스냅숏이 있는 문서의 버전을 기반으로 삭제를 수행한다. 만일 대량의 수정 작업이 수행 중일 때 삭제를 수행하면 버전이 서로 일치하지 않게 되고 version_conflicts 항목을 통해 삭제에 실패한 문서의 건수를 출력한다.

3.5.6 Update API

Update API를 이용하면 스크립트를 바탕으로 문서를 수정할 수 있다. 스크립트를 통해 "ctx._source.필드명"과 같은 형태로 접근할 수 있다.

다음과 같은 문서를 하나 색인해 보자.

```
PUT movie_dynamic/_doc/1
{
    "counter" : 1000,
    "movieNmEn" : "Last Child"
}
```

Update API를 이용해 해당 영화의 관객 수를 1만큼 증가시킬 수 있다.

```
POST movie_dynamic/_doc/1/_update
{
    "script" : {
        "source": "ctx._source.counter += params.count",
        "lang": "painless",
        "params" : {
            "count" : 1
        }
    }
}
```

결과를 조회해보자.

```
GET movie_dynamic/_doc/1
```

관객 수가 1만큼 증가한 것을 확인할 수 있다.

```json
{
    "_index": "movie_dynamic",
    "_type": "_doc",
    "_id": "1",
    "_version": 2,
    "found": true,
    "_source": {
        "counter": 1001,
        "movieNmEn": "Last Child"
    }
}
```

엘라스틱서치에서 제공하는 Update는 엄밀히 말하면 Update가 아니다. Update API가 호출되면 엘라스틱서치는 Index에서 문서를 가져와 스크립트를 수행한 후, 이를 다시 재색인(Reindex)한다. 이러한 동작 원리 때문에 Update API를 사용하기 위해서는 _source 필드가 활성화돼 있어야 한다. 또한 ctx 필드에서는 _source 변수뿐 아니라 _index, _type, _id, _version, _routing, _now 등 추가적인 변수도 사용할 수 있다.

3.5.7 Bulk API

앞서 살펴본 Get/Delete/Update API는 한 번에 하나의 문서만을 대상으로 동작한다. 하지만 Bulk API를 이용하면 한 번의 API 호출로 다수의 문서를 색인하거나 삭제할 수 있다. 특히 색인 작업의 경우 한 번에 처리함으로써 색인 속도를 크게 향상시킬 수 있다. 그러므로 대량 색인이 필요한 경우에는 _bulk API를 사용하는 것이 좋다.

다음은 대량의 색인을 수행하는 예다.

```
POST _bluk

{ "index" : { "_index" : "movie_dynamic", "_type" : "_doc", "_id" : "1" } }
{ "title" : "살아남은 아이" }

{ "index" : { "_index" : "movie_dynamic", "_type" : "_doc", "_id" : "2" } }
{ "title" : "해리포터와 비밀의 방" }

{ "index" : { "_index" : "movie_dynamic", "_type" : "_doc", "_id" : "3" } }
{ "title" : "어벤저스" }
```

한 번에 여러 가지 작업을 다양하게 수행할 수도 있다.

```
POST _bulk

{ "index" : { "_index" : "movie_dynamic", "_type" : "_doc", "_id" : "1" } }
{ "title" : "살아남은 아이" }

{ "delete" : { "_index" : "movie_dynamic", "_type" : "_doc", "_id" : "2" } }

{ "index" : { "_index" : "movie_dynamic", "_type" : "_doc", "_id" : "3" } }
{ "title" : "프렌즈: 몬스터섬의비밀" }

{ "update" : {"_index" : "movie_dynamic", "_type" : "_doc", "_id" : "1",} }
{ "doc" : {"movieNmEn" : "Last Child"} }
```

위 예제에서는 인덱스를 생성하면서 ID가 1, 3인 문서를 추가하고 ID가 2인 문서를 삭제한다. 그리고 ID가 1인 문서의 속성을 수정한다. bulk API를 이용해 여러 번에 걸쳐 API를 호출해야 할 작업을 한 번의 API 호출로 깔끔하게 처리하는 것이 가능해진다.

하지만 bulk API에도 단점이 있다. 여러 건의 데이터가 한 번에 처리되기 때문에 도중에 실패가 발생하더라도 이미 갱신되거나 수정된 결과는 롤백되지 않는다는 점이다. 그러므로 항상 처리 결과를 확인해야 한다.

3.5.8 Reindex API

Reindex API를 사용하는 가장 일반적인 상황은 한 인덱스에서 다른 인덱스로 문서를 복사할 때다. 다음은 movie_dynamic 인덱스의 문서를 movie_dynamic_new 인덱스로 복사하는 예다.

```
POST /_reindex
{
  "source": {
    "index": "movie_dynamic"
  },
  "dest": {
    "index": "movie_dynamic_new"
  }
}
```

source가 복사할 인덱스를 나타내고, dest가 복사될 인덱스를 나타낸다. 이 경우 movie_dynamic 인덱스의 모든 문서가 movie_dynamic_new 인덱스로 복사된다.

특정 조회 결과와 일치하는 문서만 복사하고 싶은 경우도 있을 것이다. 이 경우 source 항목에 쿼리를 포함시켜 쿼리 결과에 일치하는 문서만 복사할 수 있다.

```
POST _reindex
{
  "source": {
    "index": "movie_dynamic",
    "type": "_doc",
    "query": {
      "term": {
        "title.keyword": "프렌즈: 몬스터섬의비밀"
      }
    }
  },
  "dest": {
    "index": "movie_dynamic_new"
  }
}
```

검색 시 정렬 작업은 리소스를 많이 사용하기 때문에 색인할 때 정렬된 상태로 색인할 수 있다면 좋을 것이다. Reindex API를 이용해 특정 문서를 복사해서 새로운 인덱스를 만들 때 새로운 정렬 방식으로 데이터를 정렬한 후 복사하는 것도 가능하다.

다음은 가장 많은 관객 수를 기준으로 정렬해서 movie_dynamic 인덱스에서 movie_dynamic_new 인덱스로 문서를 복사하는 예다.

```
POST _reindex
{
  "size": 10000,
  "source": {
    "index": "movie_dynamic",
    "sort": {
      "counter": "desc"
```

```
      }
    },
    "dest": {
      "index": "movie_dynamic_new"
    }
  }
```

기본적으로 Reindex API는 1,000건 단위로 스크롤을 수행한다. 이때 size 항목을 지정해 스크롤 크기를 변경할 수 있다. 많은 양의 문서를 복사해야 한다면 size 항목을 늘려서 전체적인 속도 향상을 꾀할 수 있다. 예제에서는 10,000건 단위로 스크롤하도록 설정했다.

04

데이터
검색

엘라스틱서치는 인덱스에 저장된 문서를 검색할 수 있도록 다양한 검색 기능을 제공한다. 문서는 색인 시 설정한 분석기에 의해 분석 과정을 거쳐 토큰으로 분리되는데, 이러한 분석기는 색인 시점에 사용할 수도 있지만 검색 시점에 사용하는 것도 가능하다. 특정 문장이 검색어로 요청되면 분석기를 통해 분석된 토큰의 일치 여부를 판단해서 그 결과에 점수(Score)를 매긴다. 그리고 이를 기반으로 순서를 적용해 결과를 사용자에게 최종적으로 출력하게 된다.

검색의 대상이 되는 필드는 분석이 되는 Text 타입의 유형이 될 수도 있고 분석이 되지 않는 Keyword 타입의 유형이 될 수도 있다. 엘라스틱서치에서는 다양한 검색 조건을 충족시키기 위해 Query DSL이라는 특수한 쿼리 문법을 제공한다. 이를 이용하면 엘라스틱서치가 제공하는 다양한 검색 기능을 활용할 수 있게 된다.

이번 장에서는 색인된 문서를 검색하는 방법과 이를 위해 엘라스틱서치에서 제공하는 여러 가지 검색 관련 API를 사용하는 방법을 알아보겠다.

이 장의 내용

4.1 검색 API

문장은 색인 시점에 텀으로 분해된다. 검색 시에는 이 텀을 일치시켜야 검색이 가능해진다. 그렇다면 색인 시점에 생성한 텀(Term)을 어떻게 검색 시점에 찾을 수 있을까, 라는 의문이 생길 것이다. 다음 그림은 색인 시점과 검색 시점의 기본적인 동작 과정을 표현한 것이다.

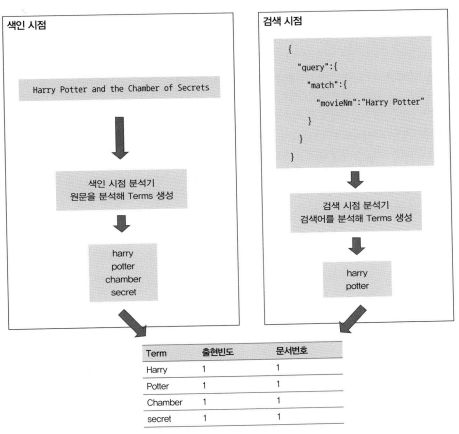

그림 4.1 색인 시점과 검색 시점에서의 동작 방식 비교

엘라스틱서치는 색인 시점에 Analyzer를 통해 분석된 텀을 Term, 출현빈도, 문서번호와 같이 역색인 구조로 만들어 내부적으로 저장한다. 검색 시점에는 Keyword 타입과 같은 분석이 불가능한 데이터와 Text 타입과 같은 분석이 가능한 데이터를 구분해서 분석이 가능할 경우 분석기를 이용해 분석을 수행한다. 이를 통해 검색 시점에도 텀을 얻을 수 있으며, 해당 텀으로 역색인 구조를 이용해 문서를 찾고 이를 통해 스코어를 계산해서 결과로 제공한다. 이러한 동작 방식을 이해하고 이에 맞춰 목적에 맞게 검색 쿼리를 사용해야 한다.

본격적인 검색 API 실습에 앞서 예제 실행을 위한 movie_search 인덱스를 복구해 보자. 1장에서 실습 환경을 구축하면서 이미 스냅숏을 사용할 준비가 끝났다. 검색 실습을 위해 javacafe 스냅숏 그룹을 이용해 인덱스를 복원할 것이다. 만약 기존 movie_search 인덱스와 동일한 인덱스가 있다면 먼저 삭제한 후 복구 작업을 진행하자.

먼저 엘라스틱서치에 존재하는 스냅숏의 목록을 확인해보자.

```
curl -XGET 'http://localhost:9200/_snapshot/javacafe/_all?pretty'
```

javacafe 스냅숏 그룹 내부에는 다음과 같이 1개의 스냅숏이 존재한다.

```
{
    "snapshots": [
        {
            "snapshot": "movie-search",
            "uuid": "Kz5k4fusS7KBZy55wLeZ0Q",
            "version_id": 6040399,
            "version": "6.4.3",
            "indices": [
                "movie_search"
            ],
            (... 생략 ...)
        }
    ]
}
```

여기서는 movie-search 스냅숏을 복구하겠다. 터미널에서 다음 명령을 실행한다.

```
curl -XPOST 'http://localhost:9200/_snapshot/javacafe/movie-search/_restore'
```

인덱스가 잘 생성됐는지 확인해보자. 정상적으로 생성됐다면 다음과 같이 movie_search 인덱스를 확인할 수 있다. movie_search 인덱스에는 총 63,069건의 문서가 존재한다.

```
GET /_cat/indices/movie_search?v&pretty

health  status   index          uuid                      pri rep docs.count docs.deleted store.size
pri.store.size
yellow  open     movie_search   pcXJnTH3Tq65Js2RGW6lrw    5   1    63069              0      14.6mb
14.6mb
```

이로써 실습을 위한 모든 준비가 끝났다. 그럼 지금부터 엘라스틱서치에서 어떤 검색 API를 제공하는지 구체적으로 살펴보자.

4.1.1 검색 질의 표현 방식

엘라스틱서치에서 제공하는 검색 API는 기본적으로 질의(Query)를 기반으로 동작한다. 검색 질의에는 검색하고자 하는 각종 조건들을 명시할 수 있으며 동일한 조건을 다음과 같은 두 가지 방식으로 표현할 수 있다.

- URI 검색
- Request Body 검색

첫 번째는 루씬에서 사용하던 전통적인 방식의 URI 표기법이고 두 번째는 RESTful API를 이용해 Request Body에 조건을 표기하는 표기법이다.

URI 검색

URI를 이용하는 방식은 HTTP GET 요청을 활용하는 방식으로 파라미터를 'Key=Value' 형태로 전달하는 방식이다. URL에 검색할 칼럼과 검색어를 직접 지정하면 검색이 수행된다. 파라미터로 표현할 수 있는 표현의 한계로 복잡한 질의를 작성하는 것은 불가능하다.

다음은 파라미터를 이용한 간단한 URI 검색 쿼리의 예다.

```
GET movie_search/_search?q=prdtYear:2018
```

Request Body 검색

Request Body 방식은 HTTP 요청 시 Body에 검색할 칼럼과 검색어를 JSON 형태로 표현해서 전달하는 방식이다. JSON 형태의 표현을 좀 더 효율적으로 하기 위해 엘라스틱서치에서는 Query DSL이라는 특별한 문법을 지원한다. 이를 이용하면 URI 방식에 비해 다양한 조합의 검색 쿼리를 작성할 수 있다. 엘라스틱서치가 제공하는 검색 API를 모두 활용하기 위해서는 반드시 Request Body 방식을 이용해야 한다.

다음은 앞에서 URI로 표현한 질의를 Request Body 방식으로 변경한 쿼리다.

```
POST movie_search/_search
{
  "query" : {
    "term" : { "prdtYear": "2018" }
  }
}
```

각 표현법의 차이점은 이해했을 것이다. 결론적으로 이야기하자면 Request Body 방식의 검색을 사용해야 한다. 그 이유는 무엇일까? 먼저 각 표현 방법의 장단점을 비교해보자.

4.1.2 URI 검색

URI 검색은 Request Body 검색에 비해 단순하고 사용하기 편리하지만 복잡한 질의문을 입력하기 힘들다는 치명적인 단점이 있다. 또한 URI 검색을 이용할 경우에는 엘라스틱서치에서 제공하는 모든 검색 옵션을 사용할 수 없다. 파라미터를 전달하는 표현법으로는 표현에 상당한 제약이 있기 때문이다. 하지만 URI 검색 방식의 장점도 분명 있다. 웹브라우저를 이용해 빠르게 테스트할 수 있다는 점이다.

웹브라우저를 열고 주소창에 다음 URL을 입력해 보자. movie_search 인덱스에서 영화의 영문 제목 필드인 movieNmEn 필드에 "Family"가 포함된 모든 문서를 검색하는 예다.

```
POST movie_search/_search?q=movieNmEn:Family
```

검색 결과는 다음과 같다.

```
{
  "hits" : {
    "total" : 1,
    "max_score" : 0.6099695,
    "hits" : [
      {
        "_index" : "movie_search",
        "_type" : "_doc",
        "_id" : "2",
        "_score" : 0.6099695,
        "_source" : {
          "movieCd" : "20174244",
          "movieNm" : "버블 패밀리",
          "movieNmEn" : "Family in the Bubble",

  ...중략...
```

보다시피 총 1건의 문서가 검색됐고, 색인 시점에 입력한 모든 필드가 _source에 포함돼서 반환됐다. URI 검색 시 자주 사용되는 옵션은 다음과 같다.

표 4.1 URI 검색에서 자주 사용하는 파라미터

파라미터	기본값	설명
q	–	검색을 수행할 쿼리 문자열 조건을 지정한다.
df	–	쿼리에 검색을 수행할 필드가 지정되지 않았을 경우 기본값으로 검색할 필드를 지정한다.
analyzer	검색 대상 필드에 설정된 형태소 분석기	쿼리 문자열을 형태소 분석할 때 사용할 형태소 분석기를 지정한다.
analyze_wildcard	false	접두어/와일드카드(*) 검색 활성화 여부를 지정한다.
default_operator	OR	두 개 이상의 검색 조건이 쿼리 문자열에 포함된 경우 검색 조건 연산자를 설정한다.
_source	true	검색 결과에 문서 본문 포함 여부를 지정한다.
sort	–	검색 결과의 정렬 기준 필드를 지정한다.
from	–	검색을 시작할 문서의 위치를 설정한다.
size	–	반환할 검색 결과 개수를 설정한다.

q 옵션에는 기본적으로 '[필드명]:검색어' 형태로 입력할 수 있으며, 예제와 같이 여러 개의 필드를 검색할 때는 공백을 입력한 후 추가적인 필드명과 검색어를 입력한다. URI 검색에 q 옵션에 사용되는 검색 문자열은 사실 Request Body 검색에서 제공하는 Query String Search 옵션과 동일하게 동작한다. 상세한 사용법은 추후 Query DSL을 다룬 절에서 알아보기로 하자.

URI 검색을 이용한 다음 예제를 살펴보자. 다양한 필드를 검색 조건으로 추가해서 검색을 요청했다.

```
POST movie_search/_search?q=movieNmEn:* AND prdtYear:2017&analyze_wildcard=true&from=0&size=5&sort
=_score:desc,movieCd:asc&_source_includes=movieCd,movieNm,mvoieNmEn,typeNm
```

검색 조건을 좀 더 자세히 살펴보면 다음과 같다.

```
movieNmEn:* AND prdtYear:2017                          -- ❶ 필드에 대한 쿼리 조건
analyze_wildcard=true                                  -- ❷ 와일드카드 옵션 활성화
from=0                                                  -- ❸ 페이징을 위한 시작값 설정
size=5                                                  -- ❹ 페이징을 위한 사이즈 설정
sort=_score:desc,movieCd:asc                           -- ❺ 결과 정렬
_source_includes=movieCd,movieNm,mvoieNmEn,typeNm      -- ❻ 포함할 _source 필드명
```

URI 검색은 검색 조건을 몇 가지만 추가해도 검색식이 너무 복잡해져서 사용하기가 불편하고 가독성도 무척 떨어진다. 그러므로 URI 검색은 별도의 검색을 확인할 도구가 없다거나 간단한 조회가 필요할 경우에만 사용하고 가능한 한 Request Body 방식의 검색을 사용하자.

이 책에서도 이번 절 이후로는 Request Body 검색을 이용해 예제를 작성할 것이다.

4.1.3 Request Body 검색

엘라스틱서치에서 제공하는 두 번째 검색 방식은 Request Body 검색이다. 이 방식에서는 HTTP 요청 시 본문에 JSON 형태로 검색 조건을 기록해서 검색을 요청한다. 앞서 살펴본 간단한 URI 검색과 동일한 예제를 Request Body 검색으로 변경해보자.

```
POST movie_search/_search
{
  "query": {
```

```
      "query_string": {
        "default_field": "movieNmEn",
        "query": "Family"
      }
    }
  }
```

간단한 검색 조건의 경우에는 언뜻 URI 검색 방식이 더 좋아 보일 수도 있다. 하지만 JSON 구조를 파악하면 깔끔한 구조가 눈에 더욱 잘 들어올 것이다. Request Body 검색은 질의 내용을 이처럼 JSON 형태로 작성하며, 이때 Query DSL이라 불리는 DSL(도메인 전용 언어) 문법을 사용한다.

Query DSL에 대한 자세한 내용은 나중에 알아보기로 하고 이번 장에서는 URI 검색에서 사용된 복잡한 검색 옵션이 Request Body 검색에서는 어떻게 표현되는지 예제를 통해 확인해보자. 다음은 앞서 살펴본 복잡한 URI 검색과 동일한 예제를 Request Body 검색으로 변경한 것이다.

```
POST movie_search/_search
{
  "query": {
    "query_string": {
      "default_field": "movieNmEn",
      "query": "movieNmEn:* OR prdtYear:2017"
    }
  },
  "from": 0,
  "size": 5,
  "sort": [
    {
      "_score": {
        "order": "desc"
      },
      "movieCd": {
        "order": "asc"
      }
    }
  ],
  "_source": [
```

```
    "movieCd",
    "movieNm",
    "mvoieNmEn",
    "typeNm"
  ]
}
```

JSON 구조를 파악하고 살펴보면 상대적으로 가독성이 좋아진 것을 느낄 수 있다. 즉, Query DSL을 사용하면 복잡한 검색 옵션도 깔끔한 JSON 구조로 표현하는 것이 가능하다.

다음 장에서는 Query DSL이 제공하는 기능들을 본격적으로 살펴보겠다.

4.2 Query DSL 이해하기

엘라스틱서치로 검색 질의를 요청할 때는 Request Body 검색과 URI 검색 모두 _search API를 이용해 검색을 질의한다. 하지만 Query DSL을 이용하면 여러 개의 질의를 조합하거나 질의 결과에 대해 다시 검색을 수행하는 등 기존의 URI 검색보다 강력한 검색이 가능해진다.

엘라스틱서치에서는 정밀한 검색을 위해 JSON 구조를 기반으로 한 Query DSL을 제공한다. Query DSL은 엘라스틱서치의 가장 강력한 기능 중 하나로서 Request Body 검색을 이용할 때 사용하는 JSON 구조를 지원한다. 이를 이용해 다양한 검색 조건을 조합하고 표현할 수 있다.

4.2.1 Query DSL 쿼리의 구조

Query DSL로 쿼리를 작성하려면 미리 정의된 문법에 따라 JSON 구조를 작성해야 한다. 기본적인 요청을 위한 JSON 구조는 다음과 같다.

```
{
  "size" :          -- ❶
  "from" :          -- ❷
  "timeout" :       -- ❸

  "_source" : { }   -- ❹
  "query" : { }     -- ❺
  "aggs" : { }      -- ❻
```

```
    "sort" : { }              -- ❼
}
```

❶ 리턴받는 결과의 개수를 지정한다. 기본값은 10이다.

❷ 몇 번째 문서부터 가져올지 지정한다. 기본값은 0이며, 페이지별로 구성하려면 다음 번 문서는 10번째부터 가지고 오면 된다.

❸ 검색을 요청해서 결과를 받는 데까지 걸리는 시간을 나타낸다. timeout 시간을 너무 짧게 잡으면 전체 샤드에서 timeout을 넘기지 않은 문서만 결과로 출력되기 때문에 상황에 따라 결과의 일부만 나올 수 있다. 기본값은 무한대다.

❹ 검색 시 필요한 필드만 출력하고 싶을 때 사용한다.

❺ 검색 조건문이 들어가야 하는 공간이다.

❻ 통계 및 집계 데이터를 사용할 때 사용하는 공간이다.

❼ 문서 결과를 어떻게 출력할지에 대한 조건을 사용하는 공간이다.

엘라스틱서치로 쿼리가 요청되면 해당 쿼리를 파싱해서 문법에 맞는 요청인지 검사한다. 파싱에 성공하면 해당 쿼리를 기반으로 검색을 수행하고, 결과를 JSON 형식으로 제공한다. 응답 JSON 구조는 아래와 같다.

```
{
  "took":                    -- ❶

  "timed_out":               -- ❷

  "_shards": {
    "total":                 -- ❸
    "successful":            -- ❹
    "failed":                -- ❺
  },

  "hits": {
    "total":                 -- ❻
    "max_score":             -- ❼
    "hits": [ ]              -- ❽
  }
}
```

❶ 쿼리를 실행한 시간을 나타낸다.

❷ 쿼리 시간이 초과할 경우를 나타낸다.

❸ 쿼리를 요청한 전체 샤드의 개수를 나타낸다.

❹ 검색 요청에 성공적으로 응답한 샤드의 개수를 나타낸다.

❺ 검색 요청에 실패한 샤드의 개수를 나타낸다.

❻ 검색어에 매칭된 문서의 전체 개수를 나타낸다.

❼ 일치하는 문서의 스코어 값 중 가장 높은 값을 출력한다.

❽ 각 문서 정보와 스코어 값을 보여준다.

만약 JSON 문법에 오류가 있어 파싱에 실패하면 다음과 같은 오류 메시지가 리턴된다.

```
{
    "error": {
        "root_cause": [
            {
                "type": "json_parse_exception",
                "reason": "Unexpected character ('d' (code 100)): was expecting double-quote to
start field name\n at [Source: org.elasticsearch.transport.netty4.ByteBufStreamInput@c7b5256;
line: 2, column: 3]"
            }
        ],
        "type": "json_parse_exception",
        "reason": "Unexpected character ('d' (code 100)): was expecting double-quote to start
field name\n at [Source: org.elasticsearch.transport.netty4.ByteBufStreamInput@c7b5256; line: 2,
column: 3]"
    },
    "status": 500
}
```

4.2.2 Query DSL 쿼리와 필터

앞에서 Query DSL을 사용하기 위해 질의 요청 JSON의 구조와 응답 JSON의 구조를 살펴봤다. 이번에는 Query DSL의 쿼리(Queries)와 필터(Filters)에 대해 알아보자. Query DSL을 이용해 검색 질의를 작성할 때 조금만 조건이 복잡해지더라도 여러 개의 작은 질의를 조합해서 사용해야 한다. 이때 작성되는 작은 질의들을 두 가지 형태로 나눠서 생각해볼 수 있다. 실제 분석기에 의한 전문 분석이 필요한 경우와 단순히 'Yes/No'로 판단할 수 있는 조건 검색의 경우다. 엘라스틱서치에서는 전자를 쿼리 (Queries) 컨텍스트라 하고, 후자를 필터(Filter) 컨텍스트라는 용어로 구분하고 있다.

표 4.2 쿼리 컨텍스트와 필터 컨텍스트의 차이점

	쿼리 컨텍스트	필터 컨텍스트
용도	전문 검색 시 사용	조건 검색 시 사용(예: Yes/No)
특징	분석기에 의해 분석이 수행됨. 연관성 관련 Score를 계산. 루씬 레벨에서 분석 과정을 거쳐야 하므로 상대적으로 느림.	Yes/No로 단순 판별 가능 연관성 관련 계산을 하지 않음. 엘라스틱서치 레벨에서 처리가 가능하므로 상대적으로 빠름.
사용 예	"Harry Potter" 같은 문장 분석	"create_year" 필드의 값이 2018년인지 여부 "status" 필드에 'use'라는 코드 포함 여부

대부분의 경우 쿼리 방식과 필터 방식 중 어떤 방식으로 검색 질의를 표현하더라도 같은 결과를 얻을 수 있다. 하지만 어떤 질의 방식을 사용하느냐에 따라 엘라스틱서치 내부의 검색 과정이나 성능이 크게 달라지기 때문에 가능한 한 용도에 맞게 사용해야 한다.

쿼리 컨텍스트

- 문서가 쿼리와 얼마나 유사한지를 스코어로 계산한다.

- 질의가 요청될 때마다 엘라스틱서치에서 내부의 루씬을 이용해 계산을 수행한다(이때 결과가 캐싱되지 않는다).

- 일반적으로 전문 검색에 많이 사용한다.

- 캐싱되지 않고 디스크 연산을 수행하기 때문에 상대적으로 느리다.

다음 예제에서는 '기묘한 가족'이라는 문장을 대상으로 형태소 분석을 수행해서 movieNm 필드를 검색한다. 이때 검색 결과를 얻기 위해 모든 문서의 movieNm 필드 데이터를 분석하는 과정을 거친다.

```
POST  movie_search/_search
{
  "query": {
    "match": {
```

```
        "movieNm": "기묘한 가족"
      }
    }
  }
```

필터 컨텍스트

- 쿼리의 조건과 문서가 일치하는지(Yes/No)를 구분한다.

- 별도로 스코어를 계산하지 않고 단순 매칭 여부를 검사한다.

- 자주 사용되는 필터의 결과는 엘라스틱서치가 내부적으로 캐싱한다.

- 기본적으로 메모리 연산을 수행하기 때문에 상대적으로 빠르다.

다음 예제에서는 전체 문서 중 repGenreNm 필드의 값이 '다큐멘터리'인 문서만 필터링해서 검색한다. 검색하기 전에 필터링 과정을 미리 거치게 되며 검색 대상 문서의 수가 줄어들기 때문에 빠르게 결과를 얻을 수 있다.

```
POST movie_search/_search
{
  "query": {
    "bool": {
      "must": [
        {
          "match_all": {}
        }
      ],
      "filter": {
        "term": {
          "repGenreNm": "다큐멘터리"
        }
      }
    }
  }
}
```

4.2.3 Query DSL의 주요 파라미터

Query DSL은 다양한 파라미터를 옵션으로 제공한다. 여기서는 쿼리를 작성할 때 공통적으로 제공되는 파라미터로 어떤 것들이 있는지 알아보자.

Multi Index 검색

기본적으로 모든 검색 요청은 Multi Index 및 Multi Type 검색이 가능하다. 이러한 특성 때문에 다수의 인덱스를 검색해야 할 때도 한 번의 요청으로 검색 결과를 얻을 수 있다. 검색 요청 시 ","를 이용해 다수의 인덱스명을 입력할 수 있다. 이때 지정된 모든 인덱스가 검색 대상이 된다.

다음은 repGenreNm이라는 필드에 "다큐멘터리"라는 검색어를 지정해서 검색한 예다. Multi Index 기능을 이용했기 때문에 검색 시 movie_search 인덱스와 movie_auto 인덱스를 모두 검색한다.

```
POST movie_search,movie_auto/_search
{
    "query": {
      "term": {
        "repGenreNm": "다큐멘터리"
      }
    }
}
```

movie_search 인덱스와 movie_auto 인덱스는 모두 repGenereNm 필드를 공통적으로 가지고는 있지만 서로 다른 스키마 구조를 가지고 있다. 하지만 Multi Index 쿼리를 이용하면 다수의 비정형 데이터를 가지고 있는 경우에도 한번에 검색할 수 있다.

검색 요청 시 인덱스 이름을 지정할 때 "*"를 와일드카드로 사용할 수 있다. 예를 들어, 특정 로그가 날짜별로 생성된다고 가정해보자. 이때 생성되는 인덱스명이 "log-2019-01-01" 형태라면 비교적 손쉽게 Multi Index 검색이 가능해진다. 예를 들어, 2019년에 생성된 모든 인덱스의 데이터를 검색하고 싶다면 다음과 작성한다.

```
POST /log-2019-*/_search
```

이러한 Multi Index 검색 기능 덕분에 엘라스틱서치는 매우 강력한 검색 기능을 제공할 수 있다. 또한 이를 바탕으로 집계 API와 접목해서 대량의 데이터를 효율적으로 집계하고 통계를 제공하는 것이 가능해졌다.

쿼리 결과 페이징

이번에는 웹상에서 가장 많이 사용하는 페이징을 구현하는 방법을 설명하겠다. 페이징을 구현하기 위해서는 두 가지 파라미터를 사용해야 한다. 제공되는 문서의 시작을 나타내기 위해 from 파라미터를 사용하고, 문서의 개수를 나타내기 위해 size 파라미터를 사용하면 된다. 이때 기본값으로 from은 0, size는 5로 설정돼 있으며, 2페이지로 이동할 경우 from은 5, size는 5로 지정하면 된다. 실제 예를 들어 살펴보자.

다음은 첫 번째 페이지를 요청하는 예다. 기본값이기 때문에 생략하는 것도 가능하다.

```
#첫 번째 페이지 요청
POST movie_search/_search
{
   "from": 0,
   "size": 5,
   "query": {
     "term": {
     "repNationNm": "한국"
     }
   }
}
```

두 번째 페이지를 요청하기 위해서는 from 값을 조정하면 된다.

```
#두 번째 페이지 요청
POST movie_search/_search
{
   "from": 5,
   "size": 5,
   "query": {
     "term": {
```

```
      "repNationNm": "한국"
    }
  }
}
```

엘라스틱서치는 관계형 데이터베이스와 다르게 페이징된 해당 문서만 선택적으로 가져오는 것이 아니라 모든 데이터를 읽게 된다. 예를 들어, 예제와 같이 5건씩 페이징한 검색 결과의 2페이지를 요청하더라도 총 10건의 문서를 읽어야만 한다. 설정된 페이지를 제공하기 위해서는 전체를 읽어서 사이즈만큼 필터링해서 제공하는 구조이기 때문에 페이지 번호가 높아질수록 쿼리 비용은 덩달아 높아질 수밖에 없다는 점에 주의해야 한다.

쿼리 결과 정렬

다음으로 살펴볼 것은 sort 파라미터다. 엘라스틱서치가 기본적으로 계산한 유사도에 의한 스코어 값으로 정렬하는 것이 아니라 필드의 이름이나 가격, 날짜 등을 기준으로 재정렬하고 싶은 경우가 있다. 이럴 때 사용하는 것이 sort 파라미터다.

```
POST movie_search/_search
{
  "query": {
    "term": {
      "repNationNm" : "한국"
    }
  },
  "sort" :{
    "prdtYear": {
      "order": "asc"
    }
  }
}
```

정렬을 위한 옵션으로 각각 오름차순과 내림차순을 나타내는 asc과 desc을 제공한다. 이를 이용해 오름차순이나 내림차순으로 정렬을 수행하면 된다.

결과 중 스코어 값이 같은 경우에는 두 번째 정렬을 사용해 문서의 순위를 변경할 수도 있다. 다음 예제에서는 추가 정렬 기준으로 _sorce 값을 사용했다.

```
POST movie_search/_search
{
  "query": {
   "term": {
     "repNationNm" : "한국"
    }
  },
  "sort" :{
    "prdtYear": {
      "order": "asc"
    },
    "_score": {
      "order": "desc"
    }
  }
}
```

_source 필드 필터링

검색 결과는 기본적으로 JSON 데이터로 제공된다. 이때 실제 데이터는 _source 항목 아래에 존재하며 문서 내부에 존재하는 각 필드가 모두 결과로 제공된다.

다음 검색 결과에서 문서의 내용이 _source 항목으로 제공되는 것을 확인할 수 있다.

```
{
  "hits" : {
    "total" : 1,
    "max_score" : 0.6099695,
    "hits" : [{
        "_index" : "movie_search",
        "_type" : "_doc",
        "_id" : "2",
        "_score" : 0.6099695,
        "_source" : {
          "movieCd" : "20174244",
          "movieNm" : "버블 패밀리",
          "movieNmEn" : "Family in the Bubble",
        }]
}
```

하지만 항상 모든 필드를 볼 필요는 없으며, 필요에 따라 특정 필드를 검색 결과에서 제거하고 싶을 때도 있을 것이다. 게다가 검색 결과에서 특정 칼럼을 제외하면 네트워크 사용량을 줄여 응답 속도도 빠르게 할 수 있다. 이때 사용할 수 있는 옵션이 _source 필드를 필터링하는 옵션으로, 검색 요청 시 _source에 검색 결과에 포함하고 싶은 필드를 지정하면 된다.

다음 예제에서는 검색 결과로 movieNm 필드만 필터링되어 출력된다.

```
POST movie_search/_search
{
  "_source": [
    "movieNm"
  ],
  "query": {
    "term": {
      "repNationNm" : "한국"
    }
  }
}
```

범위 검색

범위(Range)를 기반으로 한 쿼리를 살펴보자. 숫자나 날짜 데이터의 경우 지정한 값이 아닌 범위를 기준으로 질의해야 하는 경우가 있다. 이를 위해 범위 검색을 할 수 있는 파라미터를 제공한다.

표 4.3 범위 연산자

문법	연산자	설명
lt	〈	피연산자보다 작음
gt	〉	피연산자보다 큼
lte	〈=	피연산자보다 작거나 같다.
gte	〉=	피연산자보다 크거나 같다.

다음은 2016년부터 2017년까지의 데이터를 조회하는 예다.

```
POST movie_search/_search
{
  "query": {
    "range": {
      "prdtYear": {
        "gte": "2016",
        "lte": "2017"
      }
    }
  }
}
```

operator 설정

엘라스틱서치는 검색 시 문장이 들어올 경우 기본적으로 OR 연산으로 동작한다. 하지만 실무에서는 OR 연산보다는 AND 연산을 사용해 정확도를 높여 검색해야 할 때가 많을 것이다. 이번에는 OR 연산이나 AND 연산을 어떻게 선택적으로 사용하는지 알아보자.

Query DSL에서는 operator 파라미터를 통해 연산자를 명시적으로 지정하는 것이 가능하다. 이를 이용해 명시적으로 "and"나 "or" 연산자를 명시적으로 지정할 수 있다. operator 파라미터가 생략된 경우에는 기본적으로 텀과 텀에 OR 연산을 적용한다.

```
POST movie_search/_search
{
  "query": {
    "match": {
      "movieNm": {
        "query": "자전차왕 엄복동",
        "operator": "and"
      }
    }
  }
}
```

operator 파라미터를 생략하면 OR 연산으로 동작해서 "자전차왕"이라는 단어 혹은 "엄복동"이라는 단어가 들어있는 모든 문서가 검색될 것이다. 하지만 예제에서는 operator 파라미터를 이용해 "and" 값을 명시했으므로 두 개의 텀이 모두 존재하는 문서만 결과로 제공한다.

minimum_should_match 설정

앞서 operator 파라미터를 이용해 AND 연산으로 동작시키는 방법을 살펴봤다. 이번에는 OR 연산을 수행할 경우에 사용할 수 있는 옵션을 알아보자. 일반적으로 OR 연산을 수행할 경우 검색 결과가 너무 많아질 수 있다. 이 경우 텀의 개수가 몇 개 이상 매칭될 때만 검색 결과로 나오게 할 수 있는데 이때 사용하는 파라미터가 minimum_should_match다.

OR 연산으로 검색할 때 minimum_should_match 파라미터를 사용하면 AND 연산자가 아닌 OR 연산자로도 AND 연산과 비슷한 효과를 낼 수 있다. 이 파라미터를 이용하면 문서의 결과에 포함할 텀의 최소 개수를 지정할 수 있다. 다음 예제를 보자.

```
POST movie_search/_search
{
  "query": {
    "match": {
      "movieNm": {
        "query": "자전차왕 엄복동",
        "minimum_should_match": 2
      }
    }
  }
}
```

위와 같이 작성한다면 텀의 개수와 minimum_should_match의 개수가 일치하기 때문에 AND 연산과 동일한 효과를 낼 수 있다.

fuzziness 설정

fuzziness 파라미터를 사용하면 단순히 같은 값을 찾는 Match Query를 유사한 값을 찾는 Fuzzy Query로 변경할 수 있다. 이는 레벤슈타인(Levenshtein) 편집 거리 알고리즘을 기반으로 문서의 필드 값을 여러 번 변경하는 방식으로 동작한다. 유사한 검색 결과를 찾기 위해 허용 범위의 텀으로 변경해 가며 문서를 찾아 결과로 출력한다.

예를 들어, 편집 거리의 수를 2로 설정한다면 오차범위가 두 글자 이하인 검색 결과까지 포함해서 결과로 출력한다. 오차범위 값으로 0, 1, 2, AUTO로 총 4가지 값을 사용할 수 있는데, 이는 알파벳에는 유용하지만 한국어에는 적용하기 어렵다. 하지만 영어를 많이 사용하는 국내 상황에서는 여러 가지 적용 가능한 곳이 있기 때문에 알아두면 유용할 것이다.

예를 들어, 아래와 같이 쿼리문에 영화 제목을 실수로 잘못 적을 경우에도 검색되게 하고 싶을 때가 있을 것이다. 영화 제목을 "Fly High"라고 적어야 하지만 사용자가 실수로 "Fli High"라고 입력했다면 텀이 일치하지 않기 때문에 검색되지 않는다. 하지만 Fuzziness 설정을 사용했다면 검색이 가능해질 것이다.

```
POST movie_search/_search
{
  "query": {
    "match": {
      "movieNmEn": {
        "query": "Fli High",
        "fuzziness": 1
      }
    }
  }
}
```

boost 설정

boost 관련 설정은 검색에서 가장 많이 사용하는 파라미터 중 하나다. 이 파라미터는 관련성이 높은 필드나 키워드에 가중치를 더 줄 수 있게 해준다. 영화 데이터의 경우 한글 영화 제목과 영문 영화 제목으로 두 가지 제목 필드를 제공하고 있다. 이때 한글 영화 제목에 좀 더 가중치를 부여해서 검색 결과를 좀 더 상위로 올리고 싶을 때 사용할 수 있다. 다음 예제를 보자.

```
POST movie_search/_search
{
  "query" : {
    "multi_match": {
      "query": "Fly",
      "fields": ["movieNm^3","movieNmEn"]
    }
  }
}
```

보다시피 'Fly'라는 단어를 movieNm과 movieNmEn이라는 두 개의 필드에서 조회한다. 만약 한글 영화 제목이 일치하게 된다면 한글 영화 제목에서 계산되는 스코어에 가중치 값으로 3을 곱하게 된다.

4.3 Query DSL의 주요 쿼리

엘라스틱서치에서 제공하는 검색 관련 기능은 Query DSL을 이용해 모두 활용할 수 있다. 즉, Query DSL을 이용해 다양한 형태의 쿼리를 사용할 수 있는데 이번 절에서는 Query DSL의 주요 쿼리에 대해 알아보겠다.

4.3.1 Match All Query

match_all 파라미터를 사용하는 Match All Query는 색인에 모든 문서를 검색하는 쿼리다. 가장 단순한 쿼리로서 일반적으로 색인에 저장된 문서를 확인할 때 사용된다.

```
POST movie_search/_search
{
  "query": {
    "match_all": {}
  }
}
```

결과는 다음과 같다.

```
{
  "took": 2,
  "timed_out": false,
  "_shards": {
    "total": 5,
    "successful": 5,
    "skipped": 0,
    "failed": 0
  },
  "hits": {
    "total": 10,
    "max_score": 1,
```

```
    "hits": [
      {
        "_index": "movie_search",
        "_type": "_doc",

... 중략 ...
```

4.3.2 Match Query

Match Query는 텍스트, 숫자, 날짜 등이 포함된 문장을 형태소 분석을 통해 텀으로 분리한 후 이 텀들을 이용해 검색 질의를 수행한다. 그러므로 검색어가 분석돼야 할 경우에 사용해야 한다.

예제를 통해 확인해 보자. movieNm 필드에 "그대 장미"라는 검색어로 검색을 요청했다.

```
POST movie_search/_search
{
  "query": {
    "match": {
      "movieNm": "그대 장미"
    }
  }
}
```

"그대 장미"라는 검색어를 Match Query로 요청했기 때문에 엘라스틱서치는 해당 질의를 받으면 검색어에 대해 형태소 분석을 통해 "그대", "장미"라는 2개의 텀으로 분리한다. 이후 별도의 operator 필드가 지정돼 있지 않기 때문에 두 개의 텀을 대상으로 OR 연산을 이용해 검색을 수행한다.

결과는 다음과 같다.

```
{
  "took" : 1,
  "timed_out" : false,
  "_shards" : {
    "total" : 5,
    "successful" : 5,
```

```
    "skipped" : 0,
    "failed" : 0
  },
  "hits" : {
    "total" : 1,
    "max_score" : 1.0386478,
    "hits" : [
      {
        "_index" : "movie_search",
        "_type" : "_doc",
        "_id" : "5",
        "_score" : 1.0386478,
        "_source" : {
          "movieCd" : "20166602",
          "movieNm" : "그대 이름은 장미(가제)",

            ... 중략 ...
```

4.3.3 Multi Match Query

multi_match 파라미터를 이용하면 Multi Match Query를 할 수 있다. Match Query와 기본적인 사용 방법은 동일하나 단일 필드가 아닌 여러 개의 필드를 대상으로 검색해야 할 때 사용하는 쿼리다.

다음 예제에서는 movieNm 혹은 movieNmEn 필드에서 "가족"이 포함된 모든 문서를 검색한다.

```
POST movie_search/_search
{
  "query" : {
    "multi_match": {
      "query": "가족",
      "fields": ["movieNm","movieNmEn"]
    }
  }
}
```

4.3.4 Term Query

텍스트 형태의 값을 검색하기 위해 엘라스틱서치는 두 가지 매핑 유형을 지원한다.

표 4.4 문자형 데이터 타입

타입	설명
Text 데이터 타입	필드에 데이터가 저장되기 전에 데이터가 분석되어 역색인 구조로 저장된다.
Keyword 데이터 타입	데이터가 분석되지 않고 그대로 필드에 저장된다.

이전에 알아본 Match Query(Full Text Query)는 쿼리를 수행하기 전에 먼저 분석기를 통해 텍스트를 분석한 후 검색을 수행한다. 하지만 Term Query는 별도의 분석 작업을 수행하지 않고 입력된 텍스트가 존재하는 문서를 찾는다. 따라서 Keyword 데이터 타입을 사용하는 필드를 검색하려면 Term Query를 사용해야 한다.

Term Query는 Keyword 데이터 타입을 대상으로 하기 때문에 일반적으로 숫자, Keyword, 날짜 데이터를 쿼리하는 데 사용한다. 다음 예제를 보자.

```
POST movie_search/_search
{
  "query" : {
    "term": {
      "genreAlt": "코미디"
    }
  }
}
```

Match Query의 경우에는 텍스트에 대해 형태소 분석을 통해 검색을 수행하지만 Term Query의 경우 검색어를 하나의 텀으로 처리하기 때문에 필드에 텀이 정확히 존재하지 않는 경우 검색이 되지 않는다. 따라서 영문의 경우에는 대소문자가 다를 경우 검색되지 않으므로 특히 주의해야 한다.

4.3.5 Bool Query

관계형 데이터베이스에서는 AND, OR로 묶은 여러 조건을 Where 절에서 사용할 수 있다. 이처럼 엘라스틱서치에서도 여러 개의 쿼리를 조합해서 사용하고 싶을 때는 어떻게 해야 할까?

엘라스틱서치에서는 하나의 쿼리나 여러 개의 쿼리를 조합해서 더 높은 스코어를 가진 쿼리 조건으로 검색을 수행할 수 있다. 이러한 유형의 쿼리를 Compound Query라 하는데, 이러한 Compound Query를 구현하기 위해 엘라스틱서치에서는 Bool Query를 제공한다. Bool Query를 상위에 두고 하위에 다른 Query들을 사용해 복잡한 조건의 쿼리문을 작성할 수 있다.

Bool Query는 주어진 쿼리와 논리적으로 일치하는 문서를 복합적으로 검색한다. 해당 Query를 사용해 여러 가지 형태(AND/OR/NAND/FILTER)를 표현할 수 있다. 기본적으로 다음과 같은 구조로 Bool Query를 표현할 수 있다.

```
{
    "query": {
      "bool": {
        "must": [],
        "must_not": [],
        "should": [],
        "filter": []
      }
    }
}
```

문법적으로 제공되는 속성은 must, must_not, should, filter로 총 4가지다. 해당 쿼리의 각 항목들을 SQL 조건절과 비교해 보자.

표 4.5 SQL구문의 조건절과 비교

Elasticsearch	SQL	설명
must : [필드]	AND 칼럼 = 조건	반드시 조건에 만족하는 문서만 검색된다.
must_not : [필드]	AND 칼럼 != 조건	조건을 만족하지 않는 문서가 검색된다.
should : [필드]	OR 칼럼 = 조건	여러 조건 중 하나 이상을 만족하는 문서가 검색된다.
filter :[필드]	칼럼 IN (조건)	조건을 포함하고 있는 문서를 출력한다. 해당 파라미터를 사용하면 스코어별로 정렬되지는 않는다.

예제를 통해 살펴보자. 대표 장르가 "코미디"이고, 제작 국가에 "한국"이 포함돼 있으며, 영화 타입 중 "단편"이 제외된 문서를 검색한다.

```
POST movie_search/_search
{
  "query": {
    "bool": {
      "must": [
        {
          "term": {
            "repGenreNm": "코미디"
          }
        },
        {
          "match": {
            "repNationNm": "한국"
          }
        }
      ],
      "must_not": [
        {
          "match": {
            "typeNm": "단편"
          }
        }
      ]
    }
  }
}
```

보다시피 Bool Query를 이용하면 여러 개의 옵션을 조합해서 복잡한 조건을 구현하는 것이 가능하다.

4.3.6 Query String

엘라스틱서치에는 기본적으로 내장된 쿼리 분석기가 있다. query_string 파라미터를 사용하는 쿼리를 작성하면 내장된 쿼리 분석기를 이용하는 질의를 작성할 수 있다. 다음 예제를 보자.

```
POST movie_search/_search
{
  "query" : {
```

```
    "query_string": {
      "default_field": "movieNm",
      "query": "(가정) AND (어린이 날)"
    }
  }
}
```

예제의 경우 '가정'과 '어린이날'이 각각 형태소 분석기를 통해 분석되며, 분석된 텀을 대상으로 AND 조건과 만족하는 문서를 찾아 돌려준다. 여기서 주의해야 할 점은 기존 텀 쿼리와 다르게 공백은 연산자로 사용되지 않으며 입력된 텍스트 그대로 형태소 분석기에 전달된다는 점이다.

4.3.7 Prefix Query

Prefix Query는 해당 접두어가 있는 모든 문서를 검색하는 데 사용한다. 역색인된 텀은 사전순으로 정렬되고 Prefix Query는 저장된 텀들을 스캔해서 일치하는 텀을 찾는다. 다음 예제를 보자.

```
POST movie_search/_search
{
  "query" : {
    "prefix": {
      "movieNm": "자전차"
    }
  }
}
```

movieNm 칼럼에서 "자전차"로 시작되는 영화 데이터를 찾아준다.

4.3.8 Exists Query

문서를 색인할 때 필드의 값이 없다면 필드를 생성하지 않거나 필드의 값을 null로 설정할 때가 있다. 이러한 데이터를 제외하고 실제 값이 존재하는 문서만 찾고 싶다면 Exists Query를 사용하면 된다. 다음 예제는 movieNm 칼럼에 값이 존재하는 문서만 찾아준다.

```
POST movie_search/_search
{
  "query" : {
    "exists": {
      "field": "movieNm"
    }
  }
}
```

만약 필드 값이 null이거나 문서에 필드 자체가 없는 문서를 찾고 싶다면 어떻게 해야 할까? 이때는 must_not을 이용하면 된다.

4.3.9 Wildcard Query

검색어가 와일드카드와 일치하는 구문을 찾는다. 이때 입력된 검색어는 형태소 분석이 이뤄지지 않는다.

표 4.6 와일드카드 옵션

와일드카드 옵션	설명
*	문자의 길이와 상관없이 와일드카드와 일치하는 모든 문서를 찾는다.
?	지정된 위치의 한 글자가 다른 경우의 문서를 찾는다.

와일드카드 옵션은 두 가지를 선택적으로 사용할 수 있다. 와일드카드를 사용할 경우 단어의 첫 글자로는 절대 사용해서는 안 된다. 첫 글자로 와일드카드가 사용될 경우 색인된 전체 문서를 찾아야 하는 불상사가 발생할 수 있기 때문이다.

예제를 살펴보자. typeNm 필드에서 "장편"을 찾기 위해 다음과 같이 와일드카드를 사용할 수 있다.

```
POST movie_search/_search
{
  "query" : {
    "wildcard": {
      "typeNm": "장?"
    }
  }
}
```

4.3.10 Nested Query

분산 시스템에서 SQL에서 지원하는 조인(join)과 유사한 기능을 수행하려면 엄청나게 많은 비용이 소모될 것이다. 수평적으로 샤드가 얼마나 늘어날지 모르는 상황에서 모든 샤드를 검색해야 할 수도 있기 때문이다. 하지만 업무를 수행하다 보면 문서 간의 부모/자식 관계의 형태로 모델링되는 경우가 종종 발생할 것이다. 이러한 경우에 대비해 엘라스틱서치에서는 분산 데이터 환경에서도 SQL 조인과 유사한 기능을 수행하는 Nested Query를 제공한다.

Nested Query는 Nested 데이터 타입의 필드를 검색할 때 사용한다. Nested 데이터 타입은 문서 내부에 다른 문서가 존재할 때 사용한다. path 옵션으로 중첩된 필드를 명시하고, query 옵션에 Nested 필드 검색에 사용할 쿼리를 입력한다.

다음 예제를 보자. 먼저 다음과 같이 Nested 형태의 스키마를 이용해 인덱스를 생성한다.

```
PUT movie_nested
{
  "settings": {
    "number_of_replicas": 1,
    "number_of_shards": 5
  },
  "mappings": {
    "_doc": {
      "properties": {
        "repGenreNm":{
            "type" : "keyword"
          },
        "companies": {
          "type": "nested",
          "properties": {
            "companyCd":     { "type": "keyword"  },
            "companyNm": { "type": "keyword"  }


          }
        }
      }
    }
  }
}
```

생성된 인덱스에 문서를 하나 추가한다. 문서를 살펴보면 companies 필드에 다수의 Child 문서가 추가되는 구조다.

```
PUT movie_nested/_doc/1
{
  "movieCd": "20184623",
  "movieNm": "바람난 아내들2",
  "movieNmEn": "",
  "prdtYear": "2018",
  "openDt": "",
  "typeNm": "장편",
  "prdtStatNm": "개봉예정",
  "nationAlt": "한국",
  "genreAlt": "멜로/로맨스",
  "repNationNm": "한국",
  "repGenreNm": "멜로/로맨스",
  "companies": [
    {
      "companyCd": "20173401",
      "companyNm": "(주)케이피에이기획"
    }
  ]
}
```

Nested Query를 이용해 Child로 저장된 문서의 특정 필드를 검색할 수 있다.

```
GET movie_nested/_search
{
  "query": {
    "bool": {
      "must": [
        {
          "term": {
            "repGenreNm": "멜로/로맨스"
          }
        },
        {
```

```
        "nested": {
          "path": "companies",
          "query": {
            "bool": {
              "must": [
                {
                  "term": {
                    "companies.companyCd": "20173401"
                  }
                }
              ]
            }
          }
        }
      ]
    }
  }
}
```

참고로 엘라스틱서치는 성능상의 이유로 Parent 문서와 Child 문서를 모두 동일한 샤드에 저장한다. 이러한 방식을 통해 네트워크 비용을 대폭 줄이는 것이 가능해진다. 하지만 특정 Parent 문서에 포함된 Child 문서가 비정상적으로 커질 경우 샤드의 크기가 일정하게 분배되지 못하는 문제점이 발생할 수 있기 때문에 데이터 스키마를 설계할 때 주의해야 한다.

4.4 부가적인 검색 API

엘라스틱서치에서 제공되는 검색 API에는 부가적인 기능들도 다수 제공한다. 이를 이용해 검색 결과의 카운트만 요청한다거나 검색을 요청하기 전에 쿼리의 문법 오류를 미리 체크해 볼 수도 있다. 좀 더 효율적인 검색을 위해 튜닝을 수행하거나 검색 결과의 Score 계산식을 디버깅하는 것도 가능하다. 부가적인 검색 API로 어떤 것이 있는지 살펴보자.

4.4.1 효율적인 검색을 위한 환경설정

엘라스틱서치는 대량의 데이터를 처리하기 위해 기본적으로 데이터를 분산해서 처리한다. 그렇다면 빠른 검색을 위해 내부적으로는 어떻게 동작하는 것일까? 검색 요청이 발생하면 엘라스틱서치는 모든 샤드에 검색 요청을 브로드캐스팅해서 전달하고 기다린다. 각 샤드는 자신이 가지고 있는 데이터를 기준으로 검색을 수행하고 그 결과를 리턴한다. 그리고 모든 샤드로부터 검색 결과가 도착하면 도착한 모든 결과를 조합해서 최종 질의 결과를 출력한다.

이러한 동작 방식 때문에 제공되는 부가적인 환경설정값이 있다. 각자의 데이터 특성이나 검색 패턴에 따라 이러한 검색 설정 값을 적절한 값으로 수정한다면 좀 더 효율적인 클러스터 운영이 가능해진다.

동적 분배 방식의 샤드 선택

엘라스틱서치는 부하 분산과 장애극복을 위해 원본 샤드의 데이터를 복제한 레플리카 샤드를 함께 운영한다. 하지만 검색 시 모든 샤드에서 검색을 수행하게 된다면 사용자에게 중복된 결과를 전달하게 될 수도 있을 것이다. 이러한 문제를 방지하기 위해 엘라스틱서치는 검색을 수행할 때 동일 데이터를 가지고 있는 샤드 중 하나만 선택해 검색을 수행한다.

만약 특별히 설정하지 않는다면 검색 요청의 적절한 분배를 위해 기본적으로 라운드로빈(Round Robin) 방식의 알고리즘을 사용한다. 라운드로빈은 순차적으로 샤드를 선택하는 방식이다. 엘라스틱서치에서는 라운드로빈 말고도 동적 분배 방식의 알고리즘도 제공한다. 동적 분배 방식은 검색 요청의 응답시간, 검색 요청을 수행하는 스레드 풀(Thread Pool)의 크기 등을 고려해 최적의 샤드를 동적으로 결정하는 방식이다.

다음 예제는 동적으로 요청을 분배하도록 설정하는 예다.

```
PUT _cluster/settings
{
    "transient": {
                "cluster.routing.use_adaptive_replica_selection": true
    }
}
```

글로벌 타임아웃 설정

검색 요청 시 타임아웃을 설정하는 것은 매우 중요한 일이다. 자칫 무거운 쿼리가 타임아웃 설정 없이 무한정으로 실행된다면 전체 시스템에 장애가 발생할 수도 있기 때문이다. 개별 검색 요청의 경우에는 Request Body에 직접 타임아웃을 설정할 수 있다. 하지만 이러한 방식은 많은 불편을 초래하기 때문에 모든 검색 쿼리에 동일하게 적용되도록 정책으로 설정하는 것이 좋다.

글로벌로 적용되는 타임아웃의 기본 정책은 무제한(−1)이다. 이를 변경하려면 다음과 같이 설정한다.

```
PUT _cluster/settings
{
    "transient": {
                "search.default_search_timeout": "1s"
    }
}
```

4.4.2 Search Shards API

Search Shards API를 이용하면 검색이 수행되는 노드 및 샤드에 대한 정보를 확인할 수 있다. 이러한 정보는 질의를 최적화하거나 질의가 정상적으로 수행되지 않을 때 문제를 해결하는 데 유용하게 활용할 수 있다.

예제를 통해 movie_search 인덱스의 정보를 확인해 보자.

```
POST movie_search/_search_shards
```

결과는 다음과 같다.

```
{
  "nodes" : {
    "ZQWpb3B8QRupZSxFAogeXQ" : {
      "name" : "node-1",
      "ephemeral_id" : "UN319m-TThyXxYRPXID4LQ",
      "transport_address" : "172.30.1.27:9300",
      "attributes" : {
```

```
          "ml.machine_memory" : "12769456128",
          "xpack.installed" : "true",
          "ml.max_open_jobs" : "20",
          "ml.enabled" : "true"
        }
      }
    },
    "indices" : {
      "movie_search" : { }
    },
    "shards" : [
      [
        {
          "state" : "STARTED",
          "primary" : true,
          "node" : "ZQWpb3B8QRupZSxFAogeXQ",
          "relocating_node" : null,
          "shard" : 0,
          "index" : "movie_search",
          "allocation_id" : {
            "id" : "ayyoNQrmRJaupT2hVIFiDQ"
          }
        }
      ]

...중략...

      [
        {
          "state" : "STARTED",
          "primary" : true,
          "node" : "ZQWpb3B8QRupZSxFAogeXQ",
          "relocating_node" : null,
          "shard" : 4,
          "index" : "movie_search",
          "allocation_id" : {
            "id" : "9SyAyJ1zS1CJ-SBs7dDeOw"
```

```
          }
        }
      ]
    ]
}
```

결과를 확인해 보면 현재 `movie_search` 인덱스는 1개의 노드에 저장돼 있고 인덱스는 5개의 샤드로 나뉘어져 각 샤드에 복제본(레플리카)이 저장된 것을 확인할 수 있다.

4.4.3 Multi Search API

웹 프로그래밍을 해본 독자라면 웹 서버로 요청되는 요청 횟수를 줄이는 것이 성능을 향상시키는 중요한 요건 중 하나라는 것을 이미 알고 있을 것이다. Multi Search API는 여러 건의 검색 요청을 통합해서 한 번에 요청하고 한번에 결과를 종합해서 받을 때 사용되는 API다.

```
POST _msearch
{"index" : "movie_auto"}
{"query" : {"match_all" : {}}, "from" : 0, "size": 10}
{"index" : "movie_search"}
{"query" : {"match_all" : {}}, "from" : 0, "size" : 10}
```

Multi Search API를 사용하면 동시에 여러 개의 색인에서 검색을 수행할 수 있으므로 사용자별 맞춤 페이지 등을 구현할 때 여러 인덱스에서 사용자별로 특화된 정보를 가져오거나 할 때 유용하게 활용할 수 있다.

4.4.4 Count API

간혹 문서 본문보다는 검색된 문서의 개수가 몇 개인지 그 숫자만 필요할 때가 있다. 이럴 때는 엘라스틱서치에서 제공하는 Count API를 사용하면 된다. Count API를 이용하면 검색된 문서의 개수만 가져올 수 있다. Count API는 URI 검색과 Request Body 검색에서 모두 사용할 수 있다.

예제를 통해 확인해 보자. 다음은 URI 검색에서 사용하는 예다.

```
POST movie_search/_count?q=prdtYear:2017
```

다음은 Request Body 검색에서 사용하는 예다.

```
POST movie_search/_count
{
  "query": {
    "query_string": {
      "default_field": "prdtYear",
      "query": "2017"
    }
  }
}
```

두 가지 방식 모두 다음과 같이 결과는 동일하다.

```
{
  "count" : 4,
  "_shards" : {
    "total" : 5,
    "successful" : 5,
    "skipped" : 0,
    "failed" : 0
  }
}
```

4.4.5 Validate API

Validate API를 사용하면 쿼리를 실행하기에 앞서 쿼리가 유효하게 작성됐는지 검증하는 것이 가능하다. URI 검색과 Request Body 검색에서 모두 사용할 수 있다.

예제를 살펴보자. 다음은 URI 검색에서 사용하는 예다.

```
POST movie_search/_validate/query?q=prdtYear:2017
```

다음은 Request Body 검색에서 사용하는 예다.

```
POST movie_search/_validate/query
{
  "query" : {
    "match": {
      "prdtYear": 2017
    }
  }
}
```

질의 결과는 URI 검색, Request Body 검색에서 모두 동일하다.

```
{
  "_shards" : {
    "total" : 1,
    "successful" : 1,
    "failed" : 0
  },
  "valid" : true
}
```

만약 쿼리에 오류가 발생할 경우에는 어떻게 될까? 쿼리가 실패할 경우 다음과 같이 valid 값이 단순히 false로 리턴된다.

```
{
    "_shards": {
        "total": 1,
        "successful": 1,
        "failed": 0
    },
    "valid": false
}
```

만일 쿼리가 왜 실패했는지 자세한 정보가 필요한 경우 요청 URL 파라미터로 rewrite=true 파라미터를 추가하면 된다. rewrite 파라미터를 추가하고 예제를 실행해 보자.

```
POST movie_search/_validate/query?rewrite=true
{
  "query" : {
    "match": {
      "prdtYear": "2017-10-10"
    }
  }
}
```

결과로 다음과 같이 자세한 오류 정보를 제공한다. 예제에서는 prdtYear 필드가 숫자형 타입이기 때문에 NumberFormatException이 발생했다고 알려준다.

```
{
  "_shards" : {
    "total" : 1,
    "successful" : 1,
    "failed" : 0
  },
  "valid" : false,
  "explanations" : [
    {
      "index" : "movie_search",
      "valid" : false,
      "error" : """
[movie_search/HGyZ8AtTS1iBH6yHkBfxKQ] QueryShardException[failed to create query: {
  "match" : {
    "prdtYear" : {
      "query" : "2017-10-10",
      "operator" : "OR",
      "prefix_length" : 0,
      "max_expansions" : 50,
      "fuzzy_transpositions" : true,
      "lenient" : false,
      "zero_terms_query" : "NONE",
      "auto_generate_synonyms_phrase_query" : true,
      "boost" : 1.0
    }
  }
```

```
}]; nested: NumberFormatException[For input string: "2017-10-10"];; java.lang.NumberFormatExcepti
on: For input string: "2017-10-10"
"""
    }
  ]
}
```

4.4.6 Explain API

문서 검색 결과를 확인해 보면 _score를 통해 우리가 검색한 키워드와 검색 결과가 얼마나 유사한지 확인할 수 있다. 만일 이 문서가 가진 _score 값이 어떻게 계산된 것인지 자세한 정보를 알고 싶다면 어떻게 해야 할까? Explain API를 사용하면 특정 문서에 대해 요청한 쿼리가 어떻게 스코어가 계산되는지 자세하게 확인할 수 있다.

먼저 _score를 확인할 특정 문서의 ID를 가져오자.

```
POST movie_search/_search
{
  "query" : {
    "term": {
      "prdtYear": 2017
    }
  }
}
```

다음과 같이 결과로 ID가 "8"인 문서가 검색됐다.

```
"hits" : [
    {
      "_index" : "movie_search",
      "_type" : "_doc",
      "_id" : "8",
      "_score" : 1.0,
      "_source" : {
        "movieCd" : "20178401",
```

```
        "movieNm" : "검객",
        "movieNmEn" : "",
        "prdtYear" : "2017",

 … 중략 …
```

방금 조회한 ID가 "8"인 문서에 대해 스코어 값이 어떤 방식으로 계산됐는지 알아보자. ID 값을 직접 지정해서 Explain API를 호출하면 된다.

```
POST  movie_search/_doc/8/_explain
{
  "query" : {
    "term": {
      "prdtYear": 2017
    }
  }
}
```

Explain API의 결과로 스코어 계산 정보를 리턴한다.

```
{
  "_index" : "movie_search",
  "_type" : "_doc",
  "_id" : "8",
  "matched" : true,
  "explanation" : {
    "value" : 1.0,
    "description" : "prdtYear:[2017 TO 2017]",
    "details" : [

      (… 생략 ….)

    ]
  }
}
```

문서의 스코어(score) 값과 문서가 왜 그러한 스코어를 받았는지 수식 및 수식에 사용된 파라미터의 값까지 상세히 표현해준다. 이러한 정보를 이용하면 특정 문서가 잘 검색되지 않을 때 디버깅 정보로 유용하게 활용할 수 있다.

4.4.7 Profile API

Profile API는 쿼리에 대한 상세한 수행 계획과 각 수행 계획별로 수행된 시간을 돌려주므로 성능을 튜닝하거나 디버깅할 때 유용하게 활용할 수 있다. 다만 사용할 때 반드시 확인해야 하는 점은 Profile API는 쿼리에 대한 내용을 매우 상세하게 설명하므로 결과가 매우 방대하다는 점이다. 특히 여러 샤드에 걸쳐 검색되는 쿼리의 경우에는 더욱더 결괏값이 장황하게 길어지기 때문에 확인하기가 매우 어렵다.

아주 간단한 쿼리에 Profile API를 사용하는 예제를 확인해보자.

```
POST  movie_search/_search
{
  "profile": true,
  "query": {
    "match_all": {}
  }
}
```

결과는 다음과 같다.

```
...중략...

{
    "id" : "[ZQWpb3B8QRupZSxFAogeXQ][movie_search][4]",
    "searches" : [
      {
        "query" : [
          {
            "type" : "MatchAllDocsQuery",
            "description" : "*:*",
            "time_in_nanos" : 871427,
            "breakdown" : {
              "score" : 464,
              "build_scorer_count" : 2,
              "match_count" : 0,
```

```
                            "create_weight" : 29681,
                            "next_doc" : 3710,
                            "match" : 0,
                            "create_weight_count" : 1,
                            "next_doc_count" : 2,
                            "score_count" : 1,
                            "build_scorer" : 837566,
                            "advance" : 0,
                            "advance_count" : 0
                        }
                    }
                ],
                "rewrite_time" : 7885,
                "collector" : [
                    {
                        "name" : "CancellableCollector",
                        "reason" : "search_cancelled",
                        "time_in_nanos" : 377508,
                        "children" : [
                            {
                                "name" : "SimpleTopScoreDocCollector",
                                "reason" : "search_top_hits",
                                "time_in_nanos" : 3710
                            }
                        ]
                    }
                ]
            }
        ],
        "aggregations" : [ ]
    }

 … 중략 …
```

결과가 너무 길어서 실제 매칭된 문서는 생략하고 profile 부분만 표시했다. 여기서 눈여겨봐야 할 점은 실제 쿼리가 수행된 샤드별로 프로파일 정보를 제공하고 있다는 점이다. 실행된 쿼리의 종류와 각 샤드마다 몇 건의 문서가 매칭됐는지, 검색에 수행된 시간은 어떤지에 대한 정보가 상세하게 제공된다.

정리하자면 "내 질의 결과에 대한 스코어가 어떻게 계산됐는가?"를 확인할 때는 앞서 배운 Explain API를 사용하고, "내 질의를 실행하는 과정에서 각 샤드별로 얼마나 많은 시간이 소요됐는가?"를 알고 싶을 때는 Profile API를 사용한다.

05

데이터
집계

데이터를 그룹화해서 각종 통계 지표를 제공하기 위해 엘라스틱서치에서는 집계(Aggregation) 기능을 공식적으로 제공한다. 이는 SQL에서 제공하는 Group By 연산과 비슷하기 때문에 SQL을 다뤄 본 독자라면 쉽게 이해할 수 있을 것이다.

엘라스틱서치는 5.0 버전 이후부터 집계 기능이 대폭 강화되면서 검색 엔진의 여러 한계를 극복했다. 특정 그룹으로 묶은 문서에 있는 값을 매트릭스 형태로 다시 계산하거나 특정 데이터를 스크립트 형태로 계산하는 등이 가능해진 것이다. 문서의 집계를 계산하는 문법은 비교적 간단하다. 엘라스틱서치의 유료 패키지인 X-Pack을 사용할 경우 문법이 더욱더 간단한 Ansi SQL 구문으로 질의할 수도 있다.

이번 장에서는 엘라스틱서치의 가장 강력한 기능 중 하나인 통계를 처리하는 방법을 본격적으로 살펴보겠다. 그리고 분산 환경에서 데이터를 집계할 때 주의해야 할 점으로 이번 장을 마무리하겠다.

이번 장에서 다룰 내용

5.1 집계

집계(Aggregation)는 데이터를 그룹화하고 통계를 구하는 기능이다. 엘라스틱서치는 5.0 버전 이후 집계 기능이 대폭 강화되면서 통계 분석을 할 수 있는 다양한 방법이 추가됐다. 이러한 기능은 매우 간단한 문법으로 사용할 수 있는데, 구체적으로 어떤 기능이 추가되고, 어떻게 사용하는지 지금부터 살펴보자.

5.1.1 엘라스틱서치와 데이터 분석

통계 분석 프로그램은 많다. 하지만 실시간에 가까운 속도로 처리 가능한 프로그램은 많지 않다. 일반적인 통계 프로그램은 배치 방식으로 데이터를 처리한다. 대용량 데이터를 하둡이나 관계형 데이터베이스에 적재하고 배치로 처리하는 식이다. 반면 엘라스틱서치는 많은 양의 데이터를 조각내어 관리한다. 그 덕분에 문서의 수가 늘어나도 배치 처리보다 좀 더 실시간에 가깝게 문서를 처리할 수 있다.

단적인 예로 영화별로 리뷰 점수를 집계하는 상황을 가정해보자. 엘라스틱서치의 집계와 SQL의 GROUP BY 모두 동일하게 SUM이나 AVG 같은 통계 함수를 사용한다. 그렇다면 둘 사이에는 어떤 차이점이 있을까? 지금부터 SQL 문과 엘라스틱서치의 Query DSL을 간단히 비교해 보자.

먼저 SQL로는 다음과 같이 GROUP BY 구문을 이용해 집계할 수 있다.

```
SELECT SUM(ratings) FROM movie_review GROUP BY movie_no;
```

엘라스틱서치의 Query DSL로 집계하는 쿼리는 다음과 같다.

```
{
  "aggs": {
    "movie_no_agg": {
      "terms": {
        "field": "movie_no"
      },
      "aggs": {
        "ratings_agg": {
          "sum": {
            "field": "ratings"
          }
        }
```

```
        }
      }
    }
  }
```

차차 설명하겠지만 엘라스틱서치는 SQL보다 더욱 강력한 집계 기능을 제공한다. 집계를 여러 개 중첩해 사용할 수 있을뿐더러 범위, 날짜, 위치 정보도 집계할 수 있다. 또한 엘라스틱서치는 인덱스를 활용해 분산 처리가 가능하기 때문에 SQL보다 더 많은 데이터를 빠르게 집계할 수 있다.

5.1.2 엘라스틱서치가 집계에 사용하는 기술

데이터를 분석하는 데 있어 집계는 검색보다 더 많은 리소스를 사용한다. 집계 시 어떤 점에 주의해야 하는지 알아보자.

캐시

집계 쿼리로 값을 조회하면 엘라스틱서치의 마스터 노드가 여러 노드에 있는 데이터를 집계해 질의에 답변한다. 데이터의 양이 클수록 집계에는 많은 양의 CPU와 메모리 자원이 소모된다. 질의에 응답하는 데 걸리는 시간 또한 길어진다. 이런 문제는 노드의 하드웨어 성능을 높여 해결할 수 있지만 하드웨어 업그레이드에는 막대한 비용이 들기 때문에 올바른 해결책이라 하기 어렵다.

가장 현실적이고 비용 효율적인 해결책은 엘라스틱서치의 '캐시'를 이용하는 것이다. 캐시는 질의의 결과를 임시 버퍼(캐시)에 둔다. 이후 처리해야 하는 같은 질의에 대해 매번 결과를 계산하는 게 아니라 버퍼에 보관된 결과를 반환한다.

캐시를 적용하는 것만으로도 인덱스의 성능을 대폭 향상시킬 수 있다. 캐시의 크기는 일반적으로 힙 메모리의 1%를 할당하며, 캐시에 없는 질의의 경우 성능 향상에 별다른 도움이 되지 않는다.

캐시는 엘라스틱서치의 conf 폴더 안의 elasticsearch.yml 파일을 수정해 활성화할 수 있다. 다음은 힙 메모리의 2%를 캐시에 할당하는 예다.

```
indices.requests.cache.size: 2%
```

엘라스틱서치는 Node query Cache, Shard request Cache, Field data Cache로 총 3가지 종류의 캐시를 지원한다. 각각의 특징을 살펴보자.

Node query Cache

노드의 모든 샤드가 공유하는 LRU$^{\text{Least-Recently-Used}}$ 캐시다. 캐시 용량이 가득차면 사용량이 가장 적은 데이터를 삭제하고 새로운 결괏값을 캐싱한다. 기본적으로 10%의 필터 캐시가 메모리를 제어하고 쿼리 캐싱을 사용할지 여부는 elasticsearch.yml 파일에 옵션으로 추가하면 된다. 기본값은 true다.

```
index.queries.cache.enabled:true
```

Shard request Cache

엘라스틱서치는 인덱스의 수평적 확산과 병렬 처리를 통한 성능 향상을 위해 고안된 개념이다. 샤드는 데이터를 분산 저장하기 위한 단위로서, 그 자체가 온전한 기능을 가진 독립 인덱스라고 할 수 있다. Shard request Cache는 바로 이 샤드에서 수행된 쿼리의 결과를 캐싱한다. 샤드의 내용이 변경되면 캐시가 삭제되기 때문에 업데이트가 빈번한 인덱스에서는 오히려 성능 저하를 일으킬 수 있다.

Field data Cache

엘라스틱서치가 필드에서 집계 연산을 수행할 때는 모든 필드 값을 메모리에 로드한다. 이러한 이유로 엘라스틱서치에서 계산되는 집계 쿼리는 성능적인 측면에서 비용이 많이 든다. Field data Cache는 집계가 계산되는 동안 필드의 값을 메모리에 보관한다.

5.1.3 실습 데이터 살펴보기

이번 장에서는 다음과 같은 아파치 웹 로그 예제를 이용해 다양한 집계 연산을 살펴보겠다.

```
{
    "_index" : "apache-web-log",
    "_type" : "doc",
    "_id" : "Fe3i4GUB-1M4zBmhfE2R",
    "_score" : 1.0,
    "_source" : {
        "agent" : "\"DoCoMo/2.0 N905i(c100;TB;W24H16) (compatible; Googlebot-Mobile/2.1;
+http://www.google.com/bot.html)\"",
```

```
            "timestamp" : "2015-05-17T11:05:00.580Z",
        "geoip" : {
          "region_code" : "TX",
          "continent_code" : "NA",
          "location" : {
            "lon" : -97.9176,
            "lat" : 30.5423
          },
          "latitude" : 30.5423,
          "dma_code" : 635,
          "city_name" : "Leander",
          "country_name" : "United States",
          "timezone" : "America/Chicago",
          "country_code3" : "US",
          "postal_code" : "78641",
          "region_name" : "Texas",
          "ip" : "66.249.73.135",
          "country_code2" : "US",
          "longitude" : -97.9176
        },
        "response" : 200,
        "path" : "/home/ubuntu/elasticbooks/project/elasticStack/chapter1/apache-access.log",
        "httpversion" : "1.1",
        "@version" : "1",
        "clientip" : "66.249.73.135",
        "verb" : "GET",
        "referrer" : "\"-\"",
        "request" : "/blog/tags/bdb",
        "host" : "ip-172-31-11-142",
        "bytes" : 23099,
            "message" : "66.249.73.135 - - [17/May/2015:11:05:58 +0000] \"GET /blog/tags/bdb
HTTP/1.1\" 200 23099 \"-\" \"DoCoMo/2.0 N905i(c100;TB;W24H16) (compatible; Googlebot-Mobile/2.1;
+http://www.google.com/bot.html)\"",
            "@timestamp" : "2018-09-16T05:37:42.682Z"
        }
      }
    ]
  }
}
```

1장에서 실습 환경을 구축하면서 이미 스냅숏을 사용할 준비가 끝났다. 집계 실습을 위해 apache-web-log 스냅숏 그룹을 이용해 인덱스를 하나 복원해서 사용하자.

먼저 스냅숏의 목록을 확인해보자.

```
curl -XGET 'http://localhost:9200/_snapshot/apache-web-log/_all?pretty'
```

apache-web-log 스냅숏 그룹 내부에는 다음과 같이 2개의 스냅숏이 존재한다.

```
{
    "snapshots": [
        {
            "snapshot": "default",
            "uuid": "X2P_kxgtSlm1ns1i1lUxIA",
            "version_id": 6040099,
            "version": "6.4.0",
            "indices": [
                "apache-web-log"
            ],
            (... 생략 ...)
        },
        {
            "snapshot": "applied-mapping",
            "uuid": "VnTciyUlTg65FKJtS8EEaQ",
            "version_id": 6040099,
            "version": "6.4.0",
            "indices": [
                "apache-web-log-applied-mapping"
            ],
            (... 생략 ...)
        }
    ]
}
```

여기서는 이 중에서 default 스냅숏을 복구하겠다. 터미널에서 다음 명령을 실행한다.

```
curl -XPOST 'http://localhost:9200/_snapshot/apache-web-log/default/_restore'
```

인덱스가 잘 생성됐는지 확인해보자. 정상적으로 생성됐다면 다음과 같이 apache-web-log 인덱스가 생성된 것을 확인할 수 있다. apache-web-log 인덱스에는 총 10,001건의 로그가 존재한다.

```
GET /_cat/indices/apache*?v&pretty

health  status  index                   uuid                          pri rep docs.count
docs.deleted store.size pri.store.size
yellow  open    apache-web-log  AKDCZq-5S0-9lyqrukLH3A   5   1     10001              0      8.8mb
8.8mb
```

맨 먼저 집계해볼 데이터는 지역별 사용자의 접속 수다. 이를 위해 다음과 같은 쿼리를 작성한다.

```
GET /apache-web-log/_search?size=0
{
  "query": {
    "match_all": {}
  },
  "aggs": {
    "region_count": {
      "terms": {
        "field": "geoip.region_name.keyword",
        "size": 20
      }
    }
  }
}
```

집계에서 사용하는 필드 중 문자열 형태의 필드를 사용한다면 Keyword 타입으로 지정해야 한다. Keyword 타입은 Text 타입과 달리 분석 과정을 수행하지 않기 때문에 집계 성능이 향상된다. 예제에서는 geoip.region_name.keyword와 같이 지역명에 대해 Keyword 타입을 지정했다.

집계 쿼리를 실행한 결과는 다음과 같다.

```
{
  "took": 60,
  "timed_out": false,
```

```
  "_shards": {
    "total": 5,
    "successful": 5,
    "skipped": 0,
    "failed": 0
  },
  "aggregations": {
    "region_count": {

}

      "doc_count_error_upper_bound": 39,
      "sum_other_doc_count": 3548,
      "buckets": [
        {
          "key": "California",
          "doc_count": 756
        },
        {
          "key": "Texas",
          "doc_count": 588
        },
        {
          "key": "Virginia",
          "doc_count": 424
        },
        {
          "key": "Pennsylvania",
          "doc_count": 355
        },
        {
          "key": "Washington",
          "doc_count": 273
        },

        ……（생략）…….

      ]
    }
}
```

이처럼 집계를 사용하면 쉽고 빠르게 필드를 그룹으로 묶고 통계 결과를 도출할 수 있다.

5.1.4 Aggregation API 이해하기

서비스를 운영하다 보면 데이터 필드의 값을 더하거나 평균을 내는 등 검색 쿼리로 반환된 데이터를 집계하는 경우가 많다. 검색 쿼리의 결과 집계는 다음과 같이 기존 검색 쿼리에 집계 구문을 추가하는 방식으로 수행할 수 있다.

```
{
    "query": { ...생략... },
    "aggs": { ...생략... }
}
```

엘라스틱서치는 집계 시 문서를 평가한 후 기준에 만족하는 문서들을 하나로 그룹화한다. 그룹화한 집합을 토대로 집계를 수행하고, 집계가 끝나면 다음과 같이 버킷 목록에 속한 문서의 집합이 출력된다.

```
    ... 생략 ...
    "aggregations": {
      "us_city_names": {
        "doc_count_error_upper_bound": 0,
        "sum_other_doc_count": 4,
        "buckets": [
          {
            "key": "Leander",
            "doc_count": 18
          },
          {
            "key": "San Francisco",
            "doc_count": 10
          },
          ... 생략 ...
        ]
      }
    }
}
```

- **버킷 집계**: 쿼리 결과로 도출된 도큐먼트 집합에 대해 특정 기준으로 나눈 다음 나눠진 도큐먼트들에 대한 산술 연산을 수행한다. 이때 나눠진 도큐먼트들의 모음들이 각 버킷에 해당된다.

- **메트릭 집계**: 쿼리 결과로 도출된 도큐먼트 집합에서 필드의 값을 더하거나 평균을 내는 등의 산술 연산을 수행한다.

- **파이프라인 집계**: 다른 집계 또는 관련 메트릭 연산의 결과를 집계한다.

- **행렬 집계**: 버킷 대상이 되는 도큐먼트의 여러 필드에서 추출한 값으로 행렬 연산을 수행한다. 이를 토대로 다양한 통계정보를 제공하고 있으나 아직은 공식적인 집계 연산으로 제공되지 않고 실험적인 기능으로 제공되기 때문에 사용할 때 주의해야 한다.

엘라스틱서치가 강력한 이유는 집계를 중첩해 사용할 수 있다는 데 있다. 하위 집계가 상위 집계의 버킷을 다시 집계하는 식이다. 예컨대 상위 집계에서 date_histogram 집계로 일자별로 집계한 후 그 결과를 메트릭 집계로 다시 합산해 결과를 도출할 수 있다. 중첩 횟수에 제한은 없으나 중첩할수록 성능 하락이 뒤따른다는 점에 주의해야 한다.

> **참고**
>
> 현재 엘라스틱서치는 버킷(Bucket), 메트릭(Metric), 파이프라인(Pipeline), 행렬(Matrix) 총 4가지 방식의 집계 연산을 지원한다. 하지만 이 가운데 행렬 집계의 경우는 아직까지 공식적으로 제공하지 않는 실험적인 기능이기 때문에 실질적으로는 버킷 집계, 메트릭 집계, 파이프라인 집계로 세 가지 집계 연산이 제공된다고 이해하면 된다. 행렬 집계는 이후 설명에서는 더 이상 다루지 않겠다.

집계 구문의 구조

엘라스틱서치에서 제공하는 집계 연산을 사용하기 위해서는 문법적인 구조를 이해해야 한다. 기본적인 집계 구문의 구조를 알아보자. 기본적인 구조는 다음과 같다.

```
"aggregations" : {
    "<aggregation_name>" : {
        "<aggregation_type>" : {
            <aggregation_body>
        }
        [,"meta" : {  [<meta_data_body>] } ]?
        [,"aggregations" : { [<sub_aggregation>]+ } ]?
    }
    [,"<aggregation_name_2>" : { ... } ]*
}
```

데이터를 집계하기 위해서는 맨 먼저 "aggregations"라는 단어를 명시해야 한다. "aggregations" 대신 "aggs"로 줄여서 쓰는 것도 가능하다. aggregation_name에는 하위 집계의 이름을 기입한다. 이 이름은 집계의 결과 출력에 사용된다. 따라서 사용자가 직접 적당한 임의의 이름을 지정하자.

aggregation_type에는 집계의 유형을 적는다. 어떤 집계를 수행할 것인가를 나타내는데, 뒤에서 소개할 terms, date_histogram, sum과 같은 다양한 집계 유형을 지정할 수 있다. aggregation_body에는 앞서 지정한 aggregation_type에 맞춰 내용을 작성하면 된다.

또한 meta 필드를 사용하거나 aggregations를 중첩할 수 있는데, 중첩의 경우 같은 레벨(aggregation_name_2)에 또 다른 집계를 정의하는 것도 가능하다. 단, 같은 레벨에 집계를 정의할 때는 부수적인 성격의 집계만 정의할 수 있다.

집계 영역^{Aggregation Scope}

앞서 살펴본 예제에서는 집계와 함께 질의(query)를 사용했다. 집계를 질의와 함께 수행하면 질의의 결과 영역 안에서 집계가 수행된다. 즉, 질의를 통해 반환된 문서들의 집합 내에서 집계를 수행하게 된다.

```
{
  "query" : {          ------ ❶
    "constant_score" : {
      "filter" : {
          "match" : <필드 조건>
        }
      }
  },
  "aggs": {          ------ ❷
    "<집계 이름>": {
      "<집계 타입>": {
        "field": "<필드명>"
      }
    }
  }
}
```

❶ query: 질의를 수행한다. 하위에 필터 조건에 의해 명시한 필드와 값이 일치하는 문서만 반환한다.

❷ aggs: 질의를 통해 반환받은 문서들의 집합 내에서 집계를 수행한다.

만약 질의가 생략된다면 내부적으로 match_all 쿼리로 수행되어 전체 문서에 대해 집계가 수행된다.

```
{
  "size" : 0,        ---- ❶
  "aggs": {          ---- ❷
    "<집계 이름>": {
      "<집계 타입>": {
        "field": "<필드명>"
      }
    }
  }
}
```

❶ size: 질의가 명시돼 있지 않기 때문에 내부적으로는 match_all이 수행되고 size가 0이기 때문에 결과 집합에 문서 들 또한 존재하지 않는다. 즉, 문서의 결과는 출력되지 않는다.

❷ aggs: 결과 문서가 출력되지 않더라도 실제 검색된 문서의 대상 범위가 전체 문서이기 때문에 집계는 전체 문서에 대 해 수행된다.

한 번의 집계를 통해 질의에 해당하는 문서들 내에서도 집계를 수행하고 전체 문서에 대해서도 집계를 수행해야 하는 경우에는 어떻게 해야 할까? 이럴 때는 글로벌 버킷을 사용하면 질의 내에서도 전체 문서 를 대상으로 집계를 수행할 수 있다.

```
{
  "query" : {
    "constant_score" : {
      "filter" : {
        "match" : <필드 조건>
      }
    }
  },
  "aggs": {
    "<집계 이름>": {
      "<집계 타입>": {        ---- ❶
        "field": "<필드명>"
      }
    },
```

```
    "<집계 이름>": {
      "global": {},          ---- ❷
      "aggs": {
        "<집계 이름>": {
          "<집계 타입>": {
            "field": "<필드명>"
          }
        }
      }
    }
  }
}
```

❶ 일반 버킷: 질의 영역 내에서만 집계를 수행

❷ 글로벌 버킷: 전체 문서를 대상으로 집계를 수행

기본적인 집계의 구성을 알아봤으니 이제 집계 연산의 유형별로 세부적인 사항들을 알아보자. 메트릭 집계, 버킷 집계, 파이프라인 집계 순서로 살펴보겠다.

5.2 메트릭 집계

메트릭 집계(Metrics Aggregations)를 사용하면 특정 필드에 대해 합이나 평균을 계산하거나 다른 집계와 중첩해서 결과에 대해 특정 필드의 _score 값에 따라 정렬을 수행하거나 지리 정보를 통해 범위 계산을 하는 등의 다양한 집계를 수행할 수 있다. 이름에서도 알 수 있듯이 정수 또는 실수와 같이 숫자 연산을 할 수 있는 값들에 대한 집계를 수행한다. 일반적으로 필드 데이터를 사용해 집계가 이뤄지지만 스크립트를 사용해 조금 더 유연하게 집계를 수행할 수도 있다.

메트릭 집계 내에서도 단일 숫자 메트릭 집계(single-value numeric metrics aggregation)와 다중 숫자 메트릭 집계(multi-value numeric metrics aggregation)로 나뉘는데, 단일 숫자 메트릭 집계는 집계를 수행한 결괏값이 하나라는 의미로서 sum과 avg 등이 이에 속한다. 다중 숫자 메트릭 집계는 집계를 수행한 결괏값이 여러 개가 될 수 있고, stats나 geo_bounds가 이에 속한다.

이제 본격적으로 집계를 하나씩 직접 수행해보자. 앞서 1장에서 설명한 키바나를 이용해 집계 요청을 해보겠다. 여기서는 메트릭 집계를 실습하기 위해 apache-web-log 인덱스의 bytes 필드를 주로 사용한다.

bytes 필드는 아파치 웹 서버로 수신된 데이터량을 의미하는 필드로서 숫자형으로 돼 있기 때문에 각종 집계 연산을 수행하는 데 유용하다.

예제에 사용된 쿼리는 전부 전체 데이터에 대해 집계를 수행하는데, 전체 데이터에 대한 쿼리라면 "query" 부분을 생략할 수 있다. 또한 집계 결과가 아닌 검색 결과의 내용을 볼 필요가 없는 경우에는 size 값을 0으로 지정해서 검색 결과가 반환되지 않게 할 수도 있다. 예제에서는 이러한 방식을 사용해 불필요한 결과는 노출하지 않게 할 것이다.

먼저 집계 요청에 사용될 공통적인 구조를 살펴보자.

```
GET /apache-web-log/_search?size=0      ---- ❶
{
  "aggs": {        ---- ❷
    "<집계 이름>": {        ---- ❸
      "<집계 타입>": {        ---- ❹
        "field": "<필드명>"        ---- ❺
      }
    }
  }
}
```

❶ size: 집계된 문서들의 데이터는 불필요하므로 size 값을 0으로 지정해 반환받지 않는다.

❷ aggs: 집계를 수행한다. aggregation 또는 aggs를 입력할 수 있다.

❸ 집계 이름: 집계에 대한 이름이다. 하위 쿼리 또는 여러 쿼리를 함께 사용할 때 구별하는 용도로 사용한다.

❹ 집계 타입: 합계, 평균, 시계열 등의 집계 타입을 명시한다.

❺ field: 집계의 대상이 되는 필드를 명시한다.

다음으로 집계 결과의 공통적인 구조를 살펴보자.

```
{
  "took": 1,      ---- ❶
  "timed_out": false, ---- ❷
  "_shards": {        ---- ❸
    "total": 5,  ---- ❹
```

```
      "successful": 5, ---- ❺
      "skipped": 0, ---- ❻
      "failed": 0      ---- ❼
    },
    "hits": {        ---- ❽
      "total": 200, ---- ❾
      "max_score": 0, ---- ❿
      "hits": [ ] ---- ⓫
    },
    "aggregations": {       ---- ⓬
      "<집계 이름>": {        ---- ⓭
        <집계 결과>       ---- ⓮
      }
    }
}
```

❶ took: 엘라스틱서치가 검색을 실행하는 데 소요된 시간(ms)

❷ time_out: 검색 시간이 초과됐는지 여부

❸ _shard: 검색에 영향받은 샤드에 대한 정보

❹ _shard.total: 검색에 영향받은 샤드의 총 개수

❺ _shard.success: 검색 요청에 대한 처리를 정상 수행한 샤드 수

❻ _shard.skipped: 검색 요청에 대한 처리를 건너뛴 샤드 수

❼ _shard.failed: 검색 요청에 대한 처리를 실패한 샤드 수

❽ hits: 검색 결과

❾ hits.total: 검색 기준과 일치하는 총 문서 수

❿ hits.max_score: 검색 결과에 포함된 문서의 최대 스코어 값

⓫ hits.hits: 검색 결과 문서들의 배열(기본적으로 10개의 문서를 반환)

⓬ aggregations: 집계 결과

⓭ 집계 이름: 검색을 요청할 때 지정한 집계의 이름

⓮ 집계 결과: 검색을 요청할 때 지정한 집계 타입에 따른 결과

5.2.1 합산 집계

합산 집계(Sum Aggregation)는 단일 숫자 메트릭 집계에 해당한다. 이를 통해 해당 서버로 총 얼마만큼의 데이터가 유입됐는지 집계해 보자.

```
GET /apache-web-log/_search?size=0
{
  "aggs": {
    "total_bytes": {
      "sum": {
        "field": "bytes"
      }
    }
  }
}
```

쿼리를 수행하면 다음과 같이 집계 결과가 반환된다. 이를 통해 현재 서버로 총 얼마만큼의 데이터 (Bytes)가 유입됐는지 쉽게 확인할 수 있다.

```
{
  ... 생략 ...
  "aggregations": {
    "total_bytes": {
      "value": 2747282505
    }
  }
}
```

이번에는 filter 기능을 사용해 특정 지역에서 유입된 데이터의 합을 계산해 보자.

```
GET /apache-web-log/_search?size=0
{
  "query" : { ❶
    "constant_score" : { ❷
      "filter" : { ❸
```

```
        "match" : { "geoip.city_name" : "Paris" } ❹
      }
    }
  },
  "aggs": {
    "total_bytes": {
      "sum": {
        "field": "bytes"
      }
    }
  }
}
```

❶ query: 쿼리 컨텍스트를 의미한다.

❷ constant_score: 필터에 해당하는 문서들에 대해 동일한 스코어를 부여한다.

❸ filter: 필터 컨텍스트를 의미한다.

❹ match: geoip.city_name 필드 값이 'Paris'인 문서를 검색한다.

결과를 확인해보자.

```
{
  … 생략 …
  "aggregations": {
    "total_bytes": {
      "value": 428964
    }
  }
}
```

필터 쿼리를 사용하면 위와 같이 파리에서 유입된 데이터의 총량을 간단하게 확인할 수 있다. 유입되는 데이터가 많아질수록 데이터의 크기가 커질 것이기 때문에 나중에는 데이터 총량이 어마어마하게 커질 수도 있다. 이럴 때 KB나 MB, GB 단위로 보고 싶다면 어떻게 해야 할까? 현재로서는 데이터 크기를 변환하는 aggregation은 존재하지 않는다. 하지만 script를 활용하면 집계되는 데이터를 원하는 단위로 변환할 수 있다.

다음과 같이 script를 사용해 합 연산을 수행해 보자.

```
GET /apache-web-log/_search?size=0
{
  "query" : {
    "constant_score" : {
      "filter" : {
          "match" : { "geoip.city_name" : "Paris" }
      }
    }
  },
  "aggs": {
    "total_bytes": {
      "sum": {
        "script": { ❶
          "lang": "painless", ❷
          "source": "doc.bytes.value" ❸
        }
      }
    }
  }
}
```

❶ script: 스크립트 컨텍스트를 의미하며, 6.x부터는 그루비(Groovy)가 아닌 페인리스(Painless)를 기본 언어로 사용한다.

❷ lang: 페인리스 언어를 사용하는 경우 기본값이기 때문에 따로 명시하지 않아도 되지만 위 예제에서는 언어 확인을 위해 명시했다.

❸ source: bytes 필드를 사용하려면 doc 객체의 bytes 속성 변수를 사용해야 하고, 값을 얻기 위해 bytes 객체의 value 속성 변수를 사용해야 한다. 이에 대해서는 페인리스 부분에서 자세히 다룬다.

결과는 앞에서 살펴본 합산 집계의 결과와 동일하다.

```
{
  ... 생략 ...
  "aggregations": {
    "total_bytes": {
```

```
    "value": 428964
    }
  }
}
```

script를 사용하면 기존에 합산만 수행했던 것에서 더 나아가 다양한 연산을 수행할 수 있다. 여기서는 KB로 나타내기 위해 1000으로 나눌 것이다(정확히는 1024로 나눠야 하지만 계산을 간단히 하기 위해 1000으로 나눈다).

```
GET /apache-web-log/_search?size=0
{
  "query" : {
    "constant_score" : {
      "filter" : {
          "match" : { "geoip.city_name" : "Paris" }
      }
    }
  },
  "aggs": {
    "total_bytes": {
      "sum": {
        "script": {
          "lang": "painless",
          "source": "doc.bytes.value / params.divide_value",  ❶
          "params": {  ❷
            "divide_value": 1000  ❸
          }
        }
      }
    }
  }
}
```

❶ byte 필드의 값을 script 내의 params(변수와 같은 의미)에 명시한 값으로 나눈다.

❷ script 내에서 사용할 파라미터 값들을 정의한다.

❸ divide_value 파라미터의 값으로 1000을 대입한다.

결과를 바로 확인해 보자.

```
{
  … 생략 …
  "aggregations": {
    "total_bytes": {
      "value": 422"
    }
  }
}
```

기존에는 결과가 428964였는데 422가 됐다. 1000으로 나눴을 때 예상했던 값은 428이었는데 422가 됐다. 짐작했겠지만 그 이유는 1000으로 나누는 것은 모든 합산 값에 대한 나누기가 아니라 각 문서의 개별적인 값을 1000으로 나눈 것이기 때문에 1000보다 작은 수들은 전부 0이 됐기 때문이다.

이 문제를 해결하기 위해서는 정수가 아닌 실수로 계산해서 소수점까지 합산해야 한다. 이를 위해 다음과 같이 캐스팅 연산을 수행한다.

```
GET /apache-web-log/_search?size=0
{
  "query" : {
    "constant_score" : {
      "filter" : {
        "match" : { "geoip.city_name" : "Paris" }
      }
    }
  },
  "aggs": {
    "total_bytes": {
      "sum": {
        "script": {
          "lang": "painless",
          "source": "doc.bytes.value / (double)params.divide_value",
          "params": {
            "divide_value": 1000
          }
        }
      }
```

```
      }
    }
  }
}
```

params.divide_value 값을 double로 형변환했다. 결과는 다음과 같다.

```
{
  … 생략 …
  "aggregations": {
    "total_bytes": {
      "value": 428.96399999999994
    }
  }
}
```

이처럼 script를 이용하면 집계 시 더 다양한 연산을 추가적으로 수행할 수 있기 때문에 유용하다. script 에 대한 부분은 뒤에서 더 자세히 살펴보겠다.

5.2.2 평균 집계

평균 집계는 단일 숫자 메트릭 집계에 해당한다. 이를 통해 해당 서버로 유입된 데이터의 평균 값을 쉽게 구할 수 있다.

```
GET /apache-web-log/_search?size=0
{
  "aggs": {
    "avg_bytes": {
      "avg": {
        "field": "bytes"
      }
    }
  }
}
```

쿼리를 수행하면 다음과 같이 집계 결과가 반환된다. 이를 통해 서버로 데이터가 평균적으로 얼마만큼 유입됐는지 쉽게 확인할 수 있다.

```
{
  … 생략 …
  "aggregations": {
    "avg_bytes": {
      "value": 294456.8601286174
    }
  }
}
```

이번에는 `filter` 기능을 사용해 특정 지역에서 유입된 데이터의 합을 계산해보자.

```
GET _search?size=0
{
  "query" : {
    "constant_score" : {
      "filter" : {
        "match" : { "geoip.city_name" : "Paris" }
      }
    }
  },
  "aggs": {
    "avg_bytes": {
      "avg": {
        "field": "bytes"
      }
    }
  }
}
```

결과를 확인해보자.

```
{
  … 생략 …
  "aggregations": {
```

```
    "avg_bytes": {
      "value": 20426.85714285714
    }
  }
}
```

필터 쿼리를 사용하면 위와 같이 "Paris"에서 유입된 데이터의 평균을 간단하게 확인할 수 있다.

5.2.3 최솟값 집계

최솟값 집계(Min Aggregation)는 단일 숫자 메트릭 집계에 해당한다. 이를 통해 서버로 유입된 데이터 중 가장 작은 값을 쉽게 구할 수 있다.

```
GET /apache-web-log/_search?size=0
{
  "aggs": {
    "min_bytes": {
      "min": {
        "field": "bytes"
      }
    }
  }
}
```

쿼리를 수행하면 다음과 같이 집계 결과가 반환된다. 이를 통해 데이터의 최솟값을 확인할 수 있다.

```
{
  ... 생략 ...
  "aggregations": {
    "min_bytes": {
      "value": 35
    }
  }
}
```

이번에는 filter 기능을 사용해 특정 지역에서 유입된 데이터 중 가장 작은 값을 찾아보자.

```
GET /apache-web-log/_search?size=0
{
  "query" : {
    "constant_score" : {
      "filter" : {
        "match" : { "geoip.city_name" : "Paris" }
      }
    }
  },
  "aggs": {
    "min_bytes": {
      "min": {
        "field": "bytes"
      }
    }
  }
}
```

결과는 다음과 같다.

```
{
  ... 생략 ...
  "aggregations": {
    "min_bytes": {
      "value": 1015
    }
  }
}
```

필터 쿼리를 사용하면 위와 같이 "Paris"에서 유입된 데이터들 중 가장 작은 값을 간단하게 확인할 수 있다.

5.2.4 최댓값 집계

최댓값 집계(Max Aggregation)는 단일 숫자 메트릭 집계에 해당한다. 이를 통해 서버로 유입된 데이터 중 가장 큰 값을 쉽게 구할 수 있다.

```
GET /apache-web-log/_search?size=0
{
  "aggs": {
    "max_bytes": {
      "max": {
        "field": "bytes"
      }
    }
  }
}
```

쿼리를 수행하면 다음과 같이 집계 결과가 반환된다. 이를 통해 데이터의 최댓값을 확인할 수 있다.

```
{
  … 생략 …
  "aggregations": {
    "max_bytes": {
      "value": 69192717
    }
  }
}
```

이번에는 filter 기능을 사용해 특정 지역에서 유입된 데이터 중 가장 큰 값을 찾아보자.

```
GET /apache-web-log/_search?size=0
{
  "query" : {
    "constant_score" : {
      "filter" : {
        "match" : { "geoip.city_name" : "Paris" }
      }
    }
  },
```

```
"aggs": {
  "max_bytes": {
    "max": {
      "field": "bytes"
    }
  }
}
}
```

집계 결과를 확인해보자.

```
{
  ... 생략 ...
  "aggregations": {
    "max_bytes": {
      "value": 53270
    }
  }
}
```

필터 쿼리를 사용하면 위와 같이 "Paris"에서 유입된 데이터 중 가장 큰 값을 간단하게 확인할 수 있다.

5.2.5 개수 집계

개수 집계(Value Count Aggregation)는 단일 숫자 메트릭 집계에 해당한다. 이를 통해 해당 서버로 사용자 요청이 몇 회 유입됐는지 쉽게 구할 수 있다.

```
GET /apache-web-log/_search?size=0
{
  "aggs": {
    "bytes_count": {
      "value_count": {
        "field": "bytes"
      }
    }
  }
}
```

쿼리를 수행하면 다음과 같이 사용자의 요청이 몇 회 일어났는지 확인할 수 있다.

```
{
  ... 생략 ...
  "aggregations": {
    "bytes_count": {
      "value": 9330
    }
  }
}
```

이번에는 filter 기능을 사용해 특정 지역에서 일어난 사용자 요청 횟수를 계산해보자.

```
GET /apache-web-log/_search?size=0
{
  "query" : {
    "constant_score" : {
      "filter" : {
        "match" : { "geoip.city_name" : "Paris" }
      }
    }
  },
  "aggs": {
    "bytes_count": {
      "value_count": {
        "field": "bytes"
      }
    }
  }
}
```

결과를 확인해 보자.

```
{
  ... 생략 ...
  "aggregations": {
    "bytes_count": {
```

```
      "value": 21
    }
  }
}
```

필터 쿼리를 사용하면 위와 같이 "Paris"에서 몇 건의 사용자 요청이 있었는지 확인할 수 있다.

5.2.6 통계 집계

통계 집계(Stats Aggregation)는 결괏값이 여러 개인 다중 숫자 메트릭 집계에 해당한다. 통계 집계를 사용하면 앞서 살펴본 합, 평균, 최대/최솟값, 개수를 한번의 쿼리로 집계할 수 있다.

```
GET /apache-web-log/_search?size=0
{
  "aggs": {
    "bytes_stats": {
      "stats": {
        "field": "bytes"
      }
    }
  }
}
```

쿼리를 수행하면 다음과 같이 여러 개의 결과를 포함한 집계가 반환된다.

```
{
  … 생략 …
  "aggregations": {
    "bytes_stats": {
      "count": 9330,
      "min": 35,
      "max": 69192717,
      "avg": 294456.8601286174,
      "sum": 2747282505
    }
  }
}
```

이번에는 filter 기능을 사용해 특정 지역에 대한 통계를 집계해 보자.

```
GET /apache-web-log/_search?size=0
{
  "query" : {
    "constant_score" : {
      "filter" : {
          "match" : { "geoip.city_name" : "Paris" }
        }
      }
  },
  "aggs": {
    "bytes_stats": {
      "stats": {
        "field": "bytes"
      }
    }
  }
}
```

결과를 확인해보자.

```
{
  … 생략 …
  "aggregations": {
    "bytes_stats": {
      "count": 21,
      "min": 1015,
      "max": 53270,
      "avg": 20426.85714285714,
      "sum": 428964
    }
  }
}
```

필터 쿼리를 사용하면 위와 같이 "Paris"에서 유입된 데이터에 대한 통계를 집계할 수 있다.

5.2.7 확장 통계 집계

확장 통계 집계(Extended Stats Aggregation)는 결괏값이 여러 개인 다중 숫자 메트릭 집계에 해당한다. 앞서 살펴본 통계 집계를 확장해서 표준편차 같은 통곗값이 추가됐다.

```
GET /apache-web-log/_search?size=0
{
  "aggs": {
    "bytes_extended_stats": {
      "extended_stats": {
        "field": "bytes"
      }
    }
  }
}
```

쿼리를 수행하면 다음과 같이 여러 개의 결과를 포함한 집계가 반환된다.

```
{
  … 생략 …
  "aggregations": {
    "bytes_extended_stats": {
      "count": 9330,
      "min": 35,
      "max": 69192717,
      "avg": 294456.8601286174,
      "sum": 2747282505,
      "sum_of_squares": 1182803142345133340, ❶
      "variance": 12590713617814.016, ❷
      "std_deviation": 3548339.5578515334, ❸
      "std_deviation_bounds": { ❹
        "upper": 7391135.975831684, ❺
        "lower": -6802222.25557445 ❻
      }
    }
  }
}
```

❶ sum_of_squares: 제곱합을 의미한다. 제곱합은 변동의 측정이나 평균의 편차를 나타낸다.

❷ variance: 확률변수의 분산을 의미한다. 분산은 확률 변수가 기댓값으로부터 얼마나 떨어진 곳에 분포하는지를 가늠하는 숫자다(편차 제곱의 평균).

❸ std_deviation: 표준편차를 의미한다. 표준편차는 자료의 산포도를 나타내는 수치로서, 분산의 양의 제곱근으로 정의된다.

❹ std_deviation_bounds: 표준편차의 범위를 의미한다.

❺ upper: 표준편차의 상한 값을 의미한다.

❻ lower: 표준편차의 하한 값을 의미한다.

이번에는 filter 기능을 사용해 특정 지역에 대한 통계를 집계해 보자.

```
GET /apache-web-log/_search?size=0
{
  "query" : {
    "constant_score" : {
      "filter" : {
          "match" : { "geoip.city_name" : "Paris" }
        }
      }
  },
  "aggs": {
    "bytes_extended_stats": {
      "extended_stats": {
        "field": "bytes"
      }
    }
  }
}
```

결과를 확인해보자.

```
{
  … 생략 …
  "aggregations": {
    "bytes_extended_stats": {
```

```
      "count": 21,
      "min": 1015,
      "max": 53270,
      "avg": 20426.85714285714,
      "sum": 428964,
      "sum_of_squares": 18371748404,
      "variance": 457588669.3605442,
      "std_deviation": 21391.32229107271,
      "std_deviation_bounds": {
        "upper": 63209.501725002556,
        "lower": -22355.787439288277
      }
    }
  }
}
```

필터 쿼리를 사용하면 위와 같이 "Paris"에서 유입된 데이터의 통계를 집계할 수 있다.

5.2.8 카디널리티 집계

카디널리티 집계(Cardinality Aggregation)는 단일 숫자 메트릭 집계에 해당한다. 개수 집합과 유사하게 횟수를 계산하는데, 중복된 값은 제외한 고유한 값에 대한 집계를 수행한다. 하지만 모든 문서에 대해 중복된 값을 집계하는 것은 성능에 큰 영향을 줄 수 있기 때문에 근사치를 통해 집계를 수행한다.

아파치 웹 로그 예제에서 미국의 몇 개 도시에서 데이터 유입이 있었는지 횟수를 집계해 보자. 먼저 아직 살펴보진 않았지만 terms 집계를 통해 미국의 어느 지역에서 데이터 유입이 있었는지 확인해 보겠다.

```
GET /apache-web-log/_search?size=0
{
  "query" : {
    "constant_score" : {
      "filter" : {
        "match" : { "geoip.country_name" : "United States" }   ❶
      }
    }
  },
```

```
  "aggs": {
    "us_city_names": {
      "terms": {  ❷
        "field": "geoip.city_name.keyword",  ❸
      }
    }
  }
}
```

❶ match: 국가명이 "United States"인 문서만 필터링한다.

❷ terms: 텀즈 쿼리를 사용한다.

❸ field: 개수를 집계할 필드를 명시한다. 각 문서에 명시된 필드별로 개수가 집계된다. string 타입의 필드의 경우 text 타입과 keyword 타입의 두 타입이 공존하게 되는데, text 타입의 경우 텍스트 검색용으로 사용하기 위해 분석기를 수행한 후 색인되기 때문에 집계할 때는 keyword 타입을 사용한다(이에 관한 내용은 필드 유형 절에서 자세히 설명한다).

쿼리를 수행하면 다음과 같이 각 지역별로 개수가 집계되어 반환된다.

```
{
  ... 생략 ...
  "aggregations": {
    "us_city_names": {
      "doc_count_error_upper_bound": 30,
      "sum_other_doc_count": 1955,
      "buckets": [
        {
          "key": "Leander",
          "doc_count": 539
        },
        {
          "key": "Lititz",
          "doc_count": 273
        },
        {
          "key": "San Francisco",
```

```
        "doc_count": 230
      },
      {
        "key": "Ashburn",
        "doc_count": 153
      },
      … 생략 …
    ]
  }
 }
}
```

집계된 결과를 살펴보면 미국 내에서 요청 수가 가장 많은 도시 순으로 결과가 반환된다. 그렇다면 미국 내 몇 개의 도시에서 유입이 있었는지 확인하고 싶다면 어떻게 해야 할까? 지금까지의 집계로는 동일한 필드 값에 대해서도 집계 연산이 수행되기 때문에 알아낼 수가 없었다. 이러한 경우 다음과 같이 카디널리티 집계를 사용한다.

```
GET /apache-web-log/_search?size=0
{
  "query" : {
    "constant_score" : {
      "filter" : {
        "match" : { "geoip.country_name" : "United States" }
      }
    }
  },
  "aggs": {
    "us_cardinality": {
      "cardinality": {
        "field": "geoip.city_name.keyword"
      }
    }
  }
}
```

결과를 확인해 보자.

```
{
  ... 생략 ...
  "aggregations": {
    "us_cardinality": {
      "value": 249
    }
  }
}
```

앞에서 언급한 것처럼 카디널리티 집계는 대상 필드를 고유한 값으로 근사치를 계산하는 메트릭 집계다. 데이터가 적은 경우 거의 정확한 결과를 확인할 수 있지만 기본적으로 근사치 계산이라는 점에 주의하자. 위 결과를 통해 미국 내 249개의 도시에서 요청이 있었음을 알 수 있다.

> **참고**
>
> **근사치(Approximate) 계산**
>
> 카디널리티 집계는 HyperLogLog++ 알고리즘을 기반으로 동작한다. 이 알고리즘은 해시를 기반으로 계산되며, 다음과 같은 특성이 있다.
>
> - 정확성을 위해 메모리를 교환하는 방법을 결정한다. 이는 정확도를 높일수록 더 많은 메모리가 필요하다는 것을 의미한다.
> - 카디널리티가 낮은 집합일수록 더 뛰어난 정확성을 보인다.
> - 수십억 개의 고윳값이 존재하더라도 메모리 사용은 정확도(Precision) 설정에 의존해서 고정된 메모리를 사용한다.
>
> 여기서 정확도는 precision_threshold 속성에 설정하며 0~40000의 값을 설정할 수 있다. 일반적으로 카디널리티가 precision보다 적은 경우 거의 100%의 정확도를 보인다. 메모리 사용률이 precision_threshold * 8바이트이기 때문에 워크로드에 따라 적절한 수치를 지정한다.
>
> 앞에서 언급했듯이 근사치 계산은 해시를 기반으로 수행되기 때문에 이 해시값을 미리 계산해 두면 성능 향상에 도움이 된다. 해시 계산에는 murmur3 알고리즘이 사용되는데 이를 사용하기 위해서는 엘라스틱서치에 플러그인이 설치돼 있어야 한다.

참고

murmur3 사용을 위한 플러그인 설치

다음과 같이 murmur3 플러그인을 설치한다.

```
$ bin/elasticsearch-plugin install mapper-murmur3
```

플러그인이 설치되면 다음과 같이 매핑 설정을 통해 사용할 수 있다.

```
{
  "mappings": {
    "hash_settings": {
      "properties": {
        "city_name": {
          "type": "keyword",
          "fields": {
            "hash": {
              "type": "murmur3"
            }
          }
        }
      }
    }
  }
}
```

매핑을 설정할 때 근사치 계산이 수행될 필드에 미리 해시 설정을 해두면 색인할 때 해시 값이 미리 계산되기 때문에 집계 시 해시 계산이 필요없어지므로 성능이 향상된다.

```
{
  "aggs": {
    "city_name_cardinality": {
      "cardinality": {
        "field": "city_name.hash"
      }
    }
  }
}
```

5.2.9 백분위 수 집계

백분위 수 집계(Percentiles Aggregation)는 다중 숫자 메트릭 집계에 해당한다. 백분위 수는 크기가 있는 값들로 이뤄진 자료를 순서대로 나열했을 때 백분율로 나타낸 특정 위치의 값을 이르는 용어다. 100명의 학생이 100점 만점의 수학시험을 치른 후 점수를 수집했다고 가정해보자. 각 학생들의 점수는 0~100점 사이에 분포돼 있을 것이다. 이때 학생들의 점수가 어느 점수 구간에 분포돼 있는지 확인해보면 이번 시험의 난이도가 학생들에게 어려웠는지 여부를 명확하게 파악할 수 있다.

이를 아파치 웹 로그에 활용해보면 유입된 데이터가 어느 정도 크기로 분포돼 있는지 확인해볼 수 있다.

```
GET /apache-web-log/_search?size=0
{
  "aggs": {
    "bytes_percentiles": {
      "percentiles": {
        "field": "bytes"
      }
    }
  }
}
```

쿼리를 수행하면 다음과 같이 백분위 수별로 데이터량이 집계되어 반환된다.

```
{
  ... 생략 ...
  "aggregations": {
    "bytes_percentiles": {
      "values": {
        "1.0": 229,
        "5.0": 358.21875,
        "25.0": 3650.3362318840577,
        "50.0": 12265.576555023923,
        "75.0": 37333.80867430442,
        "95.0": 171372.5,
        "99.0": 1204031.8000000163
      }
    }
  }
}
```

위에서 집계된 결과를 살펴보니 대부분 만 단위의 크기로 데이터가 유입되지만 120만이 넘는 크기의 데이터가 유입될 때도 있음을 확인할 수 있다. 앞서 살펴본 최댓값 집계를 사용한다면 빈도수가 아닌 유입된 데이터 중 가장 큰 값이기 때문에 대부분은 더 작은 크기의 데이터로 유입될 수 있어 데이터 유입 추이를 제대로 살펴볼 수가 없지만 백분위 수를 사용하면 이러한 추이를 명확하게 확인할 수 있다.

이번 예제에 한해 집계 결과를 활용해 본다면 서버 사양보다 너무 큰 데이터가 주로 유입되는 경우 데이터 크기를 조절해서 서비스 품질을 개선할 수 있을 것이다. 기본적으로 지정되는 백분위 수 외에 다음과 같이 직접 백분위를 입력할 수도 있다.

```
GET /apache-web-log/_search?size=0
{
  "aggs": {
    "bytes_percentiles": {
      "percentiles": {
        "field": "bytes",
        "percents": [10, 20, 30, 40, 50, 60, 70, 80, 90]
      }
    }
  }
}
```

결과를 보면 지정한 백분위에 해당하는 집계 결과가 반환된다.

```
{
  … 생략 …
  "aggregations": {
    "bytes_percentiles": {
      "values": {
        "10.0": 1015,
        "20.0": 3638,
        "30.0": 4877,
        "40.0": 8727.782608695654,
        "50.0": 12266.588235294117,
        "60.0": 15878.204568481164,
        "70.0": 29941,
        "80.0": 50112,
```

```
        "90.0": 65748
    }
  }
 }
}
```

백분위 수 집계 또한 카디널리티 집계와 같이 근사치 계산으로 집계된다. 문서들의 집합에서 특정 필드에 대한 백분위 수를 구해야 하기 때문에 카디널리티 집계와는 달리 TDigest 알고리즘을 사용한다. 카디널리티 집계와 마찬가지로 문서들의 집합 크기가 작을수록 정확도는 더 높아지고, 커질수록 점점 더 근사치를 계산하게 된다. 큰 크기의 데이터를 계산할 때는 그만큼 메모리를 많이 사용하게 되기 때문에 메모리를 효과적으로 사용하기 위해 근사치를 사용하는 것으로서 앞서 카디널리티 집계에서 설명한 이유와 동일하다.

근사치 계산에서는 정확도와 메모리 사용량 사이의 적절한 균형을 찾아내는 것이 중요한데, 백분위 수 집계에서는 compression 값을 통해 이를 조절할 수 있다. compression 값의 크기가 클수록 기본 트리 데이터 구조의 크기가 커지기 때문에 알고리즘이 느려지고 메모리 사용량이 더 높아지지만 더 정확한 결과를 얻을 수 있다.

> **참고**
>
> **TDigest 알고리즘**
>
> TDigest 알고리즘은 백분위 수의 근사치를 계산하기 위해 노드를 사용한다. 이 노드가 많아질수록 데이터의 양에 비례하는 정확도가 올라가는 것이다. 앞서 설명했던 compression 값은 최대 노드 수를 제한하기 위한 값이다.
>
> 메모리 사용량 = 20 * 노드 크기 * compression
>
> 노드는 약 32바이트의 메모리를 사용한다. 기본 compression 값으로 최악의 경우 64KB 크기의 TDigest를 생성한다. 이는 최악의 경우에 해당하고 문서별로 해당 필드의 수치가 다양할 것이기 때문에 대부분의 경우는 이보다 적은 양의 메모리를 사용할 것이다.

5.2.10 백분위 수 랭크 집계

백분위 수 랭크 집계(Percentile Ranks Aggregation)는 다중 숫자 메트릭 집계에 해당한다. 앞서 살펴본 백분위 수와는 반대라고 생각하면 쉽게 이해될 것이다. 백분위 수 집계의 경우 백분위를 지정해서 각 백분위 수에 해당하는 수치를 확인할 수 있었다면 백분위 수 랭크의 경우 특정 필드 수치를 통해 백분위의 어느 구간에 속하는지 확인할 수 있다.

```
GET /apache-web-log/_search?size=0
{
  "aggs": {
    "bytes_percentile_ranks": {
      "percentile_ranks": {
        "field": "bytes",
        "values": [5000, 10000]
      }
    }
  }
}
```

쿼리를 질의하면 다음과 같이 수치에 해당하는 백분위 수를 확인할 수 있다.

```
{
  … 생략 …
  "aggregations": {
    "bytes_percentile_ranks": {
      "values": {
        "5000.0": 32.364074091834475,
        "10000.0": 45.06109516861249
      }
    }
  }
}
```

5.2.11 지형 경계 집계

지형 경계 집계(Geo Bounds Aggregation)는 지형 좌표를 포함하고 있는 필드에 대해 해당 지역 경계 상자를 계산하는 메트릭 집계다. 이 집계를 사용하려면 계산하려는 필드의 타입이 geo_point여야 한다. 먼저 다음 질의를 통해 매핑 정보를 확인해 보자.

```
GET /_mappings
```

질의를 수행하고 나면 현재 색인된 인덱스에 대한 매핑 정보가 반환되며, 지형 정보로 사용할 geoip 필드의 매핑 정보는 다음과 같다.

```
"geoip": {
  "properties": {
    ... 생략 ...
    "location": {
    "properties": {
      "lat": {
        "type": "float"
      },
      "lon": {
        "type": "float"
      }
    }
  }
}
```

geoip 오브젝트 타입 필드 하위에 location 필드가 존재하는데 이 필드가 지형 정보를 가지고 있다. 하지만 이 필드의 타입은 geo_point 타입이 아닌 오브젝트 타입의 필드다. 즉, 지형과 관련된 집계를 수행할 수 없는 필드이기 때문에 해당 필드의 매핑 정보를 변경하기 위해 재색인 절차가 필요하다.

이를 위해 이 책의 예제에서는 미리 생성해둔 스냅숏을 복원해서 사용한다. 터미널에서 다음 명령을 실행한다.

```
curl -XPOST 'http://localhost:9200/_snapshot/apache-web-log/applied-mapping/_restore'
```

정상적으로 복원된 경우 다음과 같은 결과가 반환된다.

```
{"accepted":true}
```

인덱스 정보를 확인해보자. apache-web-log-applied-mapping 인덱스가 생성됐다.

```
GET /_cat/indices/apache*?v&pretty

health status index                          uuid                    pri rep docs.count
docs.deleted store.size pri.store.size
yellow open    apache-web-log-applied-mapping Me8dWtRdTlWcMIls4veL_g    5   1      10001
0      9.7mb          9.7mb
yellow open    apache-web-log                 BJAMbr6LTOCY3IPTL9SBKg    5   1      10001
0      8.8mb          8.8mb
```

질의 시 인덱스명은 이전과 달리 apache-web-log-applied-mapping인 것에 주의하며 매핑 정보를 확인해보자.

```
GET /apache-web-log-applied-mapping/_mapping/field/geoip.location
```

매핑 정보를 확인해보면 다음과 같이 geoip.location 필드의 타입이 geo_point로 인식된 것을 확인할 수있다.

```
{
  "apache-web-log": {
    "mappings": {
      "doc": {
        "geoip.location": {
          "full_name": "geoip.location",
          "mapping": {
            "location": {
              "type": "geo_point"
            }
          }
        }
      }
    }
  }
}
```

이제 지형 경계 집계를 위한 준비가 끝났으니 집계를 수행해 보자. 수집된 모든 데이터에 대한 지형 경계를 집계한다.

```
GET /apache-web-log-applied-mapping/_search?size=0
{
  "aggs" : {
    "viewport" : {
      "geo_bounds" : {
        "field" : "geoip.location",
        "wrap_longitude" : true
      }
    }
  }
}
```

경계 집계는 수집된 데이터의 범위 중 가장 끝부분에 위치한 정보로 경계가 정해지기 때문에 굉장히 넓은 범위의 위도, 경도 좌표가 지정된다.

```
... 생략 ...
"aggregations": {
  "viewport": {
    "bounds": {
      "top_left": {
        "lat": 69.34059997089207,
        "lon": -159.76670005358756
      },
      "bottom_right": {
        "lat": -45.88390002027154,
        "lon": 176.91669998690486
      }
    }
  }
}
```

위도, 경도 수치만 봐선 범위를 짐작하기 어렵기 때문에 대부분의 경우 다음과 같이 키바나에서 제공하는 차트로 좌표 정보를 시각화해서 제공한다.

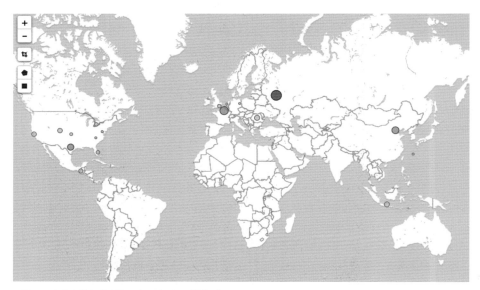

그림 5.1 키바나에서 제공하는 지도 차트로 표현한 좌표

키바나에서 차트를 그리는 방법은 이 책의 범위를 벗어나기 때문에 더 이상 자세히 설명하지 않는다. 키바나에 대한 자세한 설명은 저자가 별도로 출간한 도서[1]를 참고하자.

이번에는 범위를 좀 더 좁혀서 유럽 국가에 대해서만 경계를 표시하도록 질의를 변경해 보자.

```
GET /apache-web-log-applied-mapping/_search?size=0
{
  "query" : {
    "constant_score" : {
      "filter" : {
        "match" : { "geoip.continent_code" : "EU" }
      }
    }
  },
```

---

1 《실전비급 엘라스틱 스택 6.4》(한빛미디어, 2018): http://www.yes24.com/Product/Goods/67466481

```
  "aggs" : {
    "viewport" : {
      "geo_bounds" : {
        "field" : "geoip.location",
        "wrap_longitude" : true
      }
    }
  }
}
```

그러면 해당 국가의 사용자들이 접속한 위치의 경계 범위가 반환된다.

```
    … 생략 …
  "aggregations": {
    "viewport": {
      "bounds": {
        "top_left": {
          "lat": 69.34059997089207,
          "lon": -16.358700077980757
        },
        "bottom_right": {
          "lat": 28.534799963235855,
          "lon": 88.22059999220073
        }
      }
    }
  }
}
```

이전과 마찬가지로 키바나에서 제공하는 차트를 통해 시각화하면 결과를 좀 더 명확히 확인할 수 있다.

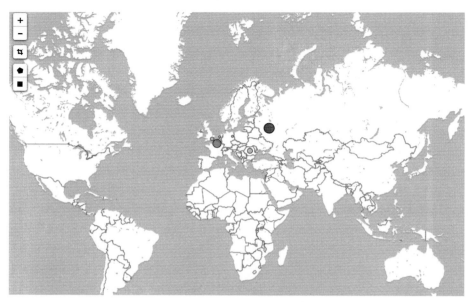

그림 5.2 키바나에서 제공하는 지도 차트로 표현한 좌표

5.2.12 지형 중심 집계

지형 중심 집계(Geo Centroid Aggregation)는 앞서 살펴본 지형 경계 집계의 범위에서 정가운데의 위치를 반환한다.

```
GET /apache-web-log-applied-mapping/_search?size=0
{
    "aggs" : {
        "centroid" : {
            "geo_centroid" : {
                "field" : "geoip.location"
            }
        }
    }
}
```

결과를 확인해 보자.

```
  ... 생략 ...
  "aggregations": {
    "centroid": {
      "location": {
        "lat": 38.715619301146354,
        "lon": -22.189867686554656
      },
      "count": 9993
    }
  }
}
```

결과로 가장 중심부의 위치가 반환된 것을 확인할 수 있다.

5.3 버킷 집계

버킷 집계(Bucket Aggregations)는 메트릭 집계와는 다르게 메트릭을 계산하지 않고 버킷을 생성한다. 생성되는 버킷은 쿼리와 함께 수행되어 쿼리 결과에 따른 컨텍스트 내에서 집계가 이뤄진다. 이렇게 집계된 버킷은 또 다시 하위에서 집계를 한 번 더 수행해서 집계된 결과에 대해 중첩된 집계를 수행하는 것이 가능하다.

버킷을 생성한다는 것은 집계된 결과 데이터 집합을 메모리에 저장한다는 의미이기 때문에 중첩되는 단계가 깊어질수록 메모리 사용량은 점점 더 증가해서 성능에 악영향을 줄 수 있다. 이러한 문제점 때문에 엘라스틱서치에서는 기본적으로 사용 가능한 최대 버킷 수가 미리 정의돼 있다. 그리고 이는 search.max_buckets 값을 변경하는 것으로 조정할 수 있다.

만약 집계 질의를 요청할 때 버킷 크기를 -1(전체 대상) 또는 10000 이상의 값을 지정할 경우에는 엘라스틱서치에서 경고 메시지를 반환한다. 그러므로 안정적인 집계를 위해서는 성능 측면을 충분하게 고려한 후 집계를 수행해야 한다.

5.3.1 범위 집계

범위 집계(Range Aggregations)는 사용자가 지정한 범위 내에서 집계를 수행하는 다중 버킷 집계다. 집계가 수행되면 추출된 문서가 범위에 해당하는지 검증하게 되고, 범위에 해당하는 문서들에 대해서만 집계가 수행된다. 범위 집계에서는 from과 to 속성을 지정하는데 from을 시작으로 to까지의 범위 내에서 집계가 수행된다. 이때 to에 지정한 값은 결과에서 제외되므로 주의해야 한다. 즉, from부터 to 미만의 범위로 집계가 수행된다.

아파치 웹 로그에서 데이터 크기가 1000바이트에서 2000바이트 사이의 데이터를 대상으로 집계를 수행해보자.

```
GET /apache-web-log/_search?size=0
{
    "aggs" : {
        "bytes_range" : {
            "range": {
              "field": "bytes",
              "ranges": [
                {
                   "from": 1000,
                   "to": 2000
                }
              ]
            }
        }
    }
}
```

다음과 같이 데이터 크기가 1000~2000바이트(2000은 제외)에 해당하는 문서가 754개인 것을 확인할 수 있다.

```
… 생략 …
  "aggregations": {
    "bytes_range": {
      "buckets": [
        {
```

```
              "key": "1000.0-2000.0", ❶
              "from": 1000, ❷
              "to": 2000, ❸
              "doc_count": 754 ❹
          }
        ]
      }
    }
}
```

❶ 집계가 수행될 범위

❷ 범위의 시작 값

❸ 범위의 끝 값(이 값은 제외)

❹ 범위 내의 문서 수

질의 시 range 속성의 타입을 보면 배열 형태인 것을 볼 수 있는데, 짐작할 수 있듯이 여러 개의 범위를 지정해 각각 결과를 반환받을 수 있다. 다음과 같이 여러 범위를 지정해 보자.

```
GET /apache-web-log/_search?size=0
{
    "aggs" : {
        "bytes_range" : {
            "range": {
              "field": "bytes",
              "ranges": [
                {
                  "to": 1000
                },
                {
                  "from": 1000,
                  "to": 2000
                },
                {
                  "from": 2000,
                  "to": 3000
```

```
                }
            ]
        }
    }
}
```

결과는 다음과 같다.

```
··· 생략 ···
  "aggregations": {
    "bytes_range": {
      "buckets": [
        {
          "key": "*-1000.0",
          "to": 1000,
          "doc_count": 666
        },
        {
          "key": "1000.0-2000.0",
          "from": 1000,
          "to": 2000,
          "doc_count": 754
        },
        {
          "key": "2000.0-3000.0",
          "from": 2000,
          "to": 3000,
          "doc_count": 81
        }
      ]
    }
  }
}
```

결과로 제공되는 key에는 기본적으로 범위가 지정돼 있는데 좀 더 명확하게 표현하기 위해 다음과 같이
직접 원하는 정보를 설정할 수도 있다.

```
GET /apache-web-log/_search?size=0
{
    "aggs" : {
        "bytes_range" : {
            "range": {
                "field": "bytes",
                "ranges": [
                    {
                        "key": "small",
                        "to": 1000
                    },
                    {
                        "key": "medium",
                        "from": 1000,
                        "to": 2000
                    },
                    {
                        "key": "large",
                        "from": 2000,
                        "to": 3000
                    }
                ]
            }
        }
    }
}
```

결과는 다음과 같다.

```
… 생략 …
    "aggregations": {
        "bytes_range": {
            "buckets": [
                {
                    "key": "small",
                    "to": 1000,
                    "doc_count": 666
```

```
            },
            {
                "key": "medium",
                "from": 1000,
                "to": 2000,
                "doc_count": 754
            },
            {
                "key": "large",
                "from": 2000,
                "to": 3000,
                "doc_count": 81
            }
        ]
    }
  }
}
```

5.3.2 날짜 범위 집계

날짜 범위 집계(Date Range Aggregations)는 범위 집계와 유사하지만 숫자 값을 범위로 사용했던 범위 집계와는 달리 날짜 값을 범위로 집계를 수행한다. from 속성에는 시작 날짜 값을 설정하고, to 속성에는 범위의 마지막 날짜 값을 설정한다. 이때 범위 집계와 마찬가지로 마지막 날짜는 제외된다.

다음은 특정 기간 동안 서버로 전달된 요청 수를 집계한 것이다.

```
GET /apache-web-log/_search?size=0
{
    "aggs" : {
        "request count with date range" : {
            "date_range": {
                "field": "timestamp",
                "ranges": [
                    {
                        "from": "2015-01-04T05:14:00.000Z",
                        "to": "2015-01-04T05:16:00.000Z"
```

```
                }
            ]
        }
    }
}
```

날짜 형식으로는 엘라스틱서치에서 지원하는 형식만 사용해야 한다. 날짜 형식에 관해서는 공식 매뉴얼[2]
을 참고한다. 집계를 수행한 결과는 다음과 같다.

```
… 생략 …
"aggregations": {
  "request count with date range": {
    "buckets": [
      {
        "key": "2015-01-04T05:14:00.000Z-2015-01-04T05:16:00.000Z", ❶
        "from": 1420348440000, ❷
        "from_as_string": "2015-01-04T05:14:00.000Z", ❸
        "to": 1420348560000, ❹
        "to_as_string": "2015-01-04T05:16:00.000Z", ❺
        "doc_count": 0 ❻
      }
    ]
  }
}
}
```

❶ 집계에 대한 날짜 범위

❷ 시작 날짜에 해당하는 밀리초 값

❸ 시작 날짜의 문자열 표현

❹ 마지막 날짜에 해당하는 밀리초 값

❺ 마지막 날짜의 문자열 표현

❻ 날짜 범위에 해당하는 문서 수

---

2 https://www.elastic.co/guide/en/elasticsearch/reference/current/mapping-date-format.html

여러 개의 날짜 범위를 지정하는 방법과 key 값을 사용자 정의하는 방법은 범위 집계와 동일하므로 앞서 설명한 범위 집계를 참고한다.

5.3.3 히스토그램 집계

히스토그램 집계(Histogram Aggregations)는 숫자 범위를 처리하기 위한 집계다. 지정한 범위 내에서 집계를 수행하는 범위 집계(Range Aggregation)와는 달리 지정한 수치가 간격을 나타내고, 이 간격의 범위 내에서 집계를 수행한다.

예를 들어, 서버로 유입되는 데이터의 크기를 나타내는 bytes 필드가 있다고 가정한다면 히스토그램의 간격을 10000으로 설정한 경우 0~10000바이트(10000은 제외), 10000~20000바이트(20000은 제외) 간격으로 집계를 수행한다.

다음은 히스토그램의 간격을 10000으로 설정한 예다.

```
GET /apache-web-log/_search?size=0
{
    "aggs" : {
        "bytes_histogram" : {
            "histogram" : {
                "field" : "bytes",
                "interval": 10000
            }
        }
    }
}
```

그럼 다음과 같이 각 간격에 해당하는 문서의 수를 확인할 수 있다.

```
… 생략 …
  "aggregations": {
    "bytes_histogram": {
      "buckets": [
        {
          "key": 0,
```

```
          "doc_count": 4196
        },
        {
          "key": 10000,
          "doc_count": 1930
        },
        {
          "key": 20000,
          "doc_count": 539
        },
        {
          "key": 30000,
          "doc_count": 596
        },
          … 생략 …
        {
          "key": 230000,
          "doc_count": 0
        },
        {
          "key": 240000,
          "doc_count": 0
        },
          … 생략 …
      ]
    }
  }
}
```

보다시피 10000을 범위로 하는 문서의 수가 합산된 결과를 확인할 수 있는데 문서 개수가 0인 간격도 포함돼 있다. 만약 문서가 존재하지 않는 구간은 필요하지 않다면 다음과 같이 최소 문서 수(min_doc_ count)를 설정해서 해당 구간을 제외시킬 수 있다.

```
GET /apache-web-log/_search?size=0
{
    "aggs" : {
        "bytes_histogram" : {
```

```
        "histogram" : {
            "field" : "bytes",
            "interval": 10000,
            "min_doc_count": 1
        }
    }
  }
}
```

구간별로 최소한 1개 이상의 문서를 포함한 경우에만 결과를 반환하도록 설정했기 때문에 문서가 존재하지 않은 구간은 제외되어 결과로 반환되지 않는다.

```
… 생략 …
"aggregations": {
    "bytes_histogram": {
      "buckets": [
        {
          "key": 0,
          "doc_count": 4196
        },
        {
          "key": 10000,
          "doc_count": 1930
        },
        {
          "key": 20000,
          "doc_count": 539
        },
        {
          "key": 30000,
          "doc_count": 596
        },
        {
          "key": 40000,
          "doc_count": 175
        },
        {
```

```
        "key": 50000,
        "doc_count": 848
      },
      … 생략 …
    ]
  }
 }
}
```

5.3.4 날짜 히스토그램 집계

날짜 히스토그램 집계(Date Histogram Aggregation)는 다중 버킷 집계에 속하며 히스토그램 집계와
유사하다. 히스토그램 집계는 숫자 값을 간격으로 삼아 구간별 집계를 수행한 반면 날짜 히스토그램 집
계는 분, 시간, 월, 연도를 구간으로 집계를 수행할 수 있다. 분 단위로 얼마만큼의 사용자 유입이 있었는
지 확인해보기 위해 다음과 같은 집계를 수행해 보자.

```
GET /apache-web-log/_search?size=0
{
    "aggs" : {
        "daily_request_count" : {
            "date_histogram": {
                "field": "timestamp",
                "interval": "minute"
            }
        }
    }
}
```

그럼 다음과 같이 분 단위로 문서 수를 합산한 결과가 반환된다.

```
 … 생략 …
  "aggregations": {
    "daily_request_count": {
      "buckets": [
        {
```

```
            "key_as_string": "2015-05-17T10:05:00.000Z",  ❶
            "key": 1431857100000,  ❷
            "doc_count": 74  ❸
        },
        {
            "key_as_string": "2015-05-17T10:06:00.000Z",
            "key": 1431857160000,
            "doc_count": 0
        },
        {
            "key_as_string": "2015-05-17T10:07:00.000Z",
            "key": 1431857220000,
            "doc_count": 0
        },
        {
            "key_as_string": "2015-05-17T10:08:00.000Z",
            "key": 1431857280000,
            "doc_count": 0
        },
        … 생략 …
    ]
  }
 }
}
```

❶ 지정한 interval 값에 따른 구간 시작 일자. UTC가 기본이며 "yyyy-MM-dd'T'HH:mm:ss.SSS" 형식을 사용한다.

❷ 1의 날짜에 해당하는 밀리초 값

❸ 해당 구간의 문서 수

구간을 지정하기 위해 interval 속성을 사용했는데, 여기에 year, quarter, month, week, day, hour, minute, second 표현식을 사용할 수 있다. 더 세밀한 설정을 하기 위해 30m(30분 간격), 1.5h(1시간 30분 간격) 같은 값으로도 설정할 수 있다.

위 결과를 살펴보면 구간에 해당하는 시간 값이 "2015-01-04T05:16:00.000Z"와 같은 형식으로 반환됐는데, 애플리케이션에 따라 필요한 날짜 형식이 다를 수 있다. 이럴 때는 질의할 때 format 속성으로 반환되는 날짜 형식을 변경할 수 있다. 이때 미리 정의된 형식 내에서 지정해야 하며, 자세한 내용은 공식 매뉴얼[3]을 참고한다. 여기서는 조금 더 간단한 날짜 형식("yyyy-MM-dd")으로 변환해 보자.

다음과 같이 날짜 형식에 맞게 Interval 값을 day로 지정해 일자별 집계를 수행한다.

```
GET /apache-web-log/_search?size=0
{
    "aggs" : {
        "daily_request_count" : {
            "date_histogram": {
                "field": "timestamp",
                "interval": "day",
                "format": "yyyy-MM-dd"
            }
        }
    }
}
```

그러면 다음과 같이 이전에 "2015-05-17T10:07:00.000Z"였던 날짜 형식이 "2015-05-17"로 변경된 것을 확인할 수 있다.

```
... 생략 ...
"aggregations": {
    "daily_request_count": {
        "buckets": [
            {
                "key_as_string": "2015-05-17",
                "key": 1431820800000,
                "doc_count": 1632
            },
            {
                "key_as_string": "2015-05-18",
                "key": 1431907200000,
                "doc_count": 2893
            },
```

```
        {
          "key_as_string": "2015-05-19",
          "key": 1431993600000,
          "doc_count": 2896
        },
        {
          "key_as_string": "2015-05-20",
          "key": 1432080000000,
          "doc_count": 2578
        }
      ]
    }
  }
```

지금까지 사용한 예제에서 날짜 데이터는 모두 UTC 기준으로 기록돼 있다. 우리나라 사용자가 UTC 값을 반환받아 사용할 경우에는 항상 여기에 9시간을 더해서 계산해야 현재 시간이 되기 때문에 매우 번거로울 수 있다. 이를 위해 엘라스틱서치에서는 타임존(Time Zone)을 지원한다. 쿼리를 수행할 때 타임존을 설정하면 날짜 값이 UTC가 아닌 한국 시간으로 변환된 결과를 받을 수 있다. 그럼 타임존을 이용해 UTC를 한국시간으로 변경해보자. 한국시간의 경우 UTC에 9시간을 더해야 하므로 타임존을 "+09:00"로 설정해야 한다.

다음은 타임존을 한국시로 설정한 예다.

```
GET /apache-web-log/_search?size=0
{
   "aggs" : {
      "daily_request_count" : {
         "date_histogram": {
            "field": "timestamp",
            "interval": "day",
            "time_zone": "+09:00"
         }
      }
   }
}
```

UTC보다 날짜가 더 전인 경우에는 "-09:00"과 같이 +대신 -를 사용해서 지정하면 된다. 질의를 수행해서 결과를 확인해 보면 날짜 값이 기존의 "2015-05-17T00:00:00.000Z"에서 9시간이 더해져 "2015-05-17T00:00:00.000+09:00"이 된 것을 확인할 수 있다.

```
"aggregations": {
    "daily_request_count": {
      "buckets": [
        {
          "key_as_string": "2015-05-17T00:00:00.000+09:00",
          "key": 1431788400000,
          "doc_count": 538
        },
        {
          "key_as_string": "2015-05-18T00:00:00.000+09:00",
          "key": 1431874800000,
          "doc_count": 2898
        },
        {
          "key_as_string": "2015-05-19T00:00:00.000+09:00",
          "key": 1431961200000,
          "doc_count": 2902
        },
        {
          "key_as_string": "2015-05-20T00:00:00.000+09:00",
          "key": 1432047600000,
          "doc_count": 2862
        },
        {
          "key_as_string": "2015-05-21T00:00:00.000+09:00",
          "key": 1432134000000,
          "doc_count": 799
        }
      ]
    }
  }
```

타임존과는 다르게 offset을 사용하면 집계 기준이 되는 날짜 값의 시작 일자를 조정할 수 있다. 예를 들어, 일자별로 집계를 수행했다면 offset 값을 "+3h"로 지정한 경우 3시부터 집계가 시작되도록 변경할 수 있다. 여기서 사용되는 Time Unit의 자세한 사용법은 공식 매뉴얼[4]을 참고한다.

기존 예제에서 결과로 반환되는 날짜 값에 3시간을 더하기 위해 offset 속성 값을 "+3h"로 지정해 보자.

```
GET /apache-web-log/_search?size=0
{
    "aggs" : {
        "daily_request_count" : {
            "date_histogram": {
                "field": "timestamp",
                "interval": "day",
                "offset": "+3h"
            }
        }
    }
}
```

그러면 다음과 같이 기존 날짜 값에 3시간이 더해져서 집계가 수행된 것을 확인할 수 있다.

```
… 생략 …
"aggregations": {
    "daily_request_count": {
        "buckets": [
            {
                "key_as_string": "2015-05-17T03:00:00.000Z",
                "key": 1431831600000,
                "doc_count": 1991
            },
            {
                "key_as_string": "2015-05-18T03:00:00.000Z",
                "key": 1431918000000,
                "doc_count": 2898
```

```
      },
      {
        "key_as_string": "2015-05-19T03:00:00.000Z",
        "key": 1432004400000,
        "doc_count": 2895
      },
      {
        "key_as_string": "2015-05-20T03:00:00.000Z",
        "key": 1432090800000,
        "doc_count": 2215
      }
    ]
  }
 }
}
```

5.3.5 텀즈 집계

텀즈 집계(Terms Aggregations)는 버킷이 동적으로 생성되는 다중 버킷 집계다. 집계 시 지정한 필드에 대해 빈도수가 높은 텀의 순위로 결과가 반환된다. 이를 통해 가장 많이 접속하는 사용자를 알아낸다거나 국가별로 어느 정도의 빈도로 서버에 접속하는지 등의 집계를 수행할 수 있다. 텀즈 집계를 통해 아파치 서버로 얼마만큼의 요청이 들어왔는지를 국가별로 집계해 보자.

```
GET /apache-web-log/_search?size=0
{
  "aggs" : {
    "request count by country" : {
      "terms" : {
        "field" : "geoip.country_name.keyword"
      }
    }
  }
}
```

텀즈 집계의 필드 값으로 Keyword 데이터 타입을 명시했다. contry_name 필드는 Text 데이터 타입과 Keyword 데이터 타입을 모두 가지는 멀티 필드로 구성돼 있는데 집계할 때는 반드시 Keyword 데이터 타입의 필드를 사용해야 한다. Text 데이터 타입의 경우에는 형태소 분석기를 통해 분석하는 과정이 항상 동반되기 때문에 집계할 때는 형태소 분석이 필요 없는 Keyword 데이터 타입을 사용해야만 한다.

집계 결과는 다음과 같다.

```
… 생략 …
"aggregations": {
  "request count by country": {
    "doc_count_error_upper_bound": 47, ❶
    "sum_other_doc_count": 2334, ❷
    "buckets": [ ❸
      {
        "key": "United States", ❹
        "doc_count": 3974 ❺
      },
      {
        "key": "France",
        "doc_count": 855
      },
      {
        "key": "Germany",
        "doc_count": 510
      },
      {
        "key": "Sweden",
        "doc_count": 440
      },
       … 생략 ...
    ]
  }
}
```

❶ 문서 수에 대한 오류의 상한선(각 샤드별로 계산되는 집계의 성능을 고려해 근사치를 계산하기 때문에 문서 수가 정확하지 않을 수 있다.)

❷ 결과에 포함되지 않은 모든 문서 수

❸ 최상위 버킷 목록(집계된 결과에서 상위 결과부터 설정한 size만큼을 반환. 기본값 10)

❹ 질의 시 지정한 필드에 해당하는 값(여기서는 geoip.country_name)

❺ 해당 필드 값과 동일한 문서의 수(여기서는 같은 나라 이름을 가진 문서의 수)

텀즈 집계 결과를 살펴보면 sum_other_doc_count가 2334인 것을 확인할 수 있다. 이는 반환된 결과에 포함되지 않은 집계 결과가 남아있다는 것을 의미하기 때문에 size 속성의 기본값인 10개보다 더 많은 결과를 반환받기 위해서는 size 값을 지정해야 한다.

집계를 수행할 때는 각 샤드에 집계 요청을 전달하고, 각 샤드는 집계 결과에 대해 정렬을 수행한 자체 뷰를 갖게 된다. 이것들을 병합해서 최종 뷰를 만들기 때문에 포함되지 않은 문서가 존재하는 경우에는 집계 결과가 정확하지 않을 수 있다.

예를 들어, 상품에 대한 수를 집계한다고 가정하고, 각 샤드는 다음과 같이 데이터를 색인하고 있다고 해보자.

표 5.1 각 샤드별 문서 수

	샤드 A	샤드 B	샤드 C
1	Product A(25)	Product A(30)	Product A(45)
2	Product B(18)	Product B(25)	Product C(44)
3	Product C(6)	Product F(17)	Product Z(36)
4	Product D(3)	Product Z(16)	Product G(30)
5	Product E(2)	Product G(15)	Product E(29)
6	Product F(2)	Product H(14)	Product H(28)
7	Product G(2)	Product I(10)	Product Q(2)
8	Product H(2)	Product Q(6)	Product D(1)
9	Product I(1)	Product J(8)	
10	Product J(1)	Product C(4)	

여기서 집계 시 size 값을 5로 지정했다면 다음과 같이 각 샤드별로 상위 5개의 집계 결과를 반환하게 될 것이다.

표 5.2 각 샤드별 상위 5개의 집계 결과

	샤드 A	샤드 B	샤드 C
1	Product A(25)	Product A(30)	Product A(45)
2	Product B(18)	Product B(25)	Product C(44)
3	Product C(6)	Product F(17)	Product Z(36)
4	Product D(3)	Product Z(16)	Product G(30)
5	Product E(2)	Product G(15)	Product E(29)

위 결과를 보면 상품 A의 경우에는 A, B, C 샤드에서 전부 결과를 합산했기 때문에 정확한 값이라고 볼수 있지만 상품 C의 경우에는 샤드 B에 포함돼 있지 않기 때문에 정확한 값이 아니다. 각 샤드의 뷰를 병합해서 최종 뷰를 생성한 결과를 확인해 보자.

표 5.3 최종 병합된 상품별 합산 결과

1	Product A(100)
2	Product Z(52)
3	Product C(50)
4	Product G(45)
5	Product B(43)

3개의 샤드에서 상품 C를 정확하게 집계했다면 50이 아닌 54가 결과로 반환됐을 것이다. 그러면 상품 Z보다 값이 크기 때문에 2순위로 올라가야 하지만 결과는 그렇지 못하다. 이처럼 집계 시 모든 문서가 포함되지 않은 경우에는 정확하지 않은 결과가 반환될 수 있음에 주의해야 한다.

다시 돌아와 앞의 예제에서 아직 포함되지 않은 문서의 수가 2개였기 때문에 모든 문서를 포함할 수 있도록 size 값을 100으로 지정한 후 질의를 수행해 보자.

```
GET /apache-web-log/_search?size=0
{
  "aggs" : {
    "request count by country" : {
      "terms" : {
        "field" : "geoip.country_name.keyword",
```

```
        "size": 100
      }
    }
  }
}
```

결과를 확인해보면 포함되지 않은 문서 없이 모든 문서에 대해 집계 결과가 반환된 것을 확인할 수 있다.

```
… 생략 …
  "aggregations": {
    "request count by country": {
      "doc_count_error_upper_bound": 0,
      "sum_other_doc_count": 0,
      "buckets": [
        {
          "key": "United States",
          "doc_count": 3974
        },
        {
          "key": "France",
          "doc_count": 855
        },
        {
          "key": "Germany",
          "doc_count": 510
        },
        {
          "key": "Sweden",
          "doc_count": 440
        },
        {
          "key": "India",
          "doc_count": 428
        },
        {
          "key": "China",
          "doc_count": 416
```

```
        },
        … 생략 …
    ]
  }
 }
}
```

이처럼 집계에 포함되지 않은 문서들을 포함시키기 위해 size 값을 늘리면 그만큼 집계의 정확도가 높아진다. 하지만 버킷에 더 많은 양의 데이터를 담아야 하기 때문에 메모리 사용량과 결과를 계산하는 데 드는 처리 비용 또한 증가한다.

참고

집계와 샤드 크기

텀즈 집계가 수행될 때 검색 프로세스를 관장하는 노드에서는 각 샤드에게 최상위 버킷을 제공하도록 요청한 후에 모든 샤드로부터 결과를 받을 때까지 기다린다. 결과를 기다리다가 모든 샤드로부터 결과를 받으면 설정된 size에 맞춰 하나로 병합한 후 클라이언트에 결과로 전달한다.

각 샤드에서는 정확성을 위해 size의 크기만큼이 아닌 샤드 크기를 이용한 경험적인 방법(샤드 크기 * 1.5 + 10)을 사용해 내부적으로 집계를 수행하는데, 텀즈 집계의 결과로 받을 텀의 개수를 정확하게 파악할 수 있는 경우에는 shard_size 속성을 사용해 각 샤드에서 집계할 크기를 직접 지정해 불필요한 연산을 줄이면서도 정확도를 높일 수 있다.

앞서 설명한 바와 같이 shard_size가 기본값(-1)으로 설정된 경우에는 엘라스틱서치가 샤드 크기를 기준으로 자동으로 추정한다. 만약 shard_size를 직접 설정할 경우에는 size보다 작은 값은 설정할 수 없음에 주의해야 한다.

좀 더 자세한 기술적인 내용이 궁금하신 독자들은 아래 URL을 직접 확인하길 바란다.

- 참고 자료 1: 샤드 크기를 계산하는 소스코드

  https://github.com/elastic/elasticsearch/blob/99f88f15c5febbca2d13b5b5fda27b844153bf1a/server/src/main/java/org/elasticsearch/search/aggregations/bucket/BucketUtils.java

- 참고 자료 2: 공식 매뉴얼에서 설명하는 샤드 크기 1

  https://www.elastic.co/guide/en/elasticsearch/reference/current/search-aggregations-bucket-significantterms-aggregation.html#_size_amp_shard_size

- 참고 자료 3: 공식 매뉴얼에서 설명하는 샤드 크기 2

  https://www.elastic.co/guide/en/elasticsearch/reference/current/search-aggregations-bucket-terms-aggregation.html#_shard_size_3

집계 결과를 다시 살펴보면 반환된 결과 중 doc_count_error_upper_bound라는 값이 있다. 이것은 최종 집계 결과에서 포함되지 않은 잠재 문서의 수를 의미한다. 이 수치는 각 샤드별로 반환된 집계 결과 중 최종 병합 과정에서 선택받지 못한 집계 결과의 가장 마지막 값을 합산한 결과다.

앞에서 정확성을 이야기하며 예로 들었던 상품 테이블을 살펴보자. 각 샤드에서 선택되지 못한 상품 집계 중 맨 마지막 값은 다음과 같다.

표 5.4 각 샤드별 상품 값

	샤드 A	샤드 B	샤드 C
5	Product E(2)	Product G(15)	Product E(29)

이 상품들의 값을 모두 더하면 46이 되고, 이는 최악의 경우 현재 집계된 결과보다 상위에 집계될 수 있는 문서가 존재할 수도 있음을 의미한다. 이러한 경우에는 size 또는 shard_size를 조절해서 정확도를 높이는 것이 좋다. 하지만 정확도와 속도 사이에는 항상 트레이드오프가 있다는 점을 명심하자.

5.4 파이프라인 집계

파이프라인 집계(Pipeline Aggregations)는 다른 집계와 달리 쿼리 조건에 부합하는 문서에 대해 집계를 수행하는 것이 아니라 다른 집계로 생성된 버킷을 참조해서 집계를 수행한다. 집계 또는 중첩된 집계를 통해 생성된 버킷을 사용해 추가적으로 계산을 수행한다고 보면 된다. 파이프라인 집계에는 부모(Parent), 형제(Sibling)라는 두 가지 유형이 있다.

파이프라인 집계를 수행할 때는 buckets_path 파라미터를 사용해 참조할 집계의 경로를 지정함으로써 체인 형식으로 집계 간의 연산이 이뤄진다. 파이프라인 집계는 모든 집계가 완료된 후에 생성된 버킷을 사용하기 때문에 하위 집계를 가질 수는 없지만 다른 파이프라인 집계와는 buckets_path를 통해 참조하도록 지정할 수 있다. 즉, 다른 집계를 통해 생성된 버킷을 사용해 또 다른 집계를 수행한다.

집계를 참조하는 방법은 다음과 같다.

```
AGG_SEPARATOR    = '>' ;
METRIC_SEPARATOR = '.' ;
AGG_NAME    = 〈집계 이름〉;
METRIC    = 〈메트릭 집계 이름(다중 메트릭 집계인 경우)〉;
PATH  = 〈AGG_NAME〉 [ 〈AGG_SEPARATOR〉, 〈AGG_NAME〉 ]* [ 〈METRIC_SEPARATOR〉, 〈METRIC〉 ] ;
```

5.4.1 형제 집계

형제 집계(Sibling Aggregation)는 동일 선상의 위치에서 수행되는 새 집계를 의미한다. 즉, 형제 집계를 통해 수행되는 집계는 기존 버킷에 추가되는 형태가 아니라 동일 선상의 위치에 새 집계가 생성되는 파이프라인 집계다. 형제 집계에는 다음과 같은 집계가 포함된다.

- 평균 버킷 집계(Avg Bucket Aggregation)

- 최대 버킷 집계(Max Bucket Aggregation)

- 최소 버킷 집계(Min Bucket Aggregation)

- 합계 버킷 집계(Sum Bucket Aggregation)

- 통계 버킷 집계(Stats Bucket Aggregation)

- 확장 통계 버킷 집계(Extended Stats Bucket Aggregation)

- 백분위수 버킷 집계(Percentiles Bucket Aggregation)

- 이동 평균 집계(Moving Average Aggregation)

아파치 웹 로그에서 분 단위로 합산된 데이터량 중 가장 큰 데이터량을 구하고 싶은 경우 어떻게 해야 할까? 기존 방법으로는 date_histogram과 그 하위 집계로 sum 집계를 수행한 후 가장 큰 값을 추려내야 한다.

파이프라인 집계 중 최대 버킷 집계를 통해 분 단위 데이터량 합산과 더불어 가장 큰 데이터량을 구해 보자.

```
GET /apache-web-log/_search?size=0
{
  "aggs": {
    "histo": {
      "date_histogram": { ❶
        "field": "timestamp",
        "interval": "minute"
      },
      "aggs": { ❷
        "bytes_sum": {
          "sum": {
```

```
              "field": "bytes"
            }
          }
        }
      },
    "max_bytes": { ❸
      "max_bucket": { ❹
        "buckets_path": "histo>bytes_sum" ❺
      }
    }
  }
}
```

❶ 아파치 웹 로그를 분 단위로 집계

❷ 분 단위로 데이터량의 합 집계

❸ 파이프라인 집계의 이름

❹ 합산된 데이터량 가운데 가장 큰 값을 구하기 위해 max_bucket 사용

❺ 참조할 버킷으로 histo 버킷의 bytes_sum 버킷 참조

위 예제에서 buckets_path에 histo>bytes_sum을 지정해 가장 큰 값을 구할 수 있었다. histo는 가장 상위 집계인 date_histogram의 이름이고, bytes_sum은 그 하위 집계인 sum 집계의 이름이다. 여기서 sum 집계는 결과가 하나만 존재하는 단일 메트릭 집계이기 때문에 집계 이름만으로 참조할 수 있지만 stats 같은 다 중 메트릭 집계의 경우에는 메트릭명까지 지정해야 한다.

예를 들어, bytes_stats이라는 이름의 stats 집계에서 평균 값을 참조하려는 경우 buckets_path에 histo>bytes_stats.avg라고 지정해야 한다. 앞 예제의 결과를 살펴보면 다음과 같다.

```
… 생략 …
"aggregations": {
  "histo": {
    "buckets": [
      {
        "key_as_string": "2015-05-17T10:05:00.000Z",
        "key": 1431857100000,
```

```
          "doc_count": 74,
          "bytes_sum": {
            "value": 5185322
          }
        },
        {
          "key_as_string": "2015-05-17T10:06:00.000Z",
          "key": 1431857160000,
          "doc_count": 0,
          "bytes_sum": {
            "value": 0
          }
        },
        {
          "key_as_string": "2015-05-17T10:07:00.000Z",
          "key": 1431857220000,
          "doc_count": 0,
          "bytes_sum": {
            "value": 0
          }
        },
        … 생략 …
      ]
    },
    "max_bytes": {
      "value": 4379454,
      "keys": [
        "2015-01-04T05:13:00.000Z"
      ]
    }
  }
}
```

date_histogram의 집계명인 histo의 하위로 집계 결과 버킷이 생성됐고, 이와 동일한 위치에 max_bytes라는 최대 버킷 집계의 결과가 추가됐다. 이처럼 동일한 위치에 새로운 집계 결과가 추가되는 것이 형제 집계다. 이 밖에도 형제 집계에는 최대/최소/평균/통계/확장통계/백분위수/이동평균 버킷 집계가 있으며, 다음과 같이 수행할 수 있다.

```
// 최대 버킷 집계
{
  "max_bucket": {
    "buckets_path": "histo>bytes_sum"
  }
}

// 최소 버킷 집계
{
  "min_bucket": {
    "buckets_path": "histo>bytes_sum"
  }
}

// 평균 버킷 집계
{
  "avg_bucket": {
    "buckets_path": "histo>bytes_sum"
  }
}

// 통계 버킷 집계
{
  "stats_bucket": {
    "buckets_path": "histo>bytes_sum"
  }
}

// 확장 통계 버킷 집계
{
  "extended_stats_bucket": {
    "buckets_path": "histo>bytes_sum"
  }
}

// 백분위수 버킷 집계
{
  "percentiles_bucket": {
    "buckets_path": "histo>bytes_sum"
  }
}

// 이동 평균 버킷 집계
{
```

```
  "moving_avg_bucket": {
    "buckets_path": "histo>bytes_sum"
  }
```

파이프라인 집계는 이처럼 집계의 이름을 통해 버킷을 참조할 수 있고, 추가로 다양한 집계를 수행할 수 있게 해준다.

5.4.2 부모 집계

부모 집계(Parent Aggregation)는 집계를 통해 생성된 버킷을 사용해 계산을 수행하고, 그 결과를 기존 집계에 반영한다. 부모 집계에 해당하는 집계는 다음과 같다.

- 파생 집계(Derivative Aggregation)

- 누적 집계(Cumulative Sum Aggregation)

- 버킷 스크립트 집계(Bucket Script Aggregation)

- 버킷 셀렉터 집계(Bucket Selector Aggregation)

- 시계열 차분 집계(Serial Differencing Aggregation)

아파치 웹 로그를 통해 수집된 데이터가 시간이 지남에 따라 변화하는 값의 변경폭 추이를 확인하고 싶은 경우 파생 집계(Derivative Aggregation)를 활용할 수 있다. 파생 집계는 부모 히스토그램 또는 날짜 히스토그램 집계에서 지정된 메트릭의 파생 값을 계산하는 상위 파이프라인 집계다. 이는 부모 히스토그램 집계의 측정 항목에 대해 작동하고, 히스토그램 집계에 의한 각 버킷의 집계 값을 비교해서 차이를 계산한다. 지정된 메트릭은 숫자여야 하고, 상위에 해당하는 집계(부모 히스토그램)의 min_doc_count가 0보다 큰 값으로 설정되는 경우 일부 간격이 결과에서 생략될 수가 있기 때문에 min_doc_count 값을 0으로 설정해야 한다.

파생 집계의 경우에는 이처럼 선행되는 데이터가 존재하지 않으면 집계를 수행할 수가 없는데, 실제 데이터를 다루다 보면 종종 노이즈가 포함되기도 하고, 필요한 필드에 값이 존재하지 않을 수도 있다. 이러한 부분을 갭(gap)이라고 할 수 있는데, 쉽게 말해 데이터가 존재하지 않는 부분을 의미한다. 갭은 여러 가지 이유로 발생할 수 있으며, 일반적인 이유는 다음과 같다.

- 어느 하나의 버킷 안으로 포함되는 문서들에 요청된 필드가 포함되지 않은 경우

- 하나 이상의 버킷에 대한 쿼리와 일치하는 문서가 존재하지 않는 경우

- 다른 종속된 버킷에 값이 누락되어 계산된 메트릭이 값을 생성할 수가 없는 경우

이러한 경우에는 파이프라인 집계에 원하는 동작을 알리는 메커니즘이 필요하다. 이러한 역할을 하는 것이 갭 정책(gap_policy)이다. 모든 파이프라인 집계에서는 gap_policy 파라미터를 허용한다. 현재 두 가지 갭 정책을 선택할 수 있다.

- skip: 이 옵션은 누락된 데이터를 버킷이 존재하지 않는 것으로 간주한다. 버킷을 건너뛰고 다음으로 사용 가능한 값을 사용해 계산을 계속해서 수행한다.

- insert_zeros: 이 옵션은 누락된 값을 0으로 대체하며 파이프라인 집계 계산은 정상적으로 진행된다.

파생 집계에 대해 알아봤으니 다음과 같이 집계를 수행해 보자.

```
GET /apache-web-log/_search?size=0
{
  "aggs": {
    "histo": { ❶
      "date_histogram": {
        "field": "timestamp",
        "interval": "day"
      },
      "aggs": {
        "bytes_sum": { ❷
          "sum": {
            "field": "bytes"
          }
        },
        "sum_deriv": { ❸
          "derivative": {
            "buckets_path": "bytes_sum"
          }
        }
      }
    }
  }
}
```

❶ 부모 히스토그램. 일 단위로 집계를 수행한다.

❷ 일 단위로 데이터의 크기를 합산하는 sum 집계를 수행한다.

❸ 일 단위로 데이터 크기의 합산된 값을 버킷의 현재 값과 이전 값을 비교하는 집계를 수행한다.

결과를 확인해보자.

```
{
  … 생략 …
  "aggregations": {
    "histo": {
      "buckets": [
        {
          "key_as_string": "2015-05-17T00:00:00.000Z",
          "key": 1431820800000,
          "doc_count": 1632,
          "bytes_sum": {
            "value": 414259902
          } ❶
        },
        {
          "key_as_string": "2015-05-18T00:00:00.000Z",
          "key": 1431907200000,
          "doc_count": 2893,
          "bytes_sum": {
            "value": 788636158
          },
          "sum_deriv": {
            "value": 374376256 ❷
          }
        },
        {
          "key_as_string": "2015-05-19T00:00:00.000Z",
          "key": 1431993600000,
          "doc_count": 2896,
          "bytes_sum": {
            "value": 665827339
          },
```

```
        "sum_deriv": {
          "value": -122808819
        }
      },
      {
        "key_as_string": "2015-05-20T00:00:00.000Z",
        "key": 1432080000000,
        "doc_count": 2578,
        "bytes_sum": {
          "value": 878559106
        },
        "sum_deriv": {
          "value": 212731767
        }
      }
    ]
  }
}
```

❶ 버킷의 첫 번째 집계 결과에는 비교할 이전 데이터가 존재하지 않기 때문에 파생 집계 결과가 반환되지 않았다.

❷ 버킷의 이전 집계 값인 414259902와 현재 집계 값인 788636158을 비교해서 3743762560이라는 집계 결과가 반환됐다.

이처럼 부모 집계는 부모에 해당하는 상위 집계를 통해 생성된 버킷에 대해 집계를 수행한다. 부모 집계에 해당하는 집계로는 앞서 언급했던 것처럼 파생/누적/버킷스크립트/버킷셀렉터/시계열 차분 집계가 있다. 이러한 집계 연산은 다음과 같이 수행할 수 있다.

```
// 파생 집계
{
    "derivative": {
        "buckets_path": "bytes_sum"
    }
}

// 누적 집계
{
```

```
        "cumulative_sum": {
            "buckets_path": "bytes_sum"
        }
    }
}

// 버킷 스크립트 집계
{
    "bucket_script": {
        "buckets_path": {
            "my_var1": "bytes_sum",
            "my_var2": "total_count"
        },
        "script": "params.my_var1 / params.my_var2"
    }
}

// 버킷 셀렉터
{
    "bucket_selector": {
        "buckets_path": {
            "my_var1": "bytes_sum",
            "my_var2": "total_count"
        },
        "script": "params.my_var1 > params.my_var2"
    }
}

// 시계열 차분 집계
{
    "serial_diff": {
        "buckets_path": "bytes_sum",
        "lag": "7"
    }
}
```

5.5 근삿값으로 제공되는 집계 연산

엘라스틱서치에서는 다양한 종류의 집계 연산을 제공한다. 간단한 숫자 연산인 Sum, Max, Avg부터 복잡한 좌표 기반의 연산까지 다양하게 제공된다. 대부분의 경우 전체 데이터를 대상으로 집계가 일어나기 때문에 결과도 매우 정확하게 제공된다. 하지만 일부 집계 연산의 경우에는 성능 문제로 근삿값 (Approximate Count)을 기반으로 한 결과를 제공한다.

일반적으로 사용자들은 모든 연산의 계산 결과가 정확할 것이라고 생각하기 때문에 어떠한 집계 연산이 근삿값을 제공하는지 명확히 알지 못하면 자칫 큰 낭패를 볼 수도 있다.

5.5.1 집계 연산과 정확도

현재 엘라스틱서치에서 제공하는 집계 연산의 종류가 많고 다양하다. 집계 기능은 다른 검색엔진과의 차별화를 위해 엘라스틱서치에서 강력하게 내세우는 핵심 기술로서 버전이 올라갈수록 집계 연산의 성능도 좋아지고 그 종류도 지속적으로 증가하고 있다.

앞서 엘라스틱서치에서 제공하는 대부분의 집계 연산을 소개했지만 집계 연산의 종류가 워낙 많다 보니 엘라스틱서치를 처음 접하는 독자는 매우 혼란스러울 수도 있을 것이다. 하지만 기능별로 집계 연산들이 잘 분류돼 있기 때문에 분류 기준만 파악하면 쉽게 이해할 수 있을 것이다.

이전 장에서도 설명했지만 집계를 기능별로 살펴보면 다음과 같이 크게 4가지 종류로 분류할 수 있다.

- **버킷 집계(Buckets Aggregations)**
  특정 기준을 충족하는 문서들을 버킷으로 분류하는 집계

- **메트릭 집계(Metrics Aggregations)**
  버킷에 존재하는 문서들을 이용해 각종 통계 지표를 생성하는 집계

- **파이프라인 집계(Pipline Aggregations)**
  서로 다른 메트릭 집계의 출력을 연결하는 집계 패밀리

- **행렬 집계(Matrixs Aggregations)**
  추출한 값을 기반으로 결과를 행렬로 생성하는 집계 패밀리

각 분류 아래에는 다수의 집계 연산이 있는데 이 가운데 실제로 수학적인 계산을 수행하는 것은 메트릭 집계(Metrics Aggregations)뿐이다. 메트릭 집계에 속한 집계 연산들은 특정 버킷으로 분류된 문서들

을 기반으로 각종 수학적인 계산을 수행하고, 그 결과를 각종 통계 지표로 제공한다. 메트릭 집계로 제공되는 집계 연산들을 계산 목적에 따라 세 가지 종류로 한 번 더 분류할 수 있다.

1) 일반적인 계산을 위한 집계 연산

평균 집계(Avg Aggregation)
- 문서에서 추출한 숫자값의 평균을 계산하는 메트릭 집계
- 키워드: avg

카디널리티 집계(Cardinality Aggregation)
- 문서의 특정 필드에 대한 Unique(Distinct) 연산을 근삿값으로 계산하는 메트릭 집계
- 성능 문제로 내부적으로 HyperLogLog++ 알고리즘을 이용해 근삿값(Aproximate Count)으로 계산된다(95% 수준).
- 정확도를 위해 precision_threshold 옵션을 제공한다.
- 키워드: cardinality

최댓값 집계(Max Aggregation)
- 문서에서 추출한 숫자값의 최댓값을 계산하는 메트릭 집계
- 키워드: max

최솟값 집계(Min Aggregation)
- 문서에서 추출한 숫자값의 최솟값을 계산하는 메트릭 집계
- 키워드: min

합산 집계(Sum Aggregation)
- 문서에서 추출한 숫자값의 합계를 계산하는 메트릭 집계
- 키워드: sum

2) 고차원 계산을 위한 집계 연산

지형 경계 집계(Geo Bounds Aggregation)
- geo_point 타입의 필드를 기반으로 경곗값을 계산하는 메트릭 집계
- 위도, 경도를 계산해서 데이터 그룹의 top_left 좌표와 buttom_right 좌표를 제공한다.
- 키워드: geo_bounds

지형 중심 집계(Geo Centroid Aggregation)
- geo_point 타입의 필드를 기반으로 중앙값을 계산하는 메트릭 집계
- 위도, 경도를 계산해서 데이터 그룹의 중앙 좌표를 제공한다.
- 키워드: geo_centroid

백분위 수 집계(Percentiles Aggregation)
- 문서에서 추출한 숫자값의 백분위 수를 계산하는 메트릭 집계
- 성능 문제로 내부적으로 T-Digest 알고리즘을 이용해 근삿값으로 계산된다.
- 버킷의 양이 작을수록 100%의 정확도를 제공하고 커질수록 정확도가 떨어진다.
- 키워드: percentiles

백분위 수 랭크 집계(Percentaile Ranks Aggregation)
- 백분위 수 랭킹을 계산하는 메트릭 집계
- 백분위 수 집계와 마찬가지로 근삿값으로 계산된다.
- 키워드: percentile_ranks

3) 특수한 목적을 위한 집계 연산

통계 집계(Stats Aggregation)
- 문서의 각종 통계 지표를 한번에 계산하는 메트릭 집계
- count, min, max, avg, sum 등을 제공한다.
- 키워드: stats

확장 통계 집계(Extended Stats Aggregation)
- 문서의 각종 통계 지표를 한번에 계산하는 확장된 메트릭 집계
- count, min, max, avg, sum 등을 제공한다.
- 키워드: extended_stats

탑 히트 집계(Top Hits Aggregation)
- 전체 문서 중에서 가장 관련성이 높은 문서만을 대상으로 하는 메트릭 집계
- 다양한 기준으로 관련성을 계산할 수 있다.

스크립트 메트릭 집계(Scripted Metric Aggregation)
- 스크립트만을 이용한 메트릭 집계

추출값 카운트 집계(Value Count Aggregation)
- 집계되는 결과의 카운트를 설정하는 메트릭 집계

엘라스틱서치에서 제공하는 대부분의 집계 연산은 100% 정확한 결과를 제공한다. 하지만 일부 집계 연산은 근삿값을 기반으로 한 집계 결과를 제공하며, 다수의 집계 연산 중 근삿값을 제공하는 집계 연산은 다음 세 가지다.

- 카디널리티 집계

- 백분위 수 집계

- 백분위 수 랭크 집계

"백분위 수 집계"나 "백분위 수 랭크 집계"의 경우 백분위 수를 구하는 특수한 경우에만 사용되기 때문에 사용 빈도가 그리 높은 편이 아니다. 하지만 진짜 문제는 "카디널리티 집계"다.

카디널리티 집계는 집계 연산 시 중복 제거를 위해 자주 사용하는 연산이다. 대부분의 집계 연산에서 계층 구조로 버킷을 생성하기 때문에 전처리 작업으로 중복 제거가 거의 필수적이다. 하지만 특성상 카디널리티 집계 결과가 근삿값으로 제공되기 때문에 사용할 때 주의해야 한다.

5.5.2 분산 환경에서 집계 연산의 어려움

엘라스틱서치는 루씬에서 기본적으로 제공하는 그루핑 기술인 Facet API를 사용하지 않는다. 루씬은 분산 처리를 지원하지 않기 때문에 Facet에서 제공하는 집계 기능이 대용량의 분산 처리에는 적합하지 않기 때문이다. 이러한 이유로 엘라스틱서치는 독자적인 그루핑 기술인 Aggregation API를 제공한다.

Aggregation API는 버킷 기반의 집계 기능을 독자적으로 구현했기 때문에 분산되어 저장된 대용량 데이터에 대한 집계 연산을 매우 빠르게 처리할 수 있다. 데이터가 샤드의 개수만큼 분산되어 보관되고 있기 때문에 요청이 들어올 경우 각 샤드 내에서 1차적으로 집계 작업이 수행되고, 중간 결과를 모두 취합해서 최종 결과를 만들어 제공하는 방식으로 동작한다.

검색 작업과 집계 작업도 모두 이 같은 방식으로 처리되기 때문에 검색을 실행하는 동시에 집계 결과를 반환할 수도 있다. 한 번의 실행으로 검색 결과와 집계 결과를 한꺼번에 제공할 수 있어 성능 측면에서도 효율적이다. 이러한 방식은 분산된 노드가 모두 연산을 수행하기 때문에 일종의 맵리듀스(Map-Reduce)와 비슷하게 동작한다. 그러므로 대용량 데이터라 할지라도 다수의 샤드에 적절히 분산돼 있다는 가정만 성립된다면 빠르고 정확한 결과를 제공하는 것이 가능해진다.

이번에는 가상의 클러스터에 1천만 건의 문서가 존재하고 각각 100만 건씩 총 10개의 샤드로 분산돼 있다고 가정해보자. 메트릭 집계로 제공되는 집계 연산 중 일반적인 목적으로 사용되는 대표적인 5가지 집계 연산이 내부적으로 어떻게 동작할지 상상해보자.

평균 집계

1. 코디네이터 노드가 Avg 집계 요청을 받는다.

2. 코디네이터 노드는 클러스터에 존재하는 모든 샤드로 Avg 집계 요청을 보낸다.

3. 각 샤드는 자신이 가지고 있는 데이터를 기준으로 평균값을 계산한다.

4. 코디네이터 노드는 모든 샤드들의 결과를 받을 때까지 기다린다.

5. 모든 결과가 도착하면 도착한 10개의 값을 가지고 다시 평균값을 계산한다.

6. 사용자에게 정확한 평균값을 결과로 제공한다.

최솟값 집계

1. 코디네이터 노드가 Min 집계 요청을 받는다.

2. 코디네이터 노드는 클러스터에 존재하는 모든 샤드로 Min 집계 요청을 보낸다.

3. 각 샤드는 자신이 가지고 있는 데이터를 기준으로 최솟값을 계산한다.

4. 코디네이터 노드는 모든 샤드들의 결과를 받을 때까지 기다린다.

5. 모든 결과가 도착하면 도착한 10개의 값 중에서 최솟값만 취하고 나머지는 버린다.

6. 사용자에게 정확한 최솟값을 결과로 제공한다.

최댓값 집계

1. 코디네이터 노드가 Max 집계 요청을 받는다.

2. 코디네이터 노드는 클러스터에 존재하는 모든 샤드로 Max 집계 요청을 보낸다.

3. 각 샤드는 자신이 가지고 있는 데이터를 기준으로 최댓값을 계산한다.

4. 코디네이터 노드는 모든 샤드들의 결과를 받을 때까지 기다린다.

5. 모든 결과가 도착하면 도착한 10개의 값 중에서 최댓값만 취하고 나머지는 버린다.

6. 사용자에게 정확한 최댓값을 결과로 제공한다.

합산 집계

1. 코디네이터 노드가 Sum 집계 요청을 받는다.

2. 코디네이터 노드는 클러스터에 존재하는 모든 샤드로 Sum 집계 요청을 보낸다.

3. 각 샤드는 자신이 가지고 있는 데이터를 기준으로 합계를 계산한다.

4. 코디네이터 노드는 모든 샤드들의 결과를 받을 때까지 기다린다.

5. 모든 결과가 도착하면 도착한 10개의 값을 모두 더해서 전체에 대한 합계를 구한다.

6. 사용자에게 정확한 합계를 결과로 제공한다.

카디널리티 집계

1. 코디네이터 노드가 Cardinality 집계 요청을 받는다.

2. 코디네이터 노드는 클러스터에 존재하는 모든 샤드로 Cardinality 집계 요청을 보낸다.

3. 각 샤드는 자신이 가지고 있는 데이터를 기준으로 중복을 제거하고 결과를 리스트로 작성한다.

4. 코디네이터 노드는 모든 샤드들의 결과를 받을 때까지 기다린다.

5. 모든 샤드로부터 리스트가 도착하면 결과를 하나로 합쳐서 다시 한 번 중복을 제거한다.

6. 사용자에게 중복이 제거된 결과를 제공한다.

데이터가 10개의 샤드에 분산되어 저장돼 있기 때문에 전체 데이터를 읽어서 계산해야 하는 집계 연산의 특성상 모든 샤드에서 연산이 이뤄져야 한다. 1차적으로 10개의 샤드에서 부분 데이터에 대한 계산이 이뤄지고, 결과를 모아서 2차적으로 전체 데이터를 기준으로 한번 더 계산이 이뤄져야 정확한 결과를 제공할 수 있다.

위 시나리오대로라면 5가지 집계 연산이 모두 정확한 집계 결과를 제공할 수 있을 것 같다. 하지만 일반적인 4가지 집계 연산(평균 집계, 최솟값 집계, 최댓값 집계, 합산 집계)과 카디널리티 집계에는 커다란 차이점이 있다.

일반 집계의 경우는 각 샤드에서 중간 집계 결과로 계산 값만 코디네이터 노드로 전송하면 되는 반면 카디널리티 집계의 경우 중복을 제거한 데이터 리스트를 코디네이터 노드로 전송해야 한다. 일반적인 집계들은 모두 중간 집계 결과만 가지고도 최종 결과를 뽑아낼 수 있지만 카디널리티 집계는 중복 제거를 위해 모든 중간 결과 리스트를 하나로 모아야만 비로소 최종적인 결과를 만들어 낼 수 있기 때문이다.

평균 집계

중간 집계 결괏값을 받는다(전달받은 결과 크기: 1KB * 10건).

모든 결과를 모아서 평균을 계산한다.

최솟값 집계

중간 집계 결괏값을 받는다(전달받은 결과 크기: 1KB * 10건).

이 가운데 최솟값을 찾는다.

최댓값 집계

중간 집계 결괏값을 받는다(전달받은 결과 크기: 1KB * 10건).

이 가운데 최댓값을 찾는다.

합산 집계

중간 집계 결괏값을 받는다(전달받은 결과 크기: 1KB * 10건).

모든 결과를 더한다.

카디널리티 집계

중간 집계 결괏값을 받는다(전달받은 결과 크기: 50MB * 10건).

빠른 연산을 위해 평균 500MB 크기의 중간 결과를 메모리에 로딩한다.

전체를 대상으로 중복을 제거한다.

클러스터 내부에서 샤드 간에는 데이터들이 모두 네트워크로 오가기 때문에 네트워크 트래픽도 많이 소모된다. 예제에서는 1천만 건을 기준으로 약 500MB의 데이터를 받는 것으로 가정했지만 데이터의 종류나 크기에 따라 전달받아야 하는 중간 결과 데이터의 크기는 천차만별이다. 그런데 이게 끝이 아니다. 코디네이터 노드는 사용자에게 빠른 결과를 제공하기 위해 중간 계산 결과를 메모리에 올려서 처리한다. 그렇기에 메모리 사용량도 데이터 크기에 비례해서 늘어난다.

이처럼 최종 결과를 도출하기 위해 일정 크기를 데이터를 전송해야만 하는 집계 연산의 경우 이러한 엘라스틱서치의 기본 동작 방식이 치명적인 단점으로 작용한다. 예제로 설명하고 있는 카디널리티 집계가 대표적이다.

분산환경에서는 이론상 데이터의 크기가 무한대로 늘어날 수 있기 때문에 많은 고민들이 필요하다. 이는 비단 엘라스틱서치만의 문제가 아니라 분산 시스템을 기반으로 동작하는 모든 시스템이 동일하게 고민하고 있는 문제다. 분산환경에서 복잡한 연산을 수행하기 위해서는 성능이나 메모리 사용량 등 고려해야 할 사항들이 무척 많아진다. 그래서 시스템을 도입할 때 요구사항에 따라 분산 환경, 정확도, 실시간성이라는 세 가지 요소 중 하나는 대부분 포기해야 한다.

[사례 1] 분산환경을 포기하는 경우
- 정확한 데이터를 실시간으로 제공할 수 있다(정확도 + 실시간성).
- 단일 서버로 서비스를 구성하고 모든 데이터를 메모리에서 처리한다.
- 처리 가능한 데이터의 크기에 제한이 있다.
- 복잡한 연산을 수행할 때 정확하고 빠르게 처리할 수 있다.

[사례 2] 실시간성을 포기하는 경우
- 분산환경에서 정확한 데이터를 제공할 수 있다(분산환경 + 정확도).
- 디스크 기반의 분산환경으로 서비스를 구성한다(예: 하둡).
- 데이터의 크기에 제한이 없고 대용량 데이터를 처리할 수 있다.
- 복잡한 연산을 수행할 때 정확하게 처리할 수 있지만 처리 시간이 오래 걸린다.

[사례 3] 정확도를 포기하는 경우
- 분산환경에서 데이터를 실시간으로 제공할 수 있다(분산환경 + 실시간).
- 메모리 기반의 분산환경으로 서비스를 구성한다.
- 데이터의 크기에 제한이 없고 대용량 데이터를 처리할 수 있다.
- 복잡한 연산을 수행할 때 근사치를 계산해서 빠르게 처리할 수 있다.

엘라스틱서치는 정확도를 포기하는 방식으로 분산환경에서 복잡한 연산들을 처리한다. 일부 복잡한 연산에 대해서는 내부적으로 근삿값을 이용해 처리하는 알고리즘을 사용한다. 이를 통해 대부분의 경우 대용량 데이터 처리가 가능하면서도 연산 결과를 빠르게 제공하는 것이 가능해졌다.

그렇다고 제공되는 연산의 결과를 신뢰할 수 없다는 뜻은 아니다. 엘라스틱서치가 제공하는 대부분의 집계 연산은 100% 정확한 결과를 제공한다. 클러스터 구조상 카디널리티 집계와 같은 특수한 연산에 한해서만 제한적으로 근삿값을 제공할 뿐이다. 근삿값을 기반으로 한 집계 연산을 사용할 경우에는 정확한 결과가 제공되는 것이 아니기 때문에 항상 이 점을 명확히 인지하고 의도에 맞게 사용해야 한다.

06

고급
검색

일반적으로 검색엔진을 구축하면 검색 기능을 가장 많이 사용할 것이다. 하지만 엘라스틱서치는 검색 기능 외에도 다양한 고급 기능을 많이 제공한다. 대표적인 고급 기능으로 검색 결과를 강조하기 위한 하이라이트 기능이나 한글 형태소 분석 등이 있다. 기본적으로 엘라스틱서치는 한글 검색에는 취약하기 때문에 이러한 단점을 해결하기 위해 별도의 한글 형태소 분석기를 플러그인 형태로 제공하고 있으며, 이를 활용해 한글 검색을 지원한다. 또한 검색해야 할 필드가 많거나 검색 쿼리의 조건이 긴 쿼리들을 특정 템플릿 형태로 미리 정의해 두고 사용하는 것도 가능하다.

이번 장에서는 엘라스틱서치가 검색엔진으로서 제공하는 고급 검색 기능에 대해 알아보겠다.

이번 장에서 다룰 내용

6.1 한글 형태소 분석기 사용하기

6.2 검색 결과 하이라이트하기

6.3 스크립팅을 이용해 동적으로 필드 추가하기

6.4 검색 템플릿을 이용한 동적 쿼리 제공

6.5 별칭을 이용해 항상 최신 인덱스 유지하기

6.6 스냅숏을 이용한 백업과 복구

6.1 한글 형태소 분석기 사용하기

엘라스틱서치에서 한글 문서를 효율적으로 검색하게 하려면 한글 형태소 분석기를 활용해 직접 분석기를 구성해야 한다. 한글은 다른 언어와 달리 조사나 어미의 접미사가 명사, 동사 등과 결합하기 때문에 형태소를 분석하는 과정이 쉽지만은 않다. 이번 장에서는 한글 형태소 분석이 가능한 몇 가지 분석기를 소개하겠다.

엘라스틱서치에서 사용 가능한 한글 형태소 분석기로는 상용 제품도 있고 오픈소스로 공개된 것들도 다수 있다. 게다가 필요하다면 자체적으로 형태소 분석기를 개발해서 사용하는 것도 가능하다. 최신 버전의 루씬에서는 공식적인 한글 형태소 분석기가 추가됐기 때문에 앞으로는 좀 더 손쉬운 한글 처리가 가능해질 것이다.

이번 장에서는 오픈소스로 공개되어 많이 사용되고 있는 은전한닢 형태소 분석기와 트위터 형태소 분석기를 소개한다. 그리고 최근에 추가된 공식 한글 형태소 분석기인 Nori 형태소 분석기도 소개하겠다.

6.1.1 은전한닢 형태소 분석기

은전한닢은 Mecab-ko-dic 기반으로 만들어진 한국어 형태소 분석기로서 자바 인터페이스와 스칼라 인터페이스의 두 종류를 제공한다(https://bitbucket.org/eunjeon/seunjeon). 시스템 사전에 등록돼 있는 사전을 기반으로 동작하며, 복합명사와 활용어의 원형 찾기가 가능하다. 라이선스는 아파치 라이선스 2.0을 채택했으며, 소프트웨어 사용 및 재배포에 대한 제약 없이 사용 가능하다. 현재 엘라스틱서치에서 가장 보편적으로 사용하는 한글 형태소 분석기다.

설치 방법은 아래와 같다.

```
./bin/elasticsearch-plugin install https://github.com/javacafe-project/elastic-book-etc/raw/
master/plugin/elasticsearch-analysis-seunjeon-6.4.3.zip
```

플러그인 설치가 완료되면 샘플 인덱스를 만들고 기본적인 사용법을 살펴보자.

```
PUT /seunjeon_default_analyzer
{
  "settings": {
    "number_of_shards": 5,
```

```
    "number_of_replicas": 1,
    "index": {
      "analysis": {
        "analyzer": {
          "korean": {
            "type": "custom",
            "tokenizer": "seunjeon_default_tokenizer"
          }
        },
        "tokenizer": {
          "seunjeon_default_tokenizer": {
            "type": "seunjeon_tokenizer",
            "index_eojeol": false,
            "user_words": [
              "낄끼+빠빠,-100", "c\\+\\+", "어그로", "버카충", "abc마트"
            ]
          }
        }
      }
    }
  }
}
```

tokenizer 설정을 통해 은전한닢 플러그인에서 제공하는 seunjeon_tokenizer를 활성화하고 analyzer 설정을 통해 형태소 분석기를 정의하면 사용할 준비가 끝난다. 분석기를 설정할 때 제공하는 대표적인 옵션을 표 6.1에 정리했고, 내부적으로 관리하고 있는 품사 태그는 표 6.2에 정리했다.

표 6.1 분석기에서 제공하는 옵션 정보

파라미터	설명
user_words	사용자 사전을 정의한다(기본값: [ ]).
user_dict_path	사용자 사전 파일의 경로를 정의한다. 해당 파일은 엘라스틱서치의 config 폴더 밑에 생성한다.
decompoud	복합명사 분해 여부를 정의한다(기본값: true).
deinflect	활용어의 원형을 추출한다(기본값: true).
index_eojeol	어절을 추출한다(기본값: true).

파라미터	설명
index_poses	추출할 품사를 정의한다. 품사의 정의는 표 6.2를 참고한다(예: "N", "SL", "SH", "SN", "XR", "V", "M", "UNK").
pos_tagging	품사 태깅 여부를 정의한다(키워드에 품사가 붙어져서 나온다). 기본값은 true다.
max_unk_length	Unknown 품사 태깅의 키워드로 뽑을 수 있는 최대 길이를 정의한다(기본값: 8).

표 6.2 품사 태그

품사 태그명	설명
UNK	알 수 없는 단어
EP	선어말어미
E	어미
I	독립언
J	관계언/조사
M	수식언
N	체언
S	부호
SL	외국어
SH	한자
SN	숫자
V	용언
VCP	긍정지정사
XP	접두사
XS	접미사
XR	어근

사전 추가

한글에는 복합명사가 있다. 예를 들어, "삼성전자" 같은 단어는 "삼성"과 "전자"라는 형태소로 분리되는 단어인데, 이처럼 다수의 단어를 하나로 합해서 하나의 단어처럼 사용하는 것을 복합명사라 한다. 검색 엔진에서 "삼성"을 검색하거나 "전자"를 검색했을 때도 문서가 검색되게 하고 싶다면 색인할 때 복합명사를 분리해서 역색인해야 한다. 혹은 반대로 복합명사를 단일명사처럼 단어가 분리되지 않게 하고 싶은 경우도 있을 것이다. 은전한닢에서는 이러한 부분들을 해결할 수 있게 사용자가 등록하는 사전을 제공하는데 이러한 사전을 "사용자 사전"이라 한다.

사용자 사전의 위치는 인덱스를 생성한 후 setting에 사용자 사전의 경로를 지정하면 된다. 이를 지정하는 파라미터는 user_dict_path이며 설정하는 방법은 다음과 같다.

```
PUT /seunjeon_with_dic_analyzer
{
  "settings": {
    "index": {
      "analysis": {
        "tokenizer": {
          "seunjeon_default_tokenizer": {
            "index_eojeol": "false",
            "pos_tagging": "false",
            "user_dict_path": "dic/user_dic.csv",
            "type": "seunjeon_tokenizer"
          }
        },
        "analyzer": {
          "korean": {
            "filter": [
              "lowercase"
            ],
            "tokenizer": "seunjeon_default_tokenizer",
            "type": "custom"
          }
        }
      }
    }
  }
}
```

여기서는 경로를 dic/user_dic.csv로 지정했다. 사용자 사전은 엘라스틱서치 서버가 설치된 디렉터리의 config 디렉터리 안에 dic 아래로 생성하면 된다.

사용자 사전은 텀(Term)과 가중치(Weight) 형태로 구성돼 있으며 가중치의 값이 작을수록 그에 따른 우선순위는 높아진다. 예를 들어, 사용자 사전에 "삼성", "전자", "삼성전자"라는 단어가 존재할 경우 삼성전자의 우선순위를 다른 단어보다 더 높게 줘서 복합명사가 분리되지 않게 할 수도 있다.

사용자 사전을 등록할 때는 다음과 같은 형식으로 등록한다.

```
삼성전자,-100
삼성,-50
전자,-50
```

6.1.2 Nori 형태소 분석기

루씬 프로젝트에서 공식적으로 제공되는 한글 형태소 분석기인 Nori는 엘라스틱서치 6.4버전에서 공식적으로 릴리스됐다. 기존 형태소 분석기에 비해 30% 이상 빠르고 메모리 사용량도 현저하게 줄었으며, 시스템 전반에 영향을 주지 않게 최적화됐다. 라이선스로 아파치 라이선스 2.0을 채택했으며 엘라스틱의 유료 서비스를 사용하는 고객이라면 엘라스틱사에서 기술 지원을 받는 것도 가능하다.

Nori는 서드파티 플러그인과 달리 루씬에서 공식적으로 지원되고 있지만 기본 플러그인으로는 포함돼있지 않다. 따라서 엘라스틱서치에서 Nori를 사용하려면 다른 서드파티 플러그인과 마찬가지로 직접 설치해야 한다. 설치 방법은 다음과 같다.

```
bin/elasticsearch-plugin install analysis-nori
```

설치가 정상적으로 완료되면 다음과 같이 출력된다.

```
-> Downloading analysis-nori from elastic
[=====================================================] 100%
-> Installed analysis-nori
```

Nori 분석기는 다음과 같이 하나의 토크나이저와 두 개의 토큰 필터로 구성돼 있으며 사용자 설정 사전과 불용어 처리를 위한 stoptags를 지원한다.

- nori_tokenizer: 토크나이저

- nori_part_of_speech: 토큰 필터

- nori_readingform: 토큰 필터

6.1.2.1 nori_tokenizer 토크나이저

토크나이저는 형태소를 토큰 형태로 분리하는 데 사용한다. 다음과 같이 두 가지 파라미터를 지원한다.

- decompound_mode: 복합명사를 토크나이저가 처리하는 방식

- user_dictionary: 사용자 사전 정의

1) decompound_mode

decompound_mode는 토크나이저가 복합명사를 처리하는 방식을 결정한다. 복합명사가 있을 경우 단어를 어떻게 쪼갤지 결정한다. 단어를 쪼개는 방법은 다음과 같이 세 가지 중에서 설정할 수 있다.

표 6.3 decompound_mode 옵션

파라미터명	파라미터 값	설명	예제
decompound_mode	none	복합명사로 분리하지 않는다	월미도 영종도
	discard	복합명사로 분리하고 원본 데이터는 삭제한다.	잠실역=>[잠실,역]
	mixed	복합명사로 분리하고 원본 데이터는 유지한다.	잠실역=>[잠실,역,잠실역]

2) user_dictionary

Nori 토크나이저는 내부적으로 세종 말뭉치와 mecab-ko-dic 사전을 사용한다. user_dictionary를 이용해 사용자가 정의한 명사를 사전에 추가로 등록할 수 있다. user_dictionary는 엘라스틱서치 서버가 설치된 디렉터리 아래에 config/userdic_ko.txt 형태로 생성해서 사용할 수 있으며 인덱스 매핑 시 분석기의 파라미터로 사전 경로를 등록하면 된다.

userdict_ko.txt 파일에 명사를 추가하는 방법은 다음과 같다. 추가할 명사 혹은 복합명사의 구조로 설정하면 된다.

> 삼성전자
> 삼성전자 삼성 전자

이번에는 예제를 통해 알아보자. 다음은 decompound_mode는 "mixed"로 설정하고 userdict_ko.txt 사용자 사전을 추가한 예다.

```
PUT nori_analyzer
{
  "settings": {
    "index": {
      "analysis": {
        "tokenizer": {
          "nori_user_dict_tokenizer": {
            "type": "nori_tokenizer",
            "decompound_mode": "mixed",
            "user_dictionary": "userdict_ko.txt"
          }
        },
        "analyzer": {
          "nori_token_analyzer": {
            "type": "custom",
            "tokenizer": "nori_user_dict_tokenizer"
          }
        }
      }
    }
  }
}
```

생성된 nori_analyzer 인덱스에 설정된 nori_token_analyzer를 테스트해 보자.

```
POST  nori_analyzer/_analyze
{
  "analyzer": "nori_token_analyzer",
  "text": "잠실역"
}
```

"잠실역"이라는 단어를 분석해 보면 decompound의 값을 mixed로 설정했기 때문에 원본 데이터와 복합어로 나눠진 단어가 모두 출력되는 것을 볼 수 있다.

```
{
  "tokens" : [
    {
      "token" : "잠실",
      "start_offset" : 0,
      "end_offset" : 2,
      "type" : "word",
      "position" : 0
    },
    {
      "token" : "역",
      "start_offset" : 3,
      "end_offset" : 5,
      "type" : "word",
      "position" : 1
    },
    {
      "token" : "잠실역",
      "start_offset" : 5,
      "end_offset" : 6,
      "type" : "word",
      "position" : 2
    }
  ]
}
```

6.1.2.2 nori_part_of_speech 토큰 필터

nori_part_of_speech 토큰 필터는 품사 태그 세트와 일치하는 토큰을 찾아 제거하는 토큰 필터다. 이를 이용하면 문서에 존재하는 모든 명사를 역색인으로 생성하는 것이 아니라 역색인될 명사를 선택적으로 고를 수 있다. 이를 통해 사용하고 싶지 않은 형태소를 제거할 수 있다. 해당 토큰 필터는 stoptags라는 파라미터를 제공하는데, 이 파라미터를 이용해 분리된 토큰에서 제거할 특정 형태소를 지정하는 것이 가능하다.

앞서 생성한 nori_analyzer 인덱스의 설정에 nori_part_of_speech 토큰 필터 정보를 추가해보자. 이미 생성된 설정 정보를 변경하려면 인덱스를 Close 상태로 만들어야 한다.

먼저 인덱스를 Close상태로 만들기 위해 다음과 같이 실행한다.

```
POST nori_analyzer/_close
```

그리고 설정 정보를 변경한다. stoptags에 명사를 제외한 모든 형태소를 제거하도록 설정한다.

```
PUT nori_analyzer/_settings
{
  "index": {
    "analysis": {
      "analyzer": {
        "nori_stoptags_analyzer": {
          "tokenizer": "nori_tokenizer",
          "filter": [
            "nori_posfilter"
          ]
        }
      },
      "filter": {
        "nori_posfilter": {
          "type": "nori_part_of_speech",
          "stoptags": [
            "E",
            "IC",
            "J",
            "MAG",
            "MAJ",
            "MM",
            "NA",
            "NR",
            "SC",
            "SE",
            "SF",
            "SH",
```

```
                    "SL",
                    "SN",
                    "SP",
                    "SSC",
                    "SSO",
                    "SY",
                    "UNA",
                    "UNKNOWN",
                    "VA",
                    "VCN",
                    "VCP",
                    "VSV",
                    "VV",
                    "VX",
                    "XPN",
                    "XR",
                    "XSA",
                    "XSN",
                    "XSV"
                ]
            }
          }
        }
      }
    }
```

설정 정보가 업데이트되면 인덱스를 다시 Open 상태로 변경한다.

```
POST nori_analyzer/_open
```

인덱스에 생성된 분석기를 테스트하기 위해 _analyze API를 이용해 형태소 분석을 해 보자.

```
POST nori_analyzer/_analyze
{
  "analyzer": "nori_stoptags_analyzer",
  "text": "그대 이름은 장미"
}
```

다음과 같이 "그대 이름은 장미"라는 예문을 분석할 경우 "은"이라는 보조사가 제거되어 나오는 것을 확인할 수 있다.

```
{
  "tokens" : [
    {
      "token" : "그대",
      "start_offset" : 0,
      "end_offset" : 2,
      "type" : "word",
      "position" : 0
    },
    {
      "token" : "이름",
      "start_offset" : 3,
      "end_offset" : 5,
      "type" : "word",
      "position" : 1
    },
    {
      "token" : "장미",
      "start_offset" : 7,
      "end_offset" : 9,
      "type" : "word",
      "position" : 3
    }
  ]
}
```

여러 개의 stoptags를 설정하고 싶다면 예제와 같이 콤마(,)로 연결하면 된다. 다음 표는 stoptags에 사용할 수 있는 파라미터 값을 정리한 것이다.

표 6.4 사전 사용을 위한 파라미터 값

파라미터	파라미터 값	설명
stoptags	E	Verbal endings(마침 문장)
	IC	감탄사

파라미터	파라미터 값	설명
stoptags	J	Ending Particle(마침표)
	MAG	일반부사
	MAJ	접속부사
	MM	관형사
	NA	알 수 없음
	NNB	의존명사
	NNBC	단위를 나타내는 명사
	NNG	일반명사
	NNP	고유명사
	NP	대명사
	NR	수사
	SC	구분자 , · / :
	SE	줄임표 …
	SF	마침표, 물음표, 느낌표
	SH	한자
	SL	외국어
	SN	숫자
	SP	공백(Space)
	SSC	닫는 괄호),]
	SSO	여는 괄호 (, [
	SY	심벌
	UNA	알 수 없음
	UNKNOWN	알 수 없음
	VA	형용사
	VCN	부정 지정사
	VCP	긍정 지정사
	VSV	알 수 없음
	VV	동사
	VX	보조용언

파라미터	파라미터 값	설명
stoptags	XPN	체언 접두사
	XR	어근
	XSA	형용사 파생 접미사
	XSN	명사 파생 접미사
	XSV	동사 파생 접미사

6.1.2.3 nori_readingform 토큰 필터

nori_readingform 토큰 필터는 문서에 존재하는 한자를 한글로 변경하는 역할을 하는 필터다. 별도의 파라미터는 제공하지 않는다.

nori_readingform 필터를 사용하는 예제를 하나 만들어 보자. 다음과 같이 nori_readingform 필터가 설정된 분석기를 정의했다.

```
PUT nori_readingform
{
    "settings": {
        "index":{
            "analysis":{
                "analyzer" : {
                    "nori_readingform_analyzer" : {
                        "tokenizer" : "nori_tokenizer",
                        "filter" : ["nori_readingform"]
                    }
                }
            }
        }
    }
}
```

이 분석기를 테스트해보자. 한자로 "中國"을 입력했다.

```
POST  nori_readingform/_analyze
{
  "analyzer": "nori_readingform_analyzer",
  "text": "中國"
}
```

그 결과, "中國"이 "중국"으로 바뀐 것을 확인할 수 있다.

```
{
  "tokens": [
    {
      "token": "중국",
      "start_offset": 0,
      "end_offset": 2,
      "type": "word",
      "position": 0
    }
  ]
}
```

지금까지 Nori 한글 형태소 분석기가 제공하는 토크나이저와 토큰 필터의 기능과 사용법을 살펴봤다.
한글 형태소 분석기로 Nori를 사용하려면 다음과 같이 설정하면 된다.

```
PUT nori_full_analyzer
{
  "mappings": {
    "_doc": {
      "properties": {
        "description": {
          "type": "text",
          "analyzer": "korean_analyzer"
        }
      }
    }
  },
```

```
"settings": {
  "index": {
    "analysis": {
      "analyzer": {
        "korean_analyzer": {
          "filter": [
            "pos_filter_speech",
            "nori_readingform",
            "lowercase"
          ],
          "tokenizer": "nori_tokenizer"
        }
      },
      "filter": {
        "pos_filter_speech": {
          "type": "nori_part_of_speech",
          "stoptags": [
            "E",
            "IC",
            "J",
            "MAG",
            "MAJ",
            "MM",
            "NA",
            "NR",
            "SC",
            "SE",
            "SF",
            "SH",
            "SL",
            "SN",
            "SP",
            "SSC",
            "SSO",
            "SY",
            "UNA",
            "UNKNOWN",
            "VA",
```

```
                    "VCN",
                    "VCP",
                    "VSV",
                    "VV",
                    "VX",
                    "XPN",
                    "XR",
                    "XSA",
                    "XSN",
                    "XSV"
                ]
            }
          }
        }
      }
    }
  }
```

6.1.3 트위터 형태소 분석기

트위터 형태소 분석기[5]는 트위터에서 한글을 처리하기 위해 개발한 형태소 분석기다. 초기에는 트위터에서 직접 개발했으나 2017년 4.4 버전 이후로는 openkoreatext.org로 이관되어 오픈소스로 개발되고 있다. 현재는 공식명칭도 open-korean-text라는 이름으로 변경했다. 스칼라로 만들어진 형태소 분석기이며, 한글 형태소 분석 및 스테밍이 가능하다. 이 형태소 분석기의 장점은 정규화, 토큰화, 스테밍, 어구 추출이 가능하다는 점이다.

주요 기능

설치에 앞서 먼저 주요 기능들이 어떻게 동작하는지 간단히 살펴보자.

---

5 https://github.com/open-korean-text/elasticsearch-analysis-openkoreantext

정규화

입니닼ㅋㅋ → [입니다 ㅋㅋ]

샤릉해 → [사랑해]

토큰화

한국어를 처리하는 예시입니다 ㅋㅋ → [한국어Noun], [를Josa], [처리Noun], [하는Verb], [예시Noun], [입니다Adjective], [ㅋㅋKoreanParticle]

스테밍

한국어를 처리하는 예시입니다 ㅋㅋ → [한국어Noun], [를Josa], [처리Noun], [하다Verb], [예시Noun], [이다Adjective], [ㅋㅋKoreanParticle]

어구추출

한국어를 처리하는 예시입니다 ㅋㅋ → [한국어], [처리], [예시], [처리하는 예시]

트위터 형태소 분석기에 사용되는 사전은 open-korean-text 프로젝트(https://github.com/open-korean-text)에서 별도로 제공된다. 사전 내부의 src/main/resources/org/openkoreantext/processor/util 디렉터리를 살펴보면 품사별로 파일이 별도로 만들어져 있다.

그럼 사전에서 어떠한 품사를 지원하는지 살펴보자.

표 6.5 각종 사전별 용도

디렉터리	파일명	설명
adjective	adjective.txt	형용사
adverb	adverb.txt	부사
auxiliary	conjunction.txt	접속사
auxiliary	determiner.txt	결정사
auxiliary	exclamation.txt	감탄사
josa	josa.txt	조사
noun	bible.txt	명사-바이블
noun	brand.txt	명사-브랜드
noun	company_names.txt	명사-회사명
noun	congress.txt	명사-인명
noun	entitles.txt	명사-일반명사
noun	fashion.txt	명사-패션

디렉터리	파일명	설명
noun	foreign.txt	명사-외래어
noun	geolocations.txt	명사-지역명
noun	kpop.txt	명사-kpop
noun	lol.txt	명사-롤
noun	names.txt	명사-신조어
noun	neologism.txt	명사-신조어
noun	nouns.txt	명사-기본사전
noun	pokemon.txt	명사-포켓몬
noun	profane.txt	명사-욕설
noun	slangs.txt	명사-비속어
noun	spam.txt	명사-스팸
noun	titter.txt	명사-트윗용어
noun	wikipedia_title_nouns.txt	명사-위키피디아
substantives	family_names.txt	본질어-이름(성)
substantives	given_anems.txt	본질어-이름
substantives	modifier.txt	본질어-수정어
substantives	suffix.txt	본질어-접미사
typos	typos.txt	교정어
verb	eomi.txt	동사-어미
verb	pre_emoi.txt	동사-선어말어미
verb	verb.txt	동사
verb	verb_prefix.txt	동사-접두사

플러그인 설치

트위터 한글 형태소 분석기는 엘라스틱서치 6.1.1 버전까지만 사용 가능하도록 릴리스돼 있다. 현재는 엘라스틱서치 최신 버전에 대한 공식 릴리스가 없기 때문에 6.4.0 버전으로 필자가 직접 포팅했으며 이를 이용해 설치하면 된다.

설치 방법은 다음과 같다.

```
./bin/elasticsearch-plugin install https://github.com/javacafe-project/elastic-book-etc/raw/
master/plugin/elasticsearch-analysis-openkoreantext-6.4.3.0-plugin.zip
```

사전 추가

기본 제공되는 사전 외의 단어를 사용자가 직접 추가할 수도 있다. 예를 들어, 명사를 추가하고 싶다면 엘라스틱서치 서버의 plugins/elasticsearch-analysis-openkoreantext/dic 디렉터리 안에 사용자가 작성한 텍스트 파일을 추가하면 된다. 기본적으로 한 줄 단위로 처리되며 단어 사이에 띄어쓰기가 포함된 단어는 인식하지 않는다.

```
삼성전자
애플
아이폰
갤럭시
```

인덱스 설정

플러그인의 컴포넌트는 Character Filter, Tokenizer, Token Filter, Analyzer로 구성돼 있으며, 필요에 따라 구성해서 사용하면 된다.

---

1. Character Filter

openkoreantext-normalizer: 구어체를 표준화한다.

안됔ㅋㅋㅋ → 안돼ㅋㅋㅋ

2. Tokenizer

openkoreantext-tokenizer: 문장을 토큰화한다.

한국어를 처리하는 예시입니다 ㅋㅋㅋ → [한국어,를,처리,하는,예시,입니다,ㅋㅋㅋ]

3. Token Filter

openkoreantext-stemmer: 형용사, 동사를 스테밍한다.

새로운 스테밍을 추가했었다. → [새롭다,스테밍,을,추가하다,.,]

openkoreantext-redundant-filter: 접속사,공백,조사, 마침표 등을 제거한다.

그리고 이것은 예시, 또는 예로써, 한국어를 처리하기 → [예시,예,한국어,처리,하다]

openkoreantext-phrase-extrator: 어구를 추출한다.

한국어를 처리하는 예시입니다 ㅋㅋ → [한국어,처리,예시,처리하는예시]

트위터 형태소 분석기를 사용하는 예제를 살펴보자. 다음과 같이 openkoreantext_analyzer 인덱스를 생성했다.

```
PUT /openkoreantext_analyzer
{
 "settings": {
    "index" : {
       "analysis" : {
          "analyzer" : {
             "openkoreantext-analyzer" : {
                "tokenizer" : "openkoreantext-tokenizer",
                "char_filter":["openkoreantext-normalizer"],
                "filter":[
                    "openkoreantext-stemmer",
                    "openkoreantext-redundant-filter",
                    "lowercase"
                ]
             }
          }
       }
    }
 }
}
```

기본적으로 트위터 토크나이저를 사용해 토큰을 분리하며, openkoreantext-stemmer,open koreantext-redundant-filter를 거쳐서 형용사나 동사를 스테밍하고, 불필요한 단어를 제거하는 등의 동작을 수행한다.

6.2 검색 결과 하이라이트하기

하이라이트는 문서 검색 결과를 웹상에서 출력할 때 사용자가 입력한 검색어를 강조하는 기능이다. 이 기능을 통해 사용자는 자신이 입력한 키워드가 문서의 어느 부분과 일치하는지 시각적으로 손쉽게 확인할 수 있다. 지금부터 엘라스틱서치에서 하이라이트 기능을 사용하는 방법을 살펴보겠다.

그림 6.1 검색 결과 하이라이트

하이라이트 기능을 테스트하기 위해 먼저 간단한 데이터를 하나 생성해보자.

```
PUT movie_highlighting/_doc/1
{
    "title": "Harry Potter and the Deathly Hallows"
}
```

데이터를 검색할 때 "highlight" 옵션을 이용해 하이라이트를 수행할 필드를 지정하면 검색 결과로 하이라이트된 데이터의 일부가 함께 리턴된다.

```
POST movie_highlighting/_search
{
    "query": {
        "match": {
            "title": {
                "query": "harry"
            }
        }
    }
}
```

```
    },
"highlight": {
        "fields" : {
            "title" : {}
        }
    }
}
```

검색어로 "harry"라는 단어를 이용해 검색을 수행한 결과다. 하이라이트 기능을 사용하면 검색어와 일치하는 단어를 ⟨em⟩ 태그로 감싼 결과를 볼 수 있다.

```
{
…중략…

  "hits" : {
    "total" : 1,
    "max_score" : 0.2876821,
    "hits" : [
      {
        "_index" : "movie_highlighting",
        "_type" : "_doc",
        "_id" : "1",
        "_score" : 0.2876821,
        "_source" : {
          "title" : "Harry Potter and the Deathly Hallows"
        },
        "highlight" : {
          "title" : [
            "<em>Harry</em> Potter and the Deathly Hallows"
          ]
        }
      }
    ]
  }
```

검색 결과를 보여주는 사이트에서는 〈em〉 태그를 이용해 하이라이트된 결과를 다양한 형태로 강조해서 사용자에게 노출시키면 된다. 원문의 내용이 많을 경우에는 하이라이트된 데이터를 중심으로 위아래에 위치한 문장의 일부만 제공된다.

하이라이트 태그를 변경하는 것도 가능하다. 〈em〉 태그가 아닌 별도의 태그를 이용하려면 "highlight" 옵션 내부에 원하는 태그를 정의하면 된다. 다음 예제를 보자.

```
POST movie_highlighting/_search
{
  "query": {
    "match": {
      "title": {
        "query": "harry"
      }
    }
  },
  "highlight": {
    "pre_tags": [
      "<strong>"
    ],
    "post_tags": [
      "</strong>"
    ],
    "fields": {
      "title": {}
    }
  }
}
```

하이라이트 결과로 〈strong〉 태그가 리턴된 결과를 확인할 수 있다.

```
{
…중략…

  "hits" : {
    "total" : 1,
    "max_score" : 0.2876821,
```

```
  "hits" : [
    {
      "_index" : "movie_highlighting",
      "_type" : "_doc",
      "_id" : "1",
      "_score" : 0.2876821,
      "_source" : {
        "title" : "Harry Potter and the Deathly Hallows"
      },
      "highlight" : {
        "title" : [
          "<strong>Harry</strong> Potter and the Deathly Hallows"
        ]
      }
    }
  ]
}
```

6.3 스크립트를 이용해 동적으로 필드 추가하기

엘라스틱서치는 스크립트를 이용해 사용자가 특정 로직을 삽입하는 것이 가능하다. 이러한 방식을 스크립팅(Scripting)이라 한다. 스크립팅을 이용하면 두 개 이상의 필드 스코어를 하나로 합하거나 계산된 스코어를 특정 수식으로 재계산하는 등의 작업이 가능해진다. 사용자는 이를 활용해 검색 요청 시 특정 필드를 선택적으로 반환하거나 필드의 특정 요소를 수정하는 등 광범위한 작업을 할 수 있다.

> **참고**
>
> 엘라스틱서치에서 스크립팅을 사용하는 두 가지 방법이 있다.
>
> 1. config 폴더에 스크립팅을 저장하는 방식: 스크립트 파일을 config 폴더에 저장한 다음, 이름을 지정해 코드에서 호출한다.
> 2. In-requests 방식: 동적 스크립팅이라고 하며 API를 호출할 때 코드 내에서 스크립트를 직접 정의해서 사용한다.
>
> 일반적으로 동적 스크립팅 방식이 많이 사용된다. 동적 스크립팅 기능을 사용하려면 elasticsearch.yml 파일에 다음과 같은 설정을 추가해야 한다.
>
> ```
> script.disable_dynamic: false
> ```

최신 엘라스틱서치에서는 스크립팅 전용 언어인 페인리스(Painless)가 도입됐다. 과거에는 익스프레션 (Expression), 머스태시(Mustache), 자바 같은 일반 프로그래밍 언어를 이용해야 했지만 페인리스 언어의 도입으로 좀 더 전문적인 스크립트 작성이 가능해졌다.

> **참고**
>
> 초기 버전의 엘라스틱서치에서는 MVEL을 사용해 기본적인 스크립트를 작성할 수 있었다. 하지만 보안 취약점과 MVEL의 커뮤니티 지원 부족으로 지원이 중단되고 1.4 버전부터는 그루비를 기본 스크립팅 언어로 사용했다. 그루비는 자바스크립트와 매우 유사한 구문을 제공하기 때문에 쉽게 사용할 수 있다는 장점이 있다.
>
> 최근에는 페인리스라는 엘라스틱서치 전용 언어가 개발됐고, 이를 이용해 스크립트를 작성하는 것을 권장한다.
>
> - 참고 URL: https://www.elastic.co/guide/en/elasticsearch/painless/6.5/painless-lang-spec.html

엘라스틱서치는 기본적으로 업데이트를 허용하지 않는다. 재색인을 통해 설정한 _id의 문서를 삭제하고 다시 생성할 뿐이다. 하지만 _update API를 제공하고 있는데 이는 어떻게 된 것일까? _update API는 내부적으로 스크립팅을 이용하고 있다. 업데이트할 로직을 스크립트로 직접 정의하고 이를 통해 문서의 업데이트가 이뤄지는 것이다.

필드 추가

스크립팅을 이용해 이미 색인된 문서에 필드를 추가해보자. 영화 평점을 정의한 문서가 하나 있고, movieList 필드 내부에는 총 3건의 영화 평점이 존재한다고 해보자. 해당 문서를 먼저 색인한다.

```
PUT movie_script/_doc/1
{
 "movieList": {
  "Death_Wish": 5.5,
  "About_Time": 7,
  "Suits": 3.5
 }
}
```

위에서 생성한 예제에 영화 평점을 가지는 필드를 추가해 보겠다. 즉, movieList 내부에 새로운 필드를 추가하겠다. 이때 _update API를 이용하며, "script"를 통해 "Black_Panther" 영화의 평점을 3.7의 값을 갖도록 설정할 것이다. 추가할 필드를 ctx._source.movieList.Black_Panther와 같은 형식으로 지정하면 된다. Prefix로 지정한 ctx._source는 스크립트에서 제공하는 특수한 문법으로, 색인된 문서에 접근하기 위한 문법으로 이해하면 된다.

```
POST movie_script/_doc/1/_update
{
  "script": "ctx._source.movieList.Black_Panther = 3.7"
}
```

문서가 정상적으로 업데이트되면 result 값으로 "updated"가 리턴된 것을 확인할 수 있다.

```
{
  "_index": "movie_script",
  "_type": "_doc",
  "_id": "1",
  "_version": 2,
  "result": "updated",
  "_shards": {
    "total": 2,
    "successful": 2,
    "failed": 0
  },
  "_seq_no": 1,
  "_primary_term": 1
}
```

업데이트가 잘 됐으니 변경된 문서를 조회해 보자.

```
GET movie_script/_doc/_search
```

결과를 보면 "Black_Panther"라는 필드가 추가되고 3.7이라는 값이 정상적으로 추가된 것을 확인할 수 있다.

```
{
  … 중략…

    "hits": [
```

```
        {
          "_index": "movie_script",
          "_type": "_doc",
          "_id": "1",
          "_score": 1,
          "_source": {
            "movie": {
              "Death_Wish": 5.5,
              "About_Time": 7,
              "Suits": 3.5,
              "Black_Panther": 3.7
            }
          }
        }
      ]
    }
  }
```

필드 제거

기존 필드를 제거하는 것도 마찬가지로 스크립트를 이용해 처리할 수 있다. 앞서 필드를 생성할 때 `ctx._source.[fieldName]`과 같은 문법을 이용했는데 필드를 삭제할 때는 `ctx._source.remove('fieldName')`과 같은 문법을 사용하면 된다.

이미 생성한 필드 중에서 Suits 필드를 삭제해 보자.

```
POST movie_script/_doc/1/_update
{
  "script": "ctx._source.movieList.remove(\"Suits\")"
}
```

이제 실제 문서에서 Suits 필드가 삭제됐는지 확인해 보자.

```
GET movie_script/_doc/_search
```

결과를 살펴보면 필드가 정상적으로 삭제됐음을 알 수 있다.

```
...중간생략...

"hits" : {
    "total" : 1,
    "max_score" : 1.0,
    "hits" : [
      {
        "_index" : "movie_script",
        "_type" : "_doc",
        "_id" : "1",
        "_score" : 1.0,
        "_source" : {
          "movieList" : {
            "Death_Wish" : 5.5,
            "About_Time" : 7,
            "Black_Panther" : 3.7
          }
        }
      }
    ]
  }
```

6.4 검색 템플릿을 이용한 동적 쿼리 제공

검색 템플릿(Search Templates)은 엘라스틱서치 1.1 버전에 추가된 오래된 기능이다. 하지만 이를 통해 복잡한 검색 로직을 템플릿으로 저장하고 활용할 수 있기 때문에 매우 유용하다. 검색 템플릿의 필드명과 파라미터를 사용해서 쿼리를 전송하고 템플릿에 제공한 파라미터로 실제 검색이 이뤄진다. 즉, 검색 템플릿을 사용하면 클라이언트의 코드가 단순해진다.

또한 클라이언트 프로그램을 열어 검색의 요구사항이 변경될 때마다 수정하고 배포하는 것이 아니라 엘라스틱서치에 저장돼 있는 템플릿의 기존 쿼리를 수정하고 새 쿼리를 작성할 수 있다는 점에서도 이점이 있다. 검색 템플릿은 Mustache라는 템플릿 엔진을 사용해서 표현된다.

예를 들어 살펴보자. 먼저 _script API를 이용해 템플릿을 하나 만든다. movieNm 필드에 매칭된 데이터를 검색하는 쿼리가 수행되는 템플릿이다. movie_search_example_teamplate이라는 이름의 템플릿이다.

```
POST _scripts/movie_search_example_teamplate
{
    "script": {
        "lang": "mustache",
        "source": {
            "query": {
                "match": {
                    "movieNm": "{{ movie_name }}"
                }
            }
        }
    }
}
```

정상적으로 템플릿이 생성되면 GET 메서드를 사용해 확인할 수 있다.

```
GET _scripts/movie_search_example_teamplate
```

결과는 다음과 같다.

```
{
  "_id": "movie_search_example_teamplate",
  "found": true,
  "script": {
    "lang": "mustache",
    "source": """{"query":{"match":{"movieNm":"{{movie_name}}"}}}""",
    "options": {
      "content_type": "application/json; charset=UTF-8"
    }
  }
}
```

movie_search_example_teamplate이라는 이름의 템플릿이 1건 생성된 것을 확인할 수 있다. 정상적으로 템플릿이 생성되면 이 템플릿을 이용해 검색할 수 있다.

검색을 수행하는 쪽에서는 내부의 복잡한 쿼리 구조를 몰라도 된다. 단지 노출된 "movie_name" 파라미터에 값을 전달하기만 하면 된다. 전달된 파라미터는 템플릿을 통해 movieNm의 필드를 검색해서 매칭되는 결과를 제공할 것이다.

템플릿을 테스트하기 위해 movie_template_test 인덱스를 생성해보자. 테스트를 위해 1건의 데이터를 생성한다.

```
PUT movie_template_test/_doc/1
{
    "movieNm": "titanic"
}
```

movieNm 필드를 검색하기 위해 직접 검색 쿼리를 작성해도 되겠지만 템플릿을 이용하면 복잡한 검색 쿼리를 알지 못해도 손쉽게 검색을 수행할 수 있다. 다음과 같이 앞서 생성한 movie_search_example_teamplate 템플릿을 id로 지정하고 파라미터를 제공하면 된다.

```
POST movie_template_test/_doc/_search/template
{
  "id": "movie_search_example_teamplate",
  "params": {
    "movie_name": "titanic"
  }
}
```

이러한 템플릿을 이용하면 클라이언트 코드를 변경하지 않고도 파라미터의 값만 변경해서 복잡한 쿼리를 실행할 수 있다. 결과는 다음과 같다.

```
{
  "took" : 1,
  "timed_out" : false,
  "_shards" : {
    "total" : 5,
```

```
      "successful" : 5,
      "skipped" : 0,
      "failed" : 0
    },
    "hits" : {
      "total" : 1,
      "max_score" : 0.2876821,
      "hits" : [
        {
          "_index" : "movie_template_test",
          "_type" : "_doc",
          "_id" : "1",
          "_score" : 0.2876821,
          "_source" : {
            "movieNm" : "titanic"
          }
        }
      ]
    }
  }
```

실무에서는 검색 쿼리를 변경하는 일이 자주 일어난다. 그럴 때마다 클라이언트에서 사용하고 있는 모든 쿼리를 일일이 수정해야 한다면 매우 고달플 것이다. 검색 시 직접 쿼리를 수행하지 않고 템플릿을 제공한다면 검색 쿼리의 변경에 유연하게 대처할 수 있을 것이다.

6.5 별칭을 이용해 항상 최신 인덱스 유지하기

엘라스틱서치 클러스터를 운영하는 중에 인덱스 매핑 설정이 변경되거나 인덱스가 깨진다면 기존에 생성된 인덱스를 삭제하고 다시 생성해야 할 것이다. 그런데 운영 중인 서비스에서 인덱스를 삭제하게 되면 어떻게 될까? 아마 클라이언트에서는 해당 인덱스가 없다는 에러 메시지와 함께 장애가 발생할 것이다. 그리고 이러한 장애는 삭제된 인덱스가 재생성될 때까지 지속될 것이다. 운영 중에 이러한 상황은 생각보다 자주 일어난다.

이러한 문제를 방지하기 위해 엘라스틱서치에서는 별칭(Alias)이라는 기능을 제공한다. 인덱스를 생성할 때 별칭을 사용해 인덱스가 추가되거나 삭제될 경우 새로운 인덱스로 사용자 요청이 자연스럽게 이동하도록 유도한다. 이러한 방식을 통해 지금까지 사용 중인 인덱스가 새로운 인덱스로 변경되더라도 클라이언트는 그 사실을 전혀 눈치채지 못한다.

또한 인덱스의 별칭을 이용하면 두 개 이상의 인덱스를 검색해야 할 때 한 번의 요청만으로도 모두 검색되도록 만들기도 쉽다. 예를 들어 movie_search 인덱스와 movie_info라는 2개의 인덱스가 있고 두 인덱스를 대상으로 한번에 검색하고 싶다면 엘라스틱서치에서 제공하는 멀티테넌시 기능을 통해 "movie_search,movie_reindex/_doc/_search"와 같은 형태로 입력해서 한번에 조회할 것이다. 별칭은 이러한 멀티테넌시 형태를 하나의 인덱스처럼 만들어 클라이언트가 실제로 호출하는 인덱스를 내부에서만 알 수 있게 관리할 수 있다.

그럼 지금부터 별칭을 이용하는 방법을 본격적으로 알아보자. 별칭과 관련된 설정에는 add, delete가 있으며 한 번에 두 개 이상의 별칭을 한 번에 교체하는 것도 가능하다.

먼저 _reindex API를 사용해 movie_info 인덱스를 생성해 보자.

```
POST _reindex
{
  "source": {
    "index": "movie_search"
  },
  "dest": {
    "index": "movie_info"
  }
}
```

인덱스가 만들어지면 _aliases를 통해 두 인덱스를 movie라는 별칭으로 만들어 보자.

```
POST _aliases
{
  "actions" : [
    { "add" : { "index" : "movie_search", "alias" : "movie" } },
    { "add" : { "index" : "movie_info", "alias" : "movie" } }
  ]
}
```

이제 movie라는 별칭으로 문서를 조회해 보자.

```
POST movie/_search
```

movie_search와 movie_info의 문서는 각각 10개씩 총 20개가 있고 movie로 검색했을 때 결과로 20건 모두 조회된 것을 확인할 수 있다.

```
...중략...

"hits" : {
    "total" : 20,
    "max_score" : 1.0,
    "hits" : [
      {
        "_index" : "movie_info",
        "_type" : "_doc",
        "_id" : "5",
        "_score" : 1.0,
...중략...
```

예제와 같이 멀티테넌시를 줄이기 위해 별칭을 많이 사용하기도 하지만 사실은 색인을 다시 만드는 경우에 더 많이 활용된다. 검색 시스템 특성상 매시간 또는 매일 변경되는 경우가 빈번하고 이러한 경우 색인을 삭제하고 다시 만드는 경우가 많다 보니 별칭을 거의 필수적으로 사용한다.

예를 들어, 하루에 한번 업데이트되는 시스템이 있다고 해보자. 추가되는 데이터를 하나의 인덱스에 지속적으로 누적해서 사용할 수도 있겠지만 매일 인덱스를 새롭게 생성해서 관리하는 편이 더 편리하고 안정성 측면에서도 낫다. 좀 더 구체적으로 movie_search라는 인덱스가 있다고 가정해보자. 맨 처음 movie_search 인덱스를 만들고 매일 신규 영화가 추가된 새로운 movie_search 인덱스를 추가로 만들고 싶다면 어떻게 해야 할까? 이럴 때 인덱스 별칭을 이용하면 쉽게 처리할 수 있다. 필자의 경우 "movie_search_타임스탬프" 같은 형태로 인덱스를 생성하고 매일 새롭게 생성되는 인덱스에 별칭을 설정하는 방식을 사용한다.

더 자세한 예를 들어보자. 오늘 movie_search_1544054400이라는 인덱스를 생성했다. 생성한 인덱스에는 movie_search라는 별칭을 설정한다. 그리고 내일 movie_search_1544140800이라는 인덱스를 생성할 것이다. 내일이 되면 두 개의 인덱스를 서로 교체해서 항상 최신 데이터를 유지할 수 있을 것이다.

다음은 앞의 설명에 해당하는 예다.

```
POST _aliases
{
  "actions" : [
    { "delete" : { "index" : "movie_search_1544054400", "alias" : "movie_search" } },
    { "add" : { "index" : "movie_search_1544140800", "alias" : "movie_search" } }
  ]
}
```

보다시피 "movie_search_타임스탬프" 형태의 값을 변경하면서 alias의 값은 movie_search라는 고정된 값으로 지정돼 있음을 알 수 있다. 이러한 방식을 통해 클라이언트에서는 movie_search라는 이름으로 항상 최신 정보를 검색할 수 있다. 별칭을 이용하면 인덱스가 아무리 변경돼도 항상 최신성을 유지할 수 있게 되는 것이다.

6.6 스냅숏을 이용한 백업과 복구

클러스터를 관리하다 보면 물리적으로 데이터를 어떻게 백업할 것인가에 대한 고민을 항상 하게 될 것이다. 검색 서버가 항상 안정적으로 운영되면 상관 없겠지만 피치 못할 장애로 검색엔진의 데이터가 유실된다면 문제가 커진다. 어쩌면 원천 데이터를 제공하는 시스템을 이용해 다시 색인하면 괜찮을 것이라고 생각할 수도 있겠지만 몇 억 건 정도의 데이터를 재색인하자면 며칠이 걸릴 수도 있기 때문에 해당 문제에 대해 심각하게 고민해 봐야 한다.

특히 클러스터와 인덱스의 데이터가 커질수록 백업의 필요성도 커진다. 이러한 문제를 해결하기 위해 엘라스틱서치에서는 _snapshot API를 제공한다. 스냅숏 기능을 이용해 개별 인덱스를 백업할 수도 있고 클러스터 전체를 스냅숏으로 만드는 것도 가능하다.

그럼 사용법을 살펴보자. 스냅숏을 사용하기 위해서는 먼저 스냅숏이 저장될 물리적인 디렉터리를 생성해야 한다. 테스트를 위해 /home/snapshot/elastic/backup이라는 디렉터리를 만들었다.

```
$ mkdir /home/snapshot/elastic/backup
```

그리고 엘라스틱서치의 config 폴더에 있는 elasticsearch.yml 파일을 열어 위 경로를 스냅숏에 사용하도록 지정한다.

```
path.repo: [ "/home/snapshot/elastic/backup" ]
```

elasticsearch.yml 파일의 설정이 완료되면 검색엔진을 재시작한다. 재시작 후 다음과 같이 movie_data_backup이라는 리포지토리를 생성한다.

```
PUT _snapshot/movie_data_backup
{
  "type": "fs",
  "settings": {
    "location": "/home/snapshot/elastic/backup",
    "compress": true
  }
}
```

리포지토리는 스냅숏들을 저장하는 논리적인 공간이라고 생각하면 되는데, 리포지토리는 물리적으로 설정된 디렉터리 내부에만 생성될 수 있다. 리포지토리를 생성할 때 다양한 설정값을 지정할 수 있는데, 이를 통해 생성되는 파일을 다수의 작은 파일로 나누어 저장할 수도 있고 스냅숏을 생성하거나 복원하는 속도도 조절할 수 있다. 관련된 세부 옵션은 표 6.6에 정리했으니 자세한 사항은 표를 참고하자. 스냅숏을 생성하거나 복원하는 작업은 시스템 리소스를 많이 사용하기 때문에 제공되는 옵션을 적절히 활용하는 것이 좋다.

표 6.6 스냅숏 설정 시 제공되는 옵션

location	스냅숏의 저장 경로를 설정한다.
compress	스냅숏 생성 시 압축을 수행한다. 이때 데이터는 압축되지 않으며 메타데이터만 압축 대상이 된다.
chunk_size	생성되는 파일을 특정 크기로 나눠서 생성할 수 있다. 기본적으로 스냅숏은 하나의 파일로 생성된다.
max_restore_bytes_per_sec	스냅숏 복원 시 속도를 설정한다. 기본적으로 초당 40MB의 속도를 낸다.
max_snapshot_bytes_per_sec	스냅숏 생성 시 속도를 설정한다. 기본적으로 초당 40MB의 속도를 낸다.
readonly	리포지토리를 읽기 전용으로 생성한다.

리포지토리가 정상적으로 생성되면 스냅숏을 생성하면 된다. 기본적으로 스냅숏 대상이 되는 인덱스는 더 이상 변경이 없는 인덱스여야만 한다. 변경이 일어나는 도중에 스냅숏이 생성되면 문제가 발생할 가능성이 크기 때문이다. 여기서는 movie_search_1544054400 인덱스를 스냅숏으로 만들어 보겠다. 앞서 생성한 리포지토리에 스냅숏 이름을 설정하면 된다.

```
PUT _snapshot/movie_data_backup/movie_snapshot_part1?wait_for_completion=true
{
  "indices": "movie_search_1544054400",
  "ignore_unavailable": true,
  "include_global_state": false
}
```

movie_snapshot_part1이라는 스냅숏 이름으로 백업을 수행했다. wait_for_completion=true 옵션을 이용하면 스냅숏 생성이 완료될 때까지 기다릴 수 있다. 데이터 크기에 따라 스냅숏 생성에는 많은 시간이 소요될 수 있기 때문에 필요에 따라 적절히 사용하면 된다.

백업을 하게 되면 백업한 인덱스명, 엘라스틱서치 버전, 스냅숏 버전 ID 등을 리턴 값으로 확인할 수 있다.

```
{
  "snapshot" : {
    "snapshot" : "movie_snapshot_part1",
    "uuid" : "6lu_iEKTRw-wlap4nzzCiA",
    "version_id" : 6050199,
    "version" : "6.5.1",
    "indices" : [
      "movie_search_mapping",
      "movie_routing",
      "movie_search",
      ...중략...
    ],
    "include_global_state" : true,
    "state" : "SUCCESS",
    "start_time" : "2018-12-06T07:54:53.106Z",
    "start_time_in_millis" : 1544082893106,
    "end_time" : "2018-12-06T07:54:53.494Z",
```

```
    "end_time_in_millis" : 1544082893494,
    "duration_in_millis" : 388,
    "failures" : [ ],
    "shards" : {
      "total" : 121,
      "failed" : 0,
      "successful" : 121
    }
  }
}
```

스냅숏을 생성할 때 스냅숏 이름은 유일한 값이어야 하며, 이미 존재한다면 다음과 같은 오류 메시지를 출력한다.

```
{
  "error": {
    "root_cause": [
      {
        "type": "invalid_snapshot_name_exception",
          "reason": "[movie_data_backup:movie_snapshot_part1] Invalid snapshot name
[movie_snapshot_part1], snapshot with the same name already exists"
      }
    ],
    "type": "invalid_snapshot_name_exception",
      "reason": "[movie_data_backup:movie_snapshot_part1] Invalid snapshot name
[movie_snapshot_part1], snapshot with the same name already exists"
  },
  "status": 400
}
```

백업된 스냅숏 정보를 확인하기 위해서는 리포지토리 이름을 이용하면 된다. 다음과 같이 조회하면 지금까지 생성된 모든 스냅숏에 대한 정보를 확인할 수 있다.

```
GET _snapshot/movie_data_backup/_all
```

이제 생성된 스냅숏을 이용해 복구하는 방법을 알아보자. 데이터를 복구하려면 다음과 같이 하면 된다.

```
POST _snapshot/movie_data_backup/movie_snapshot_part1/_restore
```

movie_snapshot_part1이라는 이름으로 백업된 movie_search_1544054400 인덱스가 복구된다. 하지만 이미 인덱스가 있다면 복구는 실패하고 다음과 같은 에러 메시지가 출력된다.

```
{
  "error": {
    "root_cause": [
      {
        "type": "snapshot_restore_exception",
        "reason": "[movie_data_backup:movie_snapshot_part1/pGC9Mu_4Q_ieCdnfneTlqw] cannot restore
index [movie_index_meta_fields_field_names] because an open index with same name already exists in
the cluster. Either close or delete the existing index or restore the index under a different name
by providing a rename pattern and replacement name"
      }
    ],
    "type": "snapshot_restore_exception",
    "reason": "[movie_data_backup:movie_snapshot_part1/pGC9Mu_4Q_ieCdnfneTlqw] cannot restore
index [movie_index_meta_fields_field_names] because an open index with same name already exists in
the cluster. Either close or delete the existing index or restore the index under a different name
by providing a rename pattern and replacement name"
  },
  "status": 500
}
```

인덱스가 정상적으로 복구되려면 클러스터 내부에 동일한 이름의 인덱스가 존재해서는 안 된다. 따라서 이미 존재하는 movie_search_1544054400 인덱스를 다음과 같이 삭제하겠다.

```
DELETE movie_search_1544054400
```

그리고 스냅숏을 이용해 다시 복구를 시도해 보자.

```
POST _snapshot/movie_data_backup/movie_snapshot_part1/_restore
```

정상적으로 복구되면 다음과 같은 결과가 출력된다.

```
{
  "accepted" : true
}
```

마지막으로 백업된 스냅숏을 삭제하고 싶다면 어떻게 해야 할지 알아보자. 이때는 DELETE 메서드를 사용해 스냅숏을 삭제하면 된다. movie_snapshot_part1 스냅숏을 삭제하는 예는 다음과 같다.

```
DELETE _snapshot/movie_data_backup/movie_snapshot_part1
```

07

한글 검색 확장 기능

엘라스틱서치로 검색 사이트를 구축할 때 한글 처리에 많은 문제가 있다는 데 공감할 것이다. 이전 장에서 소개한 한글 형태소 분석기를 이용하면 많은 문제를 해결할 수 있지만 한글 유니코드의 특성상 키보드 입력에 대한 실시간 처리는 한글 형태소 분석기만으로는 완벽하게 처리하기가 불가능하다.

엘라스틱서치에서 기본적으로 제공하는 Suggest API가 키워드 자동완성을 지원하지만 한글 키워드를 대상으로 할 때는 정상적으로 동작하지 않기 때문에 한글 키워드를 지원하려면 직접 자동완성을 구현해야 한다. 많은 쇼핑몰이나 검색 사이트에서 자동완성을 직접 구현해서 사용하고 있으며, 이러한 기능을 구현하는 데는 많은 노하우가 필요한 것도 사실이다.

이번 장에서는 자바카페 플러그인을 이용해 직접 키워드 자동완성을 구현해 보겠다. 자바카페 플러그인은 예제를 위해 개발한 엘라스틱서치 확장 플러그인으로서 한글 자모 분석이나 초성 검색, 한영 오타 변환 등을 지원한다.

이번 장에서 다룰 내용

7.1 Suggest API 소개

사용자가 키워드를 잘못 입력했거나 검색한 결과가 없을 경우에는 어떻게 해야 할까? 그냥 '검색 결과 없음' 페이지를 보여줄 것인가? 한번쯤 고민해봤을 주제일 것이라 생각한다. 검색엔진의 특성상 분리된 텀과 완전히 일치하지 않으면 검색 결과로 제공되지 않을 가능성이 매우 크다. 하지만 사용자들은 대부분 정확한 텀을 알지 못하며, 알더라도 검색어를 입력할 때 오타를 입력할 수 있다. 이러한 경우 검색 결과의 만족도를 높이기 위해 엘라스틱서치는 도큐먼트 내에 존재하는 단어를 대상으로 비슷한 키워드를 변경해서 제시하는 교정 기능을 제공한다.

엘라스틱서치에서 제공하는 API 중 Suggest API를 이용하면 텀과 정확히 일치하지 않는 단어도 자동으로 인식해서 처리할 수 있으며 이를 통해 좀 더 사용자 친화적인 검색 서비스를 제공할 수 있다. 가령 사용자는 검색할 때 검색어의 철자를 잘못 입력하는 경우가 있는데, 이 경우 단순히 검색 결과가 하나도 없도록 출력하는 것은 해당 웹사이트에 사용자가 머무는 시간을 단축시킬 것이다. 그래서 어떻게든 비슷한 내용을 보여 줄 수 있는 방안을 찾아야 하는데 그 방법 중 하나가 바로 단어의 철자를 수정해서 다른 단어를 제안하거나 제안된 내용을 보여 주는 맞춤법 검사기(Spell Checker) 기능이다.

Suggest API는 Term Suggest API, Phrase Suggest API, Completion Suggest API, Context Suggest API로 총 4가지 방식을 제공한다.

- Term Suggest API: 추천 단어 제안

- Completion Suggest API: 자동완성 제안

- Phrase Suggest API: 추천 문장 제안

- Context Suggest API: 추천 문맥 제안

Term Suggest API는 잘못된 철자에 대해 해당 인덱스의 특정 필드에서 가장 유사한 단어를 추천해주는 오타 교정 방법이며, Completion Suggest API는 사용자가 입력을 완료하기 전에 자동완성을 사용해 검색어를 예측해서 보여주며, 사용자가 검색하는 데 도움을 준다. 하지만 이러한 기능은 영문에서는 잘 동작하지만 한글에서는 잘 동작하지 않는다.

이 책에서는 이후에 한국어 추천을 제공하기 위한 다양한 방법을 배울 것이다. 이를 위해서는 별도의 플러그인을 개발해야 한다. 이러한 용도로 자바카페(JavaCafe) 커뮤니티에서 플러그인을 개발했는데, 이에 대해서는 차차 알아보기로 하고 앞에서 제시한 두 가지 Suggest API에 대해 살펴보자.

7.1.1 Term Suggest API

Term Suggest API는 편집거리(edit distance)를 사용해 비슷한 단어를 제안한다. 편집거리 척도란 어떤 문자열이 다른 문자열과 얼마나 비슷한가를 편집거리를 사용해 알아볼 수 있으며, 두 문자열 사이의 편집거리는 하나의 문자열을 다른 문자열로 바꾸는 데 필요한 편집 횟수를 말한다.

편집거리를 측정하는 방식은 대부분 각 단어를 삽입, 삭제, 치환하는 연산을 포함한다. 삽입이란 원본 문자열에 문자 한 개를 추가해서 원본과 검색어가 더 비슷하게 만드는 작업을 뜻한다. 삭제는 문자를 한 개 삭제하는 것을 말하며, 치환은 원본 문자열 한 개를 대상 문자 한 개와 치환하는 것을 의미한다. 이러한 연산을 조합해서 척도를 측정한다.

측정 과정을 진행할 때 한 문자열을 다른 문자열로 바꾸는 데 필요한 삽입, 삭제, 치환 연산의 총 수행 횟수의 합계를 편집거리라 한다. 예를 들어, "tamming test"라는 단어를 "taming text"로 바꾸는 과정에는 m을 삭제하는 삭제 연산 1회와 s를 x로 바꾸는 치환 연산 1회가 필요하다. 이를 편집거리로 나타내면 2가 된다.

편집거리 계산 알고리즘

엘라스틱서치에서의 편집거리 계산은 리벤슈타인 편집거리 측정 방식 혹은 자로 윙클러 편집거리 측정 방식을 기본으로 사용한다.

- 리벤슈타인 편집거리 측정: https://en.wikipedia.org/wiki/Levenshtein_distance
- 자로 윙클러 편집거리 측정: https://en.wikipedia.org/wiki/Jaro%E2%80%93Winkler_distance

---

예를 들어 보자. 테스트를 위해 다음과 같은 데이터를 생성해보자. "love"와 비슷한 단어가 포함된 5건의 데이터를 생성한다.

```
PUT movie_term_suggest/_doc/1
{
  "movieNm": "lover"
}
PUT movie_term_suggest/_doc/2
{
  "movieNm": "Fall love"
}
PUT movie_term_suggest/_doc/3
{
```

```
  "movieNm": "lovely"
}
PUT movie_term_suggest/_doc/4
{
  "movieNm": "lovestory"
}
```

movie_term_suggest 인덱스에 suggest 기능을 이용해 비슷한 단어를 추천하는 로직을 다음과 같이 만들었다. 검색할 필드를 movieNm으로 선택하고 검색어로 "lave"를 입력했다.

```
POST movie_term_suggest/_search
{
 "suggest": {
  "spell-suggestion": {
   "text": "lave",
   "term": {
    "field": "movieNm"
   }
  }
 }
}
```

색인된 데이터 중에는 "lave"와 일치하는 텀이 존재하지 않는다. 하지만 Term Suggest의 결과로 "lave"와 가장 유사한 단어를 추출해서 제공하는 것을 알 수 있다.

```
...중략....

"spell-suggestion" : [
    {
       "text" : "lave",
       "offset" : 0,
       "length" : 4,
       "options" : [
         {
            "text" : "love",
            "score" : 0.75,
```

```
      "freq" : 1
    },
    {
      "text" : "lover",
      "score" : 0.5,
      "freq" : 1
    }
  ]
}
]
```

결과를 살펴보면 세 가지 필드가 제공되는 것을 알 수 있다. text는 제안한 문자를 나타내며, score는 제안하고자 하는 텍스트가 원본과 얼마나 가까운지를 나타낸다. freq는 전체 문서에서 해당 텀의 빈도가 얼마나 나오는지를 보여준다.

이러한 원리를 이용하면 검색 결과가 없을 경우 추천 단어를 기준으로 검색 결과를 생성해서 제공할 수도 있다. 사용자에게는 아무런 결과가 없는 것보다는 비슷한 단어의 검색 결과를 제공하는 편이 더 나은 경우도 많기 때문이다.

그렇다면 이쯤에서 한글의 경우에는 어떻게 처리될지 궁금할 수 있다. 한글의 경우에는 Term Suggest를 이용해도 데이터가 추천되지 않는다. 기본적으로 한글 유니코드 체계가 복잡하기 때문이다. 하지만 한글의 자소를 분해해서 문서를 처리한 후 색인할 경우 영문과 동일하게 추천 기능을 구현하는 것이 가능해진다. 이후에 자바카페 플러그인을 이용해 한글 데이터의 검색어를 대상으로 오타를 교정하는 방법을 살펴보겠다.

ICU 분석기를 이용한 한글 처리

한글의 경우 ICU 분석기를 통해 한글 오타를 교정하는 것이 가능하다. ICU 분석기는 국제화 처리를 위해 특별히 개발된 분석기로서 내부의 ICU 필터는 한국어 자소를 분해하는 기능과 자소를 합치는 기능을 모두 갖추고 있다.

이를 이용하더라도 간단한 형태의 한글 처리는 가능하다. 하지만 한글을 기반으로 좀 더 정교한 오타 교정, 한영 변환, 자동완성 등의 복잡한 기능을 구현하려면 별도의 전문적인 플러그인을 개발해서 사용하는 편이 여러모로 좋다.

- ICU 분석기 소개 페이지 https://www.elastic.co/guide/en/elasticsearch/plugins/current/analysis-icu.html

7.1.2 Completion Suggest API

검색 사이트에서는 일반적으로 사용자의 검색을 효율적으로 돕기 위해 자동완성 기능을 제공한다. 자동완성은 사용자로 하여금 오타를 줄이고 문서 내의 키워드를 미리 보여줌으로써 검색을 조금 더 편하게 사용할 수 있게 도움을 주는 보조 수단이다.

엘라스틱서치에서는 자동완성을 위해 Completion Suggest API를 제공한다. 자동완성은 글자가 입력될 때마다 검색 결과를 보여줘야 하기 때문에 Term Suggest API와는 달리 응답 속도가 매우 중요하다. 그래서 Completion Suggest API를 사용하게 되면 엘라스틱서치에서는 내부적으로 FST(Finite State Transducer)를 사용한다. FST는 검색어가 모두 메모리에 로드되어 서비스되는 구조이며, 즉시 FST를 로드하게 되면 리소스 측면에서 많은 비용이 한꺼번에 발생하기 때문에 성능 최적화를 위해 색인 중에 FST를 작성하게 된다.

자동완성 기능을 사용하기 위해서는 데이터 타입을 completion으로 설정해서 인덱스를 생성해야 한다. 예를 들어, movie_term_completion 인덱스를 생성해보자. 다음과 같이 매핑을 설정할 때 movieNmEnComple 필드의 데이터 타입을 completion으로 설정한다.

```
PUT movie_term_completion
{
    "mappings": {
    "_doc": {
      "properties": {
        "movieNmEnComple": {
          "type": "completion"
        }
      }
    }
  }
}
```

생성된 인덱스에 문서를 추가한다.

```
PUT movie_term_completion/_doc/1
{
"movieNmEnComple": "After Love"
}
```

```
PUT movie_term_completion/_doc/2
{
"movieNmEnComple": "Lover"
}
PUT movie_term_completion/_doc/3
{
"movieNmEnComple": "Love for a mother"
}
PUT movie_term_completion/_doc/4
{
"movieNmEnComple": "Fall love"
}
PUT movie_term_completion/_doc/5
{
"movieNmEnComple": "My lovely wife"
}
```

데이터가 생성되면 자동완성 기능을 테스트해보자. "L"로 시작하는 모든 영화 제목을 검색해보자. 검색 시 suggest 옵션을 사용해야 한다. prefix로 검색할 키워드를 설정하고 completion에 검색에 사용할 필드를 지정한다.

```
POST movie_term_completion/_search
{
  "suggest": {
    "movie_completion": {
      "prefix": "l",
      "completion": {
        "field": "movieNmEnComple",
        "size" : 5
      }
    }
  }
}
```

결과로 5개의 "Love"라는 단어가 들어가 있는 문서가 모두 나오기를 예상했다. 하지만 두 개의 문서만 검색 결과로 리턴됐는데 그 이유는 prefix로 제공되는 전방일치 검색 기능에 의해 "L"로 시작하는 단어만 검색되어 나왔기 때문이다. 즉, 영화 제목이 반드시 "L"로 시작해야만 자동완성 결과로 제공된다.

```
"suggest" : {
  "movie_completion" : [
    {
      "text" : "l",
      "offset" : 0,
      "length" : 1,
      "options" : [
        {
          "text" : "Love for a mother",
          "_index" : "movie_term_completion",
          "_type" : "_doc",
          "_id" : "3",
          "_score" : 1.0,
          "_source" : {
            "movieNmEnComple" : "Love for a mother"
          }
        },
        {
          "text" : "Lover",
          "_index" : "movie_term_completion",
          "_type" : "_doc",
          "_id" : "2",
          "_score" : 1.0,
          "_source" : {
            "movieNmEnComple" : "Lover"
          }
        }
      ]
    }
  ]
}
```

이를 통해 부분일치되는 데이터까지 검색되게 하려면 prefix만으로는 해결되지 않는다는 사실을 알 수 있다. completion을 사용하려면 필드에 데이터를 넣을 때 검색이 가능해지는 형태로 가공해서 넣어야 한다. 예를 들어, 부분일치를 하고 싶다면 부분일치가 되어 나왔으면 하는 부분을 분리해서 배열 형태로 만들어야 한다.

이를 위해 기존 데이터를 모두 지우고 다음과 같이 새롭게 문서를 만든다.

```
PUT movie_term_completion/_doc/1
{
  "movieNmEnComple": {
    "input": ["After","Love"]
  }
}

PUT movie_term_completion/_doc/2
{
  "movieNmEnComple": {
    "input": ["Lover"]
  }
}

PUT movie_term_completion/_doc/3
{
  "movieNmEnComple": {
    "input": ["Love","for","a","mother"]
  }
}

PUT movie_term_completion/_doc/4
{
  "movieNmEnComple": {
    "input": ["Fall","love"]
  }
}

PUT movie_term_completion/_doc/5
{
  "movieNmEnComple": {
    "input": ["My","lovely","wife"]
  }
}
```

그리고 다시 한번 검색해 보자.

```
POST movie_term_completion/_search
{
  "suggest": {
    "movie_completion": {
      "prefix": "l",
      "completion": {
        "field": "movieNmEnComple",
        "size" : 5
      }
    }
  }
}
```

정상적으로 5건이 출력되는 것을 알 수 있다.

```
"suggest" : {
  "movie_completion" : [
    {
      "text" : "l",
      "offset" : 0,
      "length" : 1,
      "options" : [
        {
          "text" : "Love",
          "_index" : "movie_term_completion",
          "_type" : "_doc",
          "_id" : "1",
          "_score" : 1.0,
          "_source" : {
            "movieNmEnComple" : {
              "input" : [
                "After",
                "Love"
              ]
            }
```

```
      }
    },
    {
      "text" : "Love",
      "_index" : "movie_term_completion",
      "_type" : "_doc",
      "_id" : "3",
      "_score" : 1.0,
      "_source" : {
        "movieNmEnComple" : {
          "input" : [
            "Love",
            "for",
            "a",
            "mother"
          ]
        }
      }
    },
    {
      "text" : "Lover",
      "_index" : "movie_term_completion",
      "_type" : "_doc",
      "_id" : "2",
      "_score" : 1.0,
      "_source" : {
        "movieNmEnComple" : {
          "input" : [
            "Lover"
          ]
        }
      }
    },
    {
      "text" : "love",
      "_index" : "movie_term_completion",
      "_type" : "_doc",
      "_id" : "4",
```

```
          "_score" : 1.0,
          "_source" : {
            "movieNmEnComple" : {
              "input" : [
                "Fall",
                "love"
              ]
            }
          }
        },
        {
          "text" : "lovely",
          "_index" : "movie_term_completion",
          "_type" : "_doc",
          "_id" : "5",
          "_score" : 1.0,
          "_source" : {
            "movieNmEnComple" : {
              "input" : [
                "My",
                "lovely",
                "wife"
              ]
            }
          }
        }
      ]
    }
  ]
}
```

Completion Suggest API가 전방일치 방식밖에 지원하지 않기 때문에 어쩔 수 없이 색인할 때 데이터를 가공해야 했다. 단어 단위로 잘라서 배열 형태로 넣었기 때문에 모두 prefix에 의한 전방일치에 의해 검색이 이뤄졌다.

한글의 경우도 마찬가지로 자소를 분해해서 사용하면 자동완성을 만들 수 있다. 하지만 영문처럼 한 단어가 아닌 복합 명사 혹은 두 단어 이상의 단어를 처리해야 하기 때문에 다른 방식을 사용해야 한다. 이 부분도 별도의 플러그인을 이용해 처리해야 한다.

7.2 맞춤법 검사기

사용자들은 영문이나 한글을 검색어로 입력할 때 글자를 잘못 입력할 수 있다. 이러한 경우 원래 의도했던 검색 결과가 나오지 않을 것이다. 더군다나 한국에서는 한영 키보드를 사용하기 때문에 한글 단어를 입력해야 하는데 실수로 영어자판으로 설정하고 키워드를 입력하거나 반대로 영문 단어를 한글자판으로 설정해 놓고 입력하는 경우도 발생할 수 있다. 이 경우 철자가 잘못 입력되어 의도한 검색 결과가 나오지 않을 것이다. 이러한 경우에 어떻게 검색어를 교정하는지 알아보자.

7.2.1 Term Suggester API를 이용한 오타 교정

그림 7.1은 오타 교정에 대한 상황을 보여준다. 사용자는 "삼성전자"라는 단어를 검색어로 입력하고 싶었지만 잘못 입력해서 "샴성전자"를 입력했다. 하지만 검색엔진은 사용자의 의도를 파악하고 "삼성전자"로 검색한 결과를 보여준다. 어떻게 된 것일까? 이번에는 이러한 오타 교정 로직을 직접 만들어서 테스트해 보겠다.

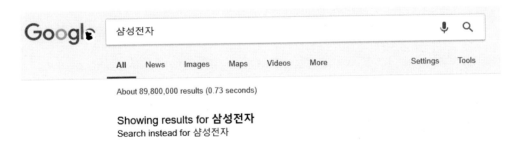

그림 7.1 구글 검색에서 지원하는 오타 교정

이미 앞에서 Suggest API를 통해 영문/한글 검색어 추천이 가능하다는 것을 살펴봤다. 그중 Term Suggester API를 이용하면 인덱스 내에 있는 단어를 이용해 비슷한 단어가 추천된다. 이와 마찬가지로 엘라스틱서치에서는 철자를 교정하기 위해 Suggest API를 제공하고 있지만 기본적으로 한글의 경우에는 잘 동작하지 않는다. 앞의 예제에서도 살펴봤지만 한글을 자소 단위로 분해해서 넣지 않으면 편집거리가 글자별로 적용되기 때문에 한글에 적용하기에는 다소 무리가 있다. 그래서 여기서는 한글에 적용할 수 있는 플러그인을 별도로 설치하고 이를 이용해 오타 교정 기능을 구현하겠다.

자바카페 플러그인 설치

먼저 엘라스틱서치에 플러그인을 설치해야 한다. 플러그인을 추가하려면 플러그인이 들어있는 zip 형식의 파일이 필요하다. 해당 파일은 아래 깃허브 저장소에서 내려받으면 된다.

```
$ wget https://github.com/javacafe-project/elastic-book-etc/raw/master/plugin/javacafe-analyzer-6.4.3.zip
```

이제 내려받은 플러그인을 엘라스틱서치에 설치한다. bin 디렉터리 안을 살펴보면 elasticsearch-plugin이라는 프로그램이 있는데 이 프로그램을 이용하면 플러그인을 손쉽게 설치할 수 있다.

```
$ ./bin/elasticsearch-plugin install file://<플러그인 절대경로>/javacafe-analyzer-6.4.3.zip

-> Downloading install file://<플러그인 절대경로>/javacafe-analyzer-6.4.3.zip
[=======================================] 100%
-> Installed javacafe-analyzer
```

플러그인이 정상적으로 설치되면 다음 명령어를 이용해 엘라스틱서치에 설치된 플러그인의 목록을 확인할 수 있다.

```
$ ./bin/elasticsearch-plugin list

javacafe-analyzer
```

설치된 자바카페 플러그인 내부에는 총 5개의 필터가 존재한다. 나중에 자세히 설명할 예정이니 여기서는 이러한 필터가 제공된다는 사실만 확인하고 넘어가자.

```
        // ❶ 한글 초성 분석 필터
    javacafe_chosung

        // ❷ 한글 자모 분석 필터
    javacafe_jamo

        // ❸ 영한 오타 변환 필터
    javacafe_eng2kor
```

```
// ❹ 한영 오타 변환 필터
javacafe_kor2eng


// ❺ 한글 맞춤법 검사 필터
javacafe_spell
```

> **참고**
>
> 설치한 플러그인은 엘라스틱서치를 재실행해야 적용된다. 만약 단일 노드가 아닌 여러 노드가 클러스터 형태로 묶여있
> 는 구조라면 클러스터를 구성하는 모든 노드에 플러그인을 설치해야 한다.

플러그인을 설치했다면 직접 예제를 만들어 테스트해 보자. 여기서 만들 예제는 Term Suggester API
를 이용한 오타 교정 예제인데, 앞서 설치한 자바카페 플러그인 내부에 오타 교정을 위한 복잡한 로직이
구현돼 있다. 자세한 내부 구현 로직은 뒤에서 알아보고 여기서는 먼저 활용법을 알아보자.

1) 인덱스 생성

먼저 company_spellchecker라는 이름으로 인덱스를 생성하고 필터 항목에 javacafe_spell 필터를 추가
한다.

```
PUT /company_spellchecker
{
  "settings": {
    "index": {
      "analysis": {2
        "analyzer": {
          "korean_spell_analyzer": {
            "type": "custom",
            "tokenizer": "standard",
            "filter": [
              "trim",
              "lowercase",
              "javacafe_spell"
            ]
          }
        }
```

```
            }
          }
        }
      }
```

2) 매핑 설정

매핑에 자동완성이 적용될 suggest 필드를 정의하고 analyzer 속성에 외부 분석기를 사용한다. 또한 name 필드의 데이터를 복사해서 suggest 필드에 저장하는 구조로 copy_to를 이용해 생성한다.

```
PUT /company_spellchecker/_doc/_mappings
{
    "properties": {
      "name": {
        "type": "keyword",
        "copy_to":["suggest"]
      },
      "suggest": {
        "type": "completion",
        "analyzer": "korean_spell_analyzer"
      }
    }
}
```

3) 오타 교정 데이터 색인

자동완성으로 제공될 데이터를 색인해 보자. 테스트 목적이기 때문에 한 건의 데이터만 추가한다.

```
PUT /company_spellchecker/_doc/1
{
    "name" : "삼성전자"
}
```

4) 오타 교정 API 요청

사용자가 입력한 "샴성전자"라는 검색어가 오타일 것이라고 가정하고 오타가 교정된 검색 결과를 제공하기 위해 Term Suggest API를 사용해 질의한다.

```
PUT /company_spellchecker/_doc/_search
{
 "suggest": {
  "my-suggestion": {
   "text": "샴성전자",
   "term": {
    "field": "suggest"
   }
  }
 }
}
```

질의 결과로 "샴성전자"라는 검색어에 대해 "삼성전자"가 추천되는 것을 확인할 수 있다.

```
{
    . ..중략...

   "suggest": {
      "my-suggestion": [
         {
            "text": "ㅅㅑㅁㅅㅓㅇㅈㅓㄴㅈㅏ",
            "offset": 0,
            "length": 4,
            "options": [
               {
                  "text": "ㅅㅑㅁㅅㅓㅇㅈㅓㄴㅈㅏ",
                  "score": 0.9090909,
                  "freq": 1
               }
            ]
         }
      ]
```

```
    }
  }
```

사용자가 입력한 단어와 비슷한 단어를 찾기 위해 javacafe_spell 필터는 내부적으로 색인된 모든 데이터를 자소 단위로 분해해서 생성한다. 그리고 요청된 검색어도 자소로 분해해서 비슷한 데이터를 찾는다. 이때는 모든 데이터가 자소 단위로 분해됐기 때문에 편집거리 계산이 가능해진다.

자소 단위로 분해된 단어 합치기

오타 교정으로 추천된 단어는 자소가 분해된 상태로 제공된다. 프로그램에서 실제로 사용하려면 분리된 자소를 합쳐서 실제 단어로 조합해야 한다.

```
자소로 분해된 상태: [ㅅㅏㅁㅅㅓㅇㅈㅓㄴㅈㅏ]
단어로 합쳐진 상태: [삼성전자]
```

자바에서는 이러한 경우 사용할 수 있는 java.text.Normalizer 클래스를 제공한다. 다음과 같이 자소 단위로 분해된 문자열을 간단히 합칠 수 있다.

```
String keyword = "ㅅㅏㅁㅅㅓㅇㅈㅓㄴㅈㅏ";
String result = Normalizer.normalize(keyword, Normalizer.Form.NFC);
System.out.println(result);

#결과
[삼성전자]
```

자세한 사항은 다음 URL을 참고하자.

- Normalizer 클래스: https://docs.oracle.com/javase/8/docs/api/java/text/Normalizer.html

---

보통 사용자가 검색할 때 검색 결과가 한 건도 나오지 않거나 전체 건수의 1~2% 미만으로 나오는 경우에는 이러한 오타 교정 API를 호출해서 교정된 검색어를 추가로 제시하거나 교정된 검색어로 검색한 결과를 출력한다. 이러한 방식을 통해 사용자의 만족도는 높아지고 사용자들이 해당 페이지에 머무는 시간 또한 늘어날 것이다.

7.2.2 한영/영한 오타 교정

한영 키보드로 검색어를 입력할 때 사람들이 가장 흔히 하는 실수 중 하나가 한영키 때문에 발생하는 오타다. 한글 검색어를 영문자판으로 설정해 두고 검색한다거나 반대로 영문 검색어를 한글자판으로 설정해 놓고 검색하는 경우다.

그림 7.2를 보자. 한글로 '삼성전자'를 검색하고 싶었지만 영문자판으로 검색어를 입력한 경우다. 이러한 경우에는 유니코드 관점에서 완전히 다른 코드가 입력된 것이기 때문에 편집거리로 비슷한 단어를 찾는 방식은 활용이 불가능하다.

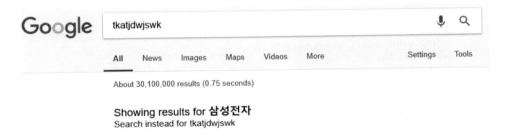

그림 7.2 구글에서 지원하는 영한 오타 교정

한글자판으로 설정해 두고 영문으로 검색한 경우도 마찬가지다. 영문으로 'apple'을 검색하고 싶었지만 한글 자판으로 검색하는 실수를 저지르는 경우다. 마찬가지로 편집거리 계산이 불가능하다.

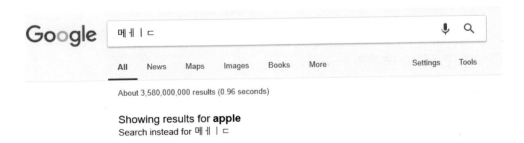

그림 7.3 구글에서 지원하는 한영 오타 교정

한영/영한 검색어의 오타 교정을 할 때는 다음 두 가지 방식 중 어떤 방식을 사용자에게 제공할지 생각해 봐야 한다.

1. 해당 단어를 추천만 하는 방법

2. 해당 단어를 추천하고 추천한 단어로 검색 결과를 보여주는 방법

구글의 경우 검색어로 한영키 오타가 유입됐다고 판단되면 오타가 교정된 검색어를 추천하고 추천된 검색어로 결과까지 출력한다.

그림 7.4 구글에서 한글 키보드로 'apple'을 입력한 경우

네이버의 경우 사용자가 입력한 단어로 검색 결과를 일단 제공하고 추천 검색어를 상단에 노출해서 사용자가 선택할 수 있게 한다.

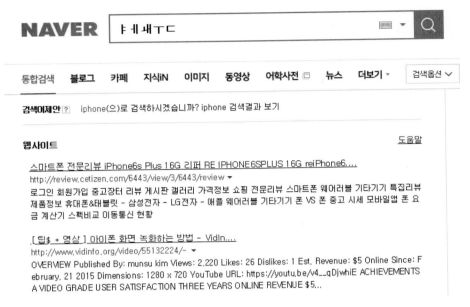

그림 7.5 네이버에서 한글 키보드로 'apple'을 입력한 경우

검색 서비스에 따라 두 가지 방법을 선택적으로 사용하고 있으며, 사회적 이슈가 있는 특정 검색어의 경우 검색어에 따라 교차 적용하는 방법도 사용된다. 이는 검색 품질이 좋고 나쁨의 문제가 아니라 정책의 문제임을 이해해야 한다. 각 검색엔진에서 검색 서비스를 어떻게 구현하느냐에 따라 기준이 달라지는 것이다.

검색어 자체가 영문으로 유입돼야 하는데 오타 교정 때문에 한글로 변형되어 의도치 않은 결과가 나오는 경우도 생길 수 있다. 예를 들어, 새로 오픈한 서비스 중 "DJVNP"라는 이름의 서비스가 생겼다고 가정해보자. 그런데 우연히 색인된 문서 중에 "어퓨"라는 이름의 상품이 존재한다면 어떻게 될까? 해당 단어는 한영 오타 교정 로직상 "어퓨"로 변경될 수 있다. 하지만 운영자는 한영오타 교정이 되지 않은 "DJVNP"라는 검색어로 검색된 결과가 노출되길 원할 것이다. 이처럼 미묘한 문제는 언제든지 일어날 수 있다.

그럼 실제 예제를 만들어보자. 이번에도 이전 장에서 설치한 자바카페 플러그인을 활용하겠다.

1) 인덱스 생성

여기서는 2개의 인덱스를 생성해야 한다. 먼저 company라는 이름으로 인덱스를 생성하고 일반적인 분석기를 추가하자. 이 인덱스에는 실제로 검색될 문서가 색인될 것이다.

```
PUT /company
{
  "settings": {
    "index": {
      "analysis": {
        "analyzer": {
          "my_analyzer": {
            "type": "custom",
            "tokenizer": "standard",
            "filter": [
              "trim",
              "lowercase"
            ]
          }
        }
      }
    }
  }
}
```

두 번째로 search_keyword라는 인덱스를 생성해보자. 한영 오차교정과 영한 오차교정을 위해 각각 분석기를 설정한다. 한영 오차교정용 분석기인 kor2eng_analyzer 분석기의 filter 항목에는 자바카페 플러그인으로 제공하는 필터 중 javacafe_kor2eng 필터를 추가한다. 영한 오차교정용 분석기인 eng2kor_analyzer 분석기의 filter 항목에는 javacafe_eng2kor 필터를 추가한다. 이 인덱스는 한영/영한 오타가 있는지 검사하는 용도로 사용될 것이다.

```
PUT /search_keyword
{
  "settings": {
    "index": {
      "analysis": {
        "analyzer": {
          "kor2eng_analyzer": {
            "type": "custom",
            "tokenizer": "standard",
            "filter": [
```

```
              "trim",
              "lowercase",
              "javacafe_kor2eng"
            ]
        },
        "eng2kor_analyzer": {
          "type": "custom",
          "tokenizer": "standard",
          "filter": [
            "trim",
            "lowercase",
            "javacafe_eng2kor"
          ]
        }
      }
    }
  }
}
```

2) 매핑 설정

앞서 생성한 2개의 인덱스에 각각 매핑 설정을 한다. 먼저 company 인덱스다. company 인덱스는 단순히 name 필드 하나를 생성한다.

```
PUT /company/_doc/_mappings
{
    "properties": {
      "name": {
        "type": "keyword"
      }
    }
}
```

두 번째로 search_keyword 인덱스에 매핑 설정을 해보자. 매핑에 각각 kor2eng_suggest 필드와 eng2kor_suggest 필드를 생성한다. 이때 데이터 타입은 분석이 가능하도록 text 데이터 타입으로 설정한다. 여기서는 문서를 색인할 때는 원래 방식대로 동작하고 검색할 때만 오타 교정 필터가 적용되도록 별도로 search_analyzer를 설정하는 것이 중요하다.

```
PUT search_keyword/_doc/_mapping
{
    "properties": {
      "name": {
        "type": "keyword",
        "copy_to":["kor2eng_suggest", "eng2kor_suggest"]
      },
      "kor2eng_suggest": {
        "type": "text",
        "analyzer": "standard",
        "search_analyzer": "kor2eng_analyzer"
      },
      "eng2kor_suggest": {
        "type": "text",
        "analyzer": "standard",
        "search_analyzer": "eng2kor_analyzer"
      }
    }
}
```

3) 오타 교정 데이터 색인

데이터를 색인해보자. 데이터 인덱스와 오타 교정 인덱스에 동일한 데이터를 색인한다. 한영 오타 교정과 영한 오타 교정 테스트를 위해 각각 2건의 데이터를 색인했다.

```
PUT /company/_doc/1
{ "name" : "삼성전자" }

PUT /company/_doc/2
{ "name" : "iphone" }

PUT /search_keyword/_doc/1
{ "name" : "삼성전자" }
```

```
PUT /search_keyword/_doc/2
{ "name" : "iphone" }
```

4) 오타 교정 API 요청

오타 교정은 보통 다음과 같이 동작한다. 먼저 오타 교정 API를 실행하고 결과에 따라 실제 인덱스를 검색하기 위한 검색어를 결정한다.

1. search_keyword 인덱스에 사용자 검색어를 가지고 검색 질의를 한다.
2. 검색 결과가 없다면 검색어 그대로 company 인덱스에 검색 질의를 한다.
3. 검색 결과가 있다면 변경된 검색어로 company 인덱스에 검색 질의를 한다.

먼저 한영 오타에 대한 테스트를 진행해보자. 사용자는 "삼성전자"를 검색하고 싶었다. 하지만 키보드의 한영키가 영어로 설정돼 있어 실제로는 "tkatjdwjswk"가 요청됐다. 이 경우에는 어떻게 해야 할까?

먼저 search_keyword 인덱스를 검색한다.

```
PUT /search_keyword/_search
{
    "query": {
      "match": {
        "eng2kor_suggest": {
          "query": "tkatjdwjswk"
        }
      }
    }
}
```

이때는 한영 오타이기 때문에 eng2kor_suggest 칼럼에 의한 결과가 리턴된다. 결과가 존재하므로 company 인덱스의 검색어로 "삼성전자"를 질의한다.

```
{
…중략…

    "hits": {
```

```
        "total": 1,
        "max_score": 0.2876821,
        "hits": [
            {
                "_index": "search_keyword",
                "_type": "_doc",
                "_id": "1",
                "_score": 0.2876821,
                "_source": {
                    "name": "삼성전자"
                }
            }
        ]
    }
}
```

이번에는 영한 오타를 테스트해 보자. 사용자는 "iphone"을 검색하고 싶었지만 키보드의 한영키가 한글로 설정돼 있어 실제로는 "ㅑㅔㅗㅐㅜㄷ"이 요청됐다. 한영 오타와 마찬가지로 search_keyword 인덱스를 검색한다.

```
PUT /search_keyword/_search
{
  "query": {
    "match": {
      "kor2eng_suggest": {
        "query": "ㅑㅔㅗㅐㅜㄷ"
      }
    }
  }
}
```

이때는 영한 오타이기 때문에 kor2eng_suggest 칼럼에 의한 결과가 리턴된다. 결과가 존재하므로 company 인덱스에 검색어로 "iphone"을 사용해 질의한다.

```
{
 …중략…

    "hits": {
        "total": 1,
        "max_score": 0.2876821,
        "hits": [
            {
                "_index": "search_keyword",
                "_type": "_doc",
                "_id": "2",
                "_score": 0.2876821,
                "_source": {
                    "name": "iphone"
                }
            }
        ]
    }
}
```

한영 오타나 영한 오타가 발생하더라도 실제 데이터를 질의할 때 변경된 검색어로 질의했기 때문에 정상적인 문서가 검색된다. 이를 가능케 하는 것이 search_keyword 인덱스다. 하지만 search_keyword 인덱스에 키워드 자체가 존재하지 않는다면 오타 교정이 불가능하기 때문에 검색어에 대한 모니터링을 수시로 수행해야 한다. 검색 질의 시 로그 등을 활용해 로그스태시(logstash)에 저장하고 검색어와 검색 결과가 0건인 경우를 늘 모니터링해야 검색 품질을 높일 수 있다.

7.3 한글 키워드 자동완성

엘라스틱서치에서는 자동완성을 지원하기 위해 Completion Suggest API를 제공한다. 앞서 잠깐 언급했지만 Suggest API는 영문을 처리하는 데는 적합하지만 복잡한 유니코드 형태로 돼 있는 한글을 처리하는 데는 적합하지 않다. 하지만 말로만 들어서는 영문과 한글에 따라 어떤 차이가 있는지 이해하기 쉽지 않다. Suggest API로 자동완성을 간단히 구현해보고 직접 장단점을 확인해 보자.

7.3.1 Completion Suggest API를 이용한 한글 자동완성

Completion Suggest API를 이용해 자동완성을 제공하는 간단한 예제를 하나 만들어보자.

1) 인덱스 생성

먼저 ac_test라는 이름으로 인덱스를 생성한다. 일반적인 인덱스를 생성하는 방법과 동일하다.

```
PUT /ac_test
{
    "settings" : {
        "index" : {
            "number_of_shards" : 5,
            "number_of_replicas" : 1
        }
    }
}
```

2) 매핑 설정

인덱스가 생성되면 생성된 인덱스에 매핑 설정을 해보자. 자동완성을 위해서는 필드 타입을 completion 으로 설정해야 한다.

```
PUT /ac_test/_mapping/ac_test
{
    "properties": {
        "itemSrc": {
            "type": "keyword"
        },
        "itemCompletion": {
            "type": "completion"
        }
    }
}
```

예제로 생성한 인덱스는 다음과 같은 두 개의 필드를 가지고 있다.

itemSrc 필드

일반적인 매칭 검색 용도로 사용하는 필드다. 필드를 정의할 때 Keyword 데이터 타입으로 설정한다.

itemCompletion 필드

자동완성 용도로 사용하는 필드다. 필드를 정의할 때 Completion 데이터 타입으로 설정한다.

3) 자동완성 데이터 색인

자동완성으로 제공될 데이터를 색인해 보자. 예제에서는 _bulk API를 이용해 데이터를 색인한다. _bulk API를 이용하면 대용량 데이터를 간단하게 처리할 수 있어서 무척 효율적이다.

```
POST /ac_test/_bulk

{"index" : { "_index" : "ac_test", "_type" : "ac_test", "_id" : "1" }}
{"itemSrc" : "신혼", "itemCompletion" : "신혼"}

{"index" : { "_index" : "ac_test", "_type" : "ac_test", "_id" : "2" }}
{"itemSrc" : "신혼가전", "itemCompletion" : "신혼가전"}

{"index" : { "_index" : "ac_test", "_type" : "ac_test", "_id" : "3" }}
{"itemSrc" : "신혼가전특별전", "itemCompletion" : "신혼가전특별전"}
```

예제에서는 3건의 데이터를 색인했다.

4) 자동완성 요청

엘라스틱서치에서는 검색 요청을 위해 _search API를 사용한다. 자동완성도 일종의 검색이기 때문에 일반 검색과 동일하게 _search API를 이용한다. 하지만 검색할 때 사용하는 Query DSL 문법에 차이가 있다. 일반적인 검색은 match 키워드를 이용해 검색 요청을 해야 하는 반면 자동완성은 suggest 키워드를 이용해 검색 요청을 해야 한다.

먼저 인덱스에 존재하는 전체 데이터를 살펴보자.

```
GET /ac_test/_search
{
    "took": 3,
    "timed_out": false,
    "_shards": {
        "total": 5,
        "successful": 5,
        "skipped": 0,
        "failed": 0
    },
    "hits": {
        "total": 3,
        "max_score": 1,
        "hits": [
            {
                "_index": "ac_test",
                "_type": "ac_test",
                "_id": "1",
                "_score": 1,
                "_source": {
                    "itemSrc": "신혼",
                    "itemCompletion": "신혼"
                }
            },{
                "_index": "ac_test",
                "_type": "ac_test",
                "_id": "2",
                "_score": 1,
                "_source": {
                    "itemSrc": "신혼가전",
                    "itemCompletion": "신혼가전"
                }
            },{
                "_index": "ac_test",
                "_type": "ac_test",
                "_id": "3",
```

```
                "_score": 1,
                "_source": {
                    "itemSrc": "신혼가전특별전",
                    "itemCompletion": "신혼가전특별전"
                }
            }
        ]
    }
}
```

"신혼", "신혼가전", "신혼가전특별전"이라는 3건의 문서가 생성된 것을 확인할 수 있다. 그리고 각 문서는 itemSrc, itemCompletion 필드를 가지고 있다. itemSrc 필드를 이용해 일반적인 키워드 검색을 해보자.

```
GET /ac_test/_search
{
    "query": {
        "match" : {
            "itemSrc" : "신혼"
        }
    }
}
```

일반적인 키워드 검색의 경우 query 속성을 이용한다. itemSrc 필드가 keyword 타입으로 정의돼 있어 완벽하게 일치하는 문서만 결과로 리턴된다.

```
{
    "took": 1,
    "timed_out": false,
    "_shards": {
        "total": 5,
        "successful": 5,
        "skipped": 0,
        "failed": 0
    },
    "hits": {
```

```json
        "total": 1,
        "max_score": 0.2876821,
        "hits": [
            {
                "_index": "ac_test",
                "_type": "ac_test",
                "_id": "1",
                "_score": 0.2876821,
                "_source": {
                    "itemSrc": "신혼",
                    "itemCompletion": "신혼"
                }
            }
        ]
    }
}
```

그렇다면 itemCompletion 필드를 이용하면 결과가 어떻게 나올까? 한 번 검색해보자.

```json
GET /ac_test/_search
{
    "suggest": {
        "s1": {
            "prefix": "신혼",
            "completion": {
                "field": "itemCompletion",
                "size" : 10
            }
        }
    }
}
```

Completion Suggest API를 이용한 자동완성 검색의 경우 suggest 속성을 이용한다. itemCompletion 필드가 completion 타입으로 정의돼 있어 검색어와 일치하는 문서가 모두 결과로 리턴된다.

일반적으로는 자동완성으로 리턴되는 문서의 수가 많기 때문에 size 속성이 추가로 제공된다. 이 예제에서는 최대 10건의 문서만 가져오도록 설정했다.

```
{
    "took": 4,
    "timed_out": false,
    "_shards": {
        "total": 5,
        "successful": 5,
        "skipped": 0,
        "failed": 0
    },
    "hits": {
        "total": 0,
        "max_score": 0,
        "hits": []
    },
    "suggest": {
        "s1": [
            {
                "text": "신혼",
                "offset": 0,
                "length": 2,
                "options": [
                    {
                        "text": "신혼",
                        "_index": "ac_test",
                        "_type": "ac_test",
                        "_id": "1",
                        "_score": 1,
                        "_source": {
                            "itemSrc": "신혼",
                            "itemCompletion": "신혼"
                        }
                    },
                    {
                        "text": "신혼가전",
                        "_index": "ac_test",
                        "_type": "ac_test",
                        "_id": "2",
```

```
                    "_score": 1,
                    "_source": {
                        "itemSrc": "신혼가전",
                        "itemCompletion": "신혼가전"
                    }
                },
                {
                    "text": "신혼가전특별전",
                    "_index": "ac_test",
                    "_type": "ac_test",
                    "_id": "3",
                    "_score": 1,
                    "_source": {
                        "itemSrc": "신혼가전특별전",
                        "itemCompletion": "신혼가전특별전"
                    }
                }
            ]
        }
    ]
  }
}
```

"신혼"이라는 키워드와 일치하는 모든 문서들이 자동완성 결과로 제공된다.

7.3.2 Suggest API를 이용한 한글 자동완성의 문제점

앞에서 엘라스틱서치에서 제공하는 Completion Suggest API 기능을 이용해 자동완성을 손쉽게 구현했다. 하지만 여기서 구현한 자동완성 기능에는 몇 가지 미흡한 점이 있다.

1) 부분 일치 불가

첫 번째 문제는 키워드의 일부분으로는 자동완성의 결과가 제공되지 않는다는 점이다. 앞서 살펴본 예제에서는 키워드로 "신혼"이라는 단어를 사용했고, 결과로 "신혼", "신혼가전", "신혼가전특별전"이라는 매우 흡족한 결과를 얻었다. 하지만 "가전"이라는 단어를 검색어로 이용한다면 어떤 결과가 나올까? 아마도 "신혼가전"과 "신혼가전특별전"이라는 2건의 문서가 결과로 제공되길 원할 것이다. 직접 검색해 보자.

```
GET /ac_test/_search
{
    "suggest": {
        "s1": {
          "prefix": "가전",
          "completion": {
            "field": "itemCompletion",
            "size" : 10
          }
        }
    }
}
```

실망스럽게도 결과는 0건이다.

```
{
    "took": 2,
    "timed_out": false,
    "_shards": {
        "total": 5,
        "successful": 5,
        "skipped": 0,
        "failed": 0
    },
    "hits": {
        "total": 0,
        "max_score": 0,
        "hits": []
    },
    "suggest": {
        "s1": [
            {
                "text": "가전",
                "offset": 0,
                "length": 2,
                "options": []
            }
```

```
        ]
    }
}
```

자동완성 결과로 아무것도 리턴되지 않았다. 그 이유는 Completion Suggest API가 내부적으로 Prefix 방식의 매칭만 지원하고 있어 키워드의 시작 부분이 반드시 일치해야 결과로 제공하기 때문이다. Completion Suggest API를 이용해 자동완성을 구현할 경우 반드시 키워드의 시작어를 알고 사용해야 한다. 하지만 사용자들은 어떤 키워드가 있는지 알 길이 없다. 자동완성 서비스를 제공하려면 키워드 기준으로 시작, 중간, 끝 등의 전방위 검색이 모두 가능해야 한다.

2) 한글 초성 검색 불가

한글은 다음과 같이 다양한 자음과 모음으로 이뤄져 있다.

현대 한글 기본 자모

자음
ㄱ · ㄴ · ㄷ · ㄹ · ㅁ · ㅂ · ㅅ · ㅇ · ㅈ · ㅊ · ㅋ · ㅌ · ㅍ · ㅎ

모음
ㅏ · ㅑ · ㅓ · ㅕ · ㅗ · ㅛ · ㅜ · ㅠ · ㅡ · ㅣ

현대 한글 겹자모

자음
ㄲ · ㄳ · ㄵ · ㄶ · ㄸ · ㄺ · ㄻ · ㄼ · ㄽ · ㄾ · ㄿ · ㅀ · ㅃ · ㅄ · ㅆ · ㅉ

모음
ㅐ · ㅒ · ㅔ · ㅖ · ㅘ · ㅙ · ㅚ · ㅝ · ㅞ · ㅟ · ㅢ

한글은 이러한 자음과 모음을 조합해서 글자를 표현한다. 그리고 조합된 하나의 글자는 "초성", "중성", "종성"으로 구분된다. 다음은 국립국어원에서 정의한 "초성", "중성", "종성"의 의미다.

초성(初聲)

「명사」『언어』

음절의 구성에서 처음 소리인 자음. '님'에서 'ㄴ' 따위이다. ≒첫소리01 · 초발성.

중성(中聲)

「명사」『언어』

음절의 구성에서 중간 소리인 모음. '땅'에서 'ㅏ', '들'에서 'ㅡ' 따위이다. ≒가운뎃소리 · 속소리「3」 · 중음01(中音)「1」.

종성(終聲)

「명사」『언어』

음절의 구성에서 마지막 소리인 자음. '감', '공'에서 'ㅁ', 'ㅇ' 따위이다. ≒끝닿소리 · 끝소리「1」 · 말음(末音)「1」 · 받침「4」 · 받침 끝 닿소리 · 받침소리.

자세한 사항은 아래 링크를 참고한다.

■ 초성 중성 종성의 의미: http://www.korean.go.kr/front/onlineQna/onlineQnaView.do?qna_seq=111262

초성, 중성, 종성을 조합해서 한글 한 글자를 만들수 있다. 이러한 방식을 이용해 만들 수 있는 글자의 수는 총 11,172자다.

```
초성: ㄱㄲㄴㄷㄸㄹㅁㅂㅃㅅㅆㅇㅈㅉㅊㅋㅌㅍㅎ (19개)
중성: ㅏㅐㅑㅒㅓㅔㅕㅖㅗㅘㅙㅚㅛㅜㅝㅞㅟㅠㅡㅢㅣ (21개)
종성: ㄱㄲㄳㄴㄵㄶㄷㄹㄺㄻㄼㄽㄾㄿㅀㅁㅂㅄㅅㅆㅇㅈㅊㅋㅌㅍㅎ (27개) + 예외 1개

조합에 의해 만들수 있는 글자의 총 개수
19 * 21  * (27+1) = 11,172
```

모든 글자는 반드시 자음으로 시작해야 하는데 이때 이 자음을 "초성"이라고 한다. 예를 들어, "신혼가전 특별전"이라는 키워드의 초성은 다음과 같다.

```
ㅅㅎㄱㅈㅌㅂㅈ
```

최근에는 한글 자동완성의 기능으로 초성 검색을 많이 지원한다. 초성 검색이 가능해지려면 한글의 자모 분석(자음과 모음 분석)이 먼저 이뤄져야 한다. Completion Suggest API를 이용해 자동완성을 구현할 경우 한글 자모 분석을 지원하지 않기 때문에 초성 검색을 구현하는 것이 불가능하다.

3) 한글 자모 검색 불가

앞서 한글의 구조와 자모(자음과 모음)의 구성 원리를 살펴봤다. 키보드로 한글을 입력하는 것도 마찬가지다. 일반적인 한글의 구성 원리에 따라 초성, 중성, 종성으로 순서대로 입력된다. 키보드로 한글을 입력하면 자음과 모음이 모여서 하나의 글자가 완성된다.

다음과 같은 일부 자음은 글자의 받침으로도 사용될 수 있다.

```
'ㄱ, ㄴ, ㄷ, ㄹ, ㅁ, ㅂ, ㅇ'의 7개 자음
```

일반적으로 키보드로 한글 키를 입력할 때는 별다른 이슈가 없지만 받침이 있는 글자가 이어질 경우 이 받침 때문에 타이핑 과정에서 미묘한 문제가 발생한다. 예를 들어, 검색어로 "신혼"이라는 단어를 입력한다고 가정해보자. 그럼 다음과 같은 키 입력이 일어날 것이다.

```
[키입력 순서 1번] ㅅ : ㅅ
[키입력 순서 2번] ㅣ : ㅅ ㅣ
[키입력 순서 3번] ㄴ : ㅅ ㅣ ㄴ
[키입력 순서 4번] ㅎ : ㅅ ㅣ ㄴ ㅎ
[키입력 순서 5번] ㅗ : ㅅ ㅣ ㄴ ㅎ ㅗ
[키입력 순서 6번] ㄴ : ㅅ ㅣ ㄴ ㅎ ㅗ ㄴ
```

하지만 실제로는 조금 다르게 동작한다.

```
[키입력 순서 1번] ㅅ : ㅅ
[키입력 순서 2번] ㅣ : 시
[키입력 순서 3번] ㄴ : 신
[키입력 순서 4번] ㅎ : 싢
[키입력 순서 5번] ㅗ : 신호
[키입력 순서 6번] ㄴ : 신혼
```

키가 입력되는 도중에 유니코드가 순간적으로 변경되는 것이다. 자동완성을 서비스로 제공할 때는 키보드의 키 입력을 이벤트(onKeyDown, onKeyUp, onKeyPress)로 받아서 처리하게 된다. 일반적으로 키 이벤트가 발생할 때마다 엘라스틱서치로 자동완성 검색이 요청되기 때문에 만약 키 입력 그대로 자동완성 요청이 이뤄진다면 검색 결과가 키 입력 순서에 따라 나왔다 안 나왔다 오락가락할 것이다.

따라서 한글의 경우 검색어를 자음과 모음으로 분리해서 요청해야 키워드를 입력하는 도중에도 정확한 결과가 노출된다.

7.3.3 직접 구현해보는 한글 자동완성

엘라스틱서치에서 제공하는 Completion Suggest API를 이용해 자동완성을 구현할 경우 간단하게 자동완성 기능을 구현할 수 있었다. 하지만 한글 키워드를 대상으로 자동완성 기능을 제공하기에는 여러모로 아쉬운 점이 많다. 사용자의 눈높이를 맞추려면 그대로 사용해서는 안 될 것이다. Completion Suggest API에 의존하지 않고 부족하지만 기본적인 자동완성이 지원되도록 직접 구현해 보자.

7.3.3.1 루씬의 분석 기능 활용하기

자동완성 기능은 키보드 입력이 발생할 때마다 결과를 제공해야 하기 때문에 빠른 속도를 보장해야 한다. 엘라스틱서치는 이러한 자동완성의 동작 특성상 내부적으로 메모리를 적극적으로 활용한다. 기본적으로 엘라스틱서치는 Completion Suggest API로 생성된 인덱스의 전체 데이터를 메모리에 올려 캐시로 생성하고 요청이 올 때마다 메모리에서 연산을 수행하는 방식으로 동작한다. 이러한 동작 방식 때문에 빠른 응답속도를 보일 수 있게 됐고 특별한 이슈가 없다면 이를 이용해 간단하게 자동완성을 제공하는 것도 그리 나쁘지 않은 선택이다.

하지만 이 방식의 가장 큰 문제점은 키워드에 대한 Prefix 매칭(전방일치)만 지원한다는 점이다. 메모리에서 매칭 연산을 수행하기 때문에 루씬의 기능을 활용하지 못하고 메모리에서 단순히 Prefix 매칭으로 일치하는 결과만 제공할 수밖에 없다. 루씬을 이용해 자동완성을 구현할 경우 루씬에서 제공하는 각종 분석 기능을 활용하는 것이 가능해진다. 하지만 루씬이 제공하는 분석 기능들은 메모리 연산이 아니기 때문에 속도 측면에서는 일부 손해를 보게 된다.

1) Completion Suggest API를 이용하는 경우

- 엘라스틱서치에서 자동완성을 위해 기본적으로 제공하는 기능이다.
- 제공되는 completion 키워드를 이용해 인덱스를 구현하면 바로 사용 가능하다.
- 데이터가 메모리에서 동작하기 때문에 매우 빠르다.
- 메모리에서 동작하므로 데이터 크기에 대한 제약이 있다.
- 현재는 전방일치밖에 제공하지 않는다.

2) 루씬을 이용해 직접 구현하는 경우

- 직접 구현해야 하므로 관련 지식이 필요하다.
- 루씬의 역색인 구조를 기반으로 동작하기 때문에 상대적으로 느리다.
- 사실상 데이터 크기에 제약이 없다.
- 루씬이 제공하는 분석기로 원하는 방식을 모두 구현할 수 있다.

결과적으로 자동완성을 구현할 때 빠른 속도를 내기 위해 메모리를 사용할 것이냐 아니면 속도를 조금 포기하고 루씬을 이용한 분석 기능을 사용할 것이냐를 선택하는 문제로 귀결된다. 더군다나 한글 콘텐츠가 대다수인 국내 환경을 생각해 보면 루씬을 이용해 직접 구현하는 수밖에 없다.

물론 루씬에 직접 접근해서 기능을 구현한다는 것은 아니다. 엘라스틱서치에서는 루씬의 기능을 활용하기 위해 루씬 API를 확장해서 제공한다. 이를 통해 직접적으로 루씬에 접근하지 않더라도 루씬 기능을 대부분 활용할 수 있다. 앞으로 설명하는 루씬의 분석기나 필터들도 엘라스틱서치가 확장해서 제공하는 것들이다. 루씬의 동작 원리에 대한 자세한 사항은 이 책의 범위를 벗어나기 때문에 더는 자세히 설명하지는 않는다. 자세한 설명은 저자가 별도로 출간한 도서[6]를 참고하자.

이전 절에서 Completion Suggest API를 이용해 자동완성을 구성해 봤으니 이번 절에서는 Suggest API에 의존하지 않는 자동완성 기능을 직접 구현해보자.

7.3.3.2 확장된 Ngram 검색 적용하기

쇼핑몰을 한번 생각해보자. 자동완성 키워드로 대부분 한글을 사용할 것이다. 특히 키워드로 제공되는 제품명의 경우 단일명사도 일부 있겠지만 다양한 단어의 조합으로 이뤄진 복합명사가 대부분일 것이다. 이러한 경우 사용자가 검색어를 입력할 때 원하는 단어의 일부분만 입력해도 자동완성으로 해당 키워드를 제공해야 한다. 그렇기에 자동완성을 구현할 때 부분 일치는 필수 기능이다.

부분 일치는 다음과 같이 데이터베이스에서 제공하는 Like 검색 문법으로 간단히 비교해 볼 수 있다.

---

6 《실전비급 아파치 루씬 7》(한빛미디어, 2018): http://www.yes24.com/Product/Goods/66544696

전방일치

%키워드

부분일치

%키워드%

후방일치

키워드%

일반적으로 키워드의 시작 부분이 일치하면 "전방일치"라 하고 키워드의 일부분이 일치하면 "부분일치", 끝부분이 일치하면 "후방일치"라고 한다. 사용자에게 자동완성을 제공하려면 다음과 같이 복합명사로 이루어진 "신혼가전특별전"이라는 키워드에 대해 각각 전방일치, 부분일치, 후방일치가 모두 결과로 제공될 수 있어야 한다.

신혼가전특별전

이 키워드에 대해 사용자는 다음과 같이 다양한 검색어를 입력할 수 있다.

사용자 입력1: '신혼'

전방일치에 의해 키워드를 결과로 제공해야 한다.

사용자 입력2: '가전'

부분일치에 의해 키워드를 결과로 제공해야 한다.

사용자 입력3: '특별전'

후방일치에 의해 키워드를 결과로 제공해야 한다.

사용자 입장에서는 전방일치, 부분일치, 후방일치가 예제와 같이 명확히 구분돼야 할 이유가 없다. 그냥 일부분이라도 일치하는 경우 자동완성으로 제공되기만 하면 된다. 앞으로는 전방일치, 부분일치, 후방일치를 구분하지 않고 그냥 부분일치로 설명하겠다.

부분일치를 가장 간단하게 구현하는 방법은 Ngram을 이용하는 것이다. Ngram 분석기는 엘라스틱서치에서 기본적으로 제공하는 분석기이기 때문에 손쉽게 사용할 수 있다. Ngram은 단어를 한 글자 한 글자 단위로 잘라내어 토큰화하기 때문에 누락 없는 부분일치를 구현하기에 안성맞춤이다. Ngram 분석기도 동작 방식에 따라 여러 가지가 있는데 여기서는 대표적인 Ngram 분석기에 대해 알아보자.

Ngram 분석기

- 음절 단위로 토큰을 생성하기 때문에 재현율은 높으나 정확도는 떨어진다.

- 첫 음절을 기준으로 max_gram에서 지정한 길이만큼 토큰을 생성한다.

원문

아버지가 방에 들어가신다

1단계 분석

[아버지가, 방에, 들어가신다]

2단계 분석

[아, 아버, 아버지, 아버지가, 버, 버지, 버지가, 지, 지가, 가]

[방, 방에, 에]

[들, 들어, 들어가, 들어가신, 들어가신다, 어, 어가, 어가신, 어가신다, 가, 가신, 가신다, 신, 신다, 다]

Edge Ngram 분석기

- 대부분 Ngram과 유사하게 동작한다.

- 지정한 토크나이저의 특성에 따라 Ngram이 일어난다.

원문

아버지가 방에 들어가신다

1단계 분석

[아버지가, 방에, 들어가신다]

2단계 분석

[아, 아버, 아버지, 아버지가]

[방, 방에]

[들, 들어, 들어가, 들어가신, 들어가신다]

Edge Ngram Back Analyzer

- Edge Ngram과 반대로 동작하는 토크나이저를 사용한다.

- 옵션으로 "side:back"을 반드시 설정해야 한다.

> **원문**
>
> 아버지가 방에 들어가신다
>
> **1단계 분석**
>
> [아버지가, 방에, 들어가신다]
>
> **2단계 분석**
>
> [아, 버, 아버, 지, 버지, 아버지, 가, 지가, 버지가, 아버지가]
>
> [방, 에, 방에]
>
> [들, 어, 들어, 가, 어가, 들어가, 신, 가신, 어가신, 들어가신, 다, 신다, 가신다, 어가신다, 들어가신다.]

Ngram이 글자 단위로 토큰을 생성하기 때문에 Ngram 분석기, Edge Ngram 분석기, Edge Ngram Back 분석기라는 총 세 가지 분석기를 모두 사용하면 어떠한 부분일치도 구현할 수 있다. 자동완성을 위해 인덱스를 생성할 때 매핑 설정을 통해 해당 분석기를 정의하고 필드에서 사용하도록 설정하면 된다.

엘라스틱서치에서는 다음과 같이 자신만의 분석기를 정의하고 사용할 수 있다. 토크나이저를 먼저 정의 해보자. 최소 1글자부터 50글자까지를 잘라서 토큰으로 생성한다.

```
// Ngram Tokenizer 정의
"ngram_tokenizer" : {
    "type" : "nGram",
    "min_gram" : "1",
    "max_gram" : "50",
    "token_chars" : [
        "letter",
        "digit",
        "punctuation",
        "symbol"
    ]
}
// Edge Ngram Tokenizer 정의
"edge_ngram_tokenizer" : {
    "type" : "edgeNGram",
    "min_gram" : "1",
    "max_gram" : "50",
```

```
    "token_chars" : [
        "letter",
        "digit",
        "punctuation",
        "symbol"
    ]
}
```

Ngarm의 경우 기본 필터로 동작하지만 Edge Ngram은 토큰을 잘라내는 방식에 따라 front와 back 옵션을 따로 필터로 정의해야 한다. 다음과 같이 옵션별로 Edge Ngram 필터를 정의한다.

```
// Front 옵션을 사용하는 Edge Ngram 필터
"edge_ngram_filter_front" : {
    "type" : "edgeNGram",
    "min_gram" : "1",
    "max_gram" : "50",
    "side" : "front"
}

// Back 옵션을 사용하는 Edge Ngram 필터
"edge_ngram_filter_back" : {
    "type" : "edgeNGram",
    "min_gram" : "1",
    "max_gram" : "50",
    "side" : "back"
}
```

분석기는 내부적으로 토크나이저와 필터로 이뤄진다. 앞에서 정의한 토크나이저와 필터를 이용해 Custom 분석기를 정의한다.

```
// Ngram 분석기
"ngram_analyzer" : {
    "type" : "custom",
    "tokenizer" : "ngram_tokenizer",
    "filter" : [
        "lowercase",
```

```
            "trim"
        ]
    }


    // Edge Ngram 분석기
    "edge_ngram_analyzer" : {
        "type" : "custom",
        "tokenizer" : "edge_ngram_tokenizer",
        "filter" : [
            "lowercase",
            "trim",
            "edge_ngram_filter_front"
        ]
    }


    // Edge Ngram Back 분석기
    "edge_ngram_analyzer_back" : {
        "type" : "custom",
        "tokenizer" : "edge_ngram_tokenizer",
        "filter" : [
            "lowercase",
            "trim",
            "edge_ngram_filter_back"
        ]
    }
}
```

여기서 정의한 ngram_analyzer는 Ngram 단위로 토큰을 잘라서 처리하는 분석기다. 이는 루씬에서 제공하는 기본 분석기로서 min_gram 옵션과 max_gram 옵션을 정의해 최대 50자까지 Ngram 처리를 하도록 설정했다. 또한 edge_ngram_analyzer와 edge_ngram_analyzer_back은 Edge Ngram을 처리하는 분석기로서 각각 front와 back 방식으로 토큰을 분리한다.

이로써 준비가 끝났다. 우리가 만든 Ngram 기반의 Custom 분석기를 이용해 자동완성 인덱스를 직접 구현해보자.

1) 인덱스 생성

먼저 ac_test2라는 이름으로 인덱스를 생성한다. 이때 Custom 분석기를 사용할 수 있도록 앞서 설명한
내용을 추가한다.

```
PUT /ac_test2
{
    "settings" : {
        "index" : {
            "number_of_shards" : 5,
            "number_of_replicas" : 1
        },
        "analysis": {
            "analyzer": {
                "ngram_analyzer" : {
                    "type" : "custom",
                    "tokenizer" : "ngram_tokenizer",
                    "filter" : [
                        "lowercase",
                        "trim"
                    ]
                },
                "edge_ngram_analyzer" : {
                    "type" : "custom",
                    "tokenizer" : "edge_ngram_tokenizer",
                    "filter" : [
                        "lowercase",
                        "trim",
                        "edge_ngram_filter_front"
                    ]
                },
                "edge_ngram_analyzer_back" : {
                    "type" : "custom",
                    "tokenizer" : "edge_ngram_tokenizer",
                    "filter" : [
                        "lowercase",
                        "trim",
                        "edge_ngram_filter_back"
```

```
                ]
            }
        },
        "tokenizer" : {
            "ngram_tokenizer" : {
                "type" : "nGram",
                "min_gram" : "1",
                "max_gram" : "50",
                "token_chars" : [
                    "letter",
                    "digit",
                    "punctuation",
                    "symbol"
                ]
            },
            "edge_ngram_tokenizer" : {
                "type" : "edgeNGram",
                "min_gram" : "1",
                "max_gram" : "50",
                "token_chars" : [
                    "letter",
                    "digit",
                    "punctuation",
                    "symbol"
                ]
            }
        },
        "filter": {
            "edge_ngram_filter_front" : {
                "type" : "edgeNGram",
                "min_gram" : "1",
                "max_gram" : "50",
                "side" : "front"
            },
            "edge_ngram_filter_back" : {
                "type" : "edgeNGram",
                "min_gram" : "1",
                "max_gram" : "50",
```

```
                        "side" : "back"
                }
            }
        }
    }
}
```

2) 매핑 설정

인덱스가 생성되면 생성된 인덱스에 매핑 설정을 해보자. 자동완성으로 어떠한 형태의 부분일치라도 검색이 가능하도록 모든 종류의 Custom 분석기가 연결된 필드를 정의한다.

```
PUT /ac_test2/_mapping/ac_test2
{
    "properties": {
        "item": {
            "type": "keyword",
            "boost": 30
        },
        "itemNgram": {
            "type": "text",
            "analyzer": "ngram_analyzer",
            "search_analyzer": "ngram_analyzer",
            "boost": 3
        },
        "itemNgramEdge": {
            "type": "text",
            "analyzer": "edge_ngram_analyzer",
            "search_analyzer": "ngram_analyzer",
            "boost": 2
        },
        "itemNgramEdgeBack": {
            "type": "text",
            "analyzer": "edge_ngram_analyzer_back",
            "search_analyzer": "ngram_analyzer",
            "boost": 1
```

```
            }
        }
    }
}
```

item 필드

일반적인 매칭 검색 용도로 사용하는 필드다. 필드를 정의할 때 keyword 타입으로 설정한다.

itemNgram 필드

Ngram으로 분석된 정보를 자동완성으로 매칭하기 위한 필드다. 필드를 정의할 때 ngram_analyzer를 분석기로 사용한다.

itemNgramEdge 필드

Edge Ngram으로 분석된 정보를 자동완성으로 매칭하기 위한 필드다. 필드를 정의할 때 index_analyzer와 search_analyzer를 각각 다르게 등록한다. 색인할 때는 edge_ngram_analyzer를 분석기로 사용하고, 검색할 때는 ngram_analyzer를 분석기로 사용한다.

itemNgramEdgeBack 필드

Edge Ngram Back으로 분석된 정보를 자동완성으로 매칭하기 위한 필드다. 필드를 정의할 때 index_analyzer와 search_analyzer를 각각 다르게 등록한다. 색인할 때는 edge_ngram_analyzer_back 분석기로 사용하고 검색할 때는 ngram_analyzer를 분석기로 사용한다.

3) 자동완성 데이터 색인

자동완성으로 제공될 데이터를 색인해 보자. 이전 장과 동일한 데이터를 이용한다.

```
POST /ac_test2/_bulk

{"index" : { "_index" : "ac_test2", "_type" : "ac_test2", "_id" : "1" }}
{"item" : "신혼", "itemNgram" : "신혼", "itemNgramEdge" : "신혼", "itemNgramEdgeBack" : "신혼"}

{"index" : { "_index" : "ac_test2", "_type" : "ac_test2", "_id" : "2" }}
{"item" : "신혼가전", "itemNgram" : "신혼가전", "itemNgramEdge" : "신혼가전", "itemNgramEdgeBack"
 : "신혼가전"}
```

```
{"index" : { "_index" : "ac_test2", "_type" : "ac_test2", "_id" : "3" }}
{"item" : "신혼가전특별전", "itemNgram" : "신혼가전특별전", "itemNgramEdge" : "신혼가전특별전",
"itemNgramEdgeBack" : "신혼가전특별전"}
```

예제에서는 필드를 정의할 때 색인용 분석기와 검색용 분석기를 서로 다르게 정의했다. 색인이 시작되면
필드마다 정의된 색인용 분석기로 분석되어 저장된다.

4) 자동완성 요청

색인이 잘 됐는지 전체 데이터를 살펴보자.

```
GET /ac_test2/_search
{
    "took": 2,
    "timed_out": false,
    "_shards": {
        "total": 5,
        "successful": 5,
        "skipped": 0,
        "failed": 0
    },
    "hits": {
        "total": 3,
        "max_score": 1,
        "hits": [
            {
                "_index": "ac_test2",
                "_type": "ac_test2",
                "_id": "2",
                "_score": 1,
                "_source": {
                    "item": "신혼가전",
                    "itemNgram": "신혼가전",
                    "itemNgramEdge": "신혼가전",
                    "itemNgramEdgeBack": "신혼가전"
                }
            },
```

```
        {
            "_index": "ac_test2",
            "_type": "ac_test2",
            "_id": "1",
            "_score": 1,
            "_source": {
                "item": "신혼",
                "itemNgram": "신혼",
                "itemNgramEdge": "신혼",
                "itemNgramEdgeBack": "신혼"
            }
        },
        {
            "_index": "ac_test2",
            "_type": "ac_test2",
            "_id": "3",
            "_score": 1,
            "_source": {
                "item": "신혼가전특별전",
                "itemNgram": "신혼가전특별전",
                "itemNgramEdge": "신혼가전특별전",
                "itemNgramEdgeBack": "신혼가전특별전"
            }
        }
    ]
    }
}
```

Completion Suggest API 기능을 이용해 자동완성을 구현한 경우 부분일치가 되지 않는다는 문제가 있었다. 우리가 직접 구현한 자동완성의 경우 부분일치에 문제가 없는지 직접 확인해보자. 자동완성용으로 만들긴 했지만 일반적인 인덱스와 다르지 않다. 일반적인 인덱스와 동일하게 _search API를 이용해 검색을 수행하면 된다. 검색할 때 모든 필드를 대상으로 term 쿼리를 수행한다. 모든 필드를 검색해서 하나라도 매칭되는 경우 자동완성 결과로 제공하면 된다.

먼저 전방일치다. "신혼"이라는 키워드로 검색해 보자.

```
GET /ac_test2/_search
{
    "query" : {
        "bool" : {
            "should" : [{
                "prefix" : {
                    "item" : "신혼"
                }
            }, {
                "term" : {
                    "itemNgram" : "신혼"
                }
            }, {
                "term" : {
                    "itemNgramEdge" : "신혼"
                }
            }, {
                "term" : {
                    "itemNgramEdgeBack" : "신혼"
                }
            }],
            "minimum_should_match" : 1
        }
    }
}
```

결과가 원하는대로 잘 나온다.

```
{
    "took": 5,
    "timed_out": false,
    "_shards": {
        "total": 5,
        "successful": 5,
        "skipped": 0,
        "failed": 0
    },
```

```
"hits": {
    "total": 3,
    "max_score": 3.442018,
    "hits": [
        {
            "_index": "ac_test2",
            "_type": "ac_test2",
            "_id": "3",
            "_score": 3.442018,
            "_source": {
                "item": "신혼가전특별전",
                "itemNgram": "신혼가전특별전",
                "itemNgramEdge": "신혼가전특별전",
                "itemNgramEdgeBack": "신혼가전특별전"
            }
        },
        {
            "_index": "ac_test2",
            "_type": "ac_test2",
            "_id": "2",
            "_score": 3.2818537,
            "_source": {
                "item": "신혼가전",
                "itemNgram": "신혼가전",
                "itemNgramEdge": "신혼가전",
                "itemNgramEdgeBack": "신혼가전"
            }
        },
        {
            "_index": "ac_test2",
            "_type": "ac_test2",
            "_id": "1",
            "_score": 2.8623629,
            "_source": {
                "item": "신혼",
                "itemNgram": "신혼",
                "itemNgramEdge": "신혼",
                "itemNgramEdgeBack": "신혼"
```

```
            }
        }
    ]
  }
}
```

원하는 검색 결과는 나왔지만 랭킹의 변화가 필요하다. "신혼"이라는 단어로 검색했고, 검색 결과를 보면 "신혼"이라고 돼 있는 문서는 맨 마지막에 위치해 있다. "신혼"이라는 문서를 가장 먼저 올리고 싶다면 완전일치되는 단어를 먼저 검색되게 만들면 된다.

다음 예제를 살펴보자.

```
{
  "query": {
    "bool": {
      "should": [
        {
          "prefix": {
            "item": "신혼"
          }
        },
        {
          "term": {
            "item": "신혼"
          }
        },
        {
          "term": {
            "itemNgram": "신혼"
          }
        },
        {
          "term": {
            "itemNgramEdge": "신혼"
          }
        },
        {
```

```
      "term": {
        "itemNgramEdgeBack": "신혼"
      }
    }
  ],
  "minimum_should_match": 1
  }
 }
}
```

검색을 요청하는 부분에서 추가적으로 item 칼럼을 검색하도록 term 쿼리를 추가했다. item 칼럼의 boost 값은 색인을 생성할 때 30으로 지정했기 때문에 다른 필드들의 값보다 스코어 값이 높게 잡힌다.

실제로 explain 파라미터를 추가해서 어떻게 스코어 값이 합산돼 나왔는지 살펴보자. 먼저 item 칼럼을 term 쿼리로 넣지 않고 검색했을 때를 분석한 결과다. 이때는 문서가 3번째에 위치해 있었다.

```
{
    "_shard": "[ac_test2][3]",
    "_node": "dYYuWMd9Sz-YDaMBKZaGFw",
    "_index": "ac_test2",
    "_type": "ac_test2",
    "_id": "1",
    "_score": 2.8623629,
    "_source": {
      "item": "신혼",
      "itemNgram": "신혼",
      "itemNgramEdge": "신혼",
      "itemNgramEdgeBack": "신혼"
    },
    "_explanation": {
      "value": 2.8623629,
      "description": "sum of:",
      "details": [
        {
          "value": 1,
          "description": "item:신혼*",
          "details": [ ]
```

```
      },
      {
        "value": 0.8630463,
        "description": "itemNgram:신혼",
        "details": [ ]
      },
      {
        "value": 0.6662111,
        "description": "itemNgramEdge:신혼",
        "details": [ ]
      },
      {
        "value": 0.33310556,
        "description": "itemNgramEdgeBack:신혼",
        "details": [ ]
      }
    ]
  }
}
```

스코어를 확인해 보면 각각 prefix에서 1, ngram에서 0.86, edgeNgram에서 0.66, edgeNgramBack에서 0.33 의 값을 받았다.

이번에는 item 필드에 대한 term 쿼리를 추가한 분석 결과다.

```
{
    "_shard": "[ac_test2][3]",
    "_node": "dYYuWMd9Sz-YDaMBKZaGFw",
    "_index": "ac_test2",
    "_type": "ac_test2",
    "_id": "1",
    "_score": 11.4928255,
    "_source": {
      "item": "신혼",
      "itemNgram": "신혼",
      "itemNgramEdge": "신혼",
      "itemNgramEdgeBack": "신혼"
```

```
    },
    "_explanation": {
      "value": 11.492826,
      "description": "sum of:",
      "details": [
        {
          "value": 1,
          "description": "item:신혼*",
          "details": [ ]
        },
        {
          "value": 8.630463,
          "description": "item:신혼",
          "details": [ ]
        },
        {
          "value": 0.8630463,
          "description": "itemNgram:신혼",
          "details": [ ]
        },
        {
          "value": 0.6662111,
          "description": "itemNgramEdge:신혼",
          "details": [ ]
        },
        {
          "value": 0.33310556,
          "description": "itemNgramEdgeBack:신혼",
          "details": [ ]
        }
      ]
    }
  },
```

기존 스코어 값이 2.8이었으나 쿼리를 변경한 후에는 11.4가 됐다. 이처럼 item 필드를 추가해서 검색했을 때는 필드 값이 추가되어 스코어를 더 받은 것을 직접 확인할 수 있다.

이번에는 부분일치를 확인해보기 위해 "가전"이라는 키워드로 검색해보자.

```
GET /ac_test2/_search
{
    "query" : {
        "bool" : {
            "should" : [{
                "prefix" : {
                    "item" : "가전"
                }
            }, {
                "term" : {
                    "itemNgram" : "가전"
                }
            }, {
                "term" : {
                    "itemNgramEdge" : "가전"
                }
            }, {
                "term" : {
                    "itemNgramEdgeBack" : "가전"
                }
            }],
            "minimum_should_match" : 1
        }
    }
}
```

역시 결과가 원하는대로 잘 나온다.

```
{
    "took": 9,
    "timed_out": false,
    "_shards": {
        "total": 5,
        "successful": 5,
        "skipped": 0,
        "failed": 0
```

```
        },
        "hits": {
            "total": 2,
            "max_score": 1.278063,
            "hits": [
                {
                    "_index": "ac_test2",
                    "_type": "ac_test2",
                    "_id": "3",
                    "_score": 1.278063,
                    "_source": {
                        "item": "신혼가전특별전",
                        "itemNgram": "신혼가전특별전",
                        "itemNgramEdge": "신혼가전특별전",
                        "itemNgramEdgeBack": "신혼가전특별전"
                    }
                },
                {
                    "_index": "ac_test2",
                    "_type": "ac_test2",
                    "_id": "2",
                    "_score": 1.2443117,
                    "_source": {
                        "item": "신혼가전",
                        "itemNgram": "신혼가전",
                        "itemNgramEdge": "신혼가전",
                        "itemNgramEdgeBack": "신혼가전"
                    }
                }
            ]
        }
    }
```

7.3.3.3 한글 초성 검색 적용하기

초성 검색의 경우 한글 초성이 검색어로 요청될 경우에도 일치하는 키워드를 자동완성으로 제공해야 한다. 한글 초성 검색에 대해서는 이전 장에서 간단하게 설명했다. 초성 검색의 의미를 이해하고 나면 키워드를 자음과 모음 단위로 분리하는 토크나이저를 직접 개발할 수 있다.

토크나이저에서는 먼저 색인할 때 데이터를 자모 단위로 분해해서 토큰화한다. 한글을 자모 단위로 분해해서 초성만 추출할 수 있는데, 초성만 추출한 다음, 추출된 내용을 ngram으로 분해하면 된다. 여기서는 초성 검색을 위해 앞서 설치한 자바카페 플러그인을 사용하겠다. 플러그인에는 javacafe_chosung 필터가 제공되는데 이를 이용하면 한글 초성 검색을 구현할 수 있다. 이를 통해 초성 검색이 가능한 자동완성을 직접 구현해보자.

1) 인덱스 생성

먼저 ac_test3이라는 이름으로 인덱스를 생성한다.

```
PUT /ac_test3
{
    "settings" : {
        "index" : {
            "number_of_shards" : 5,
            "number_of_replicas" : 1
        },
        "analysis": {
            "analyzer": {
                "chosung_index_analyzer": {
                    "type": "custom",
                    "tokenizer": "keyword",
                    "filter": [
                        "javacafe_chosung_filter",
                        "lowercase",
                        "trim",
                        "edge_ngram_filter_front"
                    ]
                },
                "chosung_search_analyzer": {
                    "type": "custom",
                    "tokenizer": "keyword",
                    "filter": [
                        "javacafe_chosung_filter",
                        "lowercase",
                        "trim"
```

```
                ]
            }
        },
        "tokenizer" : {
            "edge_ngram_tokenizer" : {
                "type" : "edgeNGram",
                "min_gram" : "1",
                "max_gram" : "50",
                "token_chars" : [
                    "letter",
                    "digit",
                    "punctuation",
                    "symbol"
                ]
            }
        },
        "filter": {
            "edge_ngram_filter_front" : {
                "type" : "edgeNGram",
                "min_gram" : "1",
                "max_gram" : "50",
                "side" : "front"
            },
            "javacafe_chosung_filter": {
                "type": "javacafe_chosung"
            }
        }
    }
}
```

2) 매핑 설정

인덱스가 생성되면 생성된 인덱스에 매핑 설정을 해보자. 초성이 검색어로 들어오더라도 일치하는 데이터를 매칭해서 자동완성 결과를 제공해야 한다. 초성 분석기를 갖도록 필드를 정의한다.

```
PUT /ac_test3/_mapping/ac_test3
{
    "properties": {
        "item": {
            "type": "keyword",
            "boost": 30
        },
        "itemChosung": {
            "type": "text",
            "analyzer": "chosung_index_analyzer",
            "search_analyzer": "chosung_search_analyzer",
            "boost": 10
        }
    }
}
```

item 필드

일반적인 매칭 검색 용도로 사용하는 필드다. 필드를 정의할 때 keyword 데이터 타입으로 설정한다.

itemChosung 필드

초성으로 분석된 정보를 자동완성으로 매칭하기 위한 필드다. 필드를 정의할 때 index_analyzer와 search_analyzer를 각각 다르게 등록해야 한다. 색인할 때는 chosung_index_analyzer를 분석기로 사용하고, 검색할 때는 chosung_search_analyzer를 분석기로 사용한다.

3) 자동완성 데이터 색인

자동완성으로 제공될 데이터를 색인해 보자. 이전 장과 동일한 데이터를 이용한다.

```
POST /ac_test3/_bulk

{"index" : { "_index" : "ac_test3", "_type" : "ac_test3", "_id" : "1" }}
{"item" : "신혼", "itemChosung" : "신혼"}

{"index" : { "_index" : "ac_test3", "_type" : "ac_test3", "_id" : "2" }}
{"item" : "신혼가전", "itemChosung" : "신혼가전"}
```

```
{"index" : { "_index" : "ac_test3", "_type" : "ac_test3", "_id" : "3" }}
{"item" : "신혼가전특별전", "itemChosung" : "신혼가전특별전"}
```

예제에서는 필드를 정의할 때 색인용 분석기와 검색용 분석기를 서로 다르게 정의했기 때문에 색인할 때
는 chosung_index_analyzer 분석기에 의해 초성 분석이 이뤄진다.

4) 자동완성 요청

색인이 잘 됐는지 전체 데이터를 살펴보자.

```
GET /ac_test3/_search
{
    "took": 2,
    "timed_out": false,
    "_shards": {
        "total": 5,
        "successful": 5,
        "skipped": 0,
        "failed": 0
    },
    "hits": {
        "total": 3,
        "max_score": 1,
        "hits": [
            {
                "_index": "ac_test3",
                "_type": "ac_test3",
                "_id": "2",
                "_score": 1,
                "_source": {
                    "item": "신혼가전",
                    "itemChosung": "신혼가전"
                }
            },
            {
                "_index": "ac_test3",
                "_type": "ac_test3",
```

```
            "_id": "1",
            "_score": 1,
            "_source": {
                "item": "신혼",
                "itemChosung": "신혼"
            }
        },
        {

            "_index": "ac_test3",
            "_type": "ac_test3",
            "_id": "3",
            "_score": 1,
            "_source": {
                "item": "신혼가전특별전",
                "itemChosung": "신혼가전특별전"
            }
        }
    ]
    }
}
```

모든 준비가 끝났다. 초성 검색을 수행해보자.

```
POST /ac_test3/_search
{
    "query" : {
        "bool" : {
            "should" : [{
                "term" : {
                    "itemChosung" : "ㅅㅎㄱㅈ"
                }
            }],
            "minimum_should_match" : 1
        }
    }
}
```

초성 검색 결과는 다음과 같다.

```
{
    "took": 4,
    "timed_out": false,
    "_shards": {
        "total": 5,
        "successful": 5,
        "skipped": 0,
        "failed": 0
    },
    "hits": {
        "total": 2,
        "max_score": 4.430304,
        "hits": [
            {
                "_index": "ac_test3",
                "_type": "ac_test3",
                "_id": "3",
                "_score": 4.430304,
                "_source": {
                    "item": "신혼가전특별전",
                    "itemChosung": "신혼가전특별전"
                }
            },
            {
                "_index": "ac_test3",
                "_type": "ac_test3",
                "_id": "2",
                "_score": 4.1501675,
                "_source": {
                    "item": "신혼가전",
                    "itemChosung": "신혼가전"
                }
            }
        ]
    }
}
```

7.3.3.4 한글 자모 검색 적용하기

"신혼"이라는 단어를 키보드로 입력하면 다음과 같이 6번의 키 입력이 발생한다.

```
[키입력 순서 1번] ㅅ
[키입력 순서 2번] ㅣ
[키입력 순서 3번] ㄴ
[키입력 순서 4번] ㅎ
[키입력 순서 5번] ㅗ
[키입력 순서 6번] ㄴ
```

자동완성은 키를 입력할 때마다 결과를 제공해야 하는데 자모 검색을 이용하면 6번의 키 입력이 일어날 때마다 모두 "신혼"이라는 키워드를 결과로 얻을 수 있어야 한다. 하지만 한글 키 입력의 특성상 입력 중에 겹자모가 생성될 수 있어 자동완성을 구현하는 데 어려움이 있다. 즉, 다음 예제와 같이 4번째 키를 입력할 때 의도치 않게 순간적인 겹자모가 발생하는 것이다.

일반적으로 생각하는 키 입력

```
[키입력 순서 1번] ㅅ : ㅅ
[키입력 순서 2번] ㅣ : 시
[키입력 순서 3번] ㄴ : 신
[키입력 순서 4번] ㅎ : 신ㅎ
[키입력 순서 5번] ㅗ : 신호
[키입력 순서 6번] ㄴ : 신혼
```

실제 키 입력

```
[키입력 순서 1번] ㅅ : ㅅ
[키입력 순서 2번] ㅣ : 시
[키입력 순서 3번] ㄴ : 신
[키입력 순서 4번] ㅎ : 싢
[키입력 순서 5번] ㅗ : 신호
[키입력 순서 6번] ㄴ : 신혼
```

사용자에게 만족스러운 자동완성을 제공하기 위해서는 이러한 겹자모 문제를 해결해야 한다. 이 문제를 해결하는 것이 까다롭긴 하지만 자모 분석을 이용하면 충분히 해결할 수 있다. 앞서 초성 검색을 설명하면서 설치한 플러그인에는 한글을 자모(자음, 모음)로 분석할 수 있는 토크나이저가 함께 포함돼 있다. 이를 이용해 자모 검색이 가능한 자동완성을 구현해보자.

1) 인덱스 생성

먼저 ac_test4라는 이름으로 인덱스를 생성한다.

```
PUT /ac_test4
{
    "settings" : {
        "index" : {
            "number_of_shards" : 5,
            "number_of_replicas" : 1
        },
        "analysis": {
            "analyzer": {
                "jamo_index_analyzer": {
                    "type": "custom",
                    "tokenizer": "keyword",
                    "filter": [
                        "javacafe_jamo_filter",
                        "lowercase",
                        "trim",
                        "edge_ngram_filter_front"
                    ]
                },
                "jamo_search_analyzer": {
                    "type": "custom",
                    "tokenizer": "keyword",
                    "filter": [
                        "javacafe_jamo_filter",
                        "lowercase",
                        "trim"
                    ]
                }
            },
            "tokenizer" : {
                "edge_ngram_tokenizer" : {
```

```
                    "type" : "edgeNGram",
                    "min_gram" : "1",
                    "max_gram" : "50",
                    "token_chars" : [
                        "letter",
                        "digit",
                        "punctuation",
                        "symbol"
                    ]
                }
            },
            "filter": {
                "edge_ngram_filter_front" : {
                    "type" : "edgeNGram",
                    "min_gram" : "1",
                    "max_gram" : "50",
                    "side" : "front"
                },
                "javacafe_jamo_filter": {
                    "type": "javacafe_jamo"
                }
            }
        }
    }
}
```

2) 매핑 설정

인덱스가 생성되면 생성된 인덱스에 매핑 설정을 해보자. 자모가 분석되어 서비스될 수 있도록 자모 분석기를 가진 필드를 정의한다.

```
PUT /ac_test4/_mapping/ac_test4
{
    "properties": {
        "item": {
            "type": "keyword",
```

```
            "boost": 30
        },
        "itemJamo": {
            "type": "text",
            "analyzer": "jamo_index_analyzer",
            "search_analyzer": "jamo_search_analyzer",
            "boost": 10
        }
    }
}
```

item 필드

일반적인 매칭 검색 용도로 사용하는 필드다. 필드를 정의할 때 keyword 타입으로 설정한다.

itemJamo 필드

자모 분석된 정보를 자동완성으로 매칭하기 위한 필드다. 필드를 정의할 때 index_analyzer와 search_analyzer를 각각 다르게 등록한다. 색인할 때는 jamo_index_analyzer를 분석기로 사용하고, 검색할 때는 jamo_search_analyzer를 분석기로 사용한다.

3) 자동완성 데이터 색인

자동완성으로 제공될 데이터를 색인해 보자. 이전 장과 동일한 데이터를 이용한다.

```
POST /ac_test4/_bulk

{"index" : { "_index" : "ac_test4", "_type" : "ac_test4", "_id" : "1" }}
{"item" : "신혼", "itemJamo" : "신혼"}

{"index" : { "_index" : "ac_test4", "_type" : "ac_test4", "_id" : "2" }}
{"item" : "신혼가전", "itemJamo" : "신혼가전"}

{"index" : { "_index" : "ac_test4", "_type" : "ac_test4", "_id" : "3" }}
{"item" : "신혼가전특별전", "itemJamo" : "신혼가전특별전"}
```

예제에서는 필드를 정의할 때 색인용 분석기와 검색용 분석기를 서로 다르게 정의했기 때문에 색인할 때 jamo_index_analyzer 분석기에 의해 자모 분석이 이뤄진다.

4) 자동완성 요청

색인이 잘 됐는지 확인하기 위해 전체 데이터를 살펴보자.

```
GET /ac_test4/_search
{
    "took": 17,
    "timed_out": false,
    "_shards": {
        "total": 5,
        "successful": 5,
        "skipped": 0,
        "failed": 0
    },
    "hits": {
        "total": 3,
        "max_score": 1,
        "hits": [
            {
                "_index": "ac_test4",
                "_type": "ac_test4",
                "_id": "2",
                "_score": 1,
                "_source": {
                    "item": "신혼가전",
                    "itemJamo": "신혼가전"
                }
            },
            {
                "_index": "ac_test4",
                "_type": "ac_test4",
                "_id": "1",
                "_score": 1,
                "_source": {
```

```
                    "item": "신혼",
                    "itemJamo": "신혼"
                }
            },
            {
                "_index": "ac_test4",
                "_type": "ac_test4",
                "_id": "3",
                "_score": 1,
                "_source": {
                    "item": "신혼가전특별전",
                    "itemJamo": "신혼가전특별전"
                }
            }
        ]
    }
}
```

자모 분석에 의해 데이터가 생성됐다. 결과가 잘 나오는지 실행해보자.

```
GET /ac_test4/_search
{
    "query" : {
        "bool" : {
            "should" : [{
                "term" : {
                    "itemJamo" : "ㅅㅣㄴㅎ"
                }
            }],
            "minimum_should_match" : 1
        }
    }
}
```

결과는 다음과 같다.

```json
{
    "took": 2,
    "timed_out": false,
    "_shards": {
        "total": 5,
        "successful": 5,
        "skipped": 0,
        "failed": 0
    },
    "hits": {
        "total": 3,
        "max_score": 4.70558,
        "hits": [
            {
                "_index": "ac_test4",
                "_type": "ac_test4",
                "_id": "3",
                "_score": 4.70558,
                "_source": {
                    "item": "신혼가전특별전",
                    "itemJamo": "신혼가전특별전"
                }
            },
            {
                "_index": "ac_test4",
                "_type": "ac_test4",
                "_id": "2",
                "_score": 4.5802016,
                "_source": {
                    "item": "신혼가전",
                    "itemJamo": "신혼가전"
                }
            },
            {
                "_index": "ac_test4",
                "_type": "ac_test4",
```

```
            "_id": "1",
            "_score": 4.3648314,
            "_source": {
                "item": "신혼",
                "itemJamo": "신혼"
            }
        }
    ]
}
```

7.4 자바카페 플러그인

엘라스틱서치에서 제공하지 않는 기능을 추가하려면 플러그인을 사용해야 한다. 초성 검색이나 자모 분석과 같은 기능은 비교적 복잡한 기능인데, 플러그인을 이용해 이러한 로직을 분리해서 개발하면 관련 기능이 엘라스틱서치와는 완벽히 분리되기 때문에 검색 시스템을 운영할 때 버그 패치나 기능 추가와 같은 작업을 수행해야 할 때 매우 유리해진다.

과거에는 엘라스틱서치에서 플러그인을 이용해 다양한 기능을 확장해서 사용하는 것을 권장했으나 최신 버전에서는 보안상의 이유로 많은 옵션들이 제거됐고 사용 가능한 옵션에도 많은 제약이 생겼다.

엘라스틱서치 플러그인

현재로서 엘라스틱서치의 기능을 향상시킬 수 있는 유일한 방법은 플러그인을 이용하는 것이다. 플러그인을 이용하면 사용자가 직접 필터나 분석기를 설계하는 것이 가능하다. 플러그인을 형식에 맞춰 빌드하면 zip 파일이 생성되고 이를 엘라스틱서치에 설치해서 사용할 수 있다.

플러그인은 보안상의 이유로 엘라스틱서치 버전마다 새롭게 빌드해서 제공해야 한다. 엘라스틱서치에 플러그인을 설치할 때 자신의 릴리스 번호와 일치하지 않는 플러그인은 설치에 실패한다. 따라서 서비스를 운영하는 중에 엘라스틱서치를 버전업하게 된다면 플러그인도 반드시 새로운 버전으로 빌드하고 재설치해야 한다.

▪ 참고: https://www.elastic.co/guide/en/elasticsearch/plugins/6.5/intro.html

---

한글의 경우 엘라스틱서치에서 기본적으로 잘 처리되지 않기 때문에 확장이 반드시 필요하다. 고맙게도 인터넷상에는 많은 분들이 한글 처리를 위한 소스코드를 아낌없이 공개하고 있으며 이를 활용하거나 참고해서 자신만의 분석기를 개발해서 플러그인으로 제공할 수 있다.

```java
/**
 * Javacafe에서 개발한 필터 리스트
 *
 * @author hrkim
 *
 */
public class JavacafePlugin extends Plugin implements AnalysisPlugin {

    @Override
    public Map<String, AnalysisModule.AnalysisProvider<TokenFilterFactory>> getTokenFilters() {
        Map<String, AnalysisModule.AnalysisProvider<TokenFilterFactory>> extra = new HashMap<>();

        // (1) 한글 자모 분석 필터
        extra.put("javacafe_jamo", JavacafeJamoTokenFilterFactory::new);

        // (2) 한글 초성 분석 필터
        extra.put("javacafe_chosung", JavacafeChosungTokenFilterFactory::new);

        // (3) 영한 오타 변환 필터
        extra.put("javacafe_eng2kor", JavacafeEng2KorConvertFilterFactory::new);

        // (4) 한영 오타 변환 필터
        extra.put("javacafe_kor2eng", JavacafeKor2EngConvertFilterFactory::new);

        // (5) 한글 스펠링 체크 필터
        extra.put("javacafe_spell", JavacafeSpellFilterFactory::new);

        return extra;
    }
}
```

그림 7.6 자바카페 플러그인에서 제공되는 필터 리스트

자바카페 플러그인은 이 책에서 예제로 사용하기 위해 만든 엘라스틱서치 확장 플러그인이다. 플러그인 내부를 살펴보면 5개의 한글 처리 관련 필터를 제공하는데, 이미 앞에서 관련 예제를 진행하면서 한번씩 다뤘다.

자바카페 플러그인 릴리스 페이지

보안상 플러그인은 엘라스틱서치가 버전업될 때마다 새롭게 빌드해야 한다. 그런데 플러그인 개발에 익숙하지 않은 경우 빌드에 어려움을 겪을 수도 있다. 이를 위해 별도의 릴리스 페이지를 운영하고 있으니 해당 버전의 플러그인을 내려받아 사용하면 된다.

▪ 플러그인 릴리스 페이지: https://github.com/javacafe-project/elasticsearch-plugin/releases

관련 소스코드도 깃허브에 공개돼 있다. 관심 있는 분들은 직접 소스코드를 참고하길 바란다.

▪ 자바카페 플러그인 소스코드: https://github.com/javacafe-project/elasticsearch-plugin

---

구현된 필터의 동작 원리를 이해하려면 한글 유니코드를 이해할 필요가 있다. 먼저 한글을 표현하는 유니코드로는 어떤 것이 있는지 알아보자.

7.4.1 한글 유니코드의 이해

현대의 문자 표현은 유니코드로 이뤄진다. 유니코드에는 전 세계의 문자를 모두 표현하기 위해 다양한 영역이 있는데, 한글은 0x0000 ~ 0xFFFF 영역을 표현하는 기본 영역 내부에 정의돼 있다. 이곳에 한 글을 표현하는 많은 문자 코드가 정의돼 있다. 이 가운데 우리가 실질적으로 관심을 가져야 할 부분은 한 글의 자모와 음절의 정의가 포함된 문자 코드다.

표 7.1 한글을 표현하는 유니코드 범위

유니코드 범위	한글 문자 코드	사이즈	사용	문자
U+1100..U+11FF	Hangul Jamo	256	256	한글
U+3000..U+303F	CJK Symbols and Punctuation	64	64	한자(15자), 한글(2자), 일반(43자), 상속(4자)
U+3130..U+318F	Hangul Compatibility Jamo	96	94	한글
U+3200..U+32FF	Enclosed CJK Letters and Months	256	254	한글(62자), 가타카나(47자), 일반(145자)
U+A960..U+A97F	Hangul Jamo Extended-A	32	29	한글
U+AC00..U+D7AF	Hangul Syllables	11,184	11,172	한글
U+D7B0..U+D7FF	Hangul Jamo Extended-B	80	72	한글
U+FF00..U+FFEF	Halfwidth and Fullwidth Forms	240	225	한글(52자), 가타카나(55자), 로마자(52자), 일반(66자)

한글 자모를 표현하는 유니코드

자모는 한글 자음과 모음을 표현하는 유니코드다. 실질적으로 Hangul Jamo(한글 자모, https://unicode.org/charts/PDF/U1100.pdf)와 Hangul Compatibility Jamo(한글 호환형 자모, https://unicode.org/charts/PDF/U3130.pdf)에 정의돼 있다. 한글 한 글자를 최소 단위로 분해하면 자음과 모음으로 분해되는데, 분해된 자음과 모음이 모두 코드로 정의돼 있다.

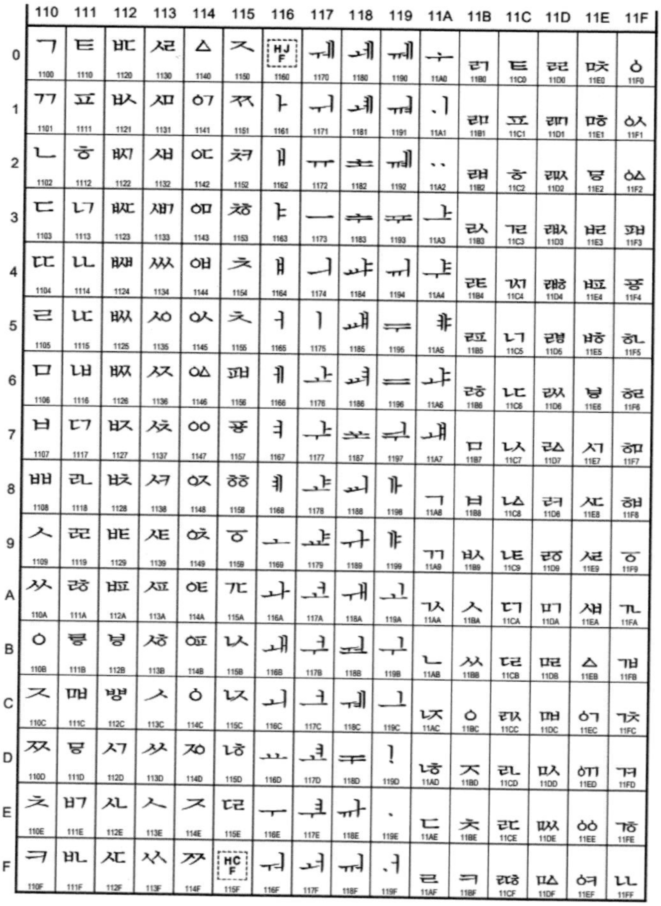

그림 7.7 한글 자모

그림 7.8 한글 호환형 자모

한글 자모는 유니코드 0x1100 ~ 0x11FF까지의 범위를 가지며 총 256자로 구성된다. 한글 호환용 자모는 유니코드 0x3130 ~ 0x318F까지의 범위를 가지며 총 96개의 공간 중 94자를 정의해서 구성된다. 현대 한글에서 사용되는 초성, 중성, 종성이 모두 정의돼 있으며 심지어 옛날 한글에서만 사용되던 초성, 중성, 종성도 모두 포함하고 있다. 이를 이용해 초성, 중성, 종성을 표현하는 코드를 각각 분류할 수 있는데 현대 한글 체계에서는 실질적으로 초성 19자, 중성 21자, 종성 28자로 분류된다.

초성 19자

```java
public static final char[] CHO_SUNG = {
        'ㄱ', 'ㄲ', 'ㄴ', 'ㄷ', 'ㄸ', 'ㄹ', 'ㅁ', 'ㅂ', 'ㅃ', 'ㅅ',
        'ㅆ', 'ㅇ', 'ㅈ', 'ㅉ', 'ㅊ', 'ㅋ', 'ㅌ', 'ㅍ', 'ㅎ'
};

public static final char[] UNICODE_CHO_SUNG = {
        0x3131, 0x3132, 0x3134, 0x3137, 0x3138, 0x3139, 0x3141, 0x3142, 0x3143, 0x3145,
        0x3146, 0x3147, 0x3148, 0x3149, 0x314A, 0x314B, 0x314C, 0x314D, 0x314E
};
```

중성 21자

```java
public static final char[] JUNG_SUNG = {
        'ㅏ', 'ㅐ', 'ㅑ', 'ㅒ', 'ㅓ', 'ㅔ', 'ㅕ', 'ㅖ', 'ㅗ', 'ㅘ',
        'ㅙ', 'ㅚ', 'ㅛ', 'ㅜ', 'ㅝ', 'ㅞ', 'ㅟ', 'ㅠ', 'ㅡ', 'ㅢ',
        'ㅣ'
};

public static final char[] UNICODE_JUNG_SUNG = {
        0x314F, 0x3150, 0x3151, 0x3152, 0x3153, 0x3154, 0x3155, 0x3156, 0x3157, 0x3158,
        0x3159, 0x315A, 0x315B, 0x315C, 0x315D, 0x315E, 0x315F, 0x3160, 0x3161, 0x3162,
        0x3163
};
```

종성 28자(빈 값 포함)

```java
public static final char[] JONG_SUNG = {
        ' ', 'ㄱ', 'ㄲ', 'ㄳ', 'ㄴ', 'ㄵ', 'ㄶ', 'ㄷ', 'ㄹ', 'ㄺ',
        'ㄻ', 'ㄼ', 'ㄽ', 'ㄾ', 'ㄿ', 'ㅀ', 'ㅁ', 'ㅂ', 'ㅄ', 'ㅅ',
        'ㅆ', 'ㅇ', 'ㅈ', 'ㅊ', 'ㅋ', 'ㅌ', 'ㅍ', 'ㅎ'
};

public static final char[] UNICODE_JONG_SUNG = {
        0x0000, 0x3131, 0x3132, 0x3133, 0x3134, 0x3135, 0x3136, 0x3137, 0x3139, 0x313A,
        0x313B, 0x313C, 0x313D, 0x313E, 0x313F, 0x3140, 0x3141, 0x3142, 0x3144, 0x3145,
        0x3146, 0x3147, 0x3148, 0x314A, 0x314B, 0x314C, 0x314D, 0x314E
};
```

한글 음절을 표현하는 유니코드

음절은 한글 자모에서 제공하는 초성, 중성, 종성으로 이뤄진 한글 한 글자를 표현하는 단위를 의미한다. 초성, 중성, 종성의 조합을 이용해 무수히 많은 글자를 만들 수 있으며 현대 한글에서 표현할 수 있는 글자 수는 총 11,172자다. 모든 글자는 Hangul Syllables(한글 음절, https://unicode.org/charts/PDF/UAC00.pdf)에 코드로 정의돼 있다.

한글 음절은 유니코드 0xAC00 ~ 0xD7AF까지의 범위를 가지며 총 11,184개의 공간 중 11,172자를 정의해서 구성된다. 예를 들어, '가'는 유니코드 0xAC00이고 '곰'은 유니코드 0xACF0이다.

	AC0	AC1	AC2	AC3	AC4	AC5	AC6	AC7	AC8	AC9	ACA	ACB	ACC	ACD	ACE	ACF
0	가 AC00	감 AC10	갠 AC20	갰 AC30	걀 AC40	걐 AC50	걠 AC60	거 AC70	검 AC80	겐 AC90	겠 ACA0	결 ACB0	곀 ACC0	곐 ACD0	고 ACE0	곰 ACF0
1	각 AC01	갑 AC11	갡 AC21	갱 AC31	걁 AC41	걑 AC51	걡 AC61	걱 AC71	겁 AC81	겑 AC91	겡 ACA1	겱 ACB1	곁 ACC1	곑 ACD1	곡 ACE1	곱 ACF1
2	갂 AC02	값 AC12	갢 AC22	갲 AC32	걂 AC42	걒 AC52	걢 AC62	걲 AC72	겂 AC82	겒 AC92	겢 ACA2	겲 ACB2	곂 ACC2	곒 ACD2	곢 ACE2	곲 ACF2
3	갃 AC03	갓 AC13	갣 AC23	갳 AC33	걃 AC43	걓 AC53	걣 AC63	걳 AC73	것 AC83	겓 AC93	겣 ACA3	겳 ACB3	곃 ACC3	곓 ACD3	곣 ACE3	곳 ACF3
4	간 AC04	갔 AC14	갤 AC24	갴 AC34	걄 AC44	걔 AC54	걤 AC64	건 AC74	겄 AC84	겔 AC94	겤 ACA4	겴 ACB4	계 ACC4	곔 ACD4	곤 ACE4	곴 ACF4
5	갅 AC05	강 AC15	갥 AC25	갵 AC35	걅 AC45	걕 AC55	걥 AC65	걵 AC75	겅 AC85	겕 AC95	겥 ACA5	겵 ACB5	곅 ACC5	곕 ACD5	곥 ACE5	공 ACF5
6	갆 AC06	갖 AC16	갦 AC26	갶 AC36	걆 AC46	걖 AC56	걦 AC66	걶 AC76	겆 AC86	겖 AC96	겦 ACA6	겶 ACB6	곆 ACC6	곖 ACD6	곦 ACE6	곶 ACF6
7	갇 AC07	갗 AC17	갧 AC27	갷 AC37	걇 AC47	걗 AC57	걧 AC67	걷 AC77	겇 AC87	겗 AC97	겧 ACA7	겷 ACB7	곇 ACC7	곗 ACD7	곧 ACE7	곷 ACF7
8	갈 AC08	갘 AC18	갨 AC28	갸 AC38	걈 AC48	걘 AC58	걨 AC68	걸 AC78	겈 AC88	겘 AC98	겨 ACA8	겸 ACB8	곈 ACC8	곘 ACD8	골 ACE8	곸 ACF8
9	갉 AC09	같 AC19	갩 AC29	갹 AC39	걉 AC49	걙 AC59	걩 AC69	걹 AC79	겉 AC89	겙 AC99	격 ACA9	겹 ACB9	곉 ACC9	곙 ACD9	곩 ACE9	곹 ACF9
A	갊 AC0A	갚 AC1A	갪 AC2A	갺 AC3A	걊 AC4A	걚 AC5A	걪 AC6A	걺 AC7A	겊 AC8A	겚 AC9A	겪 ACAA	겺 ACBA	곊 ACCA	곚 ACDA	곪 ACEA	곺 ACFA
B	갋 AC0B	갛 AC1B	갫 AC2B	갻 AC3B	걋 AC4B	걛 AC5B	걫 AC6B	걻 AC7B	겋 AC8B	겛 AC9B	겫 ACAB	겻 ACBB	곋 ACCB	곛 ACDB	곫 ACEB	곻 ACFB
C	갌 AC0C	개 AC1C	갬 AC2C	갼 AC3C	걌 AC4C	걜 AC5C	걬 AC6C	걼 AC7C	게 AC8C	겜 AC9C	견 ACAC	겼 ACBC	곌 ACCC	곜 ACDC	곬 ACEC	과 ACFC
D	갍 AC0D	객 AC1D	갭 AC2D	갽 AC3D	걍 AC4D	걝 AC5D	걭 AC6D	걽 AC7D	겍 AC8D	겝 AC9D	겭 ACAD	경 ACBD	곍 ACCD	곝 ACDD	곭 ACED	곽 ACFD
E	갎 AC0E	갞 AC1E	갮 AC2E	갾 AC3E	걎 AC4E	걞 AC5E	걮 AC6E	걾 AC7E	겎 AC8E	겞 AC9E	겮 ACAE	겾 ACBE	곎 ACCE	곞 ACDE	곮 ACEE	곾 ACFE
F	갏 AC0F	갟 AC1F	갯 AC2F	갿 AC3F	걏 AC4F	걟 AC5F	걯 AC6F	걿 AC7F	겏 AC8F	겟 AC9F	겯 ACAF	겿 ACBF	곏 ACCF	곟 ACDF	곯 ACEF	곿 ACFF

그림 7.9 한글 음절

7.4.2 한글 자모 분석 필터(javacafe_jamo)

자바카페 플러그인에서 제공하는 javacafe_jamo 필터는 한글을 자모 단위로 분해해서 제공하는 분석 필터다. 토크나이저에 의해 텀으로 분리된 단어를 글자수별로 파싱해서 자모 분석을 시작한다. 만약 처리할 글자가 한글 유니코드 범위(0xAC00 ~ 0xD7AF, 11,184개)에 해당하지 않는 경우에는 분해하지 않고 무시한다.

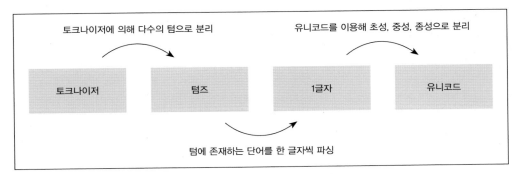

그림 7.10 자모 분석 과정

필터는 글자의 한글 음절 유니코드를 확인해서 이에 매칭되는 한글 자모 유니코드를 추출한다. 이러한 방식으로 초성, 중성, 종성의 형태로 자모 분석이 이뤄진다.

```java
@Test
public void jamoTest() {
    String token = "자바카페";
    KoreanJamoParser parser = new KoreanJamoParser();
    String result = parser.parse(token);

    System.out.println(result);
    assertEquals("ㅈㅏㅂㅏㅋㅏㅍㅔ", result);
}


@Test
public void jamoTest2() {
    String token = "삼성전자";
    KoreanJamoParser parser = new KoreanJamoParser();
    String result = parser.parse(token);

    System.out.println(result);
    assertEquals("ㅅㅏㅁㅅㅓㅇㅈㅓㄴㅈㅏ", result);
}
```

그림 7.11 자바카페의 한글 자모 분석 필터 사용 예

앞에서 자동완성을 위한 인덱스를 생성할 때 색인용 분석기와 검색용 분석기를 각각 정의한 것을 기억할 것이다. 색인용 분석기로는 `jamo_index_analyzer`를 정의했고 검색용 분석기로는 `jamo_search_analyzer`를 정의했다.

```
// 자모 분석기 정의

"analyzer": {
    "jamo_index_analyzer": {
        "type": "custom",
        "tokenizer": "keyword",
        "filter": [
            "javacafe_jamo_filter",
            "lowercase",
            "trim",
            "edge_ngram_filter_front"
        ]
    },
    "jamo_search_analyzer": {
        "type": "custom",
        "tokenizer": "keyword",
        "filter": [
            "javacafe_jamo_filter",
            "lowercase",
            "trim"
        ]
    }
}
```

이 가운데 `jamo_index_analyzer`의 정의를 보면 `edge_ngram_filter_front` 필터를 추가적으로 사용한 것을 확인할 수 있다. 왜 색인할 때는 edgeNgram 필터가 추가로 필요한 것일까? "자바카페"라는 단어를 이용해 둘 간의 차이점을 확인해보자.

먼저 다음은 `jamo_index_analyzer`를 사용해 분석한 결과다.

```
// "자바카페"를 jamo_index_analyzer를 이용해 분석한 결과

{
```

```
"tokens": [
    {
        "token": "ㅈ",
        "start_offset": 0,
        "end_offset": 4,
        "type": "word",
        "position": 0
    },
    {
        "token": "ㅈㅏ",
        "start_offset": 0,
        "end_offset": 4,
        "type": "word",
        "position": 0
    },
    {
        "token": "ㅈㅏㅂ",
        "start_offset": 0,
        "end_offset": 4,
        "type": "word",
        "position": 0
    },
    {
        "token": "ㅈㅏㅂㅏ",
        "start_offset": 0,
        "end_offset": 4,
        "type": "word",
        "position": 0
    },
    {
        "token": "ㅈㅏㅂㅏㅋ",
        "start_offset": 0,
        "end_offset": 4,
        "type": "word",
        "position": 0
    },
    {
        "token": "ㅈㅏㅂㅏㅋㅏ",
        "start_offset": 0,
```

```
            "end_offset": 4,
            "type": "word",
            "position": 0
        },
        {
            "token": "ㅈㅏㅂㅏㅋㅏㅍ",
            "start_offset": 0,
            "end_offset": 4,
            "type": "word",
            "position": 0
        },
        {
            "token": "ㅈㅏㅂㅏㅋㅏㅍㅔ",
            "start_offset": 0,
            "end_offset": 4,
            "type": "word",
            "position": 0
        }
    ]
}
```

이 결과를 살펴보면 "자바카페"라는 1개의 텀은 총 8건의 토큰으로 복제되어 색인된다는 사실을 알 수 있다. 한 건의 데이터가 8건으로 복제되어 색인되는 것이다.

이번에는 jamo_search_analyzer를 사용해 분석한 결과다.

```
// "자바카페"를 jamo_search_analyzer를 이용해 분석한 결과

{
    "tokens": [
        {
            "token": "ㅈㅏㅂㅏㅋㅏㅍㅔ",
            "start_offset": 0,
            "end_offset": 4,
            "type": "word",
            "position": 0
        }
    ]
}
```

서로 결과가 다르다는 사실을 알 수 있다. 색인할 때와 검색할 때 토큰을 분리하는 기준이 서로 다르다. 이렇게 하는 이유는 무엇일까? 일반적으로 자모 검색은 자동완성 형태의 검색에 많이 이용된다. "자바카 페"라는 단어가 키보드로 한 글자씩 입력되는 과정에서도 입력 순서에 따라 항상 검색이 가능하도록 색 인할 때 키 입력 순서에 따른 자모 분석 결과를 제공해야 하기 때문이다.

7.4.3 한글 초성 분석 필터(javacafe_chosung)

자바카페 플러그인에서 제공하는 javacafe_chosung 필터는 한글을 자모 단위로 분해한 후 초성만 추출해 서 제공하는 분석 필터다. 기본적인 자모 분석 과정은 javacafe_jamo 필터와 동일한 로직을 이용한다.

```java
@Test
public void chosungTest() {
    String token = "자바카페";
    KoreanChosungParser parser = new KoreanChosungParser();
    String result = parser.parse(token);

    System.out.println(result);
    assertEquals("ㅈㅂㅋㅍ", result);
}


@Test
public void chosungTest2() {
    String token = "삼성전자";
    KoreanChosungParser parser = new KoreanChosungParser();
    String result = parser.parse(token);

    System.out.println(result);
    assertEquals("ㅅㅅㅈㅈ", result);
}
```

그림 7.12 자바카페의 한글 초성 분석 필터 사용 예

자모 분석 필터와 마찬가지로 초성 분석 필터도 색인용 분석기와 검색용 분석기를 각각 정의한다. 앞에 서 설명한 초성 검색 예제에서도 색인용 분석기로 chosung_index_analyzer를 정의했고 검색용 분석기로 는 chosung_search_analyzer를 정의했다.

```json
// 초성 분석기 정의

"analyzer": {
    "chosung_index_analyzer": {
        "type": "custom",
        "tokenizer": "keyword",
```

```
                "filter": [
                    "javacafe_chosung_filter",
                    "lowercase",
                    "trim",
                    "edge_ngram_filter_front"
                ]
            },
            "chosung_search_analyzer": {
                "type": "custom",
                "tokenizer": "keyword",
                "filter": [
                    "javacafe_chosung_filter",
                    "lowercase",
                    "trim"
                ]
            }
        }
    }
```

초성 분석 필터도 색인용 분석기에 edge_ngram_filter_front 필터를 추가적으로 사용한 것을 확인할 수 있다. 마찬가지로 "자바카페"라는 단어를 이용해 둘 간의 차이점을 확인해보자.

먼저 다음은 chosung_index_analyzer를 사용해 분석한 결과다.

```
// "자바카페"를 chosung_index_analyzer를 이용해 분석한 결과

{
    "tokens": [
        {
            "token": "ㅈ",
            "start_offset": 0,
            "end_offset": 4,
            "type": "word",
            "position": 0
        },
        {
            "token": "ㅈㅂ",
            "start_offset": 0,
```

```
                "end_offset": 4,
                "type": "word",
                "position": 0
        },
        {
                "token": "ㅈㅂㅋ",
                "start_offset": 0,
                "end_offset": 4,
                "type": "word",
                "position": 0
        },
        {
                "token": "ㅈㅂㅋㅍ",
                "start_offset": 0,
                "end_offset": 4,
                "type": "word",
                "position": 0
        }
    ]
}
```

결과를 살펴보면 "자바카페"라는 텀은 총 4건의 텀으로 복제되어 색인된다.

이번에는 chosung_search_analyzer를 사용해 분석한 결과다.

```
// "자바카페"를 chosung_search_analyzer를 이용해 분석한 결과

{
    "tokens": [
        {
            "token": "ㅈㅂㅋㅍ",
            "start_offset": 0,
            "end_offset": 4,
            "type": "word",
            "position": 0
        }
    ]
}
```

초성 검색도 자동완성 형태의 검색에 많이 사용된다. 만약 "자바카페"라는 단어를 초성검색으로 입력한다면 "ㅈ", "ㅈㅂ", "ㅈㅂㅋ", "ㅈㅂㅋㅍ"와 같은 식으로 순서대로 입력할 것이다. 그러므로 이러한 키 입력에 모두 대응하기 위해 색인할 때 edgeNgram을 추가적으로 적용해야 한다.

7.4.4 영한 오타 변환 필터(javacafe_eng2kor)

자바카페 플러그인에서 제공하는 javacafe_eng2kor 필터는 한영 키에 의한 영문 오타를 한글로 교정해주는 필터다. "자바카페"라는 단어를 한글로 입력해야 하는데 실수로 영문으로 입력된 경우에는 "wkqkzpvp"라고 입력될 것이다. 이 경우 사용자의 실수임을 인지하고 자동으로 "자바카페"라는 한글 단어로 변환하는 기능을 제공한다.

```
/**
 * 키보드상에서 한영키에 의해서 오타 교정이 필요한 키배열 (영문키 33자)
 */
public static final String[] KEYBOARD_KEY_ENG = {
        "a", "b", "c", "d", "e", "f", "g", "h", "i", "j",
        "k", "l", "m", "n", "o", "p", "q", "r", "s", "t",
        "u", "v", "w", "x", "y", "z", "Q", "W", "E", "R",
        "T", "O", "P"
};

/**
 * 키보드상에서 한영키에 의해서 오타 교정이 필요한 키배열 (한글키 33자)
 */
public static final String[] KEYBOARD_KEY_KOR  = {
        "ㅁ", "ㅠ", "ㅊ", "ㅇ", "ㄷ", "ㄹ", "ㅎ", "ㅗ", "ㅑ", "ㅓ",
        "ㅏ", "ㅣ", "ㅡ", "ㅜ", "ㅐ", "ㅔ", "ㅂ", "ㄱ", "ㄴ", "ㅅ",
        "ㅕ", "ㅍ", "ㅈ", "ㅌ", "ㅛ", "ㅋ", "ㅃ", "ㅉ", "ㄸ", "ㄲ",
        "ㅆ", "ㅒ", "ㅖ"
};
```

그림 7.13 한영키에 따른 키 배열

구현 원리는 의외로 간단하다. 한글 키보드에 대응되는 영문 키보드 값을 정의해서 서로 변환해주는 방식이다.

```
@Test
public void test1() {
    String token = "wkqkzkvp";

    EngToKorConverter convert = new EngToKorConverter();
    String result = convert.convert(token);

    System.out.println(result);
    assertEquals("자바카페", result);
}


@Test
public void test2() {
    String token = "tkatjdwjswk";

    EngToKorConverter convert = new EngToKorConverter();
    String result = convert.convert(token);

    System.out.println(result);
    assertEquals("삼성전자", result);
}
```

그림 7.14 자바카페의 영한 오타 변환 필터 사용 예

7.4.5 한영 오타 변환 필터(javacafe_kor2eng)

자바카페 플러그인에서 제공하는 javacafe_kor2eng 필터는 한글 오타를 영문으로 교정해주는 필터다. 앞에서 설명한 영한 오타 필터의 반대 방식으로 동작한다고 이해하면 된다.

구현 원리도 동일하다. 차이점은 한글을 영어로 변환한다는 것이다.

```
@Test
public void test1() {
    String token = "ㅓㅁㅍㅁㅊㅁㄹㄷ";

    KorToEngConverter convert = new KorToEngConverter();
    String result = convert.convert(token);

    System.out.println(result);
    assertEquals("javacafe", result);
}
```

그림 7.15 자바카페의 한영 오타 변환 필터 사용 예

7.4.6 스펠링 체크 필터(javacafe_spell)

자바카페 플러그인에서 제공하는 javacafe_spell 필터는 이전 장에서 설명한 맞춤법 검사기 내부에서 사용하는 필터다. 맞춤법 검사를 위해서는 한글을 먼저 자모 형태로 분해해야 하기 때문에 이러한 필터가 필요하다. 스펠링 체크 필터는 앞에서 소개한 javacafe_jamo 필터와 동일한 기능을 수행한다.

```java
@Test
public void spellTest() {
    String token = "자바카페";
    KoreanJamoParser parser = new KoreanJamoParser();
    String result = parser.parse(token);

    System.out.println(result);
    assertEquals("ㅈㅏㅂㅏㅋㅏㅍㅔ", result);
}
```

그림 7.16 자바카페의 스펠링 체크 필터 사용 예

08

엘라스틱서치
클라이언트

지금까지는 HTTP 요청을 사용해 색인이나 검색 작업을 수행했다. 하지만 실무에서는 엘라스틱서치에 접근할 때 전용 클라이언트 모듈을 많이 사용한다. 이번 장에서는 엘라스틱서치가 제공하는 전용 클라이언트를 사용해 색인이나 검색 작업을 수행하는 방법을 알아본다.

현재 엘라스틱서치에서 제공하는 클라이언트는 여러 가지 언어로 개발되어 제공된다. 이 책에서는 이 가운데 가장 많이 사용되는 자바 클라이언트에 대해 집중적으로 살펴보겠다.

이번 장에서 다룰 내용

8.1 엘라스틱서치 클라이언트 이해하기

8.2 Transport 클라이언트

8.3 High Level REST 클라이언트

8.1 엘라스틱서치 클라이언트 이해하기

지금까지는 서비스에 검색 기능을 제공하기 위해 엘라스틱서치를 구축하는 데 초점을 맞췄다면 지금부터는 이를 활용하는 방식을 알아보겠다. 엘라스틱서치는 기본적으로 다양한 프로그래밍 언어를 지원하기 때문에 프로젝트에서 사용 중인 언어용 라이브러리를 이용해 엘라스틱서치와 연결할 수 있다.

8.1.1 클라이언트 모듈 소개

지금까지 사용하던 HTTP 방식은 단 건의 요청을 처리하기에는 편리하지만 대량의 요청을 처리하기에는 적합하지 않다. 서비스로 검색 기능을 제공하기 위해서는 다수의 요청에 빠르게 응답해야 하기 때문에 일반적으로 서비스 개발에 사용한 프로그래밍 언어에서 직접 사용할 수 있는 라이브러리 형태를 선호한다. 엘라스틱서치에서도 이러한 요청에 의해 다양한 프로그래밍 언어에서 직접적으로 사용할 수 있는 라이브러리를 개발해서 제공한다.

엘라스틱서치는 다양한 프로그래밍 언어를 지원하며, 아직 지원하지 않는 언어에 대해서는 직접 클라이언트를 개발해서 추가할 수 있는 방법도 제공한다. 다음과 같은 라이브러리 중에서 사용하고자 하는 프로그래밍 언어에 따라 적절한 라이브러리를 선택해 사용하면 된다.

엘라스틱서치에서 지원하는 언어별 라이브러리

- Java REST Client
- Java API
- JavaScript API
- Groovy API
- .NET API
- PHP API
- Perl API
- Python API
- Ruby API
- Community Contributed Clients

- 참고: https://www.elastic.co/guide/en/elasticsearch/client/index.html

---

8.1.2 자바 클라이언트 모듈

특이하게도 자바 언어를 위해 제공되는 클라이언트에는 두 가지 종류가 있다. 내부적으로 HTTP 방식으로 REST API를 사용해 접근하는 방식과 네티(Netty) 모듈을 이용해 네이티브 클라이언트를 통해 접근하는 방식이다. 자바 라이브러리 사용자는 두 방식 중 적절한 것을 선택해서 사용하면 된다.

REST 클라이언트

- Java High Level REST Client라고도 불린다.
- HTTP 방식을 이용해 엘라스틱서치와 통신한다.
- 내부적으로는 HttpClient 모듈을 사용한다.

Transport 클라이언트

- Java Client라고도 불린다.
- 초기부터 제공되던 클라이언트 방식으로, 상대적으로 빠른 속도를 보장한다.
- 소켓을 이용해 엘라스틱서치와 통신한다.
- 내부적으로는 Netty 모듈을 사용한다.

초기 버전의 엘라스틱서치에서는 소켓을 이용하는 Transport 클라이언트만 제공됐다. 일종의 엘라스틱서치 노드와 비슷한 방식으로 동작하기 때문에 속도는 빠르지만 엘라스틱서치가 버전업될 때마다 제공되는 기능이나 API의 명세에 따라 클래스나 메서드가 바뀌는 문제점이 있었다. 이러한 문제점을 해결하기 위해서 새로운 모듈인 REST 클라이언트가 도입됐다.

REST 클라이언트는 내부적으로 HTTP 방식으로 동작하기 때문에 매우 유연한 사용성을 제공한다. 하지만 초기에는 기존 방식보다는 성능 측면에서 조금 떨어지는 부분이 있었다. 하지만 현재는 성능이 매우 좋아졌기 때문에 차이가 그리 많이 나지는 않는 상황이다. 그리고 엘라스틱서치 7.0부터는 Transport 클라이언트가 폐기 예정(Deprecated)됐기 때문에 최신 버전의 엘라스틱서치를 도입해야 한다면 반드시 REST 클라이언트를 사용해야만 한다.

참고로 자바 클라이언트는 지금 과도기에 있다. 현재는 Transport 클라이언트를 많이 사용하고 있지만 6.4 버전 이후로는 Transport 클라이언트의 미지원이 예고됐고, 이러한 상황에 따라 REST 클라이언트로 대세가 넘어가고 있는 추세다.

클라이언트 예제 코드

아직까지는 REST 클라이언트가 Transport 클라이언트에서 제공하는 모든 기능을 지원하지는 않기 때문에 실무에서는 두 가지 방식을 모두 활용해야 할 수도 있다. 이러한 상황이다 보니 아직까지는 두 클라이언트를 모두 알아야 하는 불편함이 있다. 이러한 이유로 이 책에서는 두 가지 방식을 모두 설명한다.

예제 코드는 다음 URL에서 모두 내려받을 수 있다.

- https://github.com/javacafe-project/elastic-book

예제 코드를 내려받으면 다음과 같이 transport 디렉터리와 rest 디렉터리가 있는데, 각각 Transport 클라이언트의 예제 코드와 REST 클라이언트의 예제 코드에 해당한다.

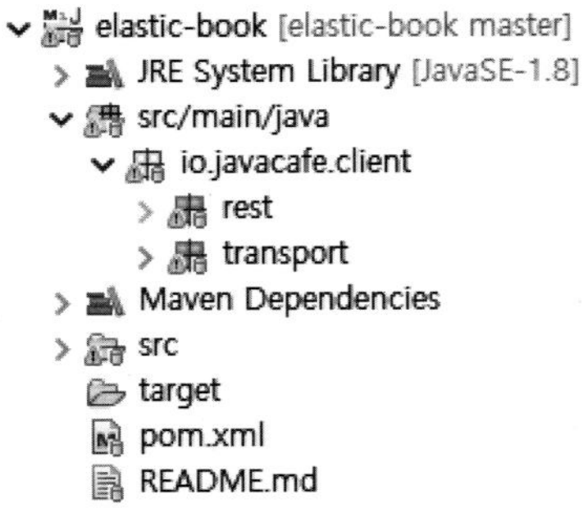

```
∨ ⬚ elastic-book [elastic-book master]
    > ⬚ JRE System Library [JavaSE-1.8]
    ∨ ⬚ src/main/java
        ∨ ⬚ io.javacafe.client
            > ⬚ rest
            > ⬚ transport
    > ⬚ Maven Dependencies
    > ⬚ src
        ⬚ target
        ⬚ pom.xml
        ⬚ README.md
```

그림 8.1 클라이언트 예제 프로젝트의 구조

8.2 Transport 클라이언트

엘라스틱서치 7.0에서 Transport 클라이언트 모듈은 미지원되고 8.0에서는 완전히 제거될 예정이다. 엘라스틱서치에서는 정책상 다음 장에 소개할 Java High Level REST 클라이언트를 사용하길 권장하고 있지만 엘라스틱서치에서 현재 제공하고 있는 모든 기능을 라이브러리에서 지원하고 있지 않기 때문에 아직까지는 전통적인 Transport 클라이언트를 사용하는 것이 좋다.

8.2.1 Transport 클라이언트 연결

Transport 클라이언트 모듈을 사용하려면 프로젝트에서 메이븐(Maven)이나 그레이들(Gradle) 설정을 이용해 라이브러리를 내려받아야 한다.

프로젝트에서 다음과 같이 메이븐 설정을 하자.

```xml
<!-- https://mvnrepository.com/artifact/org.elasticsearch.client/transport -->
<dependency>
    <groupId>org.elasticsearch.client</groupId>
    <artifactId>transport</artifactId>
    <version>6.4.3</version>
</dependency>
```

만약 그레이들을 사용한다면 아래와 같이 설정한다.

```
dependencies {
    compile group: 'org.elasticsearch.client',
        name: 'transport',
        version: '6.4.3'
}
```

Transport 클라이언트는 내부적으로 소켓을 사용해 엘라스틱서치 클러스터에 원격으로 연결된다. 연결할 때 Settings 정보에 클러스터의 정보를 입력하면 클러스터로 연결된다. 연결을 위해서는 IP 주소와 포트 번호가 필요하다. 만약 포트 설정을 따로 하지 않았다면 Transport 클라이언트는 기본적으로 9300번 포트를 사용해 접속을 시도한다.

다음은 가장 간단한 형태의 클라이언트 연결 예다.

```
TransportClient client = new PreBuiltTransportClient(Settings.EMPTY)
        .addTransportAddress(new TransportAddress(InetAddress.getByName("127.0.0.1"), 9300));
```

만약 다수의 노드를 이용해 클러스터를 구성한 경우에는 다음과 같이 Settings에 클러스터 이름을 지정해야 한다. 만약 클러스터의 이름이 "javacafe-es"라면 다음과 같이 설정한다.

예제 8.1 io.javacafe.client.transport.Example01.java

```
Settings settings = Settings.builder() .put("cluster.name", "javacafe-es").build();

TransportClient client = new PreBuiltTransportClient(settings)
        .addTransportAddress(new TransportAddress(InetAddress.getByName("127.0.0.1"), 9300));
```

Transport 클라이언트에는 새로운 노드를 자동적으로 추가하거나 기존 노드를 삭제할 수 있는 클러스터 스니핑 기능이 내장돼 있다. 스니핑 기능이 활성화되면 addTransportAddress 메서드를 호출해서 빌드된 노드 목록을 5초에 한 번씩 갱신해 최신 데이터로 관리해준다.

스니핑 기능을 사용하려면 client.transport.sniff=true에 해당하는 설정을 setting 정보에 추가로 지정하면 된다.

```
Settings settings = Settings.builder()
                .put("cluster.name", "javacafe-es")
                .put("client.transport.sniff", true)
                .build();
```

8.2.2 매핑 API 사용하기

인덱스를 생성할 때 Indice API를 사용한다. 이를 이용해 인덱스의 샤드 개수를 설정하거나 나만의 분석기를 정의할 수도 있다. 각 필드에 대한 데이터 타입을 정의하거나 세세한 옵션을 설정하는 것도 가능하다.

매핑 생성을 위해서는 필드를 정의하는 스키마를 JSON 형태로 생성해야 한다. 생성된 JSON 데이터를 Transport 클라이언트를 이용해 엘라스틱서치에 전달하면 인덱스가 생성된다. 생성할 매핑 구조에 따라 다양한 형태의 JSON 구조를 생성해야 하는데, 보통 다음과 같이 4가지 방법을 많이 사용한다.

1. byte[] 혹은 String 객체를 사용해 수동으로 JSON을 만드는 방법
2. Map 객체로 만들어 JSON 형태로 변환하는 방법
3. Jackson, Gson과 같은 외부 라이브러리로 객체를 만들어 JSON 형태로 변환하는 방법
4. 엘라스틱서치에서 제공하는 XContentFactory.jsonBuilder()를 활용해 JSON을 만드는 방법

취향에 따라 어떠한 방식을 사용하더라도 JSON 형태로 변환하는 것이 가능하지만 인덱스의 매핑 정보를 만들고 인덱스에 문서를 추가하는 등의 작업을 할 때는 엘라스틱서치에서 제공하는 XContentFactory를 사용해 개발하는 것이 여러모로 편리하다. 특히 XContentFactory를 사용할 경우 배열이나 숫자, 날짜 등을 입력할 때 손쉽게 데이터를 추가하는 것이 가능하다.

먼저 movie_auto 인덱스를 생성해 보자. movie_auto 인덱스를 이용해 매핑 정보를 생성하는 것부터 문서를 추가, 조회하는 것까지 알아보자. 다음 예제를 보자.

```
{
    "settings": {
        "index": {
```

```
            "number_of_shards": "3",
            "number_of_replicas": "1"
        }
    },
    "mappings": {
        "_doc": {
            "properties": {
                "movieCd": {
                    "type": "keyword",
                    "store": true
                },
                "movieNm": {
                    "type": "text",
                    "store": true,
                    "index_options": "docs"
                },
                "movieNmEn": {
                    "type": "text",
                    "store": true,
                    "index_options": "docs"
                }
            }
        }
    }
}
```

매핑을 생성하기 전에 XContentBuilder로 데이터를 만들고 설정 정보와 함께 인덱스를 생성하는 로직을 작성해 보자. 모든 항목은 startObject() 메서드와 endObject() 메서드로 시작과 끝을 표현해야 한다. 앞에서 정의한 대로 각 필드를 정의하면 된다. 필드의 타입이나 속성을 지정할 경우에는 field() 메서드를 사용한다. 실제 인덱스를 생성할 때는 client().admin().indices() 메서드를 사용한다. prepareCreate() 메서드를 이용해 생성한 인덱스의 이름을 지정하고 설정 정보와 인덱스 정보를 설정하면 된다.

모든 설정이 완료되면 get() 메서드를 호출한다. Transport 클라이언트는 get() 메서드가 호출되는 순간 엘라스틱서치로 매핑 정보를 전송하고 인덱스 생성 여부를 결과로 돌려준다.

예제 8.2 io.javacafe.client.transport.Example02.java

```java
// 인덱스명
String INDEX_NAME="movie_java";

// 타입명
String TYPE_NAME = "_doc";

// 매핑 정보
XContentBuilder indexBuilder = jsonBuilder()
        .startObject()
            .startObject(TYPE_NAME)
                .startObject("properties")
                    .startObject("movieCd")
                        .field("type","keyword")
                        .field("store","true")
                        .field("index_options","docs")
                    .endObject()
                    .startObject("movieNm")
                        .field("type","text")
                        .field("store","true")
                        .field("index_options","docs")
                    .endObject()
                    .startObject("movieNmEn")
                        .field("type","text")
                        .field("store","true")
                        .field("index_options","docs")
                    .endObject()
                .endObject()
            .endObject()
        .endObject();

// 인덱스 생성
client.admin().indices().prepareCreate(INDEX_NAME)
        .setSettings(Settings.builder()
                .put("index.number_of_shards",3)
                .put("index.number_of_replicas",1)
        )
        .addMapping(TYPE_NAME, indexBuilder)
        .get();
```

인덱스를 생성할 때 매핑 정보와 함께 설정 정보도 간단히 설정했다. 설정 정보로 프라이머리 샤드의 수와 레플리카 샤드의 세트 수를 지정할 수 있다. 이 밖에도 사용자가 자신만의 분석기를 만들어 사용하는 것도 가능하다.

다음은 XContentBuilder를 이용해 한글 형태소 분석기 Nori를 사용하는 분석기를 설정해 설정 정보를 만드는 예다. 매핑 정보와 마찬가지로 startObject() 메서드와 endObject() 메서드를 활용해 정의하면 된다. 매핑 정보는 이전 예제와 동일하기 때문에 생략했다.

예제 8.3 io.javacafe.client.transport.Example03.java

```java
// 인덱스명
String INDEX_NAME="movie_nori_java";

// 타입명
String TYPE_NAME = "_doc";

// 매핑 정보
XContentBuilder indexBuilder = jsonBuilder()
        (... 생략 ...)

// 설정 정보
XContentBuilder settingBuilder = jsonBuilder()
        .startObject()
            .startObject("index")
                .startObject("analysis")
                    .startObject("tokenizer")
                        .startObject("nori_user_dict_tokenizer")
                            .field("type","nori_tokenizer")
                            .field("decompound_mode","mixed")
                            .field("user_dictionary","userdict_ko.txt")
                        .endObject()
                    .endObject()
                    .startObject("analyzer")
                        .startObject("nori_token_analyzer")
                            .field("tokenizer","nori_user_dict_tokenizer")
                            .array("filter","lowercase")
                        .endObject()
```

```
                        .endObject()
                    .endObject()
                .endObject()
            .endObject();


    // 인덱스 생성
    client.admin().indices().prepareCreate(INDEX_NAME)
            .setSettings(settingBuilder)
            .addMapping(TYPE_NAME, indexBuilder)
            .get();
```

인덱스를 생성하는 방법을 알았으니 지금부터는 문서를 생성하고 관리하는 방법을 알아보자.

8.2.3 문서 API 사용하기

Document API를 이용하면 문서를 생성하거나 조회, 수정, 삭제하는 것이 가능하다. 이번 장에서는 Transport 클라이언트를 이용해 문서를 관리하는 방법을 살펴보자.

인덱스에 데이터를 넣을 때는 다음의 두 가지 방법을 사용할 수 있다.

---
(1) 문서를 한 건씩 추가하는 방법
(2) 대량의 문서를 한 번에 추가하는 방법

한 건의 문서 추가

XContentBuilder를 이용해 색인할 데이터를 정의한다. 필드명과 필드값을 지정해서 생성한 후 setSource() 메서드에 설정하면 된다. prepareIndex() 메서드에 인덱스명과 타입명, 데이터의 _id를 직접 지정해서 문서를 추가한다. 만약 _id가 존재하지 않을 경우 UUID 값으로 대체되어 저장된다.

예제 8.4 io.javacafe.client.transport.Example04.java

```
// 인덱스명
String INDEX_NAME="movie_auto_java";


// 타입명
String TYPE_NAME = "_doc";
```

```
// 문서 키 값
String _id = "1";

IndexResponse response = client.prepareIndex(INDEX_NAME, TYPE_NAME, _id)
        .setSource(jsonBuilder()
                .startObject()
                .field("movieCd", "20173732")
                .field("movieNm", "살아남은 아이")
                .field("movieNmEn", "Last Child")
                .endObject())
        .get();
```

대량의 문서 추가

대량의 데이터를 추가할 때는 _bulk API를 이용한다. _bulk API는 한번에 많은 데이터를 인덱스에 추가할 때 사용하는 API로서 Transport 클라이언트에서도 사용할 수 있도록 제공된다. 해당 API를 사용할 때는 BulkRequestBuilder로 데이터를 저장한다.

예제 8.5 io.javacafe.client.transport.Example05.java

```
//인덱스명
String INDEX_NAME="movie_auto_java";

//타입명
String TYPE_NAME = "_doc";

//여러 개의 데이터를 저장할 XContentBuilder의 리스트 객체 생성
List<XContentBuilder> xContentBuilders = new ArrayList<>();

//1번 데이터 추가
XContentBuilder builder = jsonBuilder().startObject()
        .field("movieCd", "20184623")
        .field("movieNm", "바람난 아내들2")
        .field("movieNmEn", "")
        .endObject();
xContentBuilders.add(builder);
```

```
//2번 데이터 추가
builder = jsonBuilder().startObject()
        .field("movieCd", "20174244")
        .field("movieNm", "버블 패밀리")
        .field("movieNmEn", "Family in the Bubble")
        .endObject();
xContentBuilders.add(builder);

//BulkRequestBuilder 객체 생성
BulkRequestBuilder bulkRequest = client.prepareBulk();

for(XContentBuilder xContentBuilder: xContentBuilders){
    bulkRequest.add(client.prepareIndex(INDEX_NAME,TYPE_NAME)
           .setSource(xContentBuilder));
}

//문서 전송
BulkResponse bulkResponse = bulkRequest.get();
```

색인 요청 후 결과를 확인하려면 IndexResponse 혹은 BulkResponse 객체로 전달받으면 된다. 두 가지 객체를 선택적으로 사용할 수 있으며, BulkResponse의 경우 단순히 작업 실패 여부만 확인할 수 있는 데 반해 IndexResponse 객체로 반환받는 경우 _index, _type, _id, _version, _status, _shards, result 등의 상세한 값을 반환받을 수 있다.

문서 조회

_id 기반으로 인덱스의 문서를 질의할 때 사용하는 API다. prepareGet() 메서드를 이용해 호출하면 결과로 해당 id를 가지는 문서가 리턴된다. id 값을 알고 있는 경우에 사용한다.

예제 8.6 io.javacafe.client.transport.Example06.java

```
//인덱스명
String INDEX_NAME="movie_auto_java";

//타입명
String TYPE_NAME = "_doc";
```

```
//문서 키 값
String _id = "20184623";

GetResponse response = client.prepareGet(INDEX_NAME, TYPE_NAME, _id).get();
```

결과로 제공되는 GetResponse 객체에서 response.getSource()를 호출할 때 Map 형태의 객체로 결과가 제
공된다.

문서 삭제

이 또한 _id 기반으로 동작한다. prepareDelete() 메서드를 이용해 id에 해당하는 문서를 삭제할 수 있다.

예제 8.7 io.javacafe.client.transport.Example07.java

```
//인덱스명
String INDEX_NAME="movie_auto_java";

//타입명
String TYPE_NAME = "_doc";

// 한 건의 문서 삭제
String _id = "20184623";
DeleteResponse response = client.prepareDelete(INDEX_NAME, TYPE_NAME, _id).get();

// 여러 건의 문서 삭제
BulkByScrollResponse bulkByScrollResponse = DeleteByQueryAction.INSTANCE.newRequestBuilder
(client)
        .filter(QueryBuilders.matchQuery("movieNm", "바람난 아내들2"))
        .source(INDEX_NAME)
        .get();
```

특정 문서를 검색해서 검색된 문서를 삭제하고 싶을 때가 있다. 다음은 특정 키워드가 들어간 문서를 조
회해서 삭제하는 예다.

```
BulkByScrollResponse bulkByScrollResponse = DeleteByQueryAction.INSTANCE.newRequestBuilder(client)
    .filter(QueryBuilders.matchQuery("movieNm", "바람난 아내들2"))
    .source(INDEX_NAME)
    .get();

long deleted = rebulkByScrollResponse.getDeleted();
```

문서 업데이트

문서를 업데이트할 때는 update() 메서드를 사용한다. 다음 예제에서는 _id에 해당하는 문서의 movieNm을
"수정 문서"라는 키워드로 변경한다.

예제 8.8 io.javacafe.client.transport.Example08.java

```
//인덱스명
String INDEX_NAME="movie_auto_java";

//타입명
String TYPE_NAME = "_doc";

// 한 건의 문서 수정
String _id = "20174244";
UpdateRequest updateRequest = new UpdateRequest(INDEX_NAME, TYPE_NAME, _id)
        .doc(jsonBuilder()
            .startObject()
            .field("movieNm", "수정 문서")
            .endObject());

client.update(updateRequest).get();
```

한 번에 다수의 문서 조회

_mget API로 제공하는 기능도 구현돼 있다. 이를 이용해 엘라스틱서치에 여러 번 요청해야 할 내용을
한 번에 요청할 수 있게 해준다. prepareMultiGet() 메서드를 이용해 검색할 문서를 등록해서 한 번에 호
출한다. 사용법은 다음과 같다.

예제 8.9 io.javacafe.client.transport.Example09.java

```java
//인덱스명
String INDEX_NAME="movie_auto_java";

//타입명
String TYPE_NAME = "_doc";

MultiGetResponse multiGetItemResponses = client.prepareMultiGet()
        .add(INDEX_NAME, TYPE_NAME, "20184623")
        .add(INDEX_NAME, TYPE_NAME, "20174244")
        .get();

for (MultiGetItemResponse itemResponse : multiGetItemResponses) {
    GetResponse response1 = itemResponse.getResponse();
    if (response1.isExists()) {
        String json = response1.getSourceAsString();
    }
}
```

BULK PROCESSOR

BulkProcessor 클래스는 한번에 처리할 문서 수, 문서 처리 방법, 데이터 새로고침(Flush) 주기 등을 설정할 수 있는 인터페이스를 제공한다. 데이터가 얼마나 들어오는지에 상관없이 지정한 조건을 만족하면 엘라스틱서치로 색인 요청을 보내는 방식으로 동작한다. 이를 통해 _bulk API와 동일한 효과를 낼 수 있다.

예제 8.10 io.javacafe.client.transport.Example10.java

```java
//인덱스명
String INDEX_NAME="movie_auto_java";

//타입명
String TYPE_NAME = "_doc";

BulkProcessor bulkProcessor = BulkProcessor.builder(
        client,
        new BulkProcessor.Listener() {
```

```java
                    public void beforeBulk(long executionId,
                                            BulkRequest request) {  }

                    public void afterBulk(long executionId,
                                            BulkRequest request,
                                            BulkResponse response) { }

                    public void afterBulk(long executionId,
                                            BulkRequest request,
                                            Throwable failure) {  }
                })
                .setBulkActions(1000)
                .setBulkSize(new ByteSizeValue(5, ByteSizeUnit.MB))
                .setConcurrentRequests(1)
                .build();


        //벌크 데이터 추가
        bulkProcessor.add(new IndexRequest(INDEX_NAME, TYPE_NAME, "20184623")
                .source(jsonBuilder()
                        .startObject()
                        .field("movieCd", "20184623")
                        .field("movieNm", "바람난 아내들2")
                        .field("movieNmEn", "")
                        .endObject()));

        bulkProcessor.add(new IndexRequest(INDEX_NAME, TYPE_NAME, "20174244")
                .source(jsonBuilder()
                        .startObject()
                        .field("movieCd", "20174244")
                        .field("movieNm", "버블 패밀리")
                        .field("movieNmEn", "Family in the Bubble")
                        .endObject()));
```

예제에서는 bulkActions를 1000으로 설정했다. 이 설정에 의해 실행 중에 1000개의 문서가 쌓이면 엘라스틱서치로 전송이 시작된다. 그리고 bulkSize 값을 5MB로 설정했다. 이 설정에 의해 문서의 크기가 5MB를 넘으면 마찬가지로 엘라스틱서치로 전송이 시작된다. 이때 동시에 처리할 수 있는 요청의 개수를 concurrentRequests로 설정할 수 있다. 예제에서는 1로 설정했다.

8.2.4 검색 API 사용하기

검색 API를 이용하면 사용자가 입력한 검색어를 질의해서 결과를 반환받을 수 있다. 이를 이용해 하나의 인덱스뿐만 아니라 여러 개의 인덱스를 한 번에 조회하는 것도 가능하다.

SEARCH API

setQuery() 메서드에 원하는 쿼리를 작성해서 검색 요청을 할 수 있다. 여기서는 간단한 팀 쿼리를 이용하는 예제를 살펴보자.

예제 8.11 io.javacafe.client.transport.Example11.java

```java
String INDEX_NAME1 = "movie_auto";
String INDEX_NAME2 = "movie_search";
String TYPE_NAME = "_doc";
String FIELD_NAME = "movieCd";
String QUERY = "20184623";


SearchResponse response = client.prepareSearch(INDEX_NAME1, INDEX_NAME2)
    .setTypes(TYPE_NAME)
    .setSearchType(SearchType.DFS_QUERY_THEN_FETCH)
    .setQuery(QueryBuilders.termQuery(FIELD_NAME, QUERY))
    .setFrom(0).setSize(10)
    .setExplain(true)
    .get();
```

위 내용을 살펴보면 movie_auto, movie_search라는 두 개의 인덱스를 동시에 검색한다. 타입 값이 _doc이고 movieCd 필드의 값이 "20184623"인 모든 문서를 요청했다. 데이터는 0번부터 10개의 데이터를 가지고 오면서 디버깅 쿼리를 추가적으로 가져오도록 작성한 코드다.

여기서는 검색 API를 어떻게 사용하는지에 대해 설명하기 때문에 쿼리에 대한 자세한 사항은 생략한다. Query DSL을 사용하는 부분에서 좀 더 자세히 쿼리를 작성하는 방법을 다루겠다.

SCROLL API

검색 시 필요에 의해 한 번에 많은 양의 검색 결과를 요청할 때가 있다. 이러한 경우 엘라스틱서치는 검색 결과를 한 번에 제공하지 않고 페이지 단위로 나눠서 순차적으로 제공한다. 요청할 때마다 순차적으로 다음 페이지를 제공하는데 이를 위해 Scroll API를 제공한다. Scroll API는 첫 페이지를 호출할 때 scroll_id를 전달받아 초기에 설정한 사이즈로 지속적으로 데이터를 전송한다.

예제 8.12 io.javacafe.client.transport.Example12.java

```java
String INDEX_NAME = "movie_search";
String FIELD_NAME = "movieNm";
String QUERY = "아내들";


QueryBuilder queryBuilder = QueryBuilders.termQuery(FIELD_NAME, QUERY);
SearchResponse scrollResp = client.prepareSearch(INDEX_NAME)
        .addSort(FieldSortBuilder.DOC_FIELD_NAME, SortOrder.ASC)
        .setScroll(new TimeValue(60000))
        .setQuery(queryBuilder)
        .setSize(30)
        .get();

//스크롤을 이용해 검색
do {
    //데이터 출력
    for (SearchHit hit : scrollResp.getHits().getHits()) {
        String movieNm= hit.getSourceAsMap().get("movieNm").toString();
    }

    scrollResp = client.prepareSearchScroll(scrollResp.getScrollId())
            .setScroll(new TimeValue(60000)).execute().actionGet();
} while(scrollResp.getHits().getHits().length != 0);
```

예제에서는 30건 단위로 페이징되도록 설정했다. 그리고 prepareSearchScroll() 메서드를 이용해 데이터를 지속적으로 읽어 들인다. 모든 검색 결과를 리턴받을 때까지 데이터가 페이징되어 제공된다.

8.2.5 집계 API 사용하기

엘라스틱서치에 저장돼 있는 데이터의 통계 작업을 위해서는 집계 API를 활용한다. 이를 위해 Transport 클라이언트에서도 통계 작업을 할 수 있도록 집계 API가 제공된다. 기본적으로 집계 기능은 Search API에 메서드만 추가해서 사용한다. 다음은 countNationNm별로 집계하는 예다.

예제 8.13 io.javacafe.client.transport.Example13.java

```java
String INDEX_NAME = "movie_search";
String TYPE_NAME = "_doc";
String FIELD_NAME = "repNationNm";
String QUERY = "한국";

String AGGREGATION_NAME = "countNationNm";
String AGGREGATION_FIELD = "typeNm";

AggregationBuilder aggs = AggregationBuilders.terms(AGGREGATION_NAME)
        .field(AGGREGATION_FIELD)
        .size(100);

//검색 결과를 집계한다.
SearchResponse response = client.prepareSearch(INDEX_NAME)
        .setTypes(TYPE_NAME)
        .setSearchType(SearchType.DFS_QUERY_THEN_FETCH)
        .setQuery(QueryBuilders.termQuery(FIELD_NAME, QUERY))
        .addAggregation(aggs)
        .setSize(0)
        .get();

//결과 출력
Terms termBucket= response.getAggregations().get(AGGREGATION_NAME);

for(Terms.Bucket bucket: termBucket.getBuckets()) {
    String tweetLang = bucket.getKeyAsString();
    Long docCount = bucket.getDocCount();
}
```

집계 API를 사용할 경우 검색 결과는 출력하지 않는다. 대부분 통계 결과만 필요로 하기 때문이다. 그래서 쿼리를 수행할 때 setSize(0)을 사용한다. 그리고 addAggregation() 메서드를 이용해 정의한 집계 쿼리를 추가하는데, 이 부분이 바로 집계 API를 사용하는 부분이다. 예제에서는 Terms Aggregation을 이용해 집계를 수행했다.

```
              AggregationBuilder aggs = AggregationBuilders.terms(AGGREGATION_NAME)
                      .field(AGGREGATION_FIELD)
                      .size(100);
```

결과는 termBucket 객체로 제공된다. 제공된 객체를 통해 집계된 결과를 확인할 수 있다.

MIN AGGREGATION

최솟값을 구하는 집계 기능으로, 문서의 전체 혹은 필터로 질의된 문서 중 가장 작은 값을 구한다.

예제 8.14 io.javacafe.client.transport.Example14.java

```
String AGGREGATION_NAME = "MIN_AGG_NM";
String AGG_FIELD_NAME = "movieCd";

MinAggregationBuilder aggregation = AggregationBuilders.min(AGGREGATION_NAME)
        .field(AGG_FIELD_NAME);

(... 생략 ...)

//결과 출력
Min minAgg = response.getAggregations().get(AGGREGATION_NAME);
double value = minAgg.getValue();
```

MAX AGGREGATION

최댓값을 구하는 집계 기능으로, 문서 전체 혹은 필터로 질의된 문서 중 가장 큰 값을 구한다.

예제 8.15 io.javacafe.client.transport.Example15.java

```
String AGGREGATION_NAME = "MAX_AGG_NM";
String AGG_FIELD_NAME = "movieCd";

MaxAggregationBuilder aggregation = AggregationBuilders.max(AGGREGATION_NAME)
        .field(AGG_FIELD_NAME);

(... 생략 ...)
```

```
//결과 출력
Max maxAgg = response.getAggregations().get(AGGREGATION_NAME);
double value = maxAgg.getValue();
```

SUM AGGREGATION

전체 문서 혹은 특정 문서의 합계를 구하는 집계 기능이다.

예제 8.16 io.javacafe.client.transport.Example16.java

```
String AGGREGATION_NAME = "SUM_AGG_NM";
String AGG_FIELD_NAME = "movieCd";

SumAggregationBuilder aggregation = AggregationBuilders.sum(AGGREGATION_NAME)
        .field(AGG_FIELD_NAME);

(... 생략 ...)

//결과 출력
Sum sumAgg = response.getAggregations().get(AGGREGATION_NAME);
double value = sumAgg.getValue();
```

AVG AGGREGATION

전체 문서 혹은 특정 문서의 평균을 내는 집계 기능이다.

예제 8.17 io.javacafe.client.transport.Example17.java

```
String AGGREGATION_NAME = "AVG_AGG_NM";
String AGG_FIELD_NAME = "movieCd";

AvgAggregationBuilder aggregation = AggregationBuilders.avg(AGGREGATION_NAME)
        .field(AGG_FIELD_NAME);

(... 생략 ...)
```

```
//결과 출력
Avg avgAgg = response.getAggregations().get(AGGREGATION_NAME);
double value = avgAgg.getValue();
```

STATS AGGREGATION

앞에서 소개한 4가지 기본 집계의 결과와 해당 문서의 개수까지 한 번에 볼 수 있는 집계 기능이다.

예제 8.18 io.javacafe.client.transport.Example18.java

```
String AGGREGATION_NAME = "STATS_AGG_NM";
String AGG_FIELD_NAME = "movieCd";

StatsAggregationBuilder aggregation = AggregationBuilders.stats(AGGREGATION_NAME)
        .field(AGG_FIELD_NAME);

(... 생략 ...)

//결과 출력
Stats agg = response.getAggregations().get(AGGREGATION_NAME);
double min = agg.getMin();
double max = agg.getMax();
double avg = agg.getAvg();
double sum = agg.getSum();
long count = agg.getCount();
```

EXTENED STATS AGGREGATION

Stats Aggregation의 확장 버전으로, stats에서 제공했던 것 외의 네 가지(제곱의 합, 분산 확률, 표준편차, 표준편차 범위) 정보를 추가로 제공한다.

예제 8.19 io.javacafe.client.transport.Example19.java

```
String AGGREGATION_NAME = "EXTENDED_STATS_AGG_NM";
String AGG_FIELD_NAME = "movieCd";

ExtendedStatsAggregationBuilder aggregation = AggregationBuilders.extendedStats(AGGREGATION_NAME)
```

```
        .field(AGG_FIELD_NAME);

(... 생략 ...)

//결과 출력
ExtendedStats agg = response.getAggregations().get(AGGREGATION_NAME);
double min = agg.getMin();
double max = agg.getMax();
double avg = agg.getAvg();
double sum = agg.getSum();
long count = agg.getCount();
double stdDeviation = agg.getStdDeviation();
double sumOfSquares = agg.getSumOfSquares();
double variance = agg.getVariance();
double stdDeviationBound = agg.getStdDeviationBound(ExtendedStats.Bounds.LOWER);
```

SUB AGGREGATION

집계 연산은 다수를 중첩해서 사용하는 것이 가능하다. 예를 들어, movie 데이터 중 한국에서 개봉한 영화 중 장편인 영화의 통계를 보고 싶을 때가 있다. 이 경우 국가별 집계 연산을 먼저 수행하고 Sub Aggregation으로 타입(Type)의 수를 추가로 집계하면 된다. 코드를 통해 이를 확인해 보자.

예제 8.20 io.javacafe.client.transport.Example20.java

```
        String AGGREGATION_NAME_FOR_USER="repNationNm";
        String AGGREGATION_FIELD_FOR_USER = "repNationNm";


        String AGGREGATION_NAME_FOR_FOLLOWER = "typeNm";
        String AGGREGATION_FIELD_FOR_FOLLOWER = "typeNm";


        AggregationBuilder aggs = AggregationBuilders.terms(AGGREGATION_NAME_FOR_USER)
                .field(AGGREGATION_FIELD_FOR_USER )
                .size(1000);


        StatsAggregationBuilder subAggs =
                AggregationBuilders.stats(AGGREGATION_NAME_FOR_FOLLOWER)
                        .field(AGGREGATION_FIELD_FOR_FOLLOWER );
```

```
    aggs.subAggregation(subAggs);

    (... 생략 ...)

    // 결과 출력
    Terms termBucket= response.getAggregations().get(AGGREGATION_NAME_FOR_USER);

    for(Terms.Bucket bucket: termBucket.getBuckets()) {
        String tweetLang = bucket.getKeyAsString();
        Long docCount = bucket.getDocCount();

        Stats agg = bucket.getAggregations().get(AGGREGATION_NAME_FOR_FOLLOWER);
        double min = agg.getMin();
        double max = agg.getMax();
        double avg = agg.getAvg();
        double sum = agg.getSum();
        long count = agg.getCount();
    }
```

8.2.6 Query DSL API 사용하기

Query DSL API는 URI 방식의 쿼리가 아닌 Request Body에 JSON 형태로 질의문을 실어서 보내는 데 사용하는 API로서 앞에서 설명한 Search API와 함께 사용하는 API다. 여기서는 다음과 같은 쿼리를 Transport 클라이언트로 수행하는 방법을 알아본다.

- Match All Query : 전체 데이터를 검색하는 쿼리

- Full text Queries : Full Text 검색을 위한 쿼리들

- Term level Queries : 특정 필드에 대한 쿼리들

- Compound Queries : 쿼리 조합에 의한 복합 쿼리들

- Geo Queries : 좌표 검색을 위한 쿼리들

8.2.6.1 MATCH ALL QUERY API

아무 조건 없이 전체 데이터를 대상으로 질의하고 싶을 때 사용하는 쿼리다. 쿼리는 QueryBuilders의 matchAllQuery()에 사용되며 질의할 문장을 setQuery에 담아 쿼리를 엘라스틱서치로 전송한다. 해당 쿼리는 다음과 같이 사용한다.

예제 8.21 io.javacafe.client.transport.Example28.java

```
String INDEX_NAME = "movie_search";

QueryBuilder queryBuilder = QueryBuilders.matchAllQuery();
SearchResponse scrollResp = client.prepareSearch(INDEX_NAME)
        .setQuery(queryBuilder)
        .setSize(30).get();
```

8.2.6.2 FULL TEXT QUERY API

루씬에서 제공하는 쿼리 문법을 활용해 검색을 질의할 때 사용하는 API다. 여러 종류의 쿼리가 있으며, 각각은 사용하는 형식에 따라 서로 다른 용도로 활용된다.

MATCH QUERY

기본적인 형태소 분석을 통해 검색어를 분석해서 질의를 수행한다. 분리된 텀 간에 AND 혹은 OR 연산을 선택해서 질의할 수 있다.

예제 8.22 io.javacafe.client.transport.Example29.java

```
String INDEX_NAME = "movie_search";
String FIELD_NAME = "movieNm";
String QUERY = "아이";

QueryBuilder queryBuilder = QueryBuilders.matchQuery(FIELD_NAME, QUERY_KEYWORD);

SearchResponse response = client.prepareSearch(INDEX_NAME)
        .setQuery(queryBuilder)
        .setSize(30)
        .get();
```

COMMON TERMS QUERY

많이 검색되는 단어와 적게 검색되는 단어 중 어떤 단어가 더 중요한지를 판단해서 검색 스코어링을 변경하는 알고리즘을 가지고 있는 쿼리다.

예를 들어, "The red fox"라는 문장이 있을 때 Standard 토크나이저는 ["the","red","fox"]라는 텀으로 문장을 자르게 되고 검색할 때도 각각을 검색해서 최종적으로 스코어를 계산한다. 하지만 "The"라는 단어는 너무 흔하게 사용하는 단어로서 맨 나중에 검색되도록 가중치를 조절할 수 있다.

예제 8.23 io.javacafe.client.transport.Example30.java

```
String INDEX_NAME = "movie_search";
String FIELD_NAME = "movieNm";

//"Family in the Bubble" 검색
String QUERY_KEYWORD = "Family";
QueryBuilder queryBuilder = QueryBuilders.commonTermsQuery(FIELD_NAME, QUERY_KEYWORD);

SearchResponse response = client.prepareSearch(INDEX_NAME)
    .setQuery(queryBuilder)
    .setSize(30)
    .get();
```

QUERY STRING QUERY

검색할 때 연산자를 따로 지정하는 것이 아니라 쿼리문 자체에 AND, OR 절을 사용해 질의하고 싶을 때 사용한다. 혹은 특정 키워드를 필수 조건으로 넣거나 빼기 위해 사용하기도 한다.

예제 8.24 io.javacafe.client.transport.Example31.java

```
String INDEX_NAME = "movie_search";
String FIELD_NAME = "movieNm";

String QUERY_KEYWORD = "버블 OR 하이";
QueryBuilder queryBuilder = QueryBuilders.queryStringQuery(QUERY_KEYWORD).field(FIELD_NAME);

SearchResponse response = client.prepareSearch(INDEX_NAME)
    .setQuery(queryBuilder)
    .setSize(30).get();

QUERY_KEYWORD = "+버블 -하이";
queryBuilder = QueryBuilders.queryStringQuery(QUERY_KEYWORD).field(FIELD_NAME);
```

```
response = client.prepareSearch(INDEX_NAME)
        .setQuery(queryBuilder)
        .setSize(30).get();
```

8.2.6.3 TERM LEVEL QUERY API

특정 문자의 일부분만 알고 있거나 문자가 아닌 숫자의 범위 혹은 _id 값 등으로 조회하고 싶을 때 사용하는 API다.

TERM QUERY

지정된 필드에 정확한 텀이 들어있는 문서를 찾을 때 사용한다. Keyword 타입으로 설정된 필드에서 문서를 찾을 때 사용한다.

예제 8.25 io.javacafe.client.transport.Example32.java

```
String INDEX_NAME = "movie_search";
String FIELD_NAME = "repNationNm";
String QUERY_KEYWORD = "한국";


QueryBuilder queryBuilder = QueryBuilders.termQuery(FIELD_NAME, QUERY_KEYWORD);


SearchResponse response = client.prepareSearch(INDEX_NAME)
        .setQuery(queryBuilder)
        .setSize(30).get();
```

WILDCARD QUERY

특정 단어에 대해 정규 표현식을 이용해 전체 문서를 대상으로 조회하고 싶을 때 사용한다. 예를 들어, "Fa"가 포함된 모든 문서를 찾고 싶다면 "Fa*"를 이용해 쿼리를 작성하면 된다. 또한 Fa 뒤에 한 글자가 더 있는 단어를 찾고 싶다면 "Fa?"를 사용하면 된다.

예제 8.26 io.javacafe.client.transport.Example33.java

```
String INDEX_NAME = "movie_search";
String FIELD_NAME = "movieNmEn";
```

```
String QUERY_KEYWORD = "F?m*";

QueryBuilder queryBuilder = QueryBuilders.wildcardQuery(FIELD_NAME,QUERY_KEYWORD);

SearchResponse response = client.prepareSearch(INDEX_NAME)
        .setQuery(queryBuilder)
        .setSize(30).get();
```

8.2.6.4 COMPOUND QUERY API

특정 쿼리와 다른 다수의 쿼리를 조합해서 사용하는 API를 말한다. 예를 들어, 어떤 필드는 AND 조건으로 검색하고 다른 필드는 OR 검색을 하고 싶을 때 사용할 수 있다. 또한 스코어의 계산 값을 다르게 하거나 각 필드별로 가중치를 각각 다르게 해서 값을 계산할 때도 유용하다.

BOOL QUERY

특정 필드에서 질의문을 넣거나 뺄 때 사용하는 API다. 이때 여러 개의 쿼리를 조합할 수 있다. 예를 들어, 제작 국가가 "한국"인 문서 중 "드라마"라는 장르는 제거하고, 제작연도가 2017년이며, 식별번호가 "20173732"인 문서를 출력하는 예제를 살펴보자. 앞에서 배운 must, mustNot, should, filter를 조합해서 쿼리를 구성할 수 있다.

예제 8.27 io.javacafe.client.transport.Example34.java

```
String INDEX_NAME = "movie_search";
String FIELD_NAME_MUST = "repNationNm";
String QUERY_KEYWORD_MUST = "한국";

String FIELD_NAME_MUST_NOT = "repGenreNm";
String QUERY_KEYWORD_MUST_NOT="드라마";

String FIELD_NAME_SHOULD = "prdtYear";
String QUERY_KEYWORD_SHOULD="2017";

String FIELD_NAME_FIELTER = "movieCd";
String QUERY_KEYWORD_FIELTER="20173732";
```

```
QueryBuilder queryBuilder = QueryBuilders
        .boolQuery()
        .must(termQuery(FIELD_NAME_MUST, QUERY_KEYWORD_MUST))
        .mustNot(termQuery(FIELD_NAME_MUST_NOT, QUERY_KEYWORD_MUST_NOT))
        .should(termQuery(FIELD_NAME_SHOULD, QUERY_KEYWORD_SHOULD))
        .filter(termQuery(FIELD_NAME_FIELTER, QUERY_KEYWORD_FIELTER));

SearchResponse response = client.prepareSearch(INDEX_NAME)
        .setQuery(queryBuilder)
        .setSize(30)
        .get();
```

DISMAX QUERY

tie_breaker를 사용해 스코어를 조정할 수 있는 API다. 가장 많은 점수를 받은 필드를 제외하고 나머지 필드의 점수를 합산한 후 tie_breaker의 값으로 나눠서 스코어를 재계산하는 API다.

검색할 때 출력 결과로 표시되는 부분에 해당하는 필드에 가중치를 많이 주게 되다 보면 실제로 원하는 문서가 나오지 않는 경우가 생길 수 있다. 그래서 스코어를 보충하기 위해 내용, 부제 등에는 가중치를 주고 합산해서 스코어를 보정하는 작업을 해야 한다.

예제 8.28 io.javacafe.client.transport.Example35.java

```
String INDEX_NAME = "movie_search";
String FIELD_NAME_MUST = "repNationNm";
String QUERY_KEYWORD_MUST = "한국";


String FIELD_NAME1 = "repNationNm";
String QUERY_KEYWORD1 = "한국";


String FIELD_NAME2 = "repGenreNm";
String QUERY_KEYWORD2="드라마";


QueryBuilder queryBuilder = QueryBuilders
        .disMaxQuery()
        .add(termQuery(FIELD_NAME1, QUERY_KEYWORD1))
        .add(termQuery(FIELD_NAME2, QUERY_KEYWORD2))
```

```
        .boost(1.5f)
        .tieBreaker(0.5f);

SearchResponse response = client.prepareSearch(INDEX_NAME)
        .setQuery(queryBuilder)
        .setSize(30)
        .get();
```

8.2.6.5 GEO QUERY API

좌푯값으로 특정 범위 내에 있는 문서를 검색할 때 사용하는 API다. 특정한 점에서 얼마만큼의 거리에 있는지를 측정해서 문서를 검색할 수 있다.

GEO_SHAPE QUERY

지정된 지형과 교차하거나 포함된 지점의 문서를 찾는다. 다음 예제를 보자.

예제 8.29 io.javacafe.client.transport.Example36.java

```
        String INDEX_NAME = "movie_search_datatype";
        String FIELD_NAME = "filmLocation";

        List<Coordinate> coodinates = new CoordinatesBuilder()
            .coordinate(0, 0)
            .coordinate(0, 10)
            .coordinate(10, 10)
            .coordinate(10, 0)
            .coordinate(0, 0)
            .build();

        GeoShapeQueryBuilder queryBuilder = geoShapeQuery(
                FIELD_NAME,
                new MultiPointBuilder(coodinates)
        );

        queryBuilder.relation(ShapeRelation.WITHIN);
```

```
        SearchResponse response = client.prepareSearch(INDEX_NAME)
                .setQuery(queryBuilder)
                .setSize(30).get();
```

API를 사용하기 위해서는 spatial4j와 jts 라이브러리가 필요하다. 다음과 같이 pom.xml에 라이브러리를 추가한다.

```
<dependency>
    <groupId>org.locationtech.spatial4j</groupId>
    <artifactId>spatial4j</artifactId>
    <version>0.6</version>
</dependency>

<dependency>
    <groupId>com.vividsolutions</groupId>
    <artifactId>jts</artifactId>
    <version>1.13</version>
    <exclusions>
        <exclusion>
            <groupId>xerces</groupId>
            <artifactId>xercesImpl</artifactId>
        </exclusion>
    </exclusions>
</dependency>
```

GEO BOUNDING BOX QUERY

지리적 포인트가 지정한 사각형에 속하는 문서를 찾을 때 사용하는 API다.

예제 8.30 io.javacafe.client.transport.Example37.java

```
String INDEX_NAME = "movie_search_datatype";
String FIELD_NAME = "filmLocation";

QueryBuilder queryBuilder = geoBoundingBoxQuery(FIELD_NAME)
        .setCorners(40.73, -74.1,
            40.717, -73.99);
```

```
SearchResponse response = client.prepareSearch(INDEX_NAME)
        .setQuery(queryBuilder)
        .setSize(30).get();
```

GEO DISTACNE QUERY

특정 문서를 중심으로 일정 거리 내에 있는 지리적 정보가 있는 문서를 찾는 API다. 다음 예제는 위경도 [40,−70]을 중심으로 반경 3km 이내에 있는 문서를 출력하는 예다.

예제 8.31 io.javacafe.client.transport.Example38.java

```
String INDEX_NAME = "movie_search_datatype";
String FIELD_NAME = "filmLocation";

QueryBuilder queryBuilder = geoDistanceQuery(FIELD_NAME)
        .point(40, -70)
        .distance(3, DistanceUnit.KILOMETERS);

SearchResponse response = client.prepareSearch(INDEX_NAME)
        .setQuery(queryBuilder)
        .setSize(30).get();
```

GEO POLYGON QUERY

지정한 다각형 내의 지리적 포인트가 있는 문서를 찾는 API다. 다음 예제를 보자.

예제 8.32 io.javacafe.client.transport.Example39.java

```
String INDEX_NAME = "movie_search_datatype";
String FIELD_NAME = "filmLocation";

List<GeoPoint> points = new ArrayList<GeoPoint>();
points.add(new GeoPoint(40, -70));
points.add(new GeoPoint(30, -80));
points.add(new GeoPoint(20, -90));

QueryBuilder queryBuilder =  geoPolygonQuery(FIELD_NAME, points);
```

```
SearchResponse response = client.prepareSearch(INDEX_NAME)
        .setQuery(queryBuilder)
        .setSize(30).get();
```

8.3 High Level REST 클라이언트

최신 버전의 엘라스틱서치에서는 더 이상 Transport 클라이언트를 사용하지 않도록 안내하고 있다. 따라서 앞으로는 반드시 REST 클라이언트를 사용해야만 한다. 이번 장에서는 REST 클라이언트를 사용하는 방법을 설명하겠다.

> **REST 클라이언트를 사용해야만 하는 이유**
>
> 엘라스틱에서는 공식적으로 Java High Level Client를 사용해야 하는 이유를 설명했다. Transport 클라이언트와 REST 클라이언트의 가장 큰 차이는 클라이언트의 요청을 객체로 하느냐 HTTP로 하느냐의 차이다. REST 클라이언트의 요청은 JSON이 그대로 서버로 전달된다. 그에 반해 Transport 클라이언트의 요청은 JSON을 파싱하고 이를 자바 객체로 반환한 다음, Transport Network 계층을 통해 바이너리 형식으로 서버로 전달된다.
>
> 이론적으로 봤을 때 Transport 클라이언트의 방식이 REST 클라이언트 방식보다 성능 측면에서 우수한 것이 사실이다. 하지만 현재는 REST 방식의 기술적인 발전으로 벤치마크를 해봤을 때 두 방식의 거의 비슷하거나 차이를 무시할 수 있을 정도의 성능이 나온다.
>
> REST 클라이언트를 사용할 경우 보안 측면에서 HTTPS를 사용하는 것이 가능해진다. 이를 통해 클러스터의 보안을 강화할 수 있기 때문에 엘라스틱에서는 클라이언트를 변경하기로 결정한 것이다.

8.3.1 REST 클라이언트 연결

REST API를 사용하려면 메이븐이나 그레이들에 라이브러리를 추가해야 한다. 프로젝트에서 메이븐을 사용 중이라면 pom.xml에 다음과 같이 의존성을 추가한다.

```
<dependency>
    <groupId>org.elasticsearch.client</groupId>
    <artifactId>elasticsearch-rest-high-level-client</artifactId>
    <version>6.4.3</version>
</dependency>
```

그레이들을 사용한다면 build.gradle에 다음과 같은 내용을 등록한다.

```
dependencies {
    compile 'org.elasticsearch.client:elasticsearch-rest-high-level-client:6.4.3'
}
```

REST 클라이언트는 다음과 같이 RestClient를 이용해 엘라스틱서치에 연결한다. 만약 더 이상 사용되지 않는다면 생성한 객체를 반드시 닫아야 한다.

9200번 HTTP 포트를 오픈한 두 개의 노드를 연결해 보자.

```
RestHighLevelClient client = new RestHighLevelClient(
        RestClient.builder(
                new HttpHost("192.168.0.101", 9200, "http"),
                new HttpHost("192.168.0.102", 9200, "http")));

... 전송프로그램 작성 ...

client.close();
```

앞에서 설명한 것처럼 REST 클라이언트에서는 아직까지 엘라스틱서치의 모든 기능이 제공되지는 않는다. 하지만 일반적으로 사용하기에는 큰 무리가 없으며 기본적인 API는 대부분 제공된다.

다음은 6.4 버전을 기준으로 REST 클라이언트에서 지원하는 API의 목록이다.

색인 관련 API

색인 API 생성/삭제

색인 API OPEN/CLOSE

Index API 요청/응답

GET API 요청/응답

Multi GET API 요청/응답

DELETE API

UPDATE API

BULK API

Exist API

검색 관련 API
Search API
Search Scroll API
Clear Scroll API

여기서는 이 중에서 대표적인 API를 알아보겠다. 대부분의 API는 Sync 방식과 Async 방식을 제공하기 때문에 선택적으로 응답을 받을 수 있다. 참고로 이 책에서는 Sync 방식만 설명한다.

8.3.2 매핑 API 사용하기

먼저 인덱스를 만들거나 문서를 색인하고 삭제하는 방법을 알아보자.

인덱스 생성 API

이전 절에서 Transport 클라이언트 예제로 살펴본 `movie_auto` 인덱스를 REST 클라이언트로 동일하게 생성해보자. 이를 위해서는 CreateIndexRequest를 통해 request 객체를 생성하면 된다. 객체를 생성할 때 CreateIndexRequest 객체의 인자 값으로 인덱스명을 입력한다. 매핑 정보를 생성할 경우 Transport 방식과 동일하게 XContentBuilder를 이용해 JSON 구문을 생성한다.

예제 8.33 `io.javacafe.client.rest.Example01.java`

```
// 인덱스명
String INDEX_NAME = "movie_rest";

// 타입명
String TYPE_NAME = "_doc";

// 매핑 정보
XContentBuilder indexBuilder = jsonBuilder()
        .startObject()
            .startObject(TYPE_NAME)
                .startObject("properties")
                    .startObject("movieCd")
                        .field("type","keyword")

client.indices().create(request, RequestOptions.DEFAULT);
```

```
                                .field("store","true")
                                .field("index_options","docs")
                            .endObject()
                            .startObject("movieNm")
                                .field("type","text")
                                .field("store","true")
                                .field("index_options","docs")
                            .endObject()
                            .startObject("movieNmEn")
                                .field("type","text")
                                .field("store","true")
                                .field("index_options","docs")
                            .endObject()
                        .endObject()
                    .endObject()
                .endObject();

        // 매핑 설정
        CreateIndexRequest request = new CreateIndexRequest(INDEX_NAME);
        request.mapping(TYPE_NAME,indexBuilder);

        // 별칭 설정
        String ALIAS_NAME = "movie_auto_alias";
        request.alias(new Alias(ALIAS_NAME));

        // 인덱스 생성
        CreateIndexResponse createIndexResponse =
```

추가로 인덱스명에 별칭을 설정해 보자. 생성한 request 객체에 alias() 메서드를 이용해 설정하고자 하는 별칭을 입력하면 된다. 모든 매핑 설정이 완료되면 client.indices().create() 메서드를 호출한다. 이때 요청의 결과로 Sync 방식과 Async 방식을 선택적으로 사용할 수 있다.

Sync 방식은 다음과 같이 사용한다.

```
CreateIndexResponse createIndexResponse =
                client.indices().create(request, , RequestOptions.DEFAULT);

boolean acknowledged = createIndexResponse.isAcknowledged();
```

Async 방식은 다음과 같이 사용한다.

```
ActionListener<CreateIndexResponse> listener = new ActionListener<CreateIndexResponse>() {
    @Override
    public void onResponse(CreateIndexResponse createIndexResponse) {
        // 성공했을 때 실행할 구문
    }

    @Override
    public void onFailure(Exception e) {
        // 실패했을 때 실행할 구문
    }
};


client.indices().createAsync(request, listener);
```

인덱스 삭제 API

인덱스 삭제에는 DeleteIndexRequest 클래스를 사용한다. CreateIndexRequest와 같이 생성자의 인자로 인덱스명을 입력한 후 객체를 생성하고 client.indices().delete() 메서드를 호출하면 된다.

예제 8.34 io.javacafe.client.rest.Example02.java

```
        // 인덱스명
        String INDEX_NAME = "movie_rest";

        // 인덱스 삭제
        DeleteIndexRequest request = new DeleteIndexRequest(INDEX_NAME);

        DeleteIndexResponse deleteIndexResponse =
                client.indices().delete(request,RequestOptions.DEFAULT);

        boolean acknowledged = deleteIndexResponse.isAcknowledged();
```

인덱스 생성과 마찬가지로 Sync 방식과 Async 방식을 선택적으로 사용할 수 있다. 예제에서는 Sync 방식을 사용했다.

인덱스 Open/Close API

엘라스틱서치 클러스터 내부의 인덱스는 운영 중에는 설정 정보를 수정할 수 없다. 만약 운영 중에 설정
정보를 변경하려면 인덱스를 닫고 수정한 후 다시 열어야 하는데 이때 Open API와 Close API를 사용
해야 한다. Open API를 사용하기 위해서는 client.indices().open() 메서드를 사용하고 Close API를
사용하기 위해서는 client.indices().close() 메서드를 사용하면 된다.

예제 8.35 io.javacafe.client.rest.Example03.java

```java
// 인덱스명
String INDEX_NAME = "movie_auto";

// 인덱스 Open
OpenIndexRequest requestOpen = new OpenIndexRequest(INDEX_NAME);

OpenIndexResponse openIndexResponse =
        client.indices().open(requestOpen, RequestOptions.DEFAULT);

boolean ackOpen = openIndexResponse.isAcknowledged();

// 인덱스 Close
CloseIndexRequest requestClose = new CloseIndexRequest(INDEX_NAME);

CloseIndexResponse closeIndexResponse =
        client.indices().close(requestClose, RequestOptions.DEFAULT);

boolean ackClose = closeIndexResponse.isAcknowledged();
```

8.3.3 문서 API 사용하기

문서 API를 이용하면 문서를 생성하거나 조회, 수정, 삭제하는 것이 가능하다. 이번에는 REST 클라이언
트를 이용해 문서를 관리하는 방법을 살펴보자.

문서 추가

id를 이용해 문서를 추가하는 것이 가능하다.

예제 8.36 io.javacafe.client.rest.Example04.java

```java
// 인덱스명
String INDEX_NAME = "movie_auto_java";

// 타입명
String TYPE_NAME="_doc";

// 문서 키 값
String _id = "1";

// 데이터 추가
IndexRequest request = new IndexRequest(INDEX_NAME,TYPE_NAME,_id);

request.source(jsonBuilder()
        .startObject()
        .field("movieCd", "20173732")
        .field("movieNm", "살아남은 아이")
        .field("movieNmEn", "Last Child")
        .endObject()
);

// 결과 조회
try {
    IndexResponse response = client.index(request, RequestOptions.DEFAULT);
} catch(ElasticsearchException e) {
    if (e.status() == RestStatus.CONFLICT) {
        System.out.println("문서 생성에 실패하였습니다.");
    }
}
```

예제에서는 엘라스틱서치에 문서 생성 요청을 한 결과를 Sync 방식으로 전달받는다. 이때 Elasticsearch Exception을 예외 처리하면 ID 충돌로 인한 오류가 발생했을 때 오류 메시지를 전달받을 수 있다.

문서 조회

get() 메서드를 이용해 특정 ID에 해당하는 문서를 조회할 수 있다. 해당 문서는 Map 형태의 객체로 반환된다.

예제 8.37 `io.javacafe.client.rest.Example05.java`

```java
        // 인덱스명
        String INDEX_NAME = "movie_auto_java";

        // 타입명
        String TYPE_NAME="_doc";

        // 문서 키 값
        String _id = "1";

        // 요청
        GetRequest request = new GetRequest( INDEX_NAME, TYPE_NAME, _id);

        // 응답
        GetResponse response = client.get(request, RequestOptions.DEFAULT);

        // 응답의 결과를 Map 형태로 받는다.
        if (response.isExists()) {
            long version = response.getVersion();
            Map<String, Object> sourceAsMap = response.getSourceAsMap();
        } else {
            System.out.println("결과가 존재하지 않습니다.");
        }
```

문서가 존재하는지 검사

exists() 메서드는 검색 쿼리를 활용해 문서가 존재하는지 여부를 알려주는 메서드다. 사용법은 다음과 같다.

예제 8.38 `io.javacafe.client.rest.Example06.java`

```java
//인덱스명
String INDEX_NAME = "movie_auto_java";

//타입명
String TYPE_NAME="_doc";
```

```
//문서 키 값
String _id = "1";

GetRequest getRequest = new GetRequest( INDEX_NAME, TYPE_NAME, _id);
boolean exists = client.exists(getRequest, RequestOptions.DEFAULT);
```

exists() 메서드의 결과로 문서가 존재한다면 true, 없다면 false 값이 반환된다.

문서 삭제

문서를 삭제하기 위해서는 DeleteReqeust 클래스를 사용한다.

예제 8.39 io.javacafe.client.rest.Example07.java

```
//인덱스명
String INDEX_NAME = "movie_auto_java";
//타입명
String TYPE_NAME="_doc";
//문서 키 값
String _id = "1";

DeleteRequest request = new DeleteRequest(INDEX_NAME, TYPE_NAME, _id);
DeleteResponse deleteResponse = client.delete(request, RequestOptions.DEFAULT);
```

문서 업데이트

업데이트의 경우 여러 가지 유형을 지원한다. 예를 들어, 부분적으로 문서를 업데이트한다거나 스크립트로 문서를 업데이트할 수도 있다. 또는 Upsert를 이용할 수도 있다.

첫 번째는 스크립트를 이용한 방법이다. 특정 값에 추가적으로 값을 더하거나 빼는 스크립트를 작성해서 문서를 업데이트한다. 다음 예제에서는 특정 id에 해당하는 문서를 검색해서 prdtYear 필드에 10을 더한다.

예제 8.40 io.javacafe.client.rest.Example08A.java

```java
/**
 * [업데이트 요청 1]
 *
 * 스크립트를 이용한 업데이트
 */
UpdateRequest request1 = new UpdateRequest(INDEX_NAME, TYPE_NAME, _id);
Map<String, Object> parameters = singletonMap("count", 10);
    Script inline = new Script(ScriptType.INLINE, "painless", "ctx._source.prdtYear +=
params.count", parameters);

request1.script(inline);

try {
    UpdateResponse updateResponse = client.update(request1, RequestOptions.DEFAULT);
} catch (ElasticsearchException e) {
    if (e.status() == RestStatus.NOT_FOUND) {
        System.out.println("업데이트 대상이 존재하지 않습니다.");
    }
}
```

다음은 문서의 필드 값을 부분적으로 업데이트하는 예다. 이 기능을 이용하면 기존 문서를 검색해 새로 생성한 문서로 덮어쓴다. 결과적으로 업데이트 대상이 되는 칼럼의 값은 변경되고 나머지 칼럼의 값은 그대로 유지된다.

예제 8.41 io.javacafe.client.rest.Example08B.java

```java
/**
 * [업데이트 요청 2]
 *
 * 문서의 일부분을 업데이트
 */
XContentBuilder builder = jsonBuilder();
builder.startObject();
builder.field("createdAt", new Date());
builder.field("prdtYear", "2019");
builder.field("typeNm", "장편");
```

```
        builder.endObject();

        UpdateRequest request2 = new UpdateRequest(INDEX_NAME, TYPE_NAME, _id).doc(builder);

        try {
            UpdateResponse updateResponse = client.update(request2, RequestOptions.DEFAULT);
        } catch (ElasticsearchException e) {
            if (e.status() == RestStatus.NOT_FOUND) {
                System.out.println("업데이트 대상이 존재하지 않습니다.");
            }
        }
```

다음은 Upsert를 활용하는 예다. Upsert를 이용하면 문서를 검색해서 문서가 존재하면 업데이트하고 없다면 새로 생성한다. 다음 예제에서는 Id가 2인 문서를 검색해서 문서가 존재하면 업데이트하고 없으면 새로 생성한다.

예제 8.42 io.javacafe.client.rest.Example08C.java

```
    /**
     * [업데이트 요청 3]
     *
     * UPSERT를 이용한 업데이트
     */
    _id = "2";
    IndexRequest indexRequest = new IndexRequest(INDEX_NAME, TYPE_NAME, _id)
            .source(jsonBuilder()
                    .startObject()
                    .field("movieCd", "20173732")
                    .field("movieNm", "살아남은 아이")
                    .field("movieNmEn", "Last Child")
                    .field("openDt", "")
                    .field("typeNm", "장편")
                    .endObject());

    XContentBuilder upsertBuilder = jsonBuilder();
    upsertBuilder.startObject();
    upsertBuilder.field("createdAt", new Date());
```

```
    upsertBuilder.endObject();

    UpdateRequest upsertRequest = new UpdateRequest(INDEX_NAME, TYPE_NAME, _id).doc(upsertBuil
der).upsert(indexRequest);

    try {
        UpdateResponse updateResponse = client.update(upsertRequest,RequestOptions.DEFAULT);
    } catch (ElasticsearchException e) {
        if (e.status() == RestStatus.NOT_FOUND) {
            System.out.println("업데이트 대상이 존재하지 않습니다.");
        }
    }
}
```

BULK API

REST 클라이언트에서도 bulk API를 지원한다. 이를 이용해 한번에 Create, Update, Delete 작업을
동시에 처리하는 것이 가능하다.

예제 8.43 io.javacafe.client.rest.Example09.java

```
    // 인덱스명
    String INDEX_NAME = "movie_auto_java";

    // 타입명
    String TYPE_NAME="_doc";

    // 필드명
    String FIELD_NAME = "movieNm";

    // 데이터 생성
    BulkRequest request = new BulkRequest();
    request
        .add(new IndexRequest(INDEX_NAME, TYPE_NAME, "4")
        .source(XContentType.JSON,FIELD_NAME, "살아남은 아이"));

    request
        .add(new IndexRequest(INDEX_NAME, TYPE_NAME, "5")
```

```
                .source(XContentType.JSON,FIELD_NAME, "프렌즈: 몬스터섬의비밀"));

        request
            .add(new IndexRequest(INDEX_NAME, TYPE_NAME, "6")
            .source(XContentType.JSON,FIELD_NAME, "캡틴아메리카 시빌워"));

        // 결과 조회
        BulkResponse response = client.bulk(request,RequestOptions.DEFAULT);
        for (BulkItemResponse bulkItemResponse : response) {
            DocWriteResponse itemResponse = bulkItemResponse.getResponse();

            if (bulkItemResponse.getOpType() == DocWriteRequest.OpType.INDEX
                    || bulkItemResponse.getOpType() == DocWriteRequest.OpType.CREATE) {
                IndexResponse indexResponse = (IndexResponse) itemResponse;
            } else if (bulkItemResponse.getOpType() == DocWriteRequest.OpType.UPDATE) {
                UpdateResponse updateResponse = (UpdateResponse) itemResponse;
            } else if (bulkItemResponse.getOpType() == DocWriteRequest.OpType.DELETE) {
                DeleteResponse deleteResponse = (DeleteResponse) itemResponse;
            }
        }
```

8.3.4 검색 API 사용하기

마지막으로 REST 클라이언트에서 검색 API를 사용하는 방법을 알아보자.

SEARCH API

SearchRequest 클래스를 이용해 검색 요청을 할 수 있다. 쿼리에는 Transport 클라이언트에서 사용하던 Query DSL 클래스를 동일하게 사용할 수 있다. 다음은 전체 문서를 검색해 5건을 출력하는 예다.

예제 8.44 io.javacafe.client.rest.Example11.java

```
        // 인덱스명
        String INDEX_NAME = "movie_auto_java";

        // 타입명
        String TYPE_NAME="_doc";
```

```
// 필드명
String FIELD_NAME = "movieNm";

// 검색 쿼리 설정
SearchSourceBuilder searchSourceBuilder = new SearchSourceBuilder();

searchSourceBuilder.query(QueryBuilders.matchAllQuery());
searchSourceBuilder.from(0);
searchSourceBuilder.size(5);
searchSourceBuilder.sort(new FieldSortBuilder(FIELD_NAME).order(SortOrder.DESC));

// 요청
SearchRequest searchRequest = new SearchRequest(INDEX_NAME);
searchRequest.types(TYPE_NAME);
searchRequest.source(searchSourceBuilder);

// 응답
SearchResponse searchResponse = client.search(searchRequest,RequestOptions.DEFAULT);
SearchHits searchHits = searchResponse.getHits();
for (SearchHit hit : searchHits) {
    Map<String, Object> sourceAsMap = hit.getSourceAsMap();
}
```

SCROLL API

Scroll API에 대해서는 이전 절에서 설명했다. REST 클라이언트에서도 Scroll API를 사용할 수 있다. 기본 동작은 Transport 클라이언트를 사용할 때와 동일하다. 즉, 최초 응답 후 받을 데이터가 존재한다면 결과가 다 읽힐 때까지 지속적으로 데이터가 전달된다.

예제 8.45 io.javacafe.client.rest.Example12.java

```
String INDEX_NAME = "movie_auto_java";
String FIELD_NAME = "movieNm";
String QUERY_TEXT = "캡틴아메리카";

// 검색 쿼리 설정
SearchSourceBuilder searchSourceBuilder = new SearchSourceBuilder();
```

```
searchSourceBuilder.query(matchQuery(FIELD_NAME, QUERY_TEXT));

// 스크롤 생성
final Scroll scroll = new Scroll(TimeValue.timeValueMinutes(1L));

// 최초 요청
SearchRequest searchRequest = new SearchRequest(INDEX_NAME);
searchRequest.source(searchSourceBuilder);
searchRequest.scroll (scroll);

// 최초 응답
SearchResponse searchResponse = client.search(searchRequest,RequestOptions.DEFAULT);
String scrollId = searchResponse.getScrollId();
SearchHit[] searchHits = searchResponse.getHits().getHits();

while (searchHits != null && searchHits.length > 0) {
    // 다음 요청
    SearchScrollRequest scrollRequest = new SearchScrollRequest(scrollId);
    scrollRequest.scroll(scroll);

    // 다음 응답
    searchResponse = client.scroll(scrollRequest, RequestOptions.DEFAULT);
    scrollId = searchResponse.getScrollId();
    searchHits = searchResponse.getHits().getHits();
}
```

09

엘라스틱서치와
루씬 이야기

엘라스틱서치는 내부적으로 루씬을 통해 검색 기능을 수행한다. 루씬의 동작 과정은 고도로 추상화되어 제공되기 때문에 사용자들은 루씬의 존재를 눈치채지 못할 수도 있다. 하지만 루씬의 세부적인 동작 원리를 이해하고 나면 엘라스틱서치를 이해하는 데 크게 도움이 될 수 있다.

이번 장에서는 엘라스틱서치의 핵심을 담당하고 있는 루씬 라이브러리에 대해 알아보자.

이번 장에서 다룰 내용

9.1 클러스터 관점에서 구성요소 살펴보기

9.2 엘라스틱서치 샤드 vs. 루씬 인덱스

9.3 엘라스틱서치가 근실시간(Near Real-Time) 검색을 제공하는 이유

9.4 고가용성을 위한 Translog의 비밀

9.5 엘라스틱서치 샤드 최적화

9.1 클러스터 관점에서 구성요소 살펴보기

엘라스틱서치는 기본적으로 클러스터라는 단위로 데이터를 제공한다. 클러스터는 하나 이상의 물리적인 노드로 이뤄져 있으며 각 노드는 모두 데이터 색인 및 검색 기능을 제공하는 일종의 물리적인 서버이기도 하다. 내부에는 루씬 라이브러리가 자리 잡고 있으며 이는 엘라스틱서치의 근간을 이루는 핵심 모듈이다. 루씬이 내부에서 중요한 역할을 맡고 있는 만큼 엘라스틱서치와 루씬의 관계를 이해하면 엘라스틱서치의 내부 동작을 좀 더 쉽게 이해할 수 있다.

엘라스틱서치는 여러 단계의 논리적인 개념들이 모여서 좀 더 큰 상위 개념으로 확장하는 형태로 구성돼 있다. 최상위 개념의 클러스터부터 최하위 개념인 세그먼트까지 하향식으로 개념을 살펴보면 자연스럽게 엘라스틱서치의 구조를 이해할 수 있다.

9.1.1 클러스터

클러스터(Cluster)는 데이터를 실제로 가지고 있는 노드의 모음이다. 엘라스틱서치에서는 관련된 모든 노드들을 논리적으로 확장해서 클러스터라고 부른다. 같은 클러스터 내부의 데이터만 서로 공유가 가능해지기 때문에 연관된 모든 노드는 하나의 클러스터에서 구성원으로 연결되는 것이 매우 중요하다.

같은 클러스터를 구성하는 노드들은 같은 클러스터 이름으로 설정해야 한다. 엘라스틱서치는 설정된 클러스터 이름을 이용해 같은 클러스터의 구성원으로 인식한다. 같은 클러스터 내부의 노드는 평소 데이터 색인이나 검색 작업을 함께 수행하게 되고 장애가 발생했을 때 데이터 복구를 위한 다양한 작업도 서로 협력해서 함께 진행한다.

Cross Cluster Search

실무에서 다양한 업무를 진행하다 보면 데이터 성격에 따라 다수의 클러스터를 운영하게 된다. 시간이 흐르고 데이터가 점점 커지고 복잡해지면 필연적으로 다수의 클러스터를 함께 검색해야 하는 일도 빈번하게 발생한다.

일반적으로는 검색 시 하나의 클러스터 데이터만 검색하는 것이 원칙이긴 하지만 모든 일이 그렇듯 예상한대로만 흘러가지는 않는다. 최초 설계할 때는 전혀 연관성이 없어 보이던 데이터들의 연관이 필요해지기도 하고 데이터가 너무 커져서 어쩔 수 없이 클러스터를 분리해야 하는 일들도 종종 일어난다.

엘라스틱서치에서는 이처럼 다양한 필요에 의해 다수의 클러스터를 한 번에 검색할 수 있게 Cross Cluster Search라는 새로운 기능을 제공한다. 이를 이용하면 다수의 클러스터 데이터를 한 번에 검색하는 것이 가능해진다.

좀 더 자세한 사항은 다음 URL에서 확인할 수 있다.

- https://www.elastic.co/guide/en/elasticsearch/reference/current/modules-cross-cluster-search.html

---

참고

과거에는 트라이브 노드(Tribe Node)라는 형태로 다수의 클러스터를 검색할 수 있는 기능이 제공됐으나 여러 가지 문제 때문에 현재는 폐기 예정(deprecated) 상태다. 최신 버전에서는 Cross Cluster Search 기능이 대체 기술로 제공되고 있으므로 더 이상 트라이브 노드를 사용해서는 안 된다.

9.1.2 노드

물리적으로 실행된 런타임 상태의 엘라스틱서치를 노드(Node)라고 부른다. 좀 더 정확히 설명하자면 엘라스틱서치 클러스터를 운영하기 위해 다수의 물리 서버에 엘라스틱서치를 설치하고 실행하게 되는데, 이때 실행된 엘라스틱서치 인스턴스를 노드라고 한다.

노드는 논리적인 클러스터를 이루는 구성원의 일부이며 실제 데이터를 물리적으로 가지고 있는 단일 서버이기도 하다. 실행 시 노드는 클러스터에 의해 UUID(Universally Unique IDentifier)가 할당되고 클러스터 내에서는 할당된 UUID로 서로를 식별한다. 기본값으로 부여되는 UUID를 원하지 않는다면 직접 원하는 이름을 설정할 수도 있다. 노드의 이름은 같은 클러스터 내부에서 각각의 유일한 노드를 식별하는 매우 중요한 요소이기 때문에 신중하게 변경해야 한다.

노드는 내부에 다수의 인덱스를 가지고 있으며, 각 인덱스는 다수의 문서를 가지고 있다. 색인 작업을 통해 엘라스틱서치로 전송한 데이터는 인덱스라는 논리적인 자료구조 속에 문서라는 형태로 저장된다.

같은 클러스터 내부에 존재하는 모든 노드는 서로 다른 노드와 수시로 정보를 주고받는다. 기본적으로 모든 노드는 마스터 노드와 데이터 노드의 역할을 동시에 수행할 수 있도록 설정돼 있는데 실제 운영 시에는 역할에 따라 노드를 물리적으로 분리하는 것이 좋다.

노드의 분리

엘라스틱서치는 목적에 따라 다양한 형태의 노드로 동작할 수 있다. 개발 환경에서는 편의상 기본 설정을 이용해 노드를 실행하는 것이 좋겠지만 실제 서비스 환경에서는 목적에 따라 노드의 역할을 명확히 분리해서 사용하는 것이 좋다.

노드는 다음과 같은 다양한 형태로 실행할 수 있다.

마스터 노드(Master Node)

node.master 설정이 true로 설정된 노드다. 클러스터의 제어를 담당한다.

데이터 노드(Data Node)

node.data 설정이 true로 설정된 노드다. 데이터를 보유하고 CRUD, 검색, 집계 등 데이터 관련 작업을 담당한다.

인제스트 노드(Ingest Node)

node.ingest가 true로 설정된 노드다. 색인 전 전처리 작업을 담당한다.

> **트라이브 노드(Tribe Node)**
>
> 여러 클러스터를 제한적으로 연결해서 동시에 검색을 수행할 수 있도록 제공되는 특수한 목적의 노드다. 다양한 문제로 인해 최신 버전에서는 폐기 예정인 상태이고, 현재는 Cross Cluster Search 기능으로 대체됐다.
>
> **코디네이팅 노드(Coordinating Node)**
>
> 검색이나 집계 시 분산 처리만을 목적으로 설정된 노드다. 대량의 데이터를 처리할 경우에 효율적으로 사용할 수 있는 노드다.

엘라스틱서치에서는 안정적인 클러스터 운영을 위해 노드를 각 역할에 맞게 분리해서 운영하는 것을 권장한다. 특히 마스터 노드의 경우 클러스터의 전체 동작을 구성하고 제어하는 목적의 노드이므로 물리적으로 분리해서 독립적으로 운영하는 것을 권장한다.

9.1.3 인덱스

엘라스틱서치 인덱스(Index)는 유사한 특성을 가지고 있는 문서를 모아둔 문서들의 컬렉션이다. 쇼핑몰을 예로 들면 고객정보, 상품정보, 주문정보 등이 각 인덱스가 될 수 있다.

클러스터 내부에 생성되는 모든 인덱스는 클러스터 내에서 유일한 인덱스명을 가져야 한다. 인덱스명을 이용해 데이터 생성, 수정, 삭제, 검색이 이뤄지기 때문에 인덱스명은 매우 중요한 요소다. 또한 인덱스명은 모두 소문자로 설정해야 한다. 인덱스명을 소문자로 생성하는 것은 엘라스틱서치에서 강제하는 사항이므로 반드시 지켜야 한다.

> **루씬 인덱스**
>
> 루씬에서는 전문(Full-Text)을 분석하고 분석된 결과를 물리적인 디스크로 저장한다. 이러한 과정을 루씬 입장에서는 색인(Indexing) 과정이라고 부른다. 이 과정에 의해 생성된 데이터를 인덱스(Index)라고 하기 때문에 엘라스틱서치 인덱스와 잘 구분해서 이해해야 한다.

과거에는 인덱스 내부에 여러 개의 타입을 생성하는 것이 가능했지만 현재는 하나의 인덱스에는 하나의 타입만 생성해야 한다. 만약 논리적으로 분리할 필요가 있다면 인덱스를 물리적으로 분리해서 생성해야 한다.

> **인덱스(Index)와 타입(Type)의 관계**
>
> 과거에는 여러 유형의 문서를 동일한 인덱스에 저장할 수 있도록 타입이라는 개념을 제공했다. 타입을 이용해 한 인덱스 내부에서 데이터를 논리적으로 분리해서 사용하는 것이 목적이었으나 다양한 문제로 인해 현재는 폐기 예정됐기 때문에 사용해서는 안 된다.

9.1.4 문서

문서(Document)는 검색 대상이 되는 실제 물리적인 데이터를 뜻한다. 문서는 인덱스를 생성할 수 있는 기본적인 정보 단위이고 엘라스틱서치에서는 JSON 형식으로 표현된다. 인덱스에는 원하는 만큼의 많은 문서를 저장할 수 있으며 실제로는 물리적인 샤드 형태로 나눠져서 다수의 노드로 분산 저장된다.

9.1.5 샤드

인덱스에는 매우 많은 양의 문서가 저장될 수 있다. 일반적으로는 하나의 하드웨어에서 제공되는 리소스 이상의 데이터를 저장할 수 없지만 물리적인 한계를 뛰어넘기 위해 샤드(Shard)라는 개념을 도입했다. 이를 이용하면 데이터를 분산 저장하는 방식으로 손쉬운 수평 확장이 가능해진다.

엘라스틱서치에서는 인덱스를 생성할 때 기본적으로 5개의 샤드로 데이터가 분산되도록 생성되고 설정에 의해 샤드의 개수를 원하는 만큼 변경할 수도 있다. 샤드는 인덱스의 전체 데이터를 분산해서 가지고 있는 일종의 부분집합이라고 이해하면 된다. 전체 데이터의 부분집합이지만 각 샤드는 자신이 가지고 있는 데이터만으로도 독립적으로 검색 서비스가 가능하다.

실제로 인덱스에 쿼리를 요청하면 인덱스가 가지고 있는 모든 샤드로 검색 요청이 전달되고 각 샤드에서 1차적으로 검색이 이뤄진 후 그 결과를 취합해서 최종 결과로 제공한다. 색인 데이터가 샤드로 분산되는 과정이나 검색 요청이 각 샤드에서 분산되어 처리되는 복잡한 프로세스는 사용자에게 완벽하게 블랙박스로 제공된다.

샤딩이 중요한 이유

1. 지속적으로 증가하는 콘텐츠가 수평적으로 분할되어 하드웨어의 한계를 극복할 수 있다.
2. 여러 노드에서 샤드를 통해 분산 처리되므로 성능이나 처리량을 향상시킬 수 있다.

9.1.6 레플리카

샤드의 복제본을 레플리카(Replica)라고 한다. 엘라스틱서치에서는 인덱스를 생성할 때 기본적으로 1개의 레플리카 세트를 생성한다. 검색 시 레플리카가 적극적으로 활용되기 때문에 이를 이용하면 읽기 분산에 유리해진다.

수평적으로 분산된 시스템을 운영할 때는 언제든지 장애가 발생할 수 있다. 네트워크 특성상 특정 노드가 오프라인으로 변경될 경우 페일오버(Failover) 메커니즘을 적극적으로 활용하는 것이 좋은데 엘라스틱서치에서는 레플리카를 이용한 페일오버 메커니즘을 제공하고 있고 이를 이용해 안정적인 클러스터 운영을 보장한다.

인덱스가 생성될 때 샤드 개수와 레플리카 개수를 자유롭게 설정할 수 있다. 하지만 인덱스가 생성된 이후에는 샤드 개수를 변경하는 것이 불가능하기 때문에 이 점에 유의해야 한다. 그에 반해 레플리카 개수는 인덱스를 생성한 후에도 자유롭게 변경하는 것이 가능하다. 그렇기 때문에 운영 중 트래픽 증가에 따른 유연한 대응이 가능해진다. 이는 검색엔진의 특성상 읽기 연산이 대부분이기 때문에 매우 유용한 기능이다.

> **엘라스틱서치와 고가용성**
>
> 엘라스틱서치에서는 샤드나 노드에 장애가 발생할 경우 즉각적인 복구가 가능하기 때문에 안정적인 클러스터 운영이 가능해진다. 페일오버 메커니즘을 성공적으로 구현하기 위해 레플리카는 기본적으로 원본 샤드가 존재하지 않는 노드에서 생성된다. 또한 검색 시 샤드와 레플리카에서 병렬로 실행될 수 있기 때문에 검색 성능이 좋아지는 결과를 가져온다.

9.1.7 세그먼트

문서들은 빠른 검색에 유리하도록 설계된 특수한 자료구조로 저장된다. 샤드 내부에는 루씬 라이브러리를 포함하고 있는데, 이를 이용해 대부분의 검색 기능을 제공한다. 루씬에 데이터가 색인되면 데이터는 최소한의 단위인 토큰으로 분리되고 특수한 형태의 자료구조로 저장되는데 이렇게 저장된 자료구조를 세그먼트(Segment)라고 한다.

세그먼트는 읽기에 최적화된 자료구조로서 역색인이라는 특수한 형태로 변환되어 물리적인 디스크에 저장된다. 검색엔진의 특성상 쓰기 연산보다 읽기 연산의 비중이 비교적 높기 때문에 좀 더 효율적으로 검색될 수 있도록 고안된 자료구조가 바로 역색인 구조다.

9.2 엘라스틱서치 샤드 vs. 루씬 인덱스

앞 절에서 엘라스틱서치를 구성하는 다양한 개념과 용어를 살펴봤다. 이를 통해 클러스터는 다수의 노드로 분산돼 있으며 고가용성을 보장하기 위해 노드 내부에 다수의 샤드를 가지고 있다는 사실도 알게 됐다. 엘라스틱서치에서 실제 데이터를 가지고 있는 최소 단위의 검색 모듈을 샤드라고 볼 수 있는데 그렇다면 샤드의 정체는 무엇일까?

앞에서 엘라스틱서치는 루씬 라이브러리를 샤드 내부에 가지고 있으며, 이 루씬 라이브러리가 핵심 모듈이라고 설명한 바 있다. 루씬은 다수의 클래스로 구성돼 있는 검색 라이브러리이고, 이 중에서 가장 중요한 클래스가 바로 IndexWriter와 IndexSearcher이다. 간단히 설명하자면 IndexWriter는 데이터를 색인하는 클래스이고, IndexSearcher는 색인된 데이터를 검색 결과로 제공하는 클래스다. 사실상 이 두 개의 클래스가 루씬의 핵심이라고 해도 과언이 아니다.

IndexWriter와 IndexSearcher를 가지고 색인과 검색을 동시에 제공하는 루씬 인스턴스를 루씬 인덱스라고 하는데, 사실 하나의 엘라스틱서치 샤드는 하나의 루씬 인덱스라고 설명할 수 있다. 우리가 알고 있는 엘라스틱서치 인덱스는 물리적으로 분산된 엘라스틱서치 샤드를 논리적인 관점에서 하나의 거대한 데이터로 바라보는 것이다.

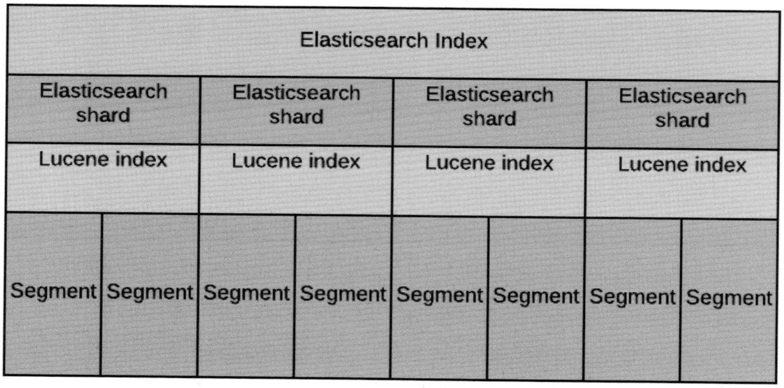

Elasticsearch Index			
Elasticsearch shard	Elasticsearch shard	Elasticsearch shard	Elasticsearch shard
Lucene index	Lucene index	Lucene index	Lucene index
Segment | Segment	Segment | Segment	Segment | Segment	Segment | Segment

그림 9.1 엘라스틱서치의 인덱스 구조

루씬 인덱스 내부에는 세그먼트라는 특수한 자료구조가 다수 존재한다. 루씬 인덱스는 세그먼트를 이용해 검색을 수행하는데, 세그먼트는 내부적으로 역색인 구조이기 때문에 이를 통해 빠른 검색 결과를 얻을 수 있다. 물론 샤드가 단순히 루씬 그 자체만은 아니다. 샤드 내부적으로 엘라스틱서치에서 추가한 다양한 기능을 포함하고 있기 때문이다. 하지만 그 본질이 루씬 인덱스라는 사실에는 변함이 없다. 그러므로 하나의 샤드는 자체적으로 데이터를 색인하고 검색할 수 있는 가장 작은 크기의 단일 검색엔진이라고도 할 수 있는 것이다.

엘라스틱서치는 독립적인 루씬 인덱스를 엘라스틱서치 샤드라는 형태로 확장해서 제공한다. 루씬 인덱스가 자기 자신이 가지고 있는 세그먼트 내에서만 검색이 가능하다는 것과 달리 샤드는 모든 샤드가 가지고 있는 세그먼트들을 논리적으로 통합해서 검색할 수 있다. 이는 다수의 인스턴스 간에 데이터를 분산 저장할 수 있는 근간이 되고, 이를 통해 분산 클러스터를 구축하는 것이 가능해진다.

분산 시스템의 특성상 시스템의 고가용성을 보장하기 위해 다수의 샤드와 레플리카를 하나로 묶어서 클러스터를 구성하고 이러한 일련의 과정은 사용자에게 철저하게 블랙박스로 숨겨진다.

세그먼트

- 루씬 내부에 존재하는 자료구조다.
- 역색인 구조로 생성되어 읽기에 최적화돼 있다.
- 하나의 루씬 내부에서만 존재할 수 있고 확장이 불가능하다.

루씬 인덱스

- 검색과 색인 기능을 가진 최소한의 검색엔진이다.
- IndexWriter로 색인 과정을 통해 세그먼트를 생성한다.
- IndexSearcher를 이용해 세그먼트를 검색한다.
- 자신이 가진 세그먼트 내에서만 검색이 가능하다.

엘라스틱서치 샤드

- 엘라스틱서치에서 제공하는 가장 작은 단위의 검색엔진이다.
- 내부적으로 루씬을 확장해서 검색엔진 역할을 수행한다.
- 다수의 샤드가 협력해서 존재하는 모든 세그먼트를 검색할 수 있다.

루씬 인덱스의 경우 데이터를 저장할 때 물리 머신이 제공하는 리소스의 한계를 뛰어넘을 수 없다는 치명적인 문제가 있었다. 하지만 엘라스틱서치 샤드는 이러한 한계를 뛰어넘어 데이터를 무한으로 확장할 수 있는 계기를 마련하게 된 것이다. 엘라스틱서치는 이러한 샤드를 바탕으로 클러스터를 구축하고, 대용량 데이터의 색인 및 다양한 검색 작업을 지원할 수 있게 됐다. 엘라스틱서치는 기본적으로 분산 처리되도록 설계됐기 때문에 대용량 데이터를 비교적 손쉽게 다루고 서비스할 수 있다.

서비스를 운영하다 보면 시간이 지남에 따라 데이터 크기는 점점 더 커지고 그에 비례해서 성능상의 문제가 발생할 가능성 또한 커진다. 클러스터에 저장된 데이터가 많아질수록 문제가 발생했을 때 이를 해결하는 것도 어려워진다. 클러스터의 성능 문제가 발생하면 샤드 수에 대한 고민을 다시 하게 되는데 앞에서 설명했다시피 샤드의 수는 운영 중에 변경이 불가능하다. 그러므로 맨 처음으로 인덱스를 설계할 때 데이터 크기에 대한 충분한 고민이 필요하게 되고 그에 따라 샤드의 수를 신중하게 결정해야 한다.

9.3 엘라스틱서치가 근실시간 검색을 제공하는 이유

엘라스틱서치는 처음부터 다양한 데이터의 색인이 가능하고 근실시간(Near Real Time) 검색을 제공하는 것을 목표로 개발됐다. 다수의 서버가 논리적으로 연결되어 손쉬운 수평 확장이 가능하도록 설계된 고가용성이 매우 뛰어난 플랫폼이다.

엘라스틱서치에서는 색인과 검색이 매우 빠르게 일어나는데, 색인 결과가 물리적인 디스크에 생성되는 데도 불구하고 사용자에게 실시간에 가까운 검색이 제공될 수 있는 이유는 무엇일까? 궁금증은 잠시 미뤄두고 엘라스틱서치 내부의 루씬을 먼저 살펴보자. 이번 절을 차근차근 읽고 나면 궁금증이 자연스럽게 풀릴 것이다.

9.3.1 색인 작업 시 세그먼트의 기본 동작 방식

하나의 루씬 인덱스는 내부적으로 다수의 세그먼트로 구성돼 있다. 읽기 성능이 중요한 검색엔진에서는 하나의 세그먼트로 검색 요청을 처리하는 것보다 다수의 세그먼트를 생성해서 나눠서 처리하는 것이 훨씬 효율적이다.

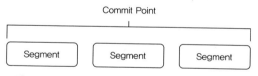

그림 9.2 여러 개로 분리되어 생성된 세그먼트

루씬은 검색 요청을 받으면 다수의 작은 세그먼트 조각들이 각각 검색 결과 조각을 만들어 내고 이를 통합해서 하나의 결과로 합쳐서 응답하도록 설계돼 있다. 이러한 검색 방식을 세그먼트 단위 검색(Per-Segment Search)이라고 한다. 세그먼트는 역색인 구조를 지닌 파일 자체를 의미하는데 세그먼트 내부에는 실제로 색인된 데이터가 역색인 구조로 저장돼 있다.

루씬에는 세그먼트들을 관리하기 위한 용도로 커밋 포인트(Commit Point)라는 자료구조를 제공한다. 커밋 포인트는 여러 세그먼트의 목록 정보를 가지고 있으며, 검색 요청 시 이를 적극적으로 활용한다. 루씬의 IndexSearcher는 검색 요청 시 커밋 포인트를 이용해 가장 오래된 세그먼트부터 차례대로 검색한 후 각 결과를 하나로 합쳐서 제공한다.

최초 색인 작업 요청이 루씬에 들어오면 IndexWriter에 의해 색인 작업이 이뤄지고 결과물로 하나의 세그 먼트가 생성된다. 그 후 색인 작업이 추가로 요청될 때마다 새로운 세그먼트가 추가로 생성되고 커밋 포 인트에 기록된다. 색인 작업이 일어날 때마다 이런 식으로 세그먼트의 개수는 점점 늘어난다.

검색 작업을 요청할 때는 IndexSearcher가 커밋 포인트를 이용해 모든 세그먼트를 읽어 검색 결과를 제공 한다. 내부에 존재하는 모든 세그먼트를 대상으로 검색하기 때문에 모든 데이터를 빠짐없이 읽는 데 전 혀 문제가 없다.

하지만 시간이 흐를수록 세그먼트들의 개수는 빠르게 늘어난다. 너무 많은 세그먼트가 생성되면 읽기 성 능이 저하될 수 있기 때문에 루씬은 백그라운드에서 주기적으로 세그먼트 파일을 Merge(병합)하는 작 업을 수행하고 이를 통해 모든 세그먼트들을 물리적으로 하나의 파일로 병합한다.

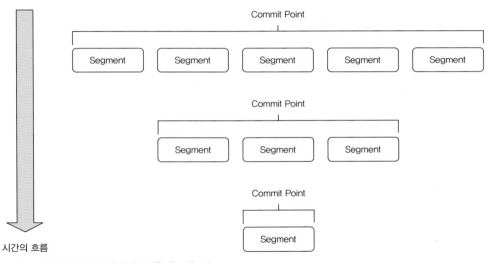

그림 9.3 시간의 흐름에 따라 하나로 병합되는 세그먼트

정책에 따라 몇 개의 세그먼트가 순차적으로 선택되어 하나로 합쳐지고, 이러한 일련의 과정이 지속적으 로 반복적으로 수행된다. 일정 시간이 흘러 더는 추가 색인 작업이 없는 상태가 되면 결과적으로 하나의 커다란 세그먼트만 남는다.

앞에서 설명한 바와 같이 루씬은 색인 작업 시 기존에 생성된 세그먼트에는 정보를 추가하거나 변경하지 않는다. 색인 작업을 할 때마다 새로운 세그먼트 파일이 생성된다. 언뜻 생각해봐도 세그먼트가 여러 개 로 분리돼 있다면 다수의 파일을 열어서 읽어야 하기 때문에 성능 측면에서 그리 좋지 않을 것이라는 생 각이 든다.

세그먼트가 이러한 방식으로 복잡하게 처리되는 이유는 무엇일까? 이러한 과정을 이해하려면 루씬의 내부 동작 방식을 좀 더 자세히 살펴봐야 한다. 앞에서 루씬은 역색인 구조로 세그먼트를 생성한다고 설명했다. 기본적으로 한번 디스크에 저장된 세그먼트는 수정이 불가능하도록 특별히 관리된다. 주기적인 Merge 작업에 의해 세그먼트가 통합되고 삭제되기 전까지는 전혀 수정을 허용하지 않는다. 이처럼 수정을 전혀 허용하지 않는 특성 때문에 색인 작업이 수행될 때마다 세그먼트가 추가로 생성될 수밖에 없는 구조가 된 것이다.

루씬에 데이터 추가 작업이 요청되면 IndexWriter는 다음과 같이 동작한다.

(1) 최초 색인이 요청된 경우

1. IndexWriter가 세그먼트를 생성한다.
2. IndexSearcher가 생성된 세그먼트를 읽어 검색을 제공한다.

(2) 추가 색인이 요청된 경우

1. IndexWriter가 세그먼트를 추가 생성한다.
2. 세그먼트가 추가 생성되는 동안 기존 세그먼트만 읽어 검색 결과를 제공한다.
3. 세그먼트 생성이 완료되면 생성된 모든 세그먼트를 읽어 검색 결과를 제공한다.

(3) 주기적으로 세그먼트 Merge 작업이 일어날 경우

1. IndexWriter가 Merge 대상이 되는 세그먼트들을 복제한다.
2. IndexWriter가 복제한 세그먼트들을 하나의 세그먼트로 합친다.
3. 복제본 세그먼트들이 하나로 합쳐지는 동안 IndexSearcher는 원본 세그먼트를 읽어 검색 결과를 제공한다.
4. 복제본 통합 작업이 완료되면 원본 세그먼트와 교체하고 교체된 원본 세그먼트들은 삭제한다.
5. IndexSearcher는 새로운 세그먼트를 읽어 검색 결과를 제공한다.

9.3.2 세그먼트 불변성

루씬에서 수정을 허용하지 않는 세그먼트의 이러한 동작 방식을 불변성(Immutablity)이라고 부른다. 이는 내부에 역색인 구조로 생성된 세그먼트를 가지는 루씬 입장에서는 매우 중요한 특성이다. 주로 대용량 텍스트를 다뤄야 하는 역색인 구조에서는 불변성이 제공하는 여러 가지 장점이 있다.

동시성 문제를 회피할 수 있다

불변성이 보장된다면 잠금(Lock)이 필요 없어진다. 다수의 스레드가 동작하는 복잡한 다중 스레드 환경에서 동시성 문제는 매우 심각한 결과를 초래할 수 있는 민감한 주제다. 수정이 불가능하다면 이러한 동시성 문제를 간단히 피해갈 수 있다.

시스템 캐시를 적극적으로 활용할 수 있다

데이터가 OS 커널에서 제공하는 시스템 캐시에 한번 생성되면 일정 시간 동안은 그대로 유지된다. 불변성을 보장하지 않을 경우 데이터가 변경될 때마다 시스템 캐시를 삭제하고 다시 생성해야 하는데 이는 성능 측면에서 매우 비용이 큰 작업이므로 최대한 지양해야 한다. 불변성을 보장하면 시스템 캐시를 적극 활용할 수 있게 된다.

높은 캐시 적중률을 유지할 수 있다

시스템 캐시의 수명(Expired Time)이 길어진다. 이는 검색 시 데이터를 항상 메모리에서 읽어 올 수 있다는 의미로서 이를 통해 매우 큰 성능 향상을 꾀할 수 있다.

리소스를 절감할 수 있다

역색인을 만드는 과정에서 많은 시스템 리소스(CPU, 메모리 I/O)가 사용된다. 수정을 허용하게 되면 일부분이 변경되더라도 해당 역색인을 대상으로 작업해야 하기 때문에 많은 시스템 리소스가 소모된다.

최신 운영체제에서는 다중 스레드 환경이 기본적으로 사용된다. 이러한 환경에서 동시성 문제를 회피할 수 있다는 점은 큰 장점이 될 수 있다. 대다수의 시스템이 동시성 문제를 해결하기 위해 많은 성능을 희생하고 있기 때문이다. 더군다나 읽기 연산이 대다수인 검색엔진의 특성상 캐시 성능을 최대한 활용할 수 있다는 사실은 불변성을 적극 차용한 루씬의 선택이 매우 옳은 선택이었음을 뒷받침한다. 검색엔진이라는 특수한 분야에서만큼은 불변성이 최고의 시너지 효과를 내고 있다는 것이 증명됐기 때문이다.

물론 세그먼트 불변성에도 단점이 있다. 가장 큰 문제는 불변성이라는 말 그대로 수정이 불가능하다는 점이다. 이는 일부 데이터가 변경되더라도 전체 역색인 구조가 다시 만들어져야 한다는 것을 의미한다. 또 다른 문제점을 꼽자면 실시간 반영이 상대적으로 어려워진다는 것이다. 변경사항을 반영하려면 역색인을 새롭게 만드는 작업이 반드시 동반돼야 하는데 변경이 매우 빠르게 일어날 경우 실시간 반영 자체가 불가능해진다.

이러한 단점을 극복하기 위해 루씬에서는 다수의 세그먼트를 생성해서 제공하는 방식을 택했다. 즉, 변경이 일어날 때마다 세그먼트를 다시 만드는 것이 아니라 기존 세그먼트는 그대로 두고 추가로 세그먼트를 생성하는 것이다. 그리고 검색 요청 시에는 생성된 모든 세그먼트를 읽어서 검색 결과를 제공한다.

세그먼트의 불변성은 확실히 단점보다는 장점이 많다. 상대적으로 읽기 연산의 비중이 큰 루씬에서는 세그먼트에 불변성을 부여함으로써 읽기 연산의 성능을 대폭 끌어올릴 수 있었다. 추가(Insert) 연산의 경우 새로운 세그먼트를 생성해서 다수의 세그먼트를 가져가는 전략으로 불변성을 깨지 않으면서도 그리 나쁘지 않은 성능을 보장한다.

그렇다면 불변성이라는 큰 틀 안에서 수정(Update), 삭제(Delete) 연산은 어떻게 처리되는 것일까?

9.3.3 세그먼트 불변성과 업데이트

색인 작업의 상당수는 데이터가 추가되는 것이지만 필요에 의해 기존에 색인된 데이터가 수정되거나 삭제되는 일도 종종 일어난다. 불변성을 해치지 않으면서도 수정이나 삭제 작업이 어떻게 이뤄지는지 알아보자.

수정 연산의 경우 세그먼트의 불변성을 유지하기 위해 해당 데이터를 삭제한 후 다시 추가하는 방식으로 동작한다. 기존 데이터는 삭제 처리되어 검색 대상에서 제외되고 변경된 데이터는 새로운 세그먼트로 추가되어 검색 대상에 포함된다. 수정 연산이지만 내부적으로는 삭제 후 추가하는 방식을 사용함으로써 불변성을 지키면서도 검색엔진에 수정 기능을 부여할 수 있는 것이다.

삭제 연산도 단순히 데이터를 삭제하는 것이 아니다. 사실 모든 문서에는 삭제 여부를 표시하는 비트 배열이 내부적으로 존재하는데, 삭제 요청이 들어오면 삭제될 대상 데이터의 비트 배열을 찾아 삭제 여부만 표시하고 끝낸다.

그렇다면 검색 시 삭제 표시된 데이터는 어떻게 될까? 비트 배열에 삭제 여부만 표시했기 때문에 실제 데이터는 여전히 세그먼트 내부에 물리적으로 남아 있다. 하지만 검색 시 비트 배열에 설정된 삭제 여부 값을 항상 먼저 판단하기 때문에 불변성을 훼손하지 않고도 빠르게 검색 대상에서 제외시킬 수 있다.

루씬에 데이터 수정 작업이 요청되면 IndexWriter는 다음과 같이 동작한다.

(1) 세그먼트에서 일부 데이터가 삭제될 경우

1. 루씬은 삭제될 데이터가 포함된 세그먼트의 삭제 여부 비트 배열을 확인한다.
2. 삭제 여부 비트 배열의 flag를 삭제로 표시한다.
3. 세그먼트에 직접적인 변경사항은 없으므로 세그먼트의 불변성을 해치지 않으며 캐시도 그대로 유지된다.
4. IndexSearcher는 검색 작업 시 삭제 여부 비트 배열을 항상 먼저 확인하고 삭제 여부가 체크된 데이터를 검색 결과에서 제외한다.

(2) 세그먼트에서 일부 데이터가 수정될 경우

1. 앞의 작업(세그먼트에서 일부 데이터가 삭제될 경우)으로 삭제 처리를 먼저 수행한다.
2. 수정된 데이터를 새로운 세그먼트로 생성한다.
3. IndexSearcher는 모든 세그먼트를 읽어 검색 결과를 제공한다

그렇다면 삭제될 데이터가 실제 물리적으로 삭제되는 시점은 언제일까? 바로 백그라운드에서 주기적으로 일어나는 Merge 작업이 수행될 때다. 루씬이 삭제 데이터를 바로 삭제하지 않고 Merge 작업을 통해 실행하는 이유는 내부의 세그먼트가 가지는 역색인 구조와 관련이 깊다.

일반적인 역색인 구조는 색인 대상이 되는 문서를 최소 단위인 텀 단위의 단어로 분리하고 역색인 구조에 따라 정렬한 뒤 저장한다. 문서 하나를 삭제하려면 전체 역색인 구조를 뒤져서 관련된 모든 텀을 제거해야 하기 때문에 세그먼트를 다시 생성하는 것과 별반 다를 바가 없어진다. 그래서 즉시 삭제하는 것이 아니라 주기적으로 세그먼트가 재생성되는 Merge 작업을 기다렸다가 물리적인 삭제 처리를 함께 진행하는 것이다.

루씬은 세그먼트 Merge 연산이라는 메커니즘을 통해 수정 작업을 지원함으로써 좀 더 강력한 읽기 성능을 보장할 수 있게 됐다. 불변성을 깨지 않으면서도 수정까지 가능한 좀 더 실시간에 가까운 검색엔진이 된 것이다.

9.3.4 루씬을 위한 Flush, Commit, Merge

루씬은 효율적인 색인 작업을 위해 내부적으로 일정 크기의 버퍼를 가지고 있다. 이러한 내부 버퍼를 인 메모리 버퍼(In-memory buffer)라고 한다. 만약 루씬 내부에 버퍼가 없다면 무슨 일이 일어날까? 아마도 데이터가 들어올 때마다 동기적으로 작업을 수행해야 하기 때문에 데이터를 유실하지 않으려면 요청할 때마다 매번 세그먼트를 만들어야 할 것이다.

순간적으로 요청이 많아질 경우 세그먼트의 개수가 너무 많아져서 문제가 될 수도 있다. 또한 많은 데이터를 색인하는 것도 문제다. 버퍼가 없다면 대량의 데이터가 빠르게 요청될 경우 지연이 발생할 수밖에 없고 이는 곧바로 서비스 장애로 이어질 것이다.

루씬에 색인 작업이 요청되면 전달된 데이터는 일단 인메모리 버퍼에 순서대로 쌓인다. 그러고 나서 정책에 따라 내부 버퍼에 일정 크기 이상의 데이터가 쌓이거나 일정 시간이 흐를 경우 버퍼에 쌓인 데이터를 모아 한꺼번에 처리한다. 버퍼를 일종의 큐(Queue)로 활용하는 것이다.

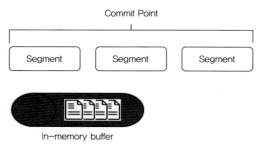

그림 9.4 인메모리 버퍼의 데이터를 처리하기 전

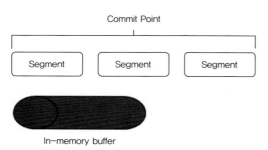

그림 9.5 인메모리 버퍼의 데이터를 처리한 후

버퍼에 모여 한번에 처리된 데이터는 세그먼트 형태로 생성되고 즉시 디스크로 동기화된다. 새로운 세그먼트가 생성되고 디스크에 동기화하는 과정까지 거쳐야만 비로소 검색이 가능해지기 때문이다.

하지만 디스크에 물리적으로 동기화하는 일련의 과정은 운영체제 입장에서는 매우 비용이 큰 연산이기 때문에 세그먼트가 생성될 때마다 물리적인 동기화를 할 경우 성능이 급격히 나빠질 수 있다. 루씬은 이러한 문제점을 해결하기 위해 무거운 fsync 방식을 이용해 디스크 동기화를 하는 대신 상대적으로 가벼운 write 방식을 이용해 쓰기 과정을 수행한다. 이러한 방식으로 쓰기 성능을 높이고 이후 일정한 주기에 따라 물리적인 디스크 동기화 작업을 수행한다.

---

write() 함수

일반적으로 파일을 저장할 때 사용하는 함수다. 운영체제 내부 커널에는 시스템 캐시가 존재하는데 write( ) 함수를 이용하면 일단 시스템 캐시에만 기록되고 리턴된다. 이후 실제 데이터는 특정한 주기에 따라 물리적인 디스크로 기록된다. 물리적인 디스크 쓰기 작업을 수행하지 않기 때문에 빠른 처리가 가능한 반면 최악의 경우 시스템이 비정상 종료될 경우에는 데이터 유실이 일어날 수도 있다.

fsync() 함수

저수준의 파일 입출력 함수다. 내부 시스템 캐시의 데이터와 물리적인 디스크의 데이터를 동기화하기 위한 목적으로 사용된다. 실제 물리적인 디스크로 쓰는 작업을 수행하기 때문에 상대적으로 많은 리소스가 사용된다.

이러한 인메모리 버퍼 기반의 처리 과정을 루씬에서는 Flush라고 부른다. 데이터의 변경사항을 일단 버퍼에 모아뒀다가 일정 주기에 한 번씩 세그먼트를 생성하고 상대적으로 적은 비용으로 디스크에 동기화하는 작업까지 수행하는 것이다. 일단 Flush 처리에 의해 세그먼트가 생성되면 커널 시스템 캐시에 세그먼트가 캐시되어 읽기가 가능해진다. 커널 시스템 캐시에 캐시가 생성되면 루씬의 ReOpen() 함수를 이용해 IndexSearcher에서도 읽을 수 있는 상태가 된다.

루씬에서 제공하는 ReOpen() 함수

루씬에서는 IndexSearcher가 일단 생성되고 나면 이후 변경된 사항들을 기본적으로 인지하지 못한다. 기존 IndexSearcher를 Close하고 다시 생성하면 변경된 사항을 인지하는 것이 가능하지만 문서의 추가나 변경이 빈번하게 일어날 경우 많은 리소스가 필요해지기 때문에 권장하지 않는다.

이때 사용할 수 있는 것이 ReOpen() 함수다. 일정 주기마다 문서가 업데이트된다면 ReOpen() 함수를 이용해 좀 더 효율적으로 리소스를 사용할 수 있다.

자세한 사항은 다음 URL을 참고한다.

- https://lucene.apache.org/core/3_0_3/api/core/org/apache/lucene/index/IndexReader.html#reopen()

> **참고**
>
> 루씬 3.5부터 ReOpen() 함수가 폐기 예정됐다. 최신 버전을 사용할 경우 루씬에서 새롭게 제공하는 openIfChanged() 함수를 사용해야 한다.
>
> - https://lucene.apache.org/core/6_0_1/core/org/apache/lucene/index/DirectoryReader.html#openIfChanged-org.apache.lucene.index.DirectoryReader

---

이러한 원리에 의해 루씬에서는 상대적으로 저렴한 비용으로 실시간에 가까운 검색이 가능해지는 것이다. 물론 주의해야 할 점도 있다. 루씬이 디스크 동기화를 위해 write() 함수를 이용하기 때문에 디스크에 물리적으로 기록되는 것이 100% 보장되지는 않는다는 점이다. 디스크에 물리적으로 동기화되기 위해서는 결과적으로 커널 레벨에서 제공하는 fsync() 함수가 언젠가는 반드시 실행돼야 한다. 일반적인 쓰기 함수인 write() 함수는 커널에 쓰기 작업을 위임하기 때문에 최악의 경우 서버 전원이 꺼지면 데이터가 디스크에 기록되지 못하고 날아갈 수도 있기 때문이다.

루씬에서는 물리적으로 디스크에 기록을 수행하는 fsync() 함수를 호출하는 작업을 Commit이라고 한다. Flush라는 단계가 존재하기 때문에 매번 Commit을 수행할 필요는 없지만 일정 주기로 Commit 작업을 통해 물리적인 디스크로 기록 작업을 수행해야 한다는 사실을 잊어서는 안 된다.

세그먼트는 불변성을 기반으로 설계됐고, 이러한 불변성이 지닌 이점에 대해서는 충분히 설명했다. 루씬 세그먼트는 이러한 불변성 위에서 동작하기 때문에 루씬의 동작 방식은 다소 복잡해질 수밖에 없다. 루씬에서는 불변성을 유지하기 위해 세그먼트 단위 검색(Per-Segment Search)을 제공하지만 시간이 흐를수록 세그먼트들의 개수가 늘어날 수밖에 없고 이를 지원하기 위해 제공되는 커밋 포인트의 부하도 덩달아 증가한다. 그래서 늘어난 다수의 세그먼트를 하나로 합치는 작업이 필요해진다. 앞에서도 설명했지만 세그먼트들을 하나로 합치기 위한 Merge 작업이 도입됐다. Merge 작업에는 여러 장점이 있다.

첫째, 검색 성능이 좋아진다. 검색 요청이 들어오면 루씬 내부에 존재하는 모든 세그먼트를 검색해야 하는데, 각 세그먼트는 순차적으로 검색되므로 세그먼트의 개수가 줄어들면 검색 횟수도 줄어든다. 이는 검색 성능이 좋아진다는 것을 의미한다.

둘째, 세그먼트가 차지하는 디스크 용량이 줄어든다. 삭제되는 문서의 경우 Merge 작업 전에는 디스크에 물리적으로 남아 있게 된다. 하지만 Merge 작업을 통해 세그먼트를 새롭게 생성하면 비로소 디스크에서 삭제되고 그만큼의 공간을 절약할 수 있게 된다.

하지만 Merge 작업은 Commit 작업을 반드시 동반해야 하는데, 앞서 설명한 바와 같이 Commit 작업은 매우 비용이 많이 드는 연산이다. 실행하는 데 많은 리소스가 필요하기 때문에 정책적으로 적절한 주기를 설정하는 것이 매우 중요하다.

루씬 Flush 작업

- 세그먼트가 생성된 후 검색이 가능해지도록 수행하는 작업
- `write()` 함수로 동기화가 수행됐기 때문에 커널 시스템 캐시에만 데이터가 생성된다.
- 이를 통해 유저 모드에서 파일을 열어서 사용하는 것이 가능해진다.
- 물리적으로 디스크에 쓰여진 상태는 아니다.

루씬 Commit 작업

- 커널 시스템 캐시의 내용을 물리적인 디스크로 쓰는 작업
- 실제 물리적인 디스크에 데이터가 기록되기 때문에 많은 리소스가 필요하다.

루씬 Merge 작업

- 다수의 세그먼트를 하나로 통합하는 작업
- Merge 과정을 통해 삭제 처리된 데이터가 실제 물리적으로 삭제 처리된다.
- 검색할 세그먼트의 개수가 줄어들기 때문에 검색 성능이 덩달아 좋아진다.

전체적인 성능 향상을 위해 루씬은 자동으로 특정 주기로 세그먼트의 Merge 작업을 수행한다. 작업 주기는 최적의 성능을 낼 수 있도록 설정되며 백그라운드로 수행된다. 이러한 작업을 통해 루씬 세그먼트는 지속적으로 합쳐지고 개수가 점점 줄어 최종적으로는 커다란 하나의 세그먼트만 남아 검색에 사용된다.

9.3.5 엘라스틱서치를 위한 Refresh, Flush, Optimize API

앞서 루씬 세그먼트에 대해 살펴봤다. 엘라스틱서치 샤드는 사실상 루씬 인덱스의 확장이고 세그먼트 기반의 내부 동작을 그대로 검색에 활용한다. 엘라스틱서치는 다수의 샤드로 데이터가 분산 저장돼 있고 모든 샤드가 협력해서 데이터 검색을 수행한다.

엘라스틱서치 샤드는 내부에 루씬 인덱스를 가지고 있고 루씬 인덱스가 가지는 대부분의 기능을 확장해서 API로 제공한다. 그렇기 때문에 루씬의 파라미터들을 튜닝하면 엘라스틱서치에서도 그에 상응하는 성능상의 이점을 얻을 수 있다. 루씬의 대표적인 튜닝 포인트인 Flush, Commit, Merge 작업 또한 확장되어 API로 제공된다. 이를 이용해 마찬가지로 튜닝이 가능해진다. 하지만 각 작업은 엘라스틱서치에서는 전혀 다른 명칭으로 부르고 있기 때문에 주의해야 한다.

표 9.1 루씬과 엘라스틱서치의 용어 비교

루씬	엘라스틱서치
Flush	Refresh
Commit	Flush
Merge	Optimize API

단일 검색엔진을 표방하는 루씬과는 다르게 고가용성이 보장돼야 하는 분산 검색엔진인 엘라스틱서치의 경우 루씬에 비해 고려해야 할 사항이 훨씬 더 많아진다. 분산 시스템의 특성상 상대적으로 장애가 빈번하게 발생할 수 있고 단일 샤드에 장애가 발생하더라도 전체 클러스터에 영향이 없어야 한다. 또한 장애 복구를 위한 레플리카 세트를 운영해야 하는데 레플리카 샤드 또한 일반 샤드와 별반 다를 것이 없기 때문에 레플리카 세트가 많아질수록 색인 비용 또한 많아진다.

이러한 이유로 엘라스틱서치에서는 루씬에서 제공하는 Flush, Commit, Merge 작업을 그대로 사용하지 않고 고가용성에 적합하도록 개선 및 확장해서 제공한다.

Refresh

엘라스틱서치는 대용량 데이터를 색인하고 실시간 검색을 할 수 있게 설계됐다. 엘라스틱서치는 각 샤드가 가지고 있는 루씬을 제어할 수 있으며, 실시간 검색에 가깝게 동작하기 위해 주기적으로 인메모리 버퍼에 대해 Flush 작업을 수행한다. 이러한 Flush 작업을 엘라스틱서치에서는 Refresh라고 부르며 클러스터에 존재하는 모든 샤드에서는 기본적으로 1초마다 한 번씩 Refresh 작업이 수행된다.

루씬에서 부르는 Flush라는 용어를 사용하지 않고 Refresh라고 부르는 이유는 용어에 좀 더 실제 행위에 가까운 의미를 부여한 측면이 크다. Refresh라는 용어는 말 그대로 "인덱스를 새로고침한다"는 의미다. 말그대로 인덱스를 새로고침해서 새로 추가한 데이터의 검색이 가능해지게 한다는 의미인 것이다.

엘라스틱서치는 Refresh 주기를 수동으로 조절할 수 있는 API를 제공한다. 하지만 기본 설정된 Refresh 주기를 변경하는 것은 별로 권장하지 않는다. Flush 작업이 Commit 작업보다 상대적으로 가볍다고는 하나 여전히 비용이 발생하는 연산이기도 하거니와 특히나 전체적인 성능에 직접적인 영향을 미칠 수 있는 중요한 작업이기 때문이다.

> **대량 색인 시 참고할 만한 팁**
>
> _settings API를 이용하면 Refresh 주기를 변경할 수 있다. 엘라스틱서치에서는 기본적으로 1초 주기로 동작한다. 1초마다 Refresh 작업을 수행하기 때문에 대량의 데이터를 색인할 경우 색인 성능이 크게 저하될 수 있다. 그러므로 대량의 데이터를 색인할 경우에는 Refresh 작업을 잠시 비활성화하고 색인 작업이 끝나면 다시 원래 설정으로 되돌리는 것이 좋다.
>
> ```
> // Refresh가 일어나지 않도록 refresh_interval을 비활성화한다.
> PUT /movie/_settings
> {
>     "index" : {
>         "refresh_interval" : "-1"
>     }
> }
>
>
> // 대량 색인이 완료되면 refresh_interval을 원래 주기(1초)로 설정한다.
> PUT /movie/_settings
> {
>     "index" : {
>         "refresh_interval" : "1s"
>     }
> }
> ```

특별한 경우가 아니면 Refresh 주기를 임의로 변경하지 말고 엘라스틱서치에 위임하는 것이 좋다. 하지만 다양한 이유로 대용량의 색인을 짧은 시간 내에 수행해야 한다면 색인하는 동안만이라도 Refresh 주기를 길게 잡거나 비활성화해서 처리하는 편이 여러모로 유리하다.

Flush

엘라스틱서치에서의 Flush는 루씬의 Commit 작업을 수행하고 새로운 Translog를 시작한다는 의미다. 이 작업을 루씬에서 제공하는 Flush 작업과 절대로 혼동해서는 안 된다(루씬의 Flush를 엘라스틱서치에서는 Refresh라고 부른다).

루씬의 Commit 작업에 대해서는 이전 절에서 충분히 설명했지만 Translog라는 용어는 처음으로 등장했다. 이것은 루씬에는 존재하지 않는 개념이다. Translog는 엘라스틱서치에만 존재하는 개념으로, 엘라스틱서치가 제공하는 고가용성과 매우 밀접한 관련이 있다.

Translog는 샤드의 장애 복구를 위해 제공되는 특수한 파일이다. 엘라스틱서치 샤드는 자신에게 일어나는 모든 변경사항을 Translog에 먼저 기록한 후 내부에 존재하는 루씬을 호출한다. 시간이 흐를수록 Translog의 파일 크기는 계속에서 늘어나고 샤드는 1초마다 Refresh 작업을 수행해서 실시간에 가까운 검색을 제공한다. 지속적인 Refresh 작업에 의해 검색은 가능해지지만 아직은 디스크에 물리적인 동기화가 되지 않은 상태이기 때문에 주기적으로 루씬 Commit을 수행해야 한다.

정책에 의해 루씬 Commit이 정상적으로 수행되면 변경사항이 디스크에 물리적으로 기록되고 Translog 파일에서 Commit이 정상적으로 일어난 시점까지의 내역이 비로소 삭제된다.

결과적으로 엘라스틱서치에서 제공하는 Flush라는 작업은 루씬 Commit을 수행하고 장애 복구를 위한 Translog를 정리하는 일련의 과정을 통칭한다고 할 수 있다. 엘라스틱서치에서는 기본적으로 5초에 한 번씩 Flush 작업이 수행된다. Refresh와 마찬가지로 API를 이용해 Flush 주기를 조절할 수 도 있지만 이를 임의로 수정하는 것은 권장하지 않는다.

Optimize API

엘라스틱서치에서는 인덱스 최적화를 위해 Optimize API를 제공한다. 이를 forced merge API라고도 하는데, 말 그대로 루씬 Merge 작업을 강제로 수행하는 기능이다. 이를 통해 파편화된 다수의 세그먼트를 하나의 커다란 세그먼트로 통합해서 좀 더 빠른 성능을 제공할 목적으로 사용된다.

검색 성능을 높이기 위해서는 파편화된 세그먼트의 수를 최소화하는 것이 매우 중요하다. 일반적으로 변경이 더 이상 일어나지 않는 오래된 인덱스의 경우에는 하나의 세그먼트가 되도록 인덱스 내부의 세그먼트들을 강제로 병합하는 것이 성능상 유리하다.

오래된 세그먼트를 하나로 강제 병합하기

엘라스틱서치에서 제공하는 max_num_segments 옵션을 이용하면 샤드의 세그먼트를 설정된 개수로 강제로 병합할 수 있다. 더 이상 변경이 없다면 세그먼트 수를 하나로 강제 병합하는 편이 읽기 성능 측면에서 좋다.

```
// movie 인덱스의 세그먼트를 하나로 병합
POST /movie/_forcemerge?max_num_segments=1
```

9.3.6 엘라스틱서치와 NRT(Near Real-Time)

엘라스틱서치는 루씬 기반의 분산 검색엔진이다. 엘라스틱서치의 인덱스를 구성하는 샤드는 내부에 핵심 요소로 루씬을 가지고 있으며 그 자체로 루씬 인덱스라고 할 수 있다. 엘라스틱서치 샤드는 루씬의 기능을 확장해서 제공한다. 즉, 루씬의 각종 기능을 REST API 형태로 제공해서 손쉽게 사용할 수 있게 지원한다.

샤드를 한마디로 정의하자면 "장애 복구 기능을 가진 작은 루씬 기반의 단일 검색 서버"라고 할 수 있다. 이러한 작은 검색 서버들이 모여서 커다란 엘라스틱서치 클러스터를 구성하는 것이다. 사용자가 엘라스틱서치 인덱스를 검색하면 인덱스에 포함된 모든 샤드(루씬 인덱스)로 동시에 요청이 보내진다. 요청을 받은 각 샤드에서는 커밋 포인트를 이용해 내부에 존재하는 모든 세그먼트들을 순서대로 검색한 후 결과를 전달한다. 샤드로 요청을 보낸 엘라스틱서치는 모든 샤드로부터 검색 결과가 도착할 때까지 기다린다. 모든 샤드로부터 검색 결과가 도착하면 하나의 커다란 결과 셋을 만들게 되고 이 결과 셋을 최종적으로 사용자에게 전달한다.

샤드의 내부에는 루씬이 핵심 요소로 자리 잡고 있기 때문에 샤드도 루씬이 가지는 불변성을 그대로 활용할 수 있다. 루씬이 제공하는 세그먼트 단위 검색을 활용하면 색인과 거의 동시에 검색이 가능해지기 때문에 엘라스틱서치도 실시간에 가까운(Near Real-Time) 검색 결과를 제공할 수 있게 되는 것이다.

엘라스틱서치는 루씬에서 제공하는 Flush, Commit, Merge 작업을 확장해서 분산 처리에 적합하도록 제공한다. 이를 통해 불변성을 유지하면서도 대용량 데이터 처리가 가능해지고 더 나아가 검색 시 결과를 준실시간으로 제공할 수 있는 것이다.

9.4 고가용성을 위한 Translog의 비밀

엘라스틱서치는 수년간의 기능 향상을 통해 현재는 분산 검색엔진이라는 분야에서 확고한 자리를 잡고 있다. 장애 발생 시 손쉬운 복구가 가능할뿐더러 빠른 검색 속도와 실시간에 가까운 CRUD 작업을 지원하는 등 분산 검색엔진에 필요한 대부분의 기능을 안정적으로 제공하기 때문이다.

엘라스틱서치는 분산 시스템이 지원해야 하는 고가용성을 제공하기 위해 내부적으로 Translog라는 특수한 형태의 파일을 유지하고 관리하고 있다. 장애 복구를 위한 백업 데이터 및 데이터 유실 방지를 위한 저장소로써 Translog를 적극 활용하고 있다. 이번 절에서는 엘라스틱서치만의 특색인 Translog에 대해 자세히 알아보겠다.

9.4.1 Translog의 동작 순서

엘라스틱서치 샤드는 내부에 Translog라는 특수한 파일을 가지고 있다. 샤드에 어떠한 변경사항이 생길 경우 Translog 파일에 먼저 해당 내역을 기록한 후 내부에 존재하는 루씬 인덱스로 데이터를 전달한다. 루씬으로 전달된 데이터는 인메모리 버퍼로 저장되고 주기적으로 처리되어 결과적으로 세그먼트가 된다.

엘라스틱서치에서는 기본적으로 1초에 한번씩 Refresh 작업이 수행되는데, 이를 통해 추가된 세그먼트의 내용을 읽을 수 있게 되고 검색에 사용된다. 하지만 Refresh 작업이 일어나더라도 Translog 파일에 기록된 내용은 삭제되지 않고 계속 유지된다. 이처럼 Translog는 엘라스틱서치 샤드에서 일어나는 모든 변경사항을 담고 있는 특수한 형태의 로그인 것이다. 이러한 특성을 이용해 엘라스틱서치는 Translog의 내역을 바탕으로 장애 발생 시 복구 작업을 수행할 수 있다.

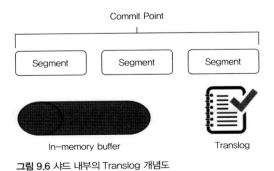

그림 9.6 샤드 내부의 Translog 개념도

하지만 Translog 파일에 로그가 계속해서 누적될 수는 없다. 특정 시점이 되면 Translog 내부의 로그 중 불필요한 과거의 로그는 삭제된다. 그렇다면 Translog의 내용이 삭제되는 정확한 시점은 언제일까?

이전 절에서도 설명했듯이 엘라스틱서치에서 제공하는 Flush는 내부적으로 fsync() 함수를 이용해 실제 물리적인 디스크에 변경 내역을 기록한다. 이 작업은 운영체제 입장에서 많은 리소스가 필요한 무거운 작업이기 때문에 정책적으로 실행 시간을 조절할 수 있으며 기본적으로 5초에 한 번씩 수행된다.

Flush 작업이 성공적으로 마무리되고 물리적으로 디스크 동기화에 성공하면 누적돼 있던 Translog 파일의 내용이 비로소 삭제된다. Flush가 일어난다는 것은 디스크에 물리적으로 기록된다는 것이고 이는 영구적으로 보관된다는 것을 의미하기 때문에 이 시점까지의 로그는 더는 필요하지 않게 된다. 결과적으로 Translog 내부의 로그는 의미가 없어지고 이 시점에 Flush 이전의 정보는 모두 삭제된다.

Translog의 동작 순서

1. 데이터가 추가되면 Translog에 기록되고 동시에 인메모리 버퍼에 추가된다.
2. Refresh가 수행되면 인메모리 버퍼에서는 사라지지만 Translog에는 계속 남아있다.
3. 더 많은 데이터가 추가되고 지속적으로 세그먼트가 추가된다.
4. Translog가 일정 크기 이상으로 커지면 Flush 작업이 수행된다.
5. 커밋 포인트가 디스크에 Flush된다.
6. 시스템 캐시의 내용이 디스크에 Flush된다.
7. TransLog의 기록이 비로소 삭제된다.

9.4.2 Translog가 존재하는 이유

엘라스틱서치에서 Translog가 필요한 이유는 무엇일까? 가장 큰 목적은 장애 복구를 위해서다. 엘라스틱서치는 실시간에 가까운 검색을 제공하기 위해 1초마다 Refresh 작업을 수행하지만 이는 불안정한 상태라고 볼 수 있다. 장애 발생 시 완벽한 복구를 위해서는 물리적인 디스크로 동기화하는 Flush가 언젠가는 이뤄져야만 한다. 하지만 Flush 작업은 매우 무거운 작업이고 상대적으로 긴 시간 동안 일어날 수도 있다.

다음과 같은 상황을 한번 생각해보자.

[상황 1]

문제 발생

Flush에 의해 루씬 Commit 작업이 시작됐고 완료되지 못한 상태에서 샤드에 장애가 발생한다면?

해결 방법

상황 1의 경우 상대적으로 쉽게 해결할 수 있다. 샤드가 강제로 종료될 경우 진행 중이던 루씬 Commit 작업이 롤백되기 때문에 샤드가 정상적으로 재실행되고 나면 Translog의 로그 내역을 이용해 간단히 복구할 수 있다.

Translog의 내역을 바탕으로 순차적으로 인메모리 버퍼를 복구하고 Refresh가 수행되면 다음 Flush 시점에 루씬 Commit이 수행된다.

[상황 2]

문제 발생

변경사항이 순간적으로 많아져서 루씬 Commit이 긴 시간 동안 일어나게 되고 그동안 많은 데이터 변경 요청이 한꺼번에 샤드로 들어온다면?

해결 방법

상황 2의 경우에는 상황이 조금 복잡해진다. 루씬 Commit 작업이 수행되는 시간이 길어진다고 해서 Commit이 일어나는 동안 샤드로 전달된 변경사항이 Commit 작업이 끝날 때까지 반영되지 않는다면 실시간 검색을 지원한다는 의미가 많이 퇴색될 것이다. 그래서 엘라스틱서치는 Commit이 일어나는 동안에 들어온 변경사항을 루씬의 인메모리 버퍼로 전달하지 않고 Translog에 임시로 저장해두고 다음 Commit에 반영될 때까지 유지한다.

샤드는 이러한 특별한 상황에 대한 임시 저장소로서 Translog가 사용된다는 사실을 이미 알고 있기 때문에 세그먼트 검색을 수행하기 전에 Translog에서 임시로 저장한 변경사항이 없는지 먼저 확인하게 된다. 이러한 메커니즘을 이용하면 루씬 Commit 작업이 아무리 긴 시간 동안 일어나더라도 변경사항에 대한 데이터 유실 없이 서비스를 안정적으로 유지할 수 있다.

Translog의 주목적은 클러스터를 운영하는 중에 데이터가 손실되지 않도록 보장하는 것이다. Translog 파일을 일종의 임시 보관소로도 사용할 수 있기 때문에 루씬에 문제가 발생하더라도 데이터의 유실 없이 서비스가 가능해진다.

엘라스틱서치는 운영 중에 샤드에 크래시가 발생할 경우에도 Translog를 이용한다. Translog에 기록된 내용을 이용하면 샤드를 완벽하게 복구할 수 있기 때문이다. 직전 루씬 Commit 작업 이후의 모든 내역이 Translog에 고스란히 기록돼 있기 때문에 이를 다시 한번 재실행하면 샤드를 완벽하게 복구하는 것이 가능해진다. 이처럼 Translog를 이용해 어떠한 경우의 장애 상황에서도 대응이 가능해진다.

하지만 Translog 파일의 크기가 커질수록 장애 발생 시 복구에 걸리는 시간도 그에 비례해서 늘어난다. 복구를 위해서는 마지막 루씬 Commit 이후의 모든 내역을 재실행해서 세그먼트를 재생성하는 과정이 필요하기 때문이다. Translog 파일이 크다는 것은 복구를 위해 재생성해야 할 세그먼트가 많아진다는 것을 의미하기 때문에 복구를 진행하는 도중에 다시 장애가 발생하고, 이러한 과정이 무한 반복되는 심각한 상황에 빠질 수도 있다.

최악의 경우 전체적인 클러스터가 마비되는 대형 장애가 유발될 수도 있다. 그렇기 때문에 데이터의 크기나 양에 따라 적절한 정책을 세우고 Translog의 크기를 관리하는 것이 무엇보다 중요하다. 정책에 의해 적절한 주기로 Flush를 수행해서 Translog의 크기가 항상 일정 크기 이하를 유지할 수 있도록 꾸준히 모니터링하고 관리하는 것이 안정적인 클러스터를 운영하기 위한 기본임을 기억해 두자.

9.5. 엘라스틱서치 샤드 최적화

클러스터는 인덱스를 최대 몇 개까지 생성할 수 있을까? 하나의 샤드 크기는 과연 얼마가 적당할까? 엘라스틱서치로 서비스를 운영하고 있다면 누구나 한번쯤은 고민해 봤을 만한 주제다. 시간이 흐를수록 데이터의 크기는 점점 더 커진다. 서비스는 살아있는 생물과 같아서 관심을 주지 않으면 금방 엉망이 돼 버린다. 현재 서비스가 원활하게 된다고 해서 앞으로도 서비스가 원활하게 될 것이라는 보장은 없다. 분산 시스템의 경우 이론상 데이터가 무한대로 증가할 수 있기 때문에 최적화의 필요성이 더욱더 커진다.

분산 검색 시스템인 엘라스틱서치를 운영한다는 것은 항상 최적화를 위해 고민해야 한다는 것과 같다. 이번 절에서는 엘라스틱서치를 운영하면서 한번쯤은 고민해야 할 사항에 대해 살펴보겠다.

9.5.1 운영 중에 샤드의 개수를 수정하지 못하는 이유

클러스터에서 운영 중인 인덱스의 샤드 개수는 원칙적으로 수정이 불가능하다. 하지만 서비스를 운영하다 보면 데이터 크기는 점점 더 커지고 너무 많은 데이터가 쌓이면 샤드의 부하 문제가 발생할 수도 있다. 인덱스를 생성할 때 한번 설정된 샤드의 개수는 절대 변경이 불가능하기 때문에 데이터의 크기가 최대 얼마까지 증가할 것인지를 사전에 잘 계산해서 최초 인덱스를 생성할 때 샤드의 개수를 신중하게 결정해야 한다.

엘라스틱서치에는 두 가지 종류의 샤드가 공존한다. 첫 번째는 실제 서비스가 일어나는 프라이머리 샤드다. 클러스터에서 실질적인 CRUD를 제공하는 샤드로서 엘라스틱서치를 구성하는 핵심 요소다. 이러한 프라이머리 샤드를 일반적으로 샤드라고 줄여서 부른다. 두 번째는 레플리카 샤드다. 레플리카 샤드는 기본적으로 장애 복구를 위해 존재한다. 하지만 프라이머리 샤드와 동일한 데이터를 가지고 있기 때문에 평상시에는 읽기 분산에 활용된다.

엘라스틱서치에서는 최초 인덱스를 생성할 때 settings 속성을 이용해 샤드와 레플리카의 개수를 각각 정의할 수 있다. 샤드의 개수(number_of_shards)는 전체 데이터를 몇 개의 샤드로 나눠서 보관할 것인지를 의미하고, 레플리카의 개수(number_of_replicas)는 몇 개의 복사본 세트를 만들 것인지를 의미한다.

number_of_shards

number_of_shards 속성은 프라이머리 샤드를 몇 개로 나눌 것인지 설정하는 속성이다. 이 속성값에 의해 프라이머리 샤드의 개수가 결정된다.

number_of_replicas

number_of_replicas 속성은 레플리카 세트를 몇 개로 구성할지를 설정하는 속성이다. 이 속성값에 의해 레플리카 샤드의 개수가 결정된다.

```
PUT /movie
{
    "settings" : {
        "index" : {
            "number_of_shards" : 5,
            "number_of_replicas" : 1
        }
    }
}
```

위 예제에서는 데이터를 5개의 샤드로 분산하고 1개의 레플리카 세트를 생성하도록 설정했다. 이렇게 설정된 인덱스가 생성되면 5개의 프라이머리 샤드와 5개의 레플리카 샤드가 생성되어 인덱스 내부에는 총 10개의 샤드가 존재한다.

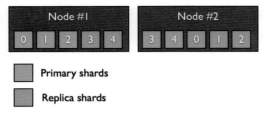

그림 9.7 생성된 인덱스의 내부 샤드의 수

이 상황에서 시간이 흘러 인덱스에 총 1억 건의 데이터가 색인됐다고 가정해보자. 프라이머리 샤드는 각각 2천만 건의 데이터를 분산해서 갖게 될 것이다. 이 경우 하나의 샤드가 2천만 건의 데이터를 가져야 하기 때문에 샤드의 데이터가 너무 많아져서 처음보다 검색 성능이 상당히 떨어지게 될 것이다.

이런 상황에서 검색 성능을 향상시키기 위해 물리적인 장비를 추가로 투입해서 샤드 5개를 추가하기로 결정했다고 가정해 보자. 이 경우 기존 프라이머리 샤드의 개수를 5개에서 10개로 변경하면 모든 문제가 해결될 것이다. 하지만 안타깝게도 엘라스틱서치는 한번 생성된 프라이머리 샤드의 개수 변경을 원칙적으로 허용하지 않는다.

도대체 그 이유는 무엇일까? 엘라스틱서치 샤드는 루씬 인덱스의 확장이라고 앞에서 설명했다. 각 샤드는 내부에 독립적인 루씬 라이브러리를 가지고 있으며, 루씬은 단일 머신 위에서만 동작하는(Stand Alone) 검색엔진이다.

이러한 특성 때문에 샤드 내부의 루씬 입장에서는 함께 인덱스를 구성하는 다른 샤드의 존재를 전혀 눈치채지 못한다. 루씬 입장에서는 엘라스틱서치 인덱스를 구성하는 전체 데이터가 별도로 존재하고 자신은 그중 일부만 가지고 있다는 사실을 알 수가 없는 것이다. 오직 자신이 가지고 있는 일부 데이터만을 위한 색인과 검색이 최대한 효율적으로 이뤄지도록 최선을 다할 뿐이다. 한마디로 단순히 2천만 건씩의 데이터를 가지고 있는 완전히 독립적인 루씬 5개가 존재한다는 뜻이다.

프라이머리 샤드의 개수를 변경한다는 말의 의미는 각각의 독립적인 루씬이 가지고 있는 데이터들을 모두 재조정한다는 의미와 같다. 만약 루씬의 개수가 5개에서 10개로 늘어난다면 루씬 내부에 가지고 있는 세그먼트가 잘게 쪼개져 일부 세그먼트들은 새롭게 추가된 루씬 쪽으로 전송돼야 할 것이다. 그리고 새로 추가된 루씬에서는 여기저기에서 전송된 세그먼트 조각들을 모아서 다시 합치는 작업을 수행해야 할 것이다. 앞에서 세그먼트의 불변성에 대해 자세히 알아봤고, 세그먼트의 변경은 원칙적으로 불가능하다는 사실도 이미 알고 있다. 이러한 이유로 현재는 프라이머리 샤드의 개수를 변경할 방법이 없는 것이다.

엘라스틱서치에서는 프라이머리 샤드의 개수를 변경해야 할 경우 새로운 인덱스를 생성하고 재색인하도록 안내한다. 그리고 이를 지원하기 위해 ReIndex API를 제공한다.

ReIndex API

현재로서는 샤드의 개수를 변경하기 위해서는 인덱스를 새롭게 생성하고 전체 데이터를 처음부터 다시 재색인하는 방법밖에 없다. 이를 위해 엘라스틱서치에서는 이미 존재하는 인덱스를 새로운 인덱스로 다시 색인하는 ReIndex API를 제공한다. 이를 이용하면 비교적 손쉽게 새로운 인덱스로 재색인할 수 있다.

```
// movie 인덱스를 new_movie 인덱스로 새롭게 생성
POST _reindex
{
  "source": {
    "index": "movie"
  },
  "dest": {
    "index": "new_movie"
  }
}
```

9.5.2 레플리카 샤드의 복제본 수는 얼마가 적당할까?

프라이머리 샤드는 최초 설정한 샤드의 개수를 변경하는 것이 불가능한 반면 레플리카 샤드의 복제본 수는 운영 중에도 얼마든지 변경하는 것이 가능하다. 레플리카 샤드를 추가하고 싶은 경우에는 기존 프라이머리 샤드를 단순히 복사만 하면 되기 때문이다.

일반적으로 장애가 발생했을 때 **빠른** 복구를 위해 1개 이상의 복제본 세트를 사용하는 것이 좋다. 레플리카 샤드는 직접적으로 생성할 샤드의 개수를 지정할 수 없다. 단지 몇 개의 복사본을 가질 것인지를 설정할 뿐이다. 이는 레플리카 샤드가 프라이머리 샤드 전체를 복사해야만 그 의미가 있기 때문이다.

복제본 수를 지정함으로써 모든 프라이머리 샤드가 복사되기 때문에 클러스터 내부에서 운영하고 있는 전체 샤드 개수를 고려해서 적절한 복제본 세트를 운영해야 한다. 장애 복구나 읽기 성능 향상을 위해 레플리카를 많이 사용하게 되지만 이때 한 가지 주의해야 할 점이 있다. 레플리카 세트의 수를 결정할 경우에는 사전에 충분한 테스트가 필요한데, 너무 많은 복제본이 존재할 경우에는 자칫 전체적인 색인 성능의 저하로 이어질 수도 있기 때문이다.

레플리카 샤드도 프라이머리 샤드와 마찬가지로 내부에 루씬을 가지고 있다. 엘라스틱서치에 데이터가 추가되면 마스터 노드에 의해 적절히 라우팅되어 특정 프라이머리 샤드로 데이터가 전송된다. 해당 샤드 내부에서는 루씬에 의해 세그먼트가 생성되는데 레플리카도 동일한 검색 결과를 보장해야 하기 때문에 존재하는 모든 레플리카 샤드에도 데이터가 전송된다. 이처럼 프라이머리 샤드와 레플리카 샤드 모두 동일한 세그먼트 생성 과정을 거치게 되는 것이다. 이러한 과정 덕분에 모든 복제본에 일관성이 부여된다. 그리고 이러한 일관성을 바탕으로 레플리카를 이용해 읽기 분산이 이뤄지는 것이다.

앞서 설명한 원리에 의해 레플리카가 동작하기 때문에 레플리카가 많아질수록 색인 성능은 이에 비례해서 떨어질 수밖에 없다. 읽기 분산이 중요한 경우에는 색인 성능을 일부 포기하고 레플리카 세트의 수를 늘리는 것이 좋을 테고, 빠른 색인이 중요한 경우에는 읽기 분산을 일부 포기하고 레플리카 세트의 수를 최소화하는 것이 좋을 것이다.

복제본의 수는 운영 중에 언제라도 변경 가능하다. 그렇기 때문에 최초 서비스를 오픈할 때는 복제본의 수를 최소화해서 서비스 운영을 시작하는 것이 좋다. 서비스 운영 중에 발생하는 노드의 장애나 데이터량에 따른 읽기 분산을 지속적으로 모니터링하고 이를 바탕으로 탄력적으로 복제본의 수를 조절해 나가는 것을 권장한다.

9.5.3 클러스터에서 운영 가능한 최대 샤드 수는?

엘라스틱서치 클러스터에는 다수의 인덱스를 생성할 수 있다. 각 인덱스는 독립적인 데이터 저장소이고 데이터는 내부적으로 여러 개의 샤드로 분산되어 저장된다. 그리고 인덱스는 장애 복구를 위해 하나 이상의 레플리카 복제본을 가지고 있다.

인덱스를 생성할 때 기본값으로 5개의 프라이머리 샤드와 1개의 레플리카 복제본을 생성하기 때문에 하나의 인덱스를 생성한다면 최소 10개의 샤드가 클러스터 내부에 생성된다. 단순히 1건의 문서를 가지는 인덱스를 생성하더라도 10개의 샤드가 생성되는 것이다.

그렇다면 엘라스틱서치 클러스터에서 운영 가능한 전체 샤드 개수에 대한 제한은 있을까? 먼저 결론부터 이야기하자면 전체 샤드 수에 대한 특별한 제한은 없다. 이론상 클러스터에는 인덱스가 무한대로 생성될 수 있기 때문이다. 하지만 개별 인덱스를 생성할 때 설정 가능한 샤드의 수는 현재 1024개로 제한돼 있다. 개별 인덱스를 생성할 때 1024 이상의 값을 설정할 경우에는 오류가 발생한다.

인덱스 생성 시 샤드의 수를 1024개로 설정할 경우

```
// 요청
PUT /test1
{
    "settings" : {
        "index" : {
            "number_of_shards" : 1024,
            "number_of_replicas" : 1
        }
    }
}

// 결과
{
    "acknowledged": true,
    "shards_acknowledged": true,
    "index": "test1"
}
```

인덱스 생성 시 샤드의 수를 1025개로 설정할 경우

```
// 요청
PUT /test2
{
    "settings" : {
        "index" : {
            "number_of_shards" : 1025,
            "number_of_replicas" : 1
        }
    }
}

// 결과
{
    "error": {
        "root_cause": [
            {
                "type": "illegal_argument_exception",
```

```
                "reason": "Failed to parse value [1025] for setting [index.number_of_shards] must
be <= 1024"
            }
        ],
        "type": "illegal_argument_exception",
        "reason": "Failed to parse value [1025] for setting [index.number_of_shards] must be <=
1024"
    },
    "status": 400
}
```

현재 엘라스틱서치에서 강제하는 전체 샤드 수에 대한 특별한 제한은 없기 때문에 리소스가 허용하는 한 샤드를 계속해서 생성할 수 있다. 하지만 샤드의 수가 너무 적거나 너무 많을 경우에도 문제가 생길 수 있으며, 문제를 방지하기 위해서는 운영할 데이터 크기에 따라 다양한 관점으로 고민해봐야 한다.

클러스터에 많은 수의 샤드가 존재할 경우

클러스터에 존재하는 모든 샤드는 마스터 노드에서 관리된다. 그러므로 샤드가 많아질수록 마스터 노드의 부하도 덩달아서 증가한다. 샤드의 개수가 많아질수록 관리해야 하는 정보의 양도 많아지기 때문이다.

마스터 노드가 처리해야 하는 정보가 많아지면 검색이나 색인 같은 작업도 덩달아 느려질 수 있다. 또한 마스터 노드의 메모리 사용량도 그에 비례해서 늘어난다. 마스터 노드는 빠른 처리를 위해 샤드 정보와 같은 관리 데이터를 모두 메모리에 올려서 제공하기 때문이다. 그러므로 너무 많은 샤드로 인해 마스터 노드의 메모리가 부족해지지 않도록 주의해야 한다. 만약 마스터 노드에 장애가 발생한다면 클러스터 전체가 마비되는 대형사고로 번질 수 있다.

> **마스터 노드의 역할**
>
> 1. 모든 노드와 샤드를 관리하는 책임을 가진다.
> 2. 평소 노드의 상태를 모니터링하고 있으면서 색인 요청에 대한 데이터의 라우팅을 처리하거나 검색 요청에 대한 부하를 분산하는 역할을 한다.
> 3. 장애 발생 시 레플리카를 이용해 샤드를 복구하는 책임도 가지고 있다.

인덱스가 다수의 샤드로 분산될 경우

단순히 검색 성능만 놓고 본다면 인덱스를 생성할 때 프라이머리 샤드의 개수가 많을수록 검색 성능이 좋아진다. 검색은 각 샤드가 독립적으로 검색을 수행하고 나서 최종적으로 하나의 결과로 합쳐서 제공되기 때문에 다수의 샤드로 분산될수록 검색 속도도 그에 비례해 빨라진다.

샤드가 여러 개로 나눠져 있을 경우 다수의 머신 파워를 동시에 사용할 수 있게 되고 그에 비례해서 검색 시간이 단축되기 때문에 클러스터의 전체적인 읽기 성능을 높이는 가장 좋은 수단이 된다.

샤드의 물리적인 크기와 복구 시간

마스터 노드 입장에서 생각해 보면 샤드가 가지고 있는 데이터 건수보다는 데이터의 물리적인 크기가 더욱더 중요하다. 마스터 노드는 장애가 발생할 경우 샤드 단위로 복구를 수행하기 때문이다.

일단 노드에 장애가 발생하면 장애가 발생한 프라이머리 샤드와 동일한 데이터를 가지고 있는 레플리카 샤드가 순간적으로 프라이머리 샤드로 전환되어 서비스된다. 그와 동시에 프라이머리 샤드로 전환된 샤드와 동일한 샤드가 물리적으로 다른 장비에서 레플리카 샤드로 새롭게 생성된다. 그리고 서비스는 한동안 이대로 유지된다. 시간이 지나 장애가 발생한 노드가 복구되면 복구된 노드로 일부 샤드들이 네트워크를 통해 이동한다. 이러한 이동 과정을 통해 내부적으로 전체적인 클러스터의 균형을 맞춘다.

이처럼 복구 시 샤드 단위로 데이터가 이동하기 때문에 샤드의 크기가 클수록 복구 작업에 부정적인 영향을 끼칠 수 있다.

적절한 샤드의 크기

그렇다면 적절한 샤드 크기는 얼마일까? 하나의 샤드 크기에 대해 특별히 정해진 공식은 없지만 엘라스틱서치에서는 다양한 사례를 통해 샤드 1개가 물리적으로 50GB를 넘지 않도록 권장한다. 인덱스에 저장되는 전체 데이터의 크기에 따라 샤드의 개수가 얼마로 나뉘면 좋을지 간단한 예제를 통해 살펴보자.

인덱스가 큰 데이터(400GB)를 가지는 경우

어떤 인덱스에 400GB 이상의 큰 데이터가 생성된다고 가정해보자.

[사례 1] 2개의 샤드로 분산 저장돼 있을 경우

인덱스가 2개의 샤드로 구성된다면 하나의 샤드가 200GB의 크기를 가질 것이다. 이 경우 복구를 위한 네트워크 비용이 너무 많이 발생하게 되므로 적절치 못하다.

[사례 2] 400개의 샤드로 분산 저장돼 있을 경우

인덱스가 400개의 샤드로 구성된다면 하나의 샤드가 1GB의 크기를 가질 것이다. 샤드의 크기가 작기 때문에 데이터 복구는 비교적 수월할 것이다. 하지만 이 경우 마스터 노드의 부하와 많은 리소스 낭비를 가져올 것이다.

[결론]

하나의 샤드가 50GB 정도의 크기를 가지는 것이 적절하다고 가정한다면 샤드의 수가 8개면 충분할 것이다. 만약 미래에 추가될 데이터까지 감안한다면 이를 포함해서 샤드의 수를 적절히 계산해서 생성해야 한다.

인덱스가 작은 데이터(1GB)를 가지는 경우

어떤 인덱스에 1GB 정도의 작은 데이터가 생성된다고 가정해보자.

[사례 1] 5개의 샤드로 분산 저장돼 있을 경우

인덱스의 샤드가 5개의 기본 설정으로 생성된다면 충분할 것이다. 샤드의 수를 더 이상 줄이는 것은 권장하지 않는다.

[사례 2] 100개의 샤드로 분산 저장돼 있을 경우

인덱스가 100개의 샤드로 구성된다면 하나의 샤드가 10MB의 크기를 가질 것이다. 이 경우 굉장히 심한 리소스 낭비를 초래한다.

[결론]

데이터의 크기가 1GB 정도라면 샤드의 수는 기본 설정으로 제공되는 5개면 충분할 것이다.

클러스터에서 운영할 샤드의 개수는 얼마가 가장 적절할까? 10개의 샤드는 너무 적고 1,000개의 샤드는 너무 많다고 할 수 있을까? 이것은 너무나도 어려운 질문이다. 만약 데이터를 기반으로 샤드의 개수를 정한다면 현재의 데이터를 기준으로 할 것이 아니라 가까운 미래와 먼 미래를 모두 고려해서 충분히 계산해보고 고민해야 한다.

클러스터를 운영하다 보면 예상치 못하게 데이터가 급증하는 경우도 있다. 이럴 때는 어떻게 해야 할까? 하드웨어, 데이터의 크기와 복잡성, 검색 쿼리의 유형이나 집계의 규모 등 고려해야 할 변수가 많다. 가장 좋은 방법은 실제 데이터와 다양한 검색조건을 사용해 충분한 테스트를 진행해 보는 것이다.

9.5.4 하나의 인덱스에 생성 가능한 최대 문서 수는?

엘라스틱서치 인덱스가 가질 수 있는 최대 문서 수는 얼마일까? 여기에 한계가 있다고 생각하는가? 1억 건이든 100억 건이든 물리적인 리소스가 제공되는 한 무한대로 생성할 수 있는 것일까? 이 의문을 해결하기 위해서는 다시 루씬을 살펴봐야 한다.

앞서 인덱스를 생성할 때 number_of_shards 옵션에 의해 인덱스당 생성할 수 있는 최대 샤드의 개수는 1024개라는 사실을 배웠다. 하지만 과거에는 이러한 제약이 없었다. 최신 버전에서 1024라는 제약을 두고 있는데 이는 극단적으로 많은 수의 샤드를 생성할 경우 마스터 노드에 상당한 부하가 걸리기 때문에 마스터 노드 보호 차원에서 최소한의 제약을 만든 것이다.

그렇다면 개별 샤드가 가질 수 있는 최대 문서 수만 확인해 보면 의문을 해결할 수 있을 것 같다. 엘라스틱서치 샤드는 내부적으로 루씬 인덱스를 확장해서 구현돼 있다. 이를 통해 내부에 다수의 세그먼트를 가질 수 있고, 이는 지속적인 Merge 작업을 통해 하나의 커다란 세그먼트로 통합된다. 세그먼트는 문서를 몇 개까지 저장할 수 있을까?

```
package java.lang;
import java.lang.annotation.Native;

* The {@code Integer} class wraps a value of the primitive type
public final class Integer extends Number Implements Comparable<Integer> {
    /**
     * A constant holding the minimum value an {@code int} can
     * have, -2<sup>31</sup>
     */
    @Native public static final int MIN_VALUE=0x80000000;

    /**
     * A constant holding the maximum value an {@code int} can
     * have, -2<sup>31</sup>
     */
    @Native public static final int MAX_VALUE=0x80000000;
```

그림 9.8 java.lang.Integer 클래스의 일부

루씬은 내부 세그먼트에 색인 가능한 최대 문서 수를 다음과 같이 정의하고 있다.

세그먼트에서 색인 가능한 최대 문서 수

루씬은 자바 언어로 개발됐는데 자바에서 제공하는 `java.lang.Integer` 클래스의 `Integer.MAX_VALUE`에서 128을 뺀 만큼의 크기인 2,147,483,519가 가질 수 있는 최대 문서 수다(= `Integer.MAX_VALUE - 128`).

- 참고: https://issues.apache.org/jira/browse/LUCENE-5843

하나의 샤드에서 색인할 수 있는 문서 수가 대략적으로 20억 개 정도이고 인덱스는 최대 1024개까지의 샤드를 가질 수 있기 때문에 이론적으로 엘라스틱서치에서 생성한 개별 인덱스가 가질 수 있는 최대 문서 수는 약 2조 개라고 생각하면 된다.

인덱스에서 생성 가능한 최대 문서 수

(루씬에서 생성 가능한 최대 문서 수) * (인덱스 생성 시 설정 가능한 샤드 수) = 20억 * 1024 = 2조

2조라는 숫자는 쉽게 상상이 안 될 정도로 엄청나게 큰 숫자다. 하지만 이는 이론상의 숫자일 뿐이므로 데이터의 물리적인 크기와 하드웨어 리소스를 기반으로 적절한 문서 수를 계산해서 유지하는 것이 좋다.

엘라스틱서치는 루씬이 가지고 있는 색인 가능한 최대 문서 수에 대한 제약(최대 20억 개)을 다수의 샤드로 분산하는 방식을 이용해 거의 무한대(최대 2조 개)로 확장했다. 루씬이 가지는 20억 개라는 최대 문서 수 제약이 과거에는 큰 숫자였을지 몰라도 빅데이터가 끊임없이 쏟아지는 오늘날에는 충분히 현실적인 수치로 여겨진다.

엘라스틱서치는 분산 검색엔진으로 설계됐기 때문에 사실상 색인 가능한 문서 수의 제약을 제거했다. 이론상 샤드의 개수가 늘어날수록 수용 가능한 데이터의 수도 늘어난다. 하지만 안정적인 클러스터 운영을 위해서는 자신의 환경에 맞게 다방면에 걸친 충분한 테스트가 필요하다. 최적의 인덱스 수나 최적의 샤드 수를 구하는 공식 같은 것은 현실에 존재하지 않기 때문이다.

10

대용량 처리를 위한
시스템 최적화

엘라스틱서치는 대표적인 분산 검색엔진이다. 최근에는 엘라스틱서치를 NoSQL의 한 종류로 보기도 한다. 대용량 데이터 처리가 기본 기능이기 때문에 엘라스틱서치와 하드웨어는 매우 밀접한 관련이 있으며 이를 위한 시스템 설정은 전체적인 클러스터의 성능과 직결된다. 특히 대용량 처리를 위해서는 시스템 최적화 과정이 필수적이다.

이번 장에서는 엘라스틱서치의 시스템적인 측면을 살펴보겠다. 그리고 이를 통해 엘라스틱서치 클러스터가 안정적으로 동작하는 데 필요한 시스템 구성을 함께 고민해보겠다.

이번 장에서 다룰 내용

10.1 노드 실행환경과 JVM 옵션

10.2 힙 크기를 32GB 이하로 유지해야 하는 이유

10.3 엘라스틱서치와 가상 메모리

10.4 분산환경에서의 메모리 스와핑

10.5 시스템 튜닝 포인트

10.1 노드 실행환경과 JVM 옵션

엘라스틱서치와 루씬은 모두 자바 언어로 개발됐다. 하지만 독립적으로 실행 가능한 엘라스틱서치와는 달리 루씬은 독립적으로 실행될 수 없는 라이브러리 형태로 제공된다. 루씬은 자바 애플리케이션에서 사

용할 수 있도록 jar 형태로 배포되고, 엘라스틱서치는 루씬 라이브러리를 임포트하는 방식으로 활용한다. 그러므로 엘라스틱서치가 실행되어 인스턴스가 만들어지면 둘 다 하나의 JVM 위에서 함께 동작하게 된다.

이번 장에서는 엘라스틱서치 인스턴스가 실행되는 실행환경에 대해 알아본다.

10.1.1 엘라스틱서치 릴리스 노트

엘라스틱서치는 지금도 매우 빠르게 성장하고 있다. 2010년 즈음 오픈소스로 개발되기 시작해서 2014년 1.0 버전이 공식적으로 출시됐다. 이후 다양한 기능이 추가되며 주기적으로 릴리스되고 있는데 현재 최신 버전은 6.x 버전이다.

실무에서는 2.x 버전이나 5.x 버전이 아직도 많이 사용되고 있다. 하지만 새롭게 엘라스틱서치를 도입한다면 6.x 버전을 사용할 것을 권장한다. 최신 버전을 사용함으로써 자바와 루씬의 최신 기능을 모두 사용할 수 있기 때문이다.

엘라스틱서치 릴리스 노트

```
2.0    2015-10-28[45]    2.0.2    2015-12-17[46]    No longer supported
2.1    2015-11-24[47]    2.1.2    2016-02-02[48]    No longer supported
2.2    2016-02-02[48]    2.2.2    2016-03-30[49]    No longer supported
2.3    2016-03-30[49]    2.3.5    2016-08-03[50]    No longer supported
2.4    2016-08-31[51]    2.4.6    2017-07-27[52]    No longer supported
5.0    2016-10-26[53]    5.0.2    2016-11-29[54]    Still supported
5.1    2016-12-08[55]    5.1.2    2017-01-12[56]    Still supported
  ... 생략 ...
5.6    2017-09-11[65]    5.6.8    2018-02-20[66]    Still supported
6.0    2017-11-14[67]    6.0.1    2017-12-06[68]    Still supported
6.1    2017-12-12[69]    6.1.3    2018-01-16[70]    Still supported
6.2    2018-02-06[71]    6.2.2    2018-02-20[1]     Still supported
  ... 생략 ...
```

엘라스틱서치와 루씬은 매우 밀접한 관계를 맺고 있다. 엘라스틱서치는 루씬을 기반으로 동작하기 때문에 엘라스틱서치의 버전에 따라 내부에서 사용하고 있는 루씬의 버전도 함께 달라진다.

루씬 라이브러리의 기능이 추가되거나 버그가 수정되면 주기적으로 버전업하게 되는데, 이때 엘라스틱서치에서도 새롭게 버전업된 루씬을 기반으로 하는 새로운 버전의 엘라스틱서치를 릴리스해서 제공한다.

엘라스틱서치 버전 호환성

엘라스틱서치 2.x 루씬 5.x Java 7

엘라스틱서치 5.x 루씬 6.x Java 8

엘라스틱서치 6.x 루씬 7.x Java 8

엘라스틱서치와 루씬 모두 오픈소스이고 엘라스틱서치의 개발자가 동시에 루씬의 개발자이기도 하다. 이처럼 서로 밀접한 관계에 있기 때문에 루씬의 기능이 추가될 때마다 엘라스틱서치도 루씬의 새로운 기능을 기반으로 새롭게 릴리스되는 것이다.

이렇게 엘라스틱서치와 루씬의 관계가 밀접하게 연관돼 있고 루씬의 개발이 항상 선행돼야 하는 개발 방식 덕분에 루씬의 개발 로드맵을 살펴보면 엘라스틱서치가 추구하는 방향이나 새롭게 릴리스할 기능들을 간접적으로나마 예상해 볼 수 있다.

10.1.2 실행 시 자바 8 이상을 사용해야 하는 이유

최근 급격한 하드웨어 기술의 발달로 CPU나 메모리 같은 시스템 자원이 매우 저렴해졌다. 한 서버에서 다수의 CPU나 코어를 탑재하기 시작했으며, 메모리도 비교적 넉넉하게 제공된다. 기존 32비트 운영체제에서는 메모리 주소를 2^{32}밖에 가리킬 수 없기 때문에 4GB의 물리 메모리밖에 인식하지 못했다. 그래서 더 많은 물리 메모리를 사용하기 위해 운영체제도 64비트 운영체제로 빠르게 전환됐다.

큰 물리 메모리 사용

물리적인 메모리가 커졌기 때문에 이를 지원하기 위해 프로그래밍 언어들도 64비트 아키텍처를 지원하기 시작했다. 이에 따라 프로그래밍 패러다임에도 많은 변화가 일어났다.

32비트 vs. 64비트

기존 32비트 운영체제에서는 물리 메모리를 4GB(2^{32})밖에 인식하지 못하지만 64비트 운영체제에서는 수백 GB(2^{64})를 인식하는 것이 가능하다. 서버 환경에서는 대부분 4GB 이상의 물리 메모리가 필요한 경우가 많기 때문에 64비트 운영체제를 많이 사용하고 있다.

하지만 CPU상의 레지스터도 64비트로 동작해야 하기 때문에 하나의 CPU 명령어를 처리하는 데 필요한 레지스터 연산에도 32비트에 비해 2배 이상의 주소 공간이 필요해진다. 그러므로 정확한 차이점을 이해하고 실제 사용할 메모리 양에 따라 적절한 환경을 선택하는 것이 중요하다.

시대의 변화에 따라 자바 언어도 64비트를 지원하기 시작했다. 자바로 작성된 애플리케이션들은 컴파일되면 JVM 위에서 실행되는데 64비트 JVM이 사용되기 시작하면서 사용 가능한 힙 메모리도 과거에 비해 더 많이 할당하는 것이 가능해졌다.

다수의 CPU 사용

64비트로 패러다임이 변화하면서 큰 메모리를 사용하는 개발 환경은 쉽게 뿌리내렸다. 프로그래밍 관점에서는 큰 메모리 사용과 관련된 별다른 변화가 없었기 때문이다. 하지만 다수의 CPU를 사용하는 프로그래밍 패러다임은 변화의 차원이 달랐다. 기존의 멀티 스레드 기반의 프로그래밍은 하나의 CPU를 효율적으로 사용하기 위한 방식이 대부분이었기 때문에 다수의 CPU가 탑재된 환경에서는 오히려 비효율적인 경우가 종종 발생했다.

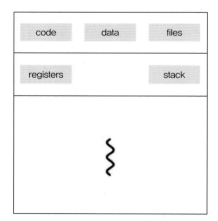
Single-threaded process

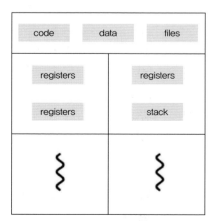
multi-threaded process

그림 10.1 멀티 스레드의 동작 방식

다수의 CPU가 탑재된 경우 동시에 모든 CPU를 점유해서 동작하는 방식으로 프로그래밍해야 하는데 이러한 방식으로 프로그래밍하는 것은 멀티 스레드 방식과 비교했을 때 상대적으로 매우 어려운 일이었다.

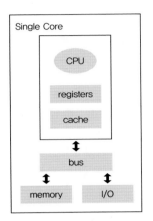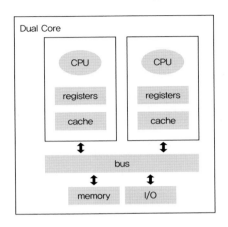

그림 10.2 멀티 코어의 동작 방식

자바 언어는 8 버전으로 버전업되면서 언어 차원에서 큰 변화가 생겼다. 기존과 완전히 다른 언어가 됐다고 이야기할 만큼의 큰 변화였다. 그중 대표적인 것을 꼽자면 단연 함수형 프로그래밍의 도입이라고 할 수 있다. 함수형 프로그래밍을 위해 언어 차원에서 스트림(Stream)과 람다(Lambda) 표현식이 지원되기 시작했다.

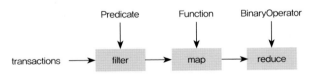

그림 10.3 람다 표현식

스트림을 이용하면 언어 차원에서 손쉽게 멀티 코어로 함수를 동작시킬 수 있다. 이러한 특수한 함수를 람다라고 부르는데 람다를 이용해 로직을 작성하고 스트림에 입력하면 다수의 CPU에서 동시에 데이터가 처리되고 모든 CPU에서 처리가 끝날 때까지 결과를 기다리게 된다. 이후 결과가 나오면 모든 결과를 하나로 모아서 돌려준다. 일종의 맵리듀스(Map-Reduce)로 동작하게 되는 것이다.

예제 10.1 간단한 람다 표현식

```
import static java.util.function.Function.identity;
import static java.util.stream.Collectors.*;


Stream<String> words = Stream.of("Java", "Magazine", "is", "the", "best");


Map<String, Long> letterToCount = words.map(w -> w.split(""))
          .flatMap(Arrays::stream)
          .collect(groupingBy(identity(), counting()));
```

이러한 일련의 과정은 언어 차원에서 블랙박스로 이뤄진다. 멀티 코어에 대해 깊이 이해하지 않더라도 개발자는 업무 로직을 작성하는 데만 집중하면 되는 것이다. 이처럼 람다식을 사용할 수 있다는 사실 하나만으로도 자바 8을 써야 할 이유는 분명해진다.

10.1.3 항상 최신 버전의 엘라스틱서치를 사용해야 하는 이유

엘라스틱서치 6.x 버전은 자바 8 이상을 사용하도록 강제하고 있다. 그러므로 최신 버전의 엘라스틱서치를 설치하고 실행하려면 반드시 자바 8 이상이 설치돼 있어야 한다.

예제 10.2 설치된 자바 버전 확인

```
$ java  - version
openjdk version "1.8.0_161"
OpenJDK Runtime Environment (build 1.8.0_161-b14)
OpenJDK 64-Bit Server VM (build 25.161-b14, mixed mode)
```

다음 그림은 엘라스틱서치에서 제공하는 엘라스틱서치 버전별 자바 실행 환경을 정리한 표다[1]. 엘라스틱서치 2.x 버전까지만 자바 7이 사용됐고 이후 버전에서는 최소 사양으로 자바 8이 사용되고 있음을 확인할 수 있다.

---

1 출처: https://www.elastic.co/support/matrix#matrix_jvm

	Oracle JVM 1.7u55+*	Oracle JVM 1.8u60+	Oracle JVM 9	IcedTea OpenJDK 1.7.0.55+*	IcedTea OpenJDK 1.8.0.111+	IcedTea OpenJDK 9	Azul Zing 16.01.9.0+	IBM JVM 7, 8 & 9
Elasticserch 2.4.x	✔	✔	✘	✔	✔	✘	✘	✘
Elasticserch 5.0.x	✘	✔	✘	✘	✔	✘	✔	✘
Elasticserch 5.1.x	✘	✔	✘	✘	✔	✘	✔	✘
Elasticserch 5.2.x	✘	✔	✘	✘	✔	✘	✔	✘
Elasticserch 5.3.x	✘	✔	✘	✘	✔	✘	✔	✘
Elasticserch 5.4.x	✘	✔	✘	✘	✔	✘	✔	✘
Elasticserch 5.5.x	✘	✔	✘	✘	✔	✘	✔	✘
Elasticserch 5.6.x	✘	✔	✘	✘	✔	✘	✔	✘
Elasticserch 6.0.x	✘	✔	✘	✘	✔	✘	✘	✘
Elasticserch 6.1.x	✘	✔	✘	✘	✔	✘	✘	✘
Elasticserch 6.2.x	✘	✔	✔	✘	✔	✘	✘	✘

그림 10.4 엘라스틱서치 버전별 자바 실행 환경

엘라스틱서치는 지금도 매우 빠르게 발전하고 있다. 일반적으로는 버전업이 이뤄질 경우 최대한 하위 호환성을 고려해서 개발이 이뤄지지만 경우에 따라 하위 호환성을 100% 유지한다는 것은 매우 어려운 일이다. 앞에서도 언급했지만 엘라스틱서치는 내부에 루씬을 가지고 있기 때문에 루씬이 버전업될 경우 엘라스틱서치도 함께 버전업돼야 하는 숙명을 가지고 있다.

자바 버전과 루씬 버전, 그리고 엘라스틱서치 자체에서 개발된 기능들을 모두 고려해서 하위 호환성을 고려해야 하는데 이는 매우 힘든 작업이다. 버전이 올라갈수록 기존에 제공하던 기능이 폐기 예정되거나 사용법이 바뀔 수도 있기 때문에 반드시 변경사항을 꼼꼼히 확인해야 한다.

엘라스틱서치의 메이저 업데이트와 마이너 업데이트

대부분 실무에서 사용하는 엘라스틱서치에는 많은 데이터가 있을 것이므로 운영 중에 엘라스틱서치를 버전업한다는 것은 매우 도전적인 일일 것이다. 이러한 이유로 아마 대부분은 새로운 엘라스틱서치 릴리스가 일어날 때마다 버전업하지 못할 것이다. 그러다 보면 서비스 중인 버전과 최신의 릴리스 버전이 달라지는 경우가 종종 발생할 수 있다.

이러한 경우를 고려해서 엘라스틱서치는 최신 버전에서 메이저 버전이 올라가더라도 과거 버전의 버그 패치와 같은 간단한 마이너 패치는 일정 기간 동안 제공하고 있다.

엘라스틱서치는 각 버전에 따른 수명 관리를 별도로 하고 있다. 특정 버전의 공식적인 지원 일정을 미리 공지해서 공식적인 지원이 끝나기 전 사용자들이 모두 새로운 버전으로 업데이트하기를 권장하고 있다 (https://www.elastic.co/support/eol).

Elasticsearch

Elasticsearch	EOL Date	Maintained Until
2.4.x	2018-02-28	6.0.0
5.0.x	2018-04-26	5.1.0
5.1.x	2018-06-08	5.2.0
5.2.x	2018-07-31	5.3.0
5.3.x	2018-09-28	5.4.0
5.4.x	2018-11-04	5.5.0
5.5.x	2019-01-06	5.6.0
5.6.x	2019-03-11	7.0.0
6.0.x	2019-05-14	6.1.0
6.1.x	2019-06-13	6.2.0
6.2.x	2019-08-06	6.3.0

그림 10.5 엘라스틱서치 버전별 지원 일정

가능한 한 공식적인 지원 종료가 이뤄지기 전에 새로운 버전으로 업데이트하는 것을 권장한다.

10.1.4 자바 8에서 제공하는 JVM 옵션

서버상에서 자바 애플리케이션을 실행할 경우 애플리케이션은 JVM 위에서 동작하게 된다. 엘라스틱 서치도 JVM 위에서 동작하는 자바 애플리케이션으로서 사이트에 별도로 명시되지 않았다면 항상 최신 JVM을 사용해야 한다. JVM도 소프트웨어이기 때문에 자체 버그를 가지고 있을 수 있다. 이러한 버그는 최신 버전에서 대부분 패치되기 때문에 자바 애플리케이션의 경우 항상 최신 버전의 JVM을 사용하는 것이 좋다.

JVM 기반의 애플리케이션은 개발자가 직접 메모리 관리를 하지 않아도 된다는 큰 장점이 있다. 메모리 관리의 책임은 전적으로 JVM이 맡고, GC(Garbage Collection)라는 메커니즘을 이용해 일정 주기로 사용하지 않는 메모리를 자동으로 회수한다.

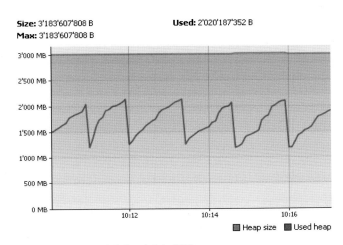

그림 10.6 주기적으로 발생하는 가비지 컬렉션

GC의 동작은 기본적으로 자동으로 일어나지만 애플리케이션을 실행할 때 JVM 옵션을 통해 일부 GC 동작을 제어할 수도 있다. 이러한 GC와 관련된 자세한 사항은 오라클 공식 홈페이지[2]에서 자세히 설명하고 있으니 참고하자.

JVM은 CG 관련 설정 외에도 다양한 옵션을 추가적으로 제공한다. 자바 기반의 애플리케이션인 경우 JVM 옵션에 대한 튜닝은 필수다. 이를 통해 장애 상황을 미리 방지할 수 있는 것은 물론이고 애플리케이션 성능까지 대폭 끌어올릴 수 있다. 표 10.1에 자주 사용되는 대표적인 JVM 옵션을 정리했다.

표 10.1 대표적인 JVM 옵션

옵션	설명
-Xms	기본 Heap 사이즈 (기본값: 64MB)
-Xmx	최대 Heap 사이즈 (기본값: 256MB)
-XX:PermSize	기본 Perm 사이즈

옵션	설명
-XX:MaxPermSize	최대 Perm 사이즈
-XX:NewSize	최소 New 영역 사이즈
-XX:MaxNewSize	최대 New 영역 사이즈
-XX:SurvivorRatio	New 영역 / Survivor 영역 비율 설정
-XX:NewRatio	Young Gen과 Old Gen의 비율 설정
-XX:+DisableExplicitGC	System.gc() 무시 설정
-XX:+CMSPermGenSweepingEnabled	Perm Gen 영역도 GC의 대상이 되도록 설정
-XX:+CMSClassUnloadingEnabled	Class 데이터도 GC의 대상이 되도록 설정

10.1.5 엘라스틱서치에 적용된 JVM 옵션

앞에서 자바 애플리케이션의 경우 JVM 옵션을 잘 다뤄야 한다고 설명했다. 엘라스틱서치도 JVM 위에서 실행되는 자바 애플리케이션이기 때문에 실행 시 적용될 JVM 옵션들을 튜닝해서 기본 설정으로 제공한다. 엘라스틱서치는 분산 시스템의 특성상 스케일 인/스케일 아웃(Scale In/Scale Out)이 빈번하게 발생할 수 있다. 또한 장애를 복구한다거나 ReIndex 작업에 의해 일어나는 데이터 리밸런싱에 의해 많은 메모리를 사용하기 때문에 전체적인 성능 향상을 위해 다수의 JVM 옵션을 반드시 튜닝해야 한다.

JVM 옵션을 튜닝하는 것은 매우 어려운 작업이며 엘라스틱서치의 동작 원리나 특성을 잘 이해해야 가능한 전문적인 작업이다. 하지만 이러한 JVM 튜닝을 우리가 직접 할 필요는 없다. 엘라스틱서치는 수년 동안 개발되어 오면서 각종 문제점들을 지속적으로 보완해 왔으며 그러한 다년간의 경험을 바탕으로 분산 시스템에 적합한 JVM 옵션도 대부분 최적화되어 제공된다.

일반적인 경우 사용자가 별도의 JVM 옵션 설정을 할 필요 없이 엘라스틱서치에서 기본적으로 제공하는 옵션 그대로 엘라스틱서치를 실행하기만 하면 된다.

엘라스틱서치에 설정된 기본 JVM 옵션 로그

```
[node-01] node name [node-01], node ID [FlkDesc-QuiNzt_IbgadvQ]

[node-01] version[6.0.1], pid[3813], build[601be4a/2017-12-04T09:29:09.525Z],
      OS[Linux/3.10.0-693.5.2.el7.x86_64/amd64],
      JVM[Oracle Corporation/OpenJDK 64-Bit Server VM/1.8.0_151/25.151-b12]

[node-01] JVM arguments [
      -Xms32g,
      -Xmx32g,
      -XX:+UseConcMarkSweepGC,
      -XX:CMSInitiatingOccupancyFraction=75,
      -XX:+UseCMSInitiatingOccupancyOnly,
      -XX:+AlwaysPreTouch,
      -Xss1m,
      -Djava.awt.headless=true,
      -Dfile.encoding=UTF-8,
      -Djna.nosys=true,
      -XX:-OmitStackTraceInFastThrow,
      -Dio.netty.noUnsafe=true,
      -Dio.netty.noKeySetOptimization=true,
      -Dio.netty.recycler.maxCapacityPerThread=0,
      -Dlog4j.shutdownHookEnabled=false,
      -Dlog4j2.disable.jmx=true,
      -XX:+HeapDumpOnOutOfMemoryError,
      -Des.path.home=/home1/irteam/apps/es/data/elasticsearch,
      -Des.path.conf=/home1/irteam/apps/es/data/elasticsearch/config
]
```

다시 한 번 강조하자면 엘라스틱서치에 기본적으로 설정한 JVM 옵션들은 가급적이면 수정하지 않고 그대로 사용하길 권장한다. 엘라스틱서치는 다수의 노드로 구성되며, 서로 유기적으로 동작하는 매우 복잡한 애플리케이션이다. 지금까지 버전업을 해오면서도 무수히 많은 문제들을 해결해 왔기 때문에 현재 기본 설정으로 제공하고 있는 JVM 옵션들은 각종 문제에 대한 경험을 바탕으로 최적화한 값이다. 엘라스틱서치는 다수의 장애 상황에서 힘겹게 얻은 노하우를 우리에게 JVM 기본 설정이라는 방식으로 아낌없이 제공하고 있는 것이다.

각자의 환경에서 설정하는 대부분의 JVM 옵션들은 서비스 운영 초기에는 매우 유용한 것처럼 보일 수도 있다. 하지만 시간이 흐르고 데이터가 커지면 결국에는 클러스터를 느리고 불안정한 상태로 빠트릴 가능성이 매우 크다. 이런 경우에는 JVM 옵션을 다시 기본 설정으로 변경해 보는 것도 좋은 해결책 중 하나다.

여기까지만 듣고 보면 모든 것이 완벽해 보일 것이다. 하지만 세상만사가 언제나 생각대로 쉽게 흘러가지는 않는다. 클러스터를 운영하다 보면 생각지도 못한 다양한 문제 상황에 빠질 수도 있다. 만약 운영 중인 클러스터가 어떤 문제에 빠져 기본 설정으로는 도저히 해결하기가 불가능한 상황이라면 직접 JVM 옵션을 수정해야 할 수도 있다. 이때는 제공되는 jvm.option 파일을 이용해 튜닝 설정을 하면 된다.

jvm.option 파일에는 기본으로 제공하는 JVM 힙 크기가 1GB로 설정돼 있는데 실제 운영환경에서는 이를 반드시 더 큰 크기로 변경해야 한다. 힙 크기가 1GB로 기본 설정된 이유는 엘라스틱서치를 실행할 수 있는 최소한의 힙 크기가 1GB이기 때문이다. 이는 테스트 용도이며 실제 운영환경에서의 힙 크기는 1GB보다 반드시 커야 한다.

앞에서 설명했다시피 서비스 운영을 위해 힙 크기를 변경하는 것 외에는 기본 설정된 JVM 옵션을 그대로 사용하는 것이 좋다.

10.2 힙 크기를 32GB 이하로 유지해야 하는 이유

엘라스틱서치는 메모리를 많이 사용하는 애플리케이션이다. 우리는 시스템에서 제공되는 물리 메모리를 JVM 힙에 할당해서 엘라스틱서치가 사용하도록 설정할 수 있다. 일반적으로 힙 메모리가 많을수록 그에 비례해서 성능도 올라간다.

그렇다면 적당한 힙 크기는 얼마일까? 너무 작은 힙 크기는 OOM 오류(Out-Of-Memory Exception)를 발생시킬 수 있으며, 반대로 너무 큰 힙 크기는 FullGC가 발생할 때 시스템 전체가 마비되는 STW(Stop The World)를 발생시킬 수도 있다.

이번 절에서는 시스템에 탑재된 물리 메모리의 크기에 따라 엘라스틱서치에서 힙 크기를 얼마로 설정하면 좋을지 자세히 알아보겠다.

10.2.1 엘라스틱서치와 힙 크기

엘라스틱서치를 기본 설정대로 설치하면 힙 크기가 1GB로 설정돼 있다. 1GB로 설정된 값은 엘라스틱서치를 처음 사용하는 사용자들의 테스트를 위한 용도로 제공되는 값이며 최소 사양을 가정해서 설정된 값이다. 그러므로 실제 운영환경에서는 반드시 1GB보다 큰 값으로 힙 크기를 변경해야 한다.

엘라스틱서치를 설치하고 config 디렉터리를 살펴보면 jvm.options 파일이 존재한다. 이 파일을 열어서 Xms(최소 힙 크기), Xmx(최대 힙 크기) 설정 값을 변경하면 된다. JVM은 처음 실행될 때 Xms에 설정된 힙 크기로 동작하다가 힙이 부족하다고 판단되면 Xmx에 설정된 힙 크기까지 자동으로 늘어난다. 이 과정에서 애플리케이션의 성능 저하가 일어날 수 있다. 그리고 엘라스틱서치는 기본적으로 메모리를 많이 활용하는 애플리케이션이기 때문에 처음부터 Xms와 Xmx의 크기를 같게 설정하는 것이 여러모로 유리하다.

```
$ vi jvm.options

Xms = 4G
Xmx = 4G
```

앞서 다양한 JVM 옵션들을 소개했다. JVM이 제공하는 대부분의 옵션들을 jvm.options 파일에서 설정할 수 있으며 이곳에 설정된 내용을 바탕으로 엘라스틱서치가 동작한다.

그렇다면 엘라스틱서치를 실행할 때 적절한 힙 크기는 과연 얼마일까? 이는 매우 어려운 문제다. 몇 가지 고려해야 할 사항이 있긴 하지만 일반적으로는 많으면 많을수록 좋다. 힙 크기가 클수록 FullGC 발생 횟수가 적어지고 STW에 빠질 확률도 그만큼 낮아지기 때문이다.

> **STW**
>
> STW(stop-the-world)는 가상 머신 기반의 모든 애플리케이션이 가지는 특성으로, 장기간 FullGC가 수행되면 발생할 수 있는 현상이다. 애플리케이션은 STW에 빠지는 순간 프리징되고 애플리케이션의 모든 동작이 잠시 동안 멈춘다. 그러므로 애플리케이션 입장에서는 FullGC 발생 횟수가 적을수록 안정적으로 운영될 수 있다.
>
> 좀 더 자세한 사항은 다음 URL을 참고한다.
>
> ▪ https://www.oracle.com/webfolder/technetwork/tutorials/obe/java/gc01/index.html

앞에서 일반적인 상황에서는 엘라스틱서치에 설정된 힙 크기가 클수록 좋다고 설명했다. 하지만 그렇다고 해서 무작정 큰 메모리를 할당하는 것은 또다른 문제를 야기할 수 있다. 만약 수십에서 수백 GB의 큰 물리 메모리를 가지고 있는 대형 서버가 있고 엘라스틱서치를 위한 힙 크기로 물리 메모리의 대부분을 할당한다면 어떻게 될까? 아마도 엘라스틱서치 성능에 심각한 문제를 발생시킬 것이다.

앞으로 좀 더 자세히 설명하겠지만 여러가지 이유로 엘라스틱서치에서는 할당할 힙 크기의 최댓값으로 32GB 이하를 설정하는 것을 권장한다.

운영체제에 50%의 메모리 공간을 보장하자

엘라스틱서치 샤드는 내부에 루씬을 가지고 있으며 루씬은 세그먼트 생성 및 관리를 위해 커널 시스템 캐시를 최대한 많이 활용하고 있다. 실시간 검색을 지원하기 위해서는 루씬이 최대한 많은 시스템 캐시를 확보하도록 지원해야 한다. 시스템 캐시는 운영체제가 가지고 있는 메모리 공간으로 커널 내부에 존재한다. 그러므로 물리적인 메모리 공간의 50% 정도는 운영체제가 자유롭게 사용하도록 할당하고 나머지 50% 정도를 엘라스틱서치 힙으로 할당하는 것이 적절하다.

자바 8 기반에서는 힙 크기를 32GB 이상 사용하지 말자

엘라스틱서치에서는 힙 크기를 가급적이면 크게 설정하되 최대 32GB 이상을 사용하지 말 것을 권장한다. 그렇다고 해서 32GB 이상의 힙 크기를 설정하는 것이 마냥 불가능한 것만은 아니다. 하지만 무슨 이유로 32GB라는 제한을 안내하는 것일까?

만약 검색 기능이 중요해서 128GB의 물리적 메모리가 탑재된 비교적 고성능의 하드웨어를 이용해 검색 서비스를 구축한다고 가정해보자. 커널 시스템 캐시 용도로 물리 메모리의 절반인 64GB를 할당한다면 엘라스틱서치를 위해서는 다음과 같이 2가지 선택지가 있을 수 있다.

> (1) 128GB 물리 머신에서 64GB의 힙을 가지는 엘라스틱서치 노드 1개
> (2) 128GB 물리 머신에서 32GB의 힙을 가지는 엘라스틱서치 노드 2개

아마도 일반적인 사용자는 대부분 (1)번을 선택할 것이다. 하지만 엘라스틱서치에서 안내하는 권장사항을 따른다면 (2)번을 선택해야 한다. 1대의 물리적인 하드웨어 위에서 2개의 엘라스틱서치 애플리케이션을 운영하는 것이다.

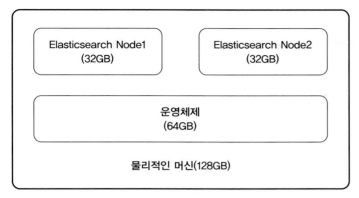

그림 10.7 128GB의 물리 메모리를 탑재한 하드웨어에서의 메모리 할당

엘라스틱서치에서 이러한 가이드를 제공하는 이유는 핫스폿(Hot-Spot) JVM의 Object Pointer 정책 때문이다. 사실 모든 자바 기반의 애플리케이션에서는 Object Pointer 정책이 모두 동일하게 적용되기 때문에 최대 힙 크기를 32GB로 제한하는 것은 엘라스틱서치뿐만 아니라 모든 자바 기반의 애플리케이션에도 동일하게 해당하는 내용이다.

Object Pointer는 간단히 말하자면 객체의 메모리 번지를 표현하는 주솟값이다. 힙에 생성된 모든 객체는 이러한 주솟값을 이용해 접근하게 된다. 자바 JVM은 32비트 JVM과 64비트 JVM이 별도로 제공되며 이러한 사실을 미루어 짐작해보면 32비트 JVM은 32비트 주솟값을, 64비트 JVM은 64비트 주솟값을 가지고 각각 동작할 것만 같다. 하지만 예상과는 다르게 32비트 JVM과 64비트 JVM 모두 기본적으로 32비트 주솟값을 가지고 동작한다. 그 이유는 모든 JVM이 기본적으로 32비트 Object Pointer를 사용하고 있기 때문이다.

10.2.2 Ordinary Object Pointer

자바에서는 모든 객체가 힙 영역에 생성된다. 그리고 이렇게 생성된 객체는 모두 포인터(Pointer)를 가지고 있고 이 포인터를 이용해 객체에 접근한다. JVM은 힙 영역에 생성된 객체에 접근하기 위해 포인터의 주소를 Ordinary Object Pointer(OOP)라고 하는 특수한 자료구조로 만들어서 관리하고 있으며, 이러한 OOP들은 CPU의 처리 단위에 따라 동작하는 방식이 약간씩 달라진다.

> **32비트 시스템**
>
> 32비트(2^{32})까지 표현할 수 있기 때문에 최대 4GB까지의 주소 공간을 가리킬 수 있다.
>
> **64비트 시스템**
>
> 64비트(2^{64})까지 표현할 수 있기 때문에 이론상 18EB까지의 주소 공간을 가리킬 수 있다.

32비트 시스템은 하나의 포인터를 표현하기 위해 32비트가 필요하다. 32비트를 이용하면 최대 4GB의 메모리 주소밖에 가리킬 수 없는데 이러한 이유로 4GB의 물리적인 메모리밖에 사용할 수 없었다. 하지만 하드웨어 기술이 발전하면서 현재는 대부분의 서버가 64비트 시스템을 사용하게 됐다. 64비트 시스템에서는 하나의 포인터를 표현하기 위해 64비트가 필요하다. 이를 이용해 수백 GB 이상의 물리적 메모리를 인식할 수 있으며, 최근에는 192GB의 물리적 메모리를 제공하는 고성능 서버도 비교적 흔하다.

64비트 시스템의 경우 메모리상의 주소를 가리키는 포인터 1개를 64비트로 표현하다 보니 많은 메모리 공간의 낭비가 발생한다. 기존보다 인식 가능한 물리적 메모리의 크기가 늘어나긴 했지만 그에 따라 활용 가능한 메모리의 물리적인 공간 활용성은 상대적으로 더 떨어지게 된 것이다. 그뿐만이 아니다. CPU 내부에는 빠른 연산을 위한 다양한 캐시(LLc, L1, L2)가 있으며 캐시 적중률을 높이기 위해 주메모리와 캐시 사이에서는 지속적으로 값의 이동이 일어난다. 하지만 이때 이동하는 값들도 64비트이기 때문에 32비트에 비해 상대적으로 더 큰 대역폭을 소모한다.

시스템의 패러다임이 32비트 시스템에서 64비트 시스템으로 변화하면서 많은 물리적인 한계를 극복할 수 있었지만 상대적으로 메모리 공간의 낭비나 연산 속도 저하 등의 단점도 함께 나타났다. 자바의 경우도 마찬가지다. 32비트에서 64비트로 JVM이 빠르게 전환되면서 Ordinary Object Pointer(OOP)를 위해 낭비되는 메모리 문제가 크게 대두됐다. 자바에서는 이러한 문제를 해결하기 위해 기존의 OOP를 개선해서 Compressed OOP라는 새로운 개념의 포인터 관리 기법을 도입했다.

10.2.3 Compressed Ordinary Object Pointer

자바의 경우 64비트 가상 머신의 성능 향상과 효율적인 메모리 사용을 위해 Compressed OOP(Compressed Ordinary Object Pointer)라는 개념을 도입했다. 이 기능은 JDK6에서 최초로 탑재되어 옵션으로 제공되다가 JDK7부터는 기본 설정으로 변경되어 사용되고 있다. 최신 JDK를 사용할 경우 Compressed OOP를 통해 64비트 시스템에서 힙 메모리를 좀 더 효율적으로 사용할 수 있다.

Compressed OOP는 포인터의 공간 낭비를 줄이고 좀 더 빠른 연산을 위해 포인터를 압축해서 표현하는 일종의 트릭이라고 할 수 있다. 이 트릭의 핵심 원리는 포인터가 객체의 정확한 메모리 주소를 가리키게 하는 것이 아니라 상대적인 오브젝트 오프셋(Object Offset)을 가리키도록 살짝 변형해서 동작시키는 것이다. 만약 8비트 포인터를 이용해 이 트릭을 사용한다면 256바이트의 물리적인 주소 공간을 표현하는 것이 아니라 256개의 객체를 가리킬 수 있게 된다. 한 객체의 크기가 8비트라고 가정한다면 8비트 포인터를 이용하면 기존보다 무려 8배나 큰 주소 공간을 사용하는 것이 가능해진다.

자바는 데이터 타입에 따라 객체를 8비트(boolean 타입)부터 64비트(Long 타입)까지 8의 배수 형태로 힙 메모리에 생성하기 때문에 Compressed OOP를 이용해 포인터가 객체를 가리키게 한다면 32비트만을 이용해도 포인터가 최대 32GB까지의 힙 메모리 공간을 가리키는 것이 가능해진다.

32비트 OOP

2^{32}까지의 주소를 가리킬 수 있다. 단순 메모리 주소를 표현하기 때문에 2^{32}까지의 메모리 공간을 가리킬 수 있다(4GB).

64비트 OOP

2^{64}까지의 주소를 가리킬 수 있다. 단순 메모리 주소를 표현하기 때문에 2^{64}까지의 메모리 공간을 가리킬 수 있다(18EB).

32비트 Compressed OOP

2^{32}까지의 객체(Object)를 가리킬 수 있다. 객체의 최소 단위는 8비트이기 때문에 (2^{32}) * 8까지의 메모리 공간을 가리킬 수 있다 (32GB).

32비트 포인터를 이용해 주소 공간을 가리킬 때 일반적인 OOP가 최대 4G(2^{32})까지의 메모리 공간을 가리킬 수 있다면 Compressed OOP는 최대 32GB(2^{32} * 8)까지의 메모리 공간을 가리킬 수 있게 된다. 결과적으로 64비트 시스템에서 Compressed OOP를 사용할 경우 포인터를 표현할 때 예외적으로 32비트 포인터를 사용해 동작한다. 32비트 포인터를 이용하면서도 64비트 포인터가 가지는 메모리 낭비 등의 단점을 우회해서 동작할 수 있는 것이다.

하지만 이러한 트릭은 힙 크기가 32GB를 넘어가면 더는 사용할 수 없다. JVM은 힙 크기가 32GB를 넘어가는 순간 Compressed OOP를 일반적인 64비트 OOP로 자동으로 변환한다. 이 경우 모든 Object Pointer는 64비트 기반으로 바뀌어서 동작하고 32비트를 사용하는 이점을 모두 잃어버린다. 그래서 엘라스틱서치에서는 힙 크기를 설정할 때 최대 32GB 이하로만 설정하라고 안내하는 것이다.

최근 하드웨어 기술의 발달로 100GB 이상의 물리적인 메모리를 탑재한 서버가 점점 많아지고 있다. 일반적으로는 사용할 수 있는 물리적인 메모리가 많아질수록 그에 비례해서 성능이 좋아지겠지만 자바 기반의 애플리케이션에서는 조금 다른 관점에서 생각해봐야 한다. 자바 입장에서는 설정된 최대 힙 메모리 크기가 너무 커지면 그에 따라 애플리케이션 측면의 부담도 늘어난다. 이를 명확히 이해하고 각자의 환경에 맞게 최적화하는 것이 중요하다.

10.2.4 엘라스틱서치에서 힙 크기 설정하기

64비트로 동작하는 자바 애플리케이션에서 힙 메모리를 32GB 이상으로 사용하면 안 되는 것일까? 애플리케이션에서는 32GB 이하로 힙 크기를 설정할 경우 Compressed OOP를 기본적으로 사용하고, 만약 힙 크기가 32GB 이상을 넘어가면 내부적으로 포인터 구조가 Compressed OOP에서 일반 OOP 방식으로 자동 전환된다. 일반 OOP를 사용하면 포인터를 표현하는 데 64비트를 사용하기 때문에 앞서 설명한 이점들이 모두 사라진다. 이러한 이유로 권장하지 않는 것이지 사용하지 못하는 것은 아니다.

하지만 이러한 단점 외에도 너무 큰 힙 크기는 시스템이 STW의 저주에 빠지게 만든다. 힙 크기가 커질수록 FullGC를 수행하는 시간이 늘어나고 그에 비례해서 시스템이 처리 불능에 빠지는 시간도 늘어나기 때문이다. 1초 미만의 STW는 크게 문제가 되지 않겠지만 10초 이상 시스템이 멈춰버린다면 큰 문제가 될 것이 분명하다.

엘라스틱서치에서는 최신의 64비트 JVM 위에서 Compressed OOP 방식으로 동작하는 32GB의 힙 크기를 가지는 시스템을 가장 이상적인 구성으로 안내한다. 일반적인 OOP 방식으로 동작할 경우 동일한 효율을 내기 위해서는 대략적으로 40GB ~ 50GB의 추가 메모리가 더 필요할 것이기 때문이다. 만약 수백 GB의 물리적인 메모리를 탑재한 서버가 있더라도 힙 크기를 32GB 이상으로 설정하지 말아야 한다. 32GB 이상의 메모리를 힙으로 설정할 경우 메모리의 낭비도 심해지고 GC에도 많은 부담을 주게 되므로 차라리 하나의 물리적인 서버에서 다수의 엘라스틱서치 인스턴스를 생성하는 편이 훨씬 더 좋을 것이다.

그렇다면 적절한 예를 들어 설명해보자. 다양한 상황들을 설정해서 물리 메모리를 어떻게 사용하면 좋을지 정리하겠다.

(1) 적절한 성능의 서버를 가지고 있을 때

가급적이면 고성능 서버를 피하는 것이 좋다. 가능한 한 64GB의 물리 메모리를 탑재한 다수의 서버를 운영하는 편이 여러모로 유리하다. 메모리의 반을 나눠 운영체제가 32GB를 갖게 하고 엘라스틱서치가 나머지 32GB의 힙을 갖게 하는 것이 가장 이상적이다.

> 총 물리 메모리: 64GB
> 운영체제 할당: 32GB
> 엘라스틱서치 인스턴스 수: 1개(32GB)

(2) 고성능 서버를 가지고 있을 때

이미 고성능 서버가 있다면 어떻게 해야 할까? 상황에 따라 다양한 선택지가 있을 수 있다. 일반적인 경우 서버에 탑재된 물리 메모리의 반을 32GB로 나눠서 그 수만큼의 엘라스틱서치 인스턴스를 생성한다. 만약 128GB의 물리 메모리를 가지고 있다면 절반인 64GB를 루씬이 사용할 수 있게 하고, 나머지 64GB를 32GB로 나눠서 2개의 엘라스틱서치 인스턴스를 생성하는 것이다. 이때 각 엘라스틱서치 인스턴스에는 힙 크기로 32GB를 할당한다.

> 총 물리 메모리: 128GB
> 운영체제 할당: 64GB(128/2)
> 엘라스틱서치 인스턴스 수: 2개(각각 32GB)

(3) 전문(Full Text) 검색을 주목적으로 엘라스틱서치를 사용하는 경우

엘라스틱서치 힙에 32GB를 할당하고 나머지를 운영체제에 남겨둬서 루씬이 시스템 캐시를 통해 메모리를 최대한으로 사용할 수 있게 한다. 전문 검색의 경우 메모리 연산보다는 루씬의 역색인 구조를 이용하는 경우가 훨씬 많을 것이기 때문이다. 루씬은 내부적으로 mmap을 통해 사용 가능한 모든 시스템 캐시를 이용해 세그먼트를 캐시할 수 있기 때문에 빠른 전문 검색이 가능해질 것이다.

> 총 물리 메모리: 128GB
> 운영체제 할당: 96GB(128/4*3)
> 엘라스틱서치 인스턴스 수: 1개(32GB)

(4) 일반적인 데이터 필드(Not Analyzed)에서 정렬/집계 작업을 많이 수행하는 경우

숫자, 날짜, geo_point, keyword 같은 데이터 타입의 경우 필드가 별도의 분석 과정을 거치지 않는다. 이 경우에는 정렬이나 집계 시 루씬의 DocValues를 사용하기 때문에 힙 공간은 거의 사용되지 않는다. 위와 마찬가지로 엘라스틱서치 힙에 32GB를 할당하고 루씬이 나머지를 사용하도록 설정한다.

총 물리 메모리: 128GB

운영체제 할당: 96GB(128/4*3)

엘라스틱서치 인스턴스 수: 1개(32GB)

(5) 전문(Full Text) 필드(Analyzed)에서 정렬/집계 작업을 많이 수행하는 경우

분석된 문자열 필드에서 정렬이나 집계를 수행할 경우에는 루씬의 DocValues를 사용할 수 없기 때문에 fieldata라는 힙 기반의 캐시를 사용해야만 한다. 그러므로 연산에 많은 힙 메모리가 필요하다. 하지만 힙 크기가 너무 크면 메모리 낭비와 FullGC 문제가 발생하기 때문에 32GB의 힙 크기를 가진 엘라스틱서치 인스턴스를 여러 개 생성하는 방식으로 설정하는 것이 좋다.

생성된 엘라스틱서치 인스턴스는 클러스터를 이루게 되며 많은 메모리가 필요한 연산일지라도 서로 협력해서 분산 처리를 할 수 있다. 다수의 인스턴스를 생성한다면 앞에서 설명한 공식에 따라 루씬이 물리 메모리의 반을 사용할 수 있게 해야 한다.

총 물리 메모리: 128GB

운영체제 할당: 64GB(128/2)

엘라스틱서치 인스턴스 수: 2개(각각 32GB)

요즘은 512GB 이상의 물리 메모리를 가지는 고성능의 서버가 점차 보편화되고 있다. 만약 서버에 수백 GB의 물리 메모리가 있다면 어떻게 해야 할까? 클러스터를 구축하면서 많은 경우의 수가 있을 수 있겠지만 기본적으로 힙 크기를 32GB로 제한하는 것은 상당히 중요한 기준이라고 할 수 있다.

참고

하나의 물리 서버에 다수의 엘라스틱서치 인스턴스를 실행할 때 주의할 점

엘라스틱서치는 장애 복구를 위해 레플리카 샤드를 운영하고 있는데 일반적으로는 원본인 프라이머리 샤드와 물리적으로 서로 다른 서버에서 생성된다. 이처럼 물리적으로 분산돼 있어야 서버가 다운될 경우 즉시 복구할 수 있기 때문이다.

하지만 하나의 물리 서버에 다수의 인스턴스가 실행될 경우 이러한 고가용성에 문제가 생길 수 있다. 이를 방지하기 위해 엘라스틱서치에서는 cluster.routing.allocation.same_shard.host 옵션을 제공한다. 인스턴스를 실행할 때 이 설정을 통해 프라이머리 샤드와 레플리카 샤드가 같은 서버에 배치되는 것을 최대한 방지할 수 있다.

```
cluster.routing.allocation.same_shard.host: true
```

만약 하나의 물리 서버에 다수의 인스턴스가 실행되는 환경이라면 반드시 이 옵션을 활성화해서 고가용성을 보장해야 한다.

10.2.5 엘라스틱서치에서 Compressed OOP 사용하기

엘라스틱서치 클러스터를 구축할 때 Compressed OOP를 사용하려면 어떻게 해야 할까? 최신 JDK에서는 Compressed OOP가 기본 설정으로 동작하기 때문에 단순히 힙 크기를 32GB 이하로 설정하기만 하면 된다.

다음과 같이 Compressed OOP 관련 설정이 JVM 옵션으로 제공된다.

```
-XX:+UseCompressedOops
```

10.2.5.1 Compressed OOP 사용

Compressed OOP를 사용하기 위해 별도로 설정해야 할 JVM 옵션은 없다. 이와 관련해서 UseCompressedOops 옵션을 제공하고 있으나 JDK8 이상에서는 기본으로 이 옵션이 활성화돼 있다. 우리는 32GB 이하의 힙 메모리를 설정하는 것만으로도 손쉽게 Compressed OOP를 사용할 수 있다.

기본 옵션 조회

```
$ java -XX:+PrintCommandLineFlags  - version

-XX:InitialHeapSize=260136064
-XX:MaxHeapSize=4162177024
-XX:+PrintCommandLineFlags
-XX:+UseCompressedClassPointers
-XX:+UseCompressedOops
-XX:+UseParallelGC
openjdk version "1.8.0_151"
OpenJDK Runtime Environment (build 1.8.0_151-b12)
OpenJDK 64-Bit Server VM (build 25.151-b12, mixed mode)
```

숨어있는 옵션까지 포함한 전체 옵션 조회

```
java -server -XX:+UnlockExperimentalVMOptions -XX:+UnlockDiagnosticVMOptions -XX:+PrintFlagsFinal
-version | grep :
```

10.2.5.2 Compressed OOP로 동작 가능한 Limit 값

앞에서 JVM은 힙 크기가 32GB 이하이면 Compressed OOP로 동작하고, 32GB 이상이면 일반적인 OOP로 동작한다고 설명한 바 있다. 하지만 32GB를 의미하는 정확한 Limit 값은 JVM 버전 및 플랫폼에 따라 조금씩 달라진다. 8GB나 16GB처럼 작은 크기의 힙 메모리를 사용할 경우에는 크게 상관없지만 최대 설정 가능한 값인 32GB의 힙 메모리를 사용해야 한다면 몇 가지 확인해야 할 사항이 있기 때문에 주의해야 한다.

만약 정확한 Limit 값을 알고 싶다면 자신의 시스템에서 일일이 확인해 봐야 한다. 힙 크기를 설정하고 JVM을 실행하고 나서 UseCompressedOops 플래그의 값이 true인지 확인하면 되는데, 이를 통해 사용 중인 시스템의 정확한 컷오프 지점을 정확히 확인할 수 있다. 내 시스템에서는 최대 Limit 값이 얼마일까? 직접 테스트해보자.

다음은 32766MB(31.998GB)로 최대 힙 크기를 설정했을 때의 결과다. 결과는 true다.

UseCompressedOops 조회 결과: true(32766MB ═31.998GB)

```
$ java -Xmx32766m -XX:+PrintFlagsFinal -version | grep UseCompressedOops

bool UseCompressedOops                          := true
{lp64_product}
openjdk version "1.8.0_151"
OpenJDK Runtime Environment (build 1.8.0_151-b12)
OpenJDK 64-Bit Server VM (build 25.151-b12, mixed mode)
```

이번에는 32767MB(31.999GB)로 최대 힙 크기를 설정하고 테스트해보자. 결과는 false다.

UseCompressedOops 조회 결과: false(32767MB═ 31.999GB)

```
$ java -Xmx32767m -XX:+PrintFlagsFinal -version | grep UseCompressedOops

bool UseCompressedOops                      = false                    {lp64_product}
openjdk version "1.8.0_151"
OpenJDK Runtime Environment (build 1.8.0_151-b12)
OpenJDK 64-Bit Server VM (build 25.151-b12, mixed mode)
```

테스트 결과를 살펴보면 힙 크기로 23766MB(31.998GB)를 설정할 경우 Compressed OOP가 활성화되고 32767MB(31.999GB)를 설정할 경우에는 비활성화되는 것을 직접 확인할 수 있다. 이 시스템의 Limit 값은 32766MB인 것이다. 이는 31.998GB로서 32GB에는 조금 못 미치는 값이다.

Compressed OOP를 사용하기 위해 왜 32GB를 모두 사용하지 못하고 32GB에 조금 못 미치는 값을 사용해야 하는 것일까? 그리고 그 기준은 왜 시스템마다 조금씩 다른 것일까? 분명 이러한 의문이 생길 것이다. 예제에서 살펴보면 32766MB(31.998GB) 이하로 메모리를 할당할 경우에만 CompressedOOP를 사용하는 것이 가능하고 그 이상의 경우에는 사용이 불가능해진다.

그 이유는 JVM의 힙 메모리가 0번지부터 시작되지 않기 때문이다. 객체를 가리키는 포인터가 0번지부터 시작되지 않았기 때문에 0번지부터 실제 시작 번지까지의 앞쪽에 위치한 일부 메모리 공간은 활용할 수 없게 되는 것이다. Compressed OOP로는 이론상 최대 32GB의 메모리 번지를 가리킬 수 있지만 시작 번지가 0번지가 아니기 때문에 실제로는 31.998GB 이상의 힙 크기를 설정하는 순간 내부적으로는 32GB를 넘어버리는 것이다.

모든 시스템의 메모리가 0번지부터 사용된다면 좋겠지만 시스템마다 사용되는 시작 번지가 약간씩 달라진다. 그 차이로 인해 Limit 값이 서로 조금씩 달라지는 것이다. 그러므로 Compressed OOP로 동작 가능한 Limit 값을 정확하게 설정하려면 엘라스틱서치가 실행될 실제 시스템에서 직접 Limit 값을 확인하고 힙 메모리 크기를 설정할 때 고려해야 한다.

만약 이것저것 고민하지 않고 간단하게 설정하고 싶다면 안전하게 31GB로 설정하는 것도 한 가지 방법일 수 있다. 다소 메모리 낭비는 있을 수 있겠지만 별도의 확인 과정이 없어도 되기 때문에 비교적 간단하게 Compressed OOP를 확실하게 적용할 수 있다.

10.2.5.3 Zero-Based Compressed OOP

자바에서는 힙 메모리에 8바이트 단위로 객체를 저장하는데, 이러한 특성을 이용하면 특정 객체를 찾아가기 위해 시프트(Shift) 연산을 사용하는 것이 가능해진다. 메모리상의 포인터를 계산하는 것은 비용이 높은 CPU 연산을 동반하는데 상대적으로 비용이 저렴한 시프트 연산만 이용할 수 있다면 포인터 계산 성능을 대폭 끌어올릴 수 있다.

Compressed OOP는 기본적으로 시프트 연산을 이용해 객체를 찾아가도록 설계돼 있다. 하지만 100% 시프트 연산만으로는 처리가 불가능하고 시프트 연산으로 생성된 값에 특정 번지수를 더하는 Add 연산이 추가로 병행돼야 정확한 번지수를 계산할 수 있다. 그 이유는 앞에서도 설명했지만 JVM의 힙 메모리가 0번지부터 시작하지 않았기 때문이다. 이러한 사정 탓에 시프트 연산의 결괏값에 시작 번지 값을 더하는 추가 연산이 반복적으로 필요해지는 것이다.

이러한 부분에서 성능을 끌어올리고자 최신 JVM에서는 Zero-Based Compressed OOP라는 개념을 도입했다. Zero-Based Compressed OOP는 JVM이 시작될 때 힙 메모리의 시작 번지가 0번지부터 시작되도록 논리적으로 강제한다. 이를 통해 Compressed OOP가 객체의 포인터를 빠른 성능의 시프트 연산만으로도 계산할 수 있게 할 수 있는 것이다.

32GB Limit 값을 설정해서 Compressed OOP로 동작하는 시스템을 Zero-Based Compressed OOP로 동작하게 하려면 힙 메모리 크기를 지금보다 조금 더 줄여야 한다. 논리적으로 힙 메모리의 시작 번지를 0으로 조절하기 때문에 강제로 0으로 조절되는 만큼의 메모리 번지를 사용할 수 없게 되기 때문이다.

JVM에서는 모든 조건이 만족될 경우 자동으로 Zero-Based Compressed OOP로 동작한다. 만약 운영 중 이를 넘어가면 Compressed OOP로 동작하고, 이마저도 넘어가면 일반적인 OOP로 동작한다.

Zero-Based Compressed OOP로 동작 가능한 메모리 크기는 다음과 같이 조회할 수 있다.

```
$ java -XX:+UnlockDiagnosticVMOptions -XX:+PrintCompressedOopsMode 2>/dev/null |grep Compressed
|grep Oops

heap address: 0x0000000080200000, size: 30718 MB, Compressed Oops mode: Zero based, Oop shift
amount: 3
```

예제에서는 이 시스템이 30718MB(29.99GB) 이하로 힙 크기를 설정해야만 Zero-Based Compressed OOP로 동작한다는 사실을 알려준다.

다음과 같이 힙 크기를 32GB, 31GB, 30GB로 각각 설정하고 테스트해 보면 힙 크기에 따른 차이를 좀 더 명확하게 확인할 수 있다.

힙 크기를 32GB(32768MB)로 설정

```
$ java -Xmx32768m -XX:+PrintFlagsFinal -XX:+UnlockDiagnosticVMOptions -XX:+PrintCompressedOopsMode
2>/dev/null |grep Compressed |grep Oops

        bool PrintCompressedOopsMode           := true                              {diagnostic}
        bool UseCompressedOops                 = false                              {lp64_product}
```

힙 크기를 31GB(31744MB)로 설정

```
$ java -Xmx31744m -XX:+PrintFlagsFinal -XX:+UnlockDiagnosticVMOptions -XX:+PrintCompressedOopsMode
2>/dev/null |grep Compressed |grep Oops

heap address: 0x00007fdc49000000,
size: 31744 MB,
Compressed Oops mode: Non-zero based:0x00007fdc48fff000,
Oop shift amount: 3
        bool PrintCompressedOopsMode          := true              {diagnostic}
        bool UseCompressedOops                := true              {lp64_product}
```

힙 크기를 30GB(30720MB)로 설정

```
$ java -Xmx30720m -XX:+PrintFlagsFinal -XX:+UnlockDiagnosticVMOptions -XX:+PrintCompressedOopsMode
2>/dev/null |grep Compressed |grep Oops

heap address: 0x0000000080000000,
size: 30720 MB,
Compressed Oops mode: Zero based,
Oop shift amount: 3
        bool PrintCompressedOopsMode          := true              {diagnostic}
        bool UseCompressedOops                := true              {lp64_product}
```

앞선 테스트에 의하면 안전하게 Zero-Based Compressed OOP로 동작하기 위한 힙 크기는 30718MB (29.99GB)이었다. 하지만 위 결과를 살펴보면 재미있게도 30718MB(29.99GB)를 살짝 넘어서는 30720MB(30GB)까지는 Zero-Based Compressed OOP로 동작한다는 사실을 알 수 있다.

우리는 물리적으로 32GB의 메모리를 JVM이 실행될 때 힙으로 사용할 수 있지만 완벽하게 Zero-Based Compressed OOP로 동작하기 위해서는 30GB의 힙만 사용해야 한다는 사실을 새롭게 알게 됐다. 안타깝게도 우리 시스템에서는 32GB 중에서 약 2GB의 힙 공간을 JVM에 할당하지 못하는 것이다(하지만 우리에게는 루씬이 있다. 나머지 메모리는 루씬에게 양보하자).

엘라스틱서치에서는 JVM 성능을 위해 반드시 Compressed OOP를 사용하는 것을 권장한다. 메모리를 조금 더 줄여서 Zero-Based Compressed OOP를 사용하는 것도 좋다. 하지만 이 경우 메모리를 상당 부분 희생해야 하기 때문에 각자의 환경에 맞게 사용 여부를 선택하면 된다.

10.2.5.4 엘라스틱서치 로그로 Compressed OOP 사용 여부 확인하기

엘라스틱서치 노드가 Compressed OOP로 동작하는지 직접 눈으로 확인해 볼 수 있다. 엘라스틱서치 2.2 이상에서는 시작 시 로그에서 JVM이 Compressed OOP를 사용하고 있는지 여부를 로그로 출력한다. 이를 통해 엘라스틱서치가 실제로 Compressed OOP를 사용하는지 여부를 직접 확인하는 것이 가능하다.

만약 로그상에서 "compressed ordinary object pointers [false]"가 출력된다면 힙 크기로 설정한 Limit 계산 값이 틀린 것이다. 시스템 설정이 맞는 Limit 값을 다시 한번 더 확인해보자.

엘라스틱서치 로그로 확인

```
[2015-12-16 13:53:33,417][INFO ][env] [Illyana Rasputin] heap size [989.8mb], compressed ordinary
object pointers [true]
```

10.3 엘라스틱서치와 가상 메모리

현대 운영체제에서는 애플리케이션이 물리 메모리를 직접적으로 할당받지 못한다. 운영체제는 멀티태스킹 실현을 위해 각 애플리케이션을 위한 전용 가상 메모리를 만들고 이를 할당한다. 가상 메모리를 할당받은 애플리케이션은 자신이 할당받은 가상 메모리를 실제 물리 메모리로 착각하고 사용하는 것이다.

이번에는 자바 기반의 애플리케이션에서는 이러한 가상 메모리가 어떤 식으로 적용되는지 확인하고 엘라스틱서치에서는 가상 메모리 관리를 어떻게 하면 좋을지 알아보자.

10.3.1 가상 메모리

대부분의 현대 운영체제들은 가상 메모리(Virtual Memory)라는 메모리 관리 기법을 사용한다. 가상 메모리는 애플리케이션에서 물리적인 메모리보다 많은 양의 메모리를 사용할 수 있도록 운영체제가 제공하는 대표적인 메모리 관리 기술이다. 즉, 애플리케이션이 실행될 때 물리적인 메모리 번지를 직접 할당해서 메모리 공간을 제공하는 것이 아니라 가상의 메모리 번지를 생성해서 제공함으로써 애플리케이션별로 전용 메모리 공간을 사용할 수 있도록 제공하는 메모리 관리 기법이다.

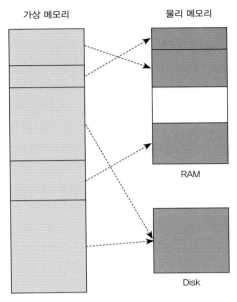

그림 10.8 가상 메모리의 개념

이러한 방식은 멀티태스킹이 가능한 운영체제에서는 필수적으로 사용되는 기술이다. 이를 이용하면 모든 애플리케이션이 운영체제에서 인식하고 있는 물리 메모리의 크기보다 더 큰 크기의 메모리를 할당받아 사용할 수 있다.

만약 특정 애플리케이션이 대용량의 가상 메모리를 할당받아 사용한다면 운영체제 성능에 큰 악영향을 끼칠 수 있다. 그 결과, 전체적인 시스템 성능의 하락으로 이어질 것이다. 그래서 운영체제 입장에서는 애플리케이션들이 CPU나 메모리 같은 시스템 리소스를 사용할 때 운영체제 차원에서 다양한 제약을 두고 있다. 모든 애플리케이션에서 시스템 리소스를 효율적으로 나눠 써야 하기 때문에 운영체제는 사용 가능한 리소스를 제한하고 각 애플리케이션에서는 제한된 리소스 이상을 사용하지 못하도록 강제한다.

리눅스의 경우 ulimit 명령어를 이용해 애플리케이션별로 제한된 리소스의 한계가 얼마인지 확인할 수 있다. 가상 메모리 크기도 운영체제에서 관리 중인 제한된 여러 리소스 중 하나로서 virtual memory 속성으로 수치화되어 제공된다.

```
$ ulimit -a

core file size          (blocks, -c) 0
data seg size           (kbytes, -d) unlimited
scheduling priority           (-e) 0
file size               (blocks, -f) unlimited
pending signals               (-i) 15243
max locked memory       (kbytes, -l) 64
max memory size         (kbytes, -m) unlimited
open files                    (-n) 16000
pipe size           (512 bytes, -p) 8
POSIX message queues     (bytes, -q) 819200
real-time priority            (-r) 0
stack size              (kbytes, -s) 10240
cpu time               (seconds, -t) unlimited
max user processes            (-u) 15243
virtual memory          (kbytes, -v) unlimited
file locks                    (-x) unlimited
```

ulimit는 운영체제에서 제공하는 다양한 종류의 리소스 정보를 제공한다. 각 리소스는 설정 값을 가지며 이 값에 의해 최댓값을 조절할 수 있다(이러한 값들을 변경하려면 root 권한이 필요하다). 기본적으로 제공되는 설정값은 리눅스 시스템의 과부화를 막는 최소한의 안전 장치이므로 이를 수정할 때는 매우 신중해야 한다. 그리고 시스템 전체에 적용되기 때문에 충분히 검증한 후 적용해야 한다.

엘라스틱서치에서도 권장하는 시스템 리소스 설정이 있다. 그렇기 때문에 각 항목이 의미하는 바가 무엇인지 잘 이해하고 자신의 시스템에 맞게 최적화하는 것이 무엇보다도 중요하다.

10.3.2 JVM을 위한 가상 메모리

자바 애플리케이션은 JVM 위에서 실행되고 실행 시 옵션으로 힙 크기를 설정할 수 있다. -Xms 옵션은 처음 시작 시의 힙 크기를 설정하는 옵션이고 -Xmx 옵션은 최대로 할당 가능한 힙 크기를 설정하는 옵션이다.

다음과 같이 실행된 자바 애플리케이션은 1GB의 힙 크기를 할당받아 실행된다.

```
$ java -Xms1024m -Xmx2048m HelloWorld
```

프로그램이 동작하던 중 메모리가 부족해지면 2GB까지 힙 크기가 자동으로 늘어난다. 만약 프로그램 내부에서 메모리 사용량이 많아서 할당된 최대 힙 크기인 2GB보다 많은 메모리를 사용하게 된다면 OutOfMemoryError가 발생하면서 프로그램이 강제로 종료될 것이다.

그렇다면 과연 HelloWorld 프로그램은 물리적 메모리를 얼마만큼 사용하게 될까? 모든 애플리케이션은 가상 메모리를 할당받는다고 했으니 1GB의 가상 메모리를 운영체제로부터 할당받아서 실행되는 것일까? 지금부터 HelloWorld 프로그램이 메모리를 어떻게 사용하는지 직접 확인해 보자.

HelloWorld 프로그램 작성

1초 간격으로 "Hello, World"를 콘솔에 출력하는 간단한 프로그램을 작성한다.

```java
public class HelloWorld {
    public static void main(String[] args) throws Exception {
        while(true) {
            System.out.println("Hello, World");
            Thread.sleep(1000);
        }
    }
}
```

HelloWorld 프로그램 실행

프로그램을 컴파일하고 -Xms1024m -Xmx2048m 옵션으로 실행한다. 실행된 프로그램은 1GB의 힙 메모리를 할당받아 JVM 위에서 동작한다.

```
$ javac HelloWorld.java
$ java -Xms1024m -Xmx2048m HelloWorld
```

프로그램의 PID 조회

jps 명령어를 실행하면 자바 애플리케이션의 프로세스 정보를 조회할 수 있다. HelloWorld 프로그램의 PID는 76499다.

```
$ jps
76499 HelloWorld
```

PID를 이용한 메모리 정보 조회

ps 명령어를 이용하면 좀 더 많은 정보를 확인할 수 있다. 다음 명령어를 이용해 앞서 실행한 프로그램의 실행 옵션을 확인해 보자.

```
$ ps -eopid,cmd | grep 76499
76499 java -Xms1024m -Xmx2048m HelloWorld
```

옵션을 추가해서 가상 메모리 크기와 실제 사용 중인 물리 메모리의 크기를 알 수 있다. 다음 명령어를 이용해 확인해본다.

```
$ ps -eoeuser,pid,vsz,rss,comm | grep 76499
irteam    76499 4580900 22288 java

// virtual size
4,580,900KB
4,473MB
4GB

// resident size
22,288KB
21MB
```

그런데 결과가 예상과는 달리 조금 이상하다. 1GB의 가상 메모리를 할당받았으리라 생각했는데 4GB의 가상 메모리를 할당받았다. 그리고 실제로 사용 중인 물리 메모리는 21MB 뿐이다. 왜 이런 결과가 나온 것일까? 그 이유는 운영체제에 설정된 ulimit 설정 때문이다.

앞 절에서 잠깐 살펴봤듯이 현재 우리가 테스트하고 있는 리눅스 환경에서 virtual memory 기본 설정 값이 unlimited이기 때문이다. 이 설정 값에 의해 운영체제가 4GB의 가상 메모리를 애플리케이션에 할당한 것이다. 그렇다면 실제 물리 메모리는 왜 21MB밖에 사용하지 않고 있는 것일까? 이는 우리가 만든 HelloWorld 프로그램이 매우 작은 메모리만으로도 충분히 실행될 수 있기 때문이다.

다음 장에서 좀 더 자세히 다루겠지만 운영체제에서는 효율적인 메모리 관리를 위해 메모리와 디스크 간에 데이터를 교환하는 스와핑(Swapping)이라는 작업을 꾸준히 수행한다. 멀티태스킹 특성상 물리 메모리를 하나의 애플리케이션이 점유하지 못하고 여러 애플리케이션과 나눠서 사용해야 하기 때문이다. 운영체제는 가상 메모리의 데이터를 나눠서 반드시 필요한 부분은 물리 메모리에 로드하고 나머지 데이터들은 디스크에 임시로 저장한다. 프로그램이 동작하면서 메모리상에 필요한 부분들은 지속적으로 변경되고 이때마다 메모리와 디스크 간의 데이터 교환(Swapping)이 반복적으로 일어난다. 메모리를 많이 사용할수록 스와핑 작업은 더욱더 많이 일어나고 이는 성능에 큰 영향을 미친다.

참고

가상 메모리 4GB가 할당돼 있는데도 JVM에서 2GB 이상의 힙을 사용할 경우 OutOfMemoryError가 발생하는 이유는?

가상 메모리 내부에는 많은 데이터가 포함돼 있다. 비단 애플리케이션에서 생성한 데이터뿐만 아니라 ClassLoader의 메타데이터, 스레드 정보, 공유 라이브러리 등의 정보가 여기에 포함된다.

또한 자바에 NIO가 도입되면서 커널 레벨의 시스템콜(SystemCall)이 가능해졌다. 이를 이용하면 VM을 통하지 않고도 시스템콜을 이용할 수 있는데 이렇게 시스템콜을 이용해 생성된 데이터는 힙 메모리 공간을 사용하지 않지만 가상 메모리 내부에 함께 존재한다.

pmap 명령어를 이용하면 프로세스에 할당된 가상 메모리 정보를 상세하게 살펴볼 수 있다.

```
$ pmap 76499

76499:   java -Xms1024m -Xmx2048m HelloWorld
0000000000400000      4K r-x-- java
0000000000600000      4K r---- java
0000000000601000      4K rw--- java
0000000000f47000    132K rw---  [ anon ]
0000000080000000 699392K rw---  [ anon ]
00000000aab00000 698880K -----  [ anon ]
00000000d5580000 349184K rw---  [ anon ]
00000000eaa80000 349696K -----  [ anon ]
0000000100000000    512K rw---  [ anon ]
0000000100080000 1048064K -----   [ anon ]
```

애플리케이션이 실행되면 운영체제로부터 가상 메모리를 할당받는다. 그리고 이러한 가상 메모리를 생성하는 제약은 전적으로 운영체제 차원에서 관리된다. 엘라스틱서치도 실행 시 운영체제에서 설정된 가상 메모리 관련 설정을 그대로 상속받는다. 또한 엘라스틱서치는 자바 기반의 애플리케이션이다. 그렇기 때문에 JVM 위에서 동작하게 되며, 앞서 설명한 바와 같이 실행 시 옵션으로 설정한 최대 힙 크기 이상의 가상 메모리를 사용할 수 없다.

10.3.3 엘라스틱서치를 위한 vm.max_map_count 설정

엘라스틱서치는 검색을 위해 내부에 루씬을 내장하고 있다. 루씬은 색인된 정보들을 다수의 세그먼트 파일로 관리하고 있으며 이를 위해 많은 리소스를 사용한다. 자바 기반의 애플리케이션은 태생적으로 가상 머신 위에서 돌아가도록 설계돼 있고 기본적으로는 JVM을 통해 할당받은 힙 메모리만 사용할 수 있다. 하지만 루씬은 대용량의 세그먼트를 생성하고 관리하기 위해 많은 리소스를 필요로 하기 때문에 특별한 방식으로 이러한 제약을 회피하고 있다.

루씬은 내부적으로 자바에서 제공하는 NIO 기술을 활용한다. 이를 통해 운영체제 커널에서 제공하는 mmap 시스템콜을 직접 호출할 수 있으며 이를 이용하면 VM을 거치지 않고도 직접 커널 모드로 진입할 수 있기 때문에 높은 성능을 낼 수 있다. 엘라스틱서치는 루씬을 실행시키면서 mmap과 niofs 방식의 디렉터리를 적절히 혼용해서 사용한다. 이러한 동작 방식에 의해 mmap 시스템콜을 직접 호출할 수 있다.

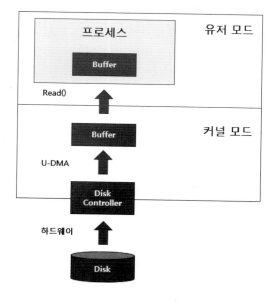

그림 10.9 자바 NIO 기술

이로 인해 따라오는 부수적인 이득도 매우 커진다. 바로 커널 레벨의 파일 시스템 캐시를 사용할 수 있다는 점이다. 대부분의 운영체제는 파일 시스템을 캐시하는 데 커널 레벨의 메모리를 사용하는데, 루씬에서 생성한 세그먼트도 파일이기 때문에 파일 시스템 캐시의 이점을 톡톡히 누릴 수 있는 것이다. 이를 통해 자바 힙 메모리에 의존하지 않으면서도 커널 레벨에서 간접적으로 물리 메모리를 사용할 수 있게 된다. 이러한 이유로 엘라스틱서치에서는 힙 설정 시 운영체제에 50%의 물리 메모리를 양보하라고 했던 것이다. 결과적으로 엘라스틱서치는 자바 힙 메모리도 사용할 수 있고 운영체제에 할당된 물리 메모리도 사용할 수 있는 일석이조의 결과를 누리게 된다.

엘라스틱서치에서 루씬이 원활하게 동작하기 위해서는 가상 메모리 설정 중 mmap 크기 항목을 변경해야 한다. 대부분의 운영체제에서 기본적으로 제공하는 설정 값이 너무 작기 때문이다. CentOS 7 버전의 리눅스에서는 기본적으로 가상 메모리에서 생성 가능한 mmap 개수가 65,530으로 설정돼 있다.

리눅스에서는 다음 명령어로 기본 설정된 mmap 카운트를 조회할 수 있다.

```
$ cat /proc/sys/vm/max_map_count

65530
```

mmap 시스템콜을 내부적으로 많이 사용하는 엘라스틱서치 입장에서는 기본으로 설정된 65,530 값은 너무 작다. 가상 메모리에 설정된 mmap 개수에 대한 기본 설정이 너무 작을 경우 자칫 운영 중에 메모리 부족으로 예외가 발생할 수도 있다.

엘라스틱서치에서는 이러한 문제를 미연에 방지하기 위해 vm.max_map_count 설정을 초기 로딩(Bootstrap) 과정에서 검사해서 수치가 262,114 이하이면 오류 메시지를 출력하고 인스턴스를 강제로 종료시킨다. 그러므로 엘라스틱서치를 실행하려는 운영체제에서는 vm.max_map_count 크기를 262,144 이상으로 설정해야 한다.

> **참고**
>
> **mmap 카운트 부족 시 엘라스틱서치에서 발생시키는 오류 메시지**
>
> ```
> max file descriptors [4096] for Elasticsearch process is too low, increase to at least [65536]
> max virtual memory areas vm.max_map_count [65530] is too low, increase to at least [262144]
> ```

리눅스에서는 다음 명령어를 루트 권한으로 실행해 vm.max_map_count 개수를 늘릴 수 있다.

```
$ sudo sysctl -w vm.max_map_count = 262144
```

하지만 위와 같이 설정할 경우 운영체제가 재부팅되면 기본값으로 초기화되기 때문에 영구적으로 설정하는 것이 여러모로 좋다. 값을 영구적으로 설정하려면 /etc/sysctl.conf 파일에서 직접 vm.max_map_count를 설정해야 한다.

변경 후 확인을 위해서는 운영체제를 재부팅한 후 변경된 값이 유지되는지 다음 명령으로 확인한다.

```
$ sysctl vm.max_map_count
```

10.4 분산환경에서의 메모리 스와핑

엘라스틱서치 클러스터가 분산 시스템을 지향하고 대용량 데이터를 많이 처리하다 보니 시스템 리소스를 최대한 효율적으로 활용해야 한다. 따라서 엘라스틱서치 클러스터를 운영하기 위해서는 시스템적인 지식도 많이 필요해진다.

이번 절에서는 가상 메모리에 이어 스와핑에 대해 알아보겠다. 차차 설명하겠지만 가상 메모리와 스와핑은 매우 밀접한 관련이 있다.

10.4.1 메모리 스와핑

대부분의 운영체제에서는 효율적인 메모리 관리를 위해 스와핑이라는 기술을 사용한다. 이를 이용해 사용되지 않는 애플리케이션의 물리 메모리를 디스크로 열심히 스왑(Swap)한다.

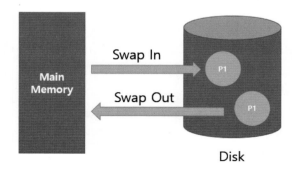

그림 10.10 메모리 스와핑

스와핑이 일어나면 가상 메모리의 일부 내용을 디스크로 쓰기 위해 디스크의 일정 영역을 스왑 영역으로 만든다. 이때 일어나는 동기화 작업에 의해 순간적으로 시스템 성능이 떨어지고 자칫 시스템 장애로 이어질 수도 있다. 시스템 리소스가 넉넉하다면 가급적이면 스와핑이 일어나지 않도록 설정하는 것이 안전하다. 디스크상의 스왑 영역 사이에서 반복적으로 일어나는 스왑 인/스왑 아웃(swap in/swap out) 과정을 통해 시스템의 성능이 급격히 나빠질 수 있기 때문이다.

운영체제 입장에서 봤을 때 스와핑은 많은 리소스를 사용하는 작업이다. 그러므로 지속적으로 스와핑 작업을 모니터링해서 문제가 발생할 경우에 철저히 대비해야 한다. 다양한 명령어를 통해 스와핑 작업을 모니터링할 수 있다.

먼저 free 명령어를 이용하면 스왑 상태를 간단히 살펴볼 수 있다.

```
$ free

              total      used       free     shared  buff/cache   available
Mem:      131447220   39374176     487604       1132    91585440    91400244
Swap:       4195068         44    4195024
```

생성된 스왑 영역이 디스크상의 어디에 생성됐는지도 확인할 수 있다.

```
$ cat /proc/swaps

Filename                             Type        Size    Used    Priority
/dev/sda3                            partition   4195068 44      -1
```

sar 명령어를 이용해 스왑 인/스왑 아웃이 일어나고 있는 메모리 상태를 확인할 수 있다.

```
$ sar -r -s 21:00:00

Linux 3.10.0-693.5.2.el7.x86_64 (capp05.nesp)   04/25/2018      _x86_64_
(40 CPU)
09:00:01 PM kbmemfree kbmemused  %memused kbbuffers  kbcached  kbcommit   %commit  kbactive
kbinact  kbdirty
09:01:01 PM   490948 130956272     99.63      3552  88447156  38373808     28.29  77596520  47844940  244
09:02:01 PM   475196 130972024     99.64      3552  88460864  38367136     28.29  77602836  47851480   12
```

```
09:03:01 PM   474756 130972464   99.64   3552  88460900   38368396   28.29  77603440   47851516  16
... (생략) …

09:11:01 PM   492720 130954500   99.63   3552  88439124   38372172   28.29  77598260   47839356  12
09:12:01 PM   479292 130967928   99.64   3552  88451532   38372448   28.29  77610664   47839684  12
Average:      470651 130976569   99.64   3552  88463829   38374786   28.29  77607355   47852280  32
```

필요한 경우 다음과 같이 스와핑 통계를 보는 것도 가능하다.

```
$ sar -B 2 5

Linux 3.10.0-693.5.2.el7.x86_64 (capp05.nesp)   04/25/2018   _x86_64_   (40 CPU)
09:13:47 PM  pgpgin/s pgpgout/s   fault/s  majflt/s   pgfree/s pgscank/s pgscand/s pgsteal/s%vmeff
09:13:49 PM     0.00     12.00    124.50     0.00      33.00     0.00      0.00      0.00     0.00
09:13:51 PM     0.00     56.00    888.00     0.00     170.50     0.00      0.00      0.00     0.00
09:13:53 PM     0.00     14.00    139.00     0.00      21.00     0.00      0.00      0.00     0.00
09:13:55 PM     0.00     16.00    146.50     0.00      93.50     0.00      0.00      0.00     0.00
09:13:55 PM     0.00     22.64    390.57     0.00     533.96     0.00      0.00      0.00     0.00
Average:        0.00     24.38    328.60     0.00     107.74     0.00      0.00      0.00     0.00
```

10.4.2 엘라스틱서치에서 스와핑을 비활성화해야 하는 이유

엘라스틱서치가 동작하는 데 필요한 메모리도 스와핑으로 인해 언제든지 디스크로 스와핑될 수 있다. 스와핑이 발생할 경우 노드 안정성에 치명적이기 때문에 이를 최대한 피해야 한다. 메모리를 많이 사용하는 엘라스틱서치의 특성상 스와핑 작업에 의해 가비지 컬렉션이 비정상적으로 수 분 동안 지속된다거나 노드의 응답이 느려질 수도 있다. 또한 클러스터의 연결이 불안정해서 연결됨과 끊어짐이 반복되는 문제가 발생할 수도 있다.

엘라스틱서치를 포함한 대부분의 분산 시스템에서는 전체적인 클러스터의 안정성을 해치는 것보다는 문제가 발생한 노드가 강제로 종료되어 클러스터 구성에서 제외되는 편이 훨씬 더 효율적이다. 그러므로 엘라스틱서치에서는 어떠한 대가를 치르더라도 스와핑이 절대 발생하지 않게 해야 한다.

클러스터를 구성하는 노드에는 가능한 한 엘라스틱서치를 제외한 다른 애플리케이션을 설치하지 말고 엘라스틱서치만 단독으로 운영하는 것이 여러모로 유리하다. 엘라스틱서치 노드가 운영체제 위에서 단독으로 실행된다고 가정한다면 물리 메모리를 독점할 수 있기 때문에 스와핑을 사용할 필요가 없어진다. 그리고 스와핑 작업이 일어나지 않도록 시스템 차원에서 완전히 비활성화할 수도 있다.

CentOS 7에서는 스와핑을 줄이기 위한 세 가지 방법이 있다. 가장 좋은 것은 스와핑 기능을 완전히 비활성화하는 것이지만 모든 상황에서 이렇게 할 수는 없을 것이다. 자신이 운영 중인 클러스터의 환경을 잘 고려해서 적절한 방식을 선택해야 한다.

스와핑 비활성화

시스템을 엘라스틱서치 노드 전용으로 사용하는 것이 가능하다면 스와핑을 완전히 비활성화하는 것이 가장 좋은 방법이다. 앞에서도 설명했지만 엘라스틱서치 노드에서는 스와핑이 일어날 경우 다양한 문제가 발생할 수 있기 때문에 이러한 문제가 발생하는 것을 사전에 막기 위해서는 스와핑이 일어나지 않게 하는 것이 가장 좋은 방법이다.

루트 권한으로 swapoff 명령어를 이용해 일시적으로 스와핑을 비활성화할 수 있다.

```
$ sudo swapoff -a
```

영구적으로 비활성화하려면 설정 파일을 직접 수정해야 한다.

```
$ vi /etc/fstab
```

스와핑 최소화

시스템의 특성상 스와핑을 완전히 비활성화할 수 없는 상황이라면 스와핑 주기를 조절해서 발생 빈도를 최소화하는 것도 가능하다. vm.swappiness 값을 1로 설정하면 스와핑을 최대한 이용하지 않겠다는 의미이며, 이 설정을 통해 일반적인 상황에서는 스와핑이 일어나지 않게 할 수 있다.

하지만 운영체제가 메모리 관리 차원에서 필연적으로 스와핑이 필요하다고 판단할 경우에는 언제든지 스와핑이 일어날 수 있으므로 주의해야 한다.

아래와 같이 리눅스에서 제공하는 vm.swappiness 정보를 이용하면 확인할 수 있다.

```
cat /proc/sys/vm/swappiness
```

루트 권한으로 syctl 값을 이용해 설정할 수 있다.

```
$ sudo sysctl vm.swappiness=1
```

memory_lock 설정

시스템 레벨에서 스와핑을 사용하지 못하게 설정하려면 루트 권한이 필요하기 때문에 사용자 권한만 가지고 있다면 스와핑을 막을 수 있는 방법이 없다. 스와핑이라는 작업이 운영체제 차원에서 이뤄지는 작업이기 때문이다.

하지만 제한적이나마 스와핑을 최소화하는 방법이 있다. 엘라스틱서치의 환경설정으로 제공하고 있는 bootstrap.memory_lock 속성을 이용하는 방법이다. 이를 활성화하면 mlockall() 함수와 동일한 방식으로 애플리케이션 차원에서 스와핑을 최대한 방지할 수 있다.

> **mlockall() 함수**
>
> 커널 수준에서 제공하는 저수준 함수 가운데 mlockall() 함수가 있다. 이 함수를 이용하면 호출한 프로세스의 페이징을 금지시키고 모든 메모리가 램(RAM)에 상주하는 것을 보장한다. 이는 애플리케이션을 개발할 때 사용하는 memory_lock 기술인데 이를 이용하면 애플리케이션이 최초 실행될 때 할당받은 메모리를 스와핑하지 못하도록 강제로 메모리에 잡아둘 수 있다.

하지만 memory_lock 기술은 어디까지나 애플리케이션 레벨에서만 의미가 있는 제한된 기술이다. 메모리 사용량이 적을 때는 의도한대로 동작하겠지만 운영체제 차원에서 메모리 부족으로 판단할 경우에는 이 설정을 무시하고 언제든지 스와핑이 일어날 수 있다. 그렇기 때문에 스와핑을 최소화하려면 가급적 루트 권한을 이용해 시스템 설정을 변경하는 것이 안전하다.

엘라스틱서치 내부에는 이러한 memory_lock 기능이 이미 구현돼 있고 elasticseach.yml 파일에서 bootstrap.memory_lock 속성을 활성화하면 엘라스틱서치를 실행할 때 할당받은 메모리를 잠근다.

```
$ vi ./elasticserach.yml

bootstrap.memory_lock: true
```

만약 bootstrap.memory_lock 설정을 했다면 memory_lock이 정상적으로 수행됐는지 엘라스틱서치를 실행한 후 반드시 확인해봐야 한다. 실행 시 memory_lock 오류가 발생하더라도 이를 무시하고 실행될 수 있기 때문이다.

다음과 같이 _nodes API를 이용해 memory_lock 설정 여부를 확인할 수 있다.

```
GET _nodes?filter_path=**.mlockall
{
    "nodes": {
        "e6YYBK_6Su2qugjR0IfPZw": {
            "process": {
                "mlockall": true
            }
        }
    }
}
```

결과가 false로 나온다면 memory_lock에 실패한 것이다. 로그를 살펴보면 실패의 원인을 좀 더 쉽게 찾아낼 수 있다.

참고

오류 메시지

```
2017-04-21T20:37:39,605][WARN ][o.e.b.JNANatives         ] Unable to lock JVM Memory: error=12,
reason=Cannot allocate memory
[2017-04-21T20:37:39,607][WARN ][o.e.b.JNANatives         ] This can result in part of the JVM being
swapped out.
[2017-04-21T20:37:39,607][WARN ][o.e.b.JNANatives         ] Increase RLIMIT_MEMLOCK, soft limit:
65536, hard limit: 65536
[2017-04-21T20:37:39,608][WARN ][o.e.b.JNANatives         ] These can be adjusted by modifying /etc/
security/limits.conf
```

여러 가지 이유가 있을 수도 있겠지만 memory_lock 설정에 실패하는 대부분의 경우 운영체제의 리소스 제한 설정이 주요 원인이다. 위 로그를 살펴보면 RLIMIT_MEMLOCK 값이 65,536으로 설정돼 있으므로 이를 늘려야 한다고 알려준다. 이를 해결하기 위해서는 ulimit 명령어를 이용해 값을 unlimited로 변경하면 된다.

다음 명령어를 이용해 max locked memory 값을 설정할 수 있다.

```
$ ulimit -l unlimited
```

엘라스틱서치 입장에서는 스와핑 작업 자체가 클러스터를 운영하는 데 매우 치명적이기 때문에 여러 가지 안전 장치를 이중 삼중으로 설정하는 것이 중요하다. 기본적으로는 swapoff 명령어를 이용해 운영체제 수준에서 스와핑이 일어나지 않도록 명시적으로 설정한다. 그리고 엘라스틱서치 환경설정을 이용해 bootstrap.memory_lock 속성을 활성화하는 추가적인 설정까지 해두기를 권장한다.

엘라스틱서치 클러스터를 안정적으로 운영하려면 스와핑 발생 가능성을 최소화해야 한다는 점을 반드시 명심해야 한다.

10.5. 시스템 튜닝 포인트

리눅스에는 시스템 최적화를 위한 다양한 툴이 제공된다. 그중 대표적인 것이 ulimit 명령어와 sysctl 명령어다. ulimit 명령어는 유저 레벨의 최적화를 위해 제공된다. 이를 이용하면 애플리케이션이 실행하는 데 필요한 각종 리소스를 설정할 수 있다. 커널 레벨의 최적화를 위해서는 sysctl 명령어가 제공되는데 이를 통해 커널 파라미터를 간접적으로 조정할 수 있다. 이 툴들을 이용하면 엘라스틱서치가 효율적으로 동작하기 위한 많은 부분을 최적화하는 것이 가능해진다.

10.5.1 애플리케이션에서 튜닝 가능한 리소스

ulimit 명령어나 sysctl 명령어를 참고하면 프로세스들이 사용하게 될 리소스의 정보를 확인하고 이에 따른 애플리케이션의 성능도 미리 예측해 볼 수 있다.

10.5.1.1 ulimit 명령어

운영체제에서는 여러 개의 애플리케이션이 동시에 실행될 수 있기 때문에 특정 애플리케이션이 리소스를 독점하지 못하도록 관리하는 것이 매우 중요하다. ulimit 명령어는 애플리케이션이 실행될 때 얼마만큼의 리소스를 할당받을 수 있는지에 대한 전반적인 리소스 관리를 수행한다. ulimit에는 애플리케이션이 생성될 때 할당받을 수 있는 리소스의 최댓값이 관리되고 있으며, 이는 모든 애플리케이션에 공통적으로 적용된다. 즉, 애플리케이션은 실행될 때 ulimit에 설정된 수준까지만 할당받을 수 있다.

리눅스에서는 ulimit -a 명령어를 사용해 한 프로세스가 가질 수 있는 리소스의 정보를 확인할 수 있다. 운영체제 입장에서는 엘라스틱서치도 하나의 프로세스이기 때문에 ulimit에서 설정된 값 이상의 리소스는 사용할 수 없다.

ulimit에 설정된 리소스 제한 값

```
core file size          (blocks, -c) 0
data seg size           (kbytes, -d) unlimited
file size               (blocks, -f) unlimited
... (생략) ...

max user processes              (-u) 15243
virtual memory          (kbytes, -v) unlimited
file locks                      (-x) unlimited
```

앞서 memory_lock과 관련해서 ulimit 명령어를 잠깐 설명했는데, ulimit 명령어는 앞에서 보는 바와 같이 memory_lock을 비롯해 다양한 시스템 리소스의 제한 값을 관리한다.

10.5.1.2 sysctl 명령어

sysctl 명령어의 경우 리눅스 내부에 존재하는 커널의 파라미터를 조절할 수 있도록 설정 값을 제공한다. 이를 이용해 커널 레벨의 다양한 파라미터들을 확인할 수 있다. ulimit 명령어와 더불어 애플리케이션이 실행될 때 생성되는 리소스의 정보를 커널 레벨까지 비교적 자세하게 제공한다.

운영체제에 설정된 커널 파라미터

```
kernel.acct = 4 2           30
kernel.acpi_video_flags = 0
kernel.auto_msgmni = 1

... (생략) ...

net.core.bpf_jit_enable = 0
net.core.busy_poll = 0
net.core.busy_read = 0
```

10.5.1.3 실행 중인 애플리케이션의 리소스 확인

애플리케이션마다 리소스 제한이 있다는 사실을 알고 나면 모든 애플리케이션이 실제로 설정된 값만큼의 리소스만 할당받는 것인지 궁금할 것이다. 직접 확인해보자. 엘라스틱서치를 실행하고 PID를 이용해 프로세스 정보를 조회해 보면 된다. 즉, 우리 시스템에는 어떠한 리소스가 있고 각 리소스는 얼마만큼 할당받을 수 있는지 확인할 수 있다.

PID를 이용해 실행 중인 애플리케이션의 리소스 제한 값을 조회할 수 있다.

```
$ cat /proc/22154/limits

Limit                    Soft Limit           Hard Limit           Units
Max cpu time             unlimited            unlimited            seconds
Max file size            unlimited            unlimited            bytes
Max data size            unlimited            unlimited            bytes
Max stack size           8388608              unlimited            bytes
Max core file size       0                    unlimited            bytes
Max resident set         unlimited            unlimited            bytes
Max processes            81920                81920                processes
Max open files           81920                81920                files
Max locked memory        65536                65536                bytes
Max address space        unlimited            unlimited            bytes
Max file locks           unlimited            unlimited            locks
Max pending signals      512427               512427               signals
Max msgqueue size        819200               819200               bytes
Max nice priority        0                    0
Max realtime priority    0                    0
Max realtime timeout     unlimited            unlimited            us
```

이를 통해 간접적으로나마 대략적인 성능을 예측할 수 있으며 물리적인 리소스를 감안했을 때 어떠한 제한 값을 튜닝해야 할 것인지도 가늠할 수 있다. 앞에서도 언급했지만 엘라스틱서치는 가능한 한 단독으로 서버를 사용하는 것이 좋다. 다른 애플리케이션과 함께 사용할 경우 리소스 분배에 따른 성능을 예측하기가 무척 어려워지기 때문이다.

만약 엘라스틱서치가 단독으로 사용되는 경우에는 ulimit 명령어나 sysctl 명령어를 이용해 엘라스틱서치가 리소스를 최대한 독점해서 사용할 수 있도록 설정할 수 있다. 엘라스틱서치 단독으로 모든 리소스를 독점해서 사용하는 것이 보장되기 때문에 리소스의 최댓값을 튜닝하는 것만으로도 많은 부분의 성능 향상을 꾀할 수 있다.

리눅스의 루트 권한을 이용해 ulimit 명령어나 sysctl 명령어로 제공되는 항목들을 수정할 수 있다. 하지만 각 항목이 의미하는 바가 무엇이고 해당 항목의 값을 변경할 경우 어떤 일이 일어날지를 확실하게 시뮬레이션한 후 변경하는 것이 안전하다.

10.5.2 ulimit 명령어를 이용한 유저 레벨의 튜닝

ulimit 값을 변경하는 작업은 신중하게 진행해야 한다. 시스템의 특성이나 처리하는 데이터의 종류에 따라 리소스 제한을 변경해야 좀 더 좋은 성능을 발휘하는 경우도 있겠지만 일반적인 경우는 기본 설정값을 사용하는 것만으로도 충분할 때가 많다.

ulimit 값은 운영체제에서 실행되는 모든 애플리케이션에 적용되기 때문에 각 항목이 의미하는 바가 무엇인지 이해하지 못하고 변경할 경우 전체적인 시스템의 밸런스가 무너져서 대형 장애가 발생할 수도 있다.

10.5.2.1 ulimit 명령어

ulimit 명령어에는 제공되는 각 리소스를 수정할 수 있는 옵션이 있어 이 옵션을 이용해 리소스의 제한 값을 손쉽게 조정할 수 있다.

다음 명령어로 운영체제에 설정된 전체 리소스 제한 값을 조회할 수 있다.

```
$ ulimit -a

core file size          (blocks, -c) 0
data seg size           (kbytes, -d) unlimited
scheduling priority             (-e) 0
file size               (blocks, -f) unlimited
pending signals                 (-i) 15243
max locked memory       (kbytes, -l) 64
max memory size         (kbytes, -m) unlimited
open files                      (-n) 16000
pipe size            (512 bytes, -p) 8
POSIX message queues      (bytes, -q) 819200
```

```
real-time priority                  (-r) 0
stack size                (kbytes, -s) 10240
cpu time                 (seconds, -t) unlimited
max user processes                  (-u) 15243
virtual memory           (kbytes, -v) unlimited
file locks                          (-x) unlimited
```

앞서 스와핑 비활성화를 위한 방법 중 하나로 memory_lock 크기를 unlimited로 변경한 적이 있다.

```
//스와핑 최소화를 위해 memory lock 사이즈를 unlimited 값으로 변경
$ulimit -l unlimited
```

ulimit 명령어를 이용해 수정 가능한 항목은 매우 많다. 전체 항목 중 ulimit -a의 결과로 조회되는 항목도 있고 조회되지 않는 항목도 일부 있다.

먼저 ulimit -a 명령어로 조회해 보자. 수정 가능한 옵션은 다음과 같다.

-c [core] 생성할 수 있는 코어 파일 개수

-d [data] process's data segment의 최댓값

-e [nice] 스케줄링 우선순위("nice") 최댓값

-f [fsize] 셸에 의해 만들어질 수 있는 파일의 최대 크기

-i [sigpending] 생성할 수 있는 pending signals의 개수

-l [memlock] 스와핑을 최소화하도록 memory lock 설정이 가능한 최댓값

-m [rss] 설정 가능한 resident set 크기

-n [nofile] 생성할 수 있는 파일 디스크립터 개수

-p 512바이트 블록의 파이프 크기(이 값은 설정되지 않을 수 있음)

-q [msgqueue] POSIX 메시지 큐의 최대 바이트 수

-r [rtprio] 실시간 스케줄링 우선순위 최댓값

-s [stack] 스택이 가질 수 있는 최댓값

-t [cpu] 초(second)당 CPU 시간의 최댓값

-u [nproc] 한 사용자가 생성할 수 있는 프로세스의 개수

-v 생성할 수 있는 가상 메모리 최댓값

-x [locks] 파일 접근을 제한하는 file lock 설정이 가능한 최댓값

추가로 ulimit -a 명령어로 조회되지 않는 항목을 수정하는 옵션도 있다.

-b 소켓 버퍼 최댓값

-T 생성할 수 있는 스레드의 최대 개수

사용법은 간단하다. 다음과 같은 형태로 원하는 옵션을 선택해 최댓값을 지정하면 된다.

```
ulimit -옵션 최댓값
```

변경된 결과는 바로 조회할 수 있다. 변경 후 ulimit -a 옵션을 이용하면 변경사항을 즉시 확인할 수 있다.

10.5.2.2 소프트 설정과 하드 설정

ulimit는 내부적으로 소프트(Soft) 설정과 하드(Hard) 설정을 가지고 있다. 소프트 설정은 프로세스가 실행될 때 최초로 할당받는 값이고 하드 설정은 운영 중에 리소스의 한계에 도달할 경우 추가적으로 할당받을 수 있는 값이라고 이해하면 된다.

이렇게 이중으로 리소스 제한 값을 관리하는 이유는 모든 프로세스가 항상 최댓값으로 설정된 리소스를 할당받을 경우 자칫 리소스 낭비가 심해질 수 있기 때문이다.

대부분의 애플리케이션은 ulimit에 설정된 값보다 작은 리소스를 사용하는 것만으로도 충분하기 때문에 소프트 설정과 하드 설정으로 구분해서 설정하고 소프트 설정보다 큰 리소스가 필요할 경우에만 하드 설정까지 리소스가 늘어나도록 동작한다. 운영체제 입장에서는 설치된 애플리케이션이 아주 많을 것이다. 그리고 대부분의 경우에는 적은 리소스만으로도 충분히 동작할 가능성이 크다.

ulimit 명령어가 제공하는 소프트 설정

```
$ ulimit  - Sa

core file size              (blocks, -c) 0
data seg size               (kbytes, -d) unlimited
scheduling priority                 (-e) 0
file size                   (blocks, -f) unlimited
```

```
pending signals                     (-i) 31177
max locked memory       (kbytes, -l) 64
max memory size         (kbytes, -m) unlimited
open files                          (-n) 81920
pipe size           (512 bytes, -p) 8
POSIX message queues     (bytes, -q) 819200
real-time priority                  (-r) 0
stack size              (kbytes, -s) 8192
cpu time               (seconds, -t) unlimited
max user processes                  (-u) 81920
virtual memory          (kbytes, -v) unlimited
file locks                          (-x) unlimited
```

ulimit 명령어가 제공하는 하드 설정

```
$ ulimit - Ha

core file size          (blocks, -c) unlimited
data seg size           (kbytes, -d) unlimited
scheduling priority                 (-e) 0
file size               (blocks, -f) unlimited
pending signals                     (-i) 31177
max locked memory       (kbytes, -l) 64
max memory size         (kbytes, -m) unlimited
open files                          (-n) 81920
pipe size           (512 bytes, -p) 8
POSIX message queues     (bytes, -q) 819200
real-time priority                  (-r) 0
stack size              (kbytes, -s) unlimited
cpu time               (seconds, -t) unlimited
max user processes                  (-u) 81920
virtual memory          (kbytes, -v) unlimited
file locks                          (-x) unlimited
```

엘라스틱서치의 경우 특성상 많은 리소스를 사용할 것이다. 그래서 처음부터 소프트 설정 값과 하드 설정 값을 동일하게 설정하는 것이 좋다. 소프트 설정 값에 따라 최초 리소스를 할당받은 후 추가로 하드 설정 값에 따른 리소스를 할당받는 경우에도 비교적 많은 비용이 발생하기 때문이다.

10.5.2.3 ulimit 영구 설정

앞에서 설정한 내용들은 시스템이 리부팅하면 모두 초기화된다. 시스템을 운영하다 보면 시스템이 비정상적으로 종료되는 경우가 종종 발생하기도 하기 때문인데 리부팅에 의해 설정된 내역이 초기화되면 바로 장애로 이어질 수 있다.

각종 설정 정보가 튜닝되고 일단 시스템이 안정화되고 나면 설정 정보를 변경하는 것은 매우 위험한 일이 될 수 있다. 그러므로 리부팅되더라도 설정 내역이 유지되도록 영구적으로 저장하는 것이 반드시 필요하다.

리눅스에서는 ulimit 명령어의 설정 내역을 영구적으로 저장하기 위한 용도로 /etc/security/limits.conf 파일을 제공한다. 시스템이 리부팅될 때 이 파일의 내용을 참고하기 때문에 ulimit과 관련된 설정을 이 파일에 기재하면 설사 시스템이 리부팅되더라도 설정 내역이 그대로 유지된다.

```
$ vi /etc/security/limits.conf

irteam        softnofile        81920
irteam        hard    nofile                81920
irteamsu      softnofile        81920
irteamsu      hardnofile        81920
www           softnofile        81920
www           hardnofile        81920
root          softnofile        81920
root          hardnofile        81920
hadoop        softnofile        640000
hadoop        hardnofile        640000

irteam        softnproc         81920
irteam        hardnproc         81920
irteamsu      softnproc         81920
irteamsu      hardnproc         81920
www           softnproc         81920
www           hardnproc         81920
root          softnproc         81920
root          hardnproc         81920
```

소프트 설정의 경우 기본 할당되는 리소스의 제한 값이고 하드 설정의 경우 최댓값이다. 그리고 소프트 설정 값은 하드 설정 값을 넘어갈 수 없기 때문에 설정할 때 항상 주의해야 한다. 앞에서도 설명했지만 엘라스틱서치의 경우 애초에 소프트 설정과 하드 설정 모두 같은 값을 갖게 하는 편이 여러모로 편리하다.

limit.conf 파일에서 설정으로 제공하는 항목은 다음과 같다.

```
core – 코어 파일 크기 제한 설정(KB)
data – 최대 데이터 크기(KB)
nice – 최대 nice 우선순위 설정(Centos 6.x)
fsize – 최대 파일 크기(KB)
sigpending – pending signal의 최대 번호
memlock – 최대 locked-in-memory 공간(KB)
rss – 최대 resident set 크기(KB)
nofile – 최대 열 수 있는 파일 개수
msgqueue – POSIX 메시지 큐의 최대 메모리 사용량(bytes)
rtprio – 최대 실시간 우선순위(Centos 6.x)
stack – 최대 스택 크기(KB)
cpu – 최대 CPU 시간(MIN)
nproc – 최대 프로세스 수
locks – 최대 파일 잠금 수
as – 주소 공간 제한 설정
maxlogins – 최대 로그인 계정 수
maxsyslogins – 최대 시스템 로그인 계정 수
priority – 우선순위 설정
```

안타깝게도 제공되는 모든 항목이 ulimit 명령어를 이용해 변경 가능한 것은 아니다. 대부분의 항목은 옵션이 제공되어 ulimit로 편리하게 변경할 수 있지만 일부 옵션이 제공되지 않는 항목이 있다. 옵션이 제공되지 않는 항목의 경우에는 limit.conf 파일을 직접 편집해서 설정해야 한다.

ulimit 옵션으로 제공되는 항목

```
core (-c 옵션) – 코어 파일 크기 제한 설정 (KB)
data (-d 옵션) – 최대 데이터 크기(KB)
```

```
nice (-e 옵션) - 최대 nice 우선순위 설정(Centos 6.x)

fsize (-f 옵션) - 최대 파일 크기(KB)

sigpending (-i 옵션) - pending signal의 최대 번호

memlock (-l 옵션) - 최대 locked-in-memory 공간(KB)

rss (-m 옵션) - 최대 resident set 크기(KB)

nofile (-n 옵션) - 최대 열 수 있는 파일 개수

msgqueue (-q 옵션) - POSIX 메시지 큐의 최대 메모리 사용량(bytes)

rtprio (-r 옵션) - 최대 실시간 우선순위(Centos 6.x)

stack (-s 옵션) - 최대 스택 크기(KB)

cpu (-t 옵션) - 최대 CPU 시간(MIN)

nproc (-u 옵션) - 최대 프로세스 수

locks (-x 옵션) - 최대 파일 잠금 수
```

ulimit 옵션으로 제공되지않는 항목

```
as - 주소 공간 제한 설정

maxlogins - 최대 로그인 계정 수

maxsyslogins - 최대 시스템 로그인 계정 수

priority - 우선순위 설정
```

10.5.3 sysctl 명령어를 이용한 커널 레벨의 튜닝

sysctl 명령어는 커널에서 제공하는 다양한 파라미터 정보를 제공한다. 각 항목 하나하나가 커널에서 사용 중인 중요한 정보이기 때문에 함부로 수정할 경우 자칫 운영체제 전체가 심각한 불능 상태에 빠질 수도 있다. sysctl로 제공되는 항목들은 모두 커널 레벨의 민감한 정보이므로 수정할 때 항상 주의해야 한다.

10.5.3.1 sysctl 명령어

sysctl 명령어를 이용하면 커널 파라미터를 수정할 수 있다. 리눅스의 경우 커널에서 제공하는 다양한 파라미터가 있는데, 대부분의 경우 sysctl을 이용해 조절할 수 있다.

다음 명령어를 이용해 운영체제에 설정된 리소스 제한 값을 조회할 수 있다.

```
$ /sbin/sysctl -a

kernel.cap_last_cap = 36
kernel.compat-log = 1
kernel.core_pattern = core
kernel.core_pipe_limit = 0
kernel.core_uses_pid = 1
kernel.hotplug =
kernel.hung_task_check_count = 4194304
kernel.hung_task_panic = 0


... (생략) ...

vm.legacy_va_layout = 0
vm.lowmem_reserve_ratio = 256    256      32
vm.max_map_count = 262144
vm.memory_failure_early_kill = 0
vm.memory_failure_recovery = 1
vm.min_free_kbytes = 16127
vm.min_slab_ratio = 5
vm.min_unmapped_ratio = 1
vm.mmap_min_addr = 4096
```

파라미터 가운데 vm.max_map_count 항목도 있다. 이 항목은 특히 눈에 익을 것이다. 이 항목은 이전 절에서 가상 메모리 확보를 위해 mmap 카운트를 늘려주는 용도로 이미 사용한 바 있다.

```
// 가상 메모리 mmap 카운트 변경
$ sysctl -w vm.max_map_count = 262144
```

이처럼 해당 커널 파라미터를 수정하기 위해서는 -w 옵션을 사용하면 된다.

```
sysctl -w 파라미터명 = 파라미터 값
```

10.5.3.2 sysctl 영구 설정

커널 파라미터를 수정하기 위해 -w 옵션을 사용할 경우 시스템이 리부팅되면 설정 값이 초기화된다. sysctl 설정 값 역시 한번 설정하면 운영 중에는 절대로 초기화되지 않게 해야 한다.

리눅스에서는 sysctl 명령어의 설정 내역을 영구적으로 저장하기 위한 용도로 /etc/sysctl.conf 파일을 제공한다. 이 파일을 직접 편집하면 시스템이 리부팅되더라도 설정 내역이 그대로 유지된다.

```
$ vi /etc/sysctl.conf
```

10.5.4 엘라스틱서치 노드 레벨의 튜닝

앞에서 리눅스가 시스템 튜닝을 위해 제공하는 명령어를 살펴봤다. 이를 이용하면 서버를 엘라스틱서치만을 위한 시스템으로 좀 더 최적화할 수 있다. ulimit를 이용해 프로세스의 리소스 활용을 최적화하고 한걸음 더 나아가 각종 커널 파라미터 튜닝을 통해 엘라스틱서치가 단독으로 실행되는 서버의 성능을 효율적으로 끌어올릴 수 있다.

엘라스틱서치에서는 효율적인 서버 운영을 위해 다양한 가이드를 제공한다. 이를 통해 어떻게 해야 엘라스틱서치 클러스터를 좀 더 안정적이고 효율적으로 운영할 수 있을지 알아보자.

10.5.4.1 Max Open File 한계 설정

엘라스틱서치 클러스터를 운영하다 보면 특정 노드가 "Too many open files" 에러를 내며 장애를 발생시키는 경우가 있다. 리눅스에서는 모든 리소스를 일종의 파일로 표현하는데, 엘라스틱서치에서 추가로 리소스를 사용하기 위해 파일 형태로 운영체제에 리소스 할당을 요청했고 프로세스의 ulimit 제한에 걸려서 리소스 할당이 실패한 경우다.

엘라스틱서치 노드는 많은 수의 소켓(Socket)을 사용해 클라이언트와의 통신을 수행한다. 이뿐만이 아니다. 내부에 존재하는 루씬은 색인 데이터를 효율적으로 관리하기 위해 매우 많은 수의 파일을 사용한다. 이러한 작업에는 모두 파일 디스크립터가 사용되기 때문에 엘라스틱서치가 운영되는 시스템에서는 일반적인 시스템보다 훨씬 더 많은 수의 파일을 생성할 수 있어야 한다.

리눅스에서 기본으로 제공하는 Max Open File 설정 값은 너무 작다. 그러므로 설정 값을 최소 65,536개 이상의 큰 값으로 변경하는 것이 여러모로 좋다. 이러한 문제를 해결하기 위해서는 ulimit 명령어를 이용해 생성 가능한 파일의 제한을 늘리면 된다.

다음과 같은 명령어로 설정을 변경한다.

```
$ ulimit -n 81920
```

영구 설정을 위해서는 /etc/security/limits.conf 파일을 편집한다.

```
$ vi /etc/security/limits.conf
irteam          softnofile          81920
irteam          hardnofile          81920
```

시스템을 리부팅하고 다음 명령어로 확인한다.

```
$ ulimit -a
open files                          (-n) 81920
```

마지막으로 엘라스틱서치가 실행될 때 충분한 파일 디스크립터를 가지고 있는지 확인해 보자. 다음과 같이 _nodes API를 이용하면 노드의 각종 정보를 확인할 수 있다.

```
GET _nodes/stats/process
{
  "cluster_name": "엘라스틱서치",
  "nodes": {
    "nLd81iLsRcqmah-cuHAbaQ": {
      "timestamp": 1471516160318,
      "name": "Marsha Rosenberg",
      "transport_address": "127.0.0.1:9300",
      "host": "127.0.0.1",
      "ip": [
        "127.0.0.1:9300",
        "NONE"
      ],
      "process": {
        "timestamp": 1471516160318,
        "open_file_descriptors": 155,
        "max_file_descriptors": 10240,
        "cpu": {
          "percent": 0,
          "total_in_millis": 25084
        },
        "mem": {
```

```
        "total_virtual_in_bytes": 5221900288
      }
    }
  }
 }
}
```

이 가운데 process 항목이 있다. open_file_descriptors 필드에서는 현재 열려서 사용 중인 파일 디스크립터 개수를 확인할 수 있고 max_file_descriptors 필드에서는 최대 사용 가능한 파일 디스크립터 개수가 표시된다.

참고

설정 시 오류가 발생할 경우

파일 디스크립터 설정 시 오류가 발생할 수 있다. 커널에서도 내부적으로 설정 가능한 파일 개수를 관리하고 있는데 이를 넘어가면 오류가 발생한다. 일반적으로 커널 레벨의 파일 개수는 넉넉하게 설정돼 있지만 이보다 큰 값으로 설정하고 싶다면 커널 레벨에서 먼저 늘려야 한다.

```
$ cat /proc/sys/fs/file-max


$ sysctlfs.file-max
fs.file-max = 1609581
```

10.5.4.2 Max Thread 한계 설정

엘라스틱서치는 빠른 처리를 위해 대량의 스레드를 생성한다. 기본적으로 다수의 스레드를 관리해야 하기 때문에 메모리 효율을 위해 스레드풀을 도입해서 적극적으로 활용한다. 스레드풀을 이용하면 안정적이면서도 비교적 효율적으로 처리할 수 있기 때문에 엘라스틱서치 노드 내부의 다양한 영역에서 스레드풀이 사용된다. 또한 스레드풀은 내부에 큐(Queue)를 가지고 있기 때문에 처리를 위해 대기 중인 요청을 임시로 보관할 수 있다. 이를 이용하면 순간적으로 트래픽이 몰리더라도 데이터를 잃어버리지 않고 보관할 수 있다.

엘라스틱서치가 관리하는 스레드풀 내부의 스레드 개수를 사용자가 직접 설정하는 것도 가능하다. 하지만 물리적인 CPU 수를 기반으로 엘라스틱서치가 최적의 스레드 수를 자동으로 계산하기 때문에 가능한 한 엘라스틱서치에 위임하는 것이 좋다. 스레드풀 내부의 스레드 수는 처리량에 따라 유동적으로 늘어나거나 줄어들 수 있기 때문에 엘라스틱서치가 필요할 때마다 스레드를 마음껏 생성할 수 있어야 한다.

> **참고**
>
> **엘라스틱서치의 스레드풀**
>
> - generic: 일반적인 연산에 사용하는 스레드풀
> - index: 색인 작업에 사용하는 스레드풀
> - search: 카운트, 검색, 추천에 사용하는 스레드풀
> - get: GET 요청을 처리하는 데 사용하는 스레드풀
> - bulk: bulk 요청을 처리하는 데 사용하는 스레드풀
> - snapshot: 스냅숏/리스토어 작업을 처리하는 데 사용하는 스레드풀
> - warmer: 세그먼트 워밍업을 하는 데 사용하는 스레드풀
> - refresh: Refresh 요청을 처리하는 데 사용하는 스레드풀
> - listener: 자바 클라이언트에서 사용하는 스레드풀
>
> 자세한 사항은 다음 URL을 참고하자.
>
> - https://www.elastic.co/guide/en/elasticsearch/reference/current/modules-threadpool.html

리눅스에서 제공하는 ulimit 명령어를 이용하면 애플리케이션에서 생성할 수 있는 스레드의 최댓값을 확인할 수 있다. 이를 이용해 엘라스틱서치가 충분한 수의 스레드를 생성할 수 있도록 적절히 큰 값으로 설정을 변경하는 것이 좋다.

다음과 같은 명령어로 설정 값을 변경할 수 있다.

```
$ ulimit -u 81920
```

영구 설정을 위해서는 /etc/security/limits.conf 파일을 편집한다.

```
$ vi /etc/security/limits.conf
irteam          softnproc          81920
irteam          hardnproc          81920
```

시스템을 리부팅하고 다음 명령어로 확인해본다.

```
$ ulimit -a
max user processes                    (-u) 81920
```

엘라스틱서치에서 제공하는 _nodes API를 이용해 정보를 조회해 보자. 여기서 살펴볼 항목은 thread_pool 항목이다.

```
// 노드 정보 중 스레드풀 관련 정보만 조회
GET _nodes?filter_path=**.thread_pool
{
    "nodes": {
        "e6YYBK_6Su2qugjR0IfPZw": {
            "thread_pool": {
                "force_merge": {
                    "type": "fixed",
                    "min": 1,
                    "max": 1,
                    "queue_size": -1
                },
                "index": {
                    "type": "fixed",
                    "min": 2,
                    "max": 2,
                    "queue_size": 200
                },
                "refresh": {
                    "type": "scaling",
                    "min": 1,
                    "max": 1,
                    "keep_alive": "5m",
                    "queue_size": -1
                },

(... 생략 ...)

                "get": {
                    "type": "fixed",
                    "min": 2,
                    "max": 2,
                    "queue_size": 1000
                },
                "bulk": {
                    "type": "fixed",
                    "min": 2,
                    "max": 2,
```

```
                    "queue_size": 200
                }
            }
        }
    }
}
```

이 정보를 이용해 런타임에 엘라스틱서치 노드 내부에서 생성되어 관리되는 실제 스레드풀의 종류를 확인할 수 있다. 그리고 각 스레드풀에서 생성한 스레드의 개수와 버퍼 용도로 사용할 큐의 크기 등 부가적인 정보도 확인할 수 있다.

10.5.4.3. 네트워크 설정

앞에서 알아본 파일 디스크립터 설정이나 스레드 설정의 경우 엘라스틱서치 운영을 위한 필수적인 튜닝이었던 것에 반해 네트워크 설정의 경우 동시 접속 사용자가 적거나 네트워크 트래픽이 많지 않을 경우에는 큰 성능 향상을 느낄 수 없을 수도 있다. 대부분의 엘라스틱서치 노드가 REST API 형태의 HTTP 서비스를 제공하는데, 이 측면만 보면 일반적인 웹서비스와 동일하다고 볼 수 있다.

일반적으로 웹서비스를 제공하는 시스템을 구축한다면 톰캣(Tomcat)이나 제티(Jetty) 같은 WAS(Web Application Server) 기반의 애플리케이션을 주로 작성한다. 그리고 서버에서 최대한 많은 수의 트래픽을 처리할 수 있도록 소켓 설정과 같은 네트워크 차원의 튜닝이 이뤄진다. 이때의 네트워크 관련 설정을 엘라스틱서치에 그대로 적용하는 것도 그리 나쁘지 않은 선택이다.

또한 앞서 살펴본 sysctl 명령어를 이용해 운영체제 수준의 네트워크 설정도 해주는 것이 좋다. sysctl 명령어는 리눅스 커널과 관련된 대부분의 옵션을 제공하기 때문에 자세히 알아두면 여러모로 활용하기에 좋다.

대표적인 네트워크 관련 커널 파라미터

```
net.core.somaxconn = 4096

net.core.netdev_max_backlog = 16000

net.core.rmem_max = 4194304

net.core.wmem_max = 4194304

net.ipv4.tcp_max_syn_backlog = 16000

net.ipv4.tcp_rmem = 4096 87380 4194304

net.ipv4.tcp_wmem = 4096 87380 4194304

net.ipv4.tcp_fin_timeout = 12
```

11

장애 방지를 위한
실시간 모니터링

클러스터를 안정적으로 운영하려면 상시적으로 모니터링을 수행해야 한다. Health 체크는 기본이고 내부 모듈의 자세한 상태를 실시간으로 볼 수 있어야 한다. 이를 위해 엘라스틱서치에서는 다양한 형태의 모니터링 API를 제공한다. 이를 이용하면 이상징후를 사전에 파악해 문제가 발생했을 때 적극적으로 대처할 수 있다.

이번 장에서는 엘라스틱서치 클러스터의 정보를 제공하는 다양한 API를 알아보겠다.

이번 장에서 다룰 내용

11.1 클러스터 Health 체크

11.2 물리적인 클러스터 상태 정보 조회

11.3 클러스터에 대한 실시간 모니터링

11.4 Cat API를 이용해 콘솔에서 모니터링하기

11.1 클러스터 Health 체크

_cluster/health API를 이용하면 클러스터의 현재 상태를 실시간으로 확인할 수 있다. 클러스터의 현재 상태를 간단한 형태로 가공해서 제공하기 때문에 이를 이용해 클러스터의 Health를 체크할 수 있다. 클러스터에 _cluster/health API를 일정 주기로 요청하면 클러스터의 이상 유무를 즉시 알 수 있기 때문에 매우 유용하다. Health 체크 방식은 간단히 사용할 수 있으면서도 빠른 장애 대응이 가능해지기 때문에 대부분의 시스템에서 필수적으로 사용한다.

11.1.1 클러스터 레벨의 Health 체크

다음과 같이 간단하게 Health 체크를 요청할 수 있다.

```
GET /_cluster/health
{
    "cluster_name": "javacafe-es",
    "status": "green",
    "timed_out": false,
    "number_of_nodes": 4,
    "number_of_data_nodes": 3,
    "active_primary_shards": 55,
    "active_shards": 110,
    "relocating_shards": 0,
    "initializing_shards": 0,
    "unassigned_shards": 0,
    "delayed_unassigned_shards": 0,
    "number_of_pending_tasks": 0,
    "number_of_in_flight_fetch": 0,
    "task_max_waiting_in_queue_millis": 0,
    "active_shards_percent_as_number": 100
}
```

결과로 클러스터 레벨의 간단한 요약 정보를 제공하며, 일반적으로 Health 체크를 할 때 가장 많이 사용하는 방식이다. 클러스터 내부의 정보가 최소한으로 요약되어 제공되기 때문에 각 속성이 의미하는 바를 정확히 이해하는 것이 중요하다.

cluster_name

클러스터의 이름을 표시한다.

status

클러스터의 상태를 표시한다. 클러스터는 "green", "yellow", "red"의 세 가지 상태를 가질 수 있다.

- green: 클러스터의 모든 샤드가 정상임을 나타낸다.

- yellow: 프라이머리 샤드는 정상적으로 할당됐으나 일부 리플리카 샤드가 정상적으로 할당되지 못했음을 나타낸다.

- red: 일부 프라이머리 샤드가 정상적으로 할당되지 못했음을 나타낸다.

timed_out

Health 체크 API 호출 시 타임아웃이 발생했음을 의미한다.

number_of_nodes

물리적으로 존재하는 엘라스틱서치 노드의 개수를 의미한다.

number_of_data_nodes

노드 중에서 데이터 노드의 개수를 의미한다.

active_primary_shards

현재 클러스터에서 동작하고 있는 프라이머리 샤드의 개수를 의미한다.

active_shards

현재 클러스터에서 동작 중인 모든 샤드의 개수를 의미한다.

relocating_shards

복구를 위해 Relocation 작업 중인 샤드의 개수를 의미한다. 평상시에는 대부분 0 값을 가진다.

initializing_shards

초기화를 진행 중인 샤드의 개수를 의미한다. 인덱스를 만들 때 생성되는 샤드는 잠시 동안 초기화 상태를 유지한다. 만약 샤드가 오랜 시간 동안 초기화를 진행 중이라면 문제가 있는 것이므로 확인해봐야 한다.

unassigned_shards

할당되지 않은 샤드의 개수를 의미한다. 평상시에는 대부분 0 값을 가진다.

클러스터의 이상 유무를 판단할 때 status 속성을 확인하는 것이 가장 간단하면서도 확실한 방법이다. 추가로 제공되는 속성들은 클러스터 상태를 대략적인 정보로 요약해서 제공하고 있으므로 보조 지표로서 활용하는 것이 좋다.

클러스터가 정상적이라면 status 속성이 green으로 표시된다. 클러스터 내부에는 장애 대응을 해서 샤드의 복제본이 존재하게 되는데 이 복제본 중 일부에 장애가 발생할 경우에는 yellow로 표시된다. yellow 상태에서는 서비스에 지장은 없으나 장애 발생 시 즉각적인 복구가 불가하므로 클러스터가 green 상태로 변경될 때까지 쭉 지켜봐야 한다.

만약 클러스터의 상태가 red라면 일부 프라이머리 샤드에 장애가 발생해서 현재 정상적인 서비스가 불가능하다는 것을 의미한다. red 상태가 발생하면 다양한 지표를 확인해 빠르게 원인을 파악하고 복구해야 한다.

11.1.2 인덱스 레벨의 Health 체크

클러스터에 Health 체크 요청을 할 때 level 파라미터의 값으로 indices를 포함하면 기존 결과에 인덱스 정보가 포함되어 결과로 리턴된다. 다음과 같이 인덱스 정보를 포함한 Health 체크를 요청할 수 있다.

```
GET /_cluster/health?level=indices
{
    "cluster_name": "javacafe-es",
    "status": "green",
    "timed_out": false,
    "number_of_nodes": 4,
    "number_of_data_nodes": 3,
    "active_primary_shards": 55,
    "active_shards": 110,
    "relocating_shards": 0,
    "initializing_shards": 0,
    "unassigned_shards": 0,
    "delayed_unassigned_shards": 0,
    "number_of_pending_tasks": 0,
    "number_of_in_flight_fetch": 0,
    "task_max_waiting_in_queue_millis": 0,
    "active_shards_percent_as_number": 100,
    "indices": {
        "movie": {
            "status": "green",
            "number_of_shards": 5,
            "number_of_replicas": 1,
```

```
            "active_primary_shards": 5,
            "active_shards": 10,
            "relocating_shards": 0,
            "initializing_shards": 0,
            "unassigned_shards": 0
        },

                    ...(생략)...

        "tweet": {
            "status": "green",
            "number_of_shards": 5,
            "number_of_replicas": 1,
            "active_primary_shards": 5,
            "active_shards": 10,
            "relocating_shards": 0,
            "initializing_shards": 0,
            "unassigned_shards": 0
        }
    }
}
```

모든 인덱스 정보가 포함되어 리턴되기 때문에 기본적인 Health 체크보다 좀 더 자세히 요약 정보를 살펴볼 수 있다. 이를 이용하면 문제가 발생했을 때 문제가 발생한 인덱스를 쉽게 찾아낼 수 있다.

11.1.3 샤드 레벨의 Health 체크

클러스터에 Health 체크 요청을 할때 level 파라미터의 값으로 shards를 전달하면 인덱스 내부의 샤드 레벨까지 포함된 정보를 제공한다. 다음과 같이 샤드 정보까지 세분화된 Health 체크를 요청할 수 있다.

```
GET _cluster/health?level=shards
{
    "cluster_name": "javacafe-es",
    "status": "green",
    "timed_out": false,
    "number_of_nodes": 4,
```

```json
    "number_of_data_nodes": 3,
    "active_primary_shards": 55,
    "active_shards": 110,
    "relocating_shards": 0,
    "initializing_shards": 0,
    "unassigned_shards": 0,
    "delayed_unassigned_shards": 0,
    "number_of_pending_tasks": 0,
    "number_of_in_flight_fetch": 0,
    "task_max_waiting_in_queue_millis": 0,
    "active_shards_percent_as_number": 100,
    "indices": {
        "movie": {
            "status": "green",
            "number_of_shards": 5,
            "number_of_replicas": 1,
            "active_primary_shards": 5,
            "active_shards": 10,
            "relocating_shards": 0,
            "initializing_shards": 0,
            "unassigned_shards": 0,
            "shards": {
                "0": {
                    "status": "green",
                    "primary_active": true,
                    "active_shards": 2,
                    "relocating_shards": 0,
                    "initializing_shards": 0,
                    "unassigned_shards": 0
                },
                "1": {
                    "status": "green",
                    "primary_active": true,
                    "active_shards": 2,
                    "relocating_shards": 0,
                    "initializing_shards": 0,
                    "unassigned_shards": 0
                },
```

```json
        "2": {
            "status": "green",
            "primary_active": true,
            "active_shards": 2,
            "relocating_shards": 0,
            "initializing_shards": 0,
            "unassigned_shards": 0
        }
    }
},

...(생략)...

"tweet": {
    "status": "green",
    "number_of_shards": 5,
    "number_of_replicas": 1,
    "active_primary_shards": 5,
    "active_shards": 10,
    "relocating_shards": 0,
    "initializing_shards": 0,
    "unassigned_shards": 0,
    "shards": {
        "0": {
            "status": "green",
            "primary_active": true,
            "active_shards": 2,
            "relocating_shards": 0,
            "initializing_shards": 0,
            "unassigned_shards": 0
        },
        "1": {
            "status": "green",
            "primary_active": true,
            "active_shards": 2,
            "relocating_shards": 0,
            "initializing_shards": 0,
            "unassigned_shards": 0
```

```
            },
            "2": {
                "status": "green",
                "primary_active": true,
                "active_shards": 2,
                "relocating_shards": 0,
                "initializing_shards": 0,
                "unassigned_shards": 0
            }
        }
    }
  }
}
```

11.1.4 Health 체크 활용하기

Health 체크 API는 기본적으로 클러스터에 존재하는 모든 인덱스를 대상으로 요약 정보를 제공한다. 하지만 전체가 아니라 특정 인덱스만을 대상으로 요약 정보를 제공해야 할 때도 있을 것이다. 다음과 같이 호출하면 movie 인덱스만을 대상으로 Health 체크 요청이 이뤄진다.

```
GET /_cluster/health/movie
{
    "cluster_name": "javacafe-es",
    "status": "green",
    "timed_out": false,
    "number_of_nodes": 4,
    "number_of_data_nodes": 3,
    "active_primary_shards": 5,
    "active_shards": 10,
    "relocating_shards": 0,
    "initializing_shards": 0,
    "unassigned_shards": 0,
    "delayed_unassigned_shards": 0,
    "number_of_pending_tasks": 0,
    "number_of_in_flight_fetch": 0,
    "task_max_waiting_in_queue_millis": 0,
    "active_shards_percent_as_number": 100
}
```

결과 중에서 active_primary_shards 속성과 active_shards 속성을 살펴보면 전체 인덱스를 대상으로 조회했을 때와 movie 인덱스만을 조회했을 때와의 차이점을 확인할 수 있다.

```
// 전체 인덱스를 대상으로 Health 체크를 요청한 결과
"active_primary_shards": 55
"active_shards": 110

// movie 인덱스를 대상으로 Health 체크를 요청한 결과
"active_primary_shards": 5
"active_shards": 10
```

Health 체크 결과로 제공된 요약정보가 movie 인덱스에 존재하는 샤드만을 대상으로 생성되는 것이다. 이를 이용하면 검색 서비스를 멀티테넌시(multitenancy) 구조로 구축할 때 활용할 수 있다. 서로 다른 인덱스와 분리해서 Health 체크를 수행할 수 있는 것이다.

level 파라미터를 이용해 특정 인덱스만을 대상으로 Health 체크를 요청하는 경우에도 상세 정보를 얻을 수 있다. 다음과 같이 movie 인덱스만을 대상으로 인덱스 레벨로 Health 체크 요청을 할 수 있다.

```
GET /_cluster/health/movie?level=indices
{
    "cluster_name": "javacafe-es",
    "status": "green",
    "timed_out": false,
    "number_of_nodes": 4,
    "number_of_data_nodes": 3,
    "active_primary_shards": 5,
    "active_shards": 10,
    "relocating_shards": 0,
    "initializing_shards": 0,
    "unassigned_shards": 0,
    "delayed_unassigned_shards": 0,
    "number_of_pending_tasks": 0,
    "number_of_in_flight_fetch": 0,
    "task_max_waiting_in_queue_millis": 0,
    "active_shards_percent_as_number": 100,
    "indices": {
```

```
    "movie": {
        "status": "green",
        "number_of_shards": 5,
        "number_of_replicas": 1,
        "active_primary_shards": 5,
        "active_shards": 10,
        "relocating_shards": 0,
        "initializing_shards": 0,
        "unassigned_shards": 0
    }
  }
}
```

마찬가지로 movie 인덱스만을 대상으로 샤드 레벨로 Health 체크 요청을 할 수도 있다.

```
GET /_cluster/health/movie?level=shards
{
    "cluster_name": "javacafe-es",
    "status": "green",
    "timed_out": false,
    "number_of_nodes": 4,
    "number_of_data_nodes": 3,
    "active_primary_shards": 5,
    "active_shards": 10,
    "relocating_shards": 0,
    "initializing_shards": 0,
    "unassigned_shards": 0,
    "delayed_unassigned_shards": 0,
    "number_of_pending_tasks": 0,
    "number_of_in_flight_fetch": 0,
    "task_max_waiting_in_queue_millis": 0,
    "active_shards_percent_as_number": 100,
    "indices": {
        "movie": {
            "status": "green",
            "number_of_shards": 5,
            "number_of_replicas": 1,
```

```
        "active_primary_shards": 5,
        "active_shards": 10,
        "relocating_shards": 0,
        "initializing_shards": 0,
        "unassigned_shards": 0,
        "shards": {
            "0": {
                "status": "green",
                "primary_active": true,
                "active_shards": 2,
                "relocating_shards": 0,
                "initializing_shards": 0,
                "unassigned_shards": 0
            },
            "1": {
                "status": "green",
                "primary_active": true,
                "active_shards": 2,
                "relocating_shards": 0,
                "initializing_shards": 0,
                "unassigned_shards": 0
            },
            "2": {
                "status": "green",
                "primary_active": true,
                "active_shards": 2,
                "relocating_shards": 0,
                "initializing_shards": 0,
                "unassigned_shards": 0
            }
        }
    }
}
}
```

11.2 물리적인 클러스터 상태 정보 조회

엘라스틱서치는 실행 시 config 디렉터리에 설정된 환경설정 정보를 바탕으로 노드를 인스턴스화한다. 이때 사용 가능한 리소스를 적절히 분산해서 각 모듈에서 나눠서 사용할 수 있도록 자동으로 리소스를 분배한다. 모든 노드가 인스턴스화되어 클러스터가 구성되면 물리적인 노드가 실제로 어떤 설정을 가지고 있으며, 사용 중인 리소스가 어떤지를 상태 정보 API를 통해 확인할 수 있다.

엘라스틱서치에서 제공하는 _cluster/state API를 이용하면 클러스터의 환경설정이나 노드의 라우팅 방식, 인덱스의 매핑 구성 등 세부적인 상태 정보를 확인할 수 있다.

11.2.1 클러스터 레벨의 물리 상태 조회

_cluster/state API를 이용하면 클러스터 관점에서 제공되는 상태 정보 및 설정 내역을 상세하게 살펴볼 수 있다. 클러스터 구성의 기본이 되는 metadata 정보, routing_table 정보, Restore/Snapshot 정보 등을 한눈에 확인할 수 있다. 다음과 같이 클러스터 상태 정보를 요청할 수 있다.

```
GET _cluster/state
{
    "cluster_name": "javacafe-es",
    "compressed_size_in_bytes": 8766,
    "version": 313,
    "state_uuid": "snjU0nqvR02nFyi1Loj7Lg",
    "master_node": "T0eKC161SL6QFI3KtBFMog",
    "blocks": {},
    "nodes": {
        "e6YYBK_6Su2qugjR0IfPZw": {},
        "dYYuWMd9Sz-YDaMBKZaGFw": {},
        "T0eKC161SL6QFI3KtBFMog": {},
        "edrJa0eQR7-NJ10saIpgFg": {}
    },
    "metadata": {
        "cluster_uuid": "NGSDub_RQJGmz-l_wHbNAw",
        "templates": {},
        "indices": {
                        ...(생략)...
                },
```

```
                "index-graveyard": {}
        },
        "routing_table": {
            "indices": {
                            ...(생략)...
                    }
        },
        "routing_nodes": {
            "unassigned": [],
            "nodes": {}
        },
        "restore": {
            "snapshots": []
        },
        "snapshot_deletions": {
            "snapshot_deletions": []
        },
        "snapshots": {
            "snapshots": []
        }
    }
}
```

11.2.2 노드 레벨의 물리 상태 조회

노드 관점에서도 상태 정보 및 설정 내역을 상세하게 살펴볼 수 있다. 즉, 엘라스틱서치 노드가 실행될 때 실제로 어떤 설정을 가지고 인스턴스로 생성됐는지 살펴볼 수 있다. 노드 상태 정보를 조회하면 전체 노드를 대상으로 정보가 제공된다. 너무 많은 정보가 결과로 제공되기 때문에 다양한 필터링 조건도 제공한다.

```
// 전체 노드 상태 조회
GET _nodes

// 특정 IP로 노드 상태 조회
GET _nodes/10.0.0.1,10.0.0.2
```

```
// 특정 노드 ID로 노드 상태 조회
GET _nodes/T0eKC161SL6QFI3KtBFMog

// 호출받은 노드 상태 조회
GET _nodes/_local
```

만약 _nodes/_local로 조회한다면 API 요청을 받은 노드만을 대상으로 정보가 필터링되어 제공된다.
다음과 같이 노드 상태 정보를 요청할 수 있다.

```
GET _nodes/_local
{
    "_nodes": {
        "total": 1,
        "successful": 1,
        "failed": 0
    },
    "cluster_name": "javacafe-es",
    "nodes": {
        "T0eKC161SL6QFI3KtBFMog": {
            "name": "master-node-01",
            "transport_address": "10.0.0.4:20100",
            "host": "10.0.0.4",
            "ip": "10.0.0.4",
            "version": "6.2.2",
            "build_hash": "10b1edd",
            "total_indexing_buffer": 105630924,
            "roles": [
                "master",
                "ingest"
            ],
            "settings": {        ...(생략)...        },
            "os": {        ...(생략)...        },
            "process": {        ...(생략)...        },
            "jvm": {        ...(생략)...        },
            "thread_pool": {        ...(생략)...        },
            "transport": {        ...(생략)...        },
            "http": {        ...(생략)...        },
```

```
        "plugins": [      ...(생략)...          ],
        "modules": [      ...(생략)...          ],
        "ingest": {       ...(생략)...          },
    }
}
```

결과를 리턴한 T0eKC161SL6QFI3KtBFMog 노드는 roles 속성을 통해 마스터 노드임을 알 수 있다. 각 항목이 제공하는 정보가 많고 함축돼 있기 때문에 한눈에 들어오지 않는다. 세부 항목들을 하나씩 살펴보자.

Settings 정보

Settings 정보는 elasticsearch.yml에 설정된 기본적인 설정사항을 보여준다. elasticsearch.yml 파일을 수정한 후 변경 사항이 잘 반영됐는지 확인하려면 이곳을 살펴보면 된다.

```
"settings": {
        "pidfile": "master.pid",
        "cluster": {
                "name": "javacafe-es"
        },
        "node": {
                "data": "false",
                "name": "master-node-01",
                "master": "true"
        },
        "path": {
                "logs": "/home/es/elasticsearch-6.2.2/master/logs",
                "home": "/home/es/elasticsearch-6.2.2/master"
        },
        "discovery": {
                "zen": {
                        "ping": {
                                "unicast": {
                                        "hosts": [
                                                "127.0.0.1:20100",
                                                "127.0.0.1:20200",
                                                "127.0.0.1:20300",
                                                "127.0.0.1:20400"
```

```
                                        ]
                                }
                        }
                }
        },
        "client": {
                "type": "node"
        },
        "http": {
                "type": {
                        "default": "netty4"
                },
                "port": "20010",
                "cors": {
                        "allow-origin": "*",
                                "allow-headers": "X-Requested-With,X-Auth-Token,Content-Type,
Content-Length, Authorization",
                        "allow-methods": "OPTIONS, HEAD, GET, POST, PUT, DELETE",
                        "enabled": "true"
                }
        },
        "transport": {
                "tcp": {
                        "port": "20100"
                },
                "type": {
                        "default": "netty4"
                }
        },
        "network": {
                "host": "0.0.0.0",
                "bind_host": "0.0.0.0"
        }
}
```

OS 정보

엘라스틱서치 인스턴스가 실행된 운영체제 정보를 보여준다. 이 노드는 현재 리눅스 운영체제에서 실행되고 있음을 알 수 있다.

```
"os": {
        "refresh_interval_in_millis": 1000,
        "name": "Linux",
        "arch": "amd64",
        "version": "4.13.0-1011-azure",
        "available_processors": 2,
        "allocated_processors": 2
}
```

Process 정보

엘라스틱서치 인스턴스가 생성될 때 Memory Lock이 수행됐는지 알 수 있다.

```
"process": {
        "refresh_interval_in_millis": 1000,
        "id": 13727,
        "mlockall": false
}
```

JVM 정보

엘라스틱서치 인스턴스가 생성될 때 설정된 JVM 옵션들을 확인할 수 있다.

```
"jvm": {
        "pid": 13727,
        "version": "1.8.0_161",
        "vm_name": "Java HotSpot(TM) 64-Bit Server VM",
        "vm_version": "25.161-b12",
        "vm_vendor": "Oracle Corporation",
        "start_time_in_millis": 1520150489410,
        "mem": {
```

```
            "heap_init_in_bytes": 1073741824,
            "heap_max_in_bytes": 1056309248,
            "non_heap_init_in_bytes": 2555904,
            "non_heap_max_in_bytes": 0,
            "direct_max_in_bytes": 1056309248
    },
    "gc_collectors": [
            "ParNew",
            "ConcurrentMarkSweep"
    ],
    "memory_pools": [
            "Code Cache",
            "Metaspace",
            "Compressed Class Space",
            "Par Eden Space",
            "Par Survivor Space",
            "CMS Old Gen"
    ],
    "using_compressed_ordinary_object_pointers": "true",
    "input_arguments": [
            "-Xms1g",
            "-Xmx1g",
            "-XX:+UseConcMarkSweepGC",
            "-XX:CMSInitiatingOccupancyFraction=75",
            "-XX:+UseCMSInitiatingOccupancyOnly",
            "-XX:+AlwaysPreTouch",
            "-Xss1m",
            "-Djava.awt.headless=true",
            "-Dfile.encoding=UTF-8",
            "-Djna.nosys=true",
            "-XX:-OmitStackTraceInFastThrow",
            "-Dio.netty.noUnsafe=true",
            "-Dio.netty.noKeySetOptimization=true",
            "-Dio.netty.recycler.maxCapacityPerThread=0",
            "-Dlog4j.shutdownHookEnabled=false",
            "-Dlog4j2.disable.jmx=true",
            "-Djava.io.tmpdir=/tmp/elasticsearch.YFkY7P7l",
            "-XX:+HeapDumpOnOutOfMemoryError",
```

```
                "-XX:+PrintGCDetails",
                "-XX:+PrintGCDateStamps",
                "-XX:+PrintTenuringDistribution",
                "-XX:+PrintGCApplicationStoppedTime",
                "-Xloggc:logs/gc.log",
                "-XX:+UseGCLogFileRotation",
                "-XX:NumberOfGCLogFiles=32",
                "-XX:GCLogFileSize=64m",
                "-Des.path.home=/home/es/elasticsearch-6.2.2/master",
                "-Des.path.conf=/home/es/elasticsearch-6.2.2/master/config"
        ]
    }
```

스레드풀 정보

엘라스틱서치 인스턴스가 생성될 때 설정된 스레드풀 관련 정책들을 확인할 수 있다. 엘라스틱서치는 적절한 스레드를 생성할 수 있도록 CPU 코어 개수를 기반으로 스레드풀 정책을 세운다.

```
"thread_pool": {
    "force_merge": {
            "type": "fixed",
            "min": 1,
            "max": 1,
            "queue_size": -1
    },
    "fetch_shard_started": {
            "type": "scaling",
            "min": 1,
            "max": 4,
            "keep_alive": "5m",
            "queue_size": -1
    },
        "index": {
            "type": "fixed",
            "min": 2,
            "max": 2,
            "queue_size": 200
```

```
        },
        "search": {
                "type": "fixed_auto_queue_size",
                "min": 4,
                "max": 4,
                "queue_size": 1000
        },

...(생략)...

        "flush": {
                "type": "scaling",
                "min": 1,
                "max": 1,
                "keep_alive": "5m",
                "queue_size": -1
        },
        "management": {
                "type": "scaling",
                "min": 1,
                "max": 5,
                "keep_alive": "5m",
                "queue_size": -1
        },
        "get": {
                "type": "fixed",
                "min": 2,
                "max": 2,
                "queue_size": 1000
        }
    }
```

Transport 정보

엘라스틱서치는 클러스터 내부의 노드 간의 통신을 위해 transport 모듈을 이용한다. 이곳에서 어떤 포트가 바인딩됐는지 확인할 수 있다.

```
"transport": {
    "bound_address": [
            "[::]:20100"
    ],
    "publish_address": "10.0.0.4:20100",
    "profiles": {}
}
```

HTTP 정보

엘라스틱서치는 외부 통신을 위해 http 모듈을 이용한다. 이곳에서 어떤 포트가 바인딩됐는지 확인할 수 있다.

```
"http": {
    "bound_address": [
            "[::]:20010"
    ],
    "publish_address": "10.0.0.4:20010",
    "max_content_length_in_bytes": 104857600
}
```

플러그인 정보

엘라스틱서치는 플러그인 형태의 기능 확장을 지원한다. 이곳에서 어떤 플러그인이 설치됐는지 확인할 수 있다.

```
"plugins": [
    {
            "name": "analysis-seunjeon",
            "version": "6.1.1.1",
            "description": "The Korean(seunjeon) analysis plugin.",
            "classname": "org.bitbucket.eunjeon.seunjeon.elasticsearch.plugin.analysis.Analys
isSeunjeonPlugin",
            "extended_plugins": [],
            "has_native_controller": false,
```

```json
                    "requires_keystore": false
        },
        {

                "name": "hangul-jamo-analyzer",
                "version": "1.0-SNAPSHOT",
                "description": "${project.description}.",
                "classname": "org.elasticsearch.plugin.analysis.hangul.HangulJamoPlugin",
                "extended_plugins": [],
                "has_native_controller": false,
                "requires_keystore": false
        }
    ]
```

Modules 정보

엘라스틱서치는 내부에 다양한 모듈로 구성돼 있다. 이곳에서 어떤 모듈이 동작하고 있는지 확인할 수 있다.

```json
"modules": [
        {
                "name": "aggs-matrix-stats",
                "version": "6.2.2",
                "description": "Adds aggregations whose input are a list of numeric fields and
output includes a matrix.",
                "classname": "org.elasticsearch.search.aggregations.matrix.MatrixAggregationPlug
in",
                "extended_plugins": [],
                "has_native_controller": false,
                "requires_keystore": false
        },
        {
                "name": "analysis-common",
                "version": "6.2.2",
                "description": "Adds \"built in\" analyzers to Elasticsearch.",
                "classname": "org.elasticsearch.analysis.common.CommonAnalysisPlugin",
                "extended_plugins": [],
                "has_native_controller": false,
```

```
                    "requires_keystore": false
            },

                ...(생략)...

            {
                "name": "reindex",
                "version": "6.2.2",
                "description": "The Reindex module adds APIs to reindex from one index to another
or update documents in place.",
                "classname": "org.elasticsearch.index.reindex.ReindexPlugin",
                "extended_plugins": [],
                "has_native_controller": false,
                "requires_keystore": false
            },
            {
                "name": "transport-netty4",
                "version": "6.2.2",
                "description": "Netty 4 based transport implementation",
                "classname": "org.elasticsearch.transport.Netty4Plugin",
                "extended_plugins": [],
                "has_native_controller": false,
                "requires_keystore": false
            }
    ]
```

11.3 클러스터에 대한 실시간 모니터링

클러스터를 운영할 때 반드시 필요한 것이 모니터링이다. 안정적인 클러스터 운영을 위해서는 평상시에도 지속적으로 관심을 가지고 클러스터의 상태를 살펴봐야 한다. 다방면으로 촘촘히 모니터링할수록 좀더 안정적인 서비스 운영이 가능해진다.

엘라스틱서치 클러스터는 물리적으로 다수의 서버로 구성되기 때문에 다양한 관점에서 모니터링하는 것이 좋다. 클러스터는 다수의 노드로 구성돼 있고 각 노드는 다시 다수의 샤드로 이뤄진다. 물리적인 다수

의 샤드가 모여서 논리적인 인덱스를 구성하며, 결과적으로 모든 인덱스들을 하나로 모아 클러스터라고
부른다.

클러스터의 본질은 샤드이기 때문에 기반을 이루는 샤드를 하나하나 꼼꼼히 살펴봐야 한다. 이를 위해
엘라스틱서치는 클러스터를 모니터링할 수 있도록 다양한 API를 제공하며, 이를 잘 활용하면 클러스터
를 살펴볼 때 한발 떨어져서 멀리서 바라볼 수도 있고 좀 더 가깝게 파고들어 내부를 속속들이 살펴볼 수
도 있다. 또한 장애가 발생할 경우 문제 해결을 위해 많은 도움도 받을 수 있다.

이어지는 절에서는 이러한 용도로 엘라스틱서치에서 제공하는 다양한 API를 살펴보겠다.

11.3.1 클러스터 레벨의 실시간 모니터링

_cluster/stats API를 이용하면 클러스터 전체에서 통계를 검색할 수 있다. 이를 통해 클러스터를 구성
하는 물리적인 노드의 정보를 얻을 수 있다. 노드의 역할이나 운영체제 정보, 메모리 사용량, CPU 사용
량 등 다양한 지표를 제공하기 때문에 다양한 곳에서 활용할 수 있다. 다음과 같이 클러스터 통계 정보를
요청할 수 있다.

```
GET _cluster/stats
{
    "_nodes": {
        "total": 4,
    "successful": 4,
        "failed": 0
},
    "cluster_name": "javacafe-es",
    "timestamp": 1526048245200,
    "status": "green",
    "indices": {
                ...(생략)...
},
    "nodes": {
                ...(생략)...
    }
}
```

결과로 리턴된 JSON 구조를 살펴보면 크게 indices 속성과 node 속성으로 구성돼 있음을 알 수 있다. 각각 인덱스의 정보와 노드의 정보를 의미하며, 각각의 상세 정보를 살펴보자.

11.3.1.1 클러스터 통계 정보 중 인덱스에 대한 정보

```
"indices": {
      "count": 11,
      "shards": {
                "total": 110,
                "primaries": 55,
                "replication": 1,
                "index": {
                          "shards": {
                                    "min": 10,
                                    "max": 10,
                                    "avg": 10
                          },
                          "primaries": {
                                    "min": 5,
                                    "max": 5,
                                    "avg": 5
                          },
                          "replication": {
                                    "min": 1,
                                    "max": 1,
                                    "avg": 1
                          }
                }
      },
      "docs": {
                "count": 160157,
                "deleted": 0
      },
      "store": {
                "size_in_bytes": 215472818
      },
      "fielddata": {
                "memory_size_in_bytes": 28520,
```

```
            "evictions": 0
    },
    "query_cache": {
            "memory_size_in_bytes": 53368,
            "total_count": 14762,
            "hit_count": 6282,
            "miss_count": 8480,
            "cache_size": 50,
            "cache_count": 50,
            "evictions": 0
    },
    "completion": {
            "size_in_bytes": 4689
    },
    "segments": {
            "count": 303,
            "memory_in_bytes": 4147160,
            "terms_memory_in_bytes": 3150336,
            "stored_fields_memory_in_bytes": 114784,
            "term_vectors_memory_in_bytes": 624,
            "norms_memory_in_bytes": 168512,
            "points_memory_in_bytes": 14212,
            "doc_values_memory_in_bytes": 698692,
            "index_writer_memory_in_bytes": 0,
            "version_map_memory_in_bytes": 0,
            "fixed_bit_set_memory_in_bytes": 0,
            "max_unsafe_auto_id_timestamp": -1,
            "file_sizes": {}
    }
}
```

count

클러스터에 존재하는 인덱스의 개수를 나타낸다. 예제에서는 11개의 인덱스가 존재한다.

shards

클러스터에 존재하는 샤드의 정보를 나타낸다. 예제에서는 55개의 프라이머리 샤드와 1세트의 레플리카 샤드로 구성된 총 110개의 샤드가 존재한다.

docs

클러스터에 색인된 문서의 개수를 나타낸다. 예제에서는 총 160,157건의 문서가 색인돼 있고 삭제된 문서는 0개다.

store

클러스터 내부에 가지고 있는 문서가 차지하는 디스크 크기를 나타낸다. 예제에서는 색인된 문서가 205.49MB의 용량을 차지하고 있다.

fielddata

클러스터가 fielddata를 위해 생성한 메모리 크기를 나타낸다. 예제에서는 fielddata를 위해 27KB의 메모리 공간을 사용하고 있다.

query_cache

동일한 검색 요청 시 빠른 응답을 위해 검색 결과를 메모리에 올려 캐시한다. 예제에서는 이러한 캐시를 위해 52KB의 메모리 공간을 사용하고 있으며, 캐시가 Hit한 횟수가 6280번이고 Miss한 횟수가 8480번이라는 사실을 보여준다.

completion

Completion Suggest를 위해 생성한 메모리 크기를 나타낸다. 예제에서는 4KB의 메모리 공간을 사용하고 있다.

segments

클러스터 내부에 존재하는 루씬 세그먼트가 사용 중인 메모리 정보를 나타낸다. 예제에서는 총 303개의 세그먼트가 존재하며, 총 3MB의 메모리를 사용하고 있음을 보여준다. stored_fields_memory나 term_ vector, doc_values 등을 통해 메모리가 어느 곳에서 얼마만큼 사용되는지 알 수 있기 때문에 메모리 관련 이슈가 발생했을 때 이를 활용해 원인을 분석하는 데 큰 도움이 된다.

11.3.1.2 클러스터 통계 정보 중 노드에 대한 정보

```json
"nodes": {
    "count": {
            "total": 4,
            "data": 3,
            "coordinating_only": 0,
            "master": 1,
            "ingest": 4
    },
    "versions": [
            "6.2.2"
    ],
    "os": {
            "available_processors": 8,
            "allocated_processors": 8,
            "names": [
                    {
                            "name": "Linux",
                            "count": 4
                    }
            ],
            "mem": {
                    "total_in_bytes": 67190882304,
                    "free_in_bytes": 11657887744,
                    "used_in_bytes": 55532994560,
                    "free_percent": 17,
                    "used_percent": 83
            }
    },
    "process": {
            "cpu": {
                    "percent": 2
            },
```

```
                "open_file_descriptors": {
                        "min": 218,
                        "max": 285,
                        "avg": 267
                }
        },
        "jvm": {
                "max_uptime_in_millis": 5899521725,
                "versions": [
                        {
                                "version": "1.8.0_161",
                                "vm_name": "Java HotSpot(TM) 64-Bit Server VM",
                                "vm_version": "25.161-b12",
                                "vm_vendor": "Oracle Corporation",
                                "count": 4
                        }
                ],
                "mem": {
                        "heap_used_in_bytes": 4760907624,
                        "heap_max_in_bytes": 7446462464
                },
                "threads": 173
        },
        "fs": {
                "total_in_bytes": 31158935552,
                "free_in_bytes": 25510014976,
                "available_in_bytes": 25493237760
        },
        "plugins": [
                {
                        "name": "analysis-seunjeon",
                        "version": "6.1.1.1",
                        "description": "The Korean(seunjeon) analysis plugin.",
                        "classname": "org.bitbucket.eunjeon.seunjeon.elasticsearch.plugin.anal
ysis.AnalysisSeunjeonPlugin",
                        "extended_plugins": [],
                        "has_native_controller": false,
                        "requires_keystore": false
```

```
            },
            {
                        "name": "hangul-jamo-analyzer",
                        "version": "1.0-SNAPSHOT",
                        "description": "${project.description}.",
                         "classname": "org.elasticsearch.plugin.analysis.hangul.HangulJamoPlug
in",
                        "extended_plugins": [],
                        "has_native_controller": false,
                        "requires_keystore": false
            }
        ],
    "network_types": {
            "transport_types": {
                        "netty4": 4
            },
            "http_types": {
                        "netty4": 4
            }
        }
    }
}
```

count

클러스터에 존재하는 노드의 개수를 나타낸다. 예제에서는 클러스터에 총 4개의 노드가 존재하며 1개의 마스터 노드와 3개의 데이터 노드로 구성돼 있음을 알 수 있다. 또한 전용 코디네이팅 노드는 존재하지 않으며, 모든 노드들이 인제스트 노드의 역할을 수행할 수 있음을 보여준다.

versions

클러스터를 구성하는 엘라스틱서치 버전을 나타낸다. 예제에서는 엘라스틱서치 6.2.2를 사용하고 있다.

os

클러스터에 존재하는 노드의 운영체제 정보를 나타낸다. 예제에서는 4개의 노드 모두 리눅스 장비이고 8코어 CPU에 62GB 메모리를 탑재하고 있다.

process

클러스터에 존재하는 노드의 CPU 정보를 나타내다. 예제에서는 CPU 사용률이 2%임을 보여준다.

jvm

클러스터에 존재하는 노드의 JVM 정보를 나타낸다. 예제에서는 자바 1.8 버전을 사용하고 있음을 알 수 있다.

fs

클러스터에 존재하는 노드의 File System 정보를 나타낸다. 예제에서는 29GB의 디스크가 장착돼 있고 이 중에서 23GB의 공간을 사용할 수 있다는 사실을 알 수 있다.

plugins

클러스터에 존재하는 노드에 설치된 플러그인 정보를 나타낸다. 예제에서는 2개의 플러그인이 설치돼 있다.

network_types

클러스터에 존재하는 노드에서 사용 중인 네크워크 타입 정보를 나타낸다. 예제에서는 Netty4를 사용하고 있음을 알 수 있다.

11.3.2 노드 레벨의 실시간 모니터링

앞서 살펴본 클러스터 통계 정보의 경우 논리적인 개념인 클러스터 전체를 대상으로 통계를 집계했기 때문에 물리적인 개별 노드의 정확한 통계 정보를 볼 수 없었다. 문제가 발생할 경우 개별 노드를 일일이 확인해서 실제로 문제가 발생한 노드를 찾아야 하는데 클러스터 레벨의 통계 정보로는 이를 찾기가 어렵다.

_nodes/stats API를 사용하면 노드 레벨의 통계 정보를 검색할 수 있으며, 클러스터 레벨의 통계 정보와 마찬가지로 다양한 지표를 제공한다.

다음과 같이 노드 통계 정보를 요청할 수 있다.

```
GET _nodes/stats
{
    "_nodes": {
        "total": 4,
        "successful": 4,
        "failed": 0
    },
    "cluster_name": "javacafe-es",
    "nodes": {
        "T0eKC161SL6QFI3KtBFMog": {
            "timestamp": 1526052631303,
            "name": "master-node-01",
            "host": "10.0.0.4",
            "ip": "10.0.0.4:20100",
            "roles": [
                "master",
                "ingest"
            ],
                            ...(생략)...
        },
        "dYYuWMd9Sz-YDaMBKZaGFw": {
            "timestamp": 1526052631306,
            "name": "data-node-01",
            "host": "10.0.0.4",
            "ip": "10.0.0.4:20200",
            "roles": [
            "data",
                "ingest"
            ],
                            ...(생략)...
            },
        "edrJa0eQR7-NJ10saIpgFg": {
            "timestamp": 1526052631306,
            "name": "data-node-02",
            "host": "10.0.0.4",
            "ip": "10.0.0.4:20300",
```

```
        "roles": [
            "data",
            "ingest"
        ],
                            ...(생략)...
    },
    "e6YYBK_6Su2qugjR0IfPZw": {
        "timestamp": 1526052631304,
        "name": "data-node-03",
        "host": "10.0.0.4",
        "ip": "10.0.0.4:20400",
        "roles": [
            "data",
            "ingest"
        ],
                            ...(생략)...
    }
  }
}
```

결과로 리턴된 JSON 구조를 살펴보면 모든 노드의 통계 정보가 노드별로 상세하게 제공되는 것을 확인할 수 있다. 현재 이 클러스터는 1개의 마스터 노드(master-node-01)와 3개의 데이터 노드(data-node-01, data-node-02, data-node-03)로 구성돼 있다.

4개의 노드가 제공하는 통계 정보의 형식은 모두 동일하다. 하지만 노드가 동작하고 있는 물리 머신을 기준으로 데이터가 생성되기 때문에 각 노드 정보를 비교해보면 문제가 발생한 노드를 쉽게 찾을 수 있다. 여기서는 4개의 노드 중 데이터 노드(data-node-01) 하나를 가지고 제공되는 통계 정보를 자세히 살펴보겠다.

노드(data-node-01) 통계 정보의 구조를 살펴보면 다음과 같다.

```
"dYYuWMd9Sz-YDaMBKZaGFw": {
        "timestamp": 1526055478080,
        "name": "data-node-01",
        "transport_address": "10.0.0.4:20200",
        "host": "10.0.0.4",
```

```
"ip": "10.0.0.4:20200",
"roles": [
        "data",
        "ingest"
],
"indices": {
        ...(생략)...
},
"os": {
        ...(생략)...
},
"process": {
        ...(생략)...
},
"jvm": {
        ...(생략)...
},
"thread_pool": {
        ...(생략)...
},
"fs": {
        ...(생략)...
},
"transport": {
        ...(생략)...
},
"http": {
        ...(생략)...
},
"breakers": {
        ...(생략)...
},
"script": {
        ...(생략)...
},
"discovery": {
        ...(생략)...
},
```

```
    "ingest": {
            ...(생략)...
    },
    "adaptive_selection": {}
}
```

클러스터 통계 정보와 비교해보면 훨씬 더 많은 내용이 제공되는 것을 확인할 수 있다. 각 항목이 제공하는 정보가 많고 함축돼 있기 때문에 한눈에 들어오지 않는다. 각 세부 항목을 하나씩 살펴보자.

11.3.2.1 데이터 노드(data-node-01)의 통계 정보 중 indices(인덱스)에 대한 정보

```
"indices": {
     "docs": {
            "count": 114629,
            "deleted": 0
     },
     "store": {
            "size_in_bytes": 76950965
     },
     "indexing": {
            "index_total": 398068,
            "index_time_in_millis": 468469,
            "index_current": 0,
            "index_failed": 0,
            "delete_total": 7,
            "delete_time_in_millis": 12,
            "delete_current": 0,
            "noop_update_total": 0,
            "is_throttled": false,
            "throttle_time_in_millis": 0
     },
     "search": {
            "open_contexts": 0,
            "query_total": 1474,
            "query_time_in_millis": 5554,
            "query_current": 0,
            "fetch_total": 323,
```

```
                    "fetch_time_in_millis": 271,
                    "fetch_current": 0,
                    "scroll_total": 7,
                    "scroll_time_in_millis": 355308,
                    "scroll_current": 0,
                    "suggest_total": 83,
                    "suggest_time_in_millis": 308,
                    "suggest_current": 0
            },
                ...(생략)...
            "segments": {
                    "count": 112,
                    "memory_in_bytes": 1625528,
                    "terms_memory_in_bytes": 1223859,
                    "stored_fields_memory_in_bytes": 41496,
                    "term_vectors_memory_in_bytes": 312,
                    "norms_memory_in_bytes": 65024,
                    "points_memory_in_bytes": 4493,
                    "doc_values_memory_in_bytes": 290344,
                    "index_writer_memory_in_bytes": 0,
                    "version_map_memory_in_bytes": 0,
                    "fixed_bit_set_memory_in_bytes": 0,
                    "max_unsafe_auto_id_timestamp": -1,
                    "file_sizes": {}
            },
            "translog": {
                    "operations": 0,
                    "size_in_bytes": 1591,
                    "uncommitted_operations": 0,
                    "uncommitted_size_in_bytes": 1591
            }
    }
}
```

docs

데이터 노드(data-node-01)가 가지고 있는 문서의 수를 의미한다. 예제에서는 114,629건의 문서가 색인돼 있고 삭제된 문서는 0건이다.

store

데이터 노드(data-node-01)가 사용 중인 디스크 용량이다. 예제에서는 현재 73MB의 공간을 사용하고 있다.

indexing

데이터 노드(data-node-01)가 색인 작업을 진행한 통계 정보다. 예제에서는 지금까지 약 39만 건의 문서가 색인됐다.

get

데이터 노드(data-node-01)에서 Get API 요청을 처리한 통계 정보다. 예제에서는 1건의 Get API 요청이 있었으며 실패한 내역은 0건이다.

search

데이터 노드(data-node-01)에서 검색 요청을 처리한 통계 정보다. 검색 요청에 따른 세부 동작 과정에서 걸린 처리 시간을 볼 수 있다.

merges

데이터 노드(data-node-01) 내부에서 Merge 작업을 수행한 통계 정보다. Merge 작업에 따른 세부 동작 과정에서 걸린 처리 시간을 볼 수 있다.

refresh

데이터 노드(data-node-01) 내부에서 Refresh 작업을 수행한 통계 정보다. Refresh 작업을 수행하는 데 걸린 처리 시간을 볼 수 있다.

flush

데이터 노드(data-node-01) 내부에서 Flush 작업을 수행한 통계 정보다. Flush 작업을 수행하는 데 걸린 처리 시간을 볼 수 있다.

warmer

데이터 노드(data-node-01)에서 사용한 Warmer 작업을 수행한 통계 정보다. Warmar 기능은 과거에 인덱스 조회 성능을 높이기 위해 사용하던 기능으로서 현재는 폐기 예정되어 사용되지 않는다.

query_cache

데이터 노드(data-node-01)에서 가지고 있는 검색 결과에 대한 캐시 정보다. 검색 결과를 저장한 캐시의 수와 캐시에 대한 캐시 적중률과 캐시 미스율 등을 볼 수 있다.

fielddata

데이터 노드(data-node-01)에서 fielddata를 위해 생성한 메모리 크기를 나타낸다. 예제에서는 fielddata를 위해 12KB의 메모리 공간을 사용하고 있다.

completion

데이터 노드(data-node-01)에서 Completion Suggest를 위해 생성한 메모리 크기를 나타낸다. 예제에서는 Completion Suggest를 위해 939Bytes의 메모리 공간을 사용하고 있다.

segments

데이터 노드(data-node-01) 내부에서 Lucene Segment 작업을 수행한 통계 정보다. 세그먼트 내부 모듈에서 사용 중인 메모리 사용량을 볼 수 있다.

translog

데이터 노드(data-node-01) 내부에서 Translog 작업을 수행한 통계 정보다. Translog 파일의 크기를 볼 수 있다.

request_cache

데이터 노드(data-node-01)에서 가지고 있는 샤드 레벨의 중간 검색 결과에 대한 캐시 정보다.

캐시에 대한 캐시 적중률 및 캐시 미스율을 볼 수 있다.

recovery

데이터 노드(data-node-01) 내부에서 복구 작업을 수행한 통계 정보다. 예제에서는 복구 작업을 진행한 적이 없었음을 알 수 있다.

11.3.2.2 데이터 노드(data-node-01)의 통계 정보 중 os(운영체제)에 대한 정보

```
"os": {
    "timestamp": 1526055478083,
    "cpu": {
        "percent": 1,
        "load_average": {
            "1m": 0,
            "5m": 0,
            "15m": 0
        }
    },
    "mem": {
        "total_in_bytes": 16797720576,
        "free_in_bytes": 2914082816,
        "used_in_bytes": 13883637760,
        "free_percent": 17,
        "used_percent": 83
    },
    "swap": {
        "total_in_bytes": 0,
        "free_in_bytes": 0,
        "used_in_bytes": 0
    },
    "cgroup": {
        "cpuacct": {
            "control_group": "/user.slice",
            "usage_nanos": 98311687026441
        },
        "cpu": {
            "control_group": "/user.slice",
            "cfs_period_micros": 100000,
```

```
                                "cfs_quota_micros": -1,
                                "stat": {
                                        "number_of_elapsed_periods": 0,
                                        "number_of_times_throttled": 0,
                                        "time_throttled_nanos": 0
                                }
                        },
                        "memory": {
                                "control_group": "/user.slice",
                                "limit_in_bytes": "9223372036854771712",
                                "usage_in_bytes": "11164274688"
                        }
                }
        }
}
```

cpu

데이터 노드(data-node-01)에서 사용 중인 CPU 통계 정보다. CPU 사용률을 확인할 수 있다.

mem

데이터 노드(data-node-01)에서 사용 중인 메모리 통계 정보다. 다양한 메모리 관련 정보를 확인할 수 있다.

swap

데이터 노드(data-node-01)에서 사용 중인 스와핑 통계 정보다. 스와핑된 메모리 정보를 확인할 수 있다.

cgroup

데이터 노드(data-node-01)에서 사용 중인 cgroup 통계 정보다. 리눅스에서 제공하는 cgroup에 의해 제한된 시스템 리소스 정보를 확인할 수 있다(리눅스 전용).

11.3.2.3 데이터 노드(data-node-01)의 통계 정보 중 process(엘라스틱서치 인스턴스)에 대한 정보

```
"process": {
        "timestamp": 1526055478084,
        "open_file_descriptors": 285,
        "max_file_descriptors": 65536,
        "cpu": {
                "percent": 0,
                "total_in_millis": 22066820
        },
        "mem": {
                "total_virtual_in_bytes": 4911374336
        }
}
```

open_file_descriptors

데이터 노드(data-node-01)를 실행한 이후로 사용 중인 파일 디스크립터 정보다. 예제에서는 285개의 파일 디스크립터를 열어서 사용 중이다.

max_file_descriptors

데이터 노드(data-node-01) 프로세스가 생성 가능한 최대 파일 디스크립터 카운트 정보다. 예제에서는 별도의 파일 디스크립터 설정을 하지 않았으므로 기본값인 65,536개로 설정돼 있음을 확인할 수 있다.

cpu

데이터 노드(data-node-01)를 실행한 이후로 사용한 CPU 정보다. 예제에서는 실행 이후 22066820ms의 시간 동안 CPU를 사용했음을 알 수 있다.

mem

데이터 노드(data-node-01) 프로세스가 부여받은 가상 메모리 정보다. 예제에서는 4GB의 가상 메모리 공간을 사용할 수 있게 설정돼 있음을 확인할 수 있다.

11.3.2.4 데이터 노드(data-node-01)의 통계 정보 중 jvm(자바 VM)에 대한 정보

```
"jvm": {
      "timestamp": 1526055478084,
      "uptime_in_millis": 5906754619,
      "mem": {
                "heap_used_in_bytes": 1524976032,
                "heap_used_percent": 71,
                "heap_committed_in_bytes": 2130051072,
                "heap_max_in_bytes": 2130051072,
                "non_heap_used_in_bytes": 142814080,
                "non_heap_committed_in_bytes": 150683648,
                "pools": {
                        "young": {
                                "used_in_bytes": 96443840,
                                "max_in_bytes": 139591680,
                                "peak_used_in_bytes": 139591680,
                                "peak_max_in_bytes": 139591680
                        },
                        "survivor": {
                                "used_in_bytes": 181632,
                                "max_in_bytes": 17432576,
                                "peak_used_in_bytes": 17432576,
                                "peak_max_in_bytes": 17432576
                        },
                        "old": {
                                "used_in_bytes": 1428350560,
                                "max_in_bytes": 1973026816,
                                "peak_used_in_bytes": 1428350560,
                                "peak_max_in_bytes": 1973026816
                        }
                }
      },
      "threads": {
                "count": 46,
                "peak_count": 47
      },
      "gc": {
```

```
                            "collectors": {
                                    "young": {
                                            "collection_count": 4698,
                                            "collection_time_in_millis": 114725
                                    },
                                    "old": {
                                            "collection_count": 2,
                                            "collection_time_in_millis": 180
                                    }
                            }
                    },
                    "buffer_pools": {
                            "direct": {
                                    "count": 49,
                                    "used_in_bytes": 84842438,
                                    "total_capacity_in_bytes": 84842437
                            },
                            "mapped": {
                                    "count": 160,
                                    "used_in_bytes": 76443632,
                                    "total_capacity_in_bytes": 76443632
                            }
                    },
                    "classes": {
                            "current_loaded_count": 13115,
                            "total_loaded_count": 13115,
                            "total_unloaded_count": 0
                    }
            }
```

mem

JVM의 메모리 관련 통계 정보를 보여준다. 예제에서는 현재 1GB의 힙 공간을 사용하고 있음을 알 수 있다.

threads

JVM이 사용 중인 스레드 관련 통계 정보를 보여준다. 예제에서는 현재 46개의 스레드를 사용하고 있다.

gc

JVM의 현재 가비지 컬렉션 정보를 보여준다. Young 영역과 Old 영역의 정보를 확인해서 간접적으로 나마 가비지 컬렉션 발생 시간을 유추할 수 있다.

buffer_pools

JVM 내부의 Direct Buffer와 Mapped Buffer의 메모리 정보를 보여준다. 현재 힙 내부에서 80MB의 메모리를 사용 중이고 mmap을 이용해 72MB의 메모리를 사용하고 있음을 알 수 있다. 루씬에서는 mmap을 주로 사용하기 때문에 이 정보를 활용해 루씬의 상태를 확인할 수 있다.

classes

JVM 내부에 로딩된 클래스 정보를 보여준다. 예제에서는 13,115개의 클래스가 로딩된 것을 확인할 수 있다.

11.3.2.5 데이터 노드(data-node-01)의 통계 정보 중 thread_pool(스레드풀)에 대한 정보

```
"thread_pool": {
    "bulk": {
            "threads": 2,
            "queue": 0,
            "active": 0,
            "rejected": 0,
            "largest": 2,
            "completed": 9457
    },
    "fetch_shard_started": {
            "threads": 0,
            "queue": 0,
            "active": 0,
            "rejected": 0,
```

```
            "largest": 0,
            "completed": 0
    },
    "fetch_shard_store": {
            "threads": 0,
            "queue": 0,
            "active": 0,
            "rejected": 0,
            "largest": 0,
            "completed": 0
    },
    "flush": {
            "threads": 1,
            "queue": 0,
            "active": 0,
            "rejected": 0,
            "largest": 1,
            "completed": 138
    },
    "force_merge": {
            "threads": 0,
            "queue": 0,
            "active": 0,
            "rejected": 0,
            "largest": 0,
            "completed": 0
    },
    "generic": {
            "threads": 7,
            "queue": 0,
            "active": 0,
            "rejected": 0,
            "largest": 7,
            "completed": 8113357
    },
    "get": {
            "threads": 2,
            "queue": 0,
```

```
                "active": 0,
                "rejected": 0,
                "largest": 2,
                "completed": 3
        },
        "index": {
                "threads": 2,
                "queue": 0,
                "active": 0,
                "rejected": 0,
                "largest": 2,
                "completed": 15
        },
        "listener": {
                "threads": 0,
                "queue": 0,
                "active": 0,
                "rejected": 0,
                "largest": 0,
                "completed": 0
        },
        "management": {
                "threads": 5,
                "queue": 0,
                "active": 1,
                "rejected": 0,
                "largest": 5,
                "completed": 2733690
        },
        "refresh": {
                "threads": 1,
                "queue": 0,
                "active": 0,
                "rejected": 0,
                "largest": 1,
                "completed": 46240865
        },
        "search": {
```

```
            "threads": 4,
            "queue": 0,
            "active": 0,
            "rejected": 0,
            "largest": 4,
            "completed": 1958
        },
        "snapshot": {
            "threads": 0,
            "queue": 0,
            "active": 0,
            "rejected": 0,
            "largest": 0,
            "completed": 0
        },
        "warmer": {
            "threads": 0,
            "queue": 0,
            "active": 0,
            "rejected": 0,
            "largest": 0,
            "completed": 0
        }
    }
}
```

bulk

bulk 요청을 처리하는 데 사용하는 스레드풀 정보를 보여준다. 예제에서는 생성된 스레드 카운트가 2다.

fetch_shard_started

샤드 Started 패치(fetch_shard_started) 작업을 처리하는 데 사용하는 스레드풀 정보를 보여준다. 예제에서는 생성된 스레드 카운트가 0이다.

fetch_shard_store

샤드 Store 패치(fetch_shard_store) 작업을 처리하는 데 사용하는 스레드풀 정보를 보여준다. 예제에서는 생성된 스레드 카운트가 0이다.

flush

Flush 작업을 처리하는 데 사용하는 스레드풀 정보를 보여준다. 예제에서는 생성된 스레드 카운트가 1이다.

force_merge

강제 병합(force_merge) 작업을 처리하는 데 사용하는 스레드풀 정보를 보여준다. 예제에서는 생성된 스레드 카운트가 0이다.

generic

일반적인 연산에 사용하는 스레드풀 정보를 보여준다. 예제에서는 생성된 스레드 카운트가 7이다.

get

Get API 요청을 처리하는 데 사용하는 스레드풀 정보를 보여준다. 예제에서는 생성된 스레드 카운트가 5다.

index

색인 작업에 사용하는 스레드풀 정보를 보여준다. 예제에서는 생성된 스레드 카운트가 2다.

listener

자바 클라이언트에서 사용하는 스레드풀 정보를 보여준다. 엘라스틱서치 노드가 클라이언트 모드로 실행될 경우에만 의미가 있다.

management

Cat API나 Stat API 같은 관리용 요청을 처리하는 데 사용하는 스레드풀 정보를 보여준다. 예제에서는 생성된 스레드 카운트가 5다.

refresh

Refresh 요청을 처리하는 데 사용하는 스레드풀 정보를 보여준다. 예제에서는 생성된 스레드 카운트가 1이다.

search

카운트, 검색, 추천에 사용하는 스레드풀 정보를 보여준다. 예제에서는 생성된 스레드 카운트가 4다.

snapshot

Snapshot/Restore 작업을 처리하는 데 사용하는 스레드풀 정보를 보여준다. 예제에서는 생성된 스레드 카운트가 0이다.

warmer

세그먼트 Warmer 작업에 사용하는 스레드풀 정보를 보여준다(폐기 예정). 최신 버전에서는 해당 기능이 삭제됐기 때문에 더는 사용되지 않는다.

11.3.2.6 데이터 노드(data-node-01)의 통계 정보 중 fs(파일시스템)에 대한 정보

```
"fs": {
    "timestamp": 1526055478084,
    "total": {
            "total_in_bytes": 31158935552,
            "free_in_bytes": 25509908480,
            "available_in_bytes": 25493131264
    },
    "data": [
            {
                    "path": "/home/es/elasticsearch-6.2.2/data-01/data/nodes/0",
                    "mount": "/ (/dev/sda1)",
                    "type": "ext4",
                    "total_in_bytes": 31158935552,
                    "free_in_bytes": 25509908480,
                    "available_in_bytes": 25493131264
            }
    ],
    "io_stats": {
            "devices": [
                    {
```

```
                                "device_name": "sda1",
                                "operations": 3537820,
                                "read_operations": 26759,
                                "write_operations": 3511061,
                                "read_kilobytes": 518948,
                                "write_kilobytes": 89180284
                        }
                ],
                "total": {
                        "operations": 3537820,
                        "read_operations": 26759,
                        "write_operations": 3511061,
                        "read_kilobytes": 518948,
                        "write_kilobytes": 89180284
                }
        }
    }
}
```

total

사용 중인 파일시스템의 통계 정보를 보여준다. 예제에서는 29GB의 디스크가 있고 이 가운데 23GB의 공간을 사용할 수 있음을 알 수 있다.

data

사용 중인 파일시스템의 종류와 저장 경로를 보여준다. 예제에서는 ext4 파일시스템을 사용 중임을 알 수 있다.

io_stats

현재 일어나고 있는 IO 통계 정보를 보여준다. 예제에서는 518,948KB의 Read 작업과 89,180,284KB의 Write 작업이 일어났음을 알 수 있다.

11.3.2.7 데이터 노드(data-node-01)의 통계 정보 중 transport(클라이언트 모듈)에 대한 정보

```
"transport": {
      "server_open": 35,
      "rx_count": 14768995,
      "rx_size_in_bytes": 4829206670,
      "tx_count": 14768994,
      "tx_size_in_bytes": 31163722009
}
```

server_open

연결 중인 Transport 개수를 나타낸다. 예제에서는 35개의 연결이 존재한다.

rx_count

수신받은 횟수를 나타낸다. 예제에서는 14,768,995번의 수신 요청을 받았다.

rx_size_in_bytes

수신받은 데이터 크기를 나타낸다. 예제에서는 4,829,206,670바이트의 데이터를 받았다.

tx_count

송신한 횟수를 나타낸다. 예제에서는 14,768,994번의 송신을 수행했다.

tx_size_in_bytes

송신한 데이터 크기를 나타낸다. 예제에서는 31,163,722,009바이트의 데이터를 보냈다.

12.3.2.8 데이터 노드(data-node-01)의 통계 정보 중 http(HTTP 모듈)에 대한 정보

```
"http": {
      "current_open": 0,
      "total_opened": 2613
}
```

current_open

현재 요청 중인 HTTP 연결 수를 나타낸다. 예제에서는 현재 실행 중인 HTTP 요청이 0건이다.

total_opened

지금까지 요청한 HTTP 요청 수를 나타낸다. 예제에서는 지금까지 2613번의 HTTP 요청이 있었다.

11.3.2.9 데이터 노드(data-node-01)의 통계 정보 중 breakers(서킷 브레이커)에 대한 정보

```
"breakers": {
    "request": {
            "limit_size_in_bytes": 1278030643,
            "limit_size": "1.1gb",
            "estimated_size_in_bytes": 0,
            "estimated_size": "0b",
            "overhead": 1,
            "tripped": 0
    },
    "fielddata": {
            "limit_size_in_bytes": 1278030643,
            "limit_size": "1.1gb",
            "estimated_size_in_bytes": 12584,
            "estimated_size": "12.2kb",
            "overhead": 1.03,
            "tripped": 0
    },
    "in_flight_requests": {
            "limit_size_in_bytes": 2130051072,
            "limit_size": "1.9gb",
            "estimated_size_in_bytes": 246,
            "estimated_size": "246b",
            "overhead": 1,
            "tripped": 0
    },
    "accounting": {
            "limit_size_in_bytes": 2130051072,
            "limit_size": "1.9gb",
```

```
                "estimated_size_in_bytes": 1624589,
                "estimated_size": "1.5mb",
                "overhead": 1,
                "tripped": 0
        },
        "parent": {
                "limit_size_in_bytes": 1491035750,
                "limit_size": "1.3gb",
                "estimated_size_in_bytes": 1637419,
                "estimated_size": "1.5mb",
                "overhead": 1,
                "tripped": 0
        }
}
```

parent

공통으로 사용되는 메모리 사용량을 설정한다(기본값 70%). 모든 서킷브레이커들은 parent에서 설정된 메모리 사용량보다 작게 설정해야 유효하다. 예제에서는 총 1.9GB 메모리의 70%에 해당하는 1.3GB로 서킷브레이커가 설정돼 있다.

request

요청 시 집계 연산과 같은 무거운 작업이 수행될 수 있기 때문에 메모리 사용량에 제한을 둔다(기본값은 60%). 예제에서는 총 1.9GB 메모리의 60%에 해당하는 1.1GB로 서킷브레이커가 설정돼 있다.

fielddata

노드에서 fielddata 캐시로 사용되는 메모리 사용량에 제한을 둔다(기본값은 60%). 예제에서는 총 1.9GB 메모리의 60%에 해당하는 1.1GB로 서킷브레이커가 설정돼 있다.

in_flight_requests

Transfer 동작이나 HTTP 수준의 동작 시 수신되는 데이터에 대한 메모리 사용량에 제한을 둔다(기본값은 100%). 예제에서는 총 1.9GB 메모리의 100%에 해당하는 1.9GB로 서킷브레이커가 설정돼 있다.

accounting

루씬 세그먼트와 같이 요청이 완료된 후에도 해제되지 않는 메모리가 존재할 경우에 대비해서 메모리 사용량을 설정한다(기본값은 100%). 예제에서는 총 1.9GB 메모리의 100%에 해당하는 1.9GB로 서킷브레이커가 설정돼 있다.

11.3.3 인덱스 레벨의 실시간 모니터링

클러스터 통계 정보는 클러스터 레벨에서 정보를 통합해서 보여준다. 클러스터에 어떤 인덱스가 존재하는지, 그리고 어떤 노드가 존재하는지를 클러스터 전체 관점에서 보여준다.

이전 절에서 살펴본 노드 통계 정보는 클러스터를 노드 수준에서 접근해서 좀 더 깊숙하게 들여다볼 수 있게 돕는다. 노드 통계 정보는 물리적인 엘라스틱서치 노드 레벨에서 각종 지표를 제공하고 있어 물리적인 장애에 대응하는 데 도움이 된다.

지금부터 살펴볼 인덱스 통계 정보는 클러스터를 인덱스 수준에서 들여다볼 수 있게 도와준다. 노드 통계 정보와는 다르게 인덱스는 여러 노드에 걸쳐 존재하는 논리적인 개념이다. 비슷한 지표가 제공되지만 데이터를 노드 레벨로 집계했느냐, 인덱스 레벨로 집계했느냐의 차이가 있다. 이것들을 조합하면 클러스터를 물리적 및 논리적 측면에서 복합적으로 살펴볼 수 있기 때문에 전체적인 클러스터에 대한 이해도를 높일 수 있다.

다음과 같이 인덱스 통계 정보를 요청할 수 있다.

```
GET _stats
{
"_shards": {
"total": 120,
"successful": 120,
"failed": 0
},
"_all": {
"primaries": {},
"total": {}
},
"indices": {
```

```
"news": {
"primaries": {},
"total": {},
},

...(생략)...

"movie": {
"primaries": {},
"total": {}
}
}
}
```

결과로 리턴된 JSON 구조를 살펴보면 모든 인덱스의 통계 정보가 제공되는 것을 확인할 수 있다. 현재 이 클러스터에는 총 12개의 인덱스가 있다.

_all 속성은 모든 인덱스의 통계값을 합친 값으로 구성된다. _all에 담긴 정보를 살펴보면 클러스터에 존재하는 전체 인덱스를 대상으로 하는 통계 정보를 살펴볼 수 있다. 그리고 _all 속성과 같은 레벨로 indices 속성이 제공되는데 이곳에서 각 인덱스별로 통계 정보를 살펴볼 수 있다.

여기서는 indices 속성에 포함된 인덱스 통계 정보 중 movie 인덱스를 가지고 통계 정보를 살펴보겠다. 인덱스 통계 정보의 구조를 살펴보면 다음과 같다.

```
"movie": {
    "primaries": {
            ...(생략)...
    },
    "total": {
            ...(생략)...
    }
}
```

movie 인덱스의 구조를 보면 내부에 primaries 속성과 total 속성이 존재한다. primaries 속성의 경우 프라이머리 샤드를 의미하고 total 속성의 경우 프라이머리 샤드와 레플리카 샤드를 모두 합한 것을 의미한다. 제공하는 통계 정보는 동일하므로 여기서는 프라이머리 샤드를 기준으로 정보를 살펴보자.

primaries 속성으로 제공되는 상세 정보는 다음과 같다.

```
"movie": {
        "primaries": {
                "docs": {
                        "count": 30000,
                        "deleted": 0
                },
                "store": {
                        "size_in_bytes": 10604739
                },
                "indexing": {
                        "index_total": 30000,
                        "index_time_in_millis": 34576,
                        "index_current": 0,
                        "index_failed": 0,
                        "delete_total": 0,
                        "delete_time_in_millis": 0,
                        "delete_current": 0,
                        "noop_update_total": 0,
                        "is_throttled": false,
                        "throttle_time_in_millis": 0
                },
                "get": {
                        "total": 5,
                        "time_in_millis": 0,
                        "exists_total": 4,
                        "exists_time_in_millis": 0,
                        "missing_total": 1,
                        "missing_time_in_millis": 0,
                        "current": 0
                },
                "search": {
                        "open_contexts": 0,
                        "query_total": 134,
                        "query_time_in_millis": 1022,
                        "query_current": 0,
                        "fetch_total": 20,
```

```
                                "fetch_time_in_millis": 7,
                                "fetch_current": 0,
                                "scroll_total": 0,
                                "scroll_time_in_millis": 0,
                                "scroll_current": 0,
                                "suggest_total": 0,
                                "suggest_time_in_millis": 0,
                                "suggest_current": 0
                        },
                        "merges": {
                                "current": 0,
                                "current_docs": 0,
                                "current_size_in_bytes": 0,
                                "total": 1,
                                "total_time_in_millis": 1066,
                                "total_docs": 6025,
                                "total_size_in_bytes": 2213252,
                                "total_stopped_time_in_millis": 0,
                                "total_throttled_time_in_millis": 0,
                                "total_auto_throttle_in_bytes": 104857600
                        },
                        "refresh": {
                                "total": 83,
                                "total_time_in_millis": 4924,
                                "listeners": 0
                        },
                        "flush": {
                                "total": 5,
                                "total_time_in_millis": 903
                        },
                        "warmer": {
                                "current": 0,
                                "total": 62,
                                "total_time_in_millis": 0
                        },
                        "query_cache": {
                                "memory_size_in_bytes": 0,
                                "total_count": 0,
```

```
                    "hit_count": 0,
                    "miss_count": 0,
                    "cache_size": 0,
                    "cache_count": 0,
                    "evictions": 0
            },
        "fielddata": {
                    "memory_size_in_bytes": 13056,
                    "evictions": 0
            },
        "completion": {
                    "size_in_bytes": 0
            },
        "segments": {
                    "count": 37,
                    "memory_in_bytes": 340008,
                    "terms_memory_in_bytes": 233664,
                    "stored_fields_memory_in_bytes": 12576,
                    "term_vectors_memory_in_bytes": 0,
                    "norms_memory_in_bytes": 26048,
                    "points_memory_in_bytes": 436,
                    "doc_values_memory_in_bytes": 67284,
                    "index_writer_memory_in_bytes": 0,
                    "version_map_memory_in_bytes": 0,
                    "fixed_bit_set_memory_in_bytes": 0,
                    "max_unsafe_auto_id_timestamp": -1,
                    "file_sizes": {}
            },
        "translog": {
                    "operations": 0,
                    "size_in_bytes": 215,
                    "uncommitted_operations": 0,
                    "uncommitted_size_in_bytes": 215
            },
        "request_cache": {
                    "memory_size_in_bytes": 90750,
                    "evictions": 0,
                    "hit_count": 35,
```

```
                    "miss_count": 28
            },
            "recovery": {
                    "current_as_source": 0,
                    "current_as_target": 0,
                    "throttle_time_in_millis": 0
            }
    }
}
```

docs

movie 인덱스가 가지고 있는 문서의 수를 의미한다. 예제에서는 30,000건의 문서가 색인돼 있고 삭제된 문서는 0건이다.

store

movie 인덱스가 사용 중인 디스크 용량이다. 예제에서는 현재 10MB의 공간을 사용하고 있다.

indexing

movie 인덱스가 색인 작업을 진행한 통계 정보다. 예제에서는 지금까지 약 30,000건의 문서가 색인됐다.

get

movie 인덱스에서 Get API 요청을 처리한 통계 정보다. 예제에서는 5건의 Get API 요청이 있었으며 4번 성공했고, 1번 실패했다.

search

movie 인덱스에서 검색 요청을 처리한 통계 정보다. 검색 요청에 따른 세부 동작 과정의 처리 시간을 볼 수 있다.

merges

movie 인덱스 내부에서 Merge 작업을 수행한 통계 정보다. Merge 작업에 따른 세부 동작 과정의 처리 시간을 볼 수 있다.

refresh

movie 인덱스 내부에서 Refresh 작업을 수행한 통계 정보다. Refresh 작업이 수행된 처리 시간을 볼 수 있다.

flush

movie 인덱스 내부에서 Flush 작업을 수행한 통계 정보다. Flush 작업이 수행된 처리 시간을 볼 수 있다.

warmer

movie 인덱스에서 사용한 Warmer 작업을 수행한 통계 정보다. Warmar 기능은 과거에 Index 조회 성능을 높이기 위해 사용하던 기능으로서 현재는 폐기 예정되어 사용되지 않는다.

query_cache

movie 인덱스에서 가지고 있는 검색 결과에 대한 캐시 정보다. 검색 결과를 저장한 캐시의 수와 캐시에 대한 적중률 및 미스율 등을 볼 수 있다.

fielddata

movie 인덱스에서 fielddata를 위해 생성한 메모리 크기를 나타낸다. 예제에서는 fielddata를 위해 12KB의 메모리 공간을 사용하고 있다.

completion

movie 인덱스에서 Completion Suggest를 위해 생성한 메모리 크기를 나타낸다. 예제에서는 Completion Suggest를 위해 0바이트의 메모리 공간을 사용하고 있다.

segments

movie 인덱스 내부에서 루씬 세그먼트 작업을 수행한 통계 정보다. 세그먼트 내부 모듈에서 사용 중인 메모리 사용량을 볼 수 있다.

translog

movie 인덱스 내부에서 Translog 작업을 수행한 통계 정보다. Translog 파일의 크기를 볼 수 있다.

request_cache

movie 인덱스에서 가지고 있는 샤드 레벨의 중간 검색 결과에 대한 캐시 정보다. 캐시에 대한 적중률 및 미스율을 볼 수 있다.

recovery

movie 인덱스 내부에서 복구 작업을 수행한 통계 정보다. 예제에서는 복구 작업을 진행한 적이 없었음을 알 수 있다.

11.4 Cat API로 콘솔에서 모니터링하기

엘라스틱서치에는 리눅스 콘솔에서 클러스터를 모니터링하기 위한 목적으로 _cat API가 제공된다. 이것은 리눅스의 cat 명령어에 영감을 받아 개발되어 _cat API로 불리는 특수한 API다. 다양한 종류의 API를 제공하며 _cluster API와는 또 다른 매력을 가지고 있다.

대부분의 개발자는 리눅스 머신 위에서 클러스터를 운영하기 때문에 _cat API를 다양하게 사용할 수 있고 이는 큰 이점으로 작용한다. 이번 절에서는 _cat API의 특징을 알아보겠다.

11.4.1 Cat API와 REST API 차이점

_cluster API는 클러스터를 관리하기 위한 대부분의 기능을 제공한다. 결과를 JSON 형태로 제공하기 때문에 프로그램으로 결과를 파싱해서 활용하기가 편리하다. 엘라스틱서치를 대부분 리눅스 환경에서 운영하기 때문에 리눅스 셸(Shell) 환경에서 주로 작업하게 될 텐데, 업무를 하다 보면 콘솔에서도 모니터링할 필요성이 있을 수도 있다. 물론 CURL과 같은 명령어를 이용해 _cluster API를 호출할 수 있다. 하지만 JSON 포맷은 대부분 콘솔에 친화적이지 못하다.

엘라스틱서치는 콘솔 사용자를 위해 특별히 _cat API를 제공한다. 대부분의 정보는 _cluster API와 동일하고 단지 차이점이라면 출력 포맷이 콘솔 친화적이라는 것이다.

다음은 콘솔에서 _cluster API를 호출한 결과다.

```
$ curl http://localhost:9200/_cluster/health?pretty
{
  "cluster_name" : "is-comm-cluster",
  "status" : "green",
  "timed_out" : false,
  "number_of_nodes" : 7,
  "number_of_data_nodes" : 4,
  "active_primary_shards" : 1186,
  "active_shards" : 2372,
  "relocating_shards" : 0,
  "initializing_shards" : 0,
  "unassigned_shards" : 0,
  "delayed_unassigned_shards" : 0,
  "number_of_pending_tasks" : 0,
  "number_of_in_flight_fetch" : 0,
  "task_max_waiting_in_queue_millis" : 0,
  "active_shards_percent_as_number" : 100.0
}
```

다음은 콘솔에서 _cat API를 호출한 결과다.

```
$ curl http://localhost:9200/_cat/master?v

id                     host      ip        node
u_n93zwxThWHi1PDBJAGAg 127.0.0.1 127.0.0.1 u_n93zw
```

어떤가? 둘의 차이점이 느껴지는가? _cluster API와 _cat API에서 제공하는 데이터는 같다. 단지 데이터의 구조와 포맷의 차이만 있을 뿐이다. 만약 콘솔 환경에서 모니터링해야 할 일이 생긴다면 _cat API를 사용할 것을 적극 권장한다.

현재 제공되는 _cat API의 종류는 다음과 같다.

```
$ curl http://localhost:9200/_cat

=^.^=
/_cat/allocation
/_cat/shards
/_cat/shards/{index}
/_cat/master
/_cat/nodes
/_cat/tasks
/_cat/indices
/_cat/indices/{index}
/_cat/segments
/_cat/segments/{index}
/_cat/count
/_cat/count/{index}
/_cat/recovery
/_cat/recovery/{index}
/_cat/health
/_cat/pending_tasks
/_cat/aliases
/_cat/aliases/{alias}
/_cat/thread_pool
/_cat/thread_pool/{thread_pools}
/_cat/plugins
/_cat/fielddata
/_cat/fielddata/{fields}
/_cat/nodeattrs
/_cat/repositories
/_cat/snapshots/{repository}
/_cat/templates
```

11.4.2 Cat API 공통 파라미터

콘솔 환경에서는 화면 크기가 대부분 작기 때문에 한 화면에 많은 정보를 표시하기가 어렵다. 이 경우 항목들을 화면에 선택적으로 표시해야 하는데 대부분의 리눅스 명령어는 이러한 기능을 제공한다. _cat API도 콘솔 환경을 감안해서 만들어졌기 때문에 이러한 필터링 기능을 기본 옵션으로 제공하며, 그 밖에도 다양한 옵션을 추가로 제공한다.

v 파라미터

기본적으로 _cat API를 호출할 때 리턴되는 결과에는 헤더 라인이 빠져있다. 예를 들어 다음과 같은 API를 호출했을 때 제공되는 결과를 살펴보면 각 값이 어떠한 정보를 표현하는지 알기 어렵다.

```
$ curl http://localhost:9200/_cat/master

T0eKC161SL6QFI3KtBFMog 10.0.0.4 10.0.0.4 master-node-01
```

_cat API는 공통 파라미터로 v 옵션을 제공한다. 헤더 라인이 포함돼야 각 정보가 의미하는 바를 좀 더 쉽게 파악할 수 있기 때문에 일반적인 경우 v 파라미터를 기본적으로 사용하는 것이 좋다.

```
$ curl http://localhost:9200/_cat/master?v

id                     host     ip       node
T0eKC161SL6QFI3KtBFMog 10.0.0.4 10.0.0.4 master-node-01
```

help 파라미터

헤더 라인이 제공되더라도 명칭이 함축돼 있기 때문에 이해하기 어려울 때가 있다. 이때는 help 파라미터를 이용하면 된다. 이를 이용하면 헤더 라인에 제공되는 명칭을 자세하게 설명해준다.

```
$ curl http://localhost:9200/_cat/master?help

id   |   | node id
host | h | host name
ip   |   | ip address
node | n | node name
```

h 파라미터

콘솔에서는 횡으로 많은 정보를 노출시키기 어려울 때가 많다. 콘솔 특성상 창 크기가 작을 때가 많기 때문이다. _cat API의 결과가 콘솔 친화적으로 출력되더라도 콘솔 창의 크기를 넘으면 알아보기가 어려워진다. 이 경우 h 파라미터를 이용해 선택적으로 출력할 항목을 선택할 수 있다.

```
$ curl http://localhost:9200/_cat/master?v&h=host,node

host          node
 10.116.26.207 master-01
```

format 파라미터

_cat API는 기본적으로 콘솔에서 사용하기 위해 만들어진 API다. 사람이 보기 편하게 설계돼 있지만 특수한 목적으로 프로그램에서 호출해서 활용하고 싶을 때도 있을 것이다. 이러한 경우를 위해 출력 결과를 다양한 포맷으로 지정할 수 있다. _cat API에서 제공하는 format 파라미터를 이용하면 원하는 포맷으로 변경할 수 있다. 지원되는 형식은 다음과 같다.

```
text, json, smile, yaml, cbor
```

다음과 같이 호출할 경우 JSON 포맷으로 결과가 리턴된다.

```
$ curl http://localhost:9200/_cat/master?format=json

[
    {
        "id": "eHnnzir5STmuopqruAeWEg",
        "host": "10.116.26.207",
        "ip": "10.116.26.207",
        "node": "master-01"
    }
]
```

11.4.3 콘솔에서 호출하는 Cat API

이번 절에서는 예제 서버를 이용해 실제로 _cat API를 호출해보자.

_cat/allocation API

_cat/allocation API를 이용하면 각 데이터 노드에 할당된 샤드의 수와 사용 중인 디스크 공간의 정보를 출력한다. 이를 통해 가장 기본적인 클러스터의 리소스 정보를 확인할 수 있다.

```
$ curl http://localhost:9200/_cat/allocation?v

shards disk.indicesdisk.useddisk.availdisk.totaldisk.percent host      ip         node
    40     128.2mb     5.4gb    23.5gb     29gb          18 10.0.0.4 10.0.0.4 data-node-02
    40     131.8mb     5.4gb    23.5gb     29gb          18 10.0.0.4 10.0.0.4 data-node-01
    40     138.4mb     5.4gb    23.5gb     29gb          18 10.0.0.4 10.0.0.4 data-node-03
```

_cat/shards API

_cat/shards API를 이용하면 샤드의 상태 정보를 확인할 수 있다. 샤드의 종류, 가지고 있는 문서 수, 사용 중인 디스크 공간에 대한 정보 등을 제공한다.

```
$ curl http://localhost:9200/_cat/shards?v

index        shard prirep state    docs  store ip        node
movie            1 p      STARTED  6015    2mb 10.0.0.4 data-node-02
movie            1 r      STARTED  6015    2mb 10.0.0.4 data-node-03
movie            3 p      STARTED  6008    2mb 10.0.0.4 data-node-01
movie            3 r      STARTED  6008    2mb 10.0.0.4 data-node-02
movie            2 r      STARTED  6025    2mb 10.0.0.4 data-node-01
movie            2 p      STARTED  6025  1.7mb 10.0.0.4 data-node-03
movie            4 r      STARTED  5920    2mb 10.0.0.4 data-node-01
movie            4 p      STARTED  5920    2mb 10.0.0.4 data-node-02
movie            0 p      STARTED  6032    2mb 10.0.0.4 data-node-01
movie            0 r      STARTED  6032    2mb 10.0.0.4 data-node-03
```

_cat/master API

_cat/master API를 이용하면 마스터 노드의 정보를 확인할 수 있다.

```
$ curl http://localhost:9200/_cat/master?v

id                        host     ip        node
T0eKC161SL6QFI3KtBFMog 10.0.0.4 10.0.0.4 master-node-01
```

_cat/nodes API

_cat/nodes API를 이용하면 노드에서 사용 중인 fielddata 메모리 정보를 조회할 수 있다.

```
$ curl http://localhost:9200/_cat/nodes?v

id                        host      ip       node          field           size
dYYuWMd9Sz-YDaMBKZaGFw 10.0.0.4 10.0.0.4 data-node-01 nationAlt.keyword 9.9kb
dYYuWMd9Sz-YDaMBKZaGFw 10.0.0.4 10.0.0.4 data-node-01 genreAlt           2.3kb
edrJa0eQR7-NJ10saIpgFg 10.0.0.4 10.0.0.4 data-node-02 genreAlt            2kb
edrJa0eQR7-NJ10saIpgFg 10.0.0.4 10.0.0.4 data-node-02 nationAlt.keyword 7.5kb
e6YYBK_6Su2qugjR0IfPZw 10.0.0.4 10.0.0.4 data-node-03 genreAlt           1.1kb
e6YYBK_6Su2qugjR0IfPZw 10.0.0.4 10.0.0.4 data-node-03 nationAlt.keyword 4.8kb
```

_cat/tasks API

_cat/tasks API를 이용하면 클러스터에서 현재 동작 중인 Task를 확인할 수 있다.

```
$ curl http://localhost:9200/_cat/tasks?v

action                            task_idparent_task_id              type        start_time
timestamp running_timeip          node
cluster:monitor/tasks/lists       T0eKC161SL6QFI3KtBFMog:33660173 -         transport 1526363955297
14:59:15   211.5micros  10.0.0.4 master-node-01
cluster:monitor/tasks/lists[n]  edrJa0eQR7-NJ10saIpgFg:9199035    T0eKC161SL6QFI3KtBFMog:33660173
netty      1526363955297 14:59:15   54.6micros    10.0.0.4 data-node-02
cluster:monitor/tasks/lists[n]  e6YYBK_6Su2qugjR0IfPZw:9192878    T0eKC161SL6QFI3KtBFMog:33660173
netty      1526363955297 14:59:15   51.4micros    10.0.0.4 data-node-03
cluster:monitor/tasks/lists[n]  dYYuWMd9Sz-YDaMBKZaGFw:9355064    T0eKC161SL6QFI3KtBFMog:33660173
netty      1526363955297 14:59:15   70.4micros    10.0.0.4 data-node-01
cluster:monitor/tasks/lists[n]  T0eKC161SL6QFI3KtBFMog:33660174 T0eKC161SL6QFI3KtBFMog:33660173
direct     1526363955297 14:59:15   52.3micros    10.0.0.4 master-node-01
```

_cat/indices API

_cat/indices API를 이용하면 클러스터에 존재하는 인덱스의 정보를 확인할 수 있다. 해당 정보는 루씬이 제공하는 정보다. 엘라스틱서치를 기준으로 정확한 문서 수를 세기 위해서는 _cat/count API를 조회해야 한다(루씬 기준 카운트에는 가상 문서(hidden document)가 포함돼 있다).

```
$ curl http://localhost:9200/_cat/indices?v

health status index           uuidpri rep docs.countdocs.deletedstore.sizepri.store.size
green  open   movie           ZlrDB-TOR4GDKDe-C7yxPQ 5  1     30000            0     20.4mb
10.1mb
green  open   news            a03YTpNtQUyMJAC-j1l2iA 5  1     20000            0      193mb
97.1mb
green  open   tweet           qsZg67IdRGegGRIOY_ywMg 5  1     29507            0       46mb
22.9mb
```

_cat/segments API

_cat/segments API를 이용하면 샤드 내부에 존재하는 세그먼트의 정보를 확인할 수 있다. 이때 제공되는 정보는 인덱스를 생성할 때 제공되는 _segments API와 비슷하다.

```
$ curl http://localhost:9200/_cat/segments?v

index               shard prirepip        segment generation docs.countdocs.deleted    size
size.memory committed searchable version compound
news                0     r    10.0.0.4 _0            0       255            0    1.3mb
17989 true      true      7.2.1    true
news                0     r    10.0.0.4 _1            1      1024            0    4.9mb
35265 true      true      7.2.1    true
news                0     r    10.0.0.4 _2            2       704            0    3.4mb
28972 true      true      7.2.1    true

(...생략...)

news                2     p    10.0.0.4 _1            1       614            0      3mb
27350 true      true      7.2.1    true
news                2     p    10.0.0.4 _2            2       773            0    3.8mb
30575 true      true      7.2.1    true
```

_cat/count API

_cat/count API를 이용하면 색인된 문서 수를 조회할 수 있다. 항목 중 epoch는 유닉스 시간(POSIX Time)을 의미한다.

```
$ curl http://localhost:9200/_cat/count?v


epoch       timestamp count
1526291785 18:56:25   180157
```

_cat/recovery API

_cat/recovery API를 이용하면 현재 진행 중이거나 완료된 샤드의 복구 정보를 확인할 수 있다. 복구
이벤트는 특정 노드에 존재하는 샤드가 다른 노드로 이동할 때마다 발생한다. Snapshot Recovery,
Replication Level 변경, 노드 장애 복구, 노드 시작 시 초기화 등의 작업을 수행할 때 복구 이벤트가 발
생하는데 이는 클러스터의 활동 상태를 파악할 수 있는 중요한 정보다.

```
$ curl http://localhost:9200/_cat/recovery?v

index               shard time   type          stage source_hostsource_nodetarget_hosttarget_node
repository snapshot files files_recoveredfiles_percentfiles_total bytes      bytes_recoveredbytes_per
centbytes_totaltranslog_opstranslog_ops_recoveredtranslog_ops_percent
movie               0     397ms empty_store done  n/a          n/a          10.0.0.4   data-node-01
n/a        n/a      0     0              0.0%           0            0          0              0.0%
0          0        0              100.0%
movie               0     492ms peer        done  10.0.0.4     data-node-01 10.0.0.4   data-node-03
n/a        n/a      1     1              100.0%         1            230        230            100.0%
230        0        0              100.0%
movie               1     601ms empty_store done  n/a          n/a          10.0.0.4   data-node-02
n/a        n/a      0     0              0.0%           0            0          0              0.0%
0          0        0              100.0%
movie               1     504ms peer        done  10.0.0.4     data-node-02 10.0.0.4   data-node-03
n/a        n/a      1     1              100.0%         1            230        230            100.0%
230        0        0              100.0%
```

전체 이벤트를 조회하면 다양한 종류의 이벤트들이 섞여서 보인다. 이벤트 발생 로그가 많을수록 로그를
분석하는 것이 쉽지 않을 것이다. 복구 이벤트에서는 다양한 항목을 제공하는데 이것들을 조합하면 특정
이벤트를 필터링해서 볼 수도 있다.

다음은 복구를 위해 샤드가 이동된 이벤트만 조회한 예다(s host → t host).

```
$ curl http://localhost:9200/_cat/recovery?v&h=i,s,t,ty,st,shost,thost,f,fp,b,bp


i              s t     tystshostthost  f      fp         b         bp
movie          0 397ms empty_store done n/a      10.0.0.4 0   0.0%   0       0.0%
movie          0 492ms peer         done 10.0.0.4 10.0.0.4 1 100.0% 230     100.0%
movie          1 601ms empty_store done n/a      10.0.0.4 0   0.0%   0       0.0%
movie          1 504ms peer         done 10.0.0.4 10.0.0.4 1 100.0% 230     100.0%
movie          2 997ms peer         done 10.0.0.4 10.0.0.4 1 100.0% 230     100.0%
movie          2 607ms empty_store done n/a      10.0.0.4 0   0.0%   0       0.0%
movie          3 588ms empty_store done n/a      10.0.0.4 0   0.0%   0       0.0%
movie          3 489ms peer         done 10.0.0.4 10.0.0.4 1 100.0% 230     100.0%
movie          4 956ms peer         done 10.0.0.4 10.0.0.4 1 100.0% 230     100.0%
movie          4 402ms empty_store done n/a      10.0.0.4 0   0.0%   0       0.0%
```

다음은 스냅숏을 이용해 샤드가 복구된 이벤트만 조회한 예다(snap → rep).

```
$ curl http://localhost:9200/_cat/recovery?v&h=i,s,t,ty,st,rep,snap,f,fp,b,bp


i              s t     tyst     rep snap f  fp       b        bp
movie          0 397ms empty_store done n/a n/a 0   0.0%   0       0.0%
movie          0 492ms peer         done n/a n/a 1 100.0% 230     100.0%
movie          1 601ms empty_store done n/a n/a 0   0.0%   0       0.0%
movie          1 504ms peer         done n/a n/a 1 100.0% 230     100.0%
movie          2 997ms peer         done n/a n/a 1 100.0% 230     100.0%
movie          2 607ms empty_store done n/a n/a 0   0.0%   0       0.0%
movie          3 588ms empty_store done n/a n/a 0   0.0%   0       0.0%
movie          3 489ms peer         done n/a n/a 1 100.0% 230     100.0%
movie          4 956ms peer         done n/a n/a 1 100.0% 230     100.0%
movie          4 402ms empty_store done n/a n/a 0   0.0%   0       0.0%
```

_cat/health API

_cat/health API를 이용하면 클러스터 Health 체크 결과를 확인할 수 있다.

```
$ curl http://localhost:9200/_cat/health?v

epoch      timestamp cluster      status node.totalnode.data shards prireloinitunassignpending_task
smax_task_wait_timeactive_shards_percent
1526291891 18:58:11  javacafe-es green               4        3    120 60     0      0             0
0                 -              100.0%
```

_cat/pending_tasks API

_cat/pending_tasks API를 이용하면 큐에 대기 중인 태스크(Task) 정보를 확인할 수 있다.

```
$ curl http://localhost:9200/_cat/pending_tasks?v

insertOrder timeInQueue priority source
       1685       855ms HIGH     update-mapping [foo][t]
       1686       843ms HIGH     update-mapping [foo][t]
       1693       753ms HIGH     refresh-mapping [foo][[t]]
       1688       816ms HIGH     update-mapping [foo][t]
       1689       802ms HIGH     update-mapping [foo][t]
       1690       787ms HIGH     update-mapping [foo][t]
       1691       773ms HIGH     update-mapping [foo][t]
```

_cat/aliases API

_cat/aliases API를 이용하면 인덱스에 설정된 별칭(Alias) 정보를 확인할 수 있다.

```
$ curl http://localhost:9200/_cat/aliases?v

alias  index filter routing.indexrouting.search
alias1 test1 -       -            -
alias2 test1 *       -            -
alias3 test1 -       1            1
alias4 test1 -       2            1,2
```

_cat/thread_pool API

_cat/thread_pool API를 이용하면 클러스터에 존재하는 스레드풀의 통계 정보를 확인할 수 있다. 스레드풀의 상태는 active, queue, rejected로 분류된다. 다음은 기본적으로 제공되는 스레드풀의 정보다.

```
$ curl http://localhost:9200/_cat/thread_pool?v

node_name       name                active queue rejected
data-node-03    bulk                     0     0        0
data-node-03    fetch_shard_started      0     0        0
data-node-03    fetch_shard_store        0     0        0
data-node-03    flush                    0     0        0
data-node-03    force_merge              0     0        0
data-node-03    generic                  0     0        0
data-node-03    get                      0     0        0
master-node-01  bulk                     0     0        0
master-node-01  fetch_shard_started      0     0        0
master-node-01  fetch_shard_store        0     0        0
master-node-01  flush                    0     0        0
master-node-01  force_merge              0     0        0
master-node-01  generic                  0     0        0
master-node-01  get                      0     0        0
```

스레드풀 정보로는 다양한 항목이 제공되는데, 기본적으로 보여주지 않는 항목들을 확인하려면 원하는 항목을 선택적으로 지정해서 조회하면 된다.

```
$ curl http://localhost:9200/_cat/thread_pool?v&h=id,node_name,name,active,rejected,completed

id                      node_name     name                active rejected completed
e6YYBK_6Su2qugjR0IfPZw  data-node-03  bulk                     0        0      9157
e6YYBK_6Su2qugjR0IfPZw  data-node-03  fetch_shard_started      0        0         0
e6YYBK_6Su2qugjR0IfPZw  data-node-03  fetch_shard_store        0        0         0
e6YYBK_6Su2qugjR0IfPZw  data-node-03  flush                    0        0       122
e6YYBK_6Su2qugjR0IfPZw  data-node-03  force_merge              0        0         0
e6YYBK_6Su2qugjR0IfPZw  data-node-03  generic                  0        0   8577238
e6YYBK_6Su2qugjR0IfPZw  data-node-03  get                      0        0        13
e6YYBK_6Su2qugjR0IfPZw  data-node-03  index                    0        0        16
```

```
e6YYBK_6Su2qugjR0IfPZw data-node-03   listener            0        0         0
e6YYBK_6Su2qugjR0IfPZw data-node-03   management          1        0    2956111
e6YYBK_6Su2qugjR0IfPZw data-node-03   refresh             0        0   49862484
e6YYBK_6Su2qugjR0IfPZw data-node-03   search              0        0       1834
e6YYBK_6Su2qugjR0IfPZw data-node-03   snapshot            0        0         0
```

_cat/plugins API

_cat/plugins API를 이용하면 노드에 설치된 플러그인 정보를 확인할 수 있다.

```
$ curl http://localhost:9200/_cat/plugins?v


name           component        version
data-node-01   analysis-seunjeon   6.1.1.1
data-node-01   javacafe-analyzer 1.0-SNAPSHOT
master-node-01 analysis-seunjeon   6.1.1.1
master-node-01 javacafe -analyzer 1.0-SNAPSHOT
data-node-02   analysis-seunjeon   6.1.1.1
data-node-02 javacafe -analyzer 1.0-SNAPSHOT
```

_cat/fielddata API

_cat/fielddata API를 이용하면 클러스터에서 사용 중인 fielddata 캐시의 메모리 정보를 확인할 수 있다. 클러스터를 운영하는 중에 OOM이 발생하지 않도록 노드별로 fielddata를 항상 모니터링해야 한다.

```
$ curl http://localhost:9200/_cat/fielddata?v


id                         host     ip       node         field          size
dYYuWMd9Sz-YDaMBKZaGFw 10.0.0.4 10.0.0.4 data-node-01 nationAlt.keyword 9.9kb
dYYuWMd9Sz-YDaMBKZaGFw 10.0.0.4 10.0.0.4 data-node-01 genreAlt          2.3kb
edrJa0eQR7-NJ10saIpgFg 10.0.0.4 10.0.0.4 data-node-02 nationAlt.keyword 7.5kb
edrJa0eQR7-NJ10saIpgFg 10.0.0.4 10.0.0.4 data-node-02 genreAlt          2kb
e6YYBK_6Su2qugjR0IfPZw 10.0.0.4 10.0.0.4 data-node-03 nationAlt.keyword 4.8kb
e6YYBK_6Su2qugjR0IfPZw 10.0.0.4 10.0.0.4 data-node-03 genreAlt          1.1kb
```

_cat/nodeattrs API

최신 엘라스틱서치에서는 노드를 시작할 때 다음과 같이 Attribute 속성을 설정할 수 있다.

```
./elasticsearch -Enode.attr.rack = rack1 -Enode.attr.size = big
```

_cat/nodeattrs API를 이용하면 노드에 설정된 Attribute 설정 정보를 조회할 수 있다.

```
$ curl http://localhost:9200/_cat/nodeattrs?v

node         host       ipattr      value
YDaMBKZaGFw 127.0.0.1 127.0.0.1 rack      rack1
NJ10saIpgFg 127.0.0.2 127.0.0.2 size      big
```

_cat/repositories API

_cat/repositories API를 이용하면 스냅숏이 저장된 저장소 정보를 확인할 수 있다. 다음과 같이 다양한 저장소 유형이 지원된다.

```
$ curl http://localhost:9200/_cat/repositories?v

id     type
repo1  fs
repo2  s3
```

_cat/snapshots API

_cat/snapshots API를 이용하면 스냅숏 정보를 확인할 수 있다. 호출 시 저장소 ID를 알아야 하기 때문에 _cat/repositories API를 호출해서 저장소 ID를 먼저 알아내야 한다. 다음은 저장소 ID가 repo1인 스냅숏 정보를 조회한 예다.

```
$ curl http://localhost:9200/_cat/snapshots/repo1?v&s=id

id      status start_epochstart_timeend_epochend_time duration indices successful_shardsfailed_sha
rdstotal_shards
snap1  FAILED 1445616705  18:11:45    1445616978 18:16:18        4.6m    1                    4
1              5
snap2 SUCCESS 1445634298  23:04:58    1445634672 23:11:12        6.2m    2                    10
0              10
```

_cat/templates API

_cat/templates API를 이용하면 클러스터에 존재하는 템플릿 정보를 확인할 수 있다.

```
$ curl http://localhost:9200/_cat/templates?v

name      index_patterns order version
logstash [logstash-*]   0      60001
```

12

안정적인
클러스터 운영 노하우

일반적으로 개발 환경과 운영 환경은 하드웨어적으로 많은 차이가 있다. 하드웨어 성능이나 운영체제 설정이 다를 경우 동일한 결과를 보장하지 않기 때문에 개발 환경에서 클러스터를 구축하고 얻은 데이터를 운영 환경에서 그대로 사용해서는 안 된다. 개발을 완료한 후 반드시 운영 환경에서 한번 더 확인해보는 과정이 필요하다.

엘라스틱서치는 운영 환경이라고 판단되면 실행될 때 부트스트랩(Bootstrap)이라는 과정을 통해 잘못된 설정이나 문제점을 친절히 알려준다. 이를 통해 일반적인 설정 오류는 방지할 수 있다. 하지만 시간이 흘러 클러스터의 데이터가 늘어날수록 잠재돼 있던 문제들이 하나둘 나타나기 시작할 것이다. 처음 시스템을 구축할 때 클러스터가 최적화됐다고 하더라도 데이터의 종류와 양에 따라 언제든지 정답이 달라질 수 있기 때문에 성능 지표가 되는 주요 포인트들을 주기적으로 확인해야 한다.

이번 장에서는 클러스터를 안정적으로 운영하기 위해 고려해야 할 사항을 알아보겠다.

이번 장에서 다룰 내용

12.1 노드 부트스트랩 과정의 이해

엘라스틱서치에는 부트스트랩이라는 과정이 있다. 그리고 엘라스틱서치 노드는 최초 실행 시 항상 부트스트랩 체크(Bootstrap Checks)라는 과정을 거친다. 이를 통해 동작할 환경을 체크하는 작업을 스스로 수행한다. 엘라스틱서치에서 부트스트랩 과정이 왜 필요하고 그 과정이 수행되는 동안 무슨 일이 벌어지는지 좀 더 자세히 알아보자.

12.1.1 부트스트랩 과정이 필요한 이유

앞서 많은 지면을 할애해서 엘라스틱서치의 성능을 최적화하는 여러 가지 방법을 설명했다. 엘라스틱서치는 높은 안정성과 고가용성을 목표로 설계됐기 때문에 일반적인 애플리케이션에 비해 필요한 리소스도 훨씬 많고 각종 제약도 많다는 사실을 배웠다. 이러한 특성이 있기 때문에 엘라스틱서치 입장에서는 최적화라는 과정이 매우 중요한 요소에 해당한다.

엘라스틱서치를 처음 운영할 때는 데이터가 상대적으로 적기 때문에 최적화 여부의 차이가 별로 크지 않겠지만 데이터가 누적되고 클러스터가 커질수록 예기치 않은 여러 가지 문제점이 동시다발적으로 발생하는 경험을 하게 될 가능성이 크다.

과거에는 엘라스틱서치 설정 중 일부가 잘못됐거나 필수적인 리소스 할당이 되지 않았을 경우 단순히 경고(Warning) 메시지를 로그에 출력하는 방식을 사용했다. 하지만 단순히 로그를 이용해 문제점을 알리는 수동적인 경고를 하다 보니 경험 없는 대다수의 운영자는 잠재돼 있는 문제들의 심각성을 인지하지 못하고 그냥 넘어가기가 부지기수였다.

이러한 이유로 최신 버전의 엘라스틱서치에서는 운영 시 발생 가능한 다양한 문제점을 미연에 방지하기 위해 엘라스틱서치 노드가 실행될 때 좀 더 강력한 검사를 수행하게 됐고, 이러한 검사 과정을 부트스트랩 체크(Bootstrap Checks)라고 한다.

엘라스틱서치에서는 부트스트랩 체크 과정을 통해 필수 설정이 잘못돼 있을 경우 잘못된 사실을 사용자에게 즉시 알린다. 해당 설정이 정상적으로 수정될 때까지 엘라스틱서치를 강제로 종료해서 반드시 필수 설정이 완료돼야만 엘라스틱서치가 실행되도록 강제한다.

엘라스틱서치를 사용하다 보면 간단한 테스트를 위해 새롭게 설치해야 하는 경우가 종종 있다. 새로운 버전이 출시되거나 개발 용도의 데이터를 생성할 경우 등이 이 같은 상황에 해당한다. 엄격한 부트스트랩 과정을 거칠 경우 생각보다 많은 시간이 소요될 수 있다. 사용자는 간단한 테스트를 하고 싶었을 뿐인데 부트스트랩 체크 과정을 위한 환경설정에 더 많은 시간을 할애해야 하는 것이다. 그래서 엘라스틱서치에서는 내부적으로 개발 모드(DevMode)와 운영 모드(ProdMode)라는 개념을 지원한다.

개발 모드(Development Mode)

엘라스틱서치 노드를 실행할 때 IP 주소가 루프백으로 설정된 경우 엘라스틱서치는 개발 모드로 실행된다고 판단한다. 개발 모드로 실행될 경우 부트스트랩 체크 과정이 무시되고 실행되기 때문에 테스트 용도로 사용하기에 적합하다.

```
$ vi ./elasticsearch.yml
network.host: localhost
```

개발 모드로 동작하면 로컬에서 동작하기 때문에 다른 노드와 클러스터를 구성할 수 없다. 말 그대로 개발 환경에서 테스트를 목적으로만 사용할 수 있는 것이다.

운영 모드(Product Mode)

개발 모드와 달리 운영 모드가 되면 엘라스틱서치는 부트스트랩 체크 과정을 필수로 거친다. 그리고 실행 시 IP 주소를 할당받기 때문에 당연히 다른 엘라스틱서치 노드와도 클러스터를 구성할 수 있다. 앞에서도 설명했지만 엘라스틱서치를 운영할 때 클러스터에 존재하는 모든 노드는 항상 부트스트랩 체크 과정을 수행하는 것이 여러모로 유리하다.

하지만 실제 서비스를 적용하는 엘라스틱서치 노드가 단 1대뿐이라면 엘라스틱서치가 개발 모드로 판단하고 부트스트랩 과정을 무시한다. 그런데 서버를 1대만 운영하더라도 엄연한 운영 환경이기 때문에 부트스트랩 체크 과정을 수행하는 것이 좋을 것이다. 이런 경우에 대비해서 엘라스틱서치를 실행할 때 노드가 1대뿐이라도 부트스트랩 체크 과정을 강제할 수 있는 옵션을 제공한다. 부트스트랩 체크 과정을 강제하려면 실행 시 JVM 옵션으로 다음과 같이 설정하면 된다.

```
-Des.enforce.bootstrap.checks=true
```

12.1.2 부트스트랩 체크 과정 따라가기

엘라스틱서치는 부트스트랩 체크 과정을 통해 다양한 정보를 검사하고 분석한다. 현재 10여 개 이상의 여러 단계를 거치고 있으며 이러한 단계는 버전이 올라갈 때마다 추가되고 있다. 각 단계를 순서대로 확인해보자.

[단계 1] 힙 크기 체크(Heap size check)

JVM 옵션 중 기본 힙 크기(-Xms)와 최대 힙 크기(-Xmx) 옵션이 별도로 존재한다. 이렇게 구분된 원래 의도는 메모리를 최소화해서 사용하다가 메모리가 부족할 경우 추가 할당해서 평상시 메모리 사용 효율을 높이려는 의도다. 하지만 엘라스틱서치는 기본적으로 큰 메모리를 사용하기 때문에 처음부터 기본 힙 크기와 최대 힙 크기 값을 같게 설정하는 것이 좋다. 시스템을 운영하는 중에 힙 크기 조정이 일어날 경우 시스템이 일시 정지할 위험성이 있기 때문이다.

또한 이는 Memory Lock과도 연관이 깊다. 엘라스틱서치는 스와핑을 최소화하기 위해 전체 힙 메모리에 대해 Memory Lock을 수행하는데, 두 값이 다를 경우 기본 힙 크기만큼만 Memory Lock 대상으로 잡기 때문이다. 이러한 이유로 Memory Lock 설정을 하더라도 나중에 늘어난 힙 크기 만큼의 메모리는 의도치 않게 스와핑의 대상이 될 수도 있다. 이를 위해 이 단계에서는 JVM의 기본 힙 크기와 최대 힙 크기가 같은지 검사한다.

[단계 2] 파일 디스크립터 체크(File descriptor check)

리눅스에서는 모든 것이 파일로 처리된다. 일반적인 파일은 물론이고 소켓, 시스템 콜 등 모든 것이 파일로 처리된다. 그렇기 때문에 파일을 처리하는 데 사용되는 파일 디스크립터의 수가 매우 중요한 요소로 작용한다.

엘라스틱서치는 일반적인 애플리케이션보다 통신도 많이 일어나고 I/O도 많이 사용한다. 특히 내부에 존재하는 루씬의 경우 역색인을 구성하는 정보를 모두 파일로 처리하기 때문에 더더욱 많은 수의 파일 디스크립터를 필요로 한다. 이를 위해 이 단계에서는 엘라스틱서치가 사용할 파일 디스크립터가 충분히 존재하는지 검사한다.

[단계 3] 메모리 락 체크(Memory lock check)

JVM은 메모리 관리를 위해 주기적으로 가비지 컬렉션을 수행한다. 이 과정에서 메모리를 확보하기 위해 불필요한 객체를 찾게 되고 이러한 객체들을 힙 영역에서 제거함으로써 메모리를 확보한다.

가비지 컬렉션이 수행될 경우 모든 힙 메모리를 검사해야 한다. 하지만 이때 힙을 구성하는 메모리 페이지(Memory Page) 조각 중 단 하나라도 디스크에 스왑 아웃(Swap-Out)돼 있다면 이를 메모리에 다시 올리는 스왑 인(Swap-In) 작업을 반드시 해야 한다. 이러한 스왑 인, 스왑 아웃 작업은 JVM 기반 애플리케이션에 큰 부담을 준다. 엘라스틱서치는 스와핑을 최대한 사용하지 않도록 안내하며, 힙에 할당된 메모리는 스와핑 대상이 되지 않도록 Memory Lock을 이용해 잠그도록 안내한다. 이를 위해 이 단계에서는 엘라스틱서치에 할당된 힙 메모리의 Memory Lock 여부를 검사한다.

[단계 4] 최대 스레드 수 체크(Maximum number of threads check)

엘라스틱서치는 대량의 요청을 빠르게 처리하기 위해 내부를 기능별로 나눠 여러 단계의 모듈로 구성돼 있다. 각 모듈은 큐와 스레드풀을 가지고 있기 때문에 요청에 대한 처리량(throughput)을 조절하면서 탄력적으로 처리하는 것이 가능하다. 모듈 내부에는 Thread Pool Executer가 있어서 많은 수의 스레드를 생성하고 관리한다.

모든 Thread Pool Executor가 여유롭게 스레드를 생성할 수 있도록 엘라스틱서치가 최소 4096개 이상의 스레드를 생성할 수 있도록 설정하는 것이 좋다. 이를 위해 이 단계에서는 애플리케이션이 생성할 수 있는 최대 스레드 수를 검사한다.

[단계 5] 최대 가상 메모리 크기 체크(Maximum size virtual memory check)

엘라스틱서치 내부에 존재하는 루씬은 인덱스 생성 및 관리를 효율적으로 하기 위해 mmap을 이용해 메모리 매핑을 수행한다. mmap을 이용하면 JVM을 통하지 않고도 리눅스 커널로 직접 시스템 콜(System Call)을 실행할 수 있기 때문에 고성능 자바 애플리케이션에서 많이 사용한다.

mmap은 커널 레벨의 메모리를 직접 할당받아 애플리케이션의 가상 메모리 주소에 매핑해서 동작하기 때문에 가상 메모리 크기에 제한이 없는 것이 유리하다. 엘라스틱서치에서는 mmap을 효율적으로 사용하기 위해 애플리케이션의 가상 메모리 크기를 무제한(unlimit)으로 설정하도록 안내한다. 이를 위해 이 단계에서는 리눅스가 생성하는 애플리케이션의 가상 메모리 크기가 무제한으로 설정돼 있는지 검사한다.

[단계 6] 최대 파일 크기 체크(Max file size check)

리눅스에서 생성 가능한 파일의 크기는 얼마일까? 리눅스에서는 하나의 파일이 가질 수 있는 최대 파일 크기도 관리하고 있다. 파일이 너무 커질 경우 시스템 전체에 장애가 발생할 수도 있기 때문에 일반적으로 생성할 수 있는 최대 파일 크기를 제한하고 있다.

엘라스틱서치가 생성하는 대표적인 파일인 세그먼트 파일과 트랜스로그(Tranlog) 파일은 상황에 따라 수십 GB 이상으로 커질 수도 있다. 리눅스가 제한하는 최대 파일 크기 이상으로 파일 크기가 커질 경우 데이터가 유실되거나 엘라스틱서치가 이상 동작을 할 수도 있다. 그래서 엘라스틱서치를 안정적으로 운영하기 위해서는 최대 파일 크기를 무제한(unlimit)으로 설정하는 것이 좋다. 이를 위해 이 단계에서는 리눅스가 생성한 애플리케이션이 만들 수 있는 최대 파일 크기가 무제한으로 설정돼 있는지 검사한다.

[단계 7] mmap 카운트 체크(Maximum map count check)

엘라스틱서치는 앞 단계에서 가상 메모리 크기가 무제한으로 설정된 것을 확인하고 나면 mmap을 사용할 사전 준비가 완료됐다고 판단하고 mmap이 효율적으로 동작할 수 있도록 메모리 매핑 영역을 생성한다.

이때 생성되는 메모리 매핑 영역은 커널이 제공하는 특정 크기의 메모리맵 조각으로 생성되는데 리눅스에서는 생성 가능한 메모리 맵의 수도 관리하고 있다. 엘라스틱서치에서는 최대 262,114개의 메모리맵 영역을 가질 수 있도록 안내한다. 이를 위해 이 단계에서는 리눅스가 생성한 애플리케이션이 가질 수 있는 최대 mmap 카운트를 검사한다.

[단계 8] 클라이언트 JVM 체크(Client JVM check)

자바 애플리케이션을 실행하는 JVM은 서버에서 동작하는 프로그램을 위한 Server JVM과 클라이언트에서 동작하는 프로그램을 위한 Client JVM으로 나눠져 있다.

Server JVM은 고성능 처리를 위해 최적화돼 있는 반면 Client JVM은 빠른 실행과 적은 메모리 사용에 좀 더 최적화돼 있다. 두 종류의 JVM은 서로 추구하는 바가 다르기 때문에 성능 차이가 상당할 수 있다. 엘라스틱서치는 고성능으로 동작해야 하기 때문에 반드시 Server JVM으로 실행해야 한다. 이를 위해 이 단계에서는 엘라스틱서치가 Server JVM으로 실행됐는지 검사한다.

[단계 9] Serial Collector 사용 여부 체크(Use serial collector check)

자바로 만든 모든 애플리케이션은 기본적으로 JVM 위에서 동작한다. 그리고 JVM은 메모리 관리를 위해 GC(Garbage Collection)라는 과정을 주기적으로 수행하며 메모리를 관리한다. GC를 수행하는 컬렉터는 여러 가지 종류가 있는데, 현재의 JVM에서는 CMS나 G1 컬렉터를 많이 사용하고 있지만 과거의 낮은 버전의 JVM에서는 Serial GC라는 컬렉터를 사용했다. 이는 하드웨어가 열악한 시절에 사용되던 GC 방식으로서 특수한 목적을 제외하고는 절대 사용하지 말아야 한다.

JVM에서는 아직도 Serial GC를 강제로 사용하도록 -XX:+UseSerialGC 옵션을 제공하며, 이를 이용하면 Serial GC를 사용하도록 강제로 설정할 수 있다. 특히 엘라스틱서치는 대용량의 힙 메모리를 사용하기 때문에 Serial CG를 사용하도록 설정한다면 성능이 크게 저하될 수 있으므로 절대로 사용해서는 안 된다. 이를 위해 이 단계에서는 엘라스틱서치를 실행할 때 Serial CG를 사용하지 않도록 사용 여부를 검사한다.

[단계 10] 시스템 콜 필터 체크(System call filter check)

현대 운영체제들은 보안을 위해 유저 모드(User Mode)와 커널 모드(Kernel Mode)로 메모리 공간을 분리해서 관리하며, 각 메모리 간의 데이터 공유를 위해 시스템 콜을 이용해 안전하게 통신을 수행한다. 리눅스의 경우 유저 모드에서 커널 모드로 접근하는 시스템 콜을 제한하는 방식으로 샌드박스(Sandbox)를 구현하고 있으며 임의 코드 실행 공격을 막기 위한 목적으로 시스템 콜 필터(System Call Filter)를 제공한다(리눅스의 경우 seccomp, seccomp-bpf 함수를 이용해 샌드박스를 구현한다).

엘라스틱서치는 보안을 위해 기본적으로 시스템 콜 필터가 설치돼 있는지 여부를 검사한다. 시스템 특성상 운영체제 수준에서 시스템 콜 필터를 지원하지 않는 경우가 있는데 이러한 경우에는 부트스트랩 과정에서 항상 실패가 일어나기 때문에 elasticsearch.yml 설정에서 bootstrap.system_call_filter 옵션을 false로 설정해 시스템 콜 필터가 설치돼 있는지 확인하는 과정을 무시하도록 설정할 수도 있다.

보안 측면에서는 운영체제 수준에서 시스템 콜 필터를 항상 설치하는 것이 좋다. 만약 엘라스틱서치를 운영하려는 시스템에 시스템 콜 필터가 지원되지 않는다면 bootstrap.system_call_filter 옵션을 사용하기보다는 운영체제가 시스템 콜 필터를 사용하도록 커널을 업데이트하는 것이 좋다. 이를 위해 이 단계에서는 엘라스틱서치를 실행했을 때 시스템 콜 필터가 사용되고 있는지를 검사한다.

[단계 11] OnError, OnOutOfMemoryError 체크(OnError and OnOutOfMemoryError checks)

JVM을 실행할 때 사용 가능한 옵션 중에는 -XX:OnError="명령어", -XX:OnOutOfMemoryError="명령어" 옵션이 있다. 각각 애플리케이션에서 Error가 발생하거나 OutOfMemoryError가 발생할 경우 지정한 명령어나 스크립트가 실행되도록 지원하는 옵션이다.

이를 이용하면 로그를 생성하거나 특정 명령어를 실행해 추후 문제를 해결하는 데이터로 활용할 수 있다. 엘라스틱서치에서는 시스템 콜 필터를 기본적으로 사용하고 있는데, 이 옵션의 경우 시스템 콜 필터를 사용하는 애플리케이션에서는 사용이 불가능하기 때문에 설정해서는 안 된다.

따라서 이 단계에서는 엘라스틱서치를 실행할 때 시스템 콜 필터를 사용할 경우 OnError 옵션이나 OnOutOfMemory 옵션이 설정돼 있는지 여부를 검사한다.

[단계 12] Early-access 체크(Early-access check)

JDK는 공식 릴리스가 나오기 전에 테스트 목적으로 다음 버전의 릴리스 스냅숏을 미리 제공한다. 미리 다음 버전의 기능을 사용해 볼 수 있다는 장점이 있지만 아직 안정화된 버전이 아니기 때문에 실제 서비스에 적용하는 것은 적합하지 않다. 이를 위해 이 단계에서는 엘라스틱서치가 테스트 버전의 JVM을 사용하고 있는지 여부를 검사한다.

[단계 13] G1GC 체크(G1GC check)

현재 엘라스틱서치에서는 GC 방식을 선택할 때 기본적으로 CMS 방식을 사용하도록 권장한다. 하지만 자바 8을 사용하는 사용자의 경우 CMS 방식보다는 G1GC 방식을 사용하고자 하는 경우가 많을 것이다. 이 단계는 이러한 경우를 위한 최소한의 안전장치로써 제공되는 체크 옵션이다.

엘라스틱서치와 GC

엘라스틱서치에서는 아직까지 G1GC보다는 CMS 방식을 사용하길 권장한다. 반드시 G1GC를 사용해야 하는 경우에는 자바 10 이상을 사용하도록 안내한다.

자세한 사항은 다음 URL을 참고한다.

- https://github.com/elastic/elasticsearch/blob/master/distribution/src/config/jvm.options

---

초기 버전의 자바 8 릴리스에서는 G1GC 수집기가 활성화될 경우 가끔씩 엘라스틱서치가 생성한 인덱스의 일부가 손상될 수 있는 심각한 문제점이 있었다. 물론 이러한 버그는 현재 모두 해결된 상태이기 때문에 최신 자바 8 릴리스에서는 문제가 발생하지 않는다. 이러한 버그가 패치된 릴리스는 JDK 8u40 이후 버전이다. 만약 엘라스틱서치를 실행할 때 G1CG를 사용하고 싶은 경우에는 반드시 JDK 8u40 이후에 릴리스된 버전을 사용해야 한다.

자바 8로 엘라스틱서치를 실행할 때의 G1GC 사용

아직 논란의 여지가 있지만 최신 자바 8 패치의 경우 G1GC 성능이 많이 향상되고 안정화되어 엘라스틱서치의 기본 GC 방식으로 사용하는 것도 크게 무리는 없어 보인다(자바 8에서는 기본 GC 설정이 이미 G1GC로 바뀌었다).

물론 엘라스틱서치에서 공식적으로 권장하는 바와 같이 CMS 방식의 GC를 사용할 수도 있다. 하지만 대용량의 힙 메모리를 사용하는 경우에는 최신 자바 8 패치를 사용한다는 가정하에 CMS 방식보다는 G1GC 방식을 사용하는 것도 그리 나쁘지 않다.

- 참고자료: https://dzone.com/articles/garbage-collection-settings-for-elasticsearch-mast

이 단계에서는 엘라스틱서치를 실행할 때 G1GC를 사용할 경우 해당 JVM이 JDK 8u40 이후 버전인지 여부를 검사한다.

[단계 14] All Permission 체크(All permission check)

자바는 SecurityManager라는 강력한 보안 모델을 제공한다. 자바로 작성된 애플리케이션은 운영체제의 리소스를 사용하기 위해 SecurityManager를 통해 필요한 접근 권한(Permission)을 선택적으로 받는다. 자바는 이러한 보안 모델을 기반으로 애플리케이션의 보안을 안전하게 구현하고 있다.

SecurityManager를 통한 운영체제 리소스의 접근 권한은 다양하게 세분화돼 있어서 편의성을 위해 모든 리소스에 대한 접근 권한을 제공하는 java.security.AllPermission 옵션도 제공된다. 하지만 이것은 특수한 목적의 애플리케이션을 위해서만 선택적으로 사용해야 한다. 단지 편의성을 위해 java.security.AllPermission 옵션을 사용할 경우 모든 리소스에 대한 접근이 가능해져서 SecurityManager가 제공하는 보안 모델이 무력화되기 때문이다.

엘라스틱서치는 기본적인 보안 모델로 SecurityManager를 적극 활용한다. 따라서 내부에 존재하는 각 모듈은 필요한 리소스에 대한 접근 권한을 선택적으로 부여받아 실행된다. 이를 위해 이 단계에서는 java.security.AllPermission이 적용됐는지 여부를 검사한다.

부트스트랩 소스코드 확인

앞에서 엘라스틱서치가 실행될 때 거치게 되는 부트스트랩 과정에서 일어나는 일들을 각 단계별로 알아봤다. 총 14단계의 비교적 많은 단계를 거치게 되고 엘라스틱서치가 안전하게 동작할 수 있도록 실행 시 다양한 설정을 확인한다. 많은 부분들을 제한된 지면으로 설명하려다 보니 일부 이해하기 어려운 부분도 있을 거라 생각한다.

엘라스틱서치는 오픈소스로 공개된 검색엔진이다. 모든 소스코드는 깃허브(GitHub)에 공개돼 있기 때문에 이해되지 않는 부분에 대해 직접 소스코드를 찾아서 확인해 보면 이해하는 데 큰 도움이 될 것이다.

```
// 부트스트랩 체크 소스코드 중 일부
  static List<BootstrapCheck> checks() {
          final List<BootstrapCheck> checks = new ArrayList<>();
          checks.add(new HeapSizeCheck());
          final FileDescriptorCheckfileDescriptorCheck
                        = Constants.MAC_OS_X ? new OsXFileDescriptorCheck() : new
FileDescriptorCheck();
          checks.add(fileDescriptorCheck);
          checks.add(new MlockallCheck());
```

```
                if (Constants.LINUX) {
                        checks.add(new MaxNumberOfThreadsCheck());
                }
                if (Constants.LINUX || Constants.MAC_OS_X) {
                        checks.add(new MaxSizeVirtualMemoryCheck());
                }
                if (Constants.LINUX || Constants.MAC_OS_X) {
                        checks.add(new MaxFileSizeCheck());
                }
                if (Constants.LINUX) {
                        checks.add(new MaxMapCountCheck());
                }
                checks.add(new ClientJvmCheck());
                checks.add(new UseSerialGCCheck());
                checks.add(new SystemCallFilterCheck());
                checks.add(new OnErrorCheck());
                checks.add(new OnOutOfMemoryErrorCheck());
                checks.add(new EarlyAccessCheck());
                checks.add(new G1GCCheck());
                checks.add(new AllPermissionCheck());
                return Collections.unmodifiableList(checks);
        }
```

다음은 위 코드가 담긴 파일의 주소다.

▪ https://github.com/elastic/elasticsearch/blob/master/server/src/main/java/org/elasticsearch/bootstrap/
BootstrapChecks.java

12.2 마스터 노드와 데이터 노드 분리하기

테스트를 진행한다거나 매우 작은 용량의 검색 서버를 구축한다면 단일 노드로도 충분할 것이다. 그래서
엘라스틱서치 노드는 기본적으로 싱글(Single) 노드에서 모든 역할을 수행할 수 있게 설정하는 것이 가
능하다. 하지만 실제 운영 환경에서는 대부분 다수의 엘라스틱서치 노드가 클러스터를 구축해서 동작하
기 때문에 각 노드를 역할에 맞게 적절히 설정해서 운영해야 한다. 이번 절에서는 엘라스틱서치 노드의
종류를 알아보고 운영 환경에서 노드들을 어떻게 설정하고 운영해야 하는지를 살펴보겠다.

12.2.1 엘라스틱서치 노드의 종류

클러스터를 구성하는 노드들은 다양한 역할을 수행한다. 색인 작업도 할 수 있고, 검색 요청도 처리할 수 있다. 장애가 발생할 경우 레플리카를 이용해 데이터를 복구하기도 하고 인덱스를 생성, 관리하는 역할도 수행한다.

하나의 노드가 모든 기능을 수행하는 방식은 클러스터의 규모가 작을 때는 상당히 유용하다. 하지만 다루는 데이터가 커지고 엘라스틱서치 노드의 개수가 많아지면 이러한 동작 방식은 매우 비효율적으로 변한다. 모든 노드들이 클러스터의 관리과 데이터를 저장하는 역할을 동시에 수행하기 때문에 처리 속도나 메모리 관리 측면에서 큰 손해를 보기 때문이다. 클러스터의 규모가 커질수록 클러스터를 관리하거나 데이터를 저장하는 역할로 노드의 역할을 구분하고 각기 분리된 노드들은 지정된 역할로만 동작하도록 설정하는 것이 좋다.

엘라스틱서치는 클러스터를 구성하는 노드들이 각 역할을 부여받아 해당 역할로만 동작할 수 있게 모드를 지원한다. 이를 이용하면 특정 모드로 손쉽게 설정할 수 있다. elasticsearch.yml 파일에는 노드 관련 속성이 제공되는데, 이 속성들을 조합해서 특정 모드로 설정하는 것이 가능하다. 이 설정을 통해 엘라스틱서치 노드를 실행할 때 일정한 Role이 부여되고, 설정된 역할로만 클러스터에 참여하게 된다.

다음 속성을 조합해서 노드를 실행할 때 Role을 부여할 수 있다. 해당 설정은 elasticsearch.yml 파일에서 한다.

```
// 마스터 기능 활성화 여부
node.master

// 데이터 기능 활성화 여부
node.data

// Ingest 기능 활성화 여부
node.ingest

// 외부 클러스터 접속 가능 여부
search.remote.connect
```

위 4가지 속성을 조합해서 엘라스틱서치는 다음과 같이 다양한 모드로 동작할 수 있다.

- Single Node 모드

- Master Node 모드

- Data Node 모드

- Ingest Node 모드

- Coordination Node 모드

Single Node 모드

모든 기능을 수행하는 모드다. 기본 설정으로 지정돼 있기 때문에 elasticsearch.yml 파일에 아무런 설정을 하지 않으면 기본적으로 Single Node 모드로 동작한다.

```
node.master: true
node.data: true
node.ingest: true
search.remote.connect: true
```

검색 클러스터의 규모가 작을 때는 노드별로 별도의 Role을 나눠서 처리하기보다는 모든 노드가 동일하게 동작하는 것이 유리하다. Role을 나눠서 서비스할 경우 장애가 발생하면 Role을 위임받을 여분의 노드가 반드시 있어야 하는데 장비의 수가 제한적이기 때문에 여분의 노드를 유지하기 어렵기 때문이다.

일반적으로 3대 이하의 소규모 클러스터를 구축한다면 모든 엘라스틱서치 노드를 Single Node 모드로 동작시키는 것이 좋다.

Master Node 모드

클러스터의 제어를 담당하는 모드다. node.master 속성만 true로 설정하고 나머지 관련 속성을 명시적으로 false로 설정할 경우 Master Node 모드로 동작한다.

```
node.master: true
node.data: false
node.ingest: false
search.remote.connect: false
```

Master Node 모드는 기본적으로 인덱스를 생성하거나 변경 및 삭제와 관련된 일을 담당한다. 그리고 클러스터를 구성하는 노드의 상태를 주기적으로 점검해서 장애에 대비한다. 이처럼 Master Node 모드로 동작하는 노드는 클러스터 전체를 관장하는 마스터 역할을 수행한다.

클러스터는 특성상 마스터의 역할이 매우 중요하기 때문에 마스터에 장애가 발생할 경우 클러스터 전체에 피해가 발생한다. 그래서 클러스터 내부에는 다수의 마스터가 필요하고 마스터에 장애가 발생할 경우 대기 중인 마스터 후보가 즉시 마스터 역할을 위임받아야 한다.

Data Node 모드

클러스터의 데이터를 보관하고 데이터의 CURD, 검색, 집계 등 데이터 관련 작업을 담당하는 모드다. node.data 속성만 true로 설정하고 나머지 관련 속성을 명시적으로 false로 설정할 경우 Data Node 모드로 동작한다.

```
node.master: false
node.data: true
node.ingest: false
search.remote.connect: false
```

노드가 Data Node 모드로 동작하면 내부에 색인된 데이터가 저장된다. 그렇기 때문에 마스터 노드와는 달리 대용량의 저장소(Storage)를 필수적으로 갖춰야 한다. 전통적인 방식의 하드디스크(HDD)나 NAS 같은 외부 스토리지를 마운트(Mount)해서 사용할 수도 있지만 최근에 많이 보급되는 SSD 디스크를 사용하는 것이 더욱더 효율적이다.

또한 데이터 노드에서는 데이터에 대한 CRUD 작업을 수행하거나 검색이나 집계와 같은 대량의 리소스를 사용하는 연산을 주로 수행하기 때문에 고성능의 CPU, 메모리를 갖춘 서버를 사용하는 것이 좋다.

Ingest Node 모드

다양한 형태의 데이터를 색인할 때 데이터의 전처리를 담당하는 모드다. node.ingest 속성만 true로 설정하고 나머지 속성은 명시적으로 false로 설정할 경우 Ingest Node 모드로 동작한다.

```
node.master: false
node.data: false
node.ingest: true
search.remote.connect: false
```

엘라스틱서치에서 데이터를 색인하려면 먼저 인덱스라는 틀을 생성해야 한다. 엘라스틱서치가 비정형 데이터를 다루기는 것이 가능하긴 하지만 일정한 형태의 인덱스라는 제약은 반드시 필요하다. 인덱스에는 필드가 있고, 각 필드는 데이터 타입이라는 제약 조건이 따른다. 필드에 색인되는 데이터는 설정된 데이터 타입을 만족해야만 저장이 가능해진다(엘라스틱서치에서는 스키마리스(Schemaless)라는 방식으로 이러한 제약을 느슨하게 설정해서 회피하는 것도 가능하지만 권장하지는 않는다).

다양한 형태의 리소스를 엘라스틱서치로 색인해서 데이터로 생성할 수 있다. 하지만 대부분의 경우 인덱스에 저장할 색인 데이터를 가공할 필요가 있기 때문에 색인 시 크롤러를 개발해서 색인 작업을 수행한다. 하지만 크롤러를 개발할 정도가 아닌 간단한 포맷 변경이나 유효성 검증과 같은 전처리가 필요할 때가 있는데 이때 Ingest 노드를 사용할 수 있다.

엘라스틱서치는 기본 옵션으로 Ingest 기능을 사용할 수 있기 때문에 싱글 노드로 클러스터가 구성돼 있을 경우 그냥 사용하면 된다. 하지만 일정 규모로 클러스터를 구축한 경우에는 마스터 노드나 데이터 노드에 영향이 없도록 독립적인 Ingest 노드를 구축하는 편이 여러모로 좋다.

Coordination Node 모드

사용자의 요청을 받아 처리하는 코디네이터 모드다. 노드 관련 속성을 모두 false로 설정할 경우 Coordination Node 모드로 동작한다.

```
node.master: false
node.data: false
node.ingest: false
search.remote.connect: false
```

엘라스틱서치의 모든 노드는 기본적으로 Coordination 노드다. 이 말의 의미는 모든 노드가 사용자의 검색이나 집계 요청을 받아 처리할 수 있다는 의미다. 하지만 이처럼 별도의 Coordination Node 모드가 있는 이유는 무엇일까? 이는 엘라스틱서치가 검색 요청을 받으면 어떤 식으로 동작하는지 확인해보면 이해할 수 있다.

싱글 노드로 구성된 클러스터에서 사용자는 클러스터에 존재하는 어떠한 노드에도 검색 요청을 보낼 수 있다. 일단 사용자의 검색 요청을 받은 노드는 클러스터에 존재하는 모든 데이터 노드에게 검색을 요청한다. 왜냐하면 클러스터에 존재하는 모든 데이터 노드에 샤드로 분산되어 데이터가 저장돼 있기 때문이다.

각 샤드는 자신이 가지고 있는 데이터 범위 내에서 검색을 수행하고 결과를 최초 요청한 Coordination 노드에게 전달한다. Coordination 노드는 모든 데이터 노드의 검색 결과가 도착할 때까지 기다린다. 그리고 모든 데이터 노드로부터 검색 결과가 도착하면 결과들을 하나의 커다란 응답 데이터로 병합해서 사용자에게 전달한다.

각 데이터 노드에게 전달받은 데이터를 하나로 병합하는 작업에는 많은 양의 메모리가 필요하다. 그렇기 때문에 병합 작업을 수행하는 동안에는 기본적인 마스터 노드로서의 역할이나 데이터 노드로서의 역할에 문제가 발생할 수도 있고 최악의 경우에는 노드에 장애가 발생할 수도 있다.

이러한 문제가 있을 수 있어서 일정 규모 이상의 클러스터를 운영할 경우에는 전용 Coordination 노드를 별도로 구축하는 것이 좋다. 즉, 클러스터를 안정적으로 운영하기 위해 사용자의 요청은 전용 Coordination 노드에서만 처리되도록 구성해야 한다.

12.2.2 마스터 노드와 데이터 노드를 분리해야 하는 이유

검색 클러스터는 하나 이상의 엘라스틱서치 노드로 구성돼 있고 각 노드는 설정에 따라 특수한 Role을 부여받아 동작한다. 기본적으로 모든 엘라스틱서치 노드들은 별도의 설정이 없다면 Single Node 모드로 동작한다.

앞서 설명했지만 싱글 노드는 엘라스틱서치의 모든 기능을 사용하는 노드다. 클러스터의 모든 노드가 싱글 노드로 설정돼 있으면 모든 노드들이 동일한 역할을 수행할 수 있기 때문에 별도의 실패 처리를 고민할 필요가 없으며 모든 노드에서 색인, 검색이 가능해지기 때문에 소규모 클러스터에 적합하다. 하지만 다루는 데이터가 커질수록 클러스터를 구성하는 노드는 필연적으로 늘어날 수밖에 없다. 엘라스틱서치는 데이터를 샤드 단위로 분산 저장하는 방식으로 스케일을 확장하기 때문에 데이터가 커질수록 샤드의 개수도 그에 비례해서 늘어나야 한다.

다루는 데이터의 크기가 작거나 클러스터를 구성하는 노드의 수가 3대 이하일 경우에는 싱글 노드만으로 클러스터를 구성하는 것도 괜찮은 선택이다. 하지만 데이터의 크기가 매우 크거나(빠른 미래에 커질

예정이거나) 클러스터를 구성하는 노드의 수가 수십 대 규모로 많다면 더는 싱글 노드를 사용해서는 안 된다.

전용 마스터 노드 구축

마스터 노드의 Role과 데이터 노드의 Role이 하나의 노드에서 동시에 수행될 경우를 가정해보자. 운영 중 무거운 쿼리가 요청되어 데이터 노드의 부하로 인해 시스템에 순간적으로 행(Hang)이 걸리거나 노드가 다운되는 경우도 발생할 수 있다. 이러한 경우에는 당연히 마스터 노드의 역할도 정상적으로 수행되기가 어려울 것이다. 마스터 노드의 역할이 정상적으로 동작하지 못하는 상황에서는 레플리카에 의해 쉽게 복구할 수 있는 단순 장애도 복구되지 못한다. 장애 복구의 책임이 마스터 노드에게 있지만 그 역할을 할 수 없기 때문이다. 데이터 노드 하나에서 발생한 장애가 클러스터 전체의 장애로 번져나갈 수 있는 것이다.

이러한 경우에 대비해서 정상적으로 동작하고 있는 다른 싱글 노드 중 하나가 마스터 역할로 전환되어 처리되지 않을까라고 생각할 수도 있다. 이론적으로는 마스터에 장애가 발생했을 때 다른 마스터 후보가 마스터 역할을 위임받아 동작한다고 배웠다. 하지만 언제나 그렇듯 이론과 현실 사이의 괴리는 존재한다.

만약 마스터 노드가 완전히 다운된다면 다른 마스터 노드 후보가 새로운 마스터 노드로 전환되어 그 역할을 대신 수행하겠지만 현실에서는 대부분 장애가 발생한 마스터 노드가 정상적으로 동작하지도 못하면서 프로세스는 계속 살아있는 웃지 못할 상황이 벌어지기도 한다. 이 때문에 정상적인 마스터 후보가 있으면서도 마스터 역할을 위임받지 못하는 딜레마에 빠지는 것이다.

그러므로 일정 규모 이상의 클러스터를 구성한다면 반드시 마스터 노드와 데이터 노드를 분리해서 구축해야 한다. 안정적인 클러스터 운영을 위해서는 마스터 노드와 데이터 노드를 물리적으로 완벽히 분리해서 각각 별도의 장비에서 동작할 수 있게 구성하는 것이 좋다.

마스터 노드를 분리하고 나면 기본적인 클러스터의 안정성은 보장된다. 마스터 노드의 경우에는 많은 리소스가 필요 없다. 그렇기 때문에 마스터 노드는 기본적인 장비에서 운영하고 데이터 노드만 고성능의 장비에서 운영하는 식으로 역할 분리에 따른 비용도 많이 줄일 수 있다.

전용 Coordination 노드 구축

검색 시스템을 구축하고 서비스를 운영하다 보면 필연적으로 따라오는 것이 통계 기능이다. 서비스가 성장할수록 다양한 지표에 대한 요구사항도 늘어날 것이다. 엘라스틱서치는 애그리게이션(Aggregation)이라는 강력한 집계 연산을 제공한다. 이를 이용하면 키바나(Kibana)를 통해 각종 통계 결과를 시각화해서 대시보드로 제공하는 것이 가능해진다.

특히 키바나는 별도의 쿼리 문법을 익히지 않더라도 WISIWYG(What You See Is What You Get) 방식으로 손쉽게 통계 그래프를 그릴 수 있기 때문에 개발자가 대시보드를 만들어 제공하지 않더라도 데이터 분석가가 직접 원하는 차트를 그려볼 수 있다. 이처럼 애그리게이션과 키바나의 조합은 강력한 생산성을 보장한다.

하지만 모든 일에는 그에 따른 명암이 있다. 개발자들은 시스템 구성을 이해하기 때문에 시스템에 부담을 주는 무리한 쿼리는 최대한 지양할 것이다. 하지만 데이터 분석가들은 다르다. 그들은 원하는 데이터를 뽑아내는 것이 주목적이기 때문에 시스템 접근법부터가 개발자와는 다를 수밖에 없다.

하루에 10GB의 데이터가 쌓이는 인덱스가 있다고 가정해보자. 단순 계산으로 한달이면 300GB, 1년이면 3TB가 넘는 데이터가 누적될 것이다. 이러한 인덱스에서 사용자별 집계를 내야 한다면 어떻게 될까?

검색 조건을 한달로 제한하면 300GB를 읽어서 집계 연산을 해야 할 것이고 1년이면 3TB를 읽어서 집계 연산을 해야 할 것이다. 아마도 연 단위로 집계 연산을 수행한다면 더욱더 많은 양의 메모리가 필요할 것이다. 여기서 더 나아가 여러 기간대의 활동 사항을 한번에 비교 분석한다거나 몇 년간 쌓인 데이터 전체를 대상으로 집계 연산을 수행한다면 어떻게 될까? 만약 집계 연산 도중에 리소스의 한계에 도달하면 시스템 전체에 장애가 발생할 것이다.

이처럼 집계 연산에 대한 통제가 불가능한 상황이라면 시스템 전체의 장애를 방지하기 위해 어떻게 해야 할까? 해답은 Coordination 노드를 별도로 구축하는 것이다. 특히 대량의 데이터를 처리해야 하는 집계 연산이 많은 경우에는 반드시 전용 Coordination 노드로만 요청을 받아야 한다. 집계 연산의 경우 가뜩이나 메모리를 많이 사용하게 되는데 하나의 물리적인 서버에서 데이터 노드의 역할과 Coordination 노드이 역할이 동시에 수행될 경우 장애가 발생할 가능성이 커지기 때문이다.

일정 규모 이상의 클러스터를 운영한다면 검색 용도의 Coordination 노드, 색인 용도의 Coordination 노드, 집계 용도의 Coordination 노드를 각각 별도로 분리해서 구축하는 것도 좋은 전략이다. 하지만 너무 많은 Coordination 노드를 운영하는 것은 지양해야 한다. 마스터 노드가 클러스터에 존재하는 모든 노드를 관리하고 있기 때문에 Coordination 노드의 개수가 많아질수록 관리에 부담이 생기기 때문이다.

12.2.3 클러스터 Split Brain 문제 방지하기

마스터 노드는 엘라스틱서치 클러스터의 전체를 관장하는 매우 중요한 노드다. 클러스터에 존재하는 모든 노드의 상태를 체크하고 장애 발생 시 장애 복구(Failover) 과정을 자동으로 수행해서 클러스터를 안정적으로 운영할 수 있게 관리한다. 그렇기 때문에 어떠한 일이 있더라도 마스터 노드에는 장애가 발생하지 않아야 한다. 설사 장애가 발생하더라도 즉시 복구돼야 한다.

클러스터에는 마스터 노드 모드로 설정된 노드가 최소한 하나 이상 있어야 마스터 노드에 장애가 발생했을 때 즉시 복구가 가능해진다. 다수의 마스터 노드가 있을 경우 모든 마스터 노드들은 투표를 통해 1개의 마스터 노드만 마스터 노드로서 동작하게 되고 나머지 마스터 노드들은 마스터 후보 노드(Master-eligible Node)로서 대기한다.

클러스터를 운영하는 중에 마스터 노드에 장애가 발생할 경우 대기 중인 마스터 후보 노드들은 투표를 통해 새로운 마스터 노드를 선출한다. 최종적으로 선출된 마스터 후보 노드는 마스터 노드로 전환되고 즉시 마스터 노드로서 동작을 시작한다. 그리고 시간이 흐른 후 장애가 발생했던 마스터 노드가 정상화되면 마스터 후보 노드로 바뀌어서 대기한다. 이러한 과정에 의해 마스터 노드의 부재 없이 안정적인 클러스터 운영이 가능해지는 것이다.

앞에서 설명한 마스터 노드의 동작 방식은 싱글 노드로 구성된 클러스터나 전용 마스터 노드로 구성된 클러스터나 동일하다. 하지만 앞에서 설명했듯이 일정 규모 이상의 클러스터에서는 반드시 마스터 노드를 물리적으로 분리하는 것이 좋다. 그렇다면 전용으로 구축되는 마스터 노드는 몇 개가 돼야 할까? 단순히 2개면 되는 것일까? 지금부터 이 질문에 대해 좀 더 자세히 살펴보자.

Split Brain 문제

전용 마스터 노드가 다수 존재한다면 1개만 마스터 노드로서 동작하고 나머지 마스터 노드들은 마스터 후보 노드로서 무기한 대기한다. 나중에 마스터 노드에 장애가 발생하면 대기 중인 마스터 후보 노드들이 투표를 진행하고 그중 하나가 새로운 마스터 노드로 결정된다.

하지만 후보 노드 간에 투표가 시작되기 직전에 네트워크 문제로 노드 간에 연결이 순간적으로 끊어진다면 어떤 일이 벌어질까?(이러한 상황은 현실 세계에서도 충분히 일어날 수 있으며 이로 인해 심각한 문제가 발생할 수 있다) 만약 투표 직전에 네트워크가 단절된다면 클러스터 안에 존재하는 모든 마스터 후보 노드들은 "현재 마스터 노드에 장애가 발생했고 클러스터 내에서 마스터 후보 노드는 나 자신밖에 없다"고 잘못된 판단을 내릴 수도 있다. 이 경우 하나 이상의 후보 노드가 마스터 노드로 전환될 수 있고 클러스터 안에는 하나 이상의 마스터가 만들어지는 대형 사고가 발생할 수 있다.

만약 마스터 노드가 2개가 됐다면 클러스터에 존재하는 데이터 노드도 2개의 그룹으로 분리될 것이다. 이로 인해 일부 샤드 조각이 존재하지 않는다고 판단된 데이터들을 마구마구 복구할 것이고 클러스터 전체가 뒤죽박죽될 것이다. 뒤늦게 문제를 파악하고 강제로 마스터 노드를 하나로 변경하더라도 유실되거나 변경된 데이터를 완벽하게 복구하는 것은 거의 불가능할 것이다.

생각만 해도 무시무시하지 않은가? 클러스터 운영자 입장에서는 그야말로 최악의 상황이 될 것이다. 이처럼 마스터 노드가 둘 이상으로 쪼개져서 발생하는 문제들을 일컬어 "Split Brain 문제"라고 한다.

discovery.zen.minimum_master_nodes 속성 설정

Split Brain 문제는 비단 엘라스틱서치만의 문제는 아니다. 클러스터 형태로 동작하는 많은 시스템이 동일하게 Split Brain 문제를 겪고 있고 이에 따른 해결책 또한 다양하다. 엘라스틱서치에서는 이러한 문제를 좀 더 손쉽게 해결하기 위해 elasticsearch.yml 파일에 discovery.zen.minimum_master_nodes 속성을 제공한다. 이 속성은 기본값으로 1을 가진다. 이 숫자가 의미하는 바는 새로운 마스터 노드를 선출하는 투표를 진행할 경우 숫자로 지정된 개수만큼의 마스터 후보 노드가 반드시 존재해야 한다는 의미다.

클러스터에 존재하는 마스터 노드의 개수가 1개이거나 2개일 경우에는 discovery.zen.minimum_master_nodes 값을 1로 설정하면 되고 마스터 노드의 수가 3개 이상일 경우에는 다음 공식에 대입해서 적절한 값을 찾아 설정하면 된다.

```
(마스터 후보 노드 수 / 2) + 1
```

공식에 값을 대입해보면 다음과 같다.

```
마스터 노드가 3개일 경우 : 3/2+1 = 2
마스터 노드가 4개일 경우 : 4/2+1 = 3
마스터 노드가 5개일 경우 : 5/2+1 = 3
마스터 노드가 6개일 경우 : 6/2+1 = 4

위 계산법에 따라 만약 마스터 노드가 3개인 클러스터인 경우에는 다음과 같이 설정한다.

discovery.zen.minimum_master_nodes: 2
```

마스터 노드의 수가 1개일 경우 마스터에 장애가 발생했을 때 복구가 불가능하고 마스터 노드의 수가 2개일 경우에는 마스터 후보 노드가 1개밖에 없기 때문에 discovery.zen.minimum_master_nodes 속성에 값을 설정하지 않아도 무방하다. 기본값이 1이기 때문이다. 만약 마스터 노드의 수가 2개일 경우에는 마스터에 장애가 발생했을 때 마스터 후보 노드가 2개 이상 모여야 투표를 진행한다. 대기 중인 마스터 후보 노드가 2개이기 때문이다.

엘라스틱서치는 이런 식으로 discovery.zen.minimum_master_nodes 속성에 설정한 설정값을 이용해 Split Brain 문제를 방지한다. 그렇기 때문에 자신이 운영 중인 클러스터의 마스터 노드는 최소한 3대 이상을 유지하고 그에 따른 discovery.zen.minimum_master_nodes 속성값을 계산해서 elasticsearch.yml 파일에 반드시 설정해야 한다.

클러스터를 운영하다 보면 운영 중에 마스터 노드를 늘려야 하는 경우도 발생할 수 있다. 이런 경우에 대비해 설정값을 런타임에 변경할 수 있는 API를 제공하며, 이를 통해 운영 중에도 설정값을 변경할 수 있다.

```
PUT _cluster/settings
{
  "transient": {
    "discovery.zen.minimum_master_nodes": 3
  }
}
```

이 경우 클러스터를 완전히 종료하지 않아도 되기 때문에 서비스를 운영하는 중에 무중단으로 마스터 노드를 추가하고 속성값을 변경할 수 있다.

12.3 클러스터 관리 API

엘라스틱서치에서는 클러스터 관리를 위해 _cluster API를 제공한다. 그리고 이를 통해 클러스터를 모니터링하거나 상태를 조회하는 방법 등을 이전 장에서 자세히 소개했다. 사실 _cluster API에는 앞서 소개한 API 말고도 더 많은 API가 있다. 이번 절에서는 대표적으로 제공되는 관리용 API를 알아본다.

12.3.1 런타임에 환경설정 변경(_cluster/settings API)

_cluster/settings API를 이용하면 클러스터의 환경설정을 동적으로 변경할 수 있다. 물론 elasticsearch.yml 파일을 편집하는 것이 가장 간단한 방법이지만 변경사항을 반영하려면 엘라스틱서치 인스턴스를 재시작해야 하는 불편함이 있다.

일반적으로 API를 이용해 환경설정을 변경할 경우 시스템이 재시작될 때 변경 사항이 초기화되는 경우가 있다. 하지만 _cluster/settings API는 persistent 속성을 제공하며, 이를 이용하면 엘라스틱서치 인스턴스가 재시작되더라도 설정값이 초기화되지 않고 영구히 적용된다.

다음과 같이 persistent 속성을 이용해 영구적으로 설정을 적용할 수 있다.

```
PUT /_cluster/settings
{
    "persistent" : {
        "indices.recovery.max_bytes_per_sec" : "50mb"
    }
}
```

반면 transient 속성을 이용하면 일시적으로 설정을 적용할 수 있다.

```
PUT /_cluster/settings?flat_settings=true
{
    "transient" : {
        "indices.recovery.max_bytes_per_sec" : "20mb"
    }
}
```

설정된 정보를 조회해 보자. 조회할 때 persistent 속성과 transient 속성으로 설정된 값들을 구분해서 확인할 수 있다.

```
GET /_cluster/settings
{
    "persistent": {},
    "transient": {}
}
```

_cluster/settings API를 이용해 영구적으로 설정을 변경할 경우 elasticsearch.yml 파일에 명시적으로
설정한 내용보다 우선순위가 높다. 그러므로 IP 정보처럼 단일 서버에만 해당되는 설정은 elasticsearch.
yml 파일에 명시적으로 지정하고 모든 클러스터에 공통적으로 적용해야 하는 설정은 _cluster/settings
API를 이용하는 것을 권장한다.

12.3.2 대기 중인 클러스터 변경 명령 조회(_cluster/pending_tasks API)

_cluster/pending_tasks API를 이용하면 아직 실행되지 않고 대기 중인 클러스터 변경과 관련된 Task
목록을 실시간으로 모니터링할 수 있다(인덱스 생성이나 매핑 정보 수정, 샤드 재할당 같은 작업은 클러
스터 수준에서 이뤄지는 대표적인 태스크다).

이러한 태스크는 마스터 노드에서 실행되기 때문에 마스터 노드에 부하가 걸리거나 장애가 발생할 경우
바로바로 처리되지 못하고 큐에 쌓인다. 이때 _cluster/pending_tasks API를 이용해 큐에 쌓인 태스크
목록을 조회할 수 있다. 다음과 같이 대기 중인 태스크 목록을 조회할 수 있다.

```
GET /_cluster/pending_tasks
{
   "tasks": [
     {
        "insert_order": 101,
        "priority": "URGENT",
        "source": "create-index [foo_9], cause [api]",
        "time_in_queue_millis": 86,
        "time_in_queue": "86ms"
     },
     {
        "insert_order": 46,
        "priority": "HIGH",
          "source": "shard-started ([foo_2][1], node[tMTocMvQQgGCkj7QDHl30A], [P],
s[INITIALIZING]), reason [after recovery from shard_store]",
        "time_in_queue_millis": 842,
        "time_in_queue": "842ms"
     },
     {
        "insert_order": 45,
        "priority": "HIGH",
```

```
            "source": "shard-started ([foo_2][0], node[tMTocMvQQgGCkj7QDHl30A], [P],
s[INITIALIZING]), reason [after recovery from shard_store]",
        "time_in_queue_millis": 858,
        "time_in_queue": "858ms"
      }
    ]
}
```

클러스터가 정상적인 상황에서는 대부분의 태스크가 빠르게 처리되기 때문에 API 결과를 확인하기가 어려울 것이다. 하지만 장애 상황에서는 대기 중인 태스크 목록 및 대기시간 등을 확인할 수 있기 때문에 어디에서 병목이 발생하는지 빠르게 파악하는 데 매우 유용하다.

12.3.3 사용률이 높은 스레드 조회(_nodes/hot_threads API)

_nodes/hot_threads API를 이용하면 노드별로 사용률이 높은 스레드 정보를 확인할 수 있다. API를 호출하면 기본적으로 CPU 사용률이 높은 스레드를 보여준다.

```
GET /_nodes/hot_threads

::: {master-node-01}{T0eKC161SL6QFI3KtBFMog}{AR2MhauoQ2mcklcUOieqyQ}{10.0.0.4}{10.0.0.4:20100}
    Hot threads at 2018-05-14T08:48:44.401Z, interval=500ms, busiestThreads=3,
ignoreIdleThreads=true:

::: {data-node-01}{dYYuWMd9Sz-YDaMBKZaGFw}{CJim-Yv0Q2qkAH4ZWpahyg}{10.0.0.4}{10.0.0.4:20200}
    Hot threads at 2018-05-14T08:48:44.404Z, interval=500ms, busiestThreads=3,
ignoreIdleThreads=true:

::: {data-node-02}{edrJa0eQR7-NJ10saIpgFg}{usPQ9Gh3R6K0GyfFWRZnnw}{10.0.0.4}{10.0.0.4:20300}
    Hot threads at 2018-05-14T08:48:44.411Z, interval=500ms, busiestThreads=3,
ignoreIdleThreads=true:

::: {data-node-03}{e6YYBK_6Su2qugjR0IfPZw}{1NHe17QURwGnCAzW7iOvag}{10.0.0.4}{10.0.0.4:20400}
    Hot threads at 2018-05-14T08:48:44.402Z, interval=500ms, busiestThreads=3,
ignoreIdleThreads=true:
```

12.3.4 노드 간 샤드 이동(_cluster/reroute API)

_cluster/reroute API를 이용하면 특정 노드의 샤드를 원하는 노드로 이동시킬 수 있다. 클러스터에 특정 샤드 번호를 명시적으로 지정하고 이동 명령을 내리면 된다. 이때 from_node는 이동할 노드의 이름이고 to_node는 이동될 노드의 이름이다.

샤드를 이동하는 작업은 물리적인 데이터가 네트워크를 통해 전송되기 때문에 많은 리소스를 소모한다. 샤드의 크기가 클수록 이동하는 데 걸리는 시간도 길어지기 때문에 이 작업은 매우 신중하게 진행해야 한다. 가능한 한 클러스터의 사용량이 적은 새벽이나 주말에 수행하는 것이 안전하다.

다음은 0번 샤드를 node1 노드에서 node2 노드로 이동하는 예다.

```
POST /_cluster/reroute
{
    "commands" : [
        {
            "move" : {
                "index" : "movie",
                    "shard" : 0,
                "from_node" : "node1",
                    "to_node" : "node2"
            }
        }
    ]
}
```

12.3.5 실행 중인 태스크 조회(_tasks API)

_tasks API를 이용하면 현재 클러스터에서 실행 중인 모든 태스크 정보를 검색할 수 있다. 특정 노드에서 진행 중인 태스크 정보만 필터링해서 조회하려면 nodes 파라미터를 이용하면 된다.

다음은 T0eKC161SL6QFI3KtBFMog 노드에서 실행 중인 태스크를 조회하는 예다.

```
GET /_tasks?nodes=T0eKC161SL6QFI3KtBFMog
{
    "nodes": {
        "T0eKC161SL6QFI3KtBFMog": {
            "name": "master-node-01",
            "transport_address": "10.0.0.4:20100",
            "host": "10.0.0.4",
            "ip": "10.0.0.4:20100",
            "roles": [
                "master",
                "ingest"
            ],
            "tasks": {
                "T0eKC161SL6QFI3KtBFMog:33189434": {
                    "node": "T0eKC161SL6QFI3KtBFMog",
                    "id": 33189434,
                    "type": "direct",
                    "action": "cluster:monitor/tasks/lists[n]",
                    "start_time_in_millis": 1526289591891,
                    "running_time_in_nanos": 44800,
                    "cancellable": false,
                    "parent_task_id": "T0eKC161SL6QFI3KtBFMog:33189433",
                    "headers": {}
                },
                "T0eKC161SL6QFI3KtBFMog:33189433": {
                    "node": "T0eKC161SL6QFI3KtBFMog",
                    "id": 33189433,
                    "type": "transport",
                    "action": "cluster:monitor/tasks/lists",
                    "start_time_in_millis": 1526289591891,
                    "running_time_in_nanos": 159198,
                    "cancellable": false,
                    "headers": {}
                }
            }
        }
    }
}
```

12.3.6 관리 API 호출 통계(_nodes/usage API)

_nodes/usage API를 이용해 관리용 API를 호출한 현황을 조회할 수 있다. 관리용으로 제공되는 모니터링 API나 상태 조회 API, Health 체크 API 등이 대상이다. 다음은 관리용 API 사용량을 조회하는 예다.

```
GET /_nodes/usage
{
    "_nodes": {
        "total": 4,
        "successful": 4,
        "failed": 0
    },
    "cluster_name": "javacafe-es",
    "nodes": {
        "e6YYBK_6Su2qugjR0IfPZw": {
            "timestamp": 1526281633716,
            "since": 1520148759805,
            "rest_actions": {

                ...(생략)...

            }
        },
        "edrJa0eQR7-NJ10saIpgFg": {
            "timestamp": 1526281633717,
            "since": 1520148747238,
            "rest_actions": {

                ...(생략)...

            }
        }
    }
}
```

결과로 모든 노드의 rest_actions 정보가 제공된다. 이 중에서 T0eKC161SL6QFI3KtBFMog 노드의 정보를 살펴보자.

```
"rest_actions": {
        "nodes_usage_action": 5,
        "cat_action": 1,
        "nodes_info_action": 4561158,
        "get_index_template_action": 5,
        "get_mapping_action": 2201293,
        "get_indices_action": 25,
        "create_index_action": 46,
        "nodes_stats_action": 30993,
        "get_all_aliases_action": 168679,
        "delete_index_action": 33,
        "indices_segments_action": 1,
        "document_get_action": 42,
        "document_term_vectors_action": 17,
        "delete_by_query_action": 2,
        "cluster_health_action": 191509,
        "main_action": 2201240,
        "get_all_settings_action": 2,
        "cluster_get_settings_action": 30474,
        "analyze_action": 48,
        "put_mapping_action": 11,
        "get_settings_action": 15,
        "document_index_action": 80,
        "cat_indices_action": 81,
        "indices_stats_action": 30489,
        "get_all_mappings_action": 10477,
        "cluster_state_action": 158255,
        "cluster_stats_action": 2,
        "put_index_template_action": 1,
        "search_action": 842,
        "recovery_action": 1,
        "cat_master_action": 467,
        "bulk_action": 3342,
        "search_scroll_action": 21
}
```

각종 액션(Action)이 종류별로 카운트되어 집계된다. 이를 통해 어떤 API가 얼마만큼 호출되고 있는지 한눈에 파악할 수 있다. 클러스터 운영자는 이 정보를 활용해 과도한 관리 API 호출은 없었는지 주기적으로 확인하는 것이 좋다. 참고로 관리용 API를 호출하는 것도 클러스터의 리소스를 사용하기 때문에 과도한 호출은 클러스터 전체에 부담이 될 수 있다.

12.4 안정적인 클러스터 운영을 위한 주요 체크포인트

엘라스틱서치에서 제공하는 모니터링 API를 이용하면 각 성능 지표를 실시간으로 확인할 수 있다. 이를 통해 평상시 클러스터의 이상 유무를 확인하는 성능 모니터링 툴을 개발할 수도 있다. 성능 모니터링 툴을 이용하면 문제 발생 요인을 사전에 감지하고 클러스터의 장애를 사전에 차단하는 예방 효과도 기대할 수 있다. 결국 안정성이 개선되어 좀 더 높은 수준의 서비스도 가능할 것이다.

그럼 클러스터를 운영하면서 지속적으로 살펴봐야 할 지표에는 어떤 것이 있을까? 이번 절에서는 성능 모니터링 툴로 개발하면 좋을 만한 대표적인 지표를 알아보자.

12.4.1 클러스터 상태 측정

Cluster Health API를 이용하면 클러스터의 상태를 실시간으로 확인할 수 있다. 정상적일 경우 green으로 표현되며 yellow나 red 상태가 되면 클러스터에 뭔가 문제가 있다는 의미다.

yellow 상태인 경우 하나 이상의 레플리카 샤드가 할당되지 않았거나 누락됐을 가능성이 크다. 대부분의 경우 일정 시간이 지나면 green으로 변경되지만 yellow 상태가 일정 기간 유지된다면 원인을 분석해야 한다. 인덱스를 새롭게 생성하거나 엘라스틱서치 노드가 재부팅될 경우 해당 샤드가 잠시 초기화 과정을 거치게 되어 yellow 상태를 보일 수 있다.

red 상태의 경우 적어도 하나 이상의 프라이머리 샤드에 손상이 발생한 것이다. 이는 데이터가 정상적이지 않음을 나타내는 경고의 의미다. 클러스터가 완전히 불능 상태에 빠지지 않았더라도 검색 요청 시 누락된 데이터가 결과로 제공되기 때문에 신속히 복구할 필요가 있다. red 상태가 지속될 경우 색인도 정상적으로 이뤄지지 않을 가능성이 크다.

이를 점검하기 위해서는 다음과 같은 지표를 모니터링하자.

```
 // 클러스터 상태(green, yellow, red)
cluster.health.status

// 노드 수
cluster.health.number_of_nodes

// 샤드 초기화 수
cluster.health.initializing_shards

// 할당되지 않은 샤드의 수
cluster.health.unassigned_shards
```

다음과 같이 Cluster Health API를 이용해 지표를 얻을 수 있다.

```
// 전체 클러스터의 요약 정보 조회
GET _cluster/health
```

12.4.2 검색 성능 측정

검색 용도로 엘라스틱서치를 주로 사용한다면 검색 성능을 측정할 지표를 살펴봐야 한다. 검색을 요청했을 때 쿼리 대기시간을 모니터링하고 기준값을 초과하면 즉시 조치를 취해야 한다.

이를 위해서는 다음과 같은 지표를 모니터링한다.

```
// 총 쿼리 수
indices.search.query_total

// 쿼리에 소요된 총 시간
indices.search.query_time_in_millis

// 현재 진행 중인 쿼리 수
indices.search.query_current

// 총 조회(fetch) 수
indices.search.fetch_total
```

```
// 조회에 소요된 총 시간
indices.search.fetch_time_in_millis

// 현재 진행 중인 조회 수
indices.search.fetch_current
```

다음과 같이 노드 정보 모니터링 API를 이용해 노드별로 통계 지표를 얻을 수 있다.

```
// 노드 통계 조회
GET _nodes/stats

// 특정 노드의 통계 조회
GET _nodes/{NODE_NAME}/stats

// 특정 노드의 검색 항목만 조회
GET _nodes/{NODE_NAME}/stats/indices/search
```

또는 인덱스 정보 모니터링 API를 이용해 인덱스별로 통계 지표를 얻을 수 있다.

```
// 인덱스 통계 조회
GET _stats

// 특정 인덱스의 통계 조회
GET {NODE_NAME}/_stats
```

12.4.3 색인 성능 측정

만약 색인할 문서의 크기가 매우 크다면 색인하는 과정을 모니터링하고 분석하는 과정이 매우 중요하다. 생각과 달리 새로운 문서가 색인되거나 기존 문서가 수정, 삭제될 경우 즉각적으로 반영되지 않기 때문이다(내부적으로 Refresh와 Flush라는 두 단계의 작업을 거쳐 시스템에 동기화된다).

Refresh와 Flush 작업은 많은 리소스가 필요한 작업이다. 그만큼 리소스 병목이 일어날 가능성이 많으며 이는 전체적인 클러스터의 성능과도 직결된다.

다음과 같은 지표들을 주로 모니터링한다.

```
// 색인된 총 문서 수
indices.indexing.index_total

// 색인 작업 시 소요된 총 시간
indices.indexing.index_time_in_millis

// 현재 색인 중인 문서 수
indices.indexing.index_current

// Refresh 작업이 발생한 총 횟수
indices.refresh.total

// Refresh 작업에 소요된 총 시간
indices.refresh.total_time_in_millis

// 디스크 Flush 작업이 발생한 총 횟수
indices.flush.total

// 디스크 Flush 작업에 소요된 총 시간
indices.flush.total_time_in_millis
```

다음과 같이 노드 정보 모니터링 API를 이용해 노드별로 통계 지표를 얻을 수 있다.

```
// 노드 통계 조회
GET _nodes/stats

// 특정 노드의 통계 조회
GET _nodes/{NODE_NAME}/stats

// 특정 노드의 Indexing, Refreash, Flush 속성만 조회
GET _nodes/{NODE_NAME}/stats/indices/indexing,refresh,flush
```

또는 인덱스 정보 모니터링 API를 이용해 인덱스별로 통계 지표를 얻을 수 있다.

```
// 인덱스 통계 조회
GET _stats

// 특정 인덱스의 통계 조회
GET {NODE_NAME}/_stats
```

12.4.4 HTTP 성능 측정

외부에서 엘라스틱서치를 연동하기 위해서는 HTTP를 주로 이용한다. HTTP 관련 지표를 이용하면 현재 처리량을 모니터링할 수 있다. 이 경우 다음과 같은 지표들을 주로 모니터링한다.

```
// 현재 열려 있는 HTTP 연결 수
http.current_open

// HTTP 연결의 총 개수
http.total_opened
```

다음과 같이 노드 정보 모니터링 API를 이용해 노드별로 통계 지표를 얻을 수 있다.

```
// 노드 통계 조회
GET _nodes/stats

// 특정 노드의 통계 조회
GET _nodes/{NODE_NAME}/stats

// 특정 노드의 HTTP 속성만 조회
GET _nodes/{NODE_NAME}/stats/http
```

12.4.5 GC 성능 측정

자바 기반의 애플리케이션은 JVM 위에서 동작하고 JVM에 메모리 관리를 위임한다. JVM은 GC라는 작업을 통해 지속적으로 메모리를 확보하기 때문에 이를 지속적으로 모니터링해야 한다. 엘라스틱서치도 자바 기반의 애플리케이션이기 때문에 GC 작업을 항상 모니터링해야 한다.

노드 모니터링 API를 살펴보면 GC 지표를 제공하며, 다음과 같은 지표를 확인할 수 있다.

```
// Young 영역의 GC 총 개수
jvm.gc.collectors.young.collection_count

// Young 영역의 GC에 소요된 총 시간
jvm.gc.collectors.young.collection_time_in_millis

// Old 영역의 GC의 총 개수
jvm.gc.collectors.old.collection_count

// Old 영역의 GC에 소요된 총 시간
jvm.gc.collectors.old.collection_time_in_millis

// 현재 사용 중인 JVM 힙의 비율
jvm.mem.heap_used_percent

// JVM 힙 커밋 크기
jvm.mem.heap_committed_in_bytes
```

다음과 같이 노드 정보 모니터링 API를 이용해 노드별로 통계 지표를 얻을 수 있다.

```
// 노드 통계 조회
GET _nodes/stats

// 특정 노드의 통계 조회
GET _nodes/{NODE_NAME}/stats

// 특정 노드의 JVM 속성만 조회
GET _nodes/{NODE_NAME}/stats/jvm
```

노드 모니터링 API를 살펴보면 간단하게 GC 지표를 제공한다. 하지만 이는 보조 지표로써 참고만 하는 것이 좋다. 가급적이면 JMX를 지원하는 전문적인 툴을 이용해 직접 JVM에 접속하는 방식을 권장한다.

12.4.6 운영체제 성능 측정

리눅스 같은 운영체제 수준의 성능 지표도 확인할 필요가 있다. 대부분의 운영체제는 기본적으로 멀티태스킹을 지원하는 데 최적화돼 있다. 클러스터를 구축하는 시스템들을 대부분의 엘라스틱서치 전용으로 구축하기 때문에 엘라스틱서치가 시스템 성능을 최대한 활용할 수 있게 운영체제 커널 파라미터를 수정하는 것이 좋다.

클러스터 운영 초기에 운영체제 수준의 성능 지표가 정상임을 확인했더라도 이게 끝이 아니다. 시간이 흐를수록 클러스터가 서비스하는 데이터가 커지고 이에 비례해서 처리량도 늘어나기 때문에 주기적으로 확인할 필요가 있다. 이때 GC 성능 지표와 마찬가지로 엘라스틱서치가 제공하는 API로는 정확한 시스템 성능을 측정하기 어렵기 때문에 전문적인 툴을 이용해 수집해야 한다.

다음과 같은 지표를 확인하는 것이 좋다.

- I/O 리소스 사용률

- CPU 사용률

- 송수신된 네트워크 바이트 수

- 파일 디스크립터 사용률

- 스왑 메모리 사용률

- 디스크 사용률

12.4.7 스레드풀 상태 측정

엘라스틱서치 내부에 존재하는 모듈들은 스레드풀을 이용해 스레드를 관리한다. 스레드풀을 이용하면 스레드 수를 동적으로 관리할 수 있기 때문에 시스템의 CPU와 메모리를 좀 더 효율적으로 활용할 수 있다.

스레드 수는 CPU 코어 수에 따라 엘라스틱서치가 자동으로 설정하기 때문에 임의로 숫자를 조정할 필요는 없다. 대부분의 경우 적절한 스레드 수가 조절되지만 100%라는 가정은 없으므로 주기적으로 리소스 상태를 확인해 보는 것이 좋다(엘라스틱서치에서는 스레드풀의 설정을 사용자 임의로 변경하지 않을 것을 권장한다).

다음과 같은 지표를 주로 모니터링한다.

```
// 스레드풀에서 생성된 스레드 수
thread_pool.bulk.queue
thread_pool.index.queue
thread_pool.search.queue
thread_pool.merge.queue

// 스레드풀에서 제거된 스레드 수
thread_pool.bulk.rejected
thread_pool.index.rejected
thread_pool.search.rejected
thread_pool.merge.rejected
```

다음과 같이 노드 정보 모니터링 API를 이용해 노드별로 통계 지표를 얻을 수 있다.

```
// 노드 통계 조회
GET _nodes/stats

// 특정 노드의 통계 조회
GET _nodes/{NODE_NAME}/stats

// 특정 노드의 스레드풀 속성만 조회
GET _nodes/{NODE_NAME}/stats/indices/thread_pool
```

12.4.8 캐시 상태 측정

캐시 활용 여부도 주의깊게 모니터링해야 한다. 최신 버전의 엘라스틱서치에서는 캐시를 효율적으로 사용할 수 있도록 많은 개선이 이뤄졌으나 여전히 사용자가 직접 생성할 수 있는 fielddata 캐시가 있다. 이를 잘못 사용할 경우 클러스터 전체를 위험에 빠뜨릴 수 있다.

특히 fielddata 캐시는 주로 필드를 정렬하거나 집계를 수행할 때 사용된다. 이러한 동작은 빠른 처리를 요구하기 때문에 주로 메모리를 활용한다. 이는 힙 영역에 생성되기 때문에 과하게 사용할 경우 전체적인 성능 하락으로 직결된다. 엘라스틱서치에서는 가급적이면 fielddata를 사용하지 않도록 권장하므로 반드시 필요한 경우가 아니라면 최대한 사용을 지양해야 한다.

다음과 같은 지표를 주로 모니터링한다.

```
// 쿼리 캐시 크기
indices.query_cache.memory_size_in_bytes

// 생성된 쿼리 캐시 수
indices.query_cache.total_count

// 쿼리 캐시 적중률
indices.query_cache.hit_count

// 쿼리 캐시 미스율
indices.query_cache.miss_count

// 쿼리 캐시 eviction 횟수
indices.query_cache.evictions

// fielddata 캐시 크기
indices.fielddata.memory_size_in_bytes

// fielddata 캐시의 eviction 횟수
indices.fielddata.evictions
```

다음과 같이 노드 정보 모니터링 API를 이용해 노드별로 통계 지표를 얻을 수 있다.

```
// 노드 통계 조회
GET _nodes/stats

// 특정 노드의 통계 조회
GET _nodes/{NODE_NAME}/stats

// 특정 노드의 query_cache, fielddata 속성만 조회
GET _nodes/{NODE_NAME}/stats/indices/query_cache,fielddata
```

13

클러스터
성능 측정

서비스를 오픈했을 때 사용하는 데 불편함을 느끼지 않도록 시스템의 성능을 예측하는 것은 매우 중요한 작업 중 하나다. 그래서 대부분의 서비스는 오픈 전 실제 사용자 규모를 가정해서 부하 테스트를 진행한다. 부하 테스트는 한번에 끝나는 작업이 아니다. 테스트 결과를 분석해서 문제가 될 만한 부분을 수정하고 다시 테스트를 반복적으로 진행해야 하는 매우 힘들고 고달픈 작업이다. 또한 반복 작업을 줄이기 위해 많은 경험과 노하우가 필요한 작업이기도 하다.

엘라스틱서치는 다수의 서버가 하나의 클러스터를 이뤄서 동작한다. 우리가 구축한 클러스터의 정확한 성능을 알고 싶다면 어떻게 해야 할까? 이번 장에서는 엘라스틱서치 클러스터의 부하 테스트를 어떻게 진행하고 결과 데이터를 바탕으로 어떻게 시스템의 성능을 측정하는지 알아보겠다.

이번 장에서 다룰 내용

13.1 엘라스틱서치 벤치마크 툴

13.2 랠리(Rally)를 이용한 클러스터 부하 테스트

13.3 키바나(Kibana)를 이용한 성능 모니터링

13.1 엘라스틱서치를 위한 벤치마크 툴

과거에는 엘라스틱서치에서 부하 테스트를 진행하기 위한 방법들을 공식적으로 제공하지 않았다. 운영자들은 클러스터를 구축하고 자신들의 경험을 바탕으로 룰을 정하고 각자의 방식으로 테스트를 진행해서 성능을 측정했다. 그래서 성능 지표가 통일되지 않고 각 의미들을 이해하는 것도 매우 어려웠다.

하지만 엘라스틱서치 5.0 이후에는 Rally라는 클러스터 성능 측정 도구가 공식적으로 제공되기 시작했다. 성능 측정을 위한 각 지표를 통일해서 일률적으로 제공하기 때문에 이를 이용해 클러스터의 성능 지표를 공유하기가 훨씬 편리해졌다.

13.1.1 루씬 벤치마킹 유틸리티

루씬에는 성능 측정을 위해 Luceneutil(Lucene benchmarking utilities)이라는 벤치마크 유틸리티가 제공된다. 이 유틸리티는 루씬 커미터인 마이클 맥캔들리스(Michael McCandless)가 파이썬으로 만든 루씬 벤치마크 유틸리티로서 깃허브[3]에 소스코드가 공개돼 있다. 아울러 이 유틸리티를 이용해 특정 데이터를 반복 테스트해서 벤치마킹 결과를 실시간으로 확인할 수 있게 사이트[4]로 공개하고 있다. 이 사이트를 방문하면 결과 지표를 다양한 차트로 시각화해서 제공하기 때문에 각종 지표의 이해도를 높일 수 있다.

사이트에서는 벤치마킹 결과로 다양한 지표를 제공하는데, 이 가운데 중요하다고 생각되는 가장 대표적인 지표를 소개한다.

색인 성능 측정(Indexing)

색인 성능 측정을 위해 다음과 같은 지표를 만들어서 제공한다.

- Indexing throughput: 일반적인 문서 색인 처리량
- Analyzers throughput: 분석기를 거치는 문서 색인 처리량
- Near-real-time refresh latency: 세그먼트 Refresh 작업 처리 시 지연시간

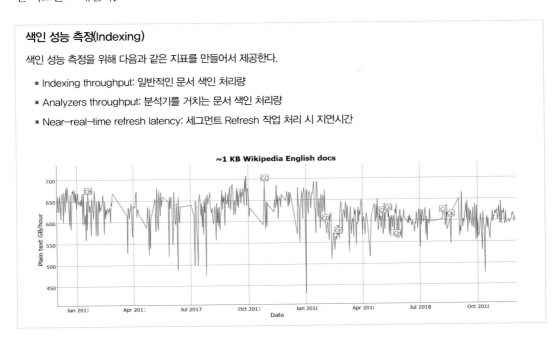

---

3 https://github.com/mikemccand/luceneutil
4 https://home.apache.org/~mikemccand/lucenebench/

Boolean 쿼리 성능 측정

Boolean 쿼리 성능 측정을 위해 다음과 같은 지표를 만들어서 제공한다. 다음과 같은 쿼리들을 반복 수행하며, 그 결과로 처리 시간을 계산한다.

- +high-freq +high-freq
- +high-freq +medium-freq
- high-freq high-freq
- high-freq medium-freq
- +high-freq +(medium-freq medium-freq)
- +medium-freq +(high-freq high-freq)

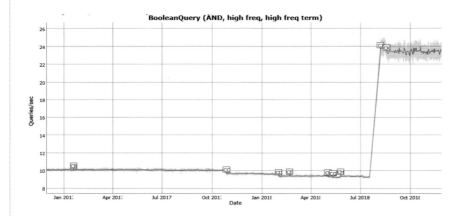

Proximity 쿼리 성능 측정

근사값 쿼리 성능 측정을 위해 다음과 같은 지표를 만들어서 제공한다.

- Exact phrase: Phrase 쿼리 성능 측정
- Sloppy (~4) phrase: Slop 값을 4 이하로 설정하고 성능 측정
- Span near (~10): Slop 값을 10 이하로 설정하고 성능 측정

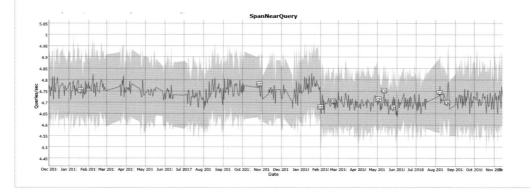

Faceting 성능 측정

그루핑 성능 측정을 위해 다음과 같은 지표를 만들어서 제공한다. 다음과 같은 쿼리들을 반복 수행하며 그 결과로 처리 시간을 계산한다.

- Term query + date hierarchy
- All dates hierarchy
- All months
- All months (doc values)
- All dayOfYear
- All dayOfYear (doc values)

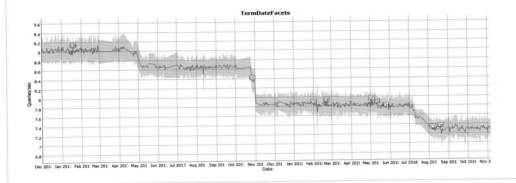

Term 쿼리를 이용한 정렬 성능 측정

텀 쿼리 성능 측정을 위해 다음과 같은 지표를 만들어서 제공한다.

- Date/time(long, high cardinality): 날짜 타입의 텀 쿼리로 정렬
- Title(string, high cardinality): 긴 문자열 타입의 텀 쿼리로 정렬
- Month(string, low cardinality): 짧은 문자열 타입의 텀 쿼리로 정렬
- Day of year(int, medium cardinality): 숫자 타입의 텀 쿼리로 정렬

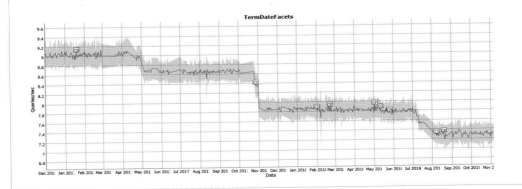

지표 중에서 가장 중요하다고 생각되는 지표를 몇 가지 소개했다. 이 밖에도 다양한 기능에 대한 지표를 제공하고 있으므로 관심이 있는 독자들은 직접 사이트를 방문해 보길 바란다.

13.1.2 엘라스틱서치 랠리

엘라스틱서치 클러스터를 단순히 물리적으로 살펴본다면 여러 샤드의 모임이라고 할 수 있다. 그리고 각 샤드는 하나의 완벽한 루씬 인스턴스라고 봐도 무방하기 때문에 성능을 측정할 때 루씬에서 제공하는 유틸리티를 그대로 사용할 수 있다. 이를 개별 샤드의 성능을 측정하는 지표로 이용하고 각 결과를 모아 전체적인 클러스터의 성능 지표로도 활용할 수 있다.

하지만 클러스터의 동작 특성상 네트워크 작업이 많이 발생하는 데다 코디네이터 노드에 의한 분산 쿼리가 항상 동반되기 때문에 단일 샤드의 측정 결과를 모아서 전체 클러스터의 성능을 측정하는 것은 매우 어려움이 따르는 작업이었다. 그래서 엘라스틱서치에서는 루씬에서 제공하는 유틸리티를 기반으로 클러스터의 성능을 측정할 수 있는 성능 측정 도구를 개발했고, 이를 엘라스틱서치 5.0에서 랠리(Rally)라는 이름으로 공개했다.

> **랠리**
>
> 랠리는 엘라스틱서치를 위한 벤치마킹 프레임워크다. 이를 이용해 엘라스틱서치에서 제공하는 다양한 기능의 성능 측정이 가능하다. 랠리를 사용하는 방법은 뒤에서 자세히 다룬다.
>
> 랠리의 공식 홈페이지는 다음과 같다.
> - https://github.com/elastic/rally

엘라스틱서치에서는 랠리를 다방면으로 사용하고 있다. 엘라스틱서치가 릴리스되면 랠리를 이용해 색인 처리량, GC 수행시간 같은 다양한 성능 지표를 측정하고 그 결과를 실시간으로 벤치마크 사이트(https://benchmarks.elastic.co/index.html)를 통해 제공한다. 이 사이트에서는 클러스터의 벤치마크 결과를 키바나로 시각화해서 제공하고 있기 때문에 각종 지표를 좀 더 손쉽게 이해할 수 있다.

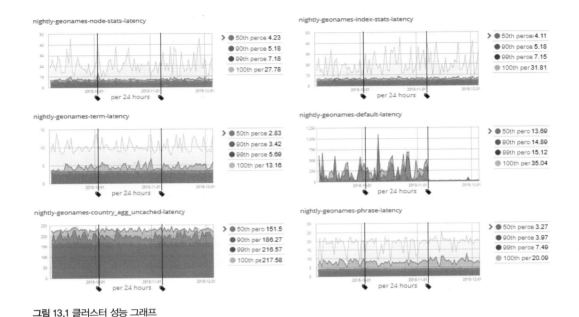

그림 13.1 클러스터 성능 그래프

벤치마크에 사용되는 서버의 물리적인 제원은 다음과 같다. 총 4대의 물리 서버에서 클러스터가 구축됐고, 모든 벤치마크는 랠리를 통해 수행됐다.

- CPU: Intel (R) Core (TM) i7–7700 CPU @ 3.60GHz
- RAM: 32GB
- SSD: 삼성 MZ7LN512HMJP–00000
- 운영체제: 리눅스 커널 버전 4.13.0–38
- 운영체제 튜닝:

        /sys/kernel/mm/transparent_hugepage/enabled = always

        /sys/kernel/mm/transparent_hugepage/defrag = always

- JVM: Oracle JDK 1.8.0_131–b11
- NETWORK: 10GBit 스위치 네트워크

벤치마크 사이트에서 샘플로 제공하는 결과 세트는 여러 개가 있는데, 각 데이터의 특성을 확인해 자신이 운영할 데이터와 유사한 데이터를 참고하면 된다.

Geonames

Structured Data의 성능을 측정한다.

- https://elasticsearch-benchmarks.elastic.co/index.html#tracks/geonames/nightly/30d

천만 개의 문서를 색인하고 다양한 전문 쿼리(match, function_score, ...) 및 집계를 실행한 결과를 보고서로 제공한다.

Geopoint

Geo Queries의 성능을 측정한다.

- https://elasticsearch-benchmarks.elastic.co/index.html#tracks/geopoint/nightly/30d

6천만 개의 위치 문서를 색인하고 다양한 지리적 기반 쿼리(다각형, 경계 상자, 거리 등)를 실행한 결과를 보고서로 제공한다.

Percolator

Percolation Queries의 성능을 측정한다.

- https://elasticsearch-benchmarks.elastic.co/index.html#tracks/percolator/nightly/30d

2백만 건의 AOL 질의 색인 작성 및 그에 따른 Percolation 질의 실행 결과를 보고서로 제공한다.

PMC

전문 검색 성능을 측정한다.

- https://elasticsearch-benchmarks.elastic.co/index.html#tracks/pmc/nightly/30d

색인 성능을 측정하고 과학 논문의 코퍼스에서 쿼리 및 집계를 실행하는 전문 쿼리를 실행한 결과를 보고서로 제공한다.

NYC Taxis

Highly Structured Data의 성능을 측정한다.

- https://elasticsearch-benchmarks.elastic.co/index.html#tracks/nyc-taxis/nightly/30d

복잡한 구조의 문서로 제공된 2015년 뉴욕의 택시 데이터를 분석하고 성능을 측정한 결과를 보고서로 제공한다.

Nested

Nested Documents의 성능을 측정한다.

- https://elasticsearch-benchmarks.elastic.co/index.html#tracks/nested/nightly/30d

스택오버플로(Stackoverflow)의 질문과 답변을 이용해 Nested Document를 구성한 데이터를 분석하고 성능을 측정한 결과를 보고서로 제공한다.

HTTP Logs

아파치 웹 서버 로그의 성능을 측정한다.

- https://elasticsearch-benchmarks.elastic.co/index.html#tracks/http-logs/nightly/30d

1998년 월드컵 공식 웹 서버의 로그를 분석하고 성능을 측정한 결과를 보고서로 제공한다.

> **NOAA**
>
> Range Fields의 성능을 측정한다.
>
> ▪ https://elasticsearch-benchmarks.elastic.co/index.html#tracks/noaa/nightly/30d
>
> NOAA에서 제공하는 날씨 데이터를 이용해 Range Fields의 성능을 측정한 결과를 보고서로 제공한다.

13.2 랠리를 이용한 클러스터 부하 테스트

이전 절에서 엘라스틱서치 랠리(Rally)를 소개하고 랠리를 이용해 성능을 분석한 결과를 키바나(Kibana)로 제공하는 예제를 소개했다. 이번 절에서는 본격적인 랠리 사용법을 알아보고 직접 부하 테스트를 수행하는 과정을 함께 진행해 보자.

13.2.1 랠리 설치

랠리는 파이썬으로 만들어진 애플리케이션이다. 애플리케이션이 정상적으로 동작하기 위해서는 파이썬 3.4 이상이 설치돼 있어야 한다.

```
$ python - V
Python 3.4.8
```

파이썬 pip는 파이썬 패키지를 설치하고 관리하기 위한 툴이다. 랠리를 설치하려면 pip3이 설치돼 있어야 한다.

```
$ pip3 - V
pip 8.1.2 from /usr/lib/python3.4/site-packages (python 3.4)
```

랠리는 부하 테스트를 진행하기 전에 내부적으로 엘라스틱서치를 직접 다운로드해서 실행하기 때문에 git 1.9 이상, JDK8 이상이 설치돼 있어야 한다.

```
$ git --version
git version 2.16.2

$ java -version
```

```
openjdk version "1.8.0_161"
OpenJDK Runtime Environment (build 1.8.0_161-b14)
OpenJDK 64-Bit Server VM (build 25.161-b14, mixed mode)
```

모든 환경이 갖춰지면 다음 명령어로 랠리를 설치한다.

```
$ pip3 install esrally
```

랠리가 설치되고 나면 최초 한번은 환경설정을 해야 한다. 다음 명령어를 이용해 환경설정을 수행한다.

```
$ esrally configure
```

위 명령어를 실행하면 다음과 같은 로그가 출력되며 밴치마크 테스트에 필요한 환경설정을 수행한다.

```
    ___      ___
   / _ \___ _/ / /_  __
  / /_/ / __ `/ / / / / /
 / _, _/ /_/ / / / /_/ /
/_/ |_|\__,_/_/_/\__, /
                /___/


Running simple configuration. Run the advanced configuration with:

  esrally configure --advanced-config


WARNING: Will overwrite existing config file at [/home1/irteam/.rally/rally.ini]

* Autodetecting available third-party software
  git  : [OK]
  JDK  : [OK]

* Setting up benchmark data directory in /home1/irteam/.rally/benchmarks
Enter the JDK 10 root directory (Press Enter to skip):
**********************************************************************
```

```
You don't have a valid JDK 10 installation and cannot benchmark source builds.

You can still benchmark binary distributions with e.g.:

  esrally --distribution-version=6.0.0
**************************************************************************

* Setting up benchmark source directory in /home1/irteam/.rally/benchmarks/src/elasticsearch

Configuration successfully written to /home1/irteam/.rally/rally.ini. Happy benchmarking!

To benchmark Elasticsearch 6.0.0 with the default benchmark, run:

  esrally --distribution-version=6.0.0

More info about Rally:

* Type esrally --help
* Read the documentation at https://esrally.readthedocs.io/en/0.11.0/
* Ask a question on the forum at https://discuss.elastic.co/c/elasticsearch/rally
```

다음과 같이 git과 JDK에 대한 확인 과정이 정상적으로 완료(OK)되면 부하 테스트를 진행할 모든 준비
가 끝난다.

```
git  : [OK]
JDK  : [OK]
```

그럼 지금부터 엘라스틱서치와 함께 신나는 경주를 시작해 보자.

13.2.2 랠리 Tracks 옵션

랠리에서는 다양한 종류의 트랙(Track)을 제공한다. 트랙은 부하 테스트를 진행할 때 사용할 데이터라
고 생각하면 되는데 이전 장에서 설명한 엘라스틱서치 벤치마크 사이트에서 제공하는 분석 데이터를 그
대로 사용할 수 있다. 경주를 시작하기 전에 트랙을 선택하는 것처럼 사용자는 랠리를 실행할 때 부하 테
스트에 사용할 트랙(색인 데이터)을 선택해야 한다.

다음 명령어를 이용해 랠리에 존재하는 트랙을 조회할 수 있다.

```
$ esrally list tracks
```

결과로 다음과 같이 선택 가능한 트랙의 리스트가 출력된다.

```
      ___                       ___
     / _ \__ _____ / / /_  __
    / /_/ / _ `/ / / / /_/ /
   / _, _/ /_/ / / / / / /_/ /
  /_/ |_|\__,_//_/_/\__, /
                   /___/

[INFO] Writing logs to /home1/irteam/.rally/logs/rally_out_20180517T082928Z.log
Available tracks:

Name         Description              Documents   Compressed Size   Uncompressed Size
----------   ----------------------   ---------   ---------------   -----------------
so           Indexing benchmark...    36062278    8.9 GB            33.1 GB
noaa         Global daily weath...    33659481    947.3 MB          9.0 GB
http_logs    HTTP server log da...    247249096   1.2 GB            31.1 GB
eventdata    This benchmark ind...    20000000    755.1 MB          15.3 GB
percolator   Percolator benchma...    2000000     102.7 kB          104.9 MB
geopoint     Point coordinates ...    60844404    481.9 MB          2.3 GB
geonames     POIs from Geonames...    11396505    252.4 MB          3.3 GB
nested       StackOverflow Q&A ...    11203029    663.1 MB          3.4 GB
nyc_taxis    Taxi rides in New ...    165346692   4.5 GB            74.3 GB
pmc          Full text benchmar...    574199      5.5 GB            21.7 GB
```

랠리를 실행할 때 --track 옵션을 이용해 원하는 트랙의 이름을 지정하면 된다. 아무런 옵션을 설정하지
않으면 기본 옵션으로 실행된다. 기본 옵션으로 제공되는 트랙은 geonames다.

13.2.3 랠리 Cars 옵션

랠리에는 카(Car)라는 개념도 있다. 트랙 위에서 실제로 달리게 될 경주용 자동차라고 생각하면 된다. 앞서 설명한 트랙 옵션이 부하 테스트에 사용할 색인 데이터라면 카 옵션은 부하 테스트를 진행할 엘라스틱서치 노드라고 이해하면 된다.

랠리에서는 기본적으로 다양한 카를 제공한다. 원하는 카를 선택하면 부하 테스트를 실행할 때 선택한 구성의 엘라스틱서치를 내려받아 자동으로 설정한 후 벤치마크를 실행한다.

다음 명령어를 이용해 랠리가 제공하는 카의 종류를 조회할 수 있다.

```
$ esrally list cars
```

결과로 다음과 같은 리스트가 출력된다.

```
      ___      ___
     / _ \___ _/ / /_ _  
    / // / __ `/ / / / / /
   / _, _/ /_/ / / / / /_/ /
  /_/ |_|\__,_/_/_/\__, /
                  /___/

[INFO] Writing logs to /home1/irteam/.rally/logs/rally_out_20180517T085034Z.log
Available cars:

Name                    Type    Description
----------------------  ------  ----------------------------------
16gheap                 car     Sets the Java heap to 16GB
1gheap                  car     Sets the Java heap to 1GB
2gheap                  car     Sets the Java heap to 2GB
4gheap                  car     Sets the Java heap to 4GB
8gheap                  car     Sets the Java heap to 8GB
defaults                car     Sets the Java heap to 1GB
ea                      mixin   Enables Java assertions
fp                      mixin   Preserves frame pointers
unpooled                mixin   Enables Netty's unpooled allocator
x-pack-ml               mixin   X-Pack Machine Learning
```

```
x-pack-monitoring-http    mixin   X-Pack Monitoring (HTTP exporter)
x-pack-monitoring-local   mixin   X-Pack Monitoring (local exporter)
x-pack-security           mixin   X-Pack Security
```

결과를 확인해 보면 두 가지 타입이 있음을 확인할 수 있다. 타입이 "car"인 경우 선택할 엘라스틱서치 서버를 의미하며, "mixin"의 경우 말 그대로 카에 섞어 넣을 첨가제를 의미하는데 car와 mixin을 조합하면 테스트 용도로 다양한 구성의 엘라스틱서치를 생성할 수 있다.

랠리를 실행할 때 --car 옵션의 값으로 원하는 형태의 car와 mixin 조합을 선택하면 된다. 다음은 다양한 옵션을 조합한 예다.

```
// 힙 크기가 4GB인 엘라스틱서치 실행
--car="4gheap"

// 힙 크기가 4GB인 엘라스틱서치를 실행할 때 자바 단정(Assertion) 기능을 활성화
--car="4gheap,ea"

// XPack 보안 설정이 추가된, 힙 크기가 4GB인 엘라스틱서치 실행
--car="4gheap,x-pack-security"
```

아무런 옵션을 선택하지 않으면 기본 옵션이 선택된다. 기본값은 --car="defaults"다.

13.2.4 레이스 시작하기

모든 준비를 마쳤으니 레이스(Race)를 시작해보자. 별도의 트랙(색인 데이터)이나 카(엘라스틱서치 노드 구성)를 선택하지 않고 가장 간단하게 부하 테스트를 실행해 보자.

다음과 같이 명령어를 실행한다. 부하 테스트에 사용되는 엘라스틱서치 버전은 6.2.0이다.

```
$ esrally --distribution-version=6.2.0
```

부하 테스트가 실행되면 다음과 같이 실행되는 과정이 지속적으로 출력된다.

```
      ___        ___
    / _ \___ _ / / /_  _
   / /_/ / _ `/ / / / / /
  / _, _/ /_/ / / / / /_/ /
 /_/ |_|\__,_/_/_/\__, /
                 /___/
```

[INFO] Writing logs to /home1/irteam/.rally/logs/rally_out_20180515T103831Z.log
Cloning into '/home1/irteam/.rally/benchmarks/tracks/default'...
remote: Counting objects: 2753, done.
remote: Compressing objects: 100% (15/15), done.
remote: Total 2753 (delta 2), reused 10 (delta 1), pack-reused 2737
Receiving objects: 100% (2753/2753), 991.23 KiB ¦ 1.46 MiB/s, done.
Resolving deltas: 100% (1908/1908), done.
Cloning into '/home1/irteam/.rally/benchmarks/teams/default'...
remote: Counting objects: 579, done.
remote: Compressing objects: 100% (112/112), done.
remote: Total 579 (delta 114), reused 188 (delta 87), pack-reused 354
Receiving objects: 100% (579/579), 63.52 KiB ¦ 384.00 KiB/s, done.
Resolving deltas: 100% (273/273), done.

[INFO] Preparing for race ...
[INFO] Downloading 엘라스틱서치 6.2.0 (27.7 MB total size)
[INFO] Rally will delete the benchmark candidate after the benchmark
[INFO] Racing on track [geonames], challenge [append-no-conflicts] and car ['de

[INFO] Downloading data for track geonames (252.4 MB total size)
[INFO] Downloading data for track geonames (252.4 MB total size)
[INFO] Downloading data for track geonames (252.4 MB total size)   [100.0%]
[INFO] Decompressing track data from [/home1/irteam/.rally/benchmarks/data/geonames/documents-
2.json.bz2] to [/home1/irteam/.rally/benchmarks/data/geonames/documents-2.json] (resulting size:
3.30 GB) ... [OK]
[INFO] Preparing file offset table for [/home1/irteam/.rally/benchmarks/data/geonames/documents-
2.json] ... [OK]

Running delete-index   [100% done]
Running create-index   [100% done]
Running check-cluster-health   [100% done]
```
```

```
Running index-append                          [100% done]
Running refresh-after-index                   [100% done]
Running force-merge                           [100% done]
Running refresh-after-force-merge             [100% done]
Running index-stats                           [100% done]
Running node-stats                            [100% done]
Running default                               [100% done]
Running term                                  [100% done]
Running phrase                                [100% done]
Running country_agg_uncached                  [100% done]
Running country_agg_cached                    [100% done]
Running scroll                                [100% done]
Running expression                            [100% done]
Running painless_static                       [100% done]
Running painless_dynamic                      [100% done]
Running large_terms                           [100% done]
Running large_filtered_terms                  [100% done]
Running large_prohibited_terms                [100% done]
```

꽤 많은 시간이 걸린다. 처음 실행할 때는 부하 테스트에 필요한 색인 데이터와 엘라스틱서치를 내려받는 시간이 포함되기 때문에 더 많은 시간이 걸린다. 시나리오에 따라 실행되는 작업을 실시간으로 보여주기 때문에 진행사항을 한눈에 파악할 수 있다.

레이스가 종료되면 결과 보고서가 생성된다. 생성된 보고서는 랠리가 설치된 디렉터리 아래에 저장되기 때문에 이 결과 데이터를 별도의 엘라스틱서치로 색인해서 키바나를 이용해 시각화할 수 있다. 이전 절에서 소개한 밴치마크 사이트도 이런 식으로 시각화해서 서비스하는 것이다.

다음은 방금 실행한 레이스의 결과 보고서다.

```
------------------------------------------------
    _____             __   _____
   / ___(_)___  ___ _  / /  / __/_____ _____
  / /_  / / _ \/ _ `/ / /   \ \ / __/ _ \/ __/ _ \
 / __/ / / / / / /_/ / /  _  __/ / /_/ /_/ / /  __/
/_/   /_/_/ /_/\__,_/_/  /___/\__/\__/_/   \___/
------------------------------------------------
```

Lap	Metric	Task	Value	Unit
All	Indexing time		23.2744	min
All	Indexing throttle time		0	min
All	Merge time		13.8443	min
All	Refresh time		5.18427	min
All	Flush time		0.0541833	min
All	Merge throttle time		3.2732	min
All	Median CPU usage		345.8	%
All	Total Young Gen GC		39.949	s
All	Total Old Gen GC		4.837	s
All	Store size		2.98576	GB
All	Translog size		2.62638	GB
All	Index size		5.61214	GB
All	Totally written		16.5887	GB
All	Heap used for segments		17.963	MB
All	Heap used for doc values		0.0466652	MB
All	Heap used for terms		16.8055	MB
All	Heap used for norms		0.0654297	MB
All	Heap used for points		0.259218	MB
All	Heap used for stored fields		0.786148	MB
All	Segment count		85	
All	Min Throughput	index-append	27756.1	docs/s
All	Median Throughput	index-append	28585	docs/s
All	Max Throughput	index-append	29214.5	docs/s
All	50th percentile latency	index-append	1306.25	ms
All	90th percentile latency	index-append	1797.8	ms
All	99th percentile latency	index-append	2257.75	ms
All	99.9th percentile latency	index-append	2702.7	ms
All	100th percentile latency	index-append	3015.91	ms
All	50th percentile service time	index-append	1306.25	ms
All	90th percentile service time	index-append	1797.8	ms
All	99th percentile service time	index-append	2257.75	ms
All	99.9th percentile service time	index-append	2702.7	ms
All	100th percentile service time	index-append	3015.91	ms
All	error rate	index-append	0	%

```
| All |           Min Throughput |     index-stats |  100.05 |  ops/s |
| All |        Median Throughput |     index-stats |  100.08 |  ops/s |
| All |           Max Throughput |     index-stats |  100.14 |  ops/s |
| All |     50th percentile latency |   index-stats |  2.8359 |     ms |
| All |     90th percentile latency |   index-stats |  4.13549 |     ms |
| All |     99th percentile latency |   index-stats |  8.09383 |     ms |
| All |   99.9th percentile latency |   index-stats |  31.9308 |     ms |
| All |   100th percentile latency |   index-stats |  34.4261 |     ms |
| All |   50th percentile service time | index-stats |  2.73739 |     ms |
| All |   90th percentile service time | index-stats |  4.01474 |     ms |
| All |   99th percentile service time | index-stats |  5.01423 |     ms |
| All | 99.9th percentile service time | index-stats |  31.8262 |     ms |
| All | 100th percentile service time | index-stats |  34.3265 |     ms |
| All |               error rate |     index-stats |       0 |      % |


...(생략)...



------------------------------------
[INFO] SUCCESS (took 2453 seconds)
------------------------------------
```

제공되는 보고서는 크게 두 부분으로 나눠서 살펴봐야 한다. 첫 번째 부분은 전체 데이터를 분석해서 통계를 낸 지표이고 두 번째 부분부터는 각 단위 업무별로 통계를 낸 지표다.

13.2.4.1 공통 통계

공통 통계는 전체 작업에 대한 결과를 바탕으로 한 통계다. 여기서 제공되는 지표는 클러스터의 평균적인 성능을 나타내는 지표라고 생각할 수 있다.

Indexing time

색인 생성에 사용된 총 시간을 나타낸다. Index stats API의 indexing_total_time 속성값과 같다. 예제에서는 23분이 소요됐다.

Indexing throttle time

색인 생성이 제한된 총 시간을 나타낸다. Index stats API의 index_throttle_time 속성값과 같다. 예제에서는 발생하지 않았다.

Merge time

Merge 작업이 일어난 총 시간을 나타낸다. Index state API의 `merges_total_time` 속성값과 같다. 예제에서는 13분이 소요됐다.

Refresh time

Refresh 작업이 일어난 총 시간을 나타낸다. Index state API의 `refresh_total_time` 속성값과 같다. 예제에서는 5분이 소요됐다.

Flush time

Flush 작업이 일어난 총 시간을 나타낸다. Index state API의 `flush_total_time` 속성값과 같다. 예제에서는 0.05분이 소요됐다.

Merge throttle time

Merge 작업이 제한된 총 시간을 나타낸다. Index stats API의 `merges_total_throttle_time` 속성값과 같다. 예제에서는 3분이 소요됐다.

Median CPU usage

1초를 기준으로 사용된 CPU 사용량의 중앙값을 나타낸다. 최댓값은 N * 100%다(N은 사용 가능한 CPU 코어 수). 예제에서는 345%를 보여준다.

Total Young Gen GC

JVM에서 발생한 Young GC의 총 수행시간을 나타낸다. 예제에서는 39초가 소요됐다.

Total Old Gen GC

JVM에서 발생한 Old GC의 총 수행시간을 나타낸다. 예제에서는 4초가 소요됐다.

Store size

사용된 저장소의 크기를 나타낸다. 예제에서는 2.9GB가 사용됐다.

Translog size

사용된 TransLog의 크기를 나타낸다. 예제에서는 2.6GB가 사용됐다.

Index size

생성된 모든 인덱스의 크기를 나타낸다. 예제에서는 5.6GB가 사용됐다.

Totally written

디스크에 기록된 모든 데이터의 크기를 나타낸다. 예제에서는 16.5GB가 사용됐다.

Heap used for segments

세그먼트에 사용된 힙 크기를 나타낸다. 예제에서는 17.9MB가 사용됐다.

Heap used for doc values

doc_values에 사용된 힙 크기를 나타낸다. 예제에서는 0.04MB가 사용됐다.

Heap used for terms

텀을 생성하는 데 사용된 힙 크기를 나타낸다. 예제에서는 16.8MB가 사용됐다.

Heap used for norms

역색인 자료구조(Norms)에 필요한 데이터를 생성하는 데 사용된 힙 크기를 나타낸다. 예제에서는 0.06MB가 사용됐다.

Heap used for points

Points에 사용된 힙 크기를 나타낸다. 예제에서는 0.2MB가 사용됐다.

Heap used for stored fields

Stored 필드에 사용된 힙 크기를 나타낸다. 예제에서는 0.7MB가 사용됐다.

Segment count

생성된 세그먼트의 수를 나타낸다. 예제에서는 85개가 생성됐다.

13.2.4.2 단위 업무별 통계

부하 테스트를 진행하는 과정에서 엘라스틱서치의 많은 기능들을 골고루 사용한다. 시나리오에 의해 다양한 단위 업무가 순서대로 수행되고 각 단위 업무별로 통계를 제공한다.

단위 업무별로 사용하는 엘라스틱서치의 기능이 서로 다르기 때문에 각 통계 지표를 확인하면 어떤 기능에 취약하고 어떤 기능에 뛰어난지 파악할 수 있다. 이러한 정보를 바탕으로 취약한 부분의 설정을 반복적으로 튜닝해 나가면 된다.

보고서에서 제공하는 단위 업무별 통계 중에서 샘플로 index-append 단위 업무의 통계 지표를 살펴보자.

Throughput

index-append 단위 업무를 처리한 처리량을 나타낸다. 각각 최소, 중간, 최대 처리량을 수치로 제공한다. 예제에서는 평균적으로 1초에 2만 8천 개의 문서를 색인한다.

    Min Throughput: 초당 27,756개의 문서 처리
    Median Throughput: 초당 28,585개의 문서 처리
    Max Throughput: 초당 29,214개의 문서 처리

Service Time

index-append 단위 업무를 처리할 때 Service Time을 백분위수(Percentile)로 표현한다. Service Time은 일반적인 요청에서 응답까지의 시간을 의미한다. 예제에서는 중간값을 기준으로 1.3초의 응답 시간이 걸린다.

    50th percentile service time: 50번째 1306 ms
    90th percentile service time: 90번째 1797 ms
    99th percentile service time: 99번째 2257 ms
    99.9th percentile service time: 99.9번째 2702 ms
    100th percentile service time: 100번째 3015 ms

Latency

index-append 단위 업무를 처리할 때 Latency를 백분위수(Percentile)로 표현한다. Latency는 Service Time과 처리량이 많을 경우 큐에서 대기한 대기시간을 합친 값을 의미한다. 그러므로 일반적으로는 Service Time과 Latency의 값은 같다. 예제에서는 중간값 기준으로 1.3초의 Latency가 발생한다.

    50th percentile latency: 50번째 1306 ms
    90th percentile latency: 90번째 1797 ms
    99th percentile latency: 99번째 2257 ms
    99.9th percentile latency: 99.9번째 2702 ms
    100th percentile latency: 100번째 3015 ms

Error Rate

index-append 단위 업무를 처리할 때 발생한 에러 발생율을 나타낸다. 예제에서는 에러 발생율이 0%다.

    error rate: 0%

앞에서도 설명했지만 부하 테스트라는 작업은 절대 쉬운 작업이 아니다. 파라미터를 변경하고 시나리오를 실행하는 과정을 원하는 성능이 나올 때까지 무한 반복해야 하는 매우 고달픈 작업이다.

예제에서는 기본 옵션으로 부하 테스트를 실행했지만 실제 운영 환경에서는 기본 옵션을 이용하면 안 된다. 자신의 환경에 맞게 파라미터를 튜닝하면서 최적의 조합을 찾을 때까지 부하 테스트를 진행해야 한다.

13.2.5 토너먼트 결과 비교하기

앞에서 기본 옵션으로 첫 번째 레이스를 다음과 같이 수행하고 결과 보고서를 얻었다.

```
$ esrally --distribution-version=6.2.0
```

보고서를 분석하고 취약점을 발견하면 조건을 바꿔서 다시 레이스를 돌릴 수 있다. 처음에 수행한 부하 테스트에서는 엘라스틱서치 힙 크기가 1GB였다. 이번에는 힙 크기를 4GB로 늘려서 실행해보자.

다음과 같이 car 옵션을 추가하면 된다.

```
$ esrally --distribution-version=6.2.0 --car=4gheap
```

시간이 흘러 두 번째 레이스가 완료되면 첫 번째와 마찬가지로 결과 보고서가 제공된다. 지금까지 수행한 모든 부하 테스트 결과는 랠리 내부에 저장돼 있기 때문에 다음과 같이 수행된 모든 보고서의 내역을 조회할 수 있다.

```
$ esrally list races
```

결과로 다음과 같은 리스트가 제공된다.

```
     ___    ___
    / _ \__ / / /_  _
   / / _/ / _ `/ / / / /
  / _, _/ /_/ / / / / /_/ /
 /_/ |_|\__,_/_/_/\__,_/
              /___/


[INFO] Writing logs to /home1/irteam/.rally/logs/rally_out_20180517T111858Z.log

Recent races:

Race Timestamp    Track      Track Parameters    Challenge           Car        User Tags
----------------  --------   -----------------   -----------------   --------   ----------
20180516T060254Z  geonames                       append-no-conflicts  4gheap
20180515T111712Z  geonames                       append-no-conflicts  defaults
```

리스트를 살펴보면 처음 1GB의 힙 설정으로 수행한 보고서와 4GB의 힙 설정으로 수행한 보고서로 총두 건이 있다. 튜닝 후 새롭게 수행한 부하 테스트의 결과가 이전과 어떻게 달라졌는지 궁금할 것이다. 더 좋아졌다면 성공이고 만약 더 나빠졌다면 이전 설정으로 되돌아가야 할 것이다.

그럼 두 건의 리포트를 어떻게 비교해야 할까? 리포트에서 제공되는 지표를 각각 비교 분석할 수도 있겠지만 랠리에서는 두 건의 리포트를 손쉽게 비교할 수 있게 compare라는 기능을 제공한다. compare 명령어를 수행할 때 --baseline 옵션에는 기준이 되는 보고서의 시간 정보를 넣고 --contender 옵션에는 비교할 보고서의 시간 정보를 넣으면 두 보고서를 서로 비교 분석한다. 다음과 같이 비교 분석 작업을 수행할수 있다.

```
$ esrally compare --baseline=20180515T111712Z --contender=20180516T060254Z
```

그 결과로 두 건의 보고서를 비교 분석한 내역이 제공된다.

```
    ____        ____
   / _ \___  _/ / /_  __
  / /_/ / _ `/ / / / / /
 / _, _/ /_/ / / / /_/ /
/_/ |_|\__,_/_/_/\__, /
                /___/

[INFO] Writing logs to /home1/irteam/.rally/logs/rally_out_20180517T112707Z.log

Comparing baseline
  Race timestamp: 2018-05-15 11:17:12
  Challenge: append-no-conflicts
  Car: defaults

with contender
  Race timestamp: 2018-05-16 06:02:54
  Challenge: append-no-conflicts
  Car: 4gheap


------------------------------------------------
    _____           __ __
   / ___(_)__  ___ / / / __/___  _____ _____
```

```
 / /_  / /  / _ \/ _ `/ /   \_ \/ __/ __ \/ __/ _ \
 / _/ / / / / / / / / / /   __/ / / / / _/ / / / / __/
/_/  /_/ /_/ /\_,_/_/   /___/\__/\__/_/   \__/
-----------------------------------------------
```

Metric	Task	Baseline	Contender	Diff	Unit
Indexing time		23.2744	24.326	1.0516	min
Indexing throttle time		0	0	0	min
Merge time		13.8443	13.9312	0.08687	min
Refresh time		5.18427	5.34483	0.16057	min
Flush time		0.0541833	0.0801833	0.026	min
Merge throttle time		3.2732	2.73737	-0.53583	min
Total Young Gen GC		39.949	74.611	34.662	s
Total Old Gen GC		4.837	0.512	-4.325	s
Store size		2.98576	2.98882	0.00307	GB
Translog size		2.62638	2.56434	-0.06204	GB
Index size		5.61214	5.55317	-0.05897	GB
Totally written		16.5887	16.9544	0.3657	GB
Heap used for segments		17.963	18.0694	0.10641	MB
Heap used for doc values		0.0466652	0.0464363	-0.00023	MB
Heap used for terms		16.8055	16.904	0.09855	MB
Heap used for norms		0.0654297	0.0697632	0.00433	MB
Heap used for points		0.259218	0.262649	0.00343	MB
Heap used for stored fields		0.786148	0.786476	0.00033	MB
Segment count		85	91	6	
Min Throughput	index-append	27756.1	26789.2	-966.942	docs/s
Median Throughput	index-append	28585	27395.7	-1189.33	docs/s
Max Throughput	ndex-append	29214.5	27601.7	-1612.75	docs/s
50th percentile latency	index-append	1306.25	1392.77	86.5198	ms
90th percentile latency	index-append	1797.8	1889.6	91.7991	ms
99th percentile latency	index-append	2257.75	2272.94	15.1901	ms
99.9th percentile latency	index-append	2702.7	2598.9	-103.807	ms
100th percentile latency	index-append	3015.91	2654.76	-361.155	ms
50th percentile service time	index-append	1306.25	1392.77	86.5198	ms
90th percentile service time	index-append	1797.8	1889.6	91.7991	ms
99th percentile service time	index-append	2257.75	2272.94	15.1901	ms
99.9th percentile service time	index-append	2702.7	2598.9	-103.807	ms
100th percentile service time	index-append	3015.91	2654.76	-361.155	ms
error rate	index-append	0	0	0	%

```
...(생략)...

   |           Min Throughput | large_prohibited_terms |  1.70703 |   1.55542 | -0.15161 | ops/s |
   |        Median Throughput | large_prohibited_terms |  1.71014 |   1.55717 | -0.15297 | ops/s |
   |           Max Throughput | large_prohibited_terms |  1.71536 |   1.56221 | -0.15315 | ops/s |
   |      50th percentile latency | large_prohibited_terms |  21890.3 |     36232 |  14341.7 |    ms |
   |      90th percentile latency | large_prohibited_terms |  24746.2 |   41823.3 |  17077.1 |    ms |
   |      99th percentile latency | large_prohibited_terms |  25308.1 |   43189.8 |  17881.7 |    ms |
   |     100th percentile latency | large_prohibited_terms |  25359.4 |   43287.4 |    17928 |    ms |
   |  50th percentile service time | large_prohibited_terms |  581.976 |   642.619 |  60.6436 |    ms |
   |  90th percentile service time | large_prohibited_terms |  621.769 |   690.483 |  68.7135 |    ms |
   |  99th percentile service time | large_prohibited_terms |  651.174 |   723.117 |  71.9435 |    ms |
   | 100th percentile service time | large_prohibited_terms |  663.718 |   771.666 |  107.948 |    ms |
   |                 error rate | large_prohibited_terms |        0 |         0 |        0 |     % |


----------------------------
[INFO] SUCCESS (took 1 seconds)
----------------------------
```

13.3 키바나(Kibana)를 이용한 성능 모니터링

엘라스틱서치 6.0 이상을 설치하고 같은 버전의 키바나를 설치하면 모니터링 기능을 활성화할 수 있다. 과거에는 모니터링 기능을 사용하기 위해 X-Pack 형태의 별도 플러그인을 설치해야 했지만 최신 버전에서는 기본 기능으로 제공하기 때문에 별도의 플러그인 설치 과정을 거치지 않고도 손쉽게 활용할 수 있다.

키바나의 Monitoring 탭을 이용하면 엘라스틱서치에서 성능을 측정할 때 제공하는 대표적인 지표를 실시간으로 제공하기 때문에 평상시 주기적으로 확인하는 것이 좋다. 이러한 모니터링 기능은 부하 테스트를 수행할 때도 매우 유용하게 활용할 수 있다. 랠리를 이용해 클러스터에 부하를 걸면 해당 트래픽을 고스란히 차트에서 확인할 수 있기 때문이다.

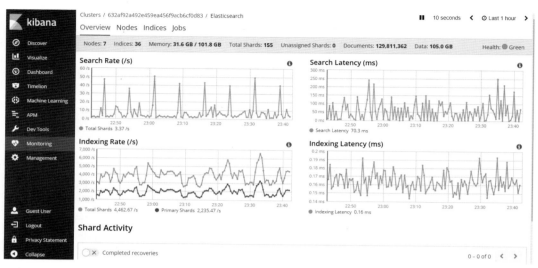

그림 13.2 키바나에서 제공하는 대표적인 성능 지표

키바나에서 모니터링 기능으로 제공하는 지표는 매우 다양하다. 색인 속도나 검색 속도 같은 기능에 대한 지표도 있고 GC가 일어나는 패턴을 볼 수도 있다. 또한 CPU, 메모리 사용량 같은 시스템 리소스를 보여주는 지표들도 있다. 이러한 지표가 실시간으로 제공되기 때문에 이를 모니터링하면 장애에 대비하거나 병목이 걸리는 부분도 손쉽게 파악할 수 있다.

키바나가 제공하는 주요 지표로는 어떤 것이 있고 해당 지표들을 어떻게 보면 되는지 대표적인 지표를 몇 가지 살펴보자.

13.3.1 Search Rate

클러스터에서 얼마만큼의 검색 요청이 있는지 실시간 차트로 보여준다. 클러스터에 존재하는 프라이머리 샤드와 레플리카 샤드 모두에서 검색 요청을 처리할 수 있는데 모든 샤드에서 처리 중인 검색 요청 수를 모아서 초당 평균 몇 건이 처리되는지 숫자로 계산해서 보여준다.

[정의]
전체 샤드에서 실행되는 초당 검색 요청 수

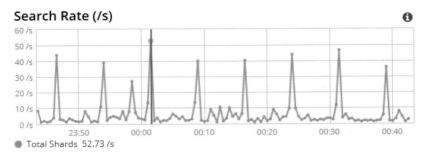

그림 13.3 초당 검색 요청 수

X축은 현재 시간을 나타내고 Y축은 초당 처리 건수를 나타낸다. 이 차트를 통해 클러스터에 약 10분 주기로 검색 요청이 들어오고 있으며 최대 초당 52.73건의 검색 요청이 처리된 것을 확인할 수 있다.

13.3.2 Search Latency

클러스터에서 다수의 검색 요청이 들어오면 순서대로 큐에 쌓이고 처리량에 따라 큐의 요청 내역이 소비된다. 이때 지연이 발생할 수 있으며 이러한 대기시간을 Latency라고 한다. 대기시간이 길수록 검색 처리 능력이 떨어진다고 볼 수 있다.

X축은 현재 시간을 나타내고 Y축은 평균 대기시간(ms)을 나타낸다. 이 차트를 통해 클러스터에서 검색 요청을 처리하는데, 평균 100ms 이하의 지연이 발생하고 순간적으로 최대 235.02ms의 지연 시간이 발생했음을 알 수 있다.

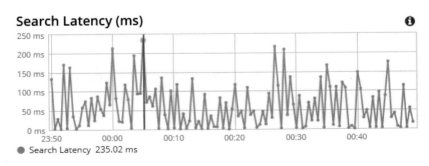

그림 13.4 검색 시 평균 대기시간

13.3.3 Indexing Rate

클러스터에 데이터가 들어오면 색인 과정을 거친다. 기본적으로 프라이머리 샤드에서 색인이 완료되면 검색이 가능해지지만 클러스터 내부에 레플리카가 존재할 경우 엘라스틱서치는 일관성을 위해 레플리카에서도 색인을 수행한다. 그리고 비로소 모든 레플리카 세트에서 색인이 완료돼야 실질적인 색인이 완료됐다고 판단한다. 이러한 이유로 클러스터 내부에 너무 많은 레플리카 세트가 있을 경우 색인 성능이 떨어질 수 있다.

> **[정의]**
>
> 모든 샤드에서 인덱싱 처리가 이뤄지고 있는 초당 문서 수

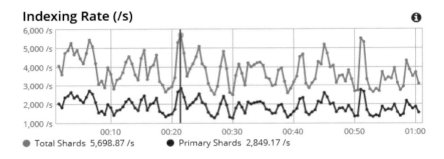

Indexing Rate (/s)

● Total Shards 5,698.87 /s   ● Primary Shards 2,849.17 /s

그림 13.5 초당 색인 문서 수

X축은 현재 시간을 나타내고 Y축은 초당 색인 건수를 나타낸다. 아래쪽에 그려진 그래프는 프라이머리 샤드의 처리량이고 위쪽에 그려진 그래프는 클러스터에 존재하는 모든 샤드의 처리량이다. 두 그래프의 차이가 2배인 것으로 보아 이 클러스터에는 1개의 레플리카 세트가 있는 것으로 여겨진다.

이 차트를 통해 클러스터에 초당 1천 건의 문서가 꾸준히 색인되고 있으며 순간적으로 최대 2,849건의 문서가 색인됐다는 것을 알 수 있다.

13.3.4 Indexing Latency

검색 처리에 대한 지연시간을 확인하기 위해 Search Latency 지표가 제공되는 것과 같이 색인 처리에 대한 지연시간을 확인하기 위해 Indexing Latency 지표가 제공된다. 앞서 설명한 바와 같이 대기시간이 길수록 색인 처리 능력이 떨어진다고 할 수 있기 때문에 지표를 확인하고 너무 많은 지연이 발생한다면 적절한 조치를 취해야 한다.

[정의]
인덱싱 처리를 위한 평균 대기시간

Indexing Latency (ms)

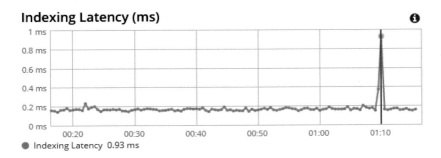

● Indexing Latency 0.93 ms

그림 13.6 색인 시 평균 대기시간

X축은 현재 시간을 나타내고 Y축은 평균 대기시간(ms)을 나타낸다. 이 차트를 통해 클러스터에서 색인 요청을 처리하는 데 평균 0.2ms 이하의 지연이 발생하고 있었음을 알 수 있다. 그러다 순간적으로 0.93ms의 지연이 발생한 것이 보이는데, 이때 어떤 일이 발생했는지 확인해야 한다. 아마도 순간적으로 많은 색인 요청이 있었거나 색인 데이터 중 매우 큰 크기의 문서가 존재했을 수도 있다.